Windows 8.1

Die Anleitung in Bildern

von
Robert Klaßen

Vierfarben

Sie haben Fragen, Wünsche oder Anregungen zum Buch?
Gerne sind wir für Sie da:

Anmerkungen zum Inhalt des Buches: vaclav.demling@vierfarben.de
Bestellungen und Reklamationen: service@vierfarben.de
Rezensions- und Schulungsexemplare: sophie.herzberg@vierfarben.de

An diesem Buch haben viele mitgewirkt, insbesondere:

Lektorat Maike Lübbers, Vaclav Demling
Korrektorat Angelika Glock, Ennepetal
Herstellung Kamelia Brendel
Einbandgestaltung Mai Loan Nguyen Duy
Coverentwurf Daniel Kratzke
Coverfoto iStockphoto6884204©Yuri
Fotos Ein besonderer Dank gilt der Fotografin Laura Schleicher (*www.lauraschleicher.de*) für die Hardware-Abbildungen in Kapitel 9.
Typographie und Layout Vera Brauner
Satz Tilly Mersin, Großerlach
Druck Offizin Andersen Nexö Leipzig, Zwenkau

Gesetzt wurde dieses Buch aus der Linotype Syntax (10,25 pt/14,25 pt) in Adobe InDesign CS6.
Und gedruckt wurde es auf mattgestrichenem Bilderdruckpapier (115 g/m²).
Hergestellt in Deutschland.

Bibliografische Information der Deutschen Nationalbibliothek
Die Deutsche Nationalbibliothek verzeichnet diese Publikation in der Deutschen Nationalbibliografie; detaillierte bibliografische Daten sind im Internet über http://dnb.d-nb.de abrufbar.

ISBN 978-3-8421-0119-7

1. Auflage 2014

Vierfarben ist ein Verlag der Galileo Press GmbH
Rheinwerkallee 4, D–53227 Bonn
www.vierfarben.de

Der Verlagsname Vierfarben spielt an auf den Vierfarbdruck, eine Technik zur Erstellung farbiger Bücher. Der Name steht für die Kunst, die Dinge einfach zu machen, um aus dem Einfachen das Ganze lebendig zur Anschauung zu bringen.

Liebe Leserin, lieber Leser,

als Microsoft Windows 8 herausgebracht hat, waren die Meinungen gespalten. Nicht jeder war von der neuen Optik und dem neuen Bedienkonzept begeistert. Microsoft hat sich die Kritik zu Herzen genommen und nur ein Jahr später Windows 8.1 veröffentlicht.

Ob Sie nun bereits Erfahrungen mit einer älteren Windows-Version gesammelt haben oder ob Sie bisher noch nie mit Windows gearbeitet haben: Mit unserem Buch lernen Sie Windows 8.1 von Grund auf kennen. Robert Klaßen zeigt Ihnen, wie Sie mit Windows 8.1 die Dinge erledigen, für die Sie sich einen neuen Rechner angeschafft haben. Er erklärt Ihnen Schritt für Schritt, wie Sie sich auf der Kacheloberfläche und dem klassischen Desktop zurechtfinden, wie Sie sicher im Internet unterwegs sind, wie Sie E-Mails schreiben und Ihre Kontakte verwalten, wie Sie Fotos auf Ihren PC bringen, dort bearbeiten und ausdrucken, wie Sie Musik genießen und Filme abspielen, wie Sie Drucker und Scanner einsetzen und was Sie tun können, wenn der Rechner mal streikt. Jeder Schritt wird Ihnen dabei mit einem Bild verdeutlicht. Hinweise und Tipps runden die einzelnen Anleitungen ab. Sie können die Abschnitte einzeln oder aber auch am Stück durchgehen.

Dieses Buch wurde mit größter Sorgfalt geschrieben und hergestellt. Dennoch sind vereinzelte Fehler leider nie ganz auszuschließen. Sollten Sie einen Fehler bemerken oder aber eine wichtige Information vermissen, können Sie mir gerne schreiben. Über Lob freue ich mich genauso wie über konstruktive Kritik. Doch nun wünsche ich Ihnen viel Freude beim Lesen!

Ihr Vaclav Demling
Lektorat Vierfarben

vaclav.demling@vierfarben.de

Inhalt

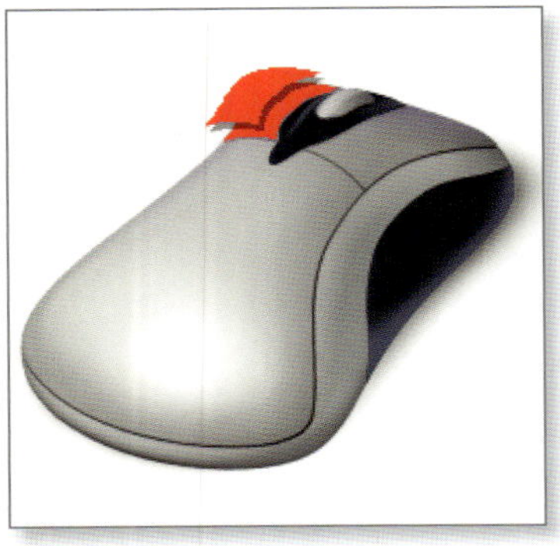

Start
Mail
Fotos
15
Sonntag
Internet Explorer
Hilfe + Tipps
16°
Berlin
Meist bewölkt
Skype
Kontakte
Wetter

Apps nach Name
Audiorekorder
Leseliste
NEU
CDBurnerXP
Mail
Desktop
Mozilla Firefox
Finanzen
Mozilla Thunderbird
An „Start" anheften
Deinstallieren

23:13
Freitag, 13. September

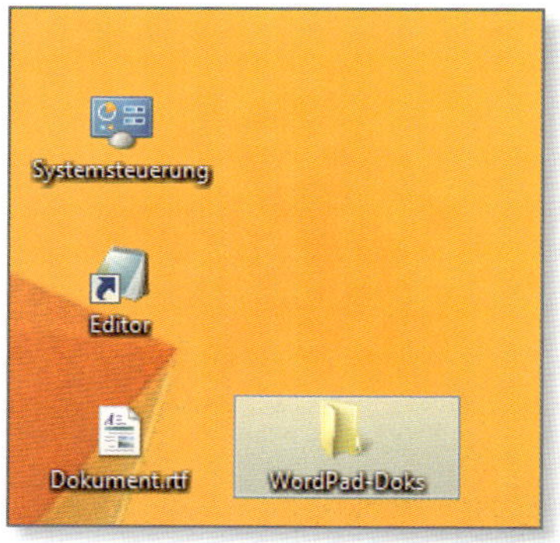
Systemsteuerung
Editor
Dokument.rtf
WordPad-Doks

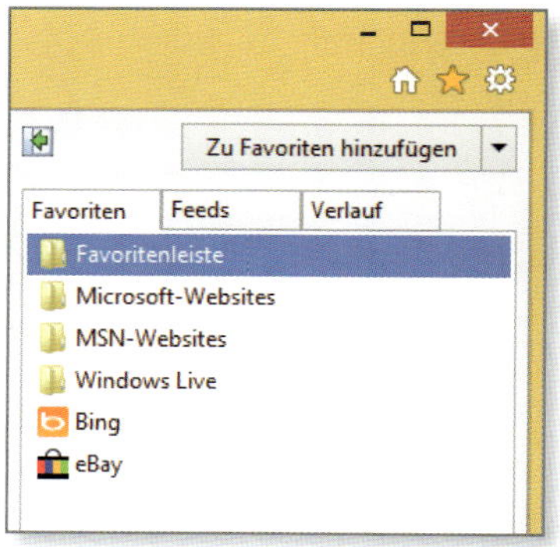
Zu Favoriten hinzufügen
Favoriten
Feeds
Verlauf
Favoritenleiste
Microsoft-Websites
MSN-Websites
Windows Live
Bing
eBay

Inhalt

Konto hinzufü...
Outlook.com
Hotmail.com, Live.com, MSN
Exchange
Exchange, Office 365, Outlook.com
Google
Verbinden
Anderes Konto
Verbinden

Bildbibliothek
2012-09-02

Inhalt

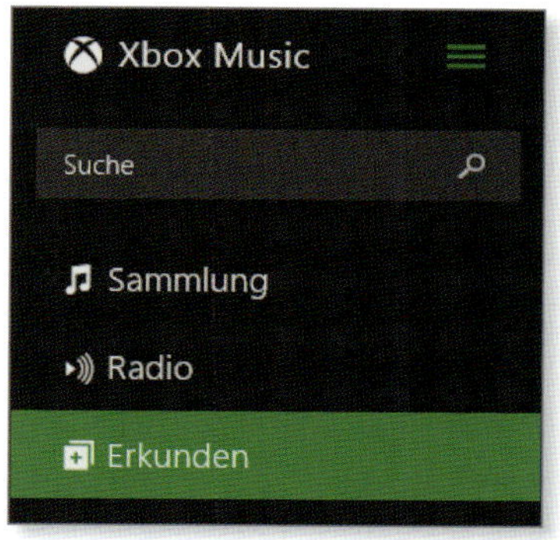

Xbox Music
Suche
Sammlung
Radio
Erkunden

Datei
Start
Ansicht
Ausschneiden
Kopieren
Einfügen
Calibri
24
Zwischenablage
Schriftart
Computer
Computer sind aus dem
allen Bereichen und
auskommen, mag zwar
täglichen Lebens.

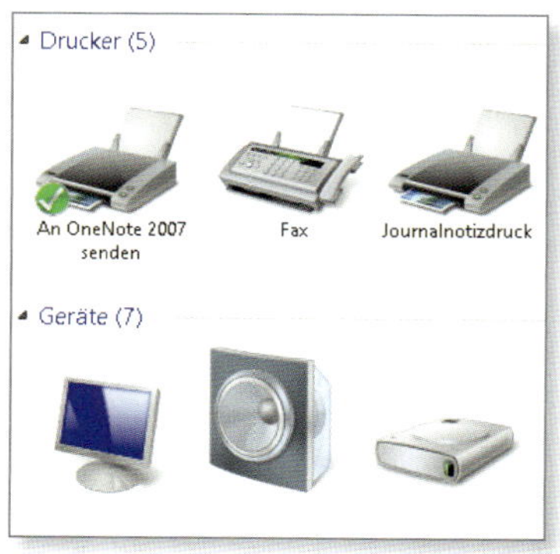

Drucker (5)
An OneNote 2007 senden
Fax
Journalnotizdruck
Geräte (7)

Inhalt

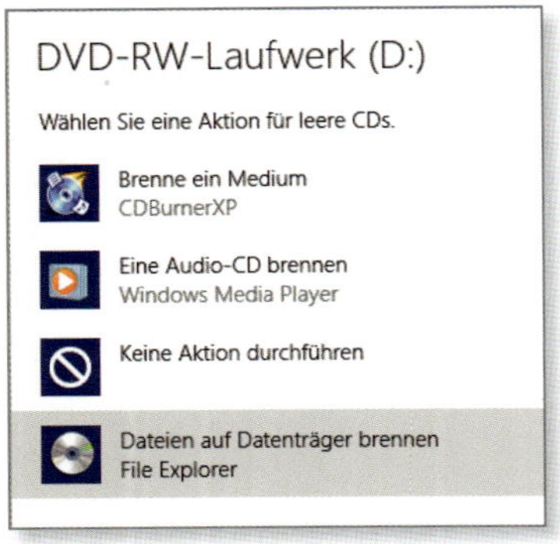
DVD-RW-Laufwerk (D:)
Wählen Sie eine Aktion für leere CDs.
Brenne ein Medium
CDBurnerXP
Eine Audio-CD brennen
Windows Media Player
Keine Aktion durchführen
Dateien auf Datenträger brennen
File Explorer

Anpassen

PC-Status: Geschützt
Startseite
Update
Verlauf
Echtzeitschutz:
Ein
Viren- und Spywaredefinitionen:
Aktuell

mozilla

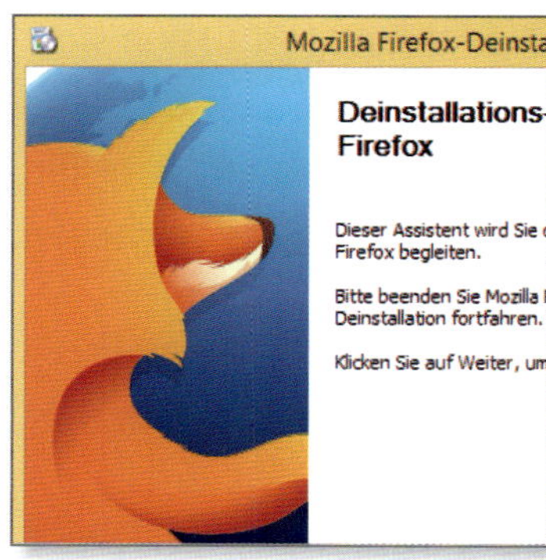

Firefox

Kapitel 1
So bedienen Sie Ihren Computer

Je nachdem, welches Gerät Sie verwenden (PC, Notebook oder Tablet), bieten sich unterschiedliche Steuerungssysteme an. So wird der PC in erster Linie mit der Maus bedient, während am Notebook ein Touchpad zur Verfügung steht. Moderne Tablets hingegen werden direkt auf der Monitoroberfläche bedient – und zwar mit Gesten. Erfahren Sie hier, wie Sie die unterschiedlichen Bedienoptionen nutzen.

Die Maus benutzen

Das klassische Eingabegerät ist die Maus. Damit werden die Befehle schnell und effizient an den Computer übergeben. Dem PC-Einsteiger erschließen sich aber die vielen Möglichkeiten nicht auf den ersten Blick. Deshalb erfahren Sie im ersten Teil dieses Kapitels, was es mit Mausklick ❶, Doppelklick und Rechtsklick auf sich hat.

Mit dem Touchpad arbeiten

Sie besitzen einen Laptop oder ein Netbook? Dann können Sie alternativ zur Maus auch das eingebaute Touchpad ❷ nutzen. Dieses funktioniert entsprechend der Maus. Denn auch hier lassen sich Mausklick, Doppelklick und Rechtsklick ausführen – und sogar noch einiges mehr.

Per Geste steuern

Wer einen Tablet-PC besitzt, der muss in der Regel ohne Maus und Touchpad auskommen. Dieser Umstand lässt sich jedoch leicht verschmerzen. Denn immerhin dient die Bildschirmoberfläche nicht nur zur Anzeige, sondern fungiert auch als Eingabegerät. Welche »Bewegungen« ❸ Ihre Finger machen müssen, um die eine oder andere Funktion aufzurufen, erfahren Sie in diesem Kapitel.

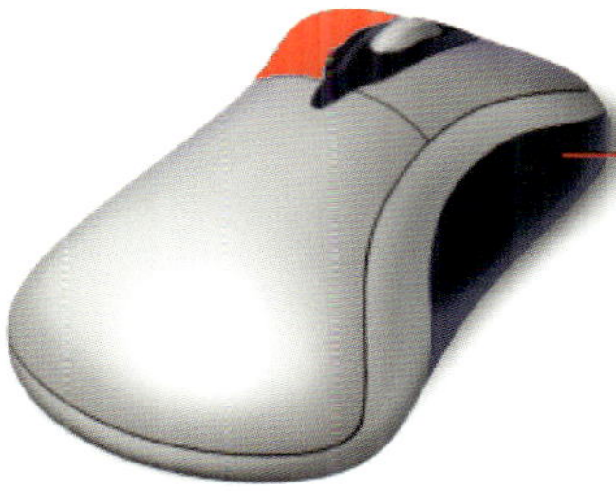

1 Die Bedienung mit der Maus ist ganz leicht zu erlernen.

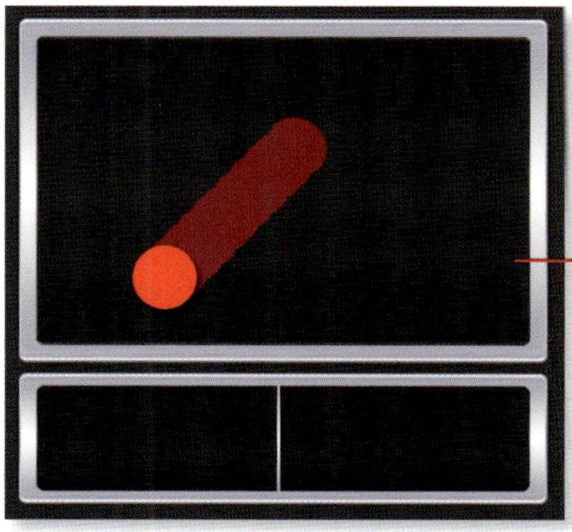

2 Das Touchpad können Sie ebenfalls für die Eingabe benutzen.

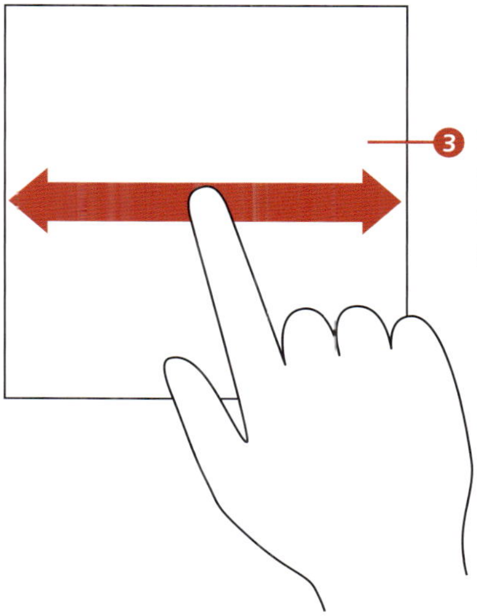

3 Die Eingabe mit dem Finger funktioniert bei manchen Geräten auch auf dem Bildschirm.

So funktioniert die Maus

1

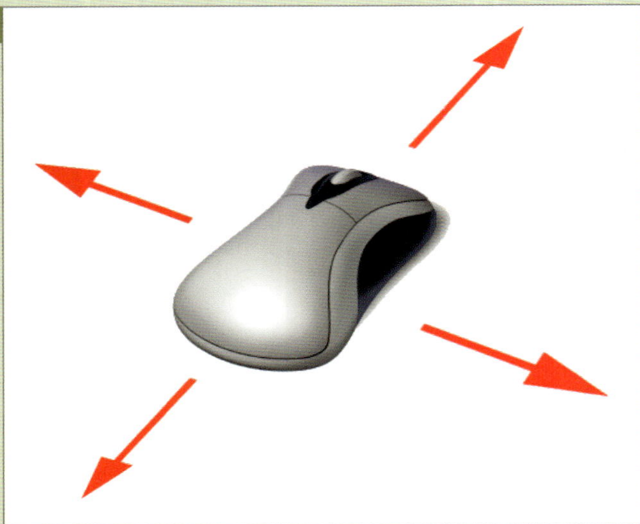

2

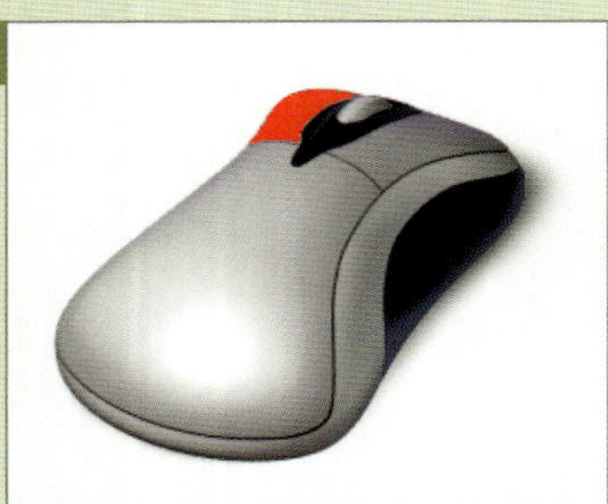

3

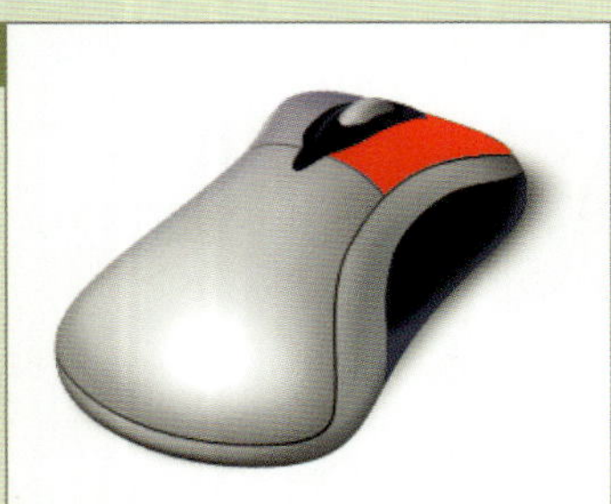

Bevor es losgeht, hier eine kurze Einweisung in Sachen Mausbedienung. Wenn Sie damit schon Erfahrung haben, können Sie diesen Abschnitt natürlich überspringen.

Schritt 1

Wenn Sie die Maus verschieben, wandert der Zeiger auf dem Bildschirm entsprechend mit. Sie können auf diese Weise bestimmte Bereiche des Bildschirms aufsuchen und dort anschließend Aktionen ausführen.

Schritt 2

Sie führen eine Aktion aus, indem Sie mit dem Zeigefinger auf die obere linke Taste klicken. Das ist der herkömmliche Mausklick.

Schritt 3

Mitunter ist ein rechter Mausklick erforderlich. Dazu drücken Sie die rechte Taste herunter und lassen sie anschließend wieder los. Diese Art des Klickens wird auch *Rechtsklick* genannt.

Schritt 4

Wenn ein Doppelklick erwartet wird, müssen Sie zweimal schnell hintereinander auf die linke Taste drücken.

4

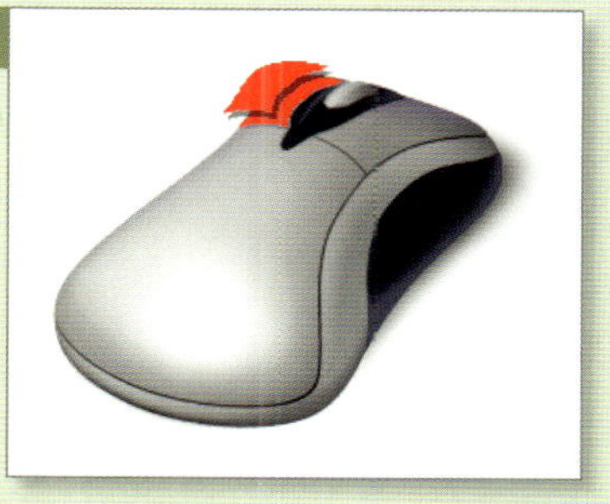

Schritt 5

Zwischen den beiden erwähnten Tasten befindet sich bei vielen Mäusen das sogenannte *Scrollrad* ❶. Drehen Sie das Rad, lässt sich der Inhalt eines geöffneten Fensters nach oben oder unten verschieben.

5

Schritt 6

Bei vielen Zeigegeräten lässt sich das Mausrad außerdem noch mit dem Zeigefinger nach links und rechts kippen. Damit verschieben Sie auch den Inhalt des Fensters entsprechend, sofern dieser nicht bereits komplett angezeigt wird.

6

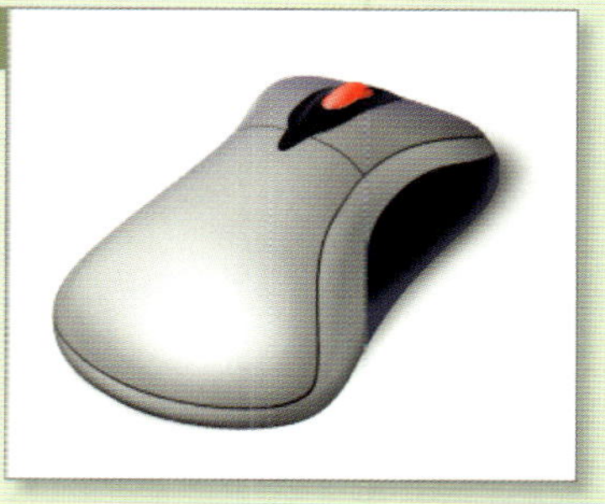

Plug and play
Bei einer Maus handelt es sich, ebenso wie bei einer Tastatur, um ein *Plug-and-play-Gerät*. Das bedeutet: Sie können es mit dem Computer verbinden und dann sofort loslegen. Dennoch können die Geräte danach auch noch konfiguriert werden. Darüber erfahren Sie mehr in Kapitel 2, »Erste Schritte mit Windows 8.1«, ab Seite 24.

Windows mit dem Touchpad steuern

1

2

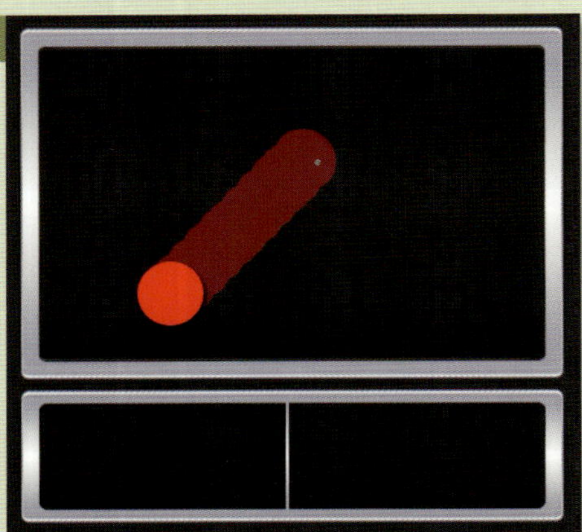

3

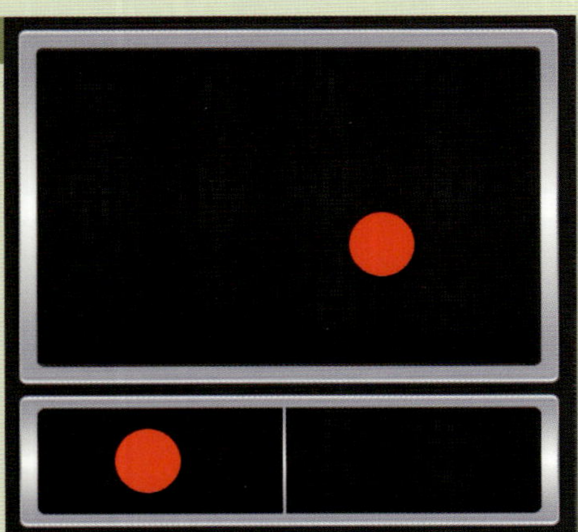

Tragbare Computer werden in der Regel nicht mit einer Maus bedient. Notebooks warten stattdessen mit einem Touchpad auf, das die gleichen Funktionen übernimmt wie die Maus. Auch als Einsteiger werden Sie sich schnell an das neue Gefühl gewöhnen.

Schritt 1

Das Touchpad ist fester Bestandteil eines tragbaren Rechners (Notebook, Netbook, Laptop). Sie können damit die gleichen Funktionen ausführen wie mit einer Maus.

Schritt 2

Um den Mauszeiger zu bewegen, legen Sie einen Finger auf die große Fläche und schieben in die gewünschte Richtung. Halten Sie permanent Kontakt mit dieser Fläche. Wenn Sie den Finger anheben, bleibt der Zeiger stehen.

Schritt 3

Einen linken Mausklick führen Sie aus, indem Sie mit dem Finger kurz auf die große Fläche tippen. Alternativ können Sie auch das linke Tastenfeld herunterdrücken.

Schritt 4

Einen Doppelklick setzen Sie, indem Sie zweimal schnell hintereinander eine der beiden Flächen ❶ oder ❷ antippen. Hier ist etwas Fingerspitzengefühl gefragt, der Abstand zwischen den Berührungen darf nicht zu lang, aber auch nicht zu kurz sein.

4

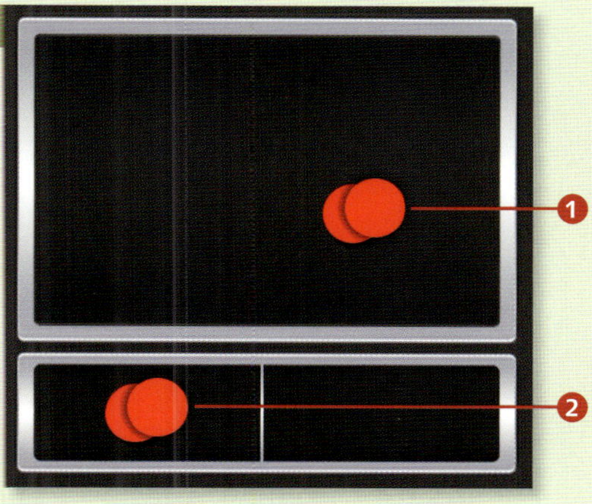

Schritt 5

Zuletzt fehlt noch der Rechtsklick. Diesen platzieren Sie auf der rechten kleinen Fläche.

5

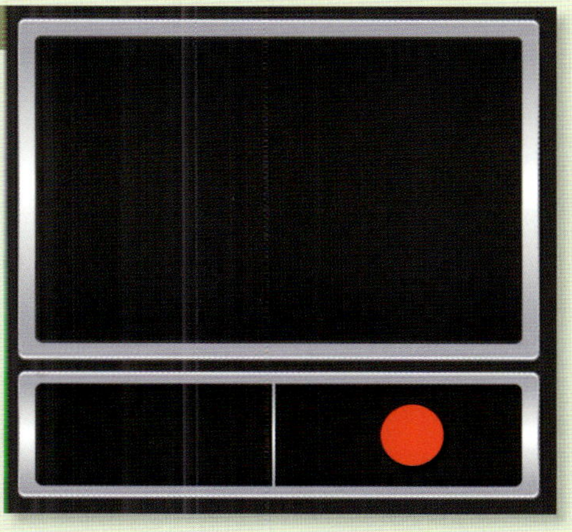

Schritt 6

Wenn Sie die Funktion des Scrollrads nachvollziehen wollen, ziehen Sie mit zwei Fingern über die große Fläche. Wenn das nicht funktioniert, wundern Sie sich nicht. Denn dann besitzen Sie vielleicht ein etwas älteres Modell. Nur moderne Touchpads unterstützen diese Funktion.

6

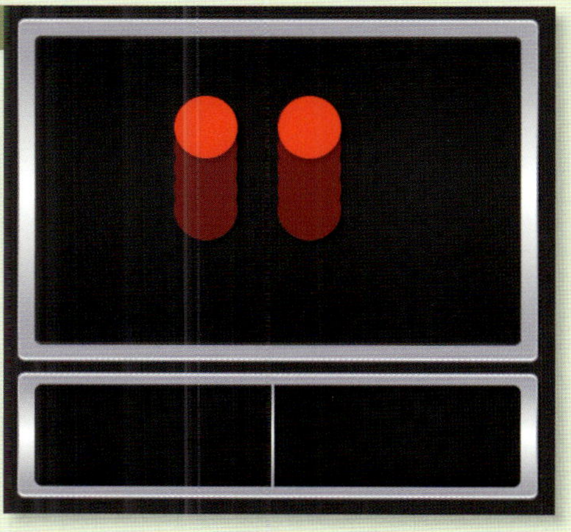

Weitere Funktionen
Möglicherweise verfügt Ihr Touchpad über weitere Funktionen als die hier dargestellten Standards. Schauen Sie dazu am besten in die Bedienungsanleitung Ihres PCs oder Notebooks.

Windows auf dem Tablet

1

2

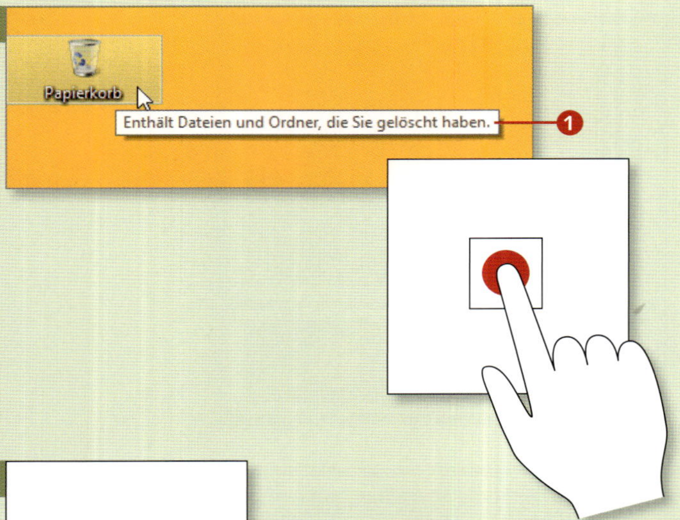

3

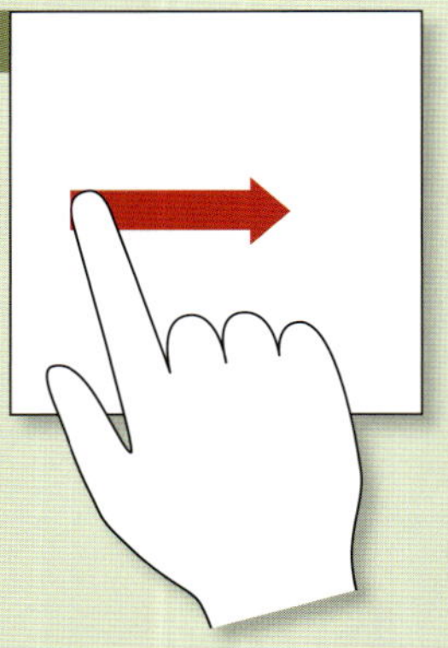

Moderne Tablet-PCs werden zumeist mithilfe der sogenannten Fingereingabe bedient. Dabei werden die Befehle, die Sie an das Gerät richten, mit Gesten übermittelt – und zwar direkt auf dem Bildschirm. Hier lernen Sie die grundlegenden Fingerzeige kennen.

Schritt 1

Der herkömmliche Mausklick wird ausgeführt, indem Sie kurz mit einem Finger auf den gewünschten Punkt Ihres Tablets klicken (z. B. auf das Symbol einer Anwendung).

Schritt 2

Wenn Sie mit der Maus auf ein Objekt zeigen, wird in der Regel eine Information (*QuickInfo*) eingeblendet ❶. Diese erhalten Sie am Tablet, indem Sie das Objekt antippen und den Finger anschließend an dieser Position lassen – also die Oberfläche weiterhin berühren.

Schritt 3

Tippen Sie ein Objekt an, und lassen Sie den Finger auf dem Tablet. Bewegen Sie die Hand anschließend, um das darunter befindliche Objekt zu verschieben. (Beachten Sie auch den Hinweis im Kasten auf Seite 17.)

Schritt 4

Platzieren Sie mindestens zwei Finger auf dem Tablet, und spreizen Sie sie voneinander ab. Das hat zur Folge, dass darunter befindliche Objekte vergrößert werden (z. B. Fotos). Zum Verkleinern ziehen Sie die Finger wieder zusammen.

4

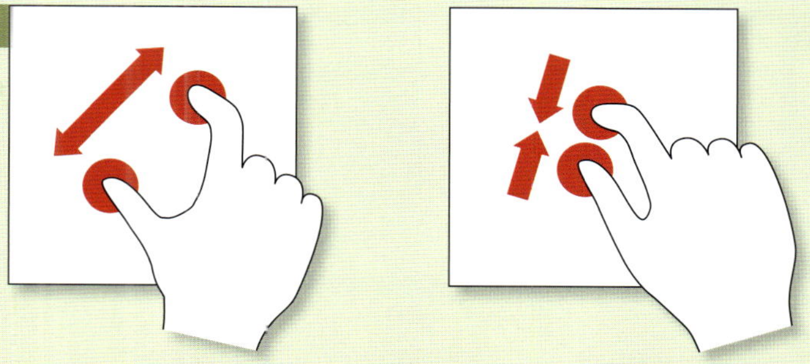

Schritt 5

Um Objekte zu drehen, führen Sie mit zwei Fingern eine Drehbewegung aus. Dasselbe lässt sich in der Regel auch durch Kippen des Tablets um 90° erreichen.

5

Schritt 6

Mittels Fingereingabe lässt sich noch viel mehr steuern. So können z. B. *Charms* (Systembefehle) und *Apps* (Programme) durch Wischen vom Seitenrand aus bedient werden. Weitere Hinweise dazu finden Sie im Abschnitt »Apps öffnen und schließen« auf Seite 32.

6

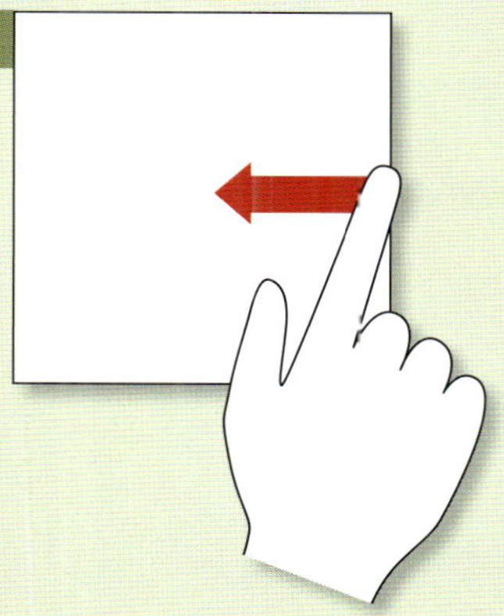

Entsprechungen mit der Maus
Objekte lassen sich durch Ziehen mit dem Finger nicht nur verschieben. Vielmehr können Sie mit dieser Geste auch umblättern, einen Bildlauf starten oder eine App schließen. Es kommt darauf an, in welcher Programmumgebung Sie sich gerade befinden.

Windows per Tastatur steuern

1

2

3

Die Tastatur ist ein weiteres, ausgesprochen wichtiges Eingabegerät neben Maus, Touchpad und Fingereingabe. Lernen Sie hier einige wichtige Funktionen kennen.

Schritt 1

Eine der wichtigsten Tasten ist die [Windows]-Taste 1. Mit ihr können Sie zwischen dem Startbildschirm und der zuletzt besuchten Anwendung oder Umgebung (z. B. dem Desktop) hin- und herspringen.

Schritt 2

Drücken Sie auf [⇧] 2, und halten Sie diese Taste gedrückt, wenn Sie anschließend Großbuchstaben eintippen wollen. Die Tasten [Strg] 3 + [Alt] 4 sind für *Tastenkürzel* (auch *Tastenkombination* oder *Shortcut*) vorgesehen.

Schritt 3

Eine Tastenkombination ist nichts anderes als ein Kurzbefehl zum Starten eines bestimmten Vorgangs. Wenn es z. B. heißt: Drücken Sie [Strg] + [N], dann drücken Sie zunächst [Strg] 5. Halten Sie diese Taste fest. Danach drücken Sie kurz [N] 6 und lassen danach beide Tasten wieder los.

Schritt 4

Möglicherweise werden Sie schon bald die Tücken der Feststelltaste 7 kennenlernen. Wenn Sie einmal daraufdrücken, werden nur noch Großbuchstaben geschrieben.

Schritt 5

Die Menü-Taste 8 unten rechts reagiert unterschiedlich, je nachdem, wo sie zum Einsatz kommt. Auf dem Desktop gedrückt, öffnet sie das sogenannte *Kontextmenü* 9 mit weiteren Befehlen. Alternativ öffnen Sie dieses mit einem Rechtsklick auf einen freien Bereich des Desktops.

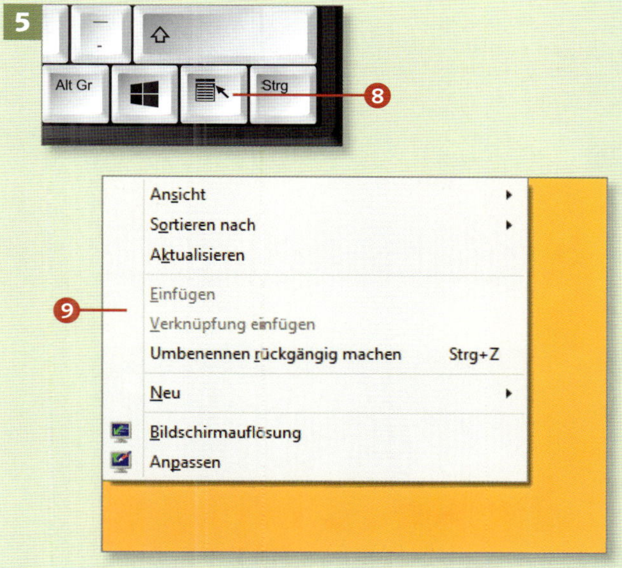

Schritt 6

Wenden Sie diese Taste auf dem Startbildschirm an, öffnet sich eine Fußleiste mit weiteren Funktionen. Hier könnten Sie jetzt auch ohne Maus weiternavigieren, indem Sie ← oder → drücken. Haben Sie den gewünschten Eintrag gefunden? Dann drücken Sie ↵.

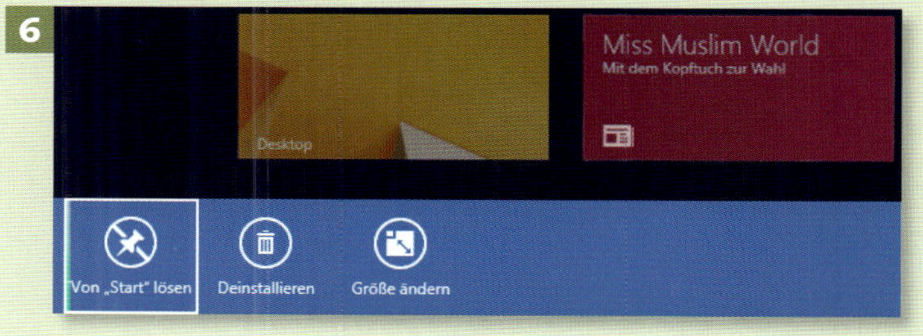

Rückgängig machen

Eine besonders wichtige Tastenkombination ist Strg + Z. Damit können Sie eine bereits ausgeführte Aktion in fast allen Programmen wieder rückgängig machen.

Windows mit Tastenkürzeln bedienen

1

2

3

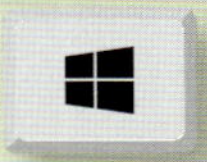

Sie tragen viele Bezeichnungen: Tastenkürzel, Tastenkombinationen oder Shortcuts. Mit Windows 8.1 werden sie wichtiger denn je zuvor.

Schritt 1

Zunächst zur Bedienweise. Wenn es heißt: Drücken Sie [⊞] + [C], bedeutet das, Sie müssen [⊞] die ganze Zeit gedrückt halten und dann zusätzlich noch kurz auf [C] tippen.

Schritt 2

Danach lassen Sie beide Tasten wieder los, und der Befehl wird ausgeführt (siehe dazu Schritt 4). Die umgekehrte Tastenfolge (also [C] festhalten und [⊞] kurz drücken) würde einen Wechsel zum Desktop herbeiführen.

Schritt 3

Im Anschluss an Schritt 2 drücken Sie kurz [⊞] allein und lassen dann wieder los. Das bringt Sie stets zurück zum Startbildschirm (bzw. von dort aus zur letzten App). Je nachdem, wo Sie sich gerade befinden, kann es dazu erforderlich sein, die Taste ein zweites Mal zu drücken.

Schritt 4

Nun soll aber auch die Bedeutung von [⊞] + [C] erwähnt werden. Mit dieser speziell für Windows 8.1 wichtigen Tastenkombination öffnet sich nämlich die *Charms-Leiste* ❶.

Schritt 5

Wenden Sie den gleichen Tastaturbefehl erneut an, verschwindet die Leiste wieder. Dasselbe Ergebnis erreichen Sie auch durch Drücken der [Esc]-Taste.

Schritt 6

Mit [⊞] + [D] gelangen Sie auf den Desktop, in die herkömmliche Arbeitsumgebung von Windows.

4

5

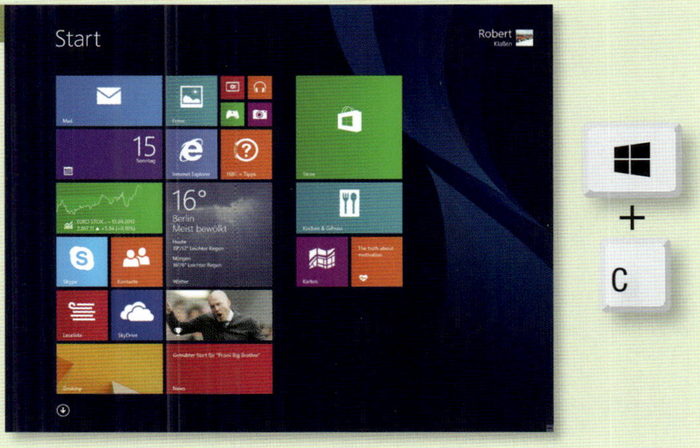

6

Funktionstasten

Mit *Funktionstasten* sind Tasten wie z. B. [⊞], [Strg] oder [Alt] gemeint, aber auch [⇧] oder die Tasten [F1] bis [F12]. Während die F-Tasten in der Regel direkt mit einer Funktion belegt sind, müssen zu allen anderen noch weitere Tasten gedrückt werden.

Windows mit Tastenkürzeln bedienen (Forts.)

7

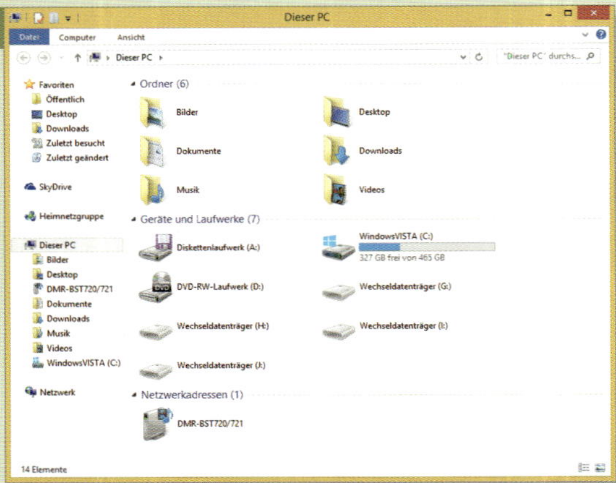

Schritt 7

Der Explorer ist gewissermaßen der Pfadfinder auf Ihrem Computer. Aktivieren Sie ihn mit [Win] + [E]. Darüber können Sie zu einzelnen Ordnern oder Laufwerken springen.

8

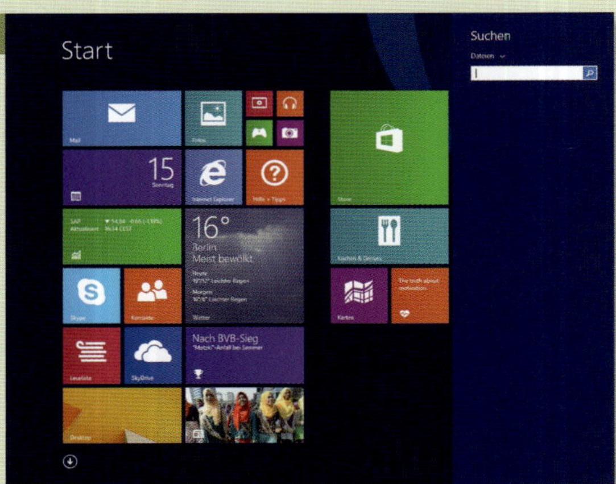

Schritt 8

Sie wollen Ausschau nach einzelnen Dateien halten? Dann drücken Sie [Win] + [F]. Das bringt Sie in den Windows-Suchmodus. Auf dem Startbildschirm können Sie allerdings einfach drauflostippen, ohne die Suche vorher aufrufen zu müssen.

9

Schritt 9

Falls Sie Anpassungen an Ihrem Computer vornehmen wollen (z. B. die Lautstärke regeln), bedienen Sie sich zunächst der Tastenkombination [Win] + [I].

Allgemeingültige Shortcuts

Beachten Sie, dass die hier gezeigten Tastaturbefehle zum Teil nicht nur dem Startbildschirm vorbehalten sind. Wenn Sie [Win] + [F] auf dem Desktop drücken, gelangen Sie ebenfalls in die Dateisuche.

Schritt 10

Über die Tastenkombination ⊞ + Q wird die Suchfunktion für Apps (Programme) gestartet.

Schritt 11

Besonders interessant ist ⊞ + X. Dadurch wird unten links nämlich ein Zusatzmenü eingeblendet, das weitere Funktionen zur Auswahl bereitstellt (siehe Kasten auf dieser Seite).

Schritt 12

⊞ + F1 bewirkt, dass die Windows-Hilfe aktiviert wird. Gleichzeitig erfolgt ein automatischer Wechsel zum Desktop. Falls Sie sich bereits auf dem Desktop befinden, reicht es, ausschließlich die Taste F1 zu drücken.

Zusatzmenü bedienen

Nach dem Drücken von ⊞ + X müssen Sie noch den Befehl im Zusatzmenü aussuchen. Das machen Sie mit ↑ und ↓. Wenn Sie den gewünschten Eintrag gefunden haben, drücken Sie ↵.

10

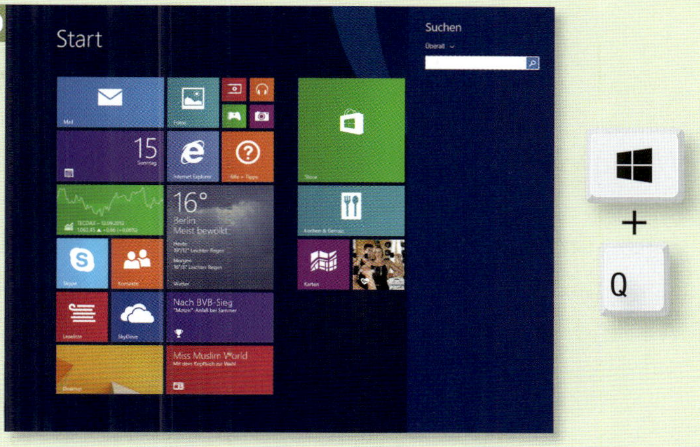

11

12

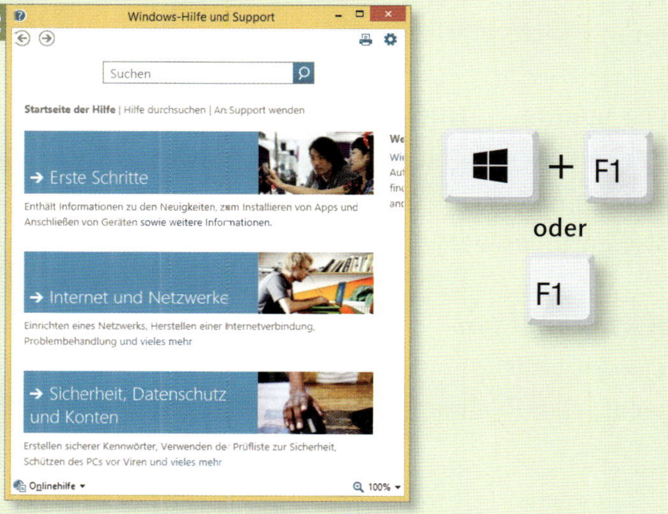

Kapitel 2
Erste Schritte mit Windows 8.1

Windows 8.1 ist installiert und präsentiert den *Startbildschirm*. Sicherlich möchten Sie gleich einige Programme ausprobieren und die Oberfläche ein bisschen an Ihre Bedürfnisse anpassen. Dabei müssen Sie jedoch einiges beachten. Wie kommen Sie zum Desktop? Und wie wieder zurück zum Startbildschirm? Wie funktioniert das mit den Fenstern? Wo sind wichtige Einstelloptionen für Windows versteckt? Diese und noch mehr Fragen beantwortet dieses Kapitel.

Apps starten und schließen
Wo Sie die Apps (Programme) von Windows starten und das Erscheinungsbild des Startbildschirms ❶ beeinflussen können, verrät Ihnen der erste Teil von Kapitel 2. Welche Besonderheiten dabei auf Tablet-Benutzer zukommen, wird ebenfalls angesprochen.

Mit Fenstern umgehen
Auf dem Desktop von Windows 8.1 werden Programme in sogenannten *Fenstern* ❷ gestartet. Überhaupt ist das Fenster-System das A und O Ihres Betriebssystems. Eine erste Kontaktaufnahme mit dieser Art der Computerbedienung finden Sie im zweiten Teil dieses Kapitels. Windows 8.1 hält übrigens einige Hilfen bereit, die Ihnen den Umgang mit mehreren Fenstern erleichtern.

Die Windows-Hilfe aufrufen
Was machen Sie, wenn Sie Hilfe benötigen? Klar, Sie schauen in Ihr neues Windows-Buch. Was sonst? Wenn Sie das Windows-eigene Hilfe-System ❸ unter die Lupe nehmen wollen, stehen Ihnen verschiedene Optionen zur Verfügung.

Herunterfahren
Die Arbeit ist getan, und Sie möchten sich etwas Ruhe gönnen? Gerne! Nur vergessen Sie nicht, den Rechner auszuschalten, indem Sie ihn ordnungsgemäß herunterfahren ❹.

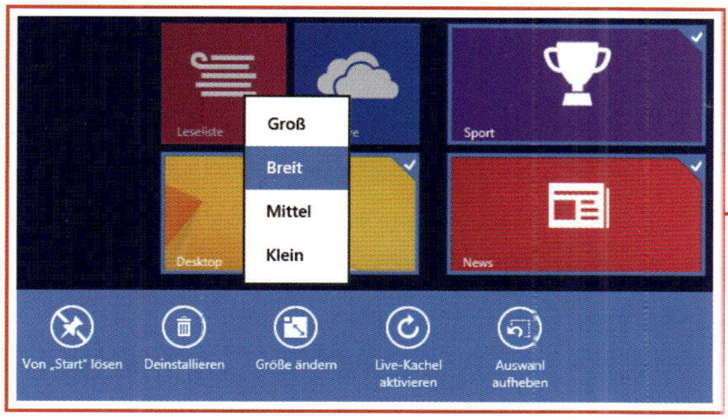

1 Wie Sie Apps starten und den Startbildschirm bedienen, erfahren Sie in diesem Kapitel.

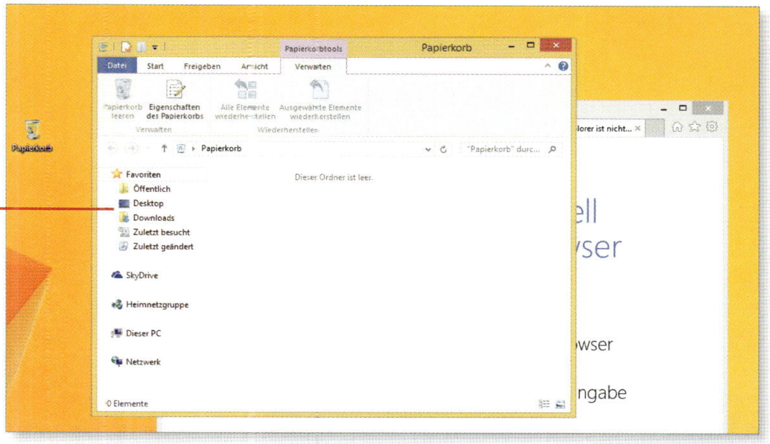

2 Auch der Umgang mit Fenstern auf dem Desktop soll nicht zu kurz kommen.

3 Die Windows-eigene Hilfe bietet Antworten und Unterstützung bei den meisten Fragen.

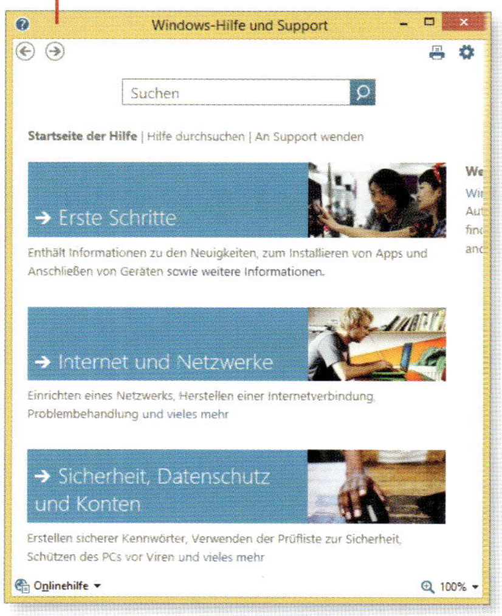

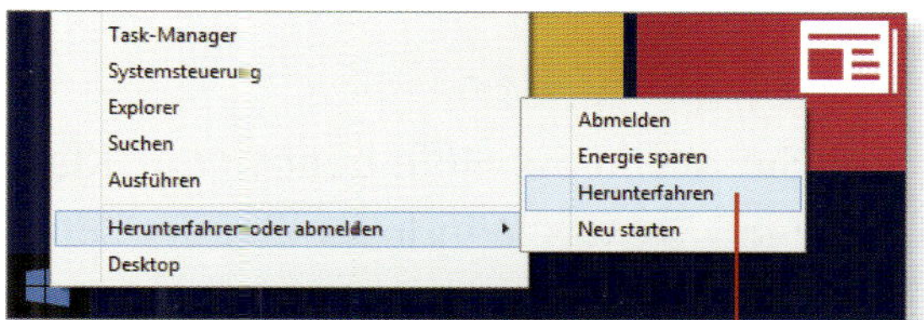

4 Wenn Sie mit der Arbeit fertig sind, sollten Sie den Rechner ordnungsgemäß herunterfahren.

Die Kacheln anordnen

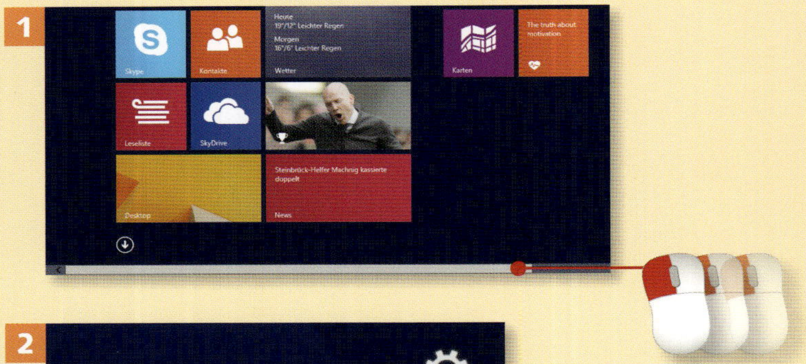

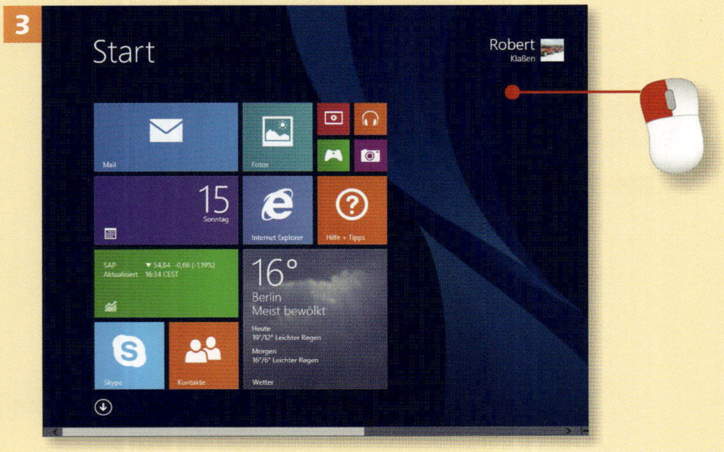

Ehe Sie mit der Arbeit in Windows 8.1 beginnen, sollten Sie sich mit der Oberfläche vertraut machen. Hier ist zunächst einmal der Startbildschirm zu erwähnen, der alle Standard-Apps bereithält.

Schritt 1

Sollten nicht alle Kacheln (die farbigen Quadrate und Rechtecke des Startbildschirms) sichtbar sein, klicken Sie auf den grauen Balken am unteren Bildrand. Halten Sie die Maustaste gedrückt, und bewegen Sie die Maus nach rechts.

Schritt 2

Mit dem kleinen Minuszeichen, das sich rechts neben dem Balken befindet, lassen sich die Kacheln derart verkleinern, dass alle gemeinsam angezeigt werden können.

Schritt 3

Ein Mausklick auf einen freien Bereich des Bildschirms bringt die ursprüngliche Ansicht zurück. Anhand der Motive auf den großen Kacheln lässt sich der Inhalt der dahinter befindlichen App sehr viel besser erahnen.

Schritt 4

Falls Ihnen die Anordnung der Kacheln nicht zusagt, können Sie sie umsortieren. Klicken Sie dazu eine Kachel an, und halten Sie die Maustaste gedrückt. Jetzt verschieben Sie die Kachel mit der Maus und lassen erst los, wenn die gewünschte Position erreicht ist.

4

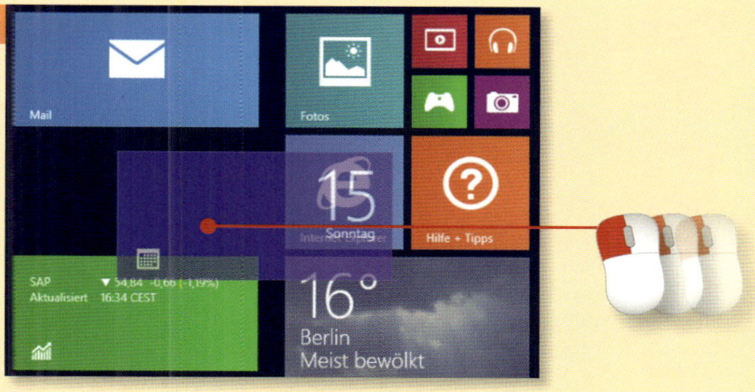

Schritt 5

Falls Sie eine eigene Gruppe aus solchen Kacheln zusammenstellen wollen, die Ihnen persönlich ganz wichtig sind, ziehen Sie erst eine und dann weitere Kacheln mit gedrückter Maustaste zur Seite, bis sich ein hellerer Balken zeigt. Daraufhin lassen Sie die Maustaste los.

5

Schritt 6

Wenn Sie nicht benötigte Apps entfernen wollen, setzen Sie zunächst einen Rechtsklick darauf. (Achten Sie auf das Häkchen oben rechts.) Anschließend fahren Sie mit der Maus nach unten in die blaue Leiste und klicken mit der linken Maustaste auf **Von „Start" lösen** ❶.

6

Mehrere Kacheln markieren
Sie können auch mehrere Kacheln nacheinander mit rechts anklicken, damit diese ausgewählt werden.

Kacheln hinzufügen

Wenn Sie die Kachel einer bestimmten App oder eines Programms auf dem Startbildschirm integrieren möchten, können Sie das natürlich gerne tun. Denn zweckmäßigerweise sollten Ihre Lieblings-Apps und damit häufig benutzten Programme über eine Kachel erreichbar sein.

Schritt 1

Klicken Sie auf den nach unten weisenden Pfeil, den Sie auf dem Startbildschirm unten links sehen (unterhalb der vorhandenen Kacheln).

Schritt 2

Markieren Sie mit der rechten Maustaste jenes Symbol, das Sie auf dem Startbildschirm integrieren wollen. Danach klicken Sie mit der linken Maustaste auf **An „Start" anheften** ❶.

Schritt 3

Nun kehren Sie automatisch zum Startbildschirm zurück. Die neu integrierte Kachel finden Sie standardmäßig oben rechts auf dem Startbildschirm. Platzieren Sie diese wie in Schritt 4 der vorangegangenen Anleitung beschrieben.

Die Kachelgröße lässt sich individuell festlegen. Wenn Sie mögen, können Sie sogar mehrere Kacheln gleichzeitig verändern.

Schritt 1

Klicken Sie mit rechts auf eine Kachel, deren Größe angepasst werden soll. Alternativ können Sie auch mehrere Kacheln hintereinander mit rechten Mausklicks versehen. Markierte Kacheln weisen oben rechts ein Häkchen auf.

Schritt 2

Fahren Sie in die Fußleiste des Startbildschirms, und betätigen Sie die Schaltfläche **Größe ändern**.

Schritt 3

Wählen Sie in der Liste nun den Eintrag aus, der Ihren Vorstellungen entspricht, und klicken Sie darauf. (Wie sich **Breit** auswirkt, sehen Sie rechts in der Abbildung.)

Kachelgrößen
Die Größe der Kacheln hat keine Auswirkungen auf die Funktion der jeweiligen Anwendung. Sie können damit aber optische Gewichtungen auf dem Startbildschirm vornehmen.

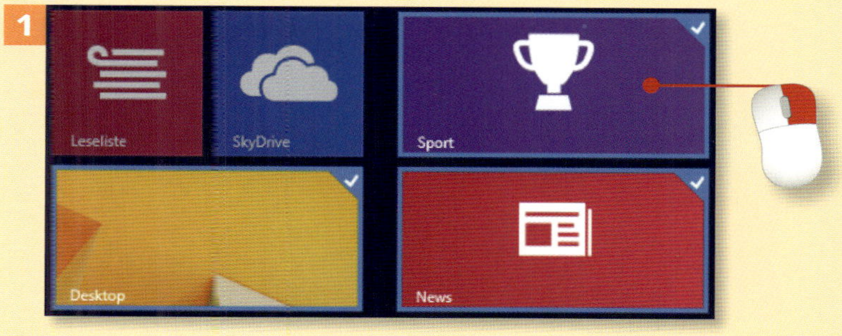

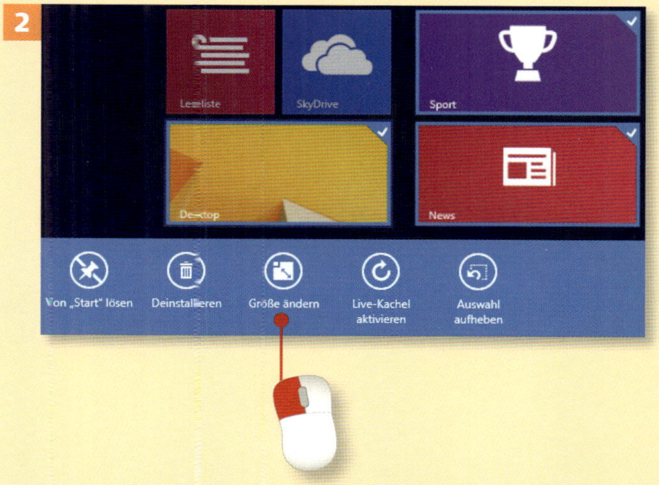

Windows auf dem Tablet bedienen

1

2

3

Im vorangegangenen Workshop haben Sie erfahren, wie sich die Kacheloberfläche mithilfe der Maus oder eines Touchpads bedienen lässt. Tablet-Benutzer hingegen müssen Gesten benutzen, um zum gleichen Resultat zu gelangen.

Schritt 1

Wollen Sie eine Kachel markieren, weil Sie diese z. B. vom Startbildschirm lösen möchten, tippen Sie auf die entsprechende Kachel. Halten Sie den Finger einen Moment darauf.

Schritt 2

Falls die App-Befehle nicht angezeigt werden, streifen Sie vom unteren Bildschirmrand aus nach oben. Das hat zur Folge, dass der blaue Balken eingeblendet wird.

Schritt 3

Zum Verschieben von Kacheln drücken Sie mit dem Finger auf das gewünschte Element, halten den Finger auf dem Bildschirm und ziehen das Element in die gewünschte Richtung.

Schritt 4

Sollten einige Kacheln nicht komplett sichtbar sein, der Bildschirm also nur einen Ausschnitt präsentieren, verschieben Sie mit dem Finger den grauen Balken am unteren Bildrand.

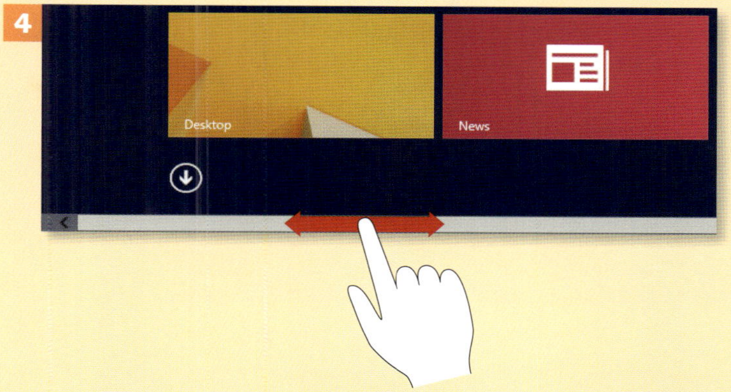

Schritt 5

Zur Ansicht aller Apps wechseln Sie, indem Sie unten links kurz auf den nach unten weisenden Pfeil tippen.

Schritt 6

Damit Sie nun nicht auf ewig in dieser Umgebung gefangen bleiben, tippen Sie in der App-Ansicht auf den nun nach oben weisenden Pfeil. Dadurch gelangen Sie wieder zurück auf den Startbildschirm.

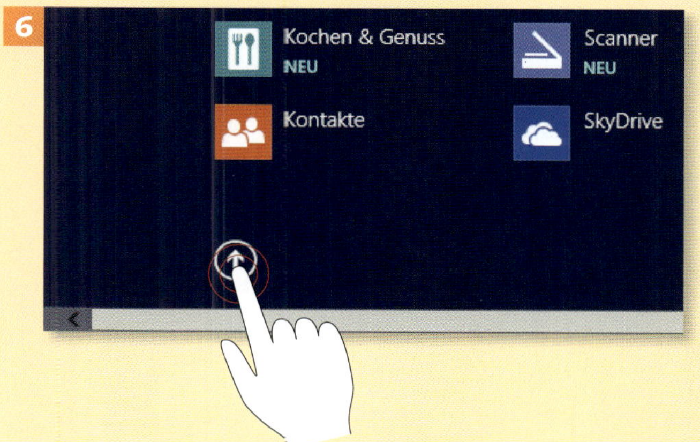

Unten links geht's immer zurück
Egal, in welcher Umgebung Sie sich gerade befinden: Wenn Sie in die untere linke Bildecke tippen, kommen Sie immer wieder zurück zum Startbildschirm bzw. zum Desktop. Alternativ betätigen Sie die [Windows]-Taste.

Apps öffnen und schließen

1

2

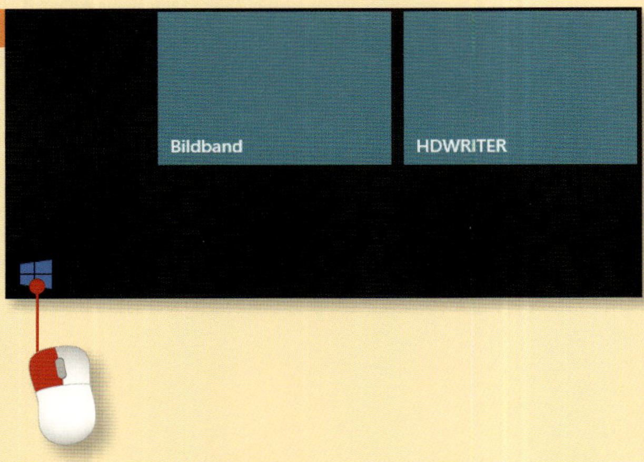

3

Das Starten einer App auf dem Startbildschirm ist keine große Sache. Die Charms-Leiste bietet Zugriff auf Such- und Einstellungsfunktionen.

Schritt 1

Um eine App zu starten, klicken Sie einfach kurz auf die Kachel. Sie müssen die App nach Gebrauch nicht schließen, sie wird nach einer gewissen Zeit von selbst angehalten.

Schritt 2

Um wieder zurückzugehen, drücken Sie ⊞ oder fahren mit dem Mauszeiger in die untere linke Bildschirmecke und klicken dort auf das sich öffnende **Windows**-Symbol.

Schritt 3

Möchten Sie von der geöffneten App aus in eine andere Anwendung wechseln, fahren Sie mit der Maus von der oberen oder unteren linken Ecke ausgehend am linken Bildrand entlang nach oben oder unten.

Eine App schließen
Wenn Sie auf das automatische Schließen einer App nicht warten wollen, betätigen Sie, während Sie sich in der App befinden, die Tastenkombination Alt + F4.

Schritt 4

In dieser Liste finden Sie alle geöffneten Apps (es ist möglich, mit mehreren gleichzeitig zu arbeiten). Oben sehen Sie die zuletzt geöffnete. Klicken Sie darauf, um sie wieder aufzurufen, oder fahren Sie mit dem Mauszeiger nach unten, und klicken Sie auf eine der anderen Kacheln.

4

Schritt 5

Übrigens lassen sich auch in dieser Ansicht Anwendungen schließen. Dazu klicken Sie mit rechts auf die App, die geschlossen werden soll, gefolgt von **Schließen**.

5

Schritt 6

Windows 8.1 bringt die Charms-Leiste mit, über die zahlreiche Einstellungen und Suchfunktionen erreichbar sind. Um sie anzuzeigen, verweilen Sie kurz in der oberen oder unteren rechten Ecke des Bildschirms. Klicken Sie das gewünschte Symbol an (hier: **Suchen** ❶).

6

Funktionen der Charms-Leiste
Über **Suchen** gelangen Sie in eine Oberfläche, in der Sie unter anderem nach Apps suchen können. Über **Einstellungen** ❷ lassen sich verschiedene PC-Funktionen steuern.

Apps auf dem Startbildschirm schließen

1

2

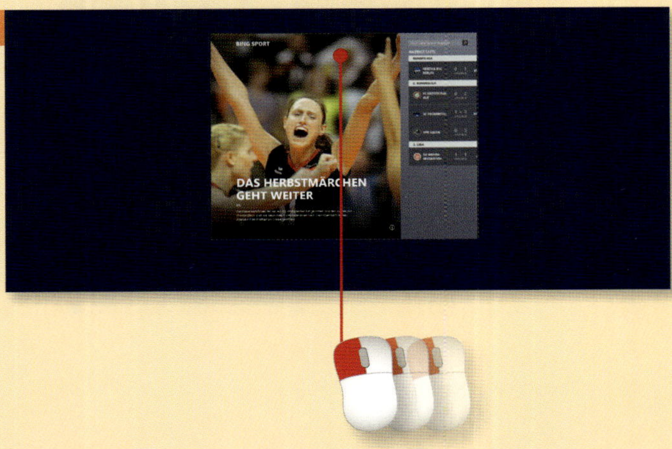

3

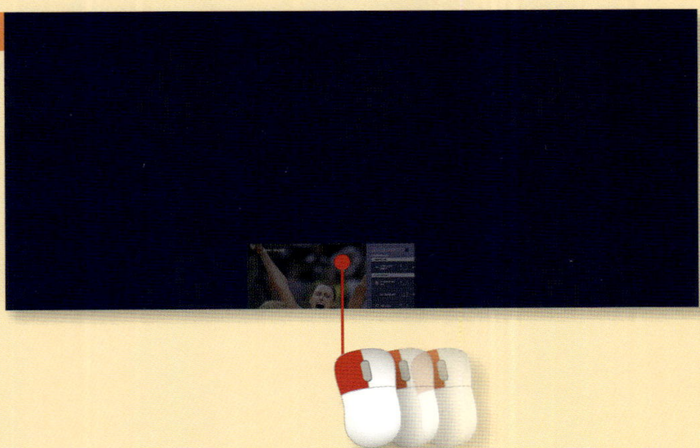

Auf den letzten beiden Seiten haben Sie zwei Methoden zum Schließen von Apps kennengelernt. Hier lernen Sie nun eine noch weitere, sehr viel intuitivere Methode kennen.

Schritt 1

Um die App zu schließen, in der Sie sich befinden (hier: **Sport**), klicken Sie an den oberen Rand des Monitors. Lassen Sie die Maustaste nicht los!

Schritt 2

Ziehen Sie die Maus weiter nach unten. Dabei verkleinert sich das Bild der Anwendung. Halten Sie die Maustaste weiterhin gedrückt.

Schritt 3

Wenn Sie am unteren Bildschirmrand angelangt sind, lassen Sie die Maustaste los. Die App wird geschlossen.

Desktop-Programme schließen

Desktop-Programme werden im Gegensatz zu den hier vorgestellten Apps genauso geschlossen wie Desktop-Fenster. Diese verfügen nämlich über eigene **Schließen**-Schaltflächen. Wie Sie Desktop-Programme und -Fenster schließen, erfahren Sie im Abschnitt »Fenster auf dem Desktop öffnen und schließen« auf Seite 38.

Den Sperrbildschirm überwinden

Windows 8.1 startet automatisch mit dem sogenannten Sperrbildschirm. Um diesen zu überwinden und auf Ihren PC zugreifen zu können, müssen Sie Ihr persönliches Passwort eingeben.

Schritt 1

Kurz nachdem Sie den Computer gestartet haben, erscheint der sogenannte *Sperrbildschirm*. Um diese Ansicht verlassen zu können, müssen Sie zunächst eine beliebige Taste drücken oder einen Mausklick ausführen.

Schritt 2

Klicken Sie als Nächstes in das Eingabefeld **Kennwort**, und tragen Sie hier Ihr persönliches Passwort ein.

Schritt 3

Anschließend klicken Sie auf die blau-weiße Pfeil-Schaltfläche oder drücken [↵] auf der Tastatur.

Benutzerwechsel

Der Sperrbildschirm erscheint auch bei einem Benutzerwechsel – sofern weitere Benutzer auf dem PC eingerichtet sind. Wie Sie dazu vorgehen, erfahren Sie im Abschnitt »Ein Benutzerkonto einrichten« ab Seite 276.

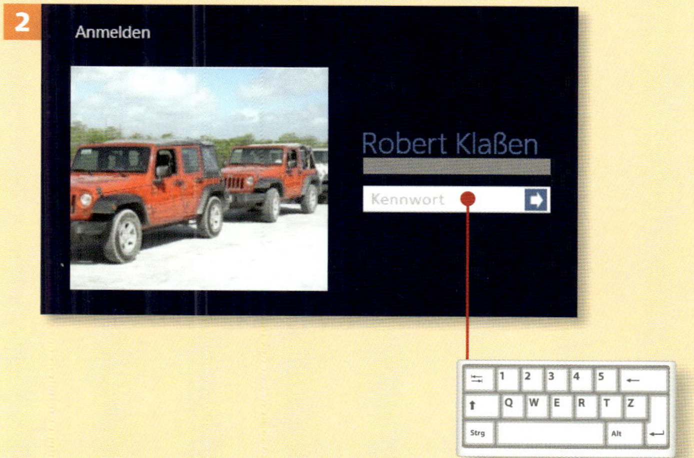

Auf dem Desktop arbeiten

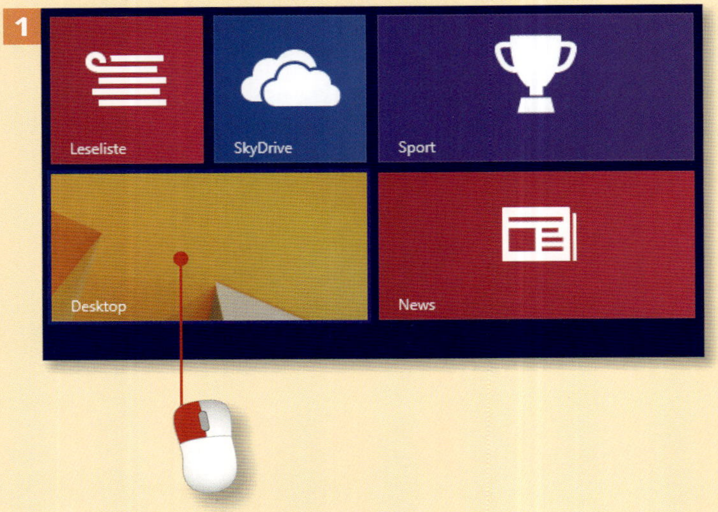

Die Kacheloberfläche ist zwar schick und innovativ, jedoch werden Sie vielleicht auch den Wunsch haben, auf der altbekannten Oberfläche, dem Desktop, zu arbeiten.

Schritt 1

Um zum Desktop zu wechseln, klicken Sie auf die gleichnamige Kachel auf dem Startbildschirm.

Schritt 2

Wann immer Sie zum Startbildschirm zurück möchten, fahren Sie in die untere linke Ecke und klicken auf die dort angebrachte **Windows**-Schaltfläche.

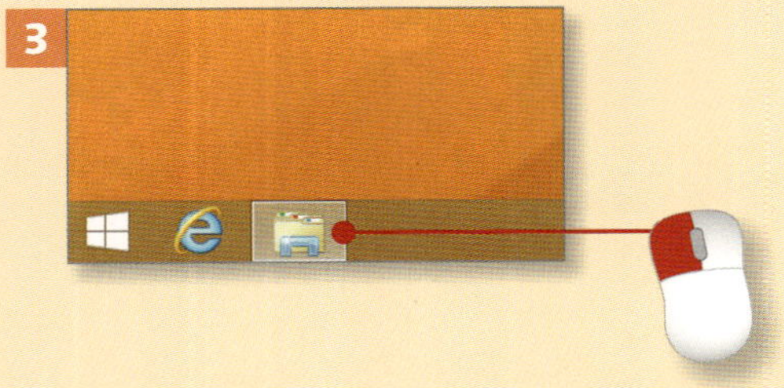

Schritt 3

Rechts daneben sind zwei weitere Schaltflächen zu finden. Mit der linken öffnet sich der *Internet Explorer*, mit dem Sie schnell ins Internet gelangen. Das kleine Ordner-Symbol (der *Explorer*) erlaubt den Zugriff auf weitere Ordner.

Schaltflächen und Symbole
Ein Knopf, den Sie auf der Arbeitsoberfläche finden, wird auch als *Button* oder *Schaltfläche* bezeichnet. Die Symbole der Schaltflächen nennen sich *Icons*.

Schritt 4

Unten rechts befinden sich systemrelevante Elemente ❶, die ebenfalls durch einen Mausklick zugänglich gemacht werden können. Hier erhalten Sie z. B. Zugriff auf Netzwerkverbindungen oder die Systemuhr.

Schritt 5

Ein auf die zuvor beschriebene Weise geöffnetes Fenster schließen Sie wieder, indem Sie einen Mausklick auf einen freien Bereich des Desktops setzen.

Schritt 6

Die Charms-Leiste haben Sie ja bereits kennengelernt. Sie erreichen sie auch auf dem Desktop, indem Sie in die obere oder untere rechte Ecke fahren und die Maus anschließend vertikal verschieben.

Taskleiste

Die horizontale Leiste, die sich auf dem Desktop ganz unten befindet, wird *Taskleiste* genannt. Wenn Sie weitere Programme oder Ordner öffnen, finden Sie deren Miniaturen ebenfalls in dieser Leiste. Schließen Sie eine App oder einen Ordner, verschwindet auch das Symbol wieder.

Fenster auf dem Desktop öffnen und schließen

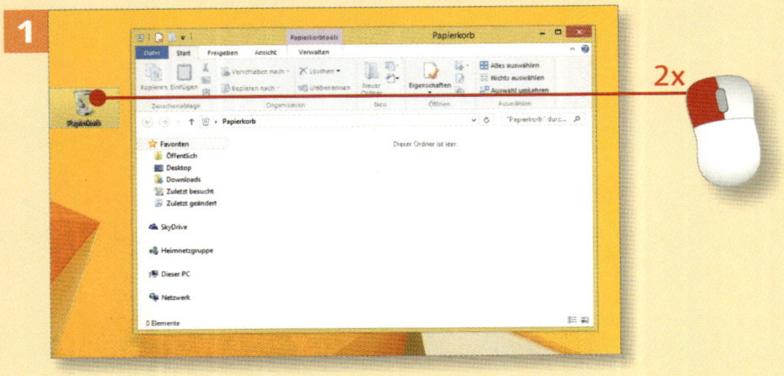

Windows macht seinem Namen alle Ehre. Denn alles spielt sich hier irgendwie in Fenstern ab. Das ist zumindest dann der Fall, wenn Sie über den Desktop hinaus weitere Bereiche öffnen.

Schritt 1

Auf dem Desktop befindliche Elemente (standardmäßig ist das nur der Papierkorb) lassen sich öffnen, indem Sie einen Doppelklick auf das Symbol ausführen. Öffnen Sie also den Papierkorb.

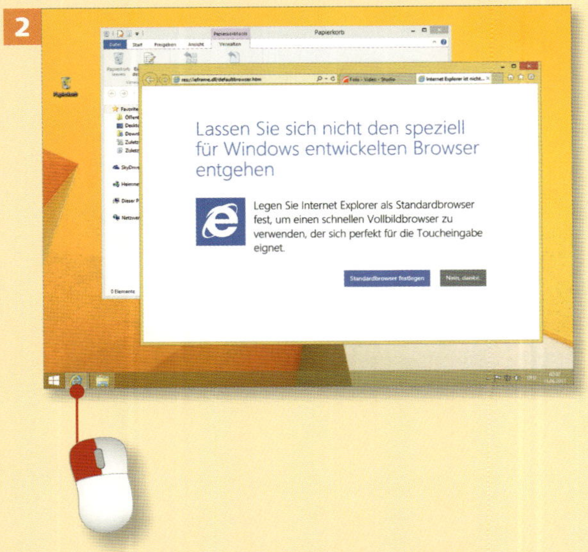

Schritt 2

Öffnen Sie ein weiteres Fenster, indem Sie unten in der Taskleiste einmal auf das Internet-Explorer-Icon klicken. Dieses Fenster legt sich nun über das des Papierkorbs.

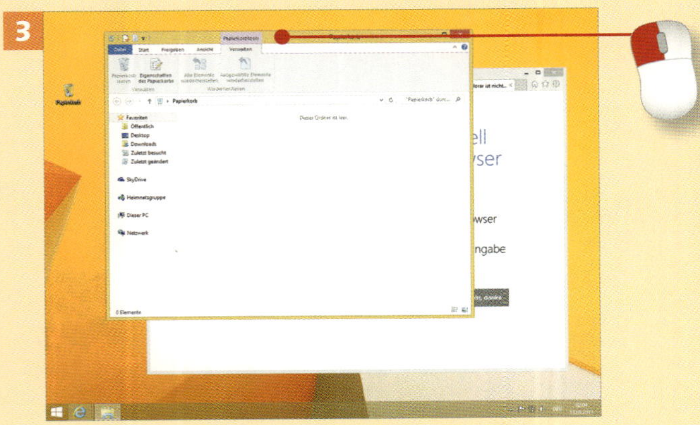

Schritt 3

Um das Papierkorb-Fenster nach vorn zu stellen, klicken Sie einmal an einer freien Stelle auf dessen Kopfleiste. Dadurch tritt das Papierkorb-Fenster in den Vordergrund, das Fenster des Internet Explorers rückt in den Hintergrund.

Schritt 4

Ein geöffnetes Fenster kann minimiert werden. Das bedeutet: Es bleibt aktiv, wird aber nur noch als Symbol in der Taskleiste angezeigt. Klicken Sie dazu auf die **Minimieren**-Schaltfläche oben rechts.

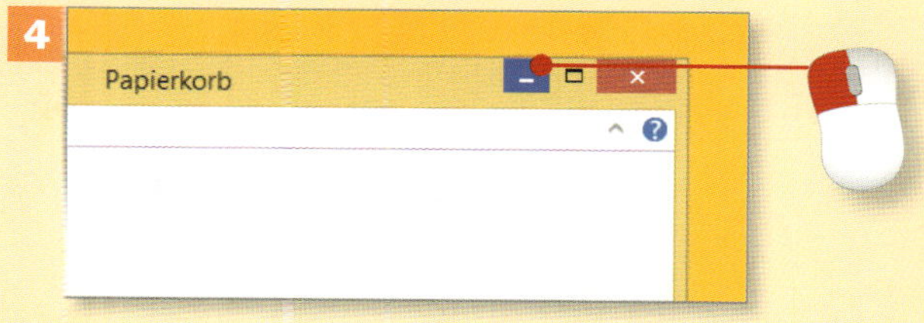

Schritt 5

Um ein minimiertes Fenster wiederherzustellen, klicken Sie auf das zugehörige Symbol in der Taskleiste. Der Papierkorb wird hier durch das Explorer-Symbol repräsentiert.

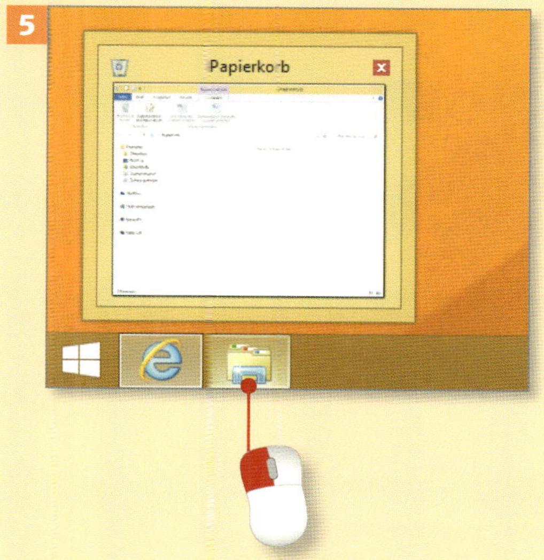

Schritt 6

Schließen Sie das Fenster, indem Sie den roten Button oben rechts anklicken. Mit der links daneben befindlichen Schaltfläche ❶ lässt sich das Fenster übrigens bildschirmfüllend darstellen bzw. wieder auf die ursprüngliche Größe reduzieren.

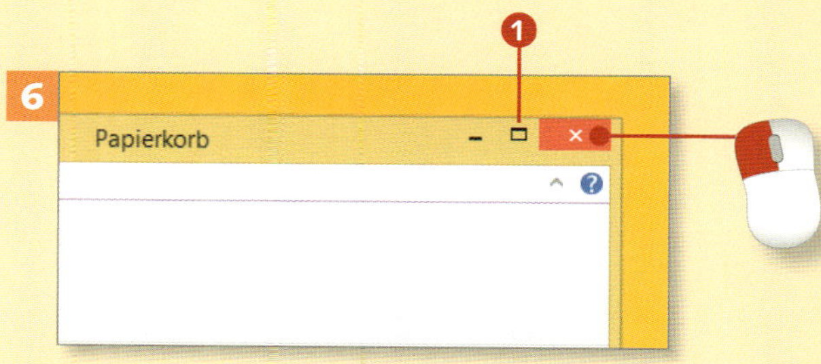

Vorschau des Fensters ansehen
Sollten später viele Fenster geöffnet sein, lässt sich anhand des Icons nicht immer zweifelsfrei erkennen, um welches Fenster es sich handelt. In diesem Fall verweilen Sie mit der Maus einen Moment auf dem Icon und warten, bis die entsprechende Miniatur sichtbar wird (siehe Schritt 5).

Fenster auf dem Desktop anordnen

Was auf der Arbeitsoberfläche Ihres PCs geschieht, haben Sie in der Hand. Bestimmen Sie selbst, wo Fenster positioniert werden, und legen Sie auch deren jeweilige Größe fest.

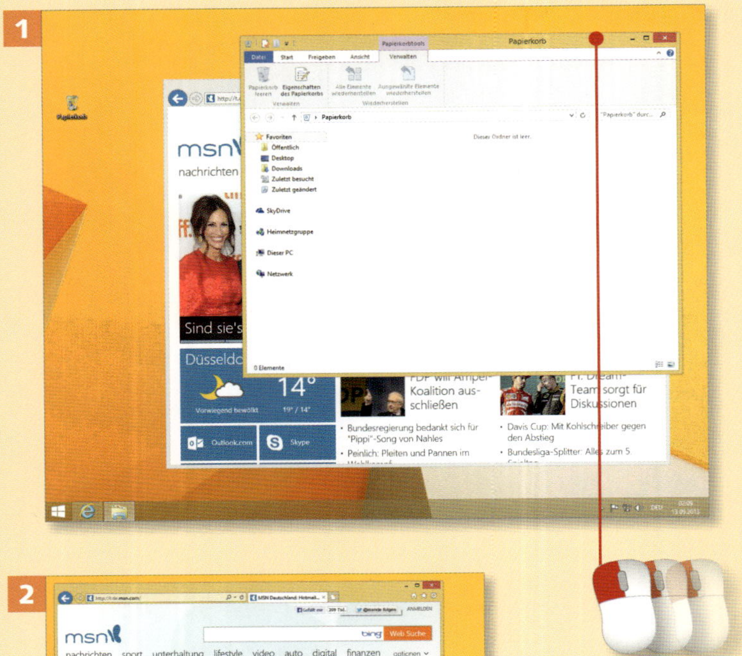

Schritt 1

Das Fenster lässt sich ganz einfach verschieben. Klicken Sie dazu auf die Kopfleiste, halten Sie die Maustaste gedrückt, und verschieben Sie das Fenster. Danach lassen Sie die Maustaste los.

Schritt 2

Um das Fenster breiter zu ziehen, fahren Sie mit der Maus zu einem der beiden Rahmen links oder rechts. Der Mauszeiger wird zum Doppelpfeil. Halten Sie die Maustaste gedrückt, und ziehen Sie den Rahmen nach links oder rechts.

Schritt 3

Auf die gleiche Weise lässt sich ein Fenster auch in der Höhe verändern. Dazu ziehen Sie jedoch am unteren oder oberen Rand des Fensters.

Drag & Drop

Das Ziehen und Fallenlassen eines Elements zur Änderung seiner Position nennt sich *Drag & Drop*.

Schritt 4

Die in den Schritten 2 und 3 beschriebenen Skalierungen eines Fensters können auch in einem einzelnen Arbeitsgang erledigt werden. Dazu müssen Sie dann die untere rechte Ecke wie beschrieben verschieben. Der Mauszeiger mutiert in diesem Fall zum diagonalen Doppelpfeil.

4

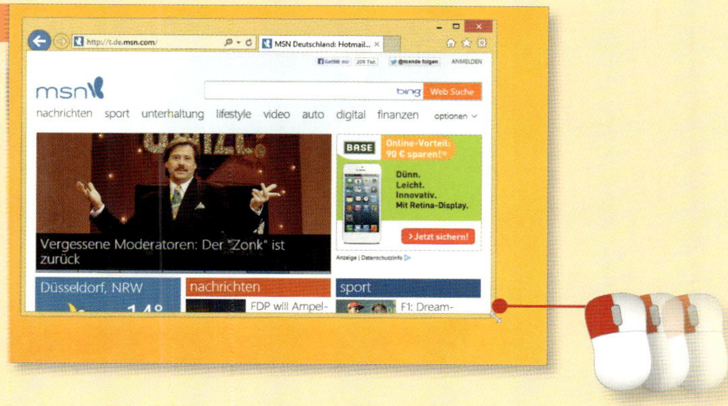

Schritt 5

Sie können ein Fenster prima maximieren, indem Sie es an der Kopfleiste anfassen und mit gedrückter Maustaste an den oberen Bildrand ziehen. Wenn Sie es dort fallen lassen, wird es automatisch vergrößert.

5

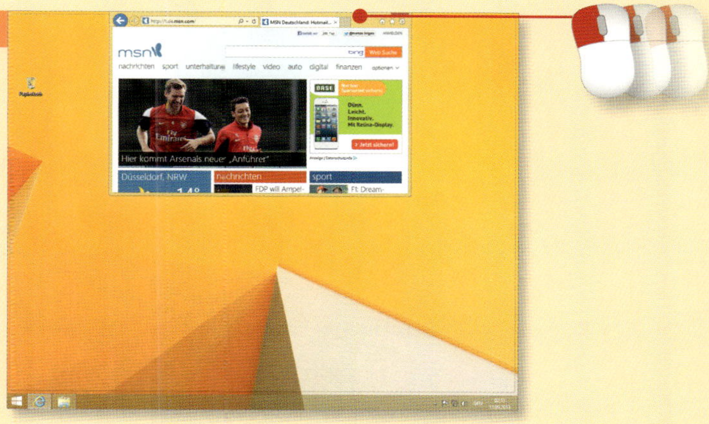

Schritt 6

Um zwei geöffnete Fenster nebeneinander anzuordnen, ziehen Sie eines der Fenster an den linken, das andere an den rechten Bildrand. Beide Fenster nehmen dann automatisch je eine Hälfte des Bildschirms ein.

6

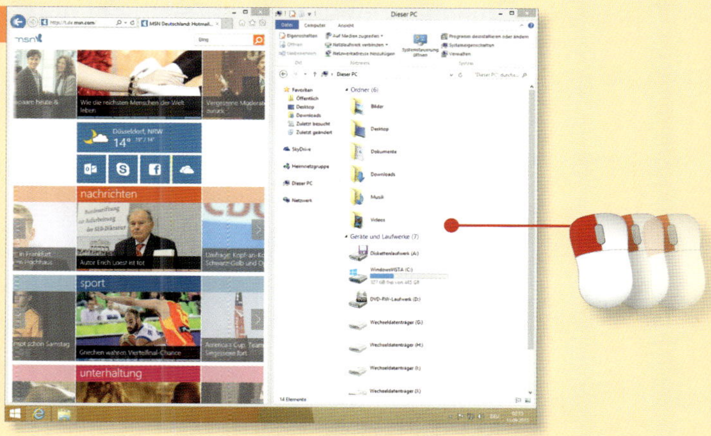

Fenster wiederherstellen

Sobald Sie ein Fenster an seiner Kopfleiste wieder in die Mitte des Desktops ziehen und es dort fallen lassen, wird die zuvor eingestellte Größe wiederhergestellt.

Künftig immer mit dem Desktop starten

Viele Benutzer von Windows 8 waren enttäuscht über die neu integrierte Kacheloberfläche. Manch einer wünschte sich den direkten Zugang zum Desktop zurück. Windows 8.1 startet zwar zunächst noch immer mit den Kacheln, doch das können Sie nun ändern.

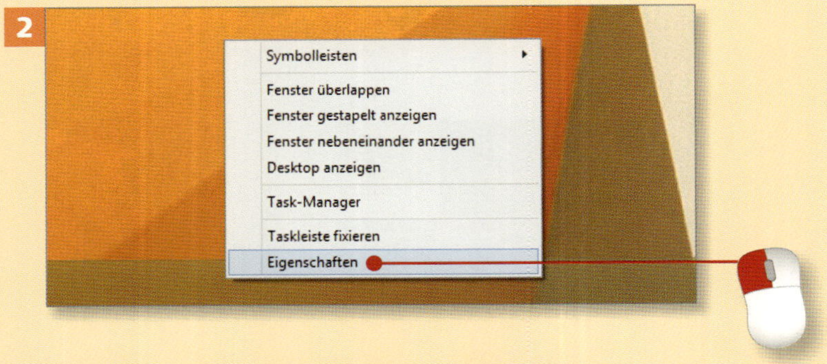

Schritt 1

Wenn Sie künftig nach dem Hochfahren des Computers nicht mehr mit dem Startbildschirm, sondern direkt mit dem Desktop arbeiten wollen, führen Sie einen Rechtsklick auf einem freien Bereich der Taskleiste aus.

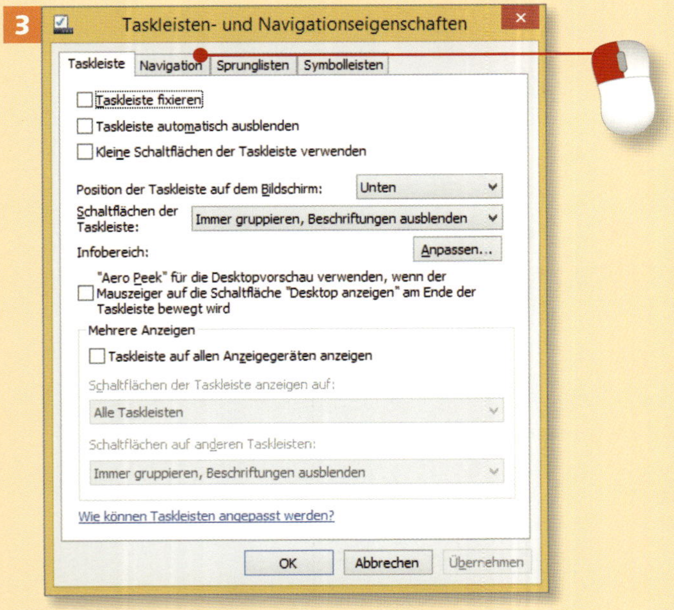

Schritt 2

Klicken Sie in dem Menü, das sich nun öffnet, auf den Eintrag **Eigenschaften**.

Schritt 3

Oben finden Sie vier Registerkarten. Klicken Sie die zweite Registerkarte **Navigation** an.

Registerkarten

Registerkarten (kurz: Register) sind verschiedene Tafeln eines Fensters, die im Prinzip übereinanderliegen. Klicken Sie ein Register an, wird dessen Inhalt automatisch nach vorn gestellt.

Schritt 4

Nun setzen Sie einen Mausklick auf den Text **Beim Anmelden oder Schließen sämtlicher Apps anstelle der Startseite den Desktop anzeigen**. Im davor befindlichen Kästchen taucht nun ein Häkchen auf.

4

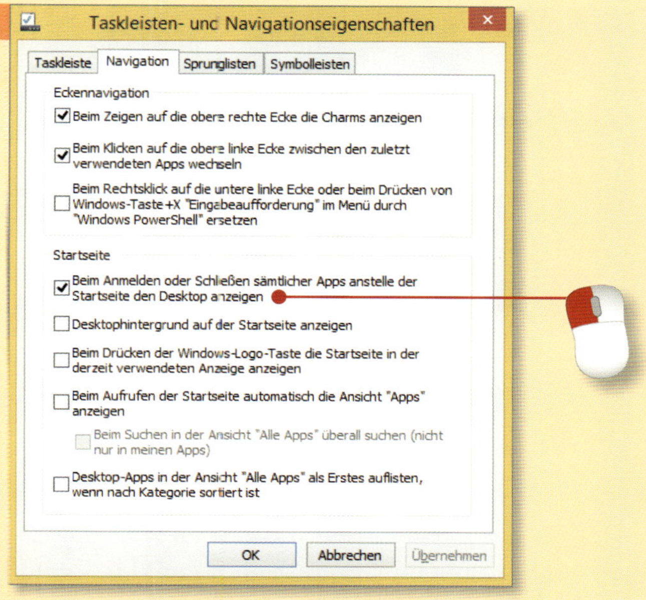

Schritt 5

Nachdem Sie sich vergewissert haben, dass das Häkchen zu sehen ist, lassen Sie einen Mausklick auf **OK** folgen, um Ihre Änderungen zu speichern.

5

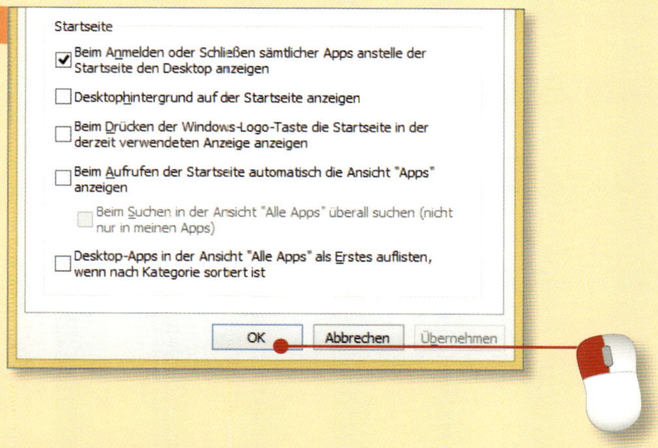

Schritt 6

Künftig finden Sie nach der Anmeldung am PC nicht mehr die Oberfläche mit den Kacheln, sondern direkt den Desktop vor. Um auf die Kachel-Oberfläche zu gelangen, klicken Sie auf die **Windows**-Schaltfläche.

6

Checkboxen

Eine *Checkbox* ist ein sogenanntes *Ankreuzkästchen* (siehe Schritt 4). Bei jedem Mausklick wird das Häkchen platziert bzw. entfernt. Grundsätzlich gilt: Ist das Häkchen zu sehen, trifft die Anweisung zu. Ist das Kästchen hingegen leer, trifft sie nicht zu.

Die Systemsteuerung öffnen

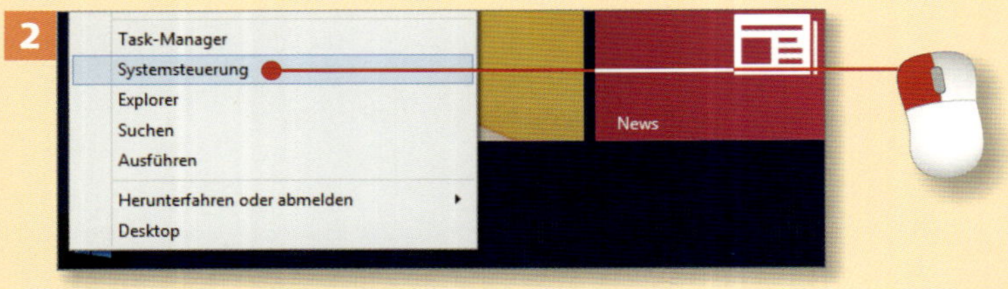

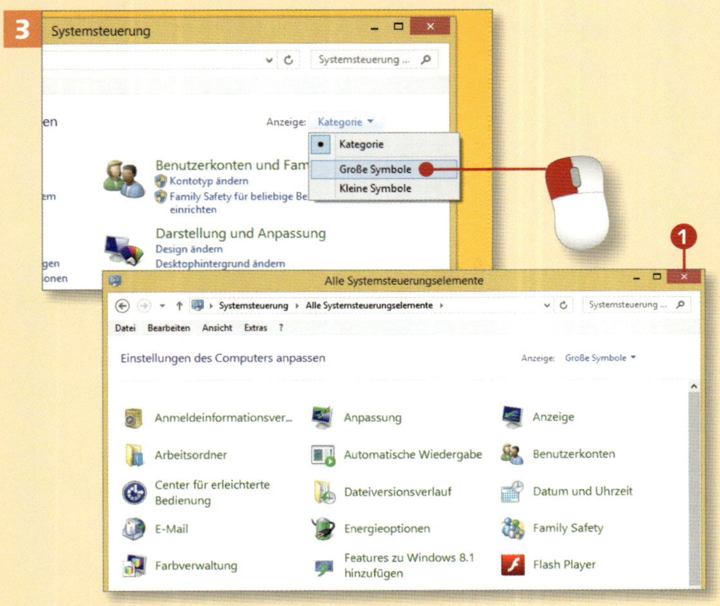

In dieser Anleitung erfahren Sie, wie Sie in die Systemsteuerung gelangen und zudem wichtige Symbole auf den Desktop bringen.

Schritt 1

Klicken Sie mit der rechten Maustaste auf das **Windows**-Symbol, das Sie sowohl auf dem Startbildschirm als auch auf dem Desktop unten links in der Ecke finden. (Auf dem Startbildschirm sehen Sie das Symbol erst, wenn Sie sich mit der Maus in der Ecke befinden.)

Schritt 2

Fahren Sie im Menü hinauf, bis Sie den Eintrag **Systemsteuerung** erreichen. Dort angelangt, führen Sie einen Mausklick aus.

Schritt 3

Wenn im Fenster **Systemsteuerung** im Feld **Anzeige** oben rechts **Kategorie** steht, schalten Sie um auf **Große Symbole**. Die Darstellung zeigt nun alle Optionen an. Schließen Sie das Fenster mit einem Klick auf das Kreuz ❶.

Schritt 4

Jetzt sorgen Sie dafür, dass einige Icons für den schnellen Zugriff auf dem Desktop angezeigt werden. Führen Sie einen Rechtsklick auf dem Desktop aus (weder auf einem Icon noch auf der Taskleiste!), und klicken Sie im Kontextmenü mit der linken Maustaste auf **Anpassen**.

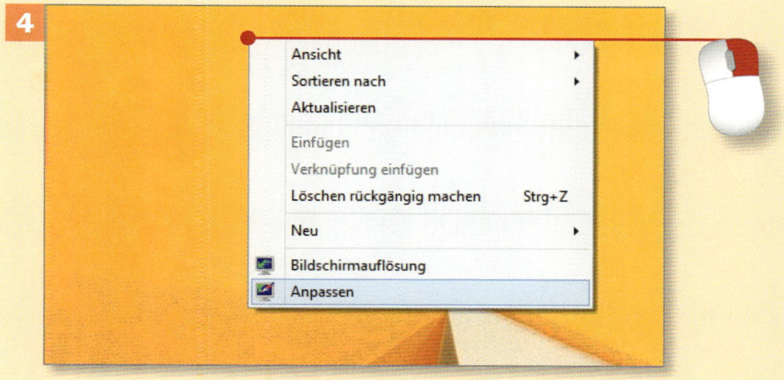

Schritt 5

In der linken Spalte des Dialogs **Anpassung** der Systemsteuerung sehen Sie den Eintrag **Desktopsymbole ändern**. Klicken Sie darauf.

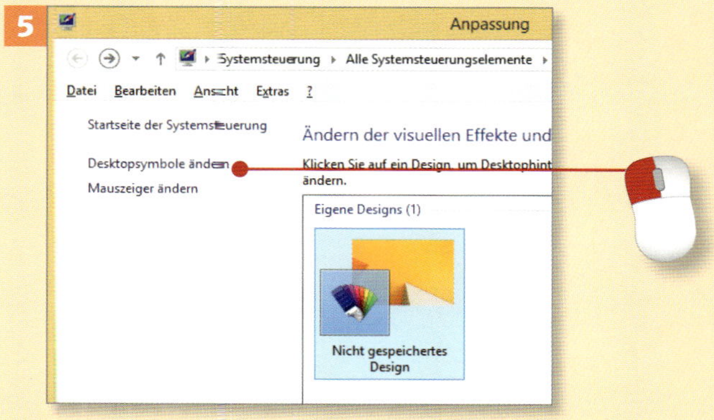

Schritt 6

Sorgen Sie dafür, dass die Einträge **Computer**, **Papierkorb**, **Benutzerdateien** und **Systemsteuerung** mit einem Häkchen versehen sind. Bestätigen Sie mit einem Klick auf **OK**, und schauen Sie sich die neuen Icons auf dem Desktop an.

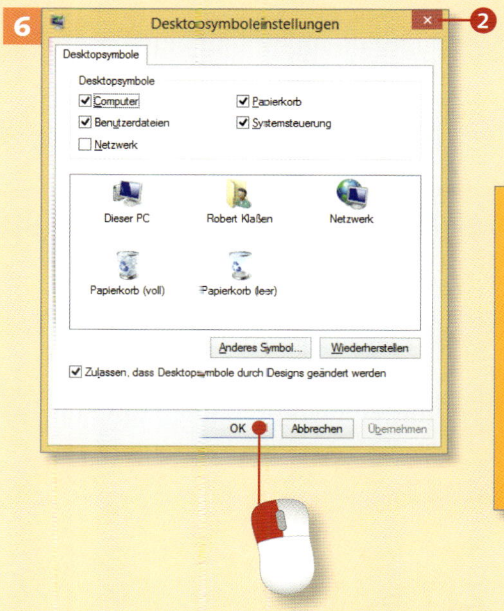

Fenster schließen

Da das Fenster **Anpassung** nicht mehr benötigt wird, sollten Sie es mit einem Klick auf das rote Kreuz (das sogenannte *Schließkreuz*) 2 wieder schließen.

Energieoptionen festlegen

Computer verbrauchen viel Energie. Daher sollten Sie das System auch in puncto Verbrauch an Ihre Gewohnheiten anpassen. Mit wenigen Handgriffen lässt sich so aufs Jahr gesehen der eine oder andere Euro sparen.

Schritt 1

Zunächst klicken Sie doppelt auf das in der letzten Anleitung neu erzeugte Icon **Systemsteuerung** ❶. Den nächsten Mausklick setzen Sie auf **Energieoptionen**.

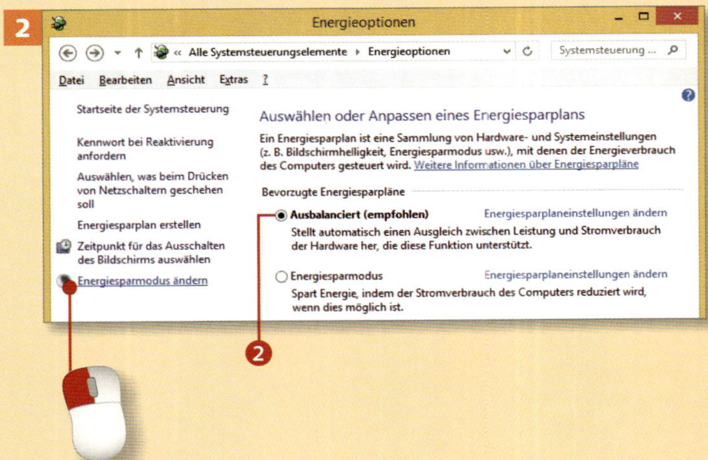

Schritt 2

Hier werden zwei Modi angeboten. **Ausbalanciert (empfohlen)** ❷ stellt einen guten Kompromiss zwischen Computerleistung und Verbrauch dar. Klicken Sie anschließend auf die Zeile **Energiesparmodus ändern**.

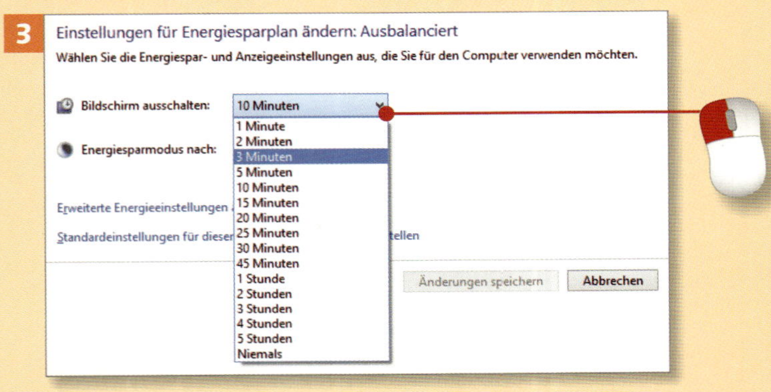

Schritt 3

Im nächsten Dialog klicken Sie zunächst auf die Zeitangabe neben **Bildschirm ausschalten**. Warum sollte der Monitor nicht z. B. nach drei Minuten in den Ruhezustand versetzt werden? Das spart jede Menge Energie. Entscheiden Sie sich für eine der angebotenen Zeitangaben.

Schritt 4

Falls Sie daran interessiert sind, Energieoptionen zielgerichtet für einzelne Elemente des Computers einzustellen, klicken Sie auf **Erweiterte Energieeinstellungen ändern**. Anderenfalls wählen Sie **Änderungen speichern** ❸ und lassen die folgenden Schritte aus.

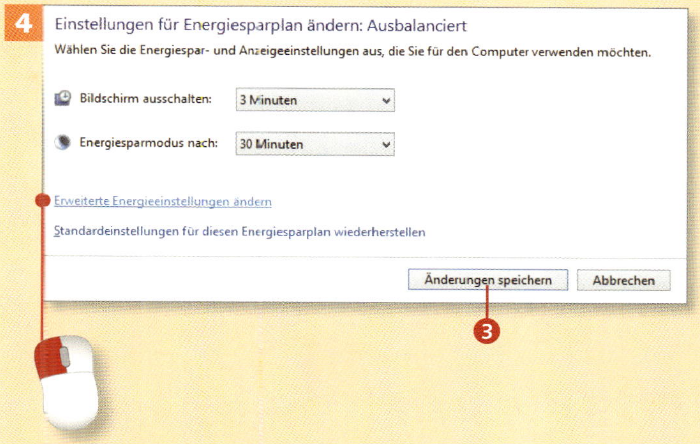

Schritt 5

Klicken Sie auf das oberste Menü **Ausbalanciert [Aktiv]**, und wählen Sie hier bei Bedarf die Option **Energiesparmodus**.

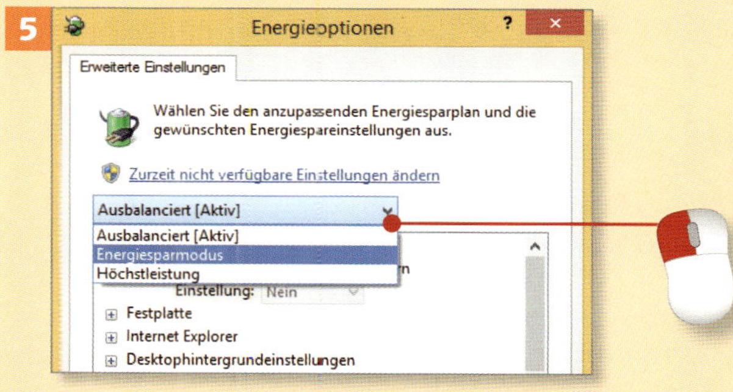

Schritt 6

Im gleichen Dialog können Sie auch die Zeit bis zum Abschalten der Festplatte festlegen. Dazu klicken Sie doppelt auf die »20« und geben den neuen Wert über die Tastatur ein. Alternativ verwenden Sie die be den Dreiecke ❹ neben dem Eingabefeld. Klicken Sie zum Abschluss auf **OK**.

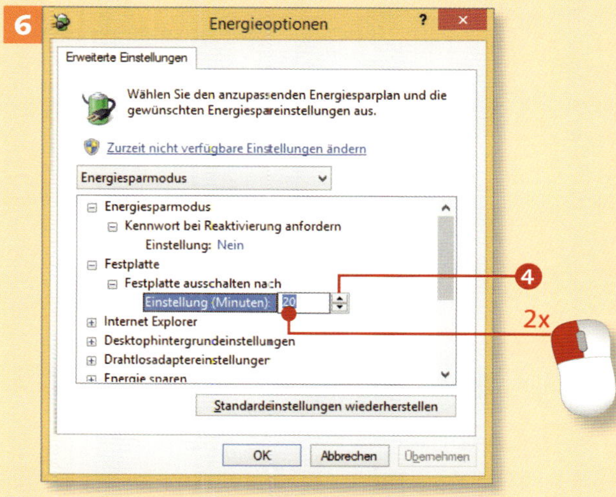

!

Festplatten deaktivieren

Das Deaktivieren von Festplatten ist nicht unproblematisch. Es dauert einen Moment, bis eine Festplatte nach dem Ruhezustand wieder »aufwacht«. Prüfen Sie daher genau, ob Sie diese Art der Einsparung wirklich nutzen wollen.

Die Hilfe aufrufen

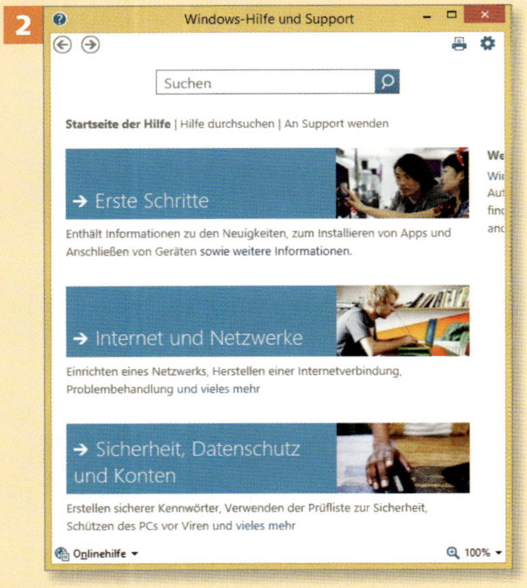

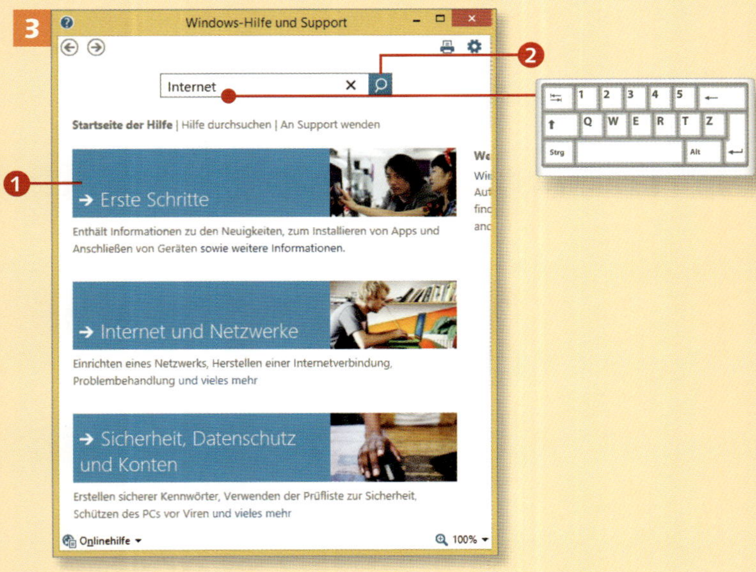

Wenn Sie Unterstützung benötigen, können Sie jederzeit auf die Windows-Hilfe zugreifen. Hier finden Sie Tipps und Tricks sowie weiterführende Informationen.

Schritt 1

In einem geöffneten Fenster (nicht aus der Systemsteuerung heraus!), können Sie das kleine Fragezeichen oben rechts anklicken. Vom Startbildschirm aus geben Sie »hilfe« ein und klicken anschließend auf **Hilfe und Support**.

Schritt 2

Eine Alternative zu Schritt 1 ist (vom Desktop aus) das Drücken von [F1]. (Vorsicht! Wenn Sie [F1] drücken, während Sie sich innerhalb einer App befinden, wird meist die Hilfe der betreffenden App aktiviert, nicht die von Windows 8.1!)

Schritt 3

In der Windows-Hilfe haben Sie zwei Möglichkeiten: Entweder Sie klicken auf eine der eingefärbten Aufzählungen ❶, oder Sie geben oben ein Stichwort ein. Am Ende klicken Sie auf das Lupen-Symbol ❷ oder drücken [↵] auf Ihrer Tastatur.

Den Computer herunterfahren

Nach getaner Arbeit haben nicht nur Sie, sondern auch Ihr PC ein bisschen Ruhe verdient. Das Herausziehen des Steckers wäre allerdings ein fataler Fehler! Fahren Sie den Computer lieber ordnungsgemäß herunter.

Schritt 1

Fahren Sie in die untere linke Ecke des Monitors. Dabei spielt es keine Rolle, ob Sie sich gerade auf dem Startbildschirm oder dem Desktop befinden. Betätigen Sie die **Windows**-Schaltfläche mit der rechten Maustaste.

Schritt 2

Zeigen Sie auf die Zeile **Herunterfahren oder abmelden** und warten Sie, bis sich daneben eine weitere Tafel öffnet.

Schritt 3

Fahren Sie anschließend mit der Maus horizontal hinüber zum Eintrag **Herunterfahren**. Platzieren Sie einen Mausklick auf dieser Zeile. Gedulden Sie sich einen Augenblick, bis der Computer heruntergefahren ist.

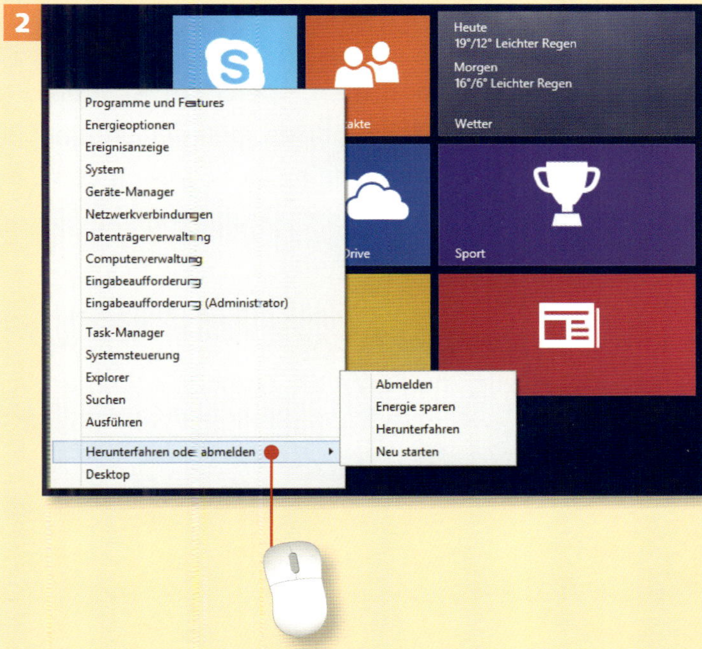

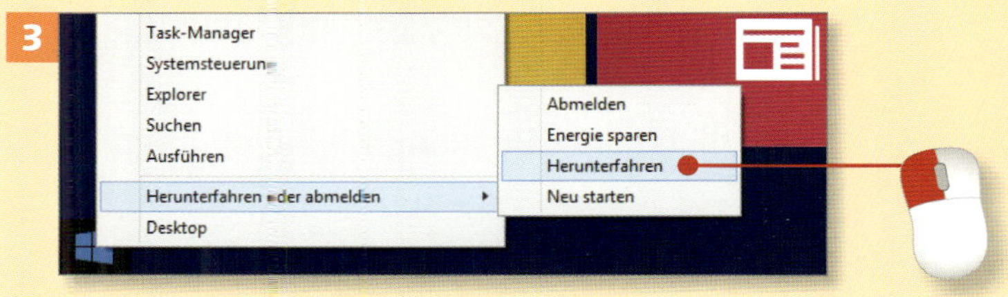

Kapitel 3
Windows 8.1 Tag für Tag

Nun geht es richtig in die Praxis. Viele Aufgaben und Arbeiten mit einem Betriebssystem wiederholen sich regelmäßig. Was Sie unbedingt wissen sollten, erfahren Sie in den folgenden Abschnitten.

Apps suchen, öffnen und schließen
Für Ihre täglichen Aufgaben werden Sie gern und oft auf die vorhandenen Apps zugreifen. Doch wo sind diese zu finden ❶ ? Wie werden sie gestartet und beendet? Fragen über Fragen – die hier beantwortet werden.

Umgang mit Dateien: öffnen, speichern, schließen, löschen
Sie werden häufig Dateien öffnen, bearbeiten, speichern, schließen oder auch löschen: Briefe, Fotos, E-Mails und vieles mehr wollen verwaltet werden. Hier erfahren Sie, wie Sie durch den Einsatz von digitalen Ordnern ❷ die Übersicht behalten.

Tipps und Tricks
Zusätzlich zum Umgang mit Apps und Ordnern werden hier auch noch weitere Möglichkeiten vorgestellt, die Ihnen die tägliche Arbeit erleichtern. Lernen Sie die Zwischenablage kennen, blenden Sie Dateiendungen ein oder aus ❸, und reagieren Sie, wenn eine App vielleicht doch einmal abstürzt.

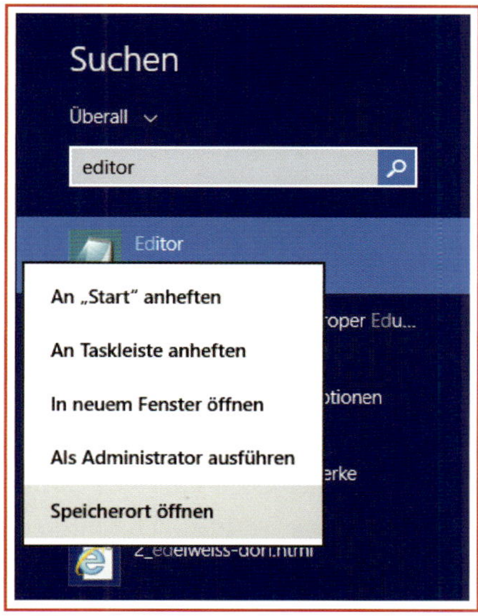

1 Bei der Menge an Apps kann man schon mal den Überblick verlieren, doch die Suche hilft zuverlässig.

2 Sie werden viel mit Dateien und Ordnern arbeiten. Hier lernen Sie, sie gut zu organisieren und den Überblick zu behalten.

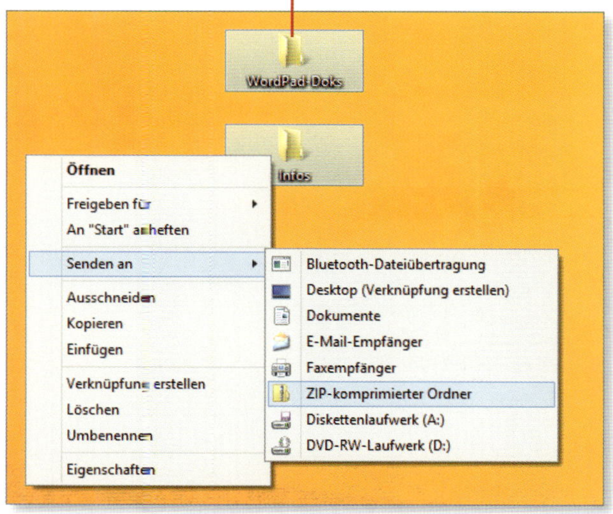

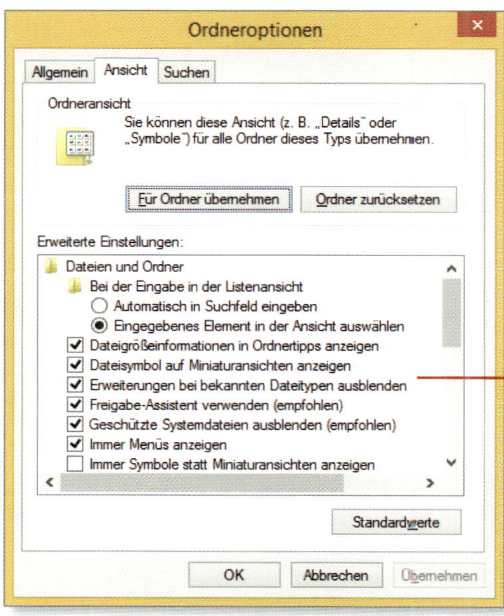

3 Wenn Ihnen das noch nicht reicht, finden Sie in diesem Kapitel noch einige Tipps und Tricks zur Arbeit mit Dateien und Ordnern.

Apps über den Startbildschirm finden

1

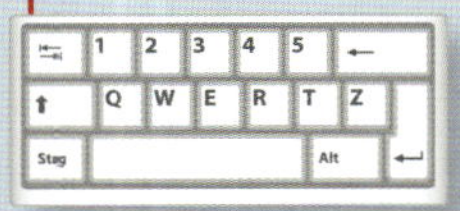

2

3

Der Startbildschirm ist viel leistungsfähiger, als es auf den ersten Blick scheint. Hierüber lässt sich nämlich jedes installierte Programm (jede App) ruck, zuck aufspüren.

Schritt 1

Wir halten beispielhaft Ausschau nach dem *Windows Media Player* und geben daher »me« (für Media Player) ein. Sie können einfach drauflosschreiben; mit der Eingabe verändert sich der Bildschirm.

Schritt 2

Halten Sie nun in der direkt unterhalb erscheinenden Liste Ausschau. Sollte der Eintrag **Windows Media Player** nicht bereits markiert sein, setzen Sie einen Mausklick darauf.

Schritt 3

Ist der Eintrag bereits markiert, können Sie auf Schritt 2 verzichten. Betätigen Sie stattdessen [↵]. Das öffnet ebenfalls den Media Player.

Groß- und Kleinschreibung

Bei der Suche nach Apps können Sie die Großschreibung missachten. Auch mit Kleinbuchstaben werden die Apps gefunden.

Kacheln vom Startbildschirm entfernen

Behalten Sie die Übersicht, indem Sie unnötige Kacheln eliminieren oder die Apps sogar komplett vom Computer deinstallieren.

Schritt 1

Markieren Sie die Kachel, die Sie vom Startbildschirm entfernen wollen, mit der rechten Maustaste. Sie wird daraufhin oben rechts mit einem Häkchen versehen.

Schritt 2

Um die Kachel lediglich vom Startbildschirm zu entfernen, die Software jedoch auf dem Computer zu belassen, betätigen Sie **Von „Start" lösen** unten links in der Fußleiste.

Schritt 3

Wollen Sie die komplette App deinstallieren? Dann betätigen Sie **Deinstallieren** in der Fußleiste. Daraufhin öffnet sich ein kleines Fenster, in dem Sie abermals auf **Deinstallieren** ❶ klicken müssen.

!

Apps wirklich deinstallieren?
Beachten Sie, dass es sich bei vielen Apps um Programme mit geringen Dateigrößen handelt. Die Deinstallation aus Platzgründen ist nur selten notwendig.

1

2
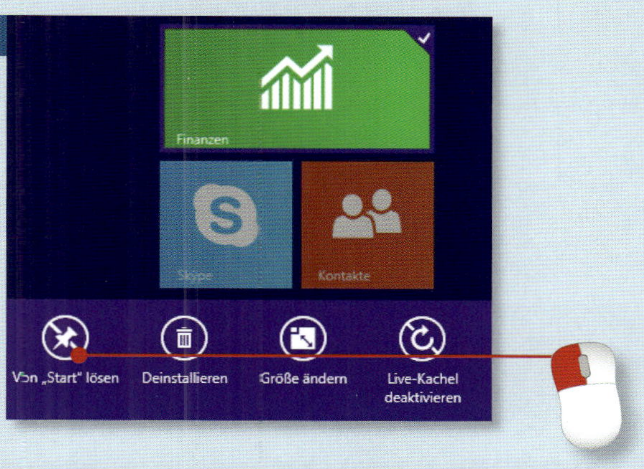

3
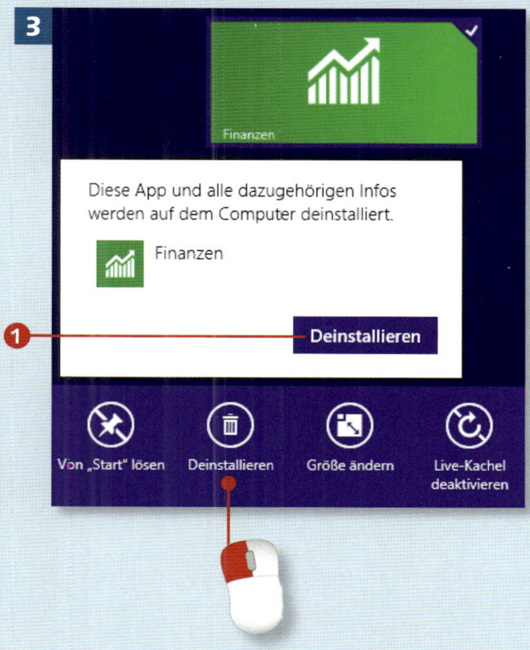

Verknüpfungen auf dem Desktop erstellen

Um eine App oder eine andere Software zu starten, müssen Sie nicht unbedingt in den Startbildschirm gehen. Denn es ist möglich, sogenannte Verknüpfungen zu den Programmen auch auf dem Desktop zu erzeugen. Beispielhaft stellen wir eine Desktop-Verknüpfung zum Editor her.

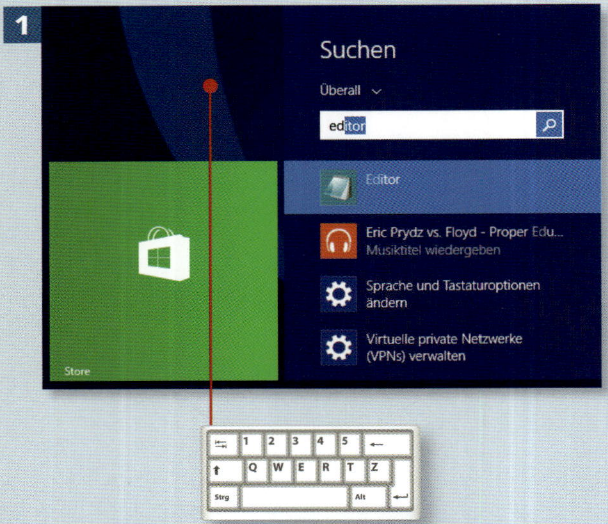

Schritt 1

Desktop-Verknüpfungen lassen sich direkt aus dem Startbildschirm heraus hinzufügen. Dazu müssen Sie zunächst wieder die Suche bemühen. Tippen Sie »ed« ein (für *Editor*).

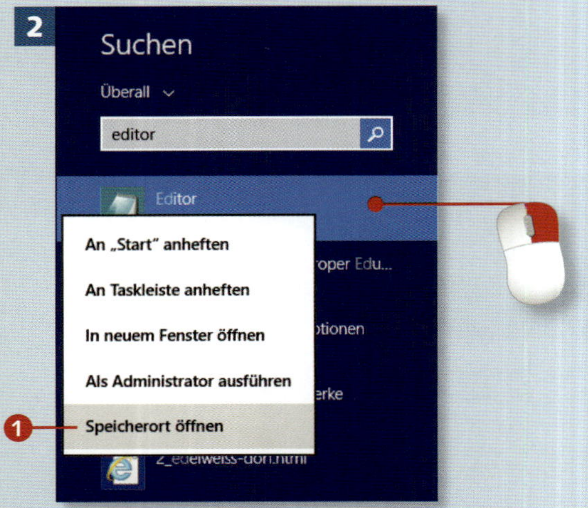

Schritt 2

Das Drücken der [↵]-Taste oder ein Klick mit der linken Maustaste würde die App nun starten. Klicken Sie deshalb mit rechts auf die gefundene App (hier: **Editor**). Im Menü, das daraufhin geöffnet wird, wählen Sie **Speicherort öffnen** ❶.

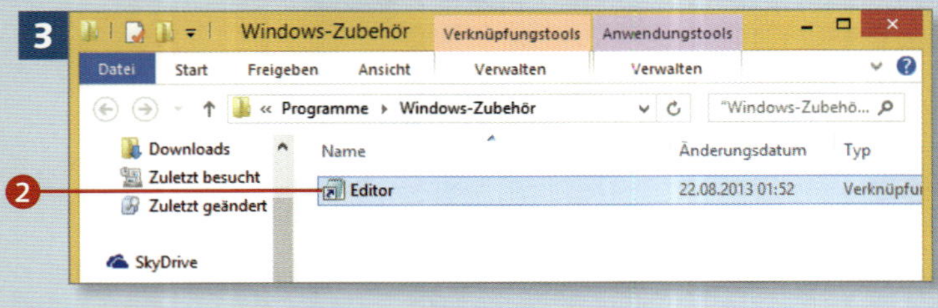

Schritt 3

Der Wechsel zum Desktop erfolgt automatisch. Außerdem ist ein Ordner geöffnet, in dem Sie eine passende Editor-Verknüpfung ❷ finden.

Schritt 4

Jetzt bitte volle Konzentration: Klicken Sie auf **Editor**, halten Sie die linke Maustaste und zusätzlich noch Alt gedrückt. Ziehen Sie die Verknüpfung auf einen freien Bereich des Desktops. Danach lassen Sie zunächst die Maustaste und erst danach Alt los.

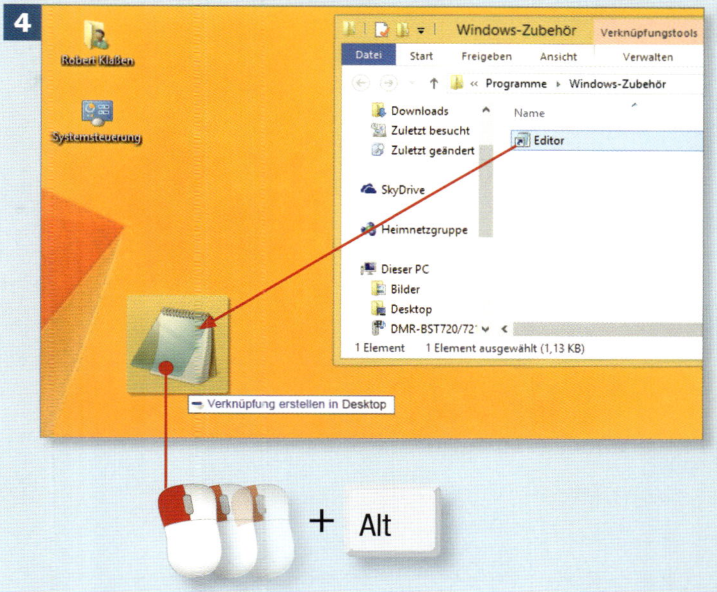

Schritt 5

Sie finden das Editor-Icon jetzt auf dem Desktop. Wenn Sie das Programm starten wollen, müssen Sie einen Doppelklick darauf setzen.

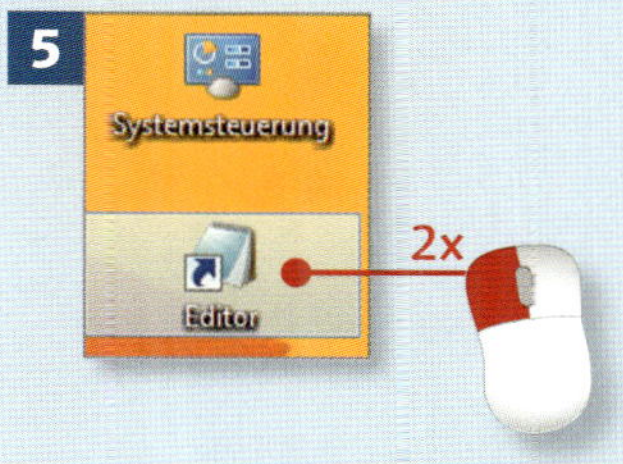

Schritt 6

Falls Sie von hier aus direkt eine Verknüpfung zum Startbildschirm erzeugen wollen, klicken Sie mit rechts auf **Editor** im Ordner und wählen **An "Start" anheften**. Bitte vergessen Sie nicht, das Fenster noch zu schließen.

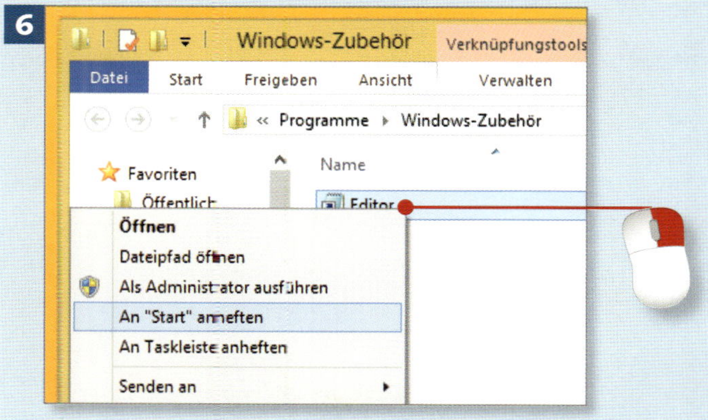

Ordner verknüpfen

So, wie sich Programme verknüpfen lassen, können Sie auch Ordner verknüpfen. Dazu ziehen Sie den Ordner, den Sie verknüpfen wollen, ebenfalls mit gedrückter Alt-Taste auf den Desktop oder in einen anderen Ordner.

Der Explorer

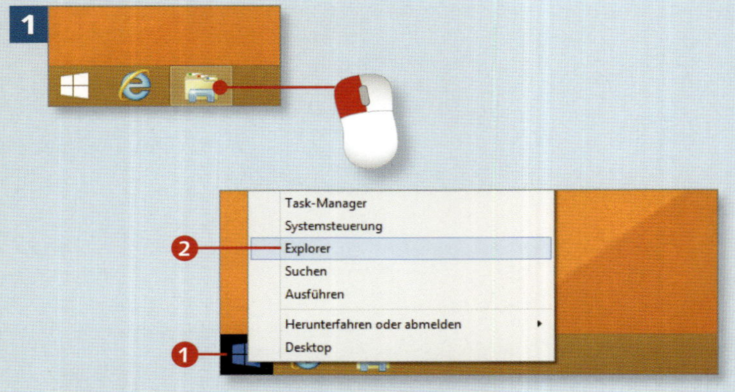

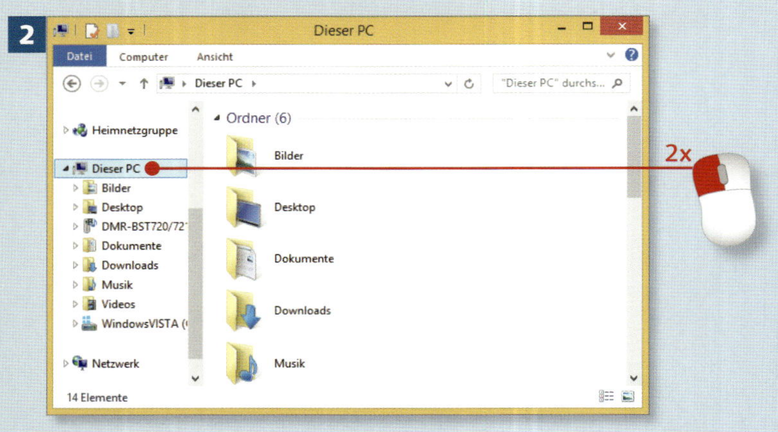

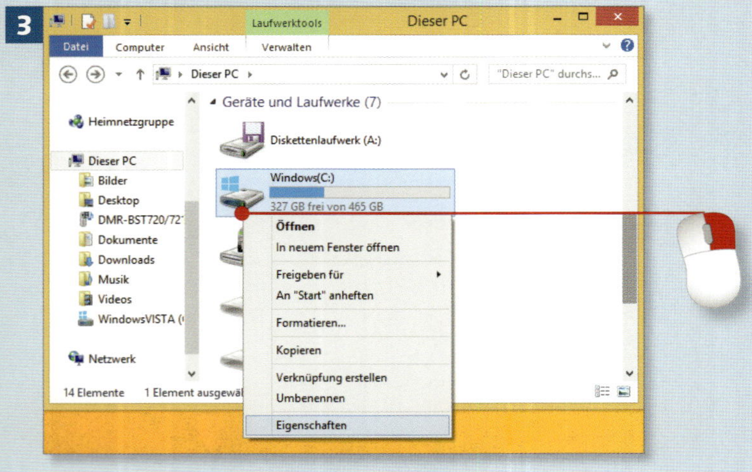

Der Explorer von Windows 8.1 ist ge-wissermaßen das Herzstück der Ordnerverwaltung. Hier finden Sie wirklich alles.

Schritt 1

Vom Desktop aus klicken Sie auf das Explorer-Symbol in der Taskleiste. Alternativ dürfen Sie auch mit rechts auf das **Windows**-Symbol (1) gehen und dort den Eintrag **Explorer** (2) betätigen. Bei geöffnetem Startbildschirm drücken Sie ⊞ + E.

Schritt 2

Sie sehen nun den Ordner **Dieser PC**, der unterschiedliche Inhalte beherbergt, je nachdem, ob Sie Windows 8.1 von Version 8 upgedatet oder komplett neu installiert haben. Klicken Sie doppelt auf **Dieser PC** in der linken Spalte, damit sich die darunter befindliche Liste öffnet.

Schritt 3

An der rechten Seite des Fensters können Sie ein wenig nach unten scrollen. Wenn Sie einen beliebigen Eintrag mit der rechten Maustaste anklicken (hier: die Festplatte **Windows(C:)**), lassen sich unter anderem die im Kontextmenü befindlichen **Eigenschaften** anwählen.

Schritt 4

Mithilfe der rosa eingefärbten Fläche ❸ können Sie gut erkennen, wie viel Platz noch auf einer Festplatte zur Verfügung steht. In der Zeile **Freier Speicher** ❹ können Sie die Größe außerdem exakt ablesen. Klicken Sie am Ende auf **Abbrechen**.

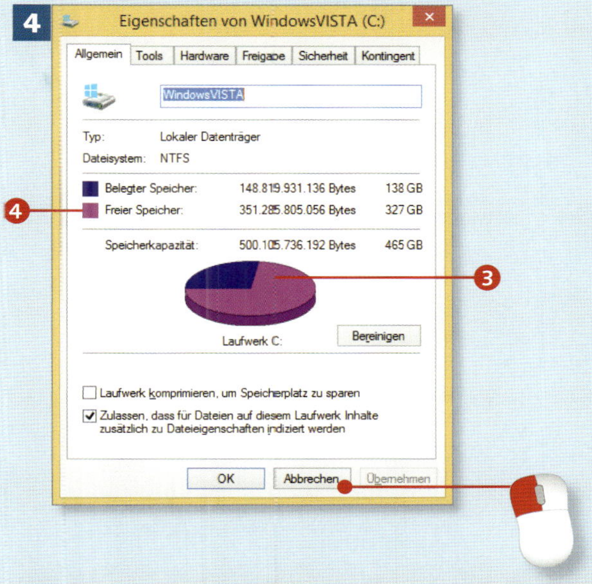

Schritt 5

Das Verzeichnis, das Sie auf der linken Seite markieren (hier: **Dokumente** ❺), lässt sich durchsuchen. Dazu geben Sie den gewünschten Begriff oben rechts ein, nachdem Sie in das Feld hineingeklickt haben. (Ihr Resultat dürfte ein anderes sein als das hier abgebildete, da Sie andere Dokumente besitzen als ich.)

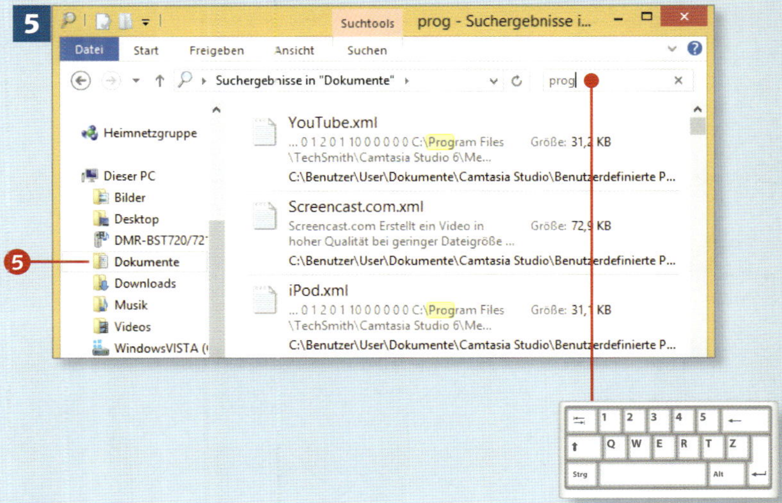

Schritt 6

Wenn Sie den gesuchten Eintrag ausfindig gemacht haben, können Sie darauf in der Fenstermitte mit einem Doppelklick zugreifen.

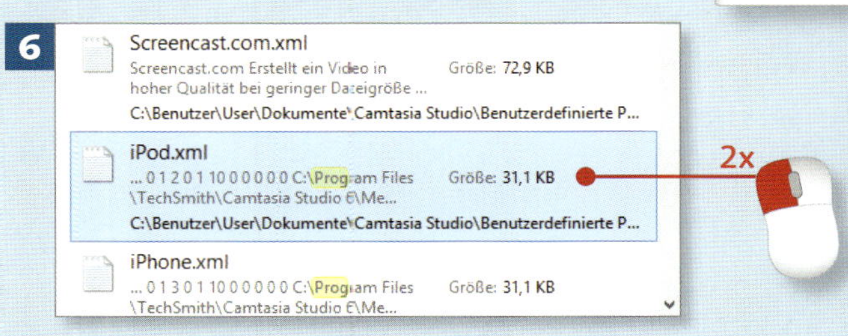

Markierungen
Die gelben Markierungen zeigen alle relevanten Stellen in den Suchergebnissen an. Grundsätzlich fände Windows den Begriff auch dann, wenn er in der Wortmitte oder am Wortende stünde.

Der Explorer (Forts.)

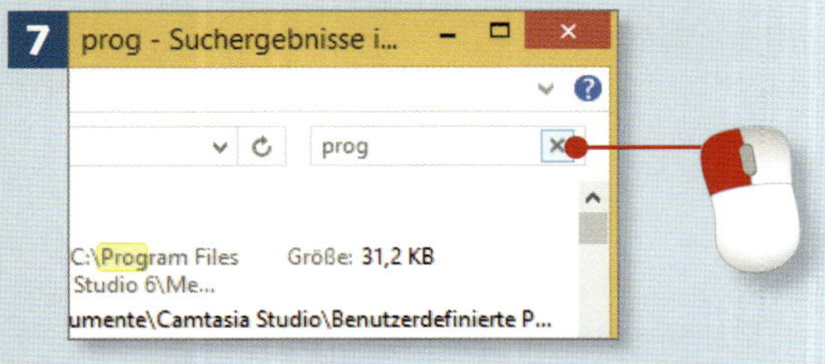

Schritt 7

Denken Sie daran, den Suchbegriff am Schluss wieder zu löschen, indem Sie auf das Schließkreuz im Eingabefeld klicken.

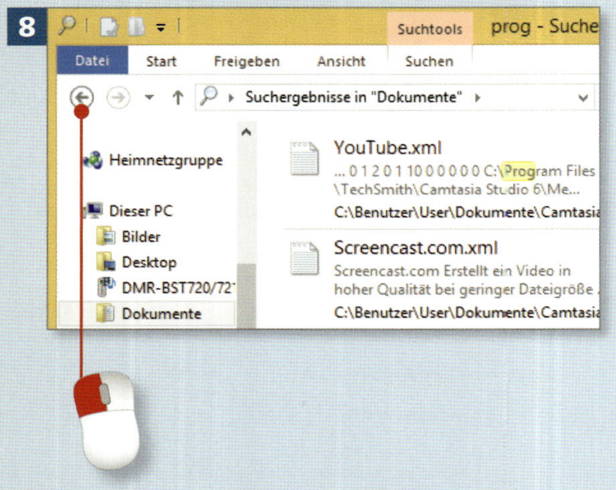

Schritt 8

Mit den beiden Pfeiltasten oben links können Sie jederzeit eine Seite zurück bzw. anschließend wieder eine Seite nach vorn springen. Der Explorer merkt sich gewissermaßen, wo Sie gewesen sind.

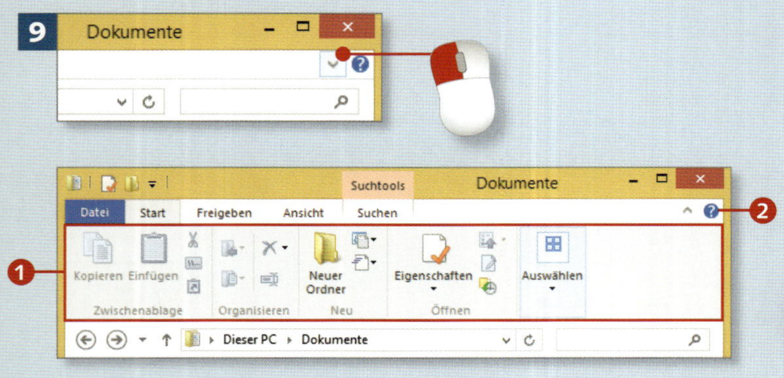

Schritt 9

Zusätzliche Funktionen bietet das sogenannte *Menüband* ❶, das sich durch einen Mausklick auf das Symbol links neben dem Fragezeichen öffnen und auch wieder schließen lässt. Das geht auch mit der Tastenkombination [Strg] + [F1].

Windows-Hilfe

Über das Fragezeichen ❷ im Explorer können Sie die Windows-Hilfe aufrufen. Mehr dazu erfahren Sie im Abschnitt »Die Hilfe aufrufen« auf Seite 48.

Schritt 10

So gelangen Sie zu den Inhalten eines Verzeichnisses: Markieren Sie in der linken Spalte das Verzeichnis, das Sie einsehen wollen (hier: **Desktop** ❸). Setzen Sie in der Fenstermitte einen Doppelklick auf das Unterverzeichnis (hier: **Robert Klaßen**).

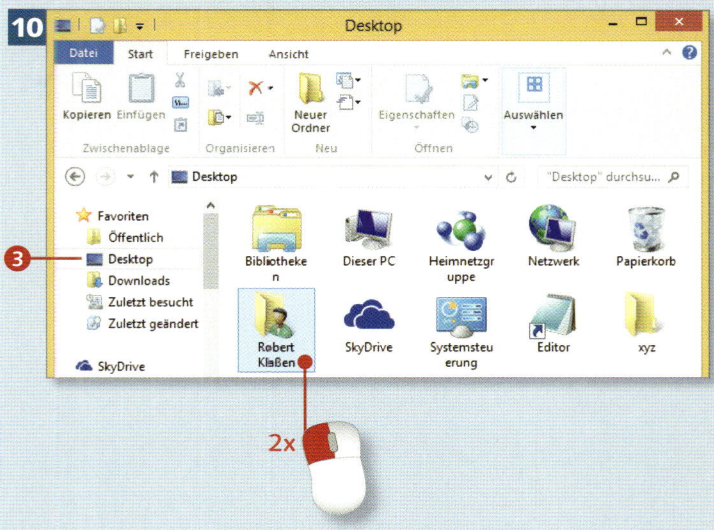

Schritt 11

Darin lässt sich jetzt auf weitere Unterordner (Ordner im Ordner) zugreifen, die ihrerseits ebenfalls wieder Objekte und Unterordner enthalten können. Eine Ebene höher (also zurück) geht es mit dem senkrechten Pfeil oben links.

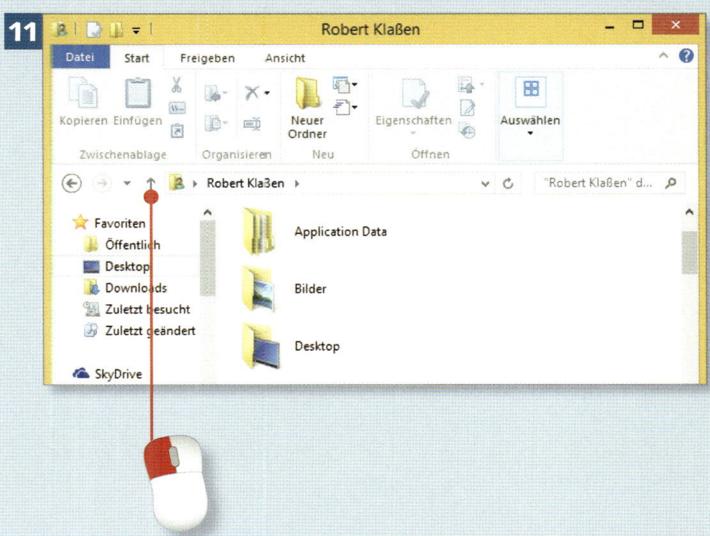

Schritt 12

Alternativ schließen Sie den Explorer einfach mit einem Klick auf das Schließkreuz. Sie wissen ja, wie Sie ihn jederzeit wieder aufrufen können (siehe Schritt 1).

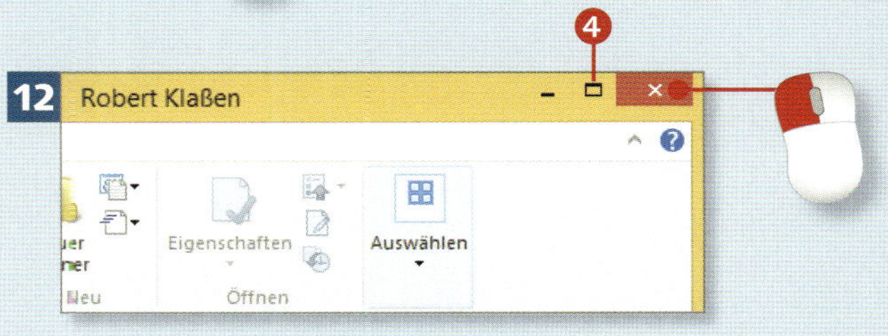

Fenster maximieren

Um den Explorer komfortabel durchsuchen zu können, empfiehlt es sich, ihn zwischenzeitlich zu maximieren. Klicken Sie dazu auf die Schaltfläche ❹ neben dem Schließkreuz. Ein erneuter Klick darauf stellt die ursprüngliche Fenstergröße wieder her.

Der Explorer (Forts.)

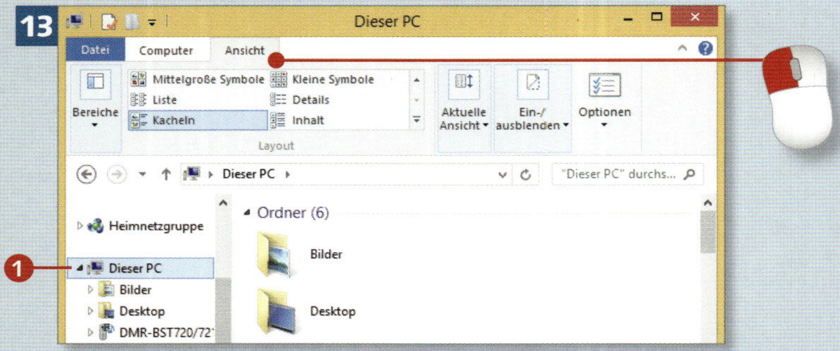

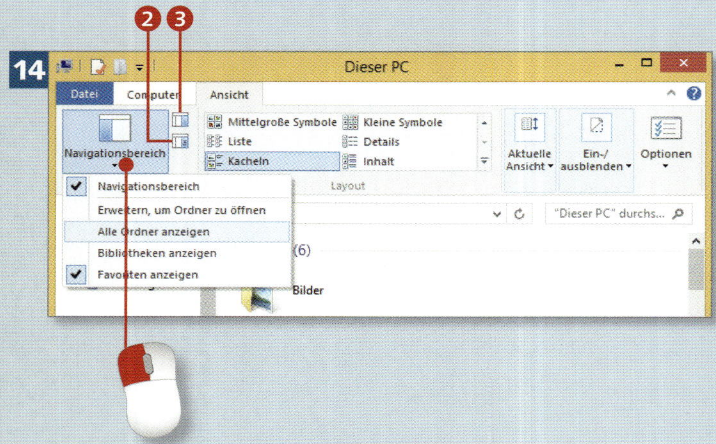

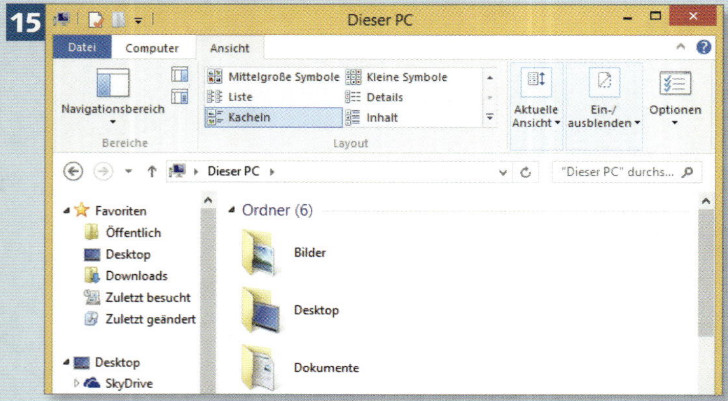

Schritt 13

Die Darstellung des Explorers lässt sich beeinflussen, indem Sie auf **Ansicht** klicken. Zuvor haben wir uns in der linken Spalte für **Dieser PC** ❶ entschieden.

Schritt 14

Klicken Sie auf **Navigationsbereich**. (Sollte das Fenster sehr schmal eingestellt sein, steht hier nur **Bereiche**. Ziehen Sie das Fenster in diesem Fall zunächst etwas breiter auf.) Im darunter erscheinenden Menü wählen Sie **Alle Ordner anzeigen**.

Schritt 15

Sie sehen, dass jetzt eine nicht unbeträchtliche Erweiterung der Einträge in der linken Spalte stattgefunden hat. Wollen Sie wieder in die ursprüngliche Ansicht zurück, wiederholen Sie die Schritte 13 und 14.

Weitere Bereiche anzeigen

Interessant sind auch die beiden rechts neben dem Navigationsbereich gezeigten kleineren Symbole. Mit dem unteren ❷ lässt sich ein Detailfenster für zusätzliche Optionen anzeigen, während das obere Symbol ❸ Vorschauen (z. B. von markierten Bilddateien) liefert.

Schritt 16

Die Darstellungsform der Symbole können Sie ändern. Dazu klicken Sie noch einmal auf **Ansicht** ❹ und platzieren die Maus über einem der sechs Einträge. Sie sehen dann eine Vorschau. Wenn Ihnen ein Stil gefällt, klicken Sie ihn an (hier: **Inhalt**).

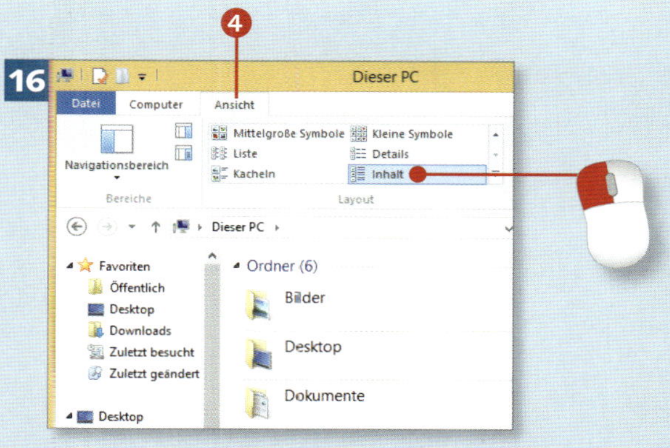

Schritt 17

Mitunter ist es sinnvoll, ein Verzeichnis nicht im aktuellen, sondern in einem neuen Fenster zu öffnen. Um das zu erreichen, halten Sie die Strg-Taste gedrückt, während Sie den Doppelklick ausführen.

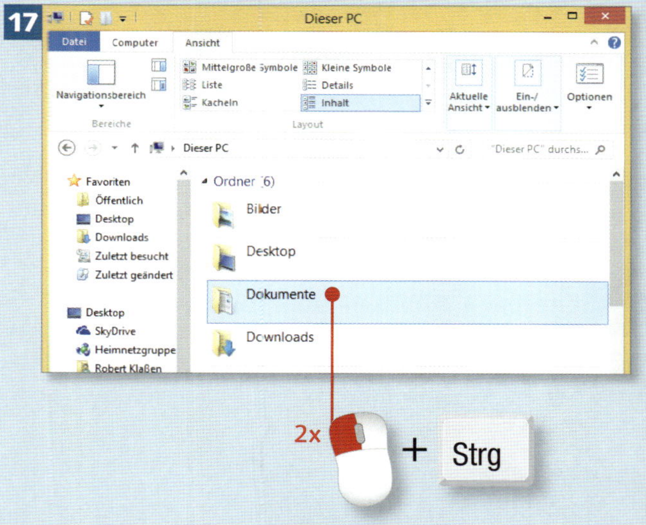

Schritt 18

Nach besagtem Doppelklick wird über dem ursprünglichen Fenster ein weiteres angezeigt. Wenn Sie Dateien und Ordner kopieren oder verschieben müssen, kann das von großem Vorteil sein.

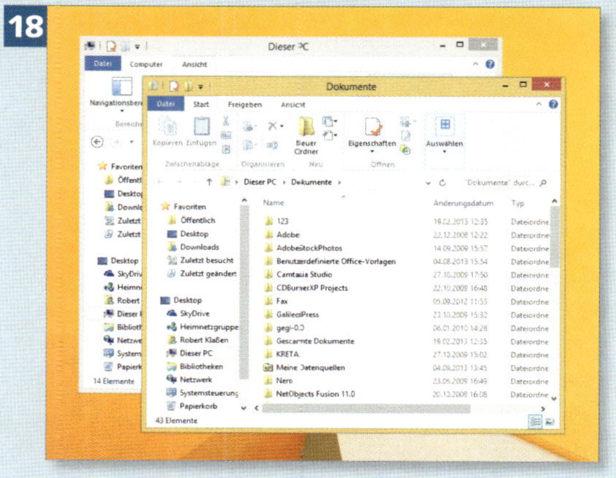

Warum mehrere Fenster öffnen?
Wie Sie Ihre Dateien am besten mithilfe von zwei geöffneten Fenstern sortieren, erfahren Sie im Abschnitt »Fenster auf dem Desktop anordnen« auf Seite 40.

Dateien öffnen, speichern und schließen

1

Sie haben verschiedene Möglichkeiten, ein Programm zu öffnen. Das Anklicken der Kachel im Startbildschirm ist die einfachste. Wenn es ein Icon auf dem Desktop gibt, reicht ein Doppelklick darauf. Doch was tun Sie, wenn sich die Software, die Sie starten möchten, derzeit noch im Verborgenen hält?

Schritt 1

Um Programme zu finden (egal, in welcher Umgebung Sie sich gerade befinden), aktivieren Sie die Charms-Leiste mit einem Klick in die obere oder untere rechte Bildschirmecke. Noch einfacher geht es mit ⊞ + C.

2

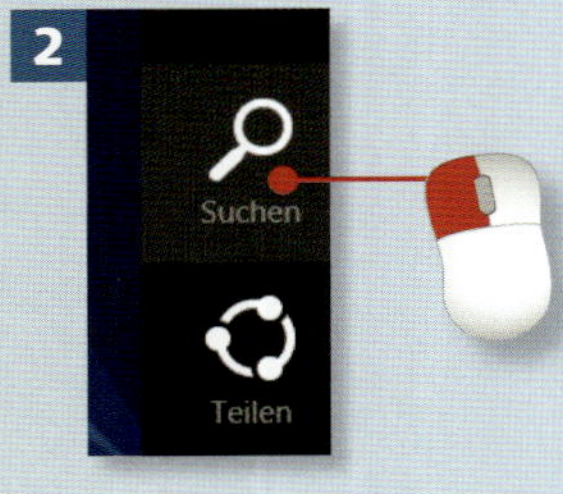

Schritt 2

Klicken Sie auf den **Suchen**-Button. Stattdessen können Sie auch die Tasten ↑ oder ↓ benutzen und anschließend ↵ drücken.

3

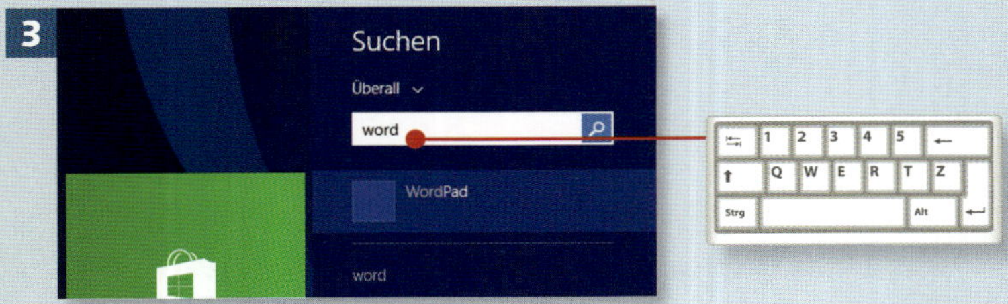

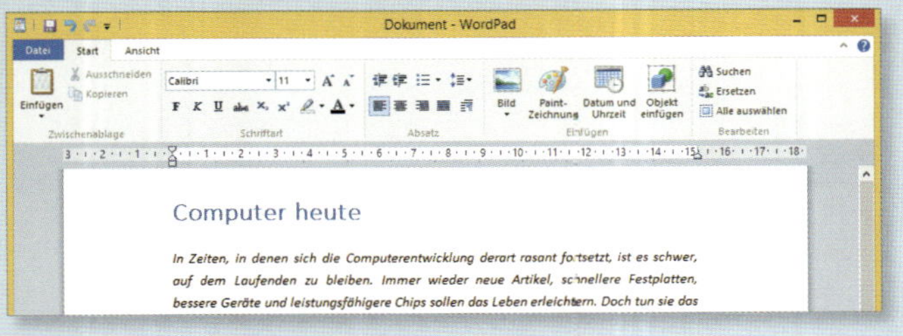

Schritt 3

Geben Sie »word« (für WordPad) ein, und bestätigen Sie mit ↵. Sie sehen: Es geht auch komplett ohne Maus. Nun können Sie in WordPad sofort mit der Texteingabe beginnen.

Schritt 4

Wenn der Text fertig ist, setzen Sie einen Mausklick auf **Datei** ❶ oben links. Im zugehörigen Menü klicken Sie anschließend auf den Befehl **Speichern**.

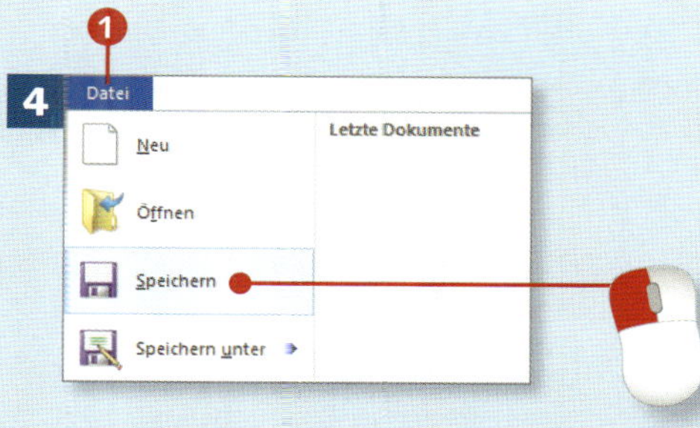

Schritt 5

Als Speicherort wollen wir für dieses Beispiel den Desktop ❷ nutzen. Klicken Sie auf **Speichern**. Danach schließen Sie WordPad mit einem Klick auf das Schließkreuz ❸.

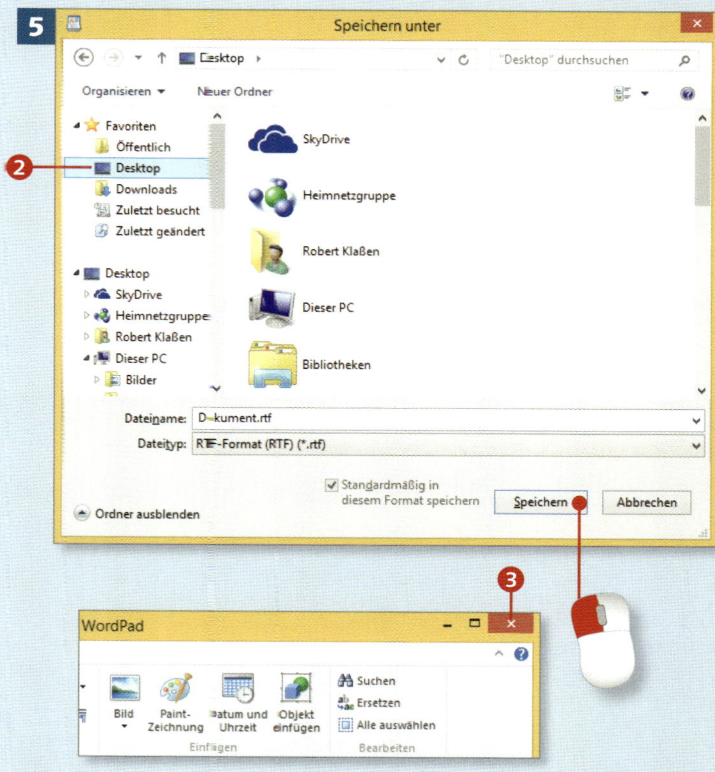

Schritt 6

Auf dem Desktop werden Sie jetzt Ihr soeben erzeugtes Dokument finden. Wann immer Sie daran weiterarbeiten wollen, platzieren Sie einen Doppelklick darauf, dann öffnet es sich mitsamt dem zugehörigen Programm.

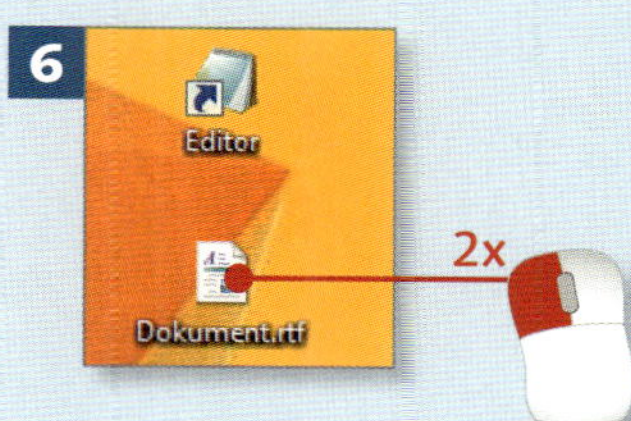

Programm suchen

Sie können Apps und Programme auch suchen, indem Sie auf dem Startbildschirm einfach drauflosschreiben. Auch so öffnet sich der Suchbereich aus Schritt 3.

Einen neuen Ordner erstellen und umbenennen

1

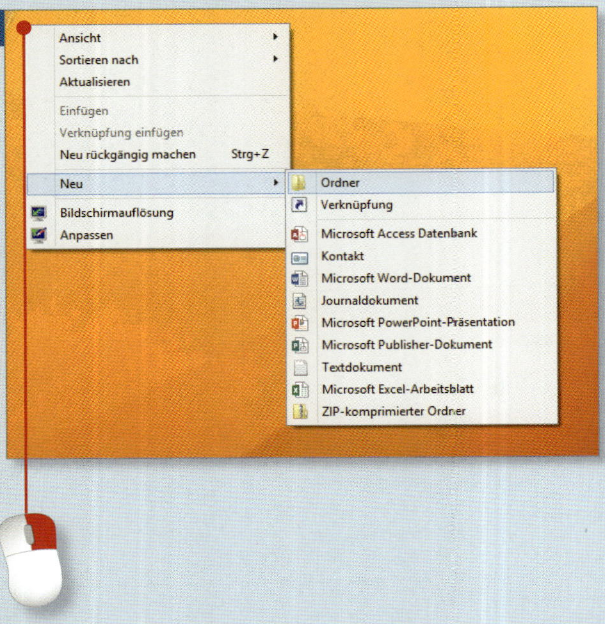

2

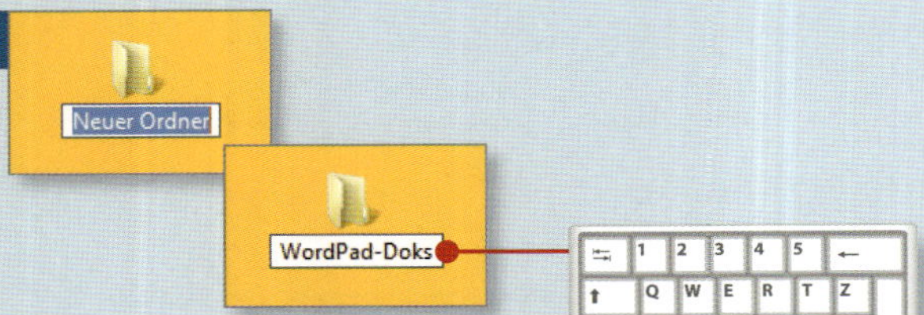

3

Damit Sie die Übersicht nicht verlieren, sollten Sie von Anfang an Ordner verwenden. Dabei handelt es sich sozusagen um Behälter für Dateien.

Schritt 1

Wenn Sie einen neuen Ordner auf dem Desktop einrichten wollen, klicken Sie mit der rechten Maustaste in einen freien Bereich und dann auf **Neu ▸ Ordner**.

Schritt 2

Der Ordner trägt den Namen **Neuer Ordner**, was natürlich nicht besonders aussagekräftig ist. Da der Name aber markiert ist, können Sie über die Tastatur gleich eine neue Bezeichnung eingeben.

Schritt 3

Wenn das erledigt ist, drücken Sie [↵]. Mit zwei Mausklicks hintereinander (kein Doppelklick!) auf den Ordnernamen können Sie den Ordner jederzeit erneut umbenennen.

Unterordner erzeugen

Um einen Unterordner anzulegen, klicken Sie nicht auf den Desktop, sondern in einen freien Bereich des geöffneten Ordners.

Dateien in Ordner verschieben

Sie haben nun ein WordPad-Dokument und einen Ordner erzeugt. Also nichts wie hinein mit dem Schriftstück in den Ordner.

Schritt 1

Zunächst einmal wollen wir den Ordner an eine andere Position verschieben. Dazu klicken Sie ihn an, halten die Maustaste gedrückt und ziehen ihn neben das vorhandene Dokument. Dort angekommen, lassen Sie die Maustaste los.

Schritt 2

Klicken Sie jetzt auf das Dokument, und ziehen Sie es hinüber. Sobald Sie sich auf dem Ordner befinden (es erscheint **Nach WordPad-Doks verschieben**), lassen Sie los. Dieses Vorgehen nennt man *Drag & Drop*.

Schritt 3

Um an das Dokument zu gelangen, öffnen Sie den Ordner nun mit einem Doppelklick auf das Symbol.

Dokument öffnen
Wenn Sie das WordPad-Dokument ebenfalls öffnen wollten, müssten Sie das im Ordner befindliche Objekt (**Dokument**) mit einem Doppelklick versehen.

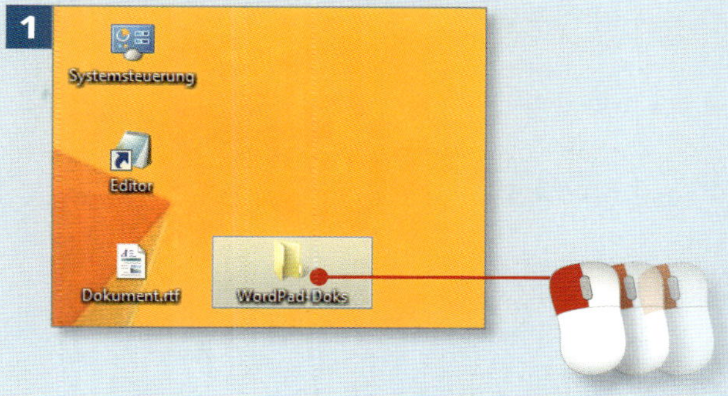

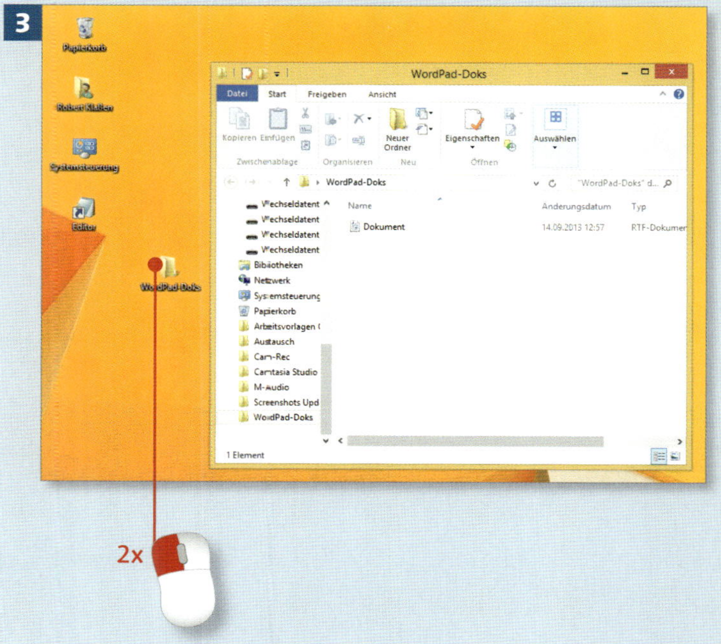

Ausschneiden, kopieren, einfügen

1

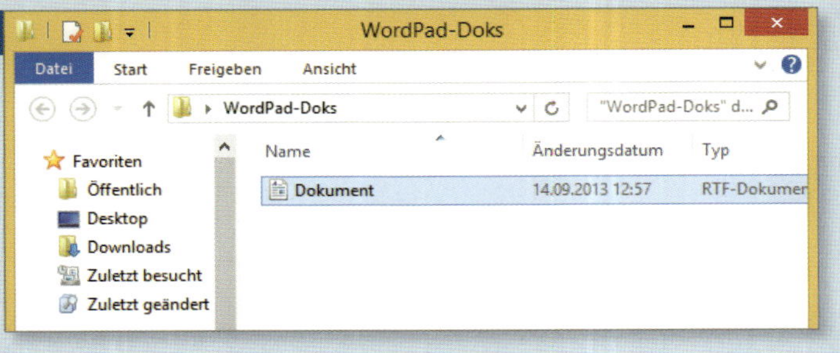

2

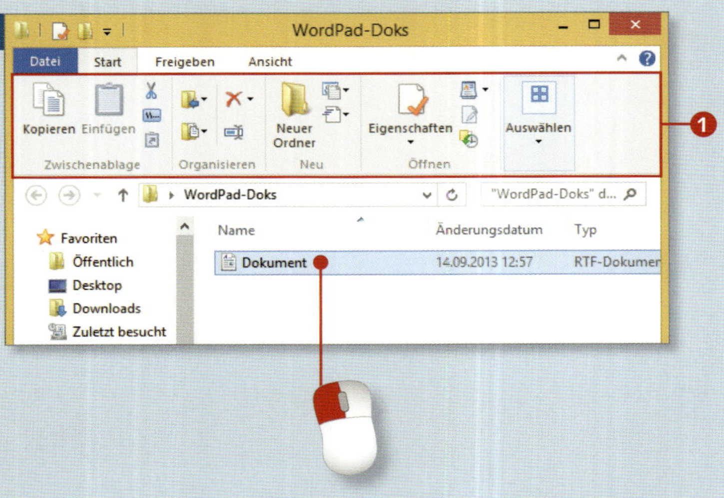

3

Windows verfügt von Haus aus über eine interessante Verschiebe-Funktion. Damit werden Objekte schnell von A nach B befördert. Zudem gibt es eine ausgesprochen nützliche Zwischenablage.

Schritt 1

Lassen Sie uns das Dokument wieder aus dem Ordner herausholen. Diesmal machen wir das aber nicht per Drag & Drop, sondern über die Zwischenablage. Falls noch nicht geschehen, öffnen Sie den Ordner.

Schritt 2

Markieren Sie das Dokument mit einem Mausklick. Öffnen Sie zudem das Menüband ❶ (Strg + F1), sofern es nicht bereits geöffnet ist.

Schritt 3

Nun gibt es zwei Möglichkeiten. Erstens: Sie klicken im Menüband auf **Verschieben nach** und entscheiden sich dort für **Desktop**. Zweitens: Sie drücken Strg + X.

Objekte verschieben

Wenn Sie sich in der Liste für **Speicherort auswählen** ❷ entscheiden, können Sie ein beliebiges Verzeichnis auswählen.

Schritt 4

Sollten Sie sich für Lösung 2 entschieden haben, müssen Sie jetzt noch auf eine freie Stelle des Desktops klicken und [Strg] + [V] drücken. Das Dokument ist im Ordner nun nicht mehr vorhanden.

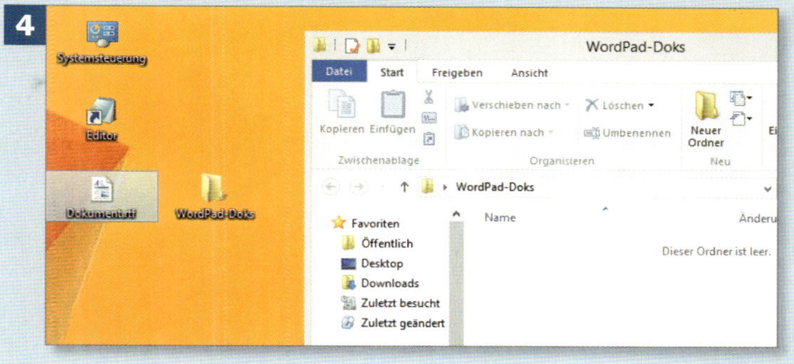

Schritt 5

Sie können das gute Stück aber auch duplizieren, also kopieren, damit es an beiden Orten erscheint. Dazu markieren Sie das Dokument auf dem Desktop und drücken [Strg] + [C]. Alternativ geht es auch mittels Rechtsklick und **Kopieren**.

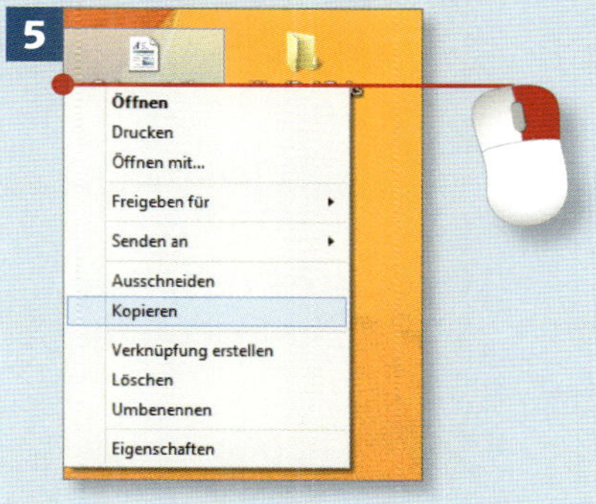

Schritt 6

Um nun ein Duplikat des Dokuments im Ordner zu platzieren, müssen Sie mit rechts dort hineinklicken und **Einfügen** anwählen. Oder aber Sie klicken mit links hinein und drücken [Strg] + [V]. **Einfügen** ❸ im Menüband geht natürlich auch.

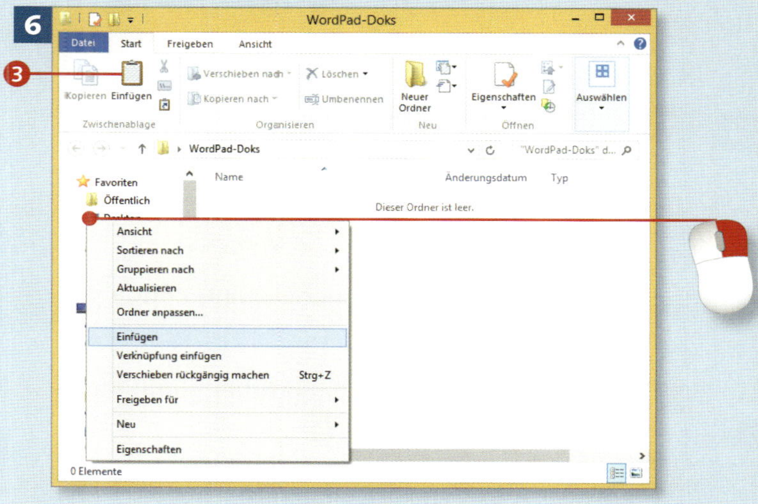

Tastaturbefehle

Um ein Objekt zu kopieren, drücken Sie [Strg] + [C]. Mit [Strg] + [X] schneiden Sie es aus. Es wird dabei keine Kopie erzeugt. Mithilfe von [Strg] + [V] wird das zuvor kopierte oder ausgeschnittene Objekt wieder eingefügt.

Die Ordnerdarstellung ändern

Wenn Sie mit vielen unterschiedlichen Dateien arbeiten, kann es sinnvoll sein, dafür zu sorgen, dass sich die Ordner optisch voneinander unterscheiden. In dieser Anleitung erfahren Sie, wie Sie ein Ordner-Symbol ändern können.

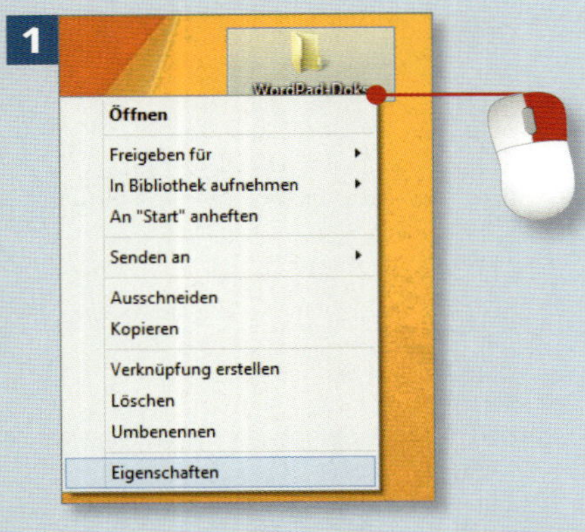

Schritt 1

Setzen Sie einen rechten Mausklick auf den zu verändernden Ordner, und klicken Sie im daraufhin erscheinenden Kontextmenü auf den Eintrag **Eigenschaften**.

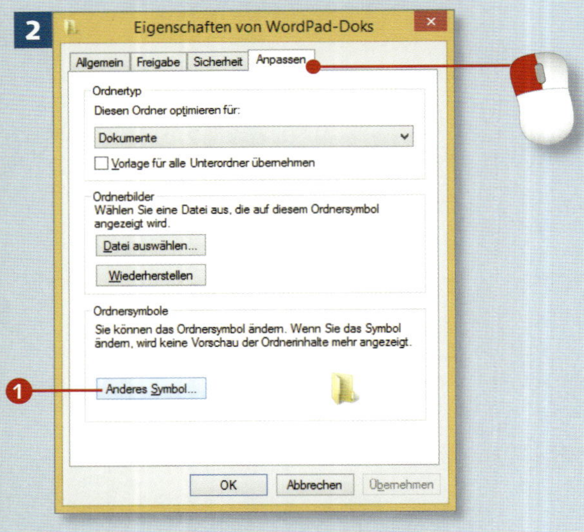

Schritt 2

Öffnen Sie nun die Registerkarte **Anpassen**. Dadurch wird die Schaltfläche **Anderes Symbol** (1) zugänglich, die Sie ebenfalls anklicken.

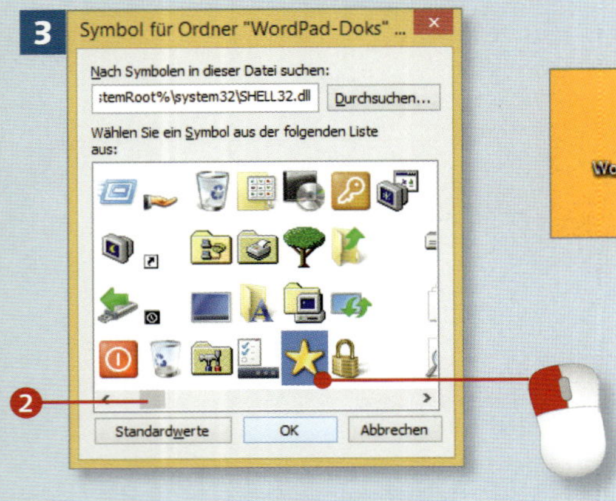

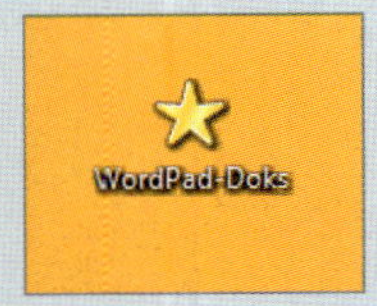

Schritt 3

Zuletzt verschieben Sie die *Scrollleiste* (2) mit gedrückter linker Maustaste und suchen nach einem neuen Ordner-Symbol. Wenn Sie es gefunden haben, markieren Sie es und schließen beide Fenster mit einem Klick auf **OK**. Auf dem Desktop erscheint nun das neue Symbol.

Dateien suchen

Wenn sich zahlreiche Dokumente auf Ihrem Rechner befinden und Sie nicht mehr jeden Speicherort kennen, können Sie Dateien auch suchen.

Schritt 1

Drücken Sie [Windows] + [F]. Das Tastaturkürzel funktioniert sowohl im Startbildschirm als auch auf dem Desktop.

Schritt 2

Geben Sie den Begriff ein, nach dem Sie suchen lassen wollen (hier der Ordner »WordPad-Doks«).

Schritt 3

Wenn Sie von hier aus das Dokument öffnen wollen, müssen Sie nichts weiter tun, als auf den entsprechenden Listeneintrag (**Dokument**) zu klicken.

Kontextsensitive Eingabe
Achten Sie in Schritt 2 auf die sogenannte *kontextsensitive Eingabe*. Bei Eingabe jedes Buchstabens wird die Suchliste nämlich aktualisiert. So bleibt es Ihnen meist erspart, den kompletten Suchbegriff eingeben zu müssen. Denn meist wird das Gewünschte schon nach Eingabe der ersten Lettern gefunden.

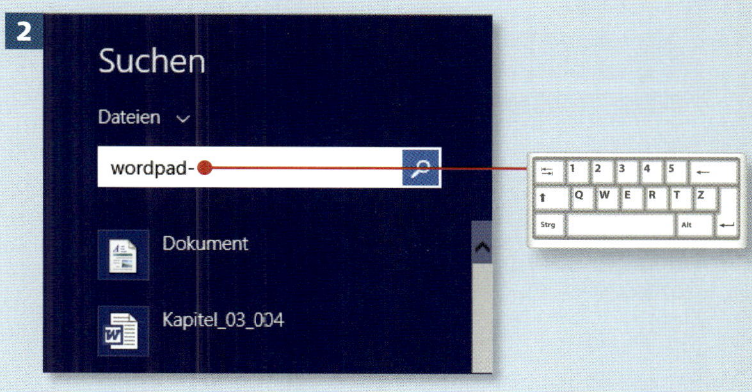

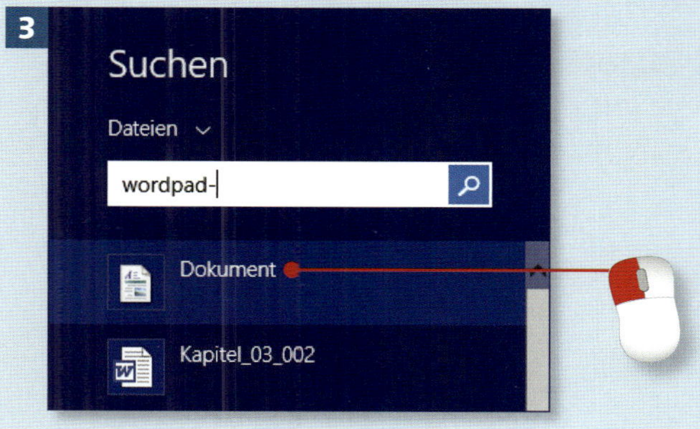

Überall suchen

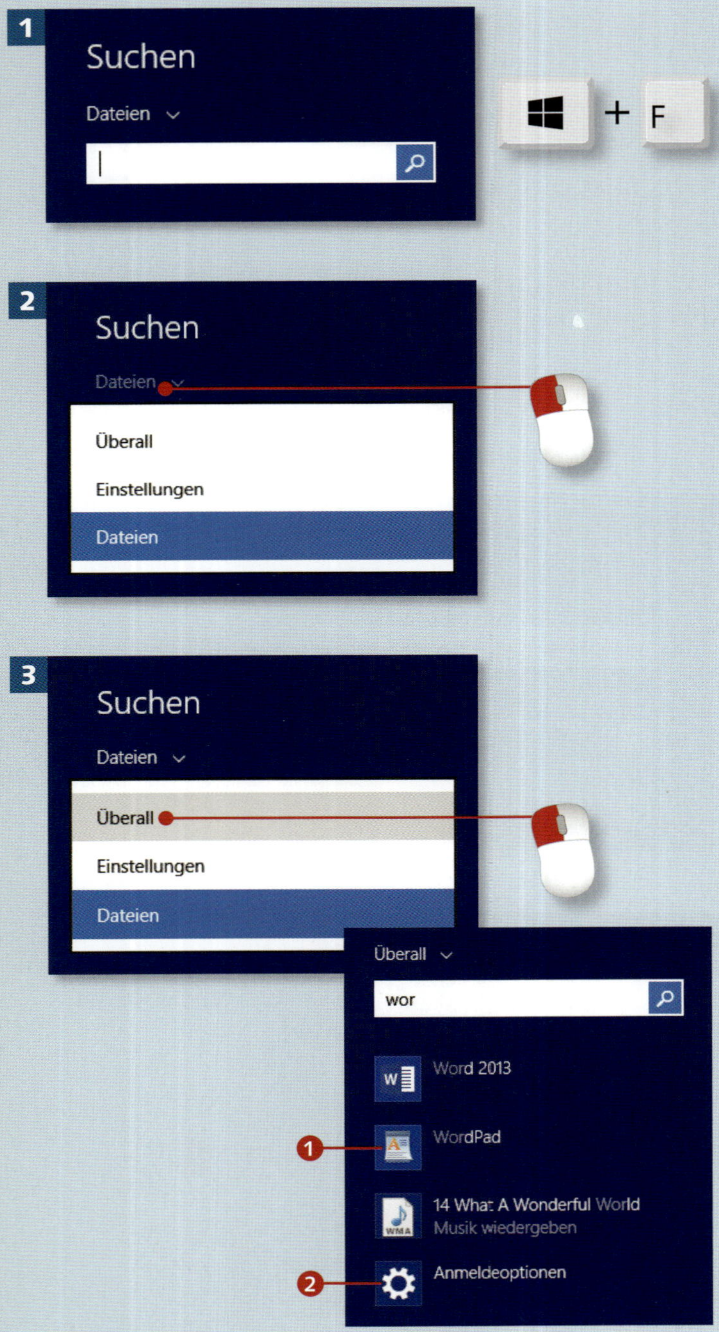

Falls eine umfangreiche Suche erforderlich ist, die nicht nur Dateien anzeigt, sondern auch Apps oder Einstelloptionen, müssen Sie so vorgehen, wie hier beschrieben.

Schritt 1

Drücken Sie erneut [Windows] + [F], damit die Suchleiste am rechten Bildschirmrand zugänglich wird.

Schritt 2

Klicken Sie jetzt auf die Bezeichnung **Dateien** gleich oberhalb des Eingabefelds. Die Folge: Es öffnet sich eine Liste mit mehreren Optionen.

Schritt 3

Entscheiden Sie sich per Mausklick für den Eintrag **Überall**. Damit wird erreicht, dass nach anschließender Eingabe des Suchwortes auch Apps und Einstelloptionen gefunden werden können.

Symbole beachten

Obwohl sich die Suchergebnisse teilweise sehr ähnlich sehen, sind sie doch unterschiedlich. So weist das WordPad-Symbol 1 beispielsweise darauf hin, dass es sich um eine App handelt, während Zahnräder 2 auf Einstelloptionen hindeuten.

Einstellungen suchen

Sie wissen nun, wie sich Dokumente wiederfinden lassen und wie die Suche auf sämtliche Teilbereiche von Windows 8.1 ausgedehnt werden kann. Jetzt suchen wir nach einer Einstelloption.

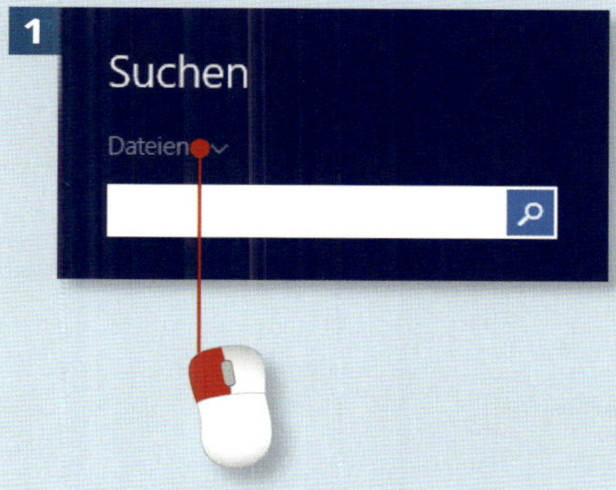

Schritt 1

Stellvertretend für alle anderen Einstelloptionen suchen wir nun nach den **Anmeldeoptionen**, mit denen es beispielsweise möglich ist, das Kennwort zu ändern. Öffnen Sie die Suche (⊞ + F), und klicken Sie auf den Begriff **Dateien**.

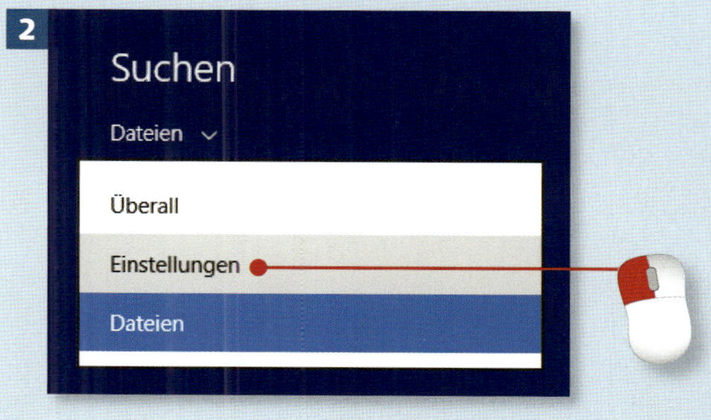

Schritt 2

Entscheiden Sie sich im Aufklappmenü für die Zeile **Einstellungen**, die Sie mit der Maus markieren.

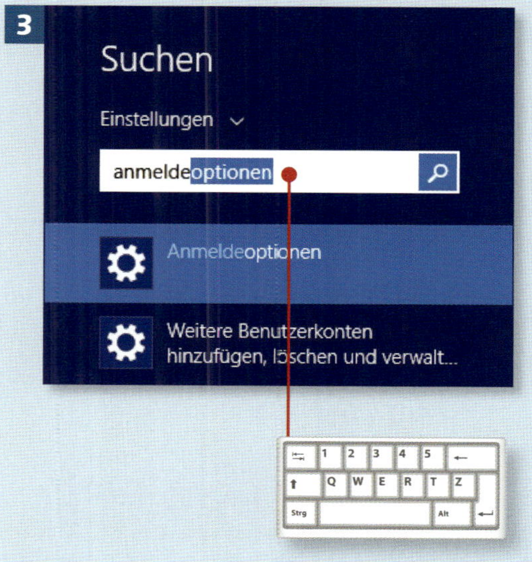

Schritt 3

Tippen Sie »anmelde« ein. Den Rest ergänzt Windows für Sie. Die Anmeldeoptionen werden automatisch markiert und müssen nun lediglich noch mit einem Mausklick versehen werden. Alternativ drücken Sie ↵.

Nachträgliches Umschalten
Sollten Sie vor der Eingabe des Suchwortes vergessen haben, die Kategorie einzustellen, können Sie das auch nach der Eingabe machen.

Dateien löschen und den Papierkorb leeren

Glücklicherweise können Ordner und Dateien auch gelöscht werden. Ansonsten ist es ja nur eine Frage der Zeit, bis Ihre Festplatte randvoll ist.

1
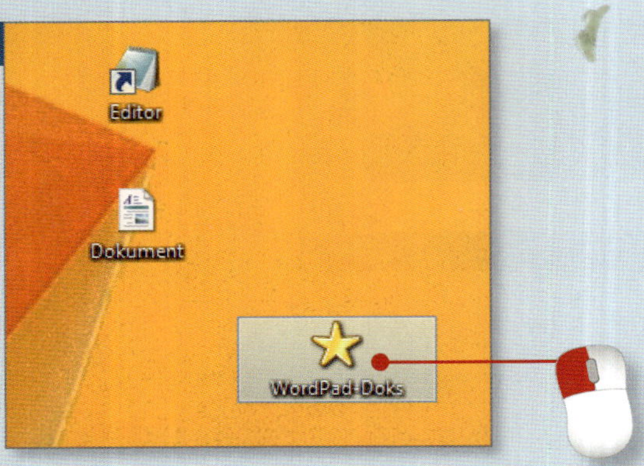

Schritt 1

Das zu löschende Objekt müssen Sie zunächst mit einem Mausklick markieren. Dabei spielt es keine Rolle, ob es sich auf dem Desktop oder in einem Ordner befindet. Wenn Sie nur eine einzelne Datei löschen wollen, machen Sie mit Schritt 4 weiter.

2
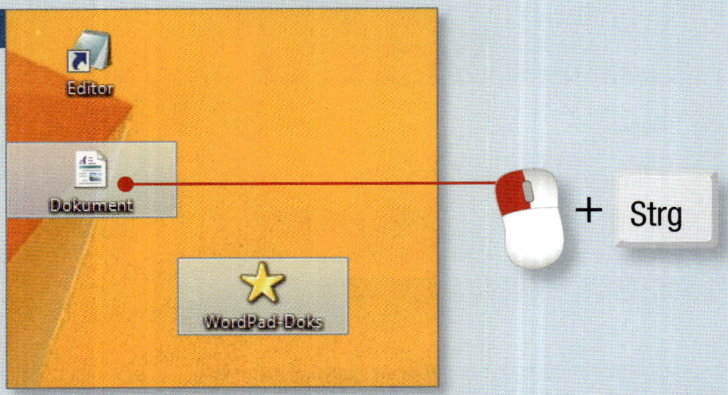

Schritt 2

Sie möchten dem bereits markierten Objekt ein weiteres hinzufügen, das ebenfalls gelöscht werden soll? Dann halten Sie Strg gedrückt und klicken auch auf das zweite Objekt. Danach können Sie Strg wieder loslassen.

3
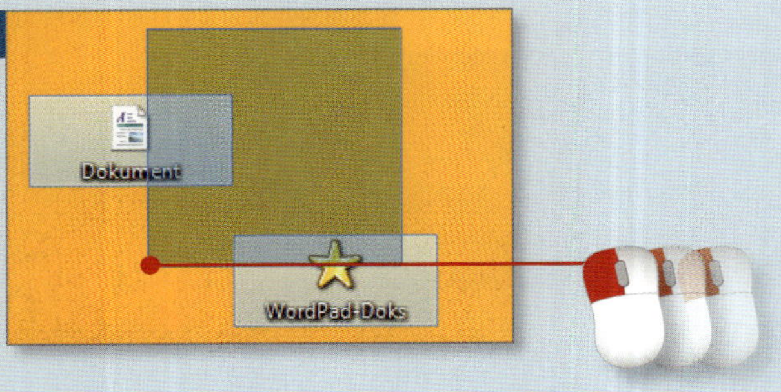

Schritt 3

Alternativ zu den Schritten 1 und 2 können Sie die zu löschenden Objekte auch per Drag & Drop markieren. Klicken Sie dazu außerhalb eines Symbols, halten Sie die Maustaste gedrückt, ziehen Sie einen Rahmen über die Objekte, und lassen Sie erst los, wenn alle markiert sind.

Schritt 4

Jetzt klicken Sie auf eine der markierten Dateien, lassen die Maustaste nicht mehr los und ziehen sie zum Papierkorb. Sobald die QuickInfo **Nach Papierkorb verschieben** sichtbar wird, können Sie loslassen.

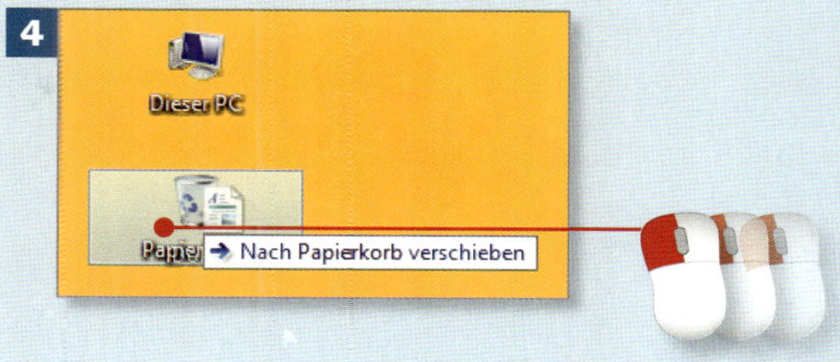

Schritt 5

Der Papierkorb wird jetzt als gefüllt angezeigt. Wenn Sie ihn leeren und die Dateien unwiderruflich löschen wollen, klicken Sie ihn mit rechts an und markieren **Papierkorb leeren**. Die anschließende Kontrollabfrage bestätigen Sie mit **Ja** ❶.

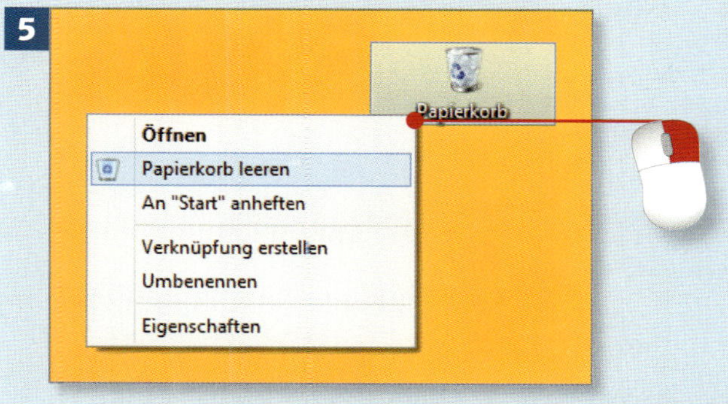

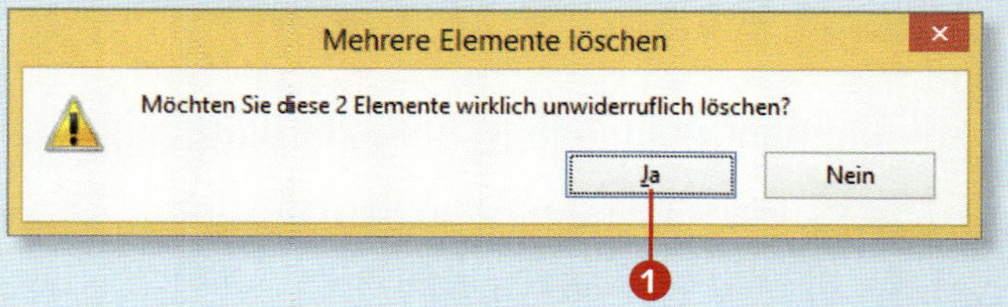

Schritt 6

Achtung: Dieser Schritt funktioniert nur, solange Schritt 5 noch nicht vollzogen ist! Sie haben eine Datei unbeabsichtigt gelöscht? Dann klicken Sie doppelt auf den Papierkorb, setzen einen Rechtsklick auf die Datei und wählen **Wiederherstellen**.

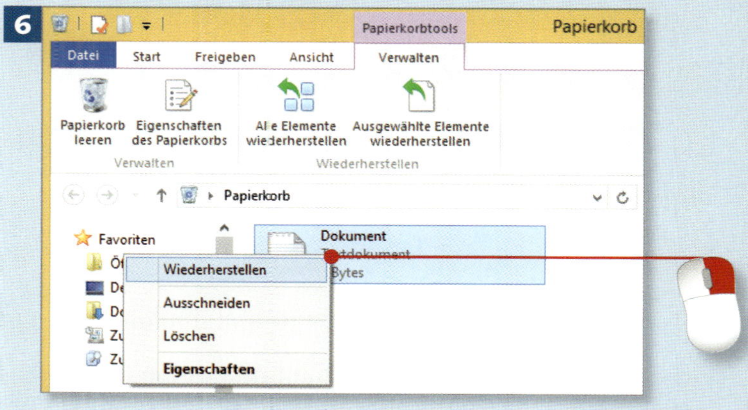

!

Keine Sicherheit beim Löschen

Bedenken Sie immer, dass Dateien niemals wirklich rückstandsfrei vom Rechner entfernt werden, auch wenn Sie diese aus dem Papierkorb gelöscht haben. Gelöschte Dateien können mit einer entsprechenden Software oft wiederhergestellt werden.

Eigenschaften von Dateien und Ordnern anzeigen

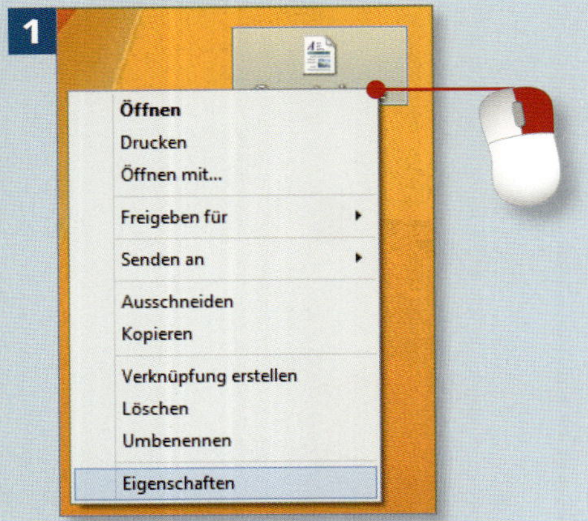

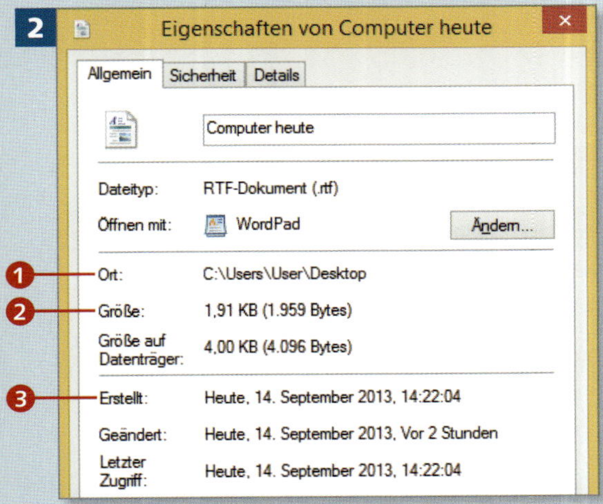

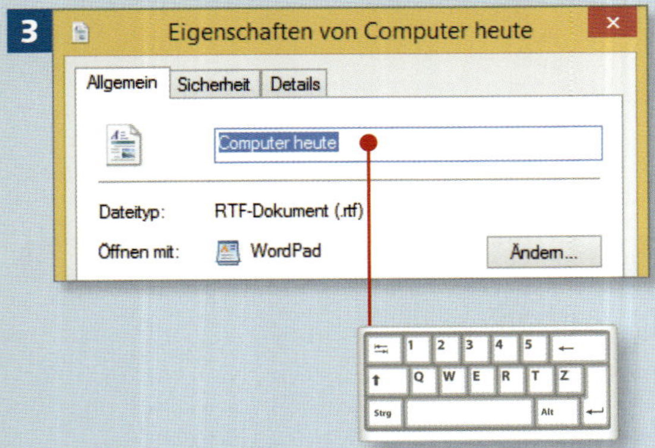

Sie haben mehrere Versionen eines Dokuments gespeichert und wollen nun wissen, welche Datei zuletzt erzeugt worden ist? Das und noch vieles mehr können Sie in den Eigenschaften nachsehen.

Schritt 1

Klicken Sie ein beliebiges Dokument mit rechts an, und entscheiden Sie sich im Kontextmenü für **Eigenschaften**. Ob sich das Dokument auf dem Desktop oder in einem Ordner befindet, spielt keine Rolle.

Schritt 2

Etwa in der Mitte des Eigenschaften-Fensters lassen sich Speicherort ❶ des Dokuments (in diesem Fall der Desktop), Größe ❷, Erstellungsdatum ❸ etc. ablesen.

Schritt 3

Sie können das Dokument umbenennen, indem Sie den kompletten Text des oberen Eingabefelds mit gedrückter linker Maustaste überfahren. Danach beginnen Sie mit der Eingabe.

Schritt 4

Wenn Sie das Dokument schützen wollen, klicken Sie das Feld **Schreibgeschützt** an. Das Häkchen signalisiert: Die Datei kann zwar noch geöffnet und bearbeitet, nicht jedoch unter demselben Namen und am selben Ort gesichert werden.

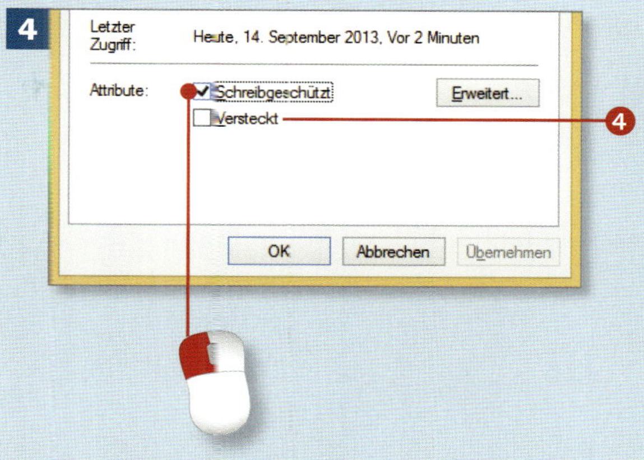

Schritt 5

Entfernen Sie das Häkchen wieder mit einem Klick, und wählen Sie das Register **Details**.

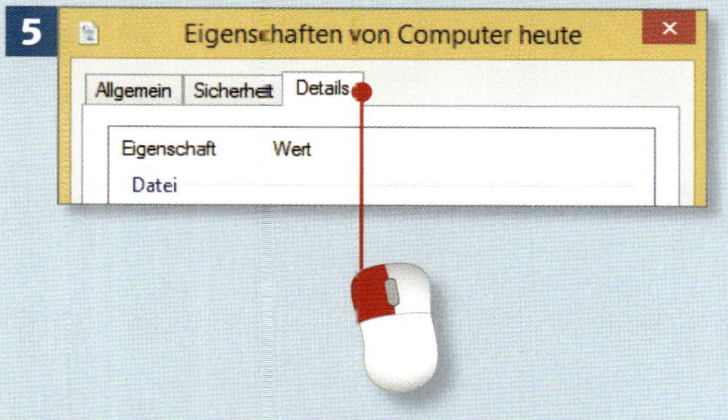

Schritt 6

Hier finden Sie weitere wichtige Informationen wie z. B. Erstellungs- und Änderungsdatum sowie Besitzer und Computer. Am Ende klicken Sie auf **OK**. Möchten Sie die Änderungen verwerfen, klicken Sie auf **Abbrechen**.

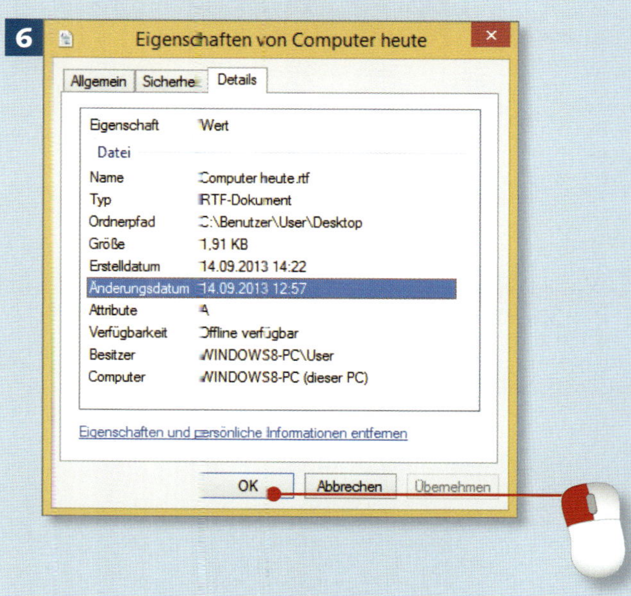

Dateien verstecken

Gehen Sie behutsam mit der Funktion **Versteckt** ❹ um. Damit lassen sich die Objekte nämlich ausblenden. Um sie wieder sichtbar zu machen, müssen Sie tief ins System gehen. Außerdem ist das Verstecken ohnehin keine sichere Methode, um den Inhalt vor neugierigen Blicken zu verbergen.

Dateien komprimieren und dekomprimieren

Wenn Sie beabsichtigen, Dateien zu archivieren oder per E-Mail zu versenden, ist es sinnvoll, diese vorab zu komprimieren. Dabei werden die Dateien gewissermaßen zusammengepresst, und die Dateigröße verringert sich zum Teil beträchtlich. Umgangssprachlich nennt man diese Technik »zippen«.

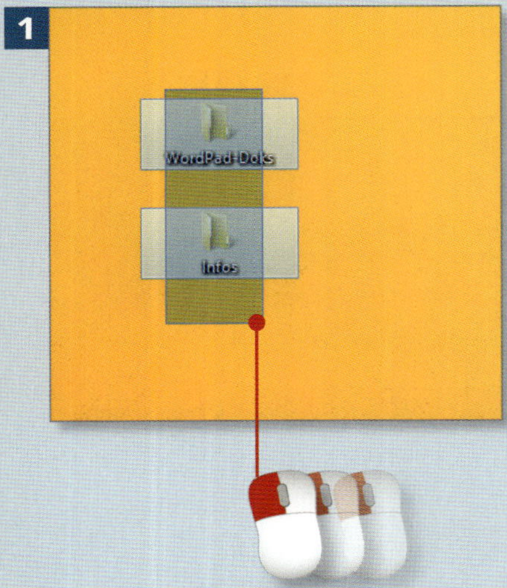

Schritt 1

Setzen Sie einen Mausklick auf das Objekt, das Sie komprimieren wollen. Sie dürfen auch mehrere Objekte anklicken, während Sie Strg gedrückt halten, oder mit gedrückter Maustaste einen Rahmen um die zu »zippenden« Dateien ziehen.

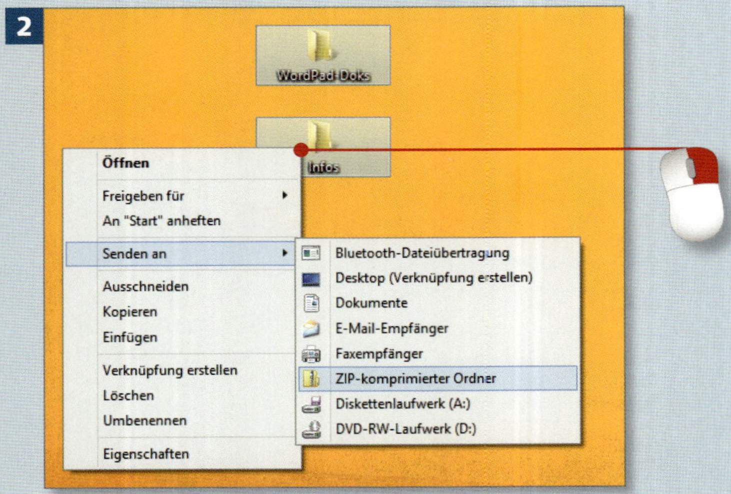

Schritt 2

Danach erfolgt der mittlerweile wohl bestens bekannte Rechtsklick auf eine der markierten Dateien. Wählen Sie **Senden an ▸ ZIP-komprimierter Ordner**.

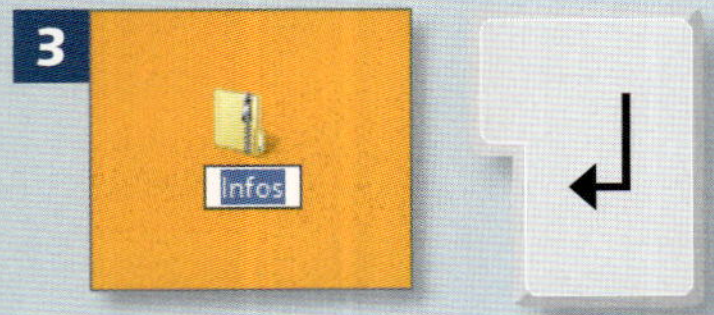

Schritt 3

Kurz darauf finden Sie einen weiteren Ordner vor, der mit einem Reißverschluss versehen ist. Wenn Sie keinen neuen Namen eingeben wollen, drücken Sie ↵.

Schritt 4

Öffnen Sie den ZIP-Ordner per Doppelklick. Sie können die darin enthaltenen Dateien zwar ansehen und auch darauf zugreifen, jedoch lässt sich damit nicht arbeiten.

Schritt 5

Um die »gezippten« Dateien wieder verwenden zu können, muss ihr Empfänger mit der rechten Maustaste daraufklicken und **Alle extrahieren** auswählen. (Alternativ öffnet er den Ordner wie in Schritt 4 beschrieben und klickt im Menüband auf **Alle extrahieren**.)

Schritt 6

Im nächsten Dialog müssen Sie noch einmal auf **Extrahieren** klicken. Jetzt wird am selben Ort, wo sich der ZIP-Ordner befindet, ein dekomprimierter Ordner erzeugt. Die darin enthaltenen Dateien können bearbeitet werden.

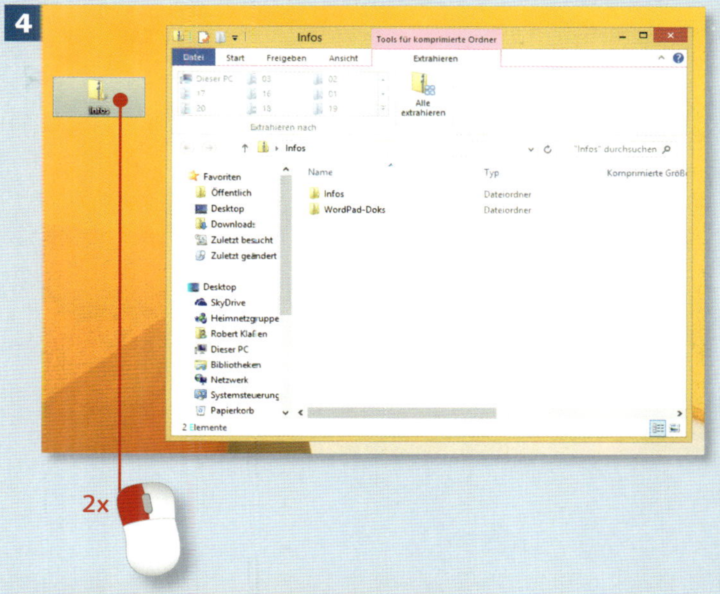

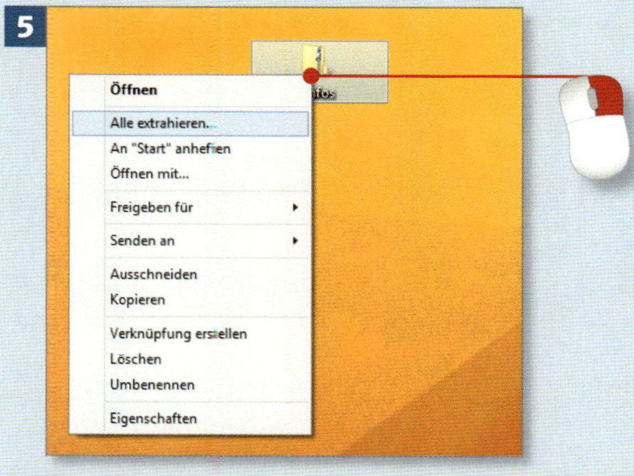

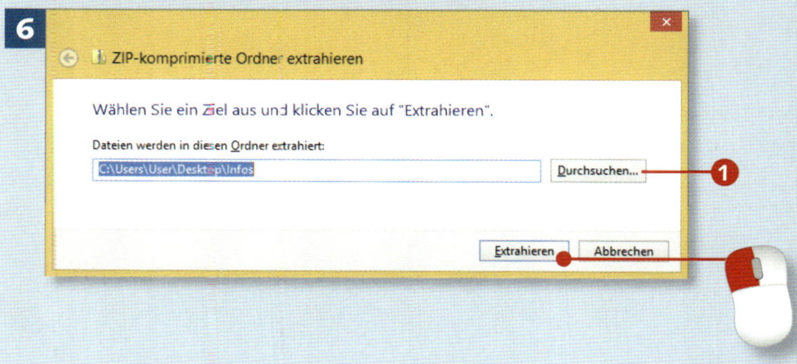

Speicherort ändern

Klicken Sie auf **Durchsuchen** ❶ falls Sie beabsichtigen, einen neuen Speicherort für die entpackten Dateien anzugeben.

Dateitypen anzeigen

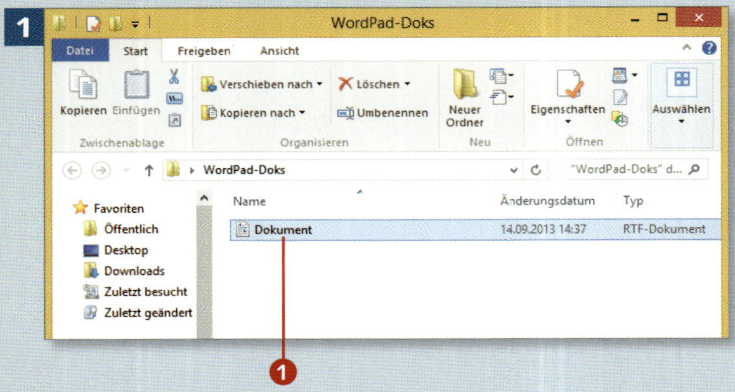

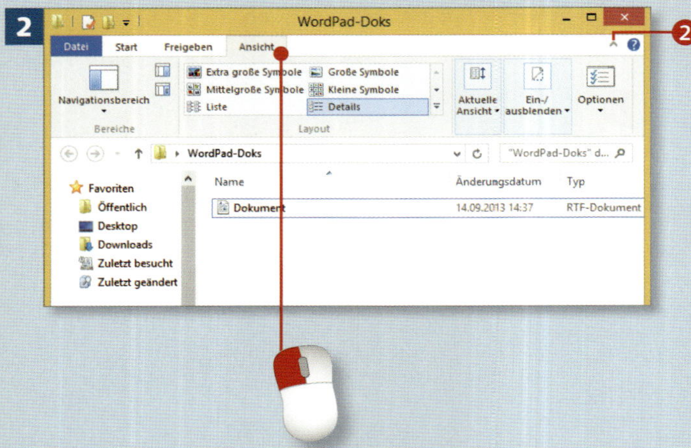

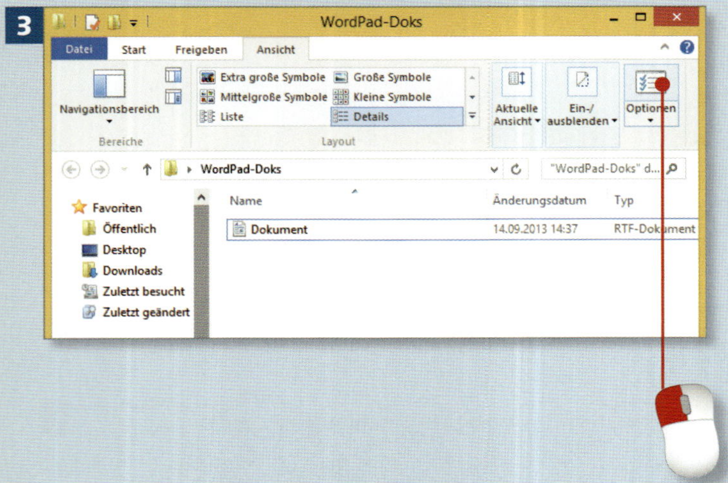

Wenn Sie mit vielen verschiedenen Arten von Dateien zu tun haben, ist es sinnvoll, sich die Dateiendungen anzeigen zu lassen. Daran ist nämlich zu erkennen, in welchem Format die Dokumente vorliegen.

Schritt 1

Öffnen Sie einen Ordner, in dem sich mindestens eine Datei befindet (hier: *WordPad-Doks*). Sie sehen darin lediglich Namen ❶, jedoch keine Dateiendungen.

Schritt 2

Markieren Sie das Register **Ansicht**, das Sie oberhalb des Menübands finden. Sollte das Menüband geschlossen sein, öffnen Sie es, indem Sie auf ❷ klicken.

Schritt 3

Klicken Sie jetzt auf die Schaltfläche **Optionen**. Achten Sie aber darauf, nicht den Namen oder das darunter befindliche Dreieck, sondern tatsächlich das Symbol zu treffen.

Systemsteuerung

Wenn Sie lieber den klassischen Weg nehmen, können Sie den Dialog **Ordneroptionen** auch in der Systemsteuerung zugänglich machen.

Schritt 4

Im folgenden Dialog finden Sie die Ordneroptionen von Windows 8.1. Holen Sie hier zunächst einmal mit einem Klick die Registerkarte **Ansicht** nach vorn.

4

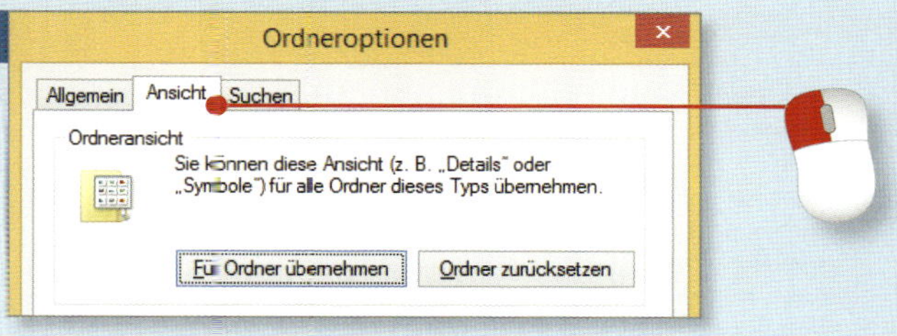

Schritt 5

In der Liste des Bereichs **Erweiterte Einstellungen** suchen Sie nach dem Eintrag **Erweiterungen bei bekannten Dateitypen ausblenden**. Klicken Sie die Zeile an, damit das vorangestellte Häkchen verschwindet. Bestätigen Sie mit **OK**.

5

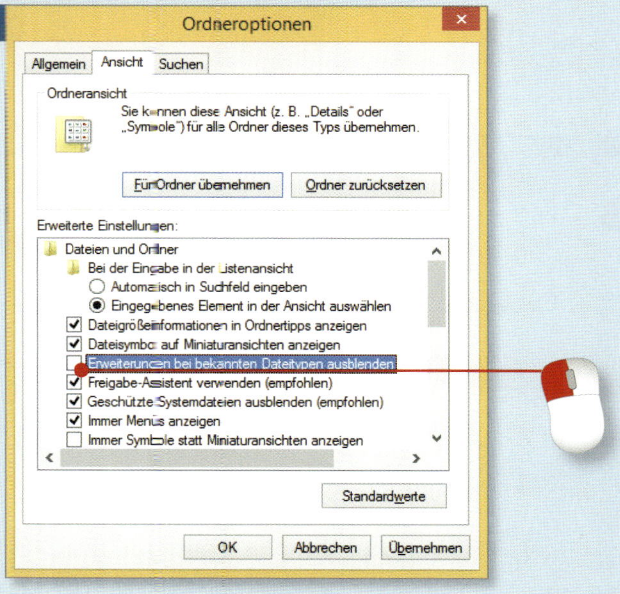

Schritt 6

Wenn Sie sich jetzt den Ordner noch einmal anschauen, werden Sie feststellen, dass hinter dem Dateinamen die Endung *.rtf* ❸ auftaucht. Sie steht für *Rich Text Format*.

6

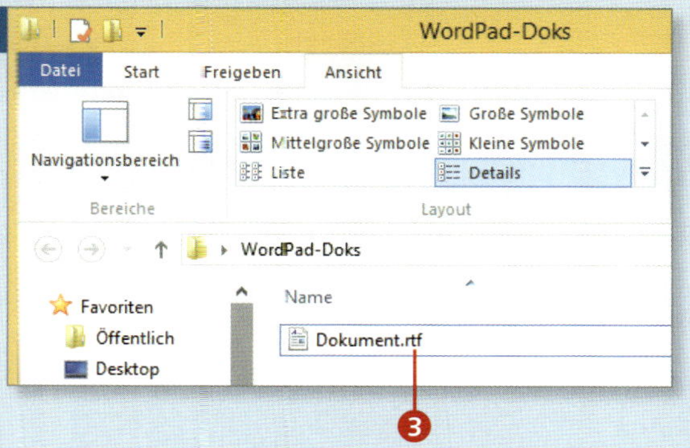

Weitere Dateiendungen

Von nun an werden Ihnen sämtliche Dateiendungen angezeigt. So wird ein Foto z. B. mit der Endung *.jpg*, *.png* oder *.tif* ausgezeichnet, während Apps (also ausführbaren Programmen) die Endung *.exe* angehängt ist.

Abgestürzte Programme schließen

1

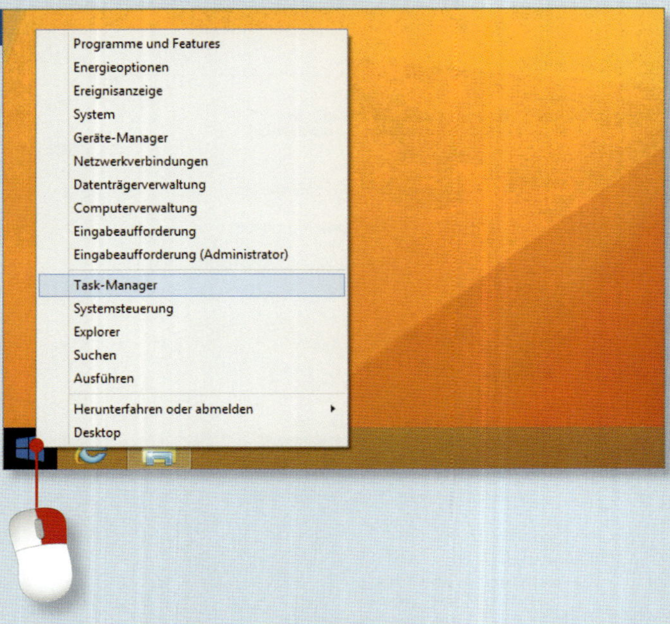

2

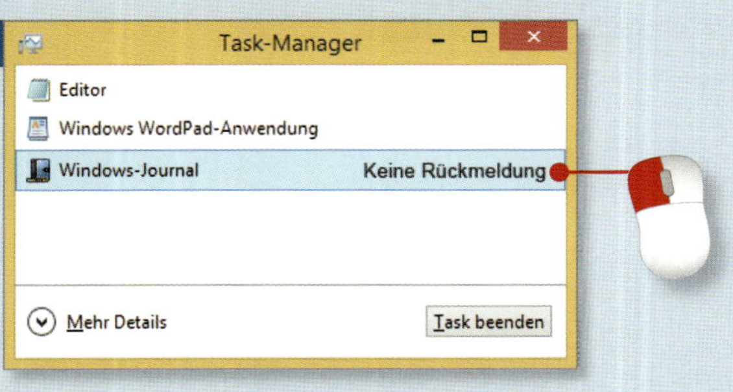

3

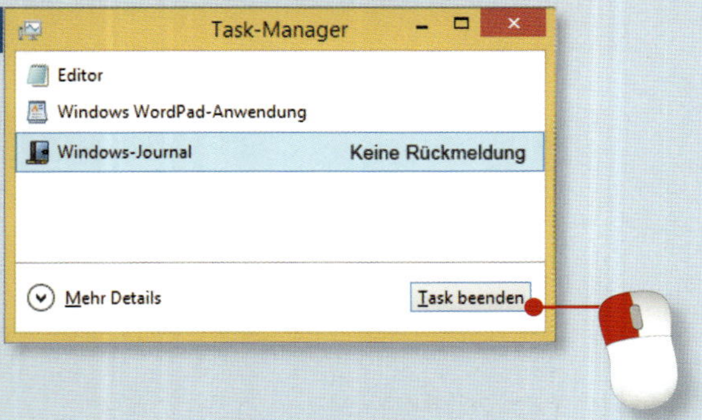

Auch wenn es äußerst selten ist, kann es auch unter Windows 8.1 einmal passieren, dass ein Programm abstürzt. In diesem Fall lässt es sich nicht mehr wie gewohnt schließen, und Sie müssen es über die Systemsteuerung abschalten.

Schritt 1

Klicken Sie mit rechts auf die **Windows**-Schaltfläche oder einen freien Bereich in der Taskleiste, und wählen Sie im Kontextmenü **Task-Manager** aus.

Schritt 2

Das Programm, das nicht mehr ordnungsgemäß ausgeführt werden kann, wird im Task-Manager mit dem Status **Keine Rückmeldung** ausgezeichnet. Markieren Sie diese Zeile mit einem Mausklick.

Schritt 3

Klicken Sie jetzt auf den Schalter **Task beenden** unten rechts im Fenster. Sollten Sie nun noch gefragt werden, ob Sie das Programm wirklich schließen wollen, müssen Sie dies mit **Ja** bestätigen.

Schritt 4

Die Zeile mit dem gestörten Programm ist verschwunden. Zuletzt schließen Sie das Fenster mit einem Klick auf das Schließkreuz ❶. Da Sie aber schon einmal hier sind: Klicken Sie kurz noch auf **Mehr Details**.

Schritt 5

Die beeindruckende Liste, die sich daraufhin öffnet, offenbart sämtliche Prozesse, die derzeit auf Ihrem PC betrieben werden. Auch hier könnten Sie eine Zeile markieren und dann auf **Task beenden** ❷ klicken.

Schritt 6

Wollen Sie einmal sehen, wie Ihre Prozessoren mit der Arbeit zurechtkommen? Dann klicken Sie auf **Leistung**. Zur Task-Manager-Ansicht kommen Sie mit **Weniger Details** ❸ zurück.

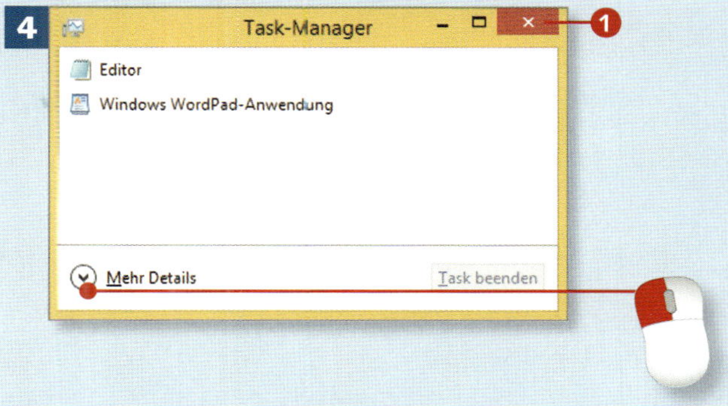

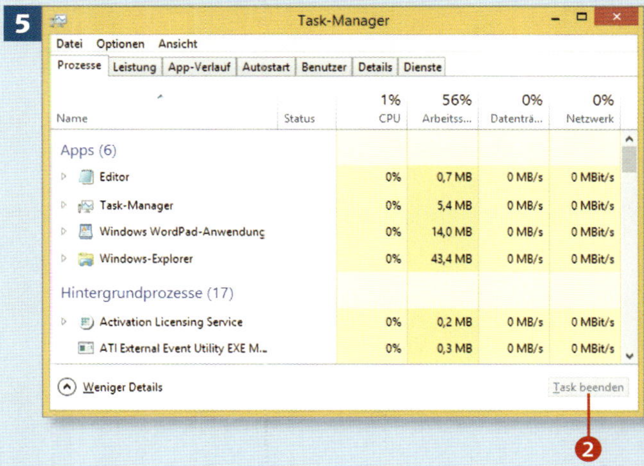

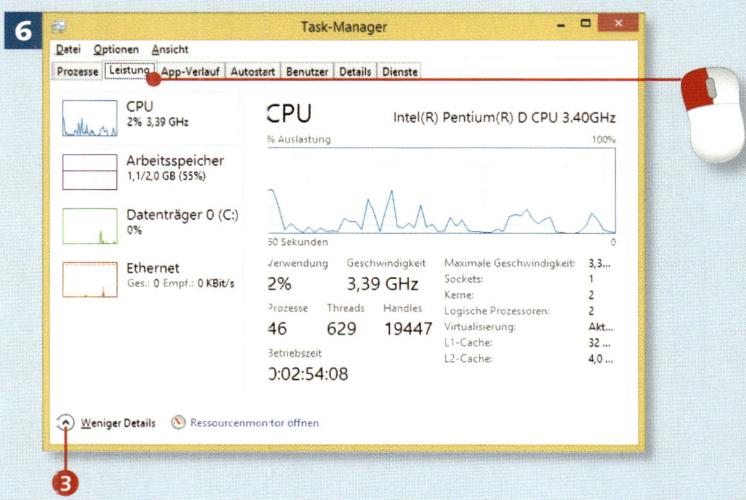

!

Weniger Details

Da die Ansicht **Weniger Details** intuitiver ist, sollten Sie vor dem Schließen des Fensters daraufklicken. Tun Sie das nicht, wird der Task-Manager künftig im Modus **Mehr Details** geöffnet.

Mit mehreren Apps gleichzeitig arbeiten

Mitunter ist es sehr sinnvoll, mehrere Apps nebeneinanderzustellen; beispielsweise wenn Sie gerade Finanzmarkt-Infos einholen, währenddessen etwas im Internet recherchieren und nebenbei noch eine E-Mail schreiben wollen.

Schritt 1

Beginnen Sie mit dem Öffnen einer beliebigen App. Wir entscheiden uns hier für den **Internet Explorer**. Klicken Sie also auf die entsprechende Kachel auf dem Startbildschirm.

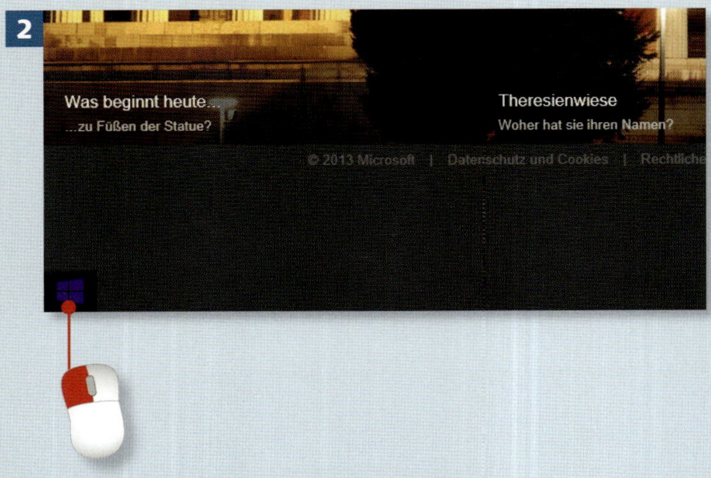

Schritt 2

Sobald der Internet Explorer geöffnet ist, drücken Sie entweder die Taste ⊞ oder fahren in die untere linke Bildecke. Dort angekommen, klicken Sie auf die **Windows**-Schaltfläche, um wieder auf den Startbildschirm zu gelangen.

Schritt 3

Öffnen Sie eine weitere App. Unsere Wahl fällt diesmal auf **Finanzen**. Klicken Sie deshalb die gleichnamige Kachel an.

Schritt 4

Sie befinden sich nun in der Finanz-App. Klicken Sie mit der linken Maustaste an den oberen Bildrand, und halten Sie die Maustaste gedrückt. Danach fahren Sie etwas mit der Maus nach unten. Bitte noch nicht loslassen!

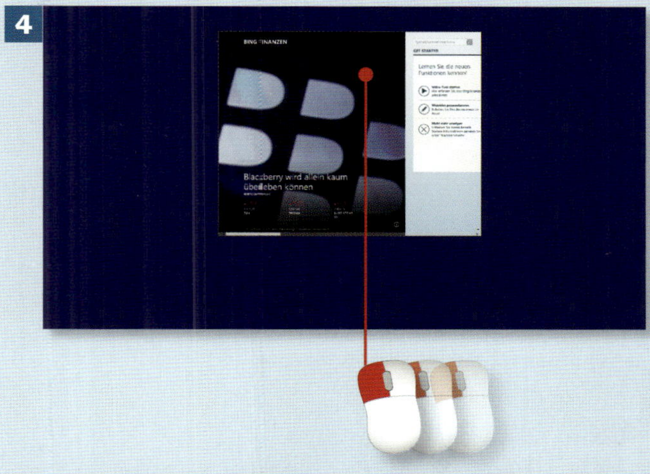

Schritt 5

Jetzt müssen Sie die Maus nur noch nach links oder (wie hier) nach rechts bewegen. Lassen Sie los, sobald sich in der Mitte des Bildschirms ein vertikaler schwarzer Balken zeigt.

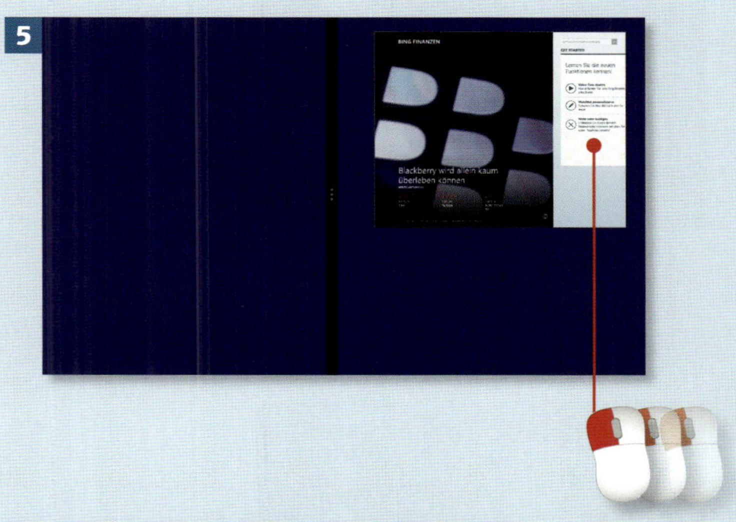

Schritt 6

Fahren Sie jetzt in die obere linke Ecke des Monitors. Sie werden sehen, dass die derzeit geöffnete Finanz-App dort noch einmal als Miniatur abgebildet ist.

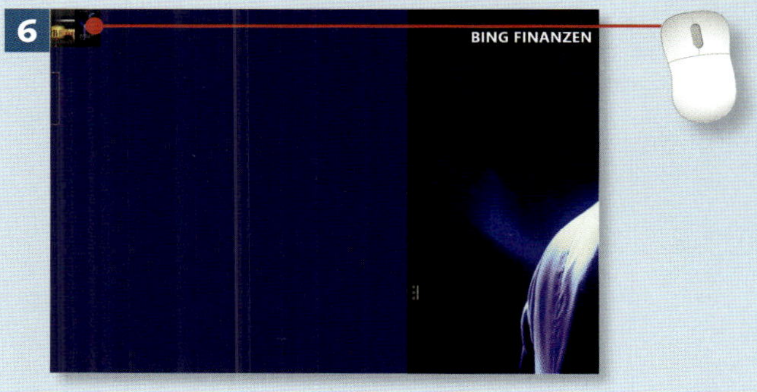

App zurückziehen
Genau so wie in den Schritten 4 und 5 beschrieben, lässt sich eine App auch aus dem Anzeigebereich herausziehen – mit dem Unterschied, dass Sie diese ganz nach links ziehen und fallen lassen, wenn sich der breite schwarze Balken zeigt (siehe Schritt 7).

Mit mehreren Apps gleichzeitig arbeiten (Forts.)

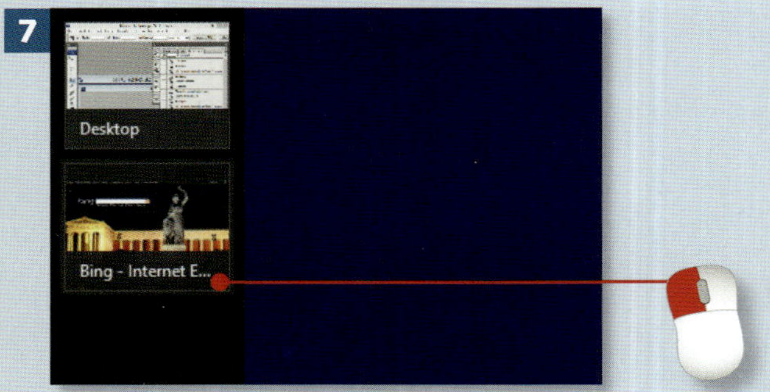

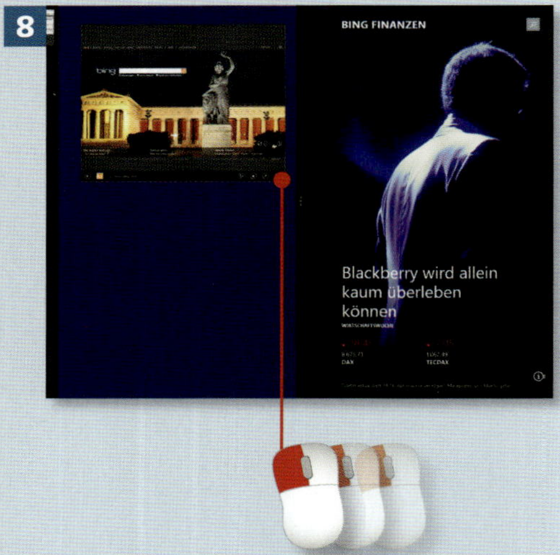

Schritt 7

Fahren Sie nun am linken Bildrand herunter, bis weitere Kacheln eingeblendet werden (je nachdem, welche Apps geöffnet sind, differiert die Anzeige). Klicken Sie auf die Kachel, deren App Sie auf der freien (linken) Seite des Monitors anordnen wollen. Halten Sie die Maustaste gedrückt!

Schritt 8

Ziehen Sie die Kachel nach rechts, und lassen Sie los, sobald Sie den noch freien Bereich des Monitors erreicht haben.

Schritt 9

Schwupp – jetzt befinden sich beide Apps nebeneinander! Sollte Ihnen eine App wichtiger sein als die andere, klicken Sie auf den vertikalen Mittelbalken und ziehen diesen vorsichtig in die gewünschte Richtung.

Nicht zu weit ziehen

Ziehen Sie den Mittelbalken nicht zu weit. Anderenfalls wird diese Seite komplett geschlossen. Solange Sie die Maustaste jedoch noch nicht losgelassen haben, können Sie ein Stück zurückziehen und loslassen. Dann bleibt die Anzeige geteilt.

Schritt 10

Drücken Sie ⊞, und öffnen Sie vom Startbildschirm aus eine dritte App (hier: **Mail**). Sofort legt sich die betreffende Kachel über die beiden anderen. Klicken Sie die Kachel der Mail-App auf der rechten Seite an, legt sich **Mail** über die Finanz-App – klicken Sie auf die linke Seite, wird **Bing** überdeckt.

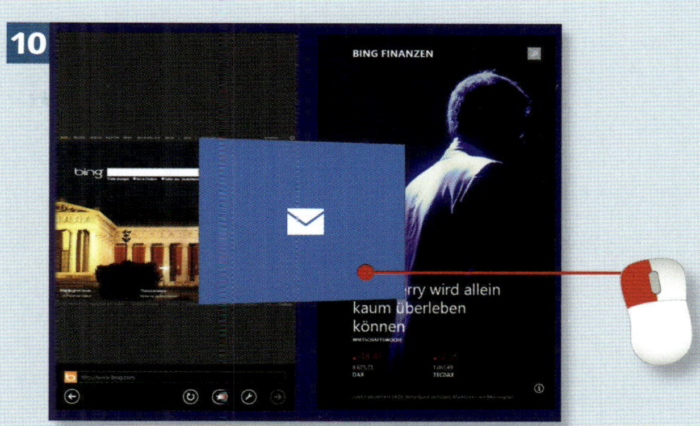

Schritt 11

Alternativ zu Schritt 10 können Sie aber die Mail-Kachel auch anklicken und mit gedrückter linker Maustaste ganz nach rechts ziehen. Das hat zur Folge, dass ein dritter Bereich eröffnet wird. Lassen Sie dort los, werden alle drei Apps nebeneinander gezeigt.

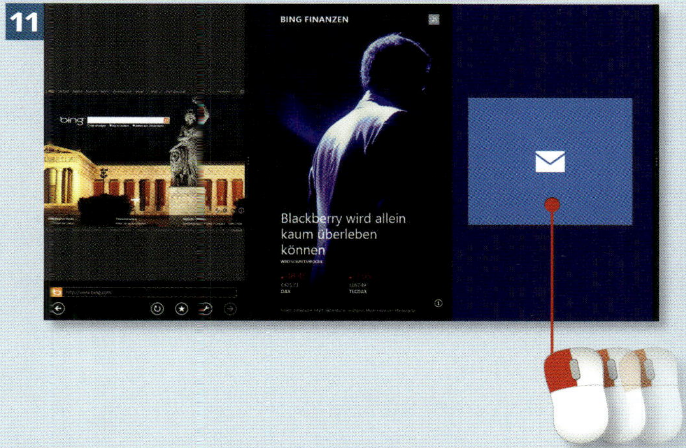

Schritt 12

Sie benötigen eines der Fenster nicht mehr? Kein Problem! Ziehen Sie einfach einen der schwarzen Zwischenbalken so weit herüber, bis die App zuklappt.

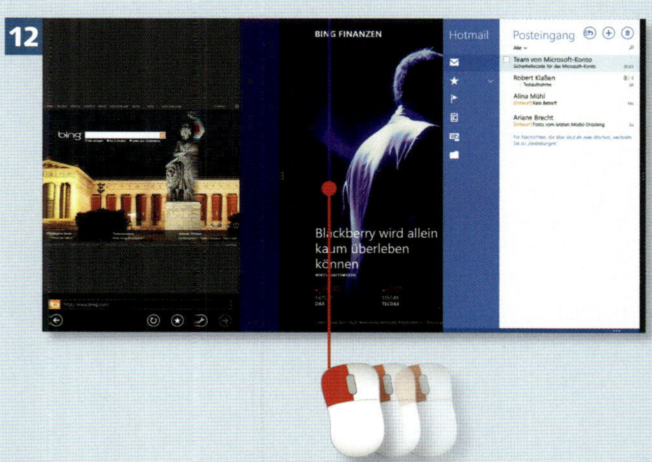

Apps bleiben geöffnet

Beachten Sie, dass die App durch das »Zuziehen« (siehe Schritt 12) nicht geschlossen, sondern lediglich deren Darstellung aufgehoben wird. Zum Schließen klicken Sie auf die App und drücken dann die Tastenkombination Alt + F4.

Kapitel 4
Im Internet surfen

Das Internet eröffnet Ihnen zahlreiche Möglichkeiten. Was Sie tun müssen, falls noch keine Internetverbindung besteht, wie Sie surfen, nach bestimmten Inhalten suchen und den Internet Explorer konfigurieren, lernen Sie in diesem Kapitel.

Die Internetverbindung einrichten

Windows 8.1 ist in der Regel so vorkonfiguriert, dass eine Internetverbindung steht, noch bevor Sie den Internet Explorer das erste Mal öffnen. Dennoch kann es vorkommen (z.B. bei technischen Problemen oder bei der Übernahme eines bestehenden Computersystems), dass Sie selbst noch einmal Hand anlegen müssen ❶.

Surfen und suchen im Internet

Bei der Suche ❷ im weltweiten Netz, der Anwahl verschiedener Webseiten sowie dem Speichern und Drucken von Webinhalten helfen Ihnen die Anleitungen in diesem Kapitel zuverlässig weiter.

Konfigurationen und Add-Ons

Mit der Zeit werden Sie Surfgewohnheiten entwickeln, besonderen Wert auf bestimmte Funktionen legen und vielleicht auch einmal die eine oder andere Zusatzfunktion ❸ integrieren wollen. Auch hier steht Ihnen der Internet Explorer als zuverlässige Arbeitsumgebung zur Verfügung.

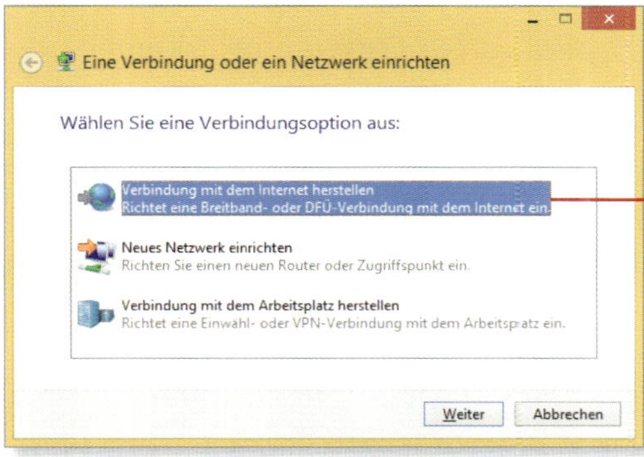

1 Zunächst müssen Sie Ihre Internetverbindung einrichten.

2 Surfen Sie im World Wide Web, stellen Sie den Internet Explorer passend ein, oder drucken Sie Webseiten aus.

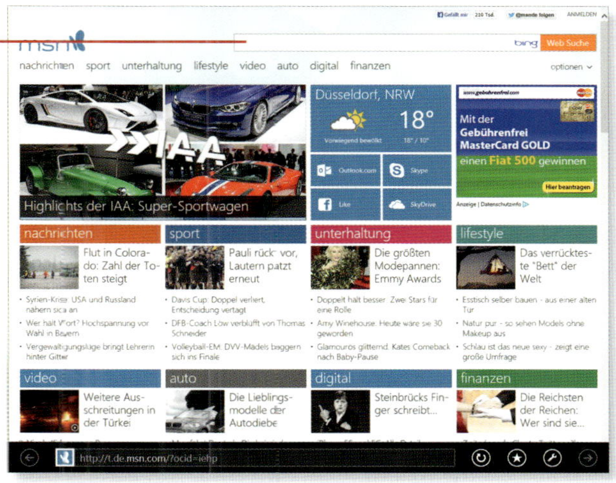

3 Konfigurationen und Add-Ons erleichtern Ihnen die Arbeit mit dem Internet Explorer noch mehr.

Eine Internetverbindung einrichten

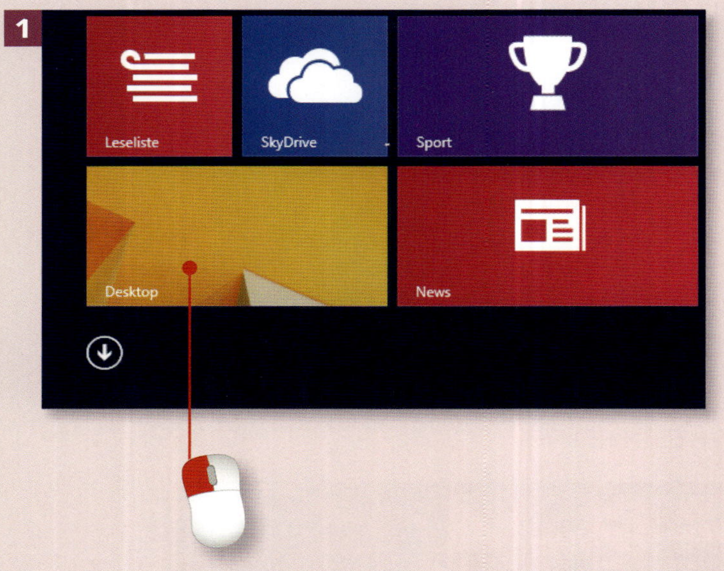

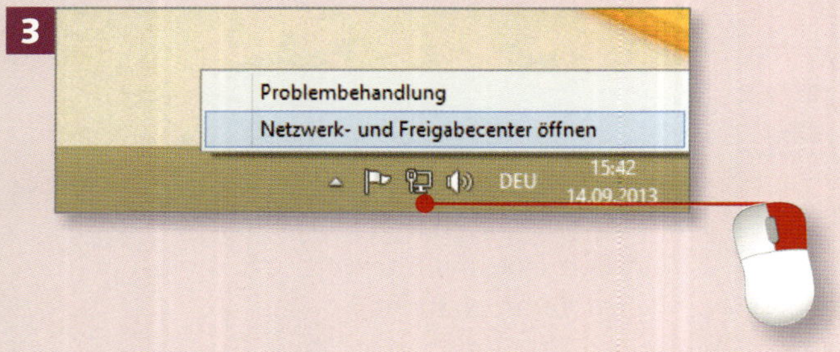

In Windows 8.1 ist prinzipiell bereits alles vorbereitet, um ins Internet zu gelangen. Sollten Sie jedoch noch keine Internetverbindung haben, durchlaufen Sie die folgenden Schritte.

Schritt 1

Öffnen Sie zunächst die Desktop-Ansicht (mit [Windows] + [D] oder indem Sie auf dem Startbildschirm auf die **Desktop**-Kachel klicken).

Schritt 2

Zeigen Sie auf das Netzwerk-Symbol. Wenn ein kleiner Text (die sogenannte *QuickInfo*) erscheint, der **Netzwerk Internetzugriff** o. ä. lautet, können Sie diese Anleitung jetzt schon abschließen.

Schritt 3

Ist das nicht der Fall, klicken Sie mit rechts auf das Symbol und wählen mit der linken Maustaste **Netzwerk- und Freigabecenter öffnen**.

Kein Symbol zu sehen?
Wenn kein derartiges Symbol zu sehen ist, können Sie auch doppelt auf das Desktop-Symbol **Systemsteuerung** klicken und im nächsten Fenster auf **Netzwerk- und Freigabecenter**.

Schritt 4

Im nächsten Dialogfenster entscheiden Sie sich per Mausklick für **Neue Verbindung oder neues Netzwerk einrichten**.

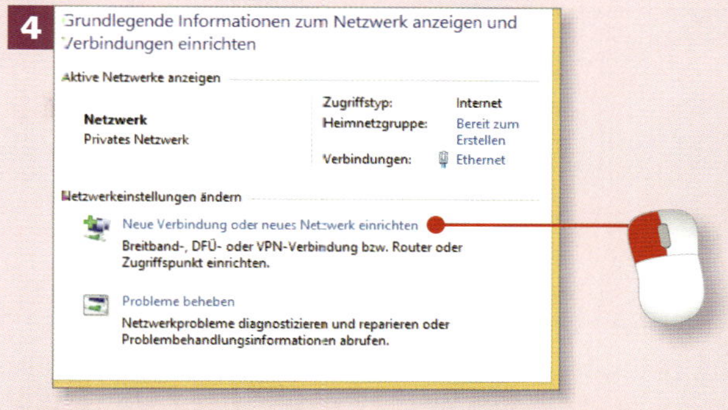

Schritt 5

Klicken Sie auf **Verbindung mit dem Internet herstellen**. Nachdem die Zeile blau markiert worden ist, bestätigen Sie mit einem Klick auf **Weiter**.

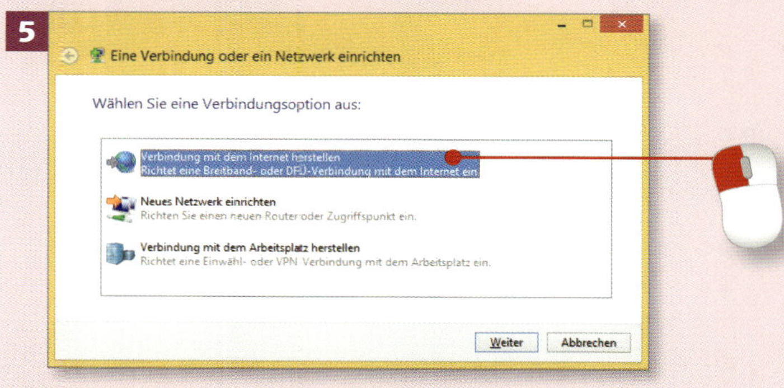

Schritt 6

Klicken Sie **Breitband (PPPoE)** ❶ an, und geben Sie im darauffolgenden Fenster Ihre Zugangsdaten ein. Die Zugangsdaten haben Sie in der Regel per Post von Ihrem Internetanbieter erhalten. Zuletzt klicken Sie auf **Verbinden**.

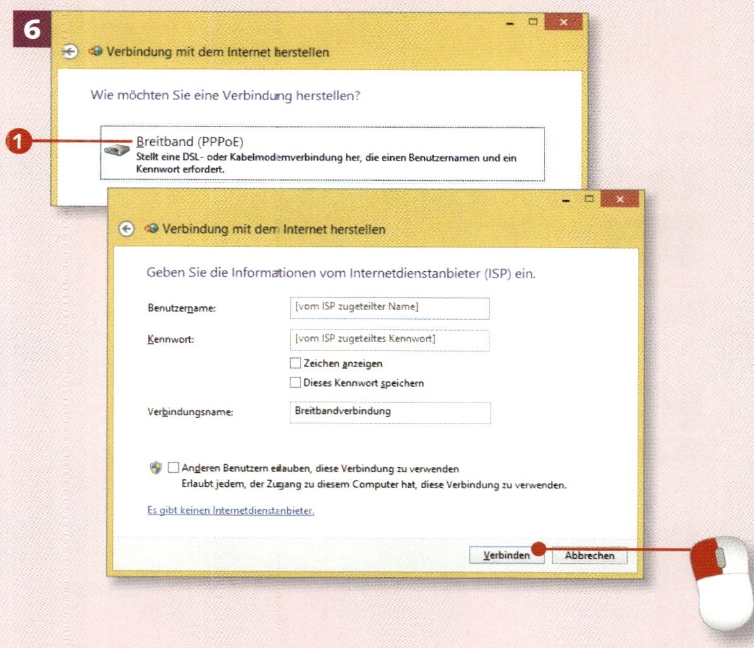

Anleitung Ihres Providers

Vermutlich haben Sie von Ihrem Internetanbieter (*Provider*) zusätzlich zu Ihrem Router oder Modem eine Anleitung erhalten. Sehen Sie nach, ob dort besondere Anweisungen zur Einrichtung der Internetverbindung gegeben werden.

Den Internet Explorer kennenlernen

Der Internet Explorer (IE) ist für Windows 8.1 noch einmal überarbeitet und für die Tablet-Bedienung optimiert worden. Sie können den IE sowohl vom Startbildschirm als auch vom Desktop aus aufstoßen.

1

2
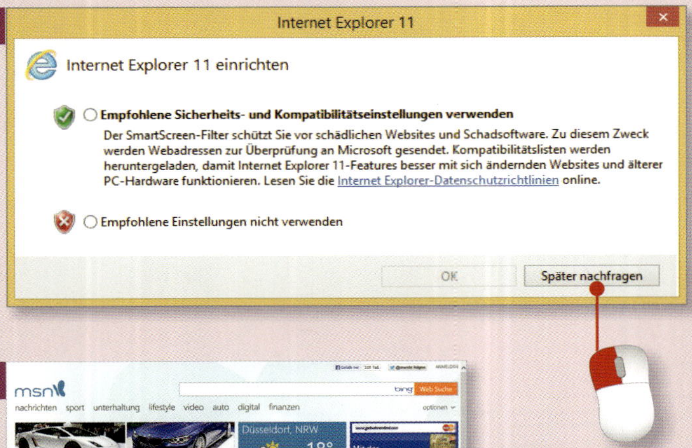

3

Schritt 1

Klicken Sie auf die Kachel **Internet Explorer**. Von hier aus geht es dann geradewegs ins Internet. (Vom Desktop aus müssen Sie auf das Symbol 1 in der Taskleiste klicken.)

Schritt 2

Beim ersten Aufruf entscheiden Sie, ob die empfohlenen Sicherheitseinstellungen übernommen werden sollen. Aktivieren Sie die obere Option, wenn Sie damit einverstanden sind. Mit **Später nachfragen** umgehen Sie diese Entscheidung zunächst.

Schritt 3

Je nachdem, ob Sie den Internet Explorer vom Startbildschirm oder vom Desktop aus gestartet haben, finden Sie nun verschiedene Fenster vor. Generell befinden sich aber auf der Website *http://www.msn.com*, die als Standard definiert ist. Schließen Sie den Internet Explorer mit der Tastenkombination Alt + F4.

Schritt 4

Wenn Sie den Internet Explorer vom Startbildschirm aus betreiben, haben Sie grundsätzlich einen höheren Lesekomfort, da die Bildschirmfläche optimal ausgenutzt wird. Zur Konfiguration sollten Sie jedoch vom Desktop aus starten (⊞ + D).

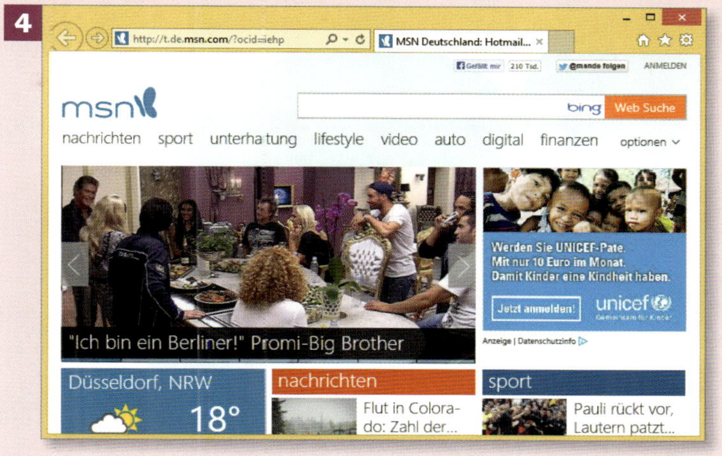

Schritt 5

Klicken Sie jetzt auf das Internet-Explorer-Symbol unten links in der Taskleiste, um den Internet Explorer von hier aus zu öffnen.

Schritt 6

Sie sehen, dass sich der Internet Explorer hier ganz anders darstellt, als wenn Sie ihn vom Startbildschirm aus öffnen.

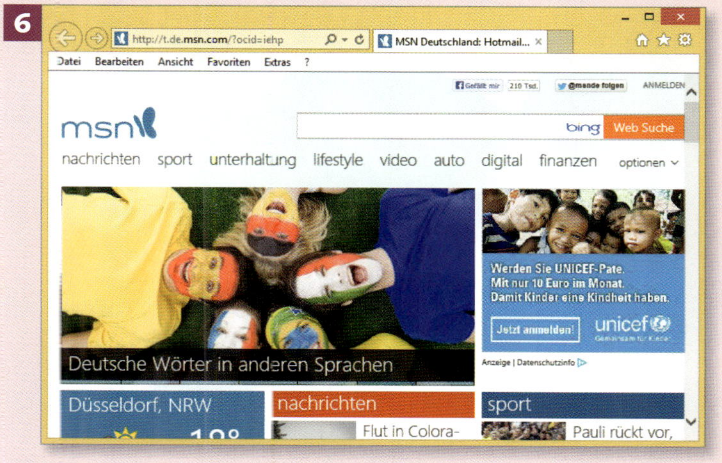

Schreibweise für Webseiten

Eine Webseitenadresse beginnt korrekterweise mit der Angabe des Internetprotokolls *http://*, gefolgt von *www.*, dann dem Namen der Seite sowie dem Kürzel der Länderkennung (z. B. *.de* für deutsche Websites). Allerdings reicht es prinzipiell auch aus, beispielsweise »msn.com« zu verwenden.

Den Internet Explorer konfigurieren

Nachdem der Zugang zum Internet hergestellt wurde, sollten Sie jetzt den Internet Explorer nach Ihren Wünschen konfigurieren. Wir machen das in der Desktop-Variante, weil sie mehr Möglichkeiten bietet.

1

2

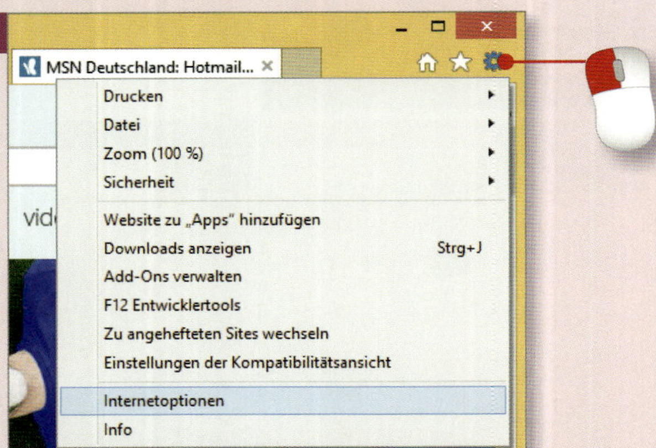

3

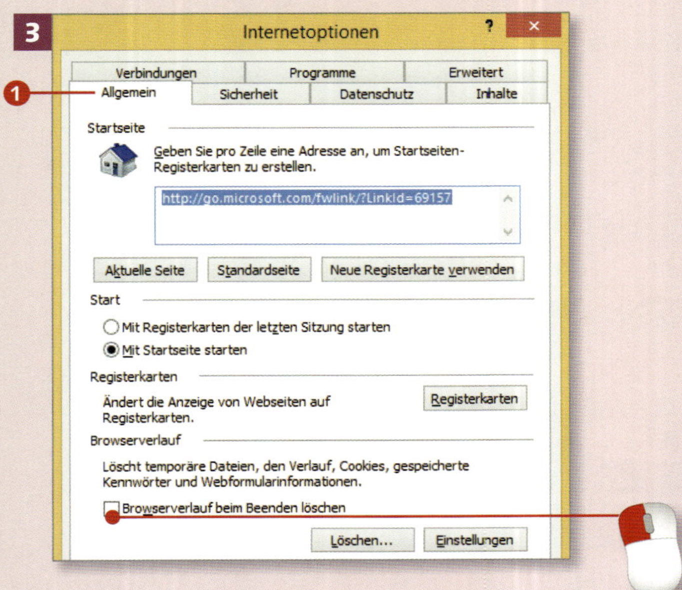

Schritt 1

Falls nicht bereits geschehen, wechseln Sie zum Desktop. Öffnen Sie dort den Internet Explorer mithilfe des Symbols unten links.

Schritt 2

Klicken Sie auf das kleine Zahnrad-Symbol oben rechts, und entscheiden Sie sich im Anschluss für den Eintrag **Internetoptionen**.

Schritt 3

Legen Sie fest, ob die von Ihnen besuchten Webseiten auch nach dem Schließen des Internet Explorers in einer Liste gespeichert werden sollen. Wenn Sie das nicht wünschen, aktivieren Sie die Checkbox **Browserverlauf beim Beenden löschen**.

Register »Allgemein«
Standardmäßig ist das Register **Allgemein** aktiviert. Ist das nicht der Fall, klicken Sie oben links zunächst auf **Allgemein** 1.

Schritt 4

Gehen Sie auf die Registerkarte **Sicherheit** ②. Über den vertikalen Schieber lässt sich jetzt die Sicherheitsabstufung für das Internet festlegen. Die mittlere Einstellung (**Mittel bis hoch**) ist in der Regel die richtige Wahl.

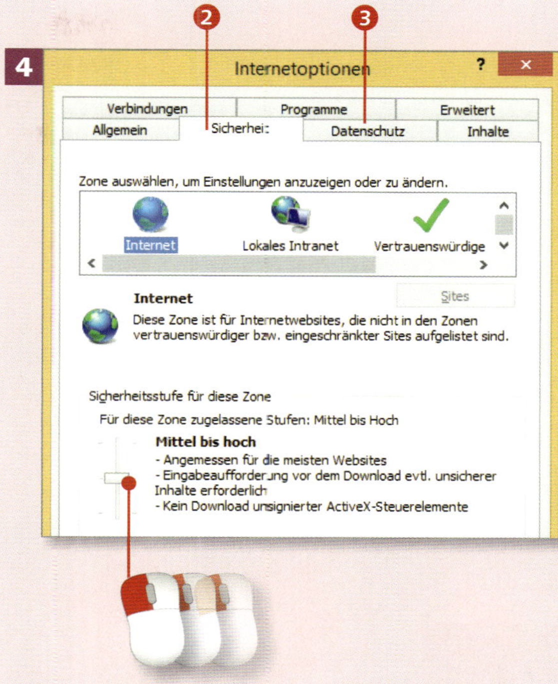

Schritt 5

Im Register **Datenschutz** ③ veranlassen Sie am besten, dass unliebsame Werbefenster deaktiviert bleiben, indem Sie das Häkchen vor **Popupblocker einschalten** setzen.

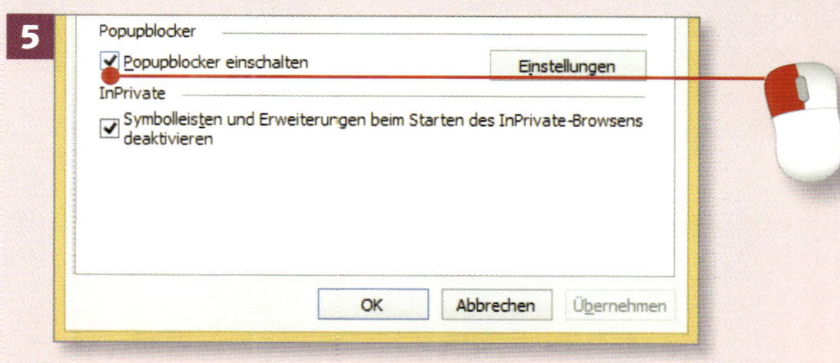

Schritt 6

Falls auch Minderjährige Ihren Computer benutzen, sollten Sie nun noch in das Register **Inhalte** ④ wechseln und dort auf **Family Safety** klicken.

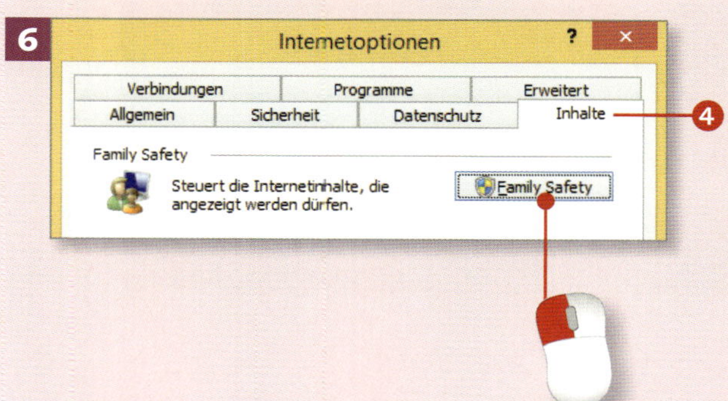

!

Sicherheit macht langsam
Möglicherweise denken Sie darüber nach, die Sicherheitsregler ganz nach oben zu stellen. Bedenken Sie jedoch, dass das Surfen dann aufgrund zusätzlicher Dialoge und Hinweistafeln weit weniger komfortabel wird.

7

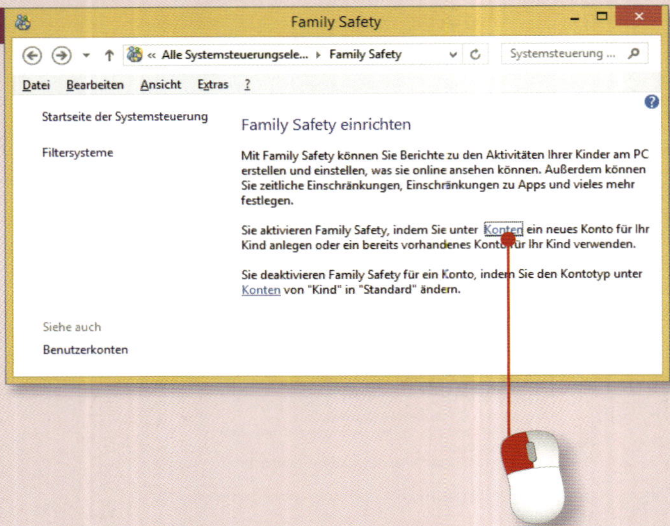

Schritt 7

Klicken Sie auf **Konten**, um den Jugendschutz für einen Benutzer des Computers festzulegen. Ob Sie dazu den oberen oder unteren blau eingefärbten Schriftzug benutzen, spielt keine Rolle.

8

Schritt 8

Aktivieren Sie im folgenden Dialog den Benutzer, dessen Konto geschützt werden soll (hier **Werner**), und klicken Sie auf **Bearbeiten**. (Sollte noch kein weiterer Benutzer vorhanden sein, müssen Sie über **Konto hinzufügen** zunächst einen anlegen.)

9

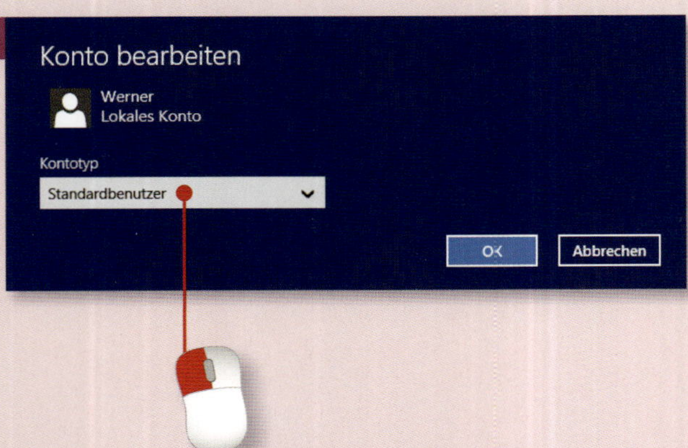

Schritt 9

Nun finden Sie ein Feld vor, das mit **Kontotyp** übertitelt ist. In der Regel steht darin **Standardbenutzer**. Klicken Sie darauf.

Standardbenutzer

Für Standardbenutzer gelten gewöhnlich keine Einschränkungen. Benutzen Kinder den PC, sollten Sie hier jedoch umstellen (siehe Schritt 10).

Schritt 10

Entscheiden Sie sich für den Eintrag **Kind**, sofern der Benutzer entsprechenden Schutz benötigt, und bestätigen Sie die Auswahl mit **OK**.

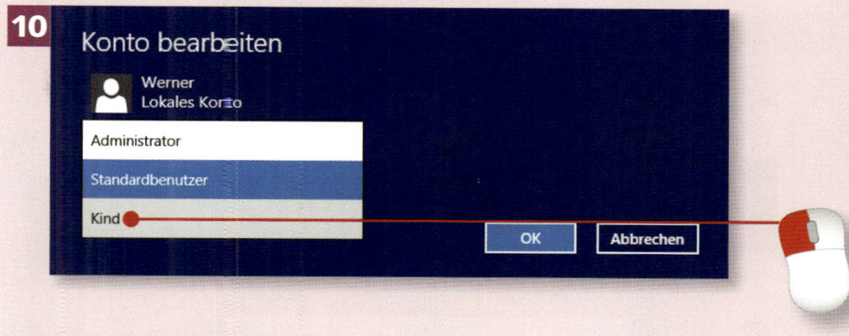

Schritt 11

Jetzt wird ein Vorgang angestoßen, der einen Augenblick dauern kann. Wenn alles erledigt ist, wird das Benutzerkonto mit dem Hinweis **Kind – Lokales Konto** ❶ ausgewiesen. Der Kinder- und Jugendschutz ist aktiv.

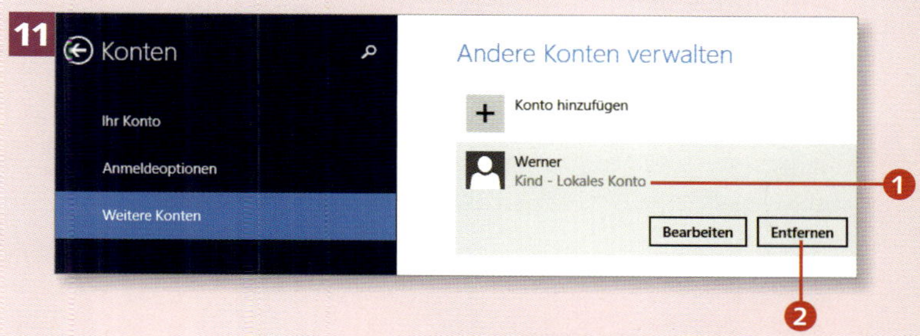

Schritt 12

Die Einstellungen können Sie bei Bedarf in Ihrem Microsoft-Konto noch weiter anpassen. Sie gelangen dorthin, indem Sie den in Schritt 7 erwähnten Dialog erneut öffnen und darin auf **Einstellungen auf der Family Safety-Website verwalten** klicken.

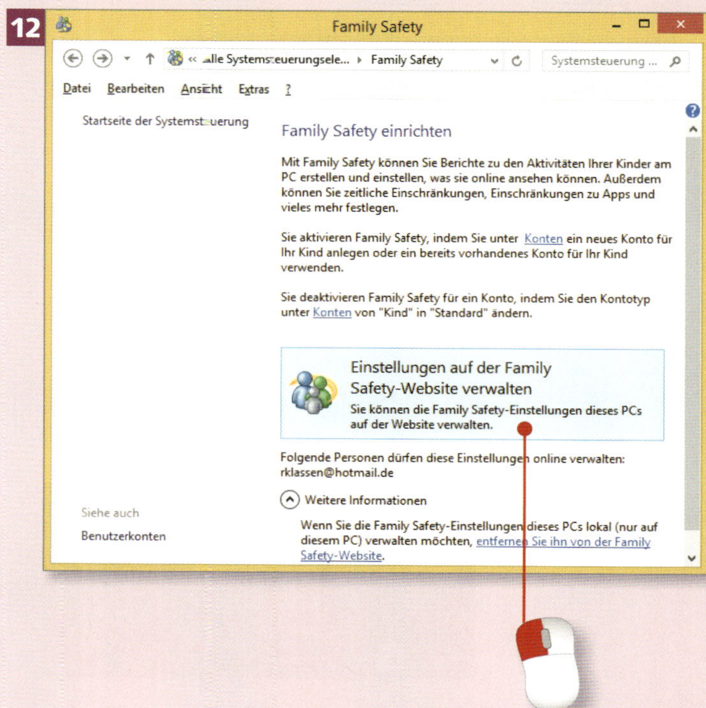

> **Vorsicht beim Entfernen!**
>
> In Schritt 11 sehen Sie, dass es auch eine Schaltfläche namens **Entfernen** ❷ gibt. Wenn Sie diese benutzen, werden nicht etwa die Sicherheitseinstellungen entfernt, sondern das Konto wird gelöscht. Allerdings erfolgt zunächst noch eine Kontrollabfrage.

Webseiten besuchen

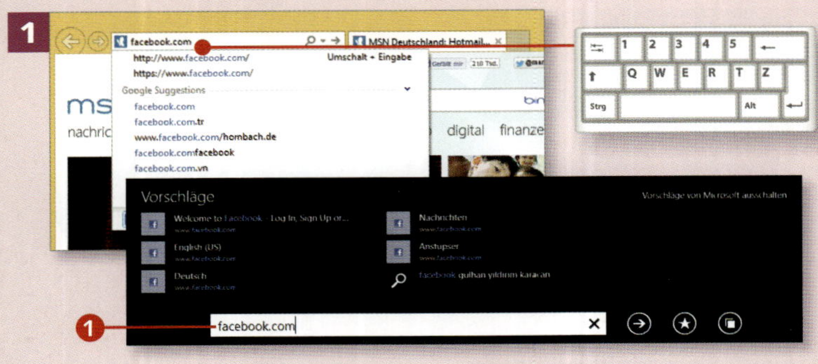

Im Internet zu surfen bedeutet nichts anderes, als Webseiten zu besuchen. In diesem Abschnitt lernen Sie die Arbeit mit dem Internet Explorer sowohl in der Startbildschirm- als auch in der Desktop-Variante kennen.

Schritt 1

Im Desktop-IE klicken Sie in das Eingabefeld oben links und tippen die Adresse ein. Im Startbildschirm-IE benutzen Sie das Feld ganz unten (1). Zuletzt drücken Sie jeweils [↵].

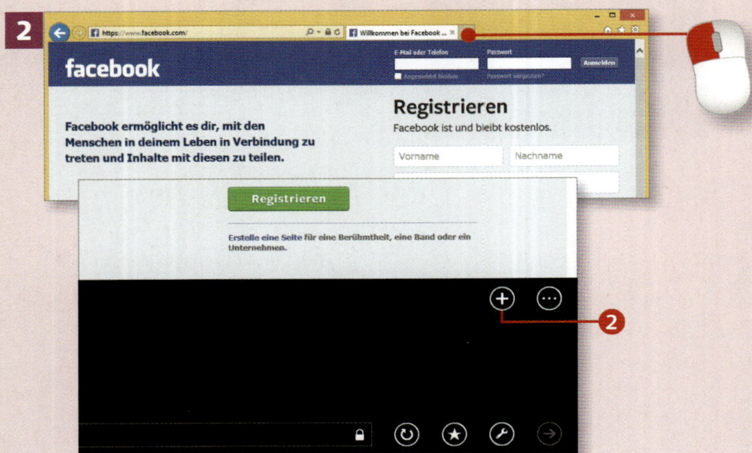

Schritt 2

Nun verschwindet die erste Seite, und die zweite legt sich darüber – es sei denn, Sie öffnen einen neuen *Tab*. Im Desktop-IE klicken Sie dazu auf das leere graue Quadrat neben dem vorhandenen Tab. Im Startbildschirm-IE klicken Sie mit rechts auf die Bildmitte und dann auf das Plus-Symbol (2) .

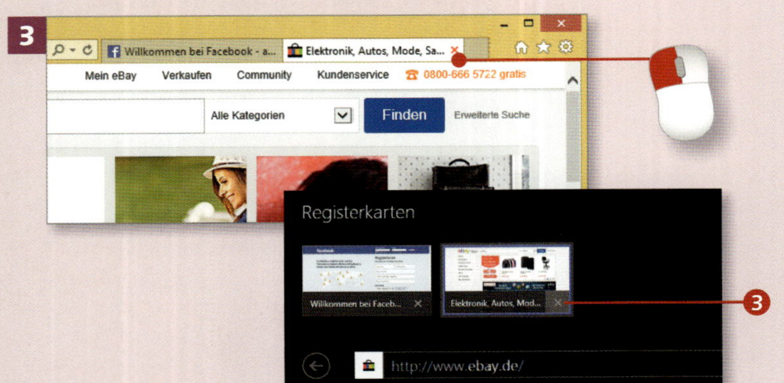

Schritt 3

Schließen Sie geöffnete Tabs mit einem Klick auf das Kreuz oder mit [Strg] + [W]. Im Startbildschirm-IE benutzen Sie das Kreuz (3) auf der Miniatur, das nach Rechtsklick auf der Bildmitte aktiv wird.

Schritt 4

In beiden IE-Varianten werden Miniaturen der zuletzt aufgerufenen bzw. häufig besuchten Seiten angezeigt, sobald Sie sich für ein neues Register entscheiden.

Schritt 5

Wenn Sie eine Seite aktivieren möchten, die sich auf einem anderen Tab befindet, klicken Sie einfach auf diesen Tab.

Schritt 6

Mithilfe des nach links weisenden Pfeils können Sie eine Seite zurückspringen (alternativ: Alt + ←). Klicken Sie den Button rechts daneben ❹ an oder drücken Sie Alt + →, um eine Seite nach vorn zu springen. Im Startbildschirm-IE blättern Sie mit den gleichen Tasten. Oder Sie fahren mit der Maus an den Bildrand. Wenn dort ein Pfeil ❺ erscheint, klicken Sie darauf.

IE

IE ist das Kürzel für Internet Explorer. Wenn hier also z. B. vom *Desktop-IE* die Rede ist, ist damit der Internet Explorer gemeint, der über die Desktop-Oberfläche aufgerufen wird.

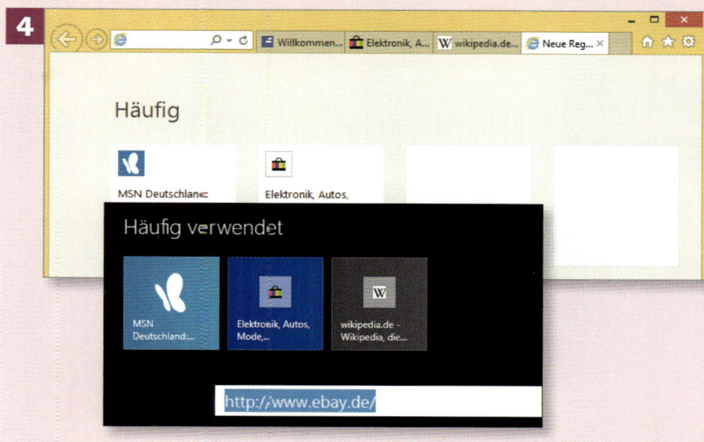

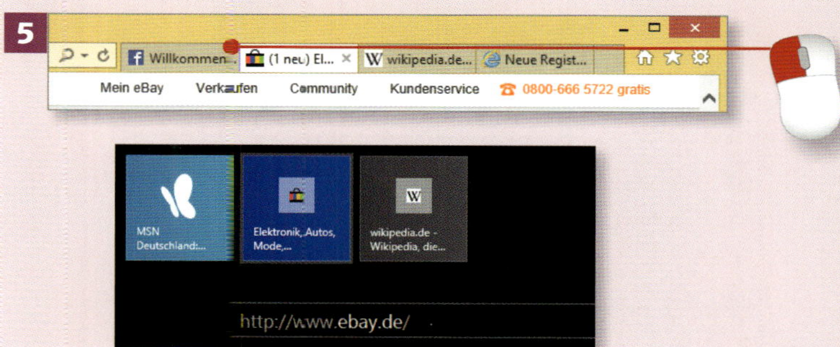

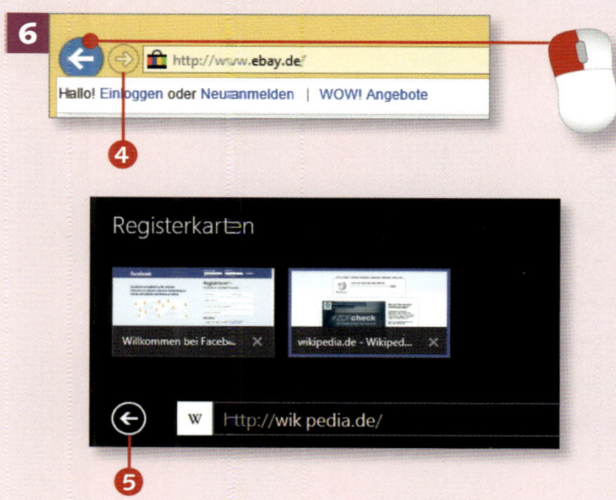

Eine Startseite festlegen

Soll Ihre Lieblingsseite immer dann erscheinen, wenn Sie den Internet Explorer öffnen? Da Sie die Startseite häufig sehen werden, hat es Vorteile, sie nach Ihren Wünschen anzupassen. Dafür wenden Sie die folgenden Schritte an.

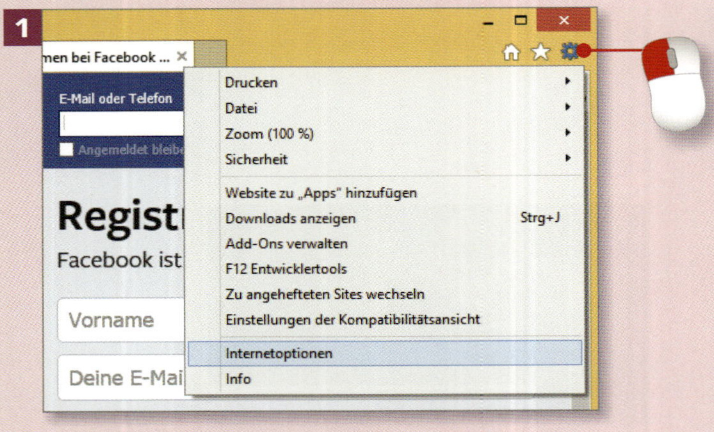

Schritt 1

Klicken Sie im Desktop-IE auf das Zahnrad-Symbol und dann auf **Internetoptionen**.

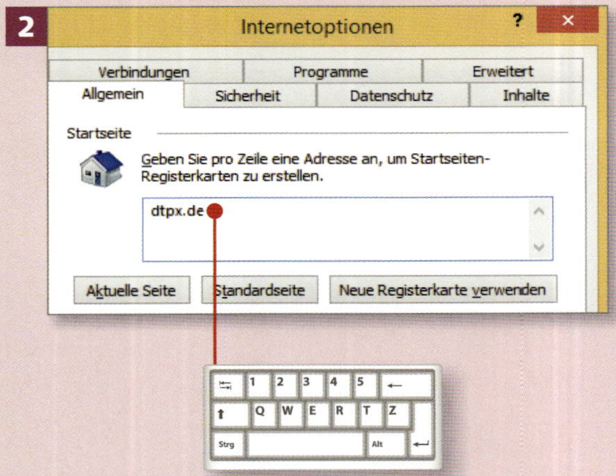

Schritt 2

Da das Eingabefeld ganz oben bereits blau markiert ist, können Sie die gewünschte Adresse sofort eintippen. Auf den Adressbestandteil *http://* können Sie dabei verzichten. Zum Schluss klicken Sie ganz unten auf **OK** (in der Abbildung links nicht zu sehen).

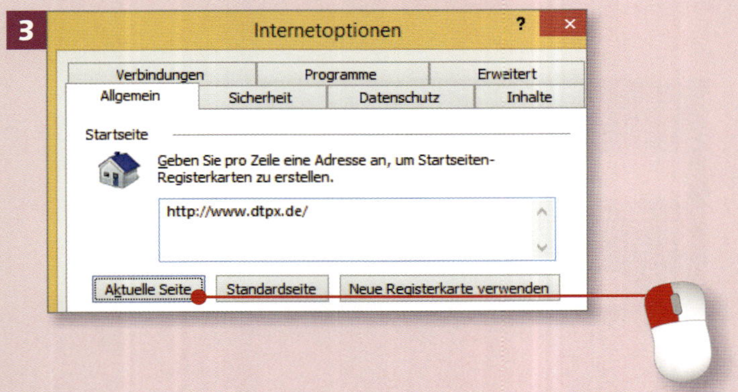

Schritt 3

Wenn Sie die gewünschte Seite sowieso gerade aufgerufen haben, können Sie alternativ auch auf **Aktuelle Seite** klicken, um diese Seite als Startseite festzulegen.

Schritt 4

Wenn Sie auf **Standardseite** klicken, kehren Sie gewissermaßen zurück zur Werkseinstellung. Hier wird nämlich eine Seite von Microsoft angeboten.

4
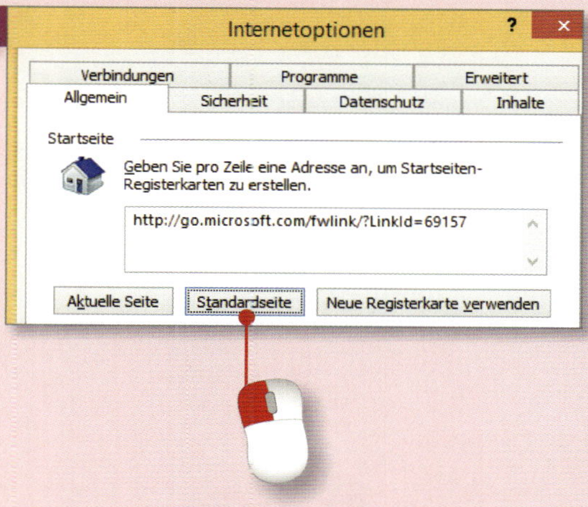

Schritt 5

Und nun noch die letzte Möglichkeit: Beim Öffnen des Internet Explorers soll überhaupt keine spezielle, sondern eine leere Seite erscheinen. Wenn Sie das wünschen, klicken Sie auf **Neue Registerkarte verwenden**. Zum Abschluss bestätigen Sie ganz unten mit **OK** (in der Abbildung rechts nicht zu sehen).

5
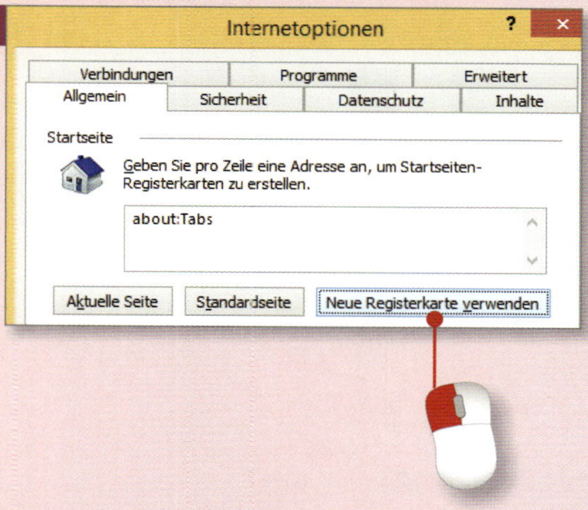

Schritt 6

Wann immer Sie von irgendeiner Webseite aus ruck, zuck zu Ihrer Startseite wechseln wollen, klicken Sie einfach auf den Button mit dem Häuschen. Alternativ können Sie die Tastenkombination `Alt` + `Pos1` verwenden.

6
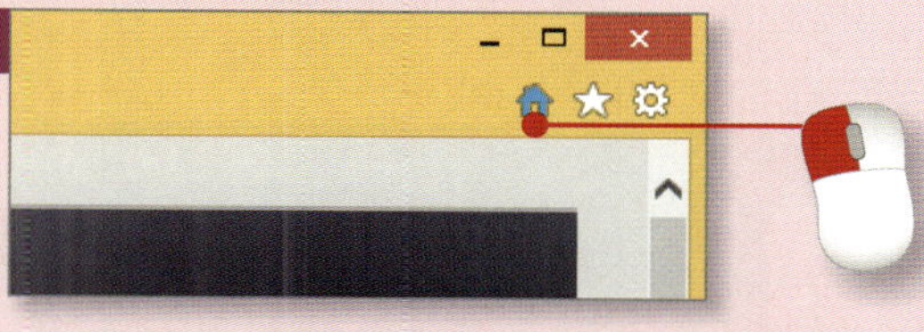

Favoriten speichern

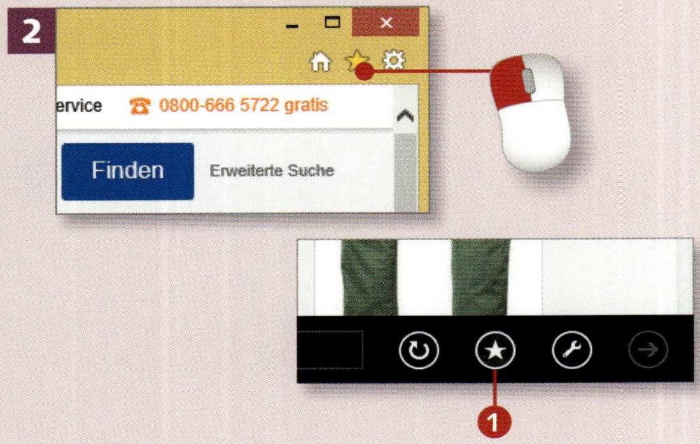

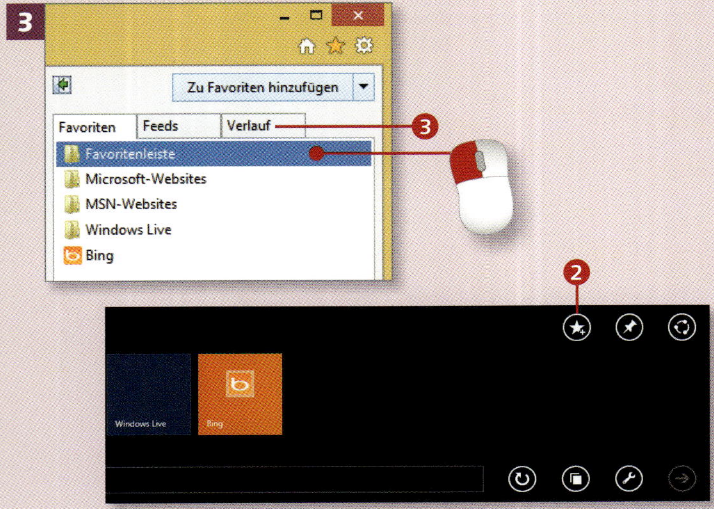

Wenn Sie Webseiten immer wieder besuchen, sollten Sie diese als Favoriten speichern. Das erspart Ihnen die Neueingabe der Webadresse.

Schritt 1

Besuchen Sie die Seite, die Sie als Favorit speichern wollen (in diesem Beispiel: *www.ebay.de*).

Schritt 2

Dann klicken Sie auf das Stern-Symbol oben rechts oder drücken `Alt` + `C`. Im Startbildschirm-IE klicken Sie zunächst auf das Stern-Symbol ❶.

Schritt 3

Zum Speichern des Favoriten klicken Sie in beiden Umgebungen auf **Zu Favoriten hinzufügen** (im Startbildschirm-IE das Sternchen mit dem Plus-Symbol ❷).

Verlauf

Wenn Sie im Desktop-IE auf das Register **Verlauf** ❸ klicken, können Sie auf bereits besuchte Seiten zugreifen. Klicken Sie dort auf **Heute**, werden alle besuchten Seiten des Tages angezeigt. Entsprechend wirkt auch die kleine Dreieck-Schaltfläche im Adressfeld des Browsers (❹ in Schritt 1).

Schritt 4

In beiden Umgebungen öffnet sich nun ein Dialog, mit dessen Hilfe Sie einen einprägsameren (kürzeren) Namen ❺ vergeben können (z. B. »eBay«). Klicken Sie im Anschluss auf **Hinzufügen**.

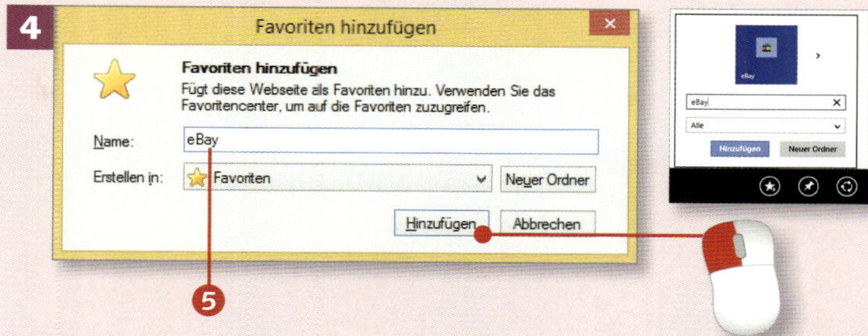

Schritt 5

Alle Favoriten sehen Sie, wenn Sie im Desktop-IE oder Startbildschirm-IE auf das Stern-Symbol klicken.

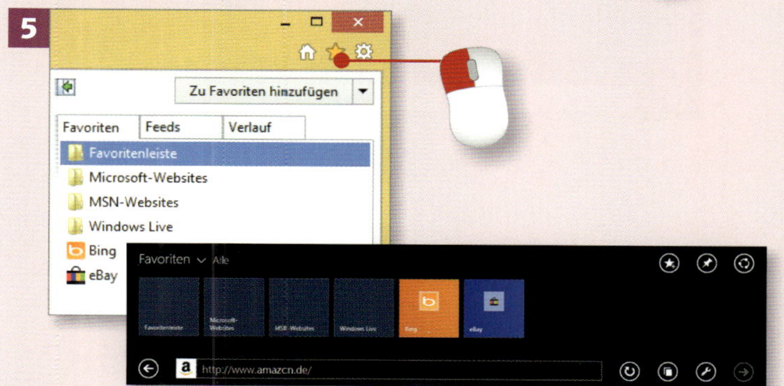

Schritt 6

In beiden Umgebungen ist es zudem möglich, einen Eintrag mit rechts anzuklicken und ihn zu löschen, wenn er nicht mehr benötigt wird (Desktop-IE: **Löschen**, Startbildschirm-IE: **Entfernen**).

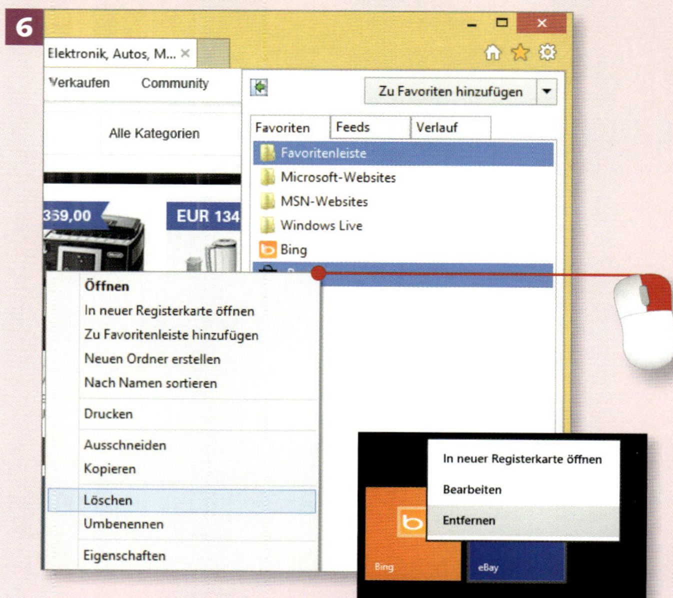

Kachel aus Website erzeugen

Wenn Sie innerhalb des Startbildschirm-IE auf den kleinen Pin in der Fußleiste klicken, wird eine Tafel zugänglich, auf der die Schaltfläche **An „Start“ anheften** bereitgestellt wird. So können Sie für die aktuelle Internetseite eine Kachel auf dem Startbildschirm erzeugen.

Suchen im Internet

1

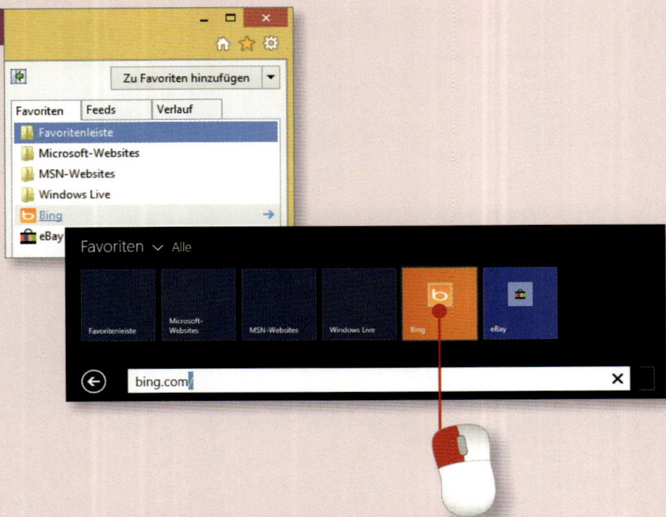

2

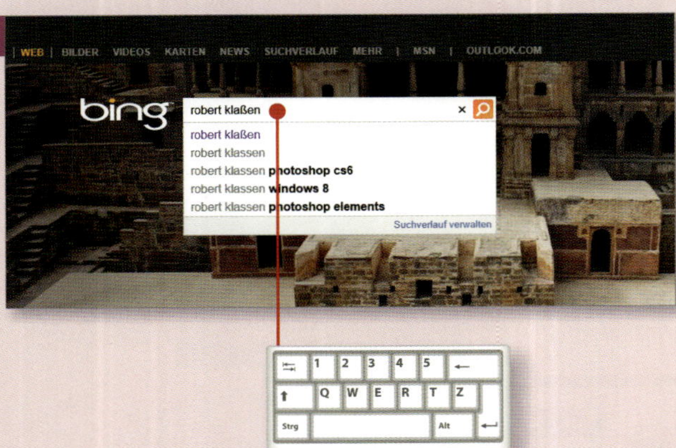

3

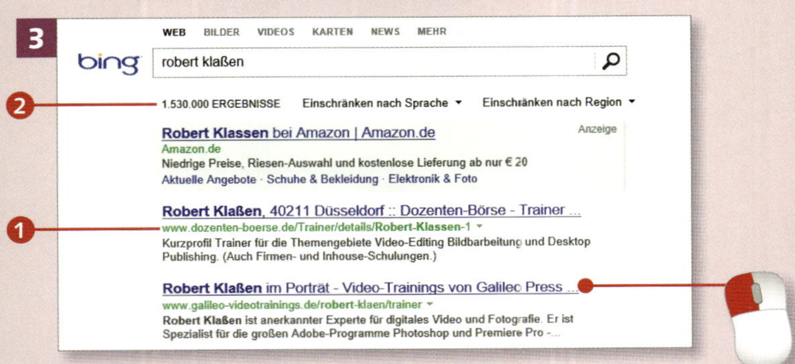

Wenn Sie noch nicht genau wissen, wo die Reise hingehen soll, lassen Sie sich doch vom Microsoft-Suchdienst »Bing« helfen.

Schritt 1

Öffnen Sie die Favoriten (siehe dazu die Anleitung »Favoriten speichern« ab Seite 100), und entscheiden Sie sich für **Bing**. Alternativ geben Sie »bing.com« in die Adresszeile ein und drücken [↵].

Schritt 2

Klicken Sie in das Eingabefeld, und geben Sie einen oder mehrere Suchbegriffe ein. Auf Groß- und Kleinschreibung müssen Sie nicht achten. Drücken Sie zum Schluss [↵].

Schritt 3

Die Ergebnisse werden sogleich angezeigt. Die blauen Zeilen sind sogenannte *Links*, die grünen ❶ zeigen die dazugehörigen Webadressen. Klicken Sie auf einen Link, um die Webseite zu besuchen.

Anzahl der Suchergebnisse

Wenn Sie wissen wollen, wie viele Treffer Bing gefunden hat, beachten Sie die Angabe ❷ unterhalb des Bing-Eingabefelds.

Schritt 4

Falls Sie nur die deutschsprachigen Webseiten anzeigen lassen wollen, können Sie das mit einem Klick auf **Einschränken nach Sprache**, gefolgt von **Nur Deutsch** veranlassen.

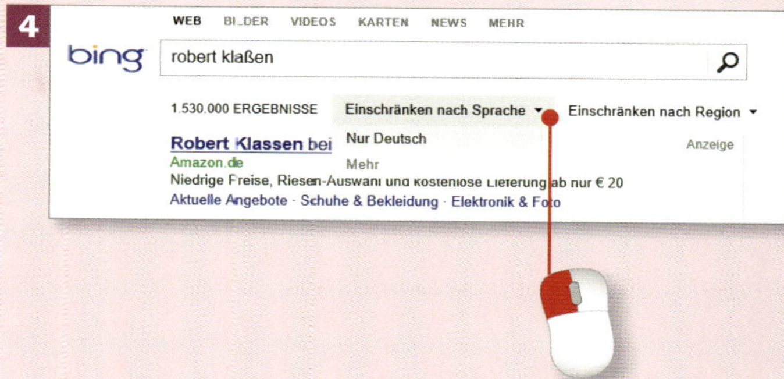

Schritt 5

Starten Sie eine neue Suche, indem Sie einen Dreifachklick in das Eingabefeld oben links setzen. Damit markieren Sie das bereits Eingetragene und können sofort die neuen Begriffe eintippen. Am Ende drücken Sie [↵].

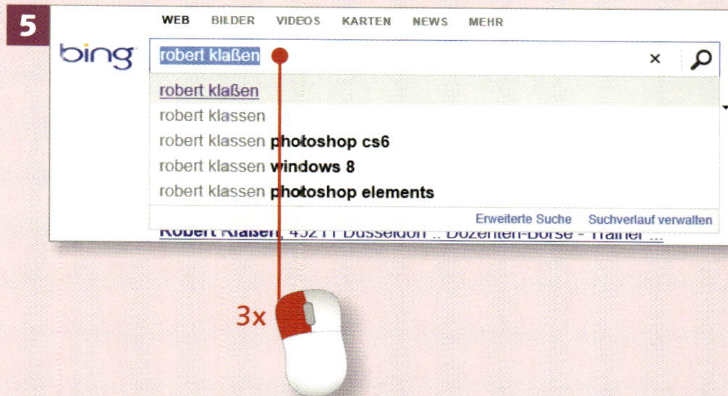

Schritt 6

Beachten Sie das Zahnrad-Symbol, das oben rechts angezeigt wird (direkt neben **Anmelden**). Nach einem Klick darauf können Sie diverse Suchoptionen festlegen. Hierüber lassen sich beispielsweise nicht jugendfreie Inhalte herausfiltern oder Ihr persönlicher Standort eingeben.

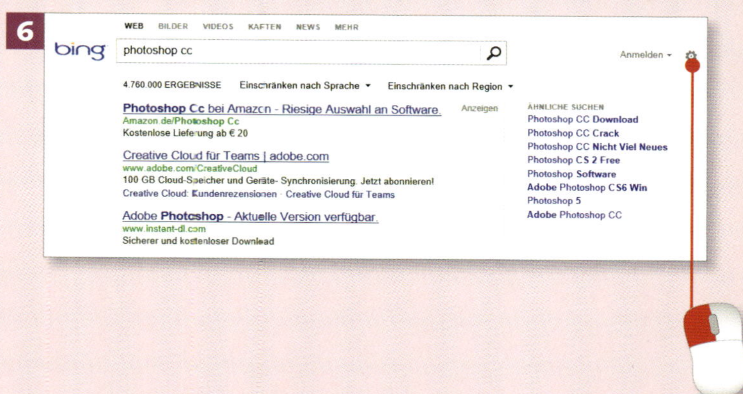

Änderungen speichern

Denken Sie daran, am Ende auf **Speichern** zu klicken, sofern Sie Änderungen in Schritt 6 vorgenommen haben. Anderenfalls werden diese nämlich nicht übernommen.

Webseiten herunterladen und wiederfinden

1
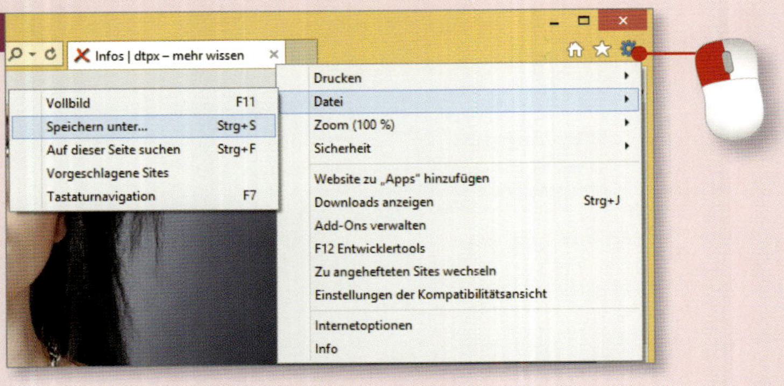

2
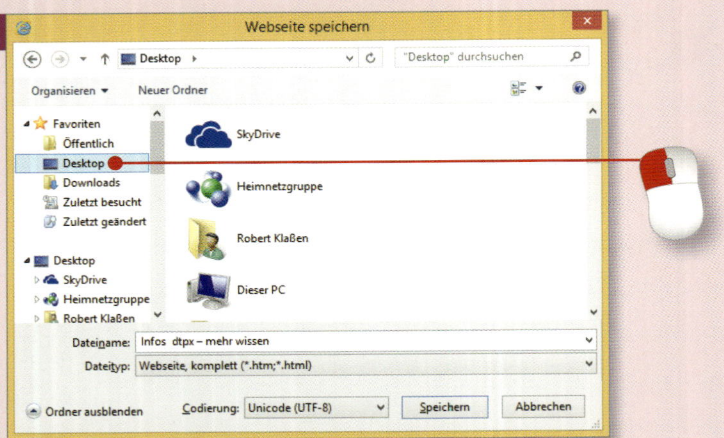

3
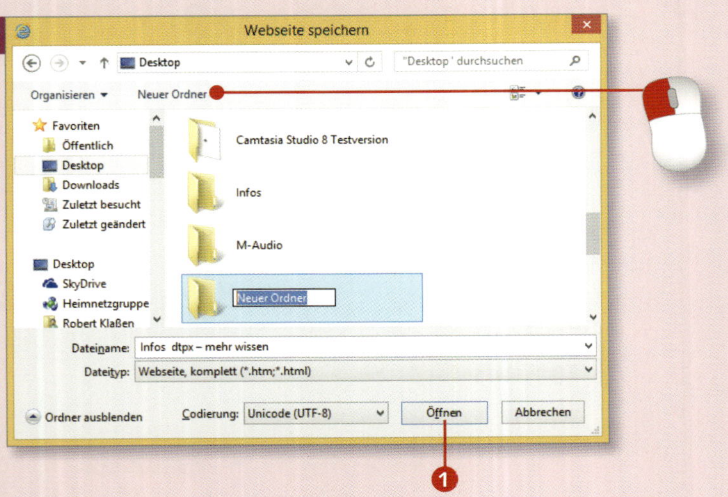

Wussten Sie, dass sich Webseiten auch komplett auf den Computer übertragen und speichern lassen? Wie's geht, erfahren Sie hier.

Schritt 1

Es ist möglich, einzelne Webseiten auf Ihren Computer zu übertragen, damit Sie auch offline darauf zugreifen können. Klicken Sie in der Desktop-Umgebung des Internet Explorers auf das Zahnrad-Symbol und dann auf **Datei ▸ Speichern unter**.

Schritt 2

Standardmäßig wird **SkyDrive** als Speicherort angeboten. Da hier jedoch vorwiegend Daten abgelegt werden, die auch von unterwegs zur Verfügung stehen sollen, wählen Sie besser einen anderen Speicherort aus (hier: **Desktop**).

Schritt 3

Klicken Sie oben links auf **Neuer Ordner**. Das hat zur Folge, dass ein neuer Ordner (in diesem Fall auf dem Desktop) angelegt wird. Da der Name des neuen Ordners bereits markiert ist, können Sie gleich mit der Benennung fortfahren und anschließend auf **Öffnen** 1 klicken.

Schritt 4

Im Anschluss daran könnten Sie die Webseite noch benennen. Dazu müssten Sie den blau markierten Namen im Feld **Dateiname** ❷ überschreiben. Allerdings ist das nicht zwingend notwendig, weshalb Sie direkt auf **Speichern** klicken können.

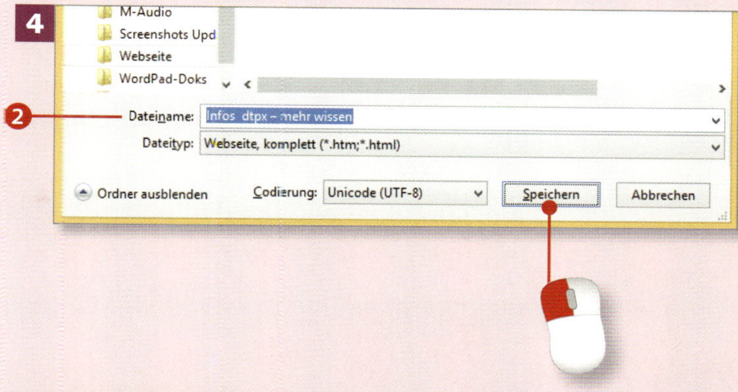

Schritt 5

Begeben Sie sich zum vorab festgelegten Speicherort (im Beispiel also zum **Desktop**), und öffnen Sie den Ordner mit einem Doppelklick.

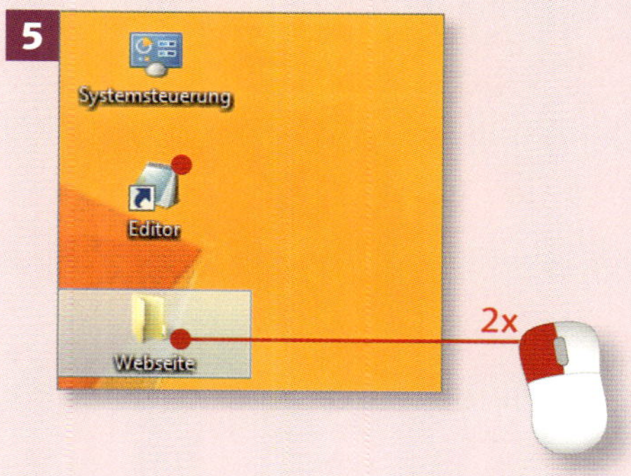

Schritt 6

Um die Seite ansehen zu können, halten Sie nach dem Dokument Ausschau. Öffnen Sie das Dokument per Doppelklick, um die Webseite im Standard-Browser (Internet Explorer) betrachten zu können.

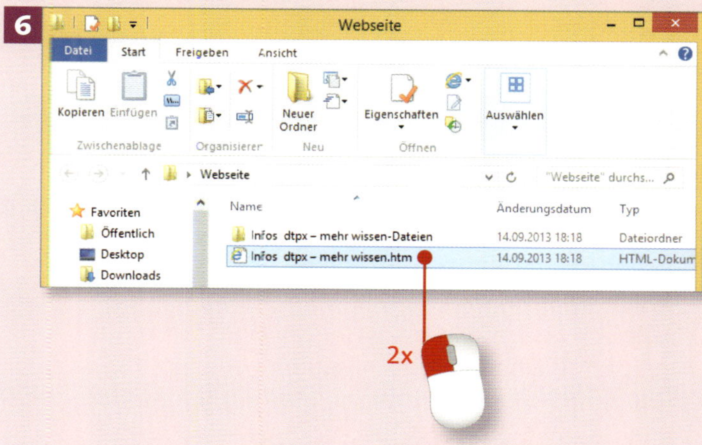

Webseiten speichern

Beachten Sie, dass es auf Dauer nicht praktikabel ist, alle Seiten, die Ihnen gefallen, herunterzuladen. Die Vorgehensweise ist sinnvoll, wenn Sie einmal eine Seite offline betrachten wollen, also ohne dazu ins Internet gehen zu müssen. In allen anderen Fällen sollten Sie die bevorzugten Seiten lieber als Favoriten speichern.

Webseiten drucken

Was ist, wenn Sie eine Website zu Papier bringen wollen? Dann sollten Sie in der Lage sein, selbst zu bestimmen, was gedruckt werden soll und was nicht. Hier zeigen wir Ihnen die Vorgehensweise vom Desktop aus, weil diese mehr Optionen bietet.

1

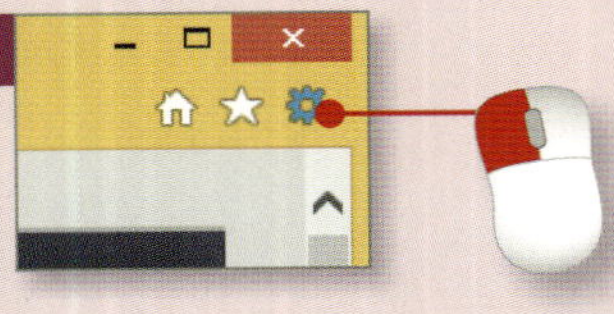

2

3

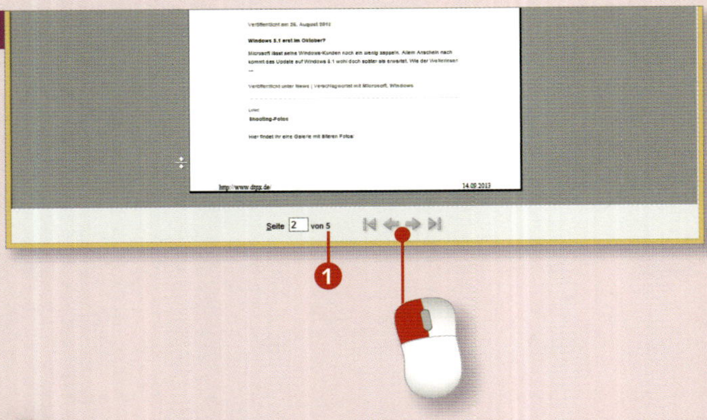

Schritt 1

Öffnen Sie den Internet Explorer vom Desktop aus. Anschließend klicken Sie auf das Zahnrad-Symbol **Extras**, das sich in der oberen rechten Ecke befindet.

Schritt 2

In der Tafel, die daraufhin sichtbar wird, zeigen Sie zunächst auf **Drucken**. Nun wird eine weitere Tafel sichtbar. Fahren Sie darüber, und klicken Sie auf **Druckvorschau**.

Schritt 3

Im nächsten Fenster können Sie unten ❶ zunächst ablesen, wie viele Seiten die Webseite ausgedruckt umfassen würde. Mit den Pfeiltasten im Fuß des Fensters lassen sich zudem alle Seiten einzeln betrachten.

!

Urheber- und Verwertungsrecht

Beachten Sie auch beim Druck, ob Sie zur Vervielfältigung berechtigt sind. Wenn Sie einen Ausdruck ausschließlich privat nutzen, sollte es prinzipiell keine Schwierigkeiten geben. Machen Sie Ausdrucke allerdings niemals öffentlich, um nicht gegen geltendes Urheber- und Verwertungsrecht zu verstoßen.

Schritt 4

Bevor es an den Druck geht, klicken Sie oben auf **Kopf- und Fußzeilen ein- oder ausschalten**. Damit erreichen Sie, dass Webadressen, Links etc., die sich am oberen und unteren Bildrand befinden, ausgeblendet und nicht mitgedruckt werden. Alternativ drücken Sie [Alt] + [K].

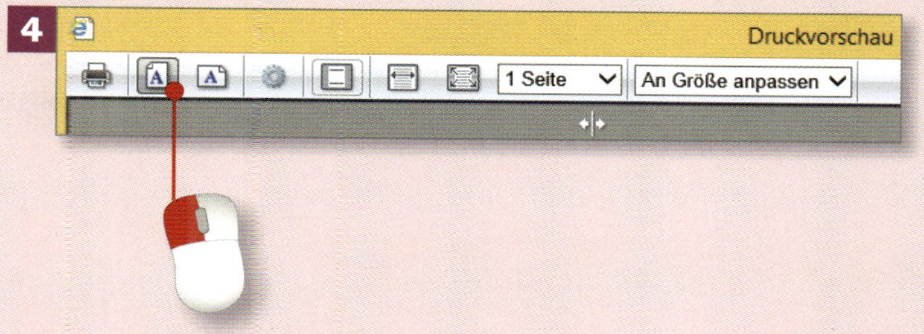

Schritt 5

Zuletzt klicken Sie auf das Drucker-Symbol oben links (**Dokument drucken**) oder drücken [Alt] + [D].

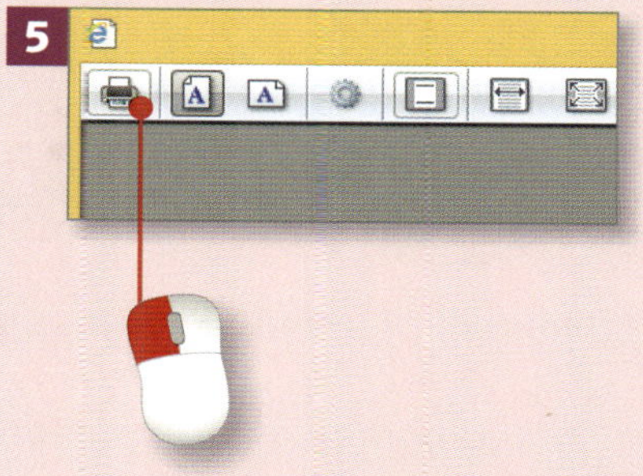

Schritt 6

Nun wird der Drucken-Dialog angezeigt. Beachten Sie das Eingabefeld im Bereich **Seiten**. Klicken Sie hinein, um festzulegen, dass z. B. nur die Seiten 1 und 2 ausgedruckt werden sollen. Wenn alles klar ist, betätigen Sie **Drucken**.

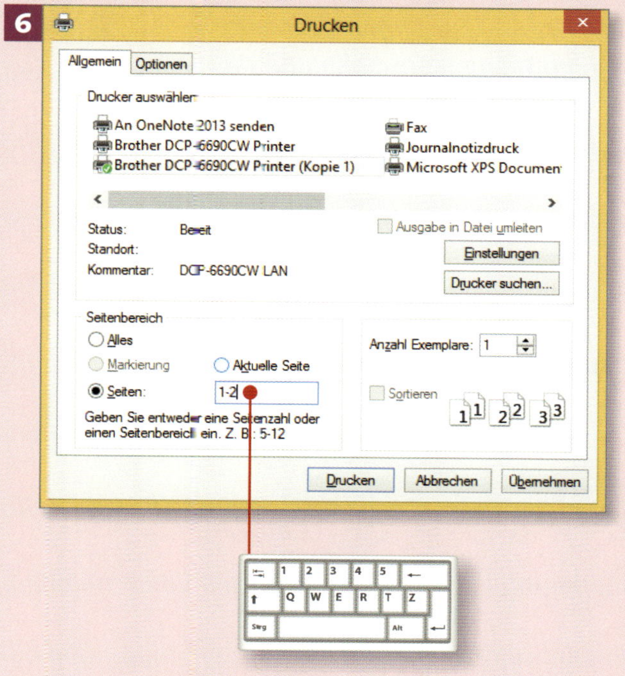

Auto-Aktivierung

Sobald Sie einen Wert in das Eingabefeld eintragen, wird die Option **Seiten** automatisch aktiviert (und konsequenterweise natürlich auch der Button **Alles** darüber deaktiviert). Darum müssen Sie sich also nicht selbst kümmern.

Add-Ons installieren

Für den Internet Explorer gibt es Zusatzfunktionen (Add-Ons), die sich großer Beliebtheit erfreuen. So lässt sich beispielsweise Wikipedia als zusätzliche Suchmaschine installieren.

Schritt 1

Öffnen Sie den Internet Explorer vom Desktop aus, und klicken Sie auf das Zahnrad-Symbol **Extras** oben rechts.

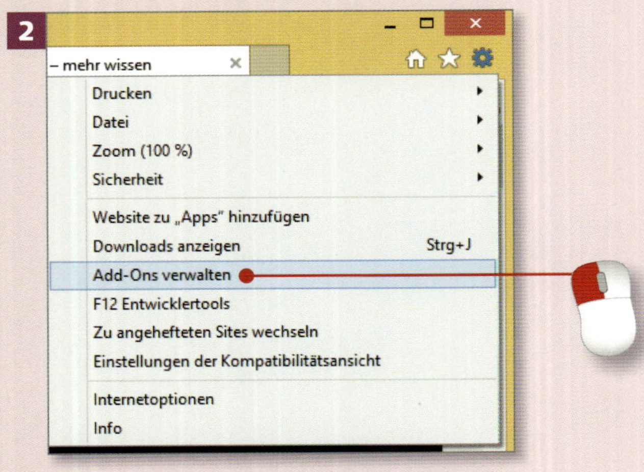

Schritt 2

Fahren Sie in der Liste herunter, und platzieren Sie einen Mausklick auf dem Eintrag **Add-Ons verwalten**.

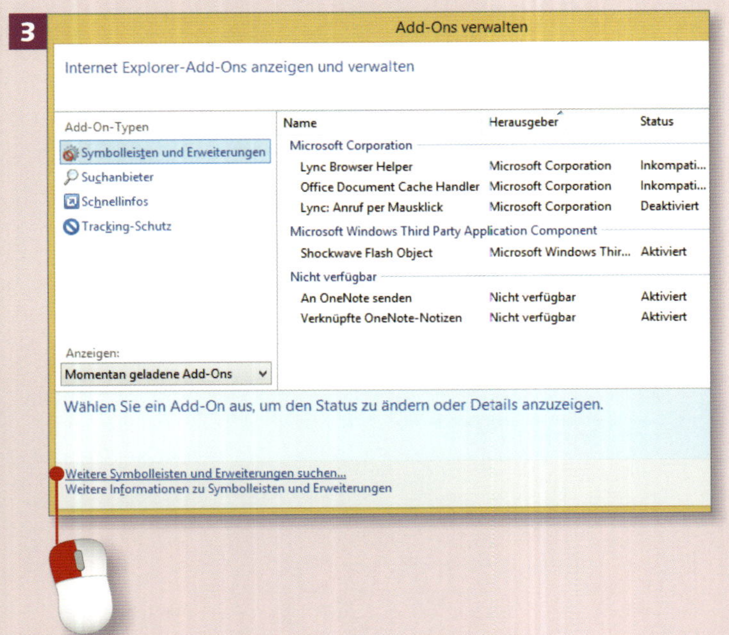

Schritt 3

Schauen Sie einmal auf die untere linke Ecke des Dialogfelds **Add-Ons verwalten**. Hier finden Sie die Zeile **Weitere Symbolleisten und Erweiterungen suchen**. Diesen Eintrag klicken Sie nun an.

Add-Ons

Ein Add-On ist ein Software-Modul, das eine bestehende Software erweitert bzw. deren Nutzen optimiert. Der Internet Explorer stellt eine Fülle nützlicher Add-Ons zur Verfügung.

Schritt 4

Jetzt werden Sie mit der **Internet Explorer Galerie** verbunden. Oben links wird durch eine blaue Unterstreichung verdeutlicht, dass Sie sich gerade auf der Seite **Angeheftete Websites** befinden. Wechseln Sie hier zu **Add-Ons**.

Schritt 4

Suchen Sie weiter unten nach dem Add-On **Wikipedia**. Wenn Sie es nicht sehen, scrollen Sie mit dem Balken auf der rechten Seite ein wenig nach unten.

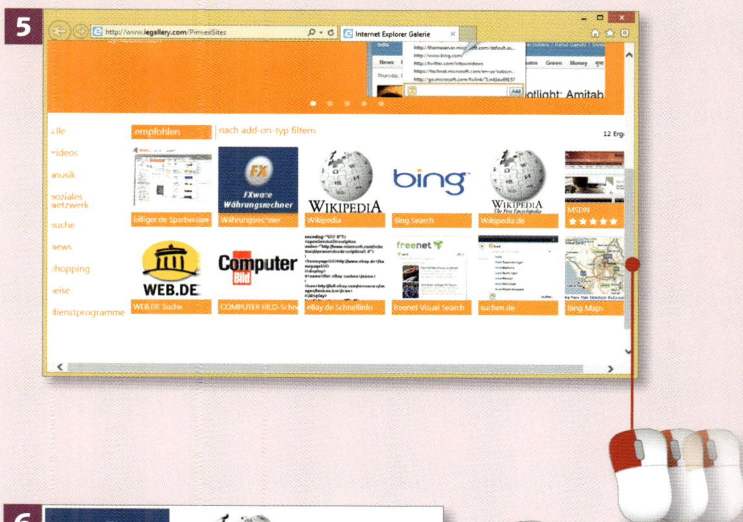

Schritt 6

Klicken Sie auf die Kachel **Wikipedia**, damit diese Erweiterung hinzugefügt werden kann.

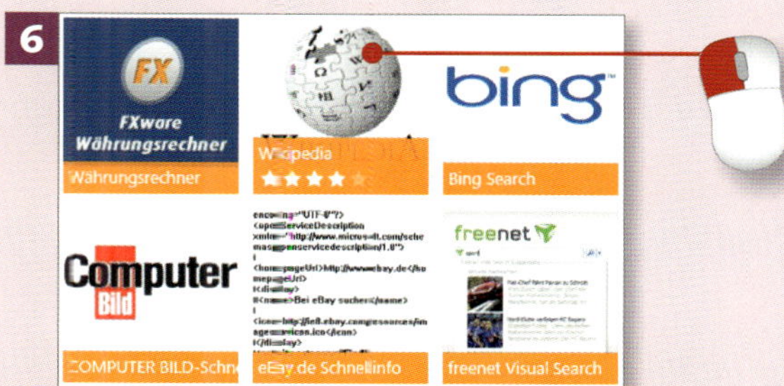

Wikipedia

Wikipedia ist eine freie Enzyklopädie bzw. ein Online-Lexikon, das von freien Autoren ständig erweitert und aktualisiert wird. Mittlerweile verfügt Wikipedia über ca. 30 Millionen Artikel in 280 Sprachen. Weitere Infos finden Sie unter *http://de.wikipedia.org*.

Add-Ons installieren (Forts.)

7

8

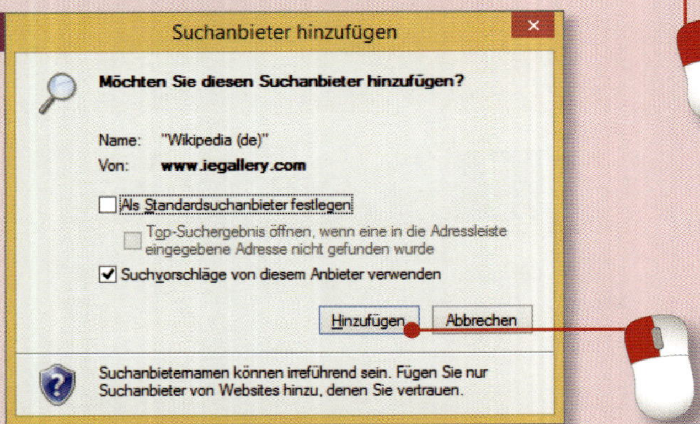

9

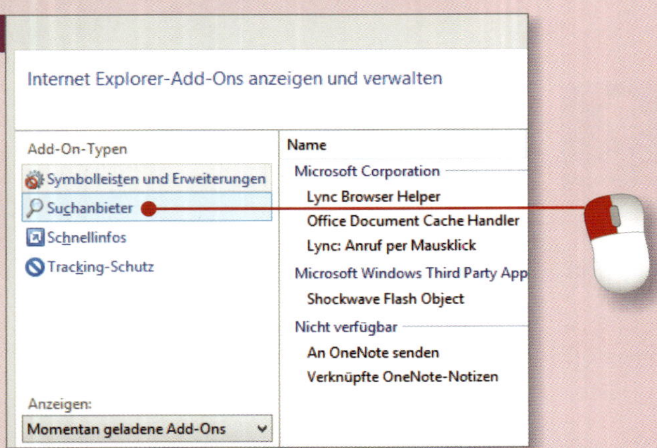

Schritt 7

Sie sehen, wie schnell und intuitiv das Hinzufügen von Add-Ons ist. Denn im Fenster, das sich soeben geöffnet hat, müssen Sie nun lediglich noch **Zum Internet Explorer hinzufügen** anklicken.

Schritt 8

Jetzt meldet sich Windows 8.1 zu Wort. Denn Sie müssen der Installation durch einen Klick auf **Hinzufügen** zunächst noch zustimmen.

Schritt 9

Schließen Sie das aktuell geöffnete Fenster. Jetzt sehen Sie wieder den Dialog **Add-Ons verwalten**. Prüfen Sie, ob das Add-On tatsächlich hinzugefügt worden ist, indem Sie links in der Liste **Add-On-Typen** auf **Suchanbieter** gehen.

Reihenfolge ändern

Sie werden auf der folgenden Seite noch sehen, dass die Suchanbieter in einer gewissen Rangfolge angeordnet sind. Wollen Sie Wikipedia primär verwenden, können Sie so lange auf **Nach oben** klicken (siehe Abbildung zu Schritt 10), bis das Add-On ganz oben steht.

Schritt 10

Es hat funktioniert! Der Eintrag **Wikipedia (de)** ❶ ist vorhanden. Schließen Sie das Fenster mithilfe des Buttons unten rechts (in der Abbildung rechts nicht zu sehen).

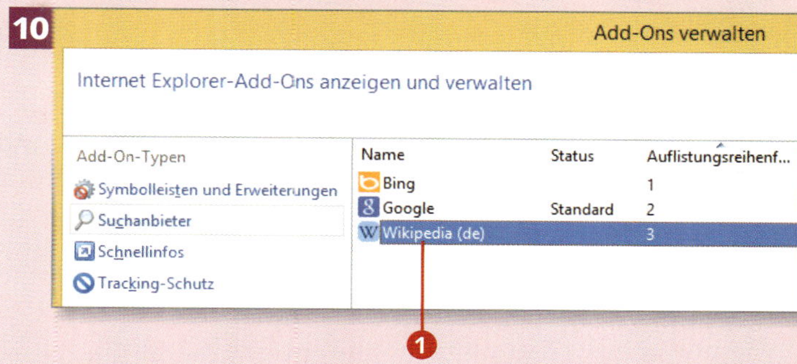

Schritt 11

Zurück in der standardmäßigen Umgebung des Internet Explorers, geben Sie nun einen Suchbegriff in das Adressfeld oben links ein (hier: »Stonehenge«). In dieses Feld müssen nicht zwangsläufig Internetadressen eingegeben werden.

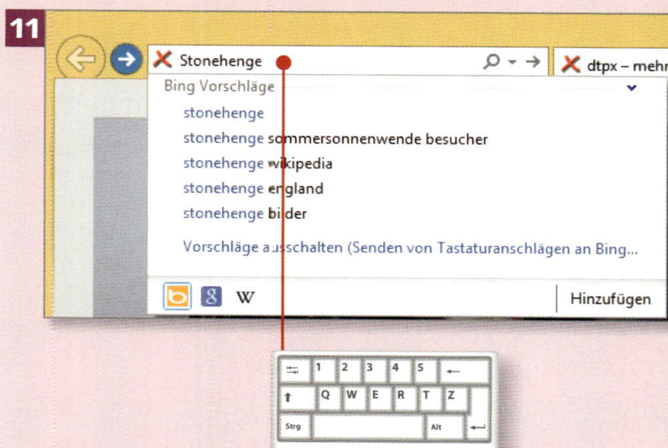

Schritt 12

In der Ergebnisliste, die sich soeben automatisch geöffnet hat, finden Sie standardmäßig die Begriffe, die von der Suchmaschine Bing ermittelt worden sind. Wenn Sie hier lieber Wikipedia-Ergebnisse hätten, betätigen Sie den **W**-Button ganz unten.

Ergebnisse anzeigen

Zu unserem Beispielbegriff »Stonehenge« gibt es mehrere Artikel. Aufgrund dessen tauchen in der Tafel (siehe Schritt 12) auch mehrere pozentielle Resultate auf. Lesen Sie den dazugehörigen Text, und klicken Sie auf den Artikel, der sie interessiert.

Kapitel 5
E-Mails, Kontakte und Nachrichten

Wie leicht und nützlich ist es doch, per E-Mail in Kontakt zu bleiben. Windows 8.1 lässt sich einfacher als je zuvor mit E-Mail-Funktionen ausstatten, die ganz auf Ihre persönlichen Bedürfnisse zugeschnitten sind – mit der neuartigen Mail-App. Die Anwendungen »Kontakte« und »Nachrichten« knüpfen da nahtlos an und sorgen für einen innovativen Kommunikationsaustausch – direkt aus Windows 8.1 heraus.

E-Mails schreiben, senden und löschen

Wie Sie die Mail-App ❶ konfigurieren und damit dann Ihre E-Mails schreiben, versenden und verwalten können, erfahren Sie in diesem Kapitel. Ebenso erhalten Sie Infos zur Kontaktpflege mit Windows 8.1.

Mail, Kontakte und Nachrichten im Team

Die E-Mail ist nur eine von vielen Möglichkeiten, in Kontakt zu treten. Mit der Kontakte-App holen Sie ganz schnell Ihre Facebook-Freunde mit ins Boot ❷. Das ist kinderleicht. Man muss nur wissen, wo sich die Funktion versteckt.

❶ Über die Mail-App können Sie E-Mails schreiben und versenden.

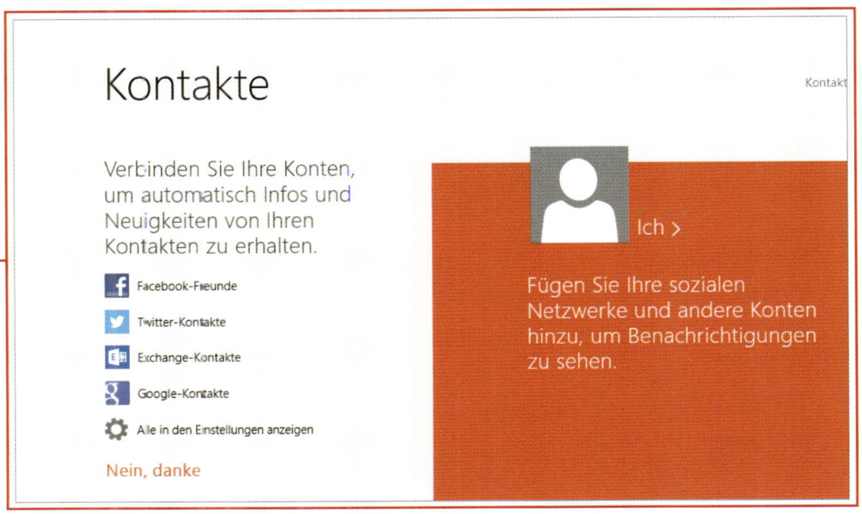

❷ Sehen Sie, wie perfekt sich die Apps Mail und Kontakte ergänzen.

Ein E-Mail-Konto einrichten

1

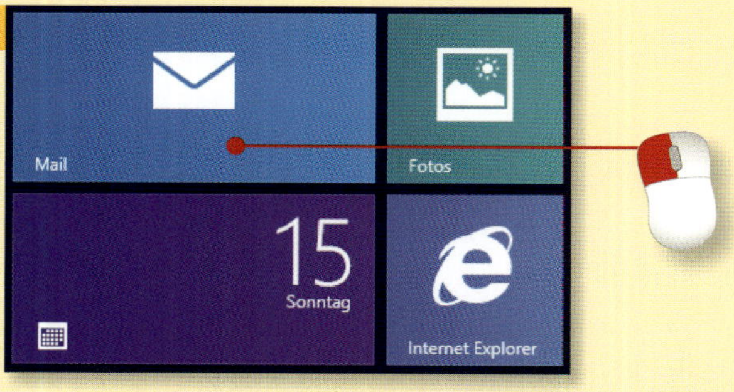

2

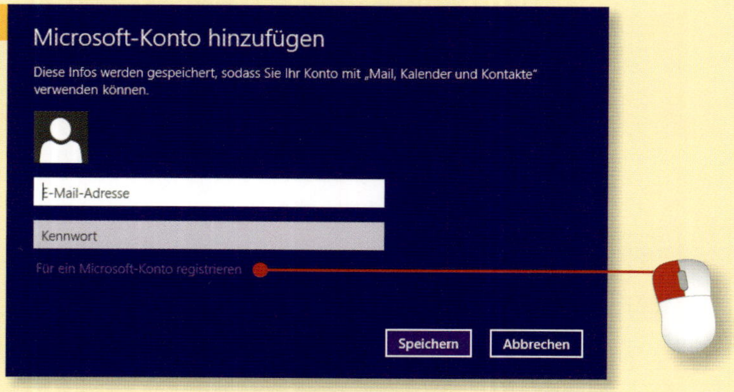

3

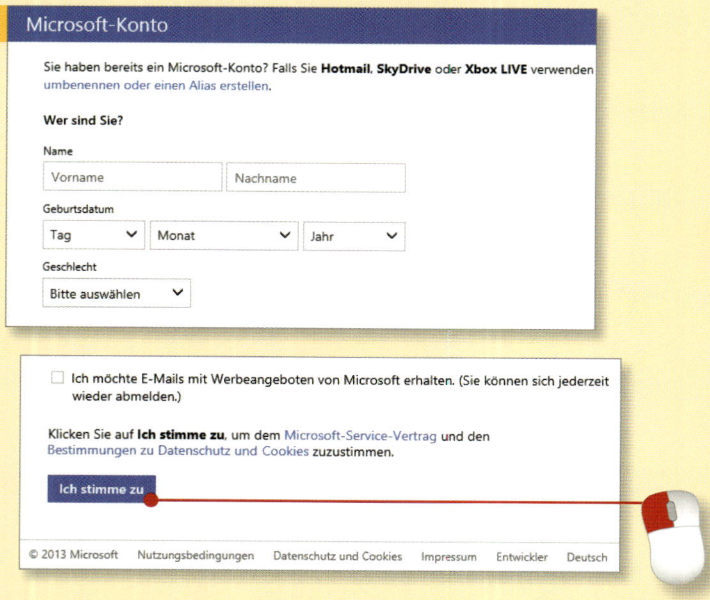

Sollten Sie noch kein E-Mail-Konto eingerichtet haben, lesen Sie diesen Abschnitt. Microsoft bietet den Dienst Outlook.com an, aber Sie können auch andere Anbieter nutzen.

Schritt 1

Klicken Sie zunächst auf dem Startbildschirm auf die Kachel **Mail**.

Schritt 2

Falls Sie noch kein Konto haben, zu dem Sie Ihre Kontodaten eingeben könnten, klicken Sie unterhalb der Eingabefelder auf **Für ein Microsoft-Konto registrieren**.

Schritt 3

Füllen Sie nun das Formular aus, und scrollen Sie dann ganz nach unten. Zuletzt bestätigen Sie Ihre Angaben mit **Ich stimme zu**.

Alternative Adressen

Sollte die gewünschte Adresse nicht mehr frei sein, wird dies angezeigt. Zudem haben Sie die Möglichkeit, über das Auswahlfeld rechts neben dem Kontonamen eine alternative Adressendung einzustellen; *outlook.de* ist Standard, wobei Sie aber auch gerne jede andere neue oder bereits existierende nutzen können.

Schritt 4

Jetzt erhalten Sie noch einmal eine Übersicht. Den Anmelde-Dialog können Sie nun verlassen. Schließen Sie die Anwendung mit [Alt] + [F4].

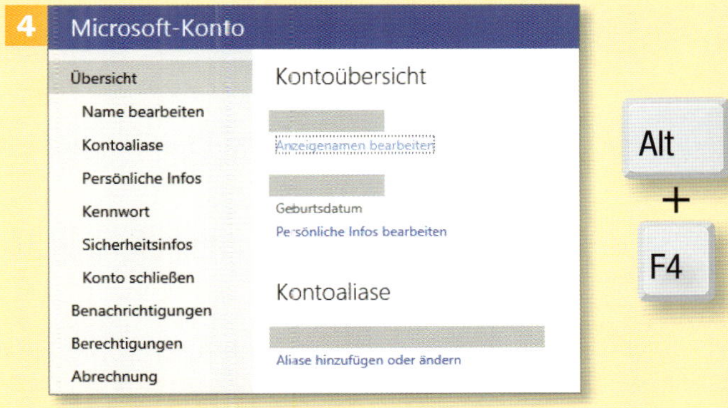

Schritt 5

Begeben Sie sich abermals auf den Startbildschirm, und lassen Sie einen erneuten Klick auf die Mail-App folgen. Hier müssen Sie sich nun mit den soeben erzeugten Zugangsdaten einloggen.

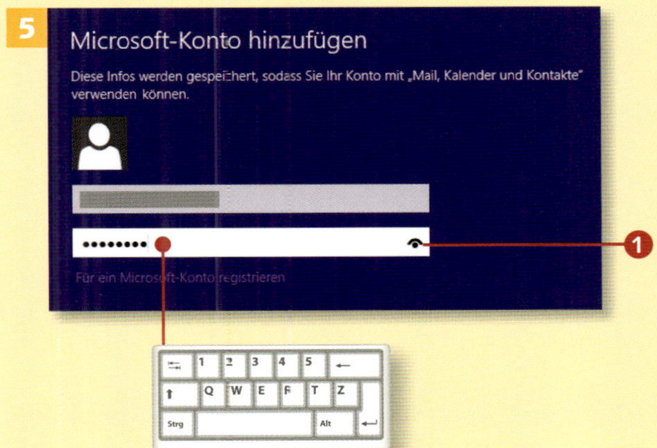

Schritt 6

Voilà – Sie sind verbunden! Ihr E-Mail-Konto liegt vor Ihnen. Obwohl – eine kleine Hürde gibt es noch. Sie müssen nämlich zunächst noch auf **Zum Posteingang** klicken.

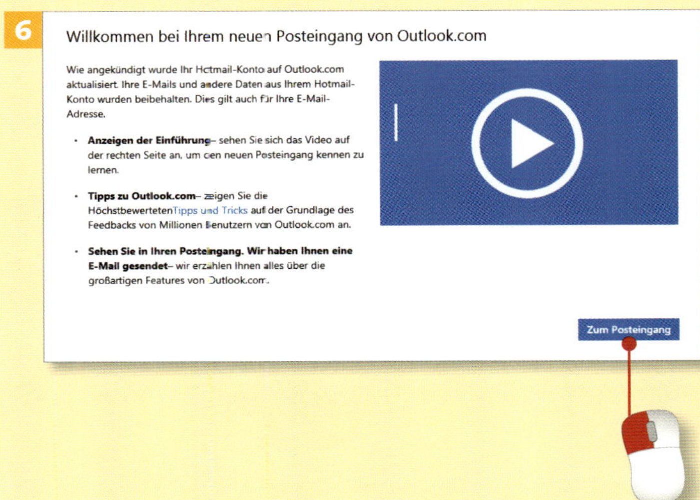

Kennwort anzeigen
Falls Sie sich bei Ihrem neuen Kennwort noch nicht ganz sicher sind, können Sie es sich über das Augen-Symbol (1 in Schritt 5) anzeigen lassen.

Die Mail-App in der Übersicht

Nachdem Sie Ihr Konto eingerichtet haben, sollten Sie sich einen ersten Überblick über die Software verschaffen. Prüfen Sie, ob die Anmeldung klappt, und lernen Sie die Oberfläche kennen.

Schritt 1

Stellen Sie die Verbindung zu Ihrem E-Mail-Konto her, indem Sie zunächst die Kachel **Mail** auf der Oberfläche des Startbildschirms anklicken.

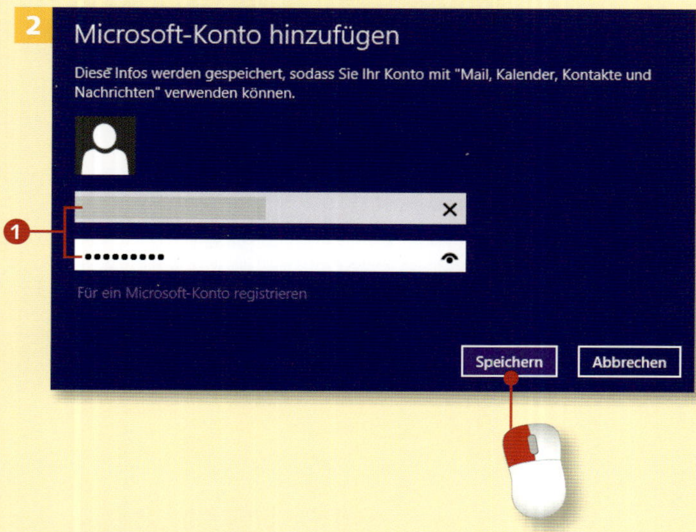

Schritt 2

Windows fragt nun nach den Zugangsdaten ❶, die Sie im letzten Workshop eingerichtet haben. Tragen Sie E-Mail-Adresse und Passwort ein, und klicken Sie auf **Speichern**.

Schritt 3

Sie sehen, dass die Oberfläche in drei Bereiche gegliedert ist. In der linken Spalte öffnen Sie verschiedene Ordner, in der Mitte werden die E-Mails aufgelistet (hier die Begrüßung durch Outlook.com ❷). Rechts wird der Inhalt der ausgewählten Mail angezeigt.

Schritt 4

Wenn Sie einen der Einträge links anklicken, ändert sich die Oberfläche und der entsprechende Ordner wird angezeigt (hier: **Favoriten** – die Schaltfläche mit dem Stern).

Schritt 5

Wie Sie bereits erfahren haben, befindet sich oben Ihr **Posteingang** 3. Darunter finden Sie die **Favoriten** 4. Es folgen gekennzeichnete **Nachrichten** 5, **Newsletter** 6, **Neues aus sozialen Netzwerken** 7 und **Ordner** 8. Dahin lassen sich E-Mails, Newsletter etc. verschieben und dort archivieren.

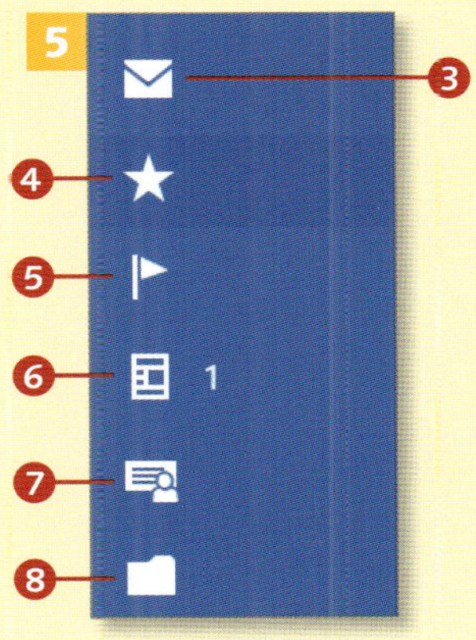

Schritt 6

Schauen Sie sich die E-Mail des Outlook-Teams genauer an. Scrollen Sie nach unten, und lesen Sie die Hinweise. Darin finden Sie nützliche Informationen. Ganz unten gibt es eine blau eingefärbte Zeile – einen sogenannten *Link* 9 (siehe Kasten auf dieser Seite).

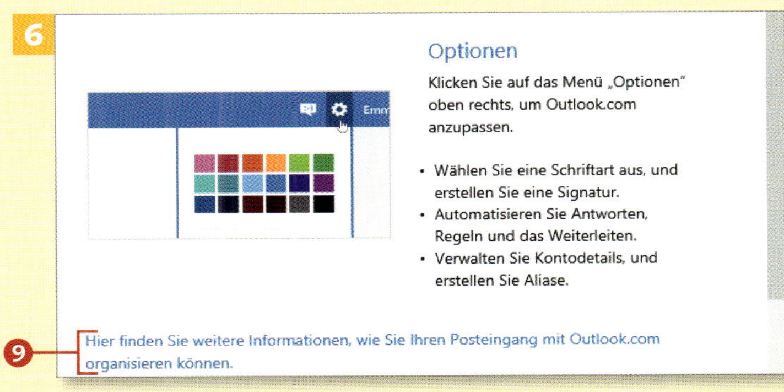

Links

Links sind interaktive Textstellen, Grafiken oder Bilder. Klicken Sie darauf, wird eine Funktion ausgelöst (meist eine Internetseite geöffnet).

Die Mail-App einrichten

1

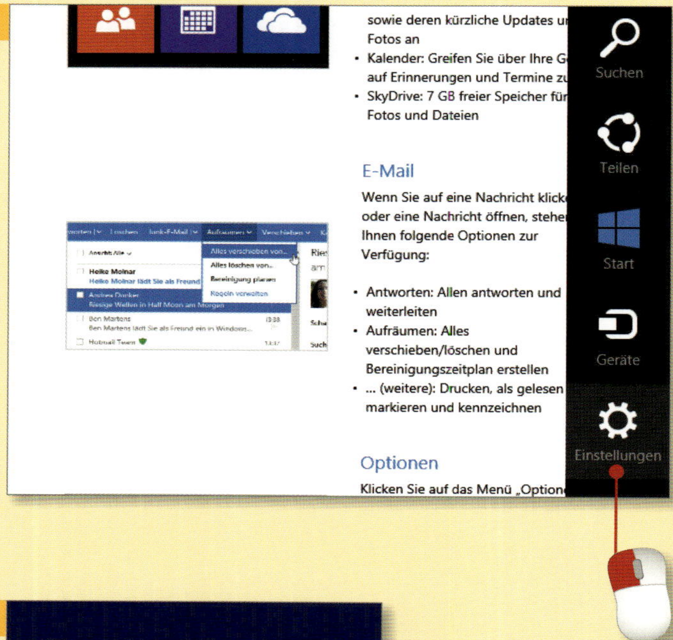

2

3

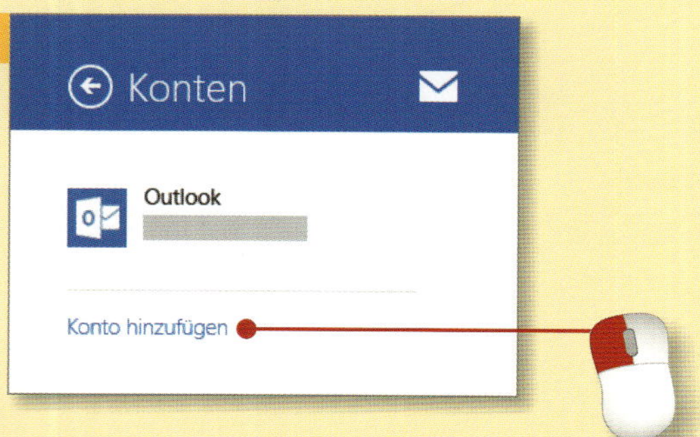

Nun sollten Sie die Mail-App an Ihre Bedürfnisse anpassen. Wollen Sie weitere E-Mail-Adressen oder z. B. Google-Kontakte hinzufügen, gehen Sie vor, wie hier beschrieben.

Schritt 1

Öffnen Sie die Charms-Leiste, indem Sie innerhalb der Mail-App mit der Maus in die obere rechte Ecke des Bildschirms fahren. In der Charms-Leiste klicken Sie auf **Einstellungen**.

Schritt 2

Daraufhin erscheint ein weiteres Menü auf der rechten Seite. Entscheiden Sie sich darin für den Eintrag **Konten**.

Schritt 3

Auf der nächsten Seite klicken Sie auf **Konto hinzufügen**. Das hat zur Folge, dass sich der Inhalt der rechten Spalte abermals verändert.

Online-Variante

Outlook.com kann nur bei bestehender Internetverbindung konfiguriert werden. Das ist bei einer fest installierten App anders (siehe z. B. Thunderbird in Kapitel 14, »Die beste kostenlose Zusatzsoftware«, ab Seite 330).

Schritt 4

Sie haben nun verschiedene Möglichkeiten. Klicken Sie z. B. den Eintrag **Anderes Konto** an, können entsprechende E-Mail-Konten hinzugefügt werden. Deren Mails landen ebenfalls in der Mail-App.

Schritt 5

Im nächsten Schritt werden Sie zunächst nach dem Kontotyp gefragt (schauen Sie in die Informationen Ihres E-Mail-Dienstanbieters – oft IMAP), und klicken Sie auf **Verbinden**.

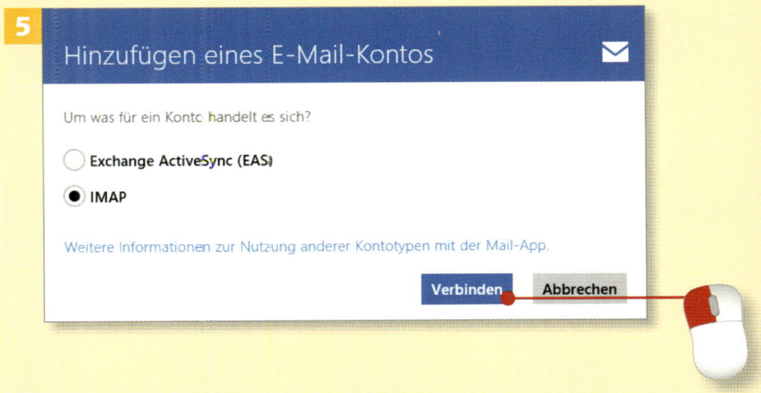

Schritt 6

Geben Sie die E-Mail-Adresse des Kontos sowie das Kennwort ein. Oft muss man besonders bei Nicht-Microsoft-Konten weitere Details nach Vorgabe des E-Mail-Dienstanbieters ergänzen. Klicken Sie dazu auf **Mehr Details anzeigen**.

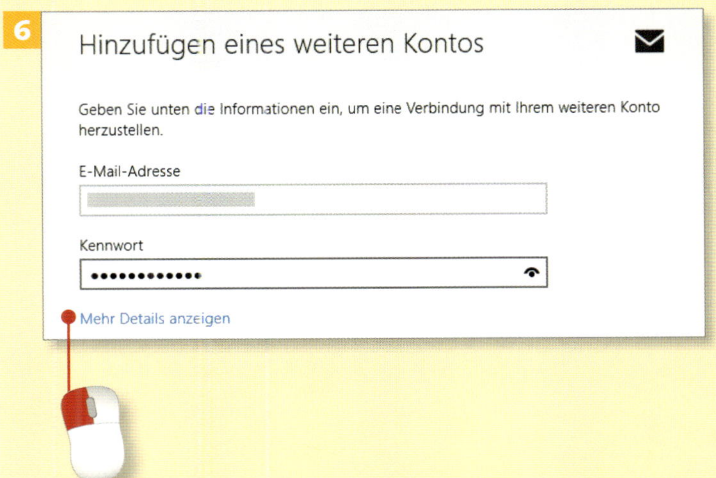

Mehr Details anzeigen

Hinter dieser Option verbergen sich weitere Informationen wie z. B. die Bezeichnung des Posteingangs- oder des Postausgangsservers. Diese Daten werden benötigt, damit die Mail-App in Ihrem Auftrag die E-Mails vom betreffenden Konto herunterladen kann. Hier sind Sie auf die Infos des E-Mail-Dienstanbieters angewiesen.

Die Mail-App einrichten (Forts.)

7

8

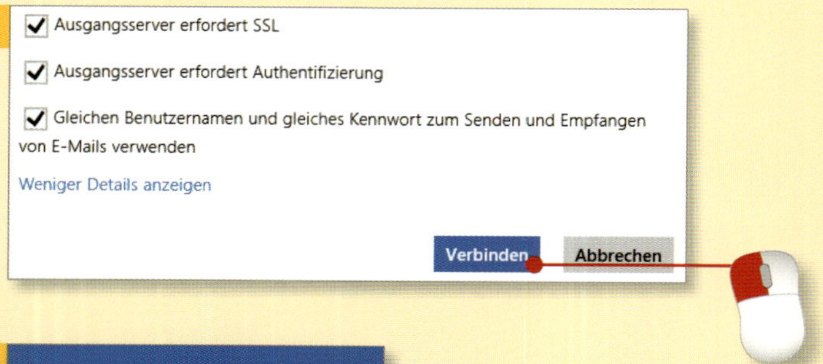

9

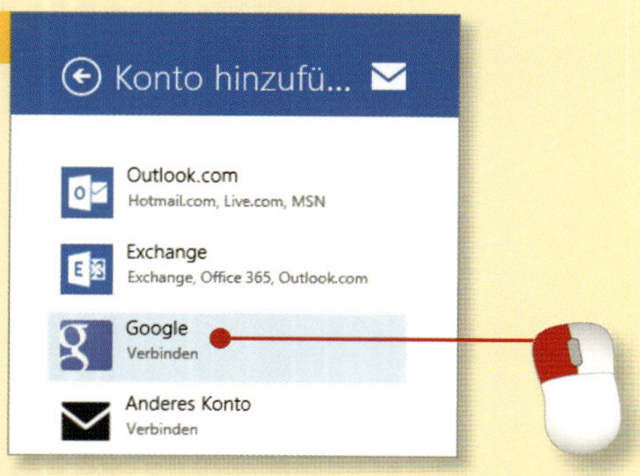

Schritt 7

Unter **Mehr Details anzeigen** müssen nun die betreffenden Daten, die sogenannten *Servereinstellungen*, eingegeben werden (siehe dazu auch den Kasten auf der vorigen Seite). In der Abbildung rechts sehen Sie, wie diese Daten aussehen könnten.

Schritt 8

Wenn Sie damit fertig sind, bestätigen Sie die Angaben mit einem Klick auf **Verbinden**.

Schritt 9

Wollen Sie anschließend weitere Konten hinzufügen, z. B. ein Google-Konto? Dann wiederholen Sie einfach die Schritte 1 bis 3 und klicken anschließend auf **Google**.

Weiterleitung

Je nachdem, welchem E-Mail-Dienst Sie Ihr Vertrauen schenken, müssen auch unterschiedliche Weiterleitungsoptionen beachtet werden. Leider können wir aufgrund der Vielfalt keine allgemeingültige Anleitung geben. Bitte informieren Sie sich diesbezüglich auf den Hilfeseiten Ihres E-Mail-Dienstanbieters.

Schritt 10

Nachdem Sie die Google-Adresse und das Kennwort eingetippt haben, lassen Sie einen Mausklick auf **Verbinden** folgen.

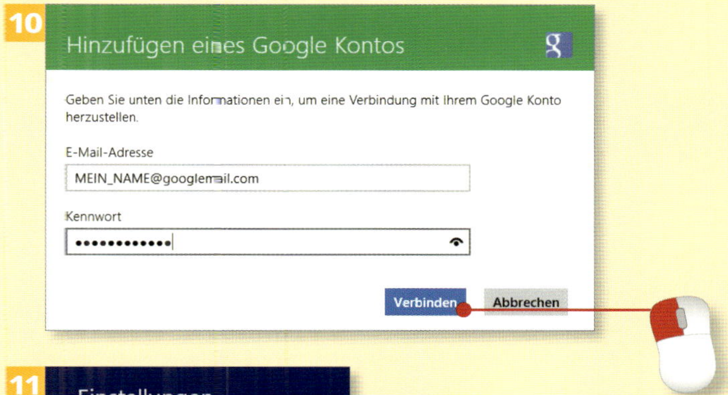

Schritt 11

Nun geht es darum, ob und wann Sie Ihrer Mail-App Benachrichtigungen bei eingehenden Mails gestatten wollen. Wiederholen Sie Schritt 1, und klicken Sie ganz unten im Menü **Einstellungen** auf **Berechtigungen**.

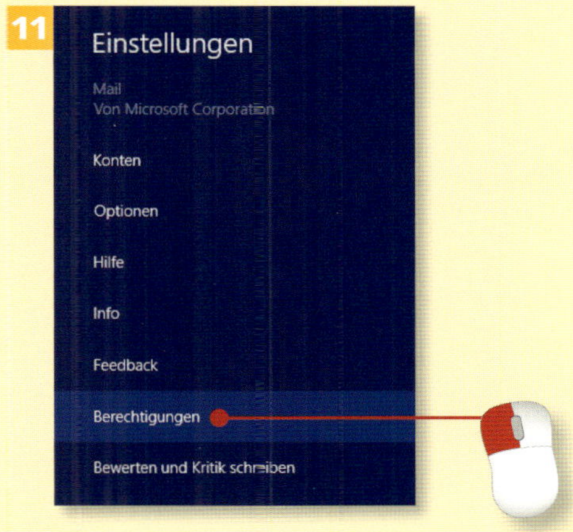

Schritt 12

Standardmäßig sind die Optionen **Benachrichtigungen** und **Sperrbildschirm** aktiviert (**Ein** 1). Wenn Sie das nicht wollen, klicken Sie auf den Schalter und deaktivieren so die Funktion (**Aus**).

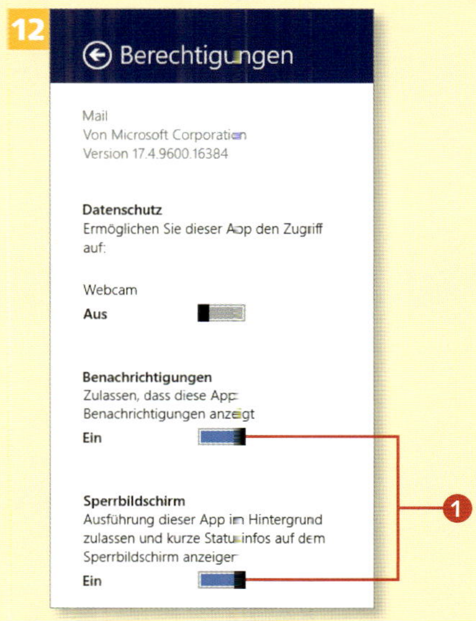

Benachrichtigungen

Wenn Sie **Benachrichtigungen** aktiv lassen, informieren Sie kleine Hinweistafeln über den Eingang einer Mail. Sie erscheinen in der oberen rechten Ecke – unabhängig davon, in welcher App Sie sich gerade befinden.

E-Mails schreiben und senden

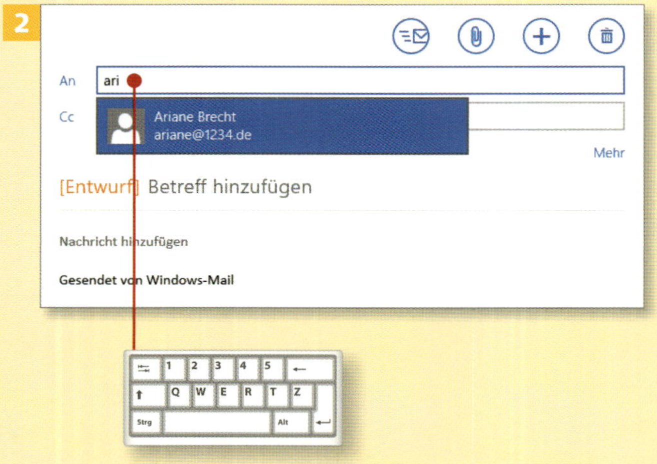

Sie wollen E-Mails schreiben und versenden. Und bestimmt wollen Sie auch wissen, wie sich nicht mehr benötigte E-Mails löschen lassen, oder?

Schritt 1

In der geöffneten Mail-App klicken Sie auf das Plus-Symbol **Neu** oben rechts oder drücken Strg + N, um eine neue E-Mail zu verfassen.

Schritt 2

Tragen Sie die E-Mail-Adresse des Empfängers ein. Sobald Sie einen Buchstaben antippen, werden dazu passende Kontakte vorgeschlagen. Wenn Sie einen Vorschlag übernehmen wollen, klicken Sie ihn an.

Schritt 3

Etwas weiter unten sehen Sie die Zeile **Betreff hinzufügen**. Klicken Sie darauf, um eine »Überschrift« für die Mail zu verfassen. Mit einem Klick auf **Nachricht hinzufügen** 1 wird der eigentliche Text eingesetzt.

Kein Betreff erforderlich

Sie müssen keinen Betreff angeben. Allerdings empfiehlt es sich, dem Empfänger bereits vor dem Öffnen der Mail anzuzeigen, worum es in Ihrer Nachricht geht.

Schritt 4

Geben Sie den Text ein. Die Zeilenumbrüche (also der Neubeginn einer Zeile) werden dabei ganz automatisch erzeugt. Sie können nach Herzenslust drauflostippen.

Schritt 5

Falls Sie den Text noch in seiner Schriftart, Größe, Farbe o. Ä. verändern wollen, markieren Sie ihn zunächst. Dazu überfahren Sie ihn mit gedrückter linker Maustaste. Benutzen Sie anschließend die Steuerelemente in der Fußleiste.

Schritt 6

Wenn alles erledigt ist, haben Sie nichts weiter zu tun, als oben rechts auf **Senden** zu klicken.

4

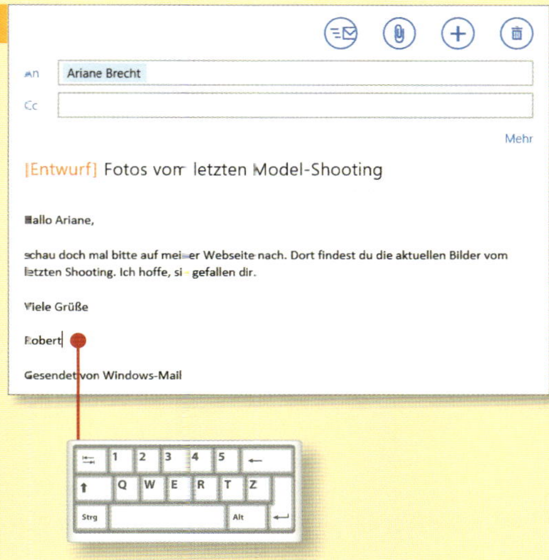

5

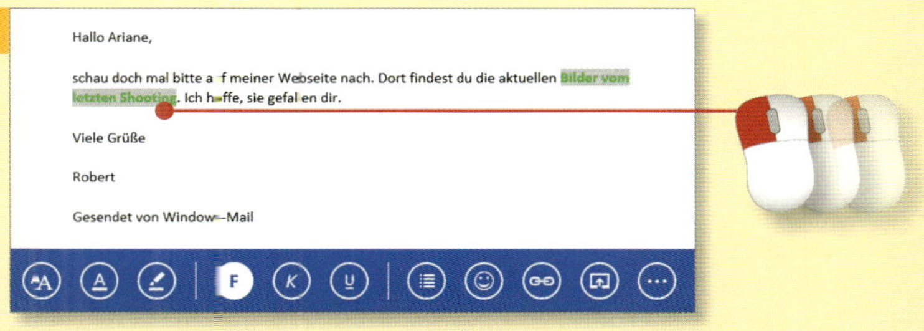

6

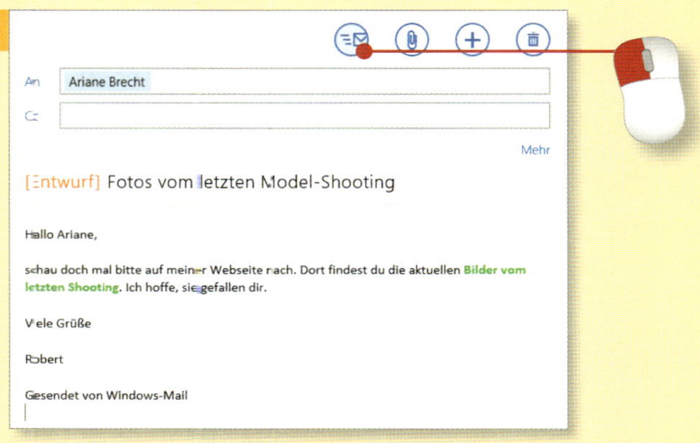

Text markieren

Noch ein Hinweis zur Markierung von Text in Schritt 5: Ein einzelnes Wort markieren Sie mit einem Doppelklick, während ein Dreifachklick einen gesamten Absatz markiert.

Fotos per E-Mail senden

1

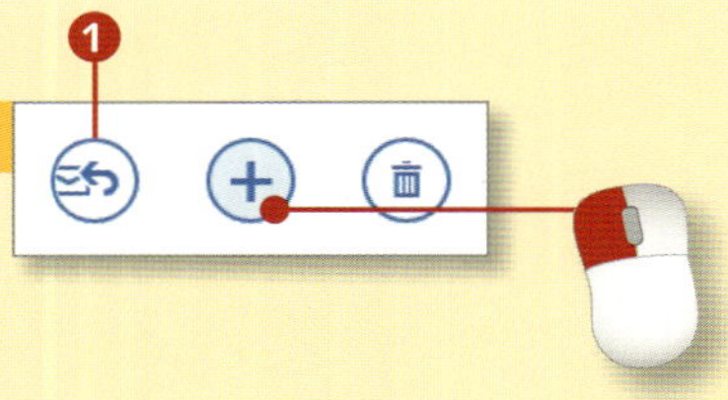

2

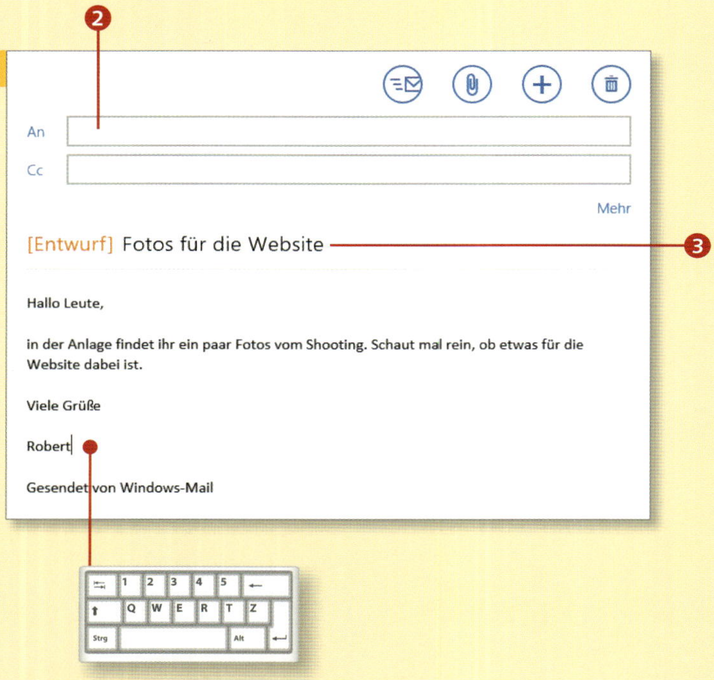

3

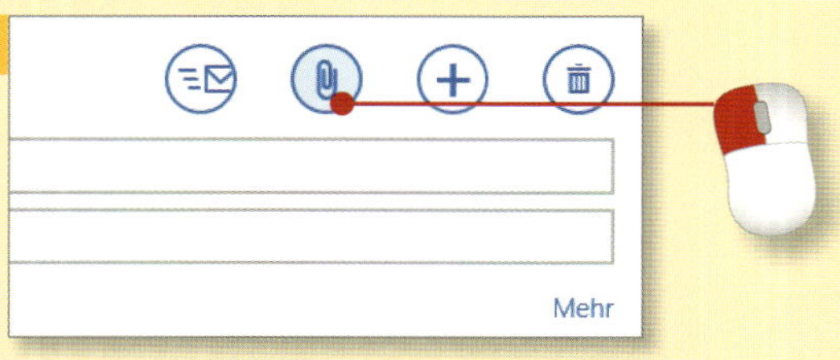

Die Mail-App von Windows 8.1 eignet sich nicht nur zur Übermittlung von Textnachrichten, sondern auch von Fotos und anderen Dateien.

Schritt 1

Klicken Sie für eine neue E-Mail auf das Plus-Symbol (**Neu**) oben rechts oder, sofern Sie eine E-Mail erhalten haben, auf die Sie reagieren wollen, auf **Antworten** ❶.

Schritt 2

Geben Sie die E-Mail-Adresse des Empfängers ❷ ein, verfassen Sie einen Betreff ❸, und formulieren Sie den Textinhalt der Mail wie gehabt.

Schritt 3

Um der Mail die Anlagen hinzuzufügen, klicken Sie auf die kleine Büroklammer oben rechts.

Als Entwurf speichern

Sollten Sie immer wieder E-Mails mit ähnlichem Inhalt verfassen, können Sie eine Mail als Entwurf speichern. Dazu klicken Sie mit rechts auf die Mail und dann unten links auf das Symbol **Entwurf speichern**. Den Entwurf finden Sie wieder, wenn Sie auf das Ordner-Symbol links klicken, gefolgt von einem Klick auf **Entwürfe**.

Schritt 4

Mit dem Klick auf die Büroklammer gelangen Sie ins Dateiverzeichnis des Computers – genauer gesagt, in den Ordner **Bilder**. Zeigen Sie auf ein Foto, ohne zu klicken, erscheint ein Hinweis, der Ihnen mehr Informationen über die Bilddatei liefert.

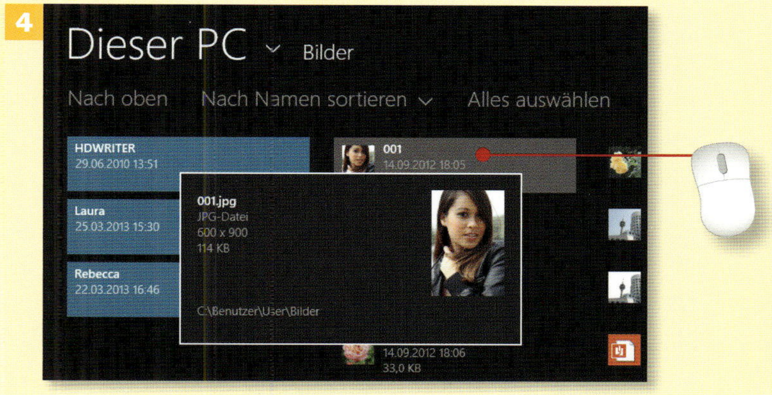

Schritt 5

Um ein Foto auszuwählen, müssen Sie es anklicken. Sie können übrigens auch mehrere Fotos auswählen, indem Sie beim Klicken Strg gedrückt halten. Schließen Sie Ihre Bildauswahl mit einem Klick auf **Anfügen** ab.

Schritt 6

Jetzt gelangen Sie zurück in die Standardumgebung der Mail-App. Hier sehen Sie die eingefügten Bilder und werden darüber informiert, wie viele Dateien angefügt wurden. Wenn Sie mit der E-Mail fertig sind, klicken Sie auf die Schaltfläche **Senden**.

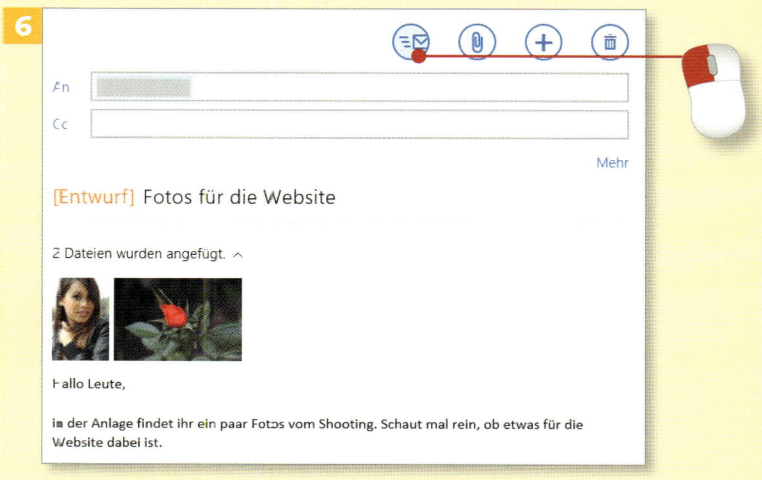

E-Mails drucken

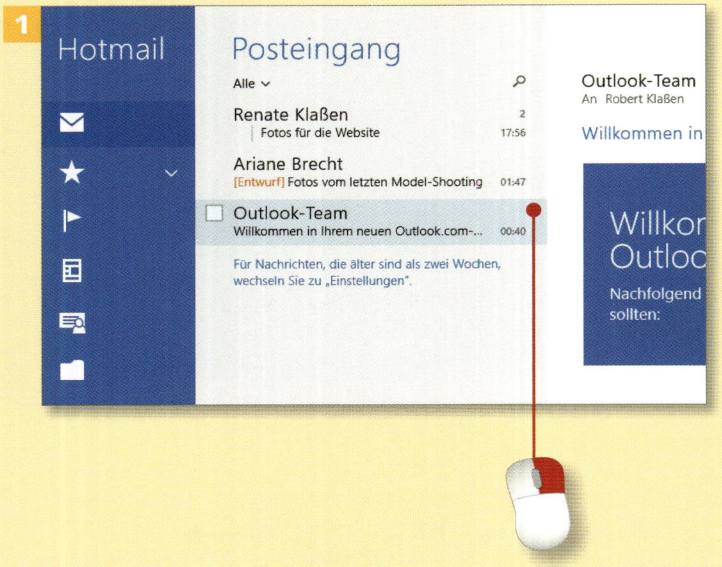

Eine E-Mail muss im Bedarfsfall auch zu Papier gebracht werden können. Allerdings ist die Drucken-Funktion der Mail-App ziemlich versteckt.

Schritt 1

Markieren Sie die E-Mail, die Sie ausdrucken möchten, in der mittleren Spalte des Posteingangs – und zwar mit der rechten Maustaste! Hier haben wir uns für die E-Mail des Outlook-Teams entschieden.

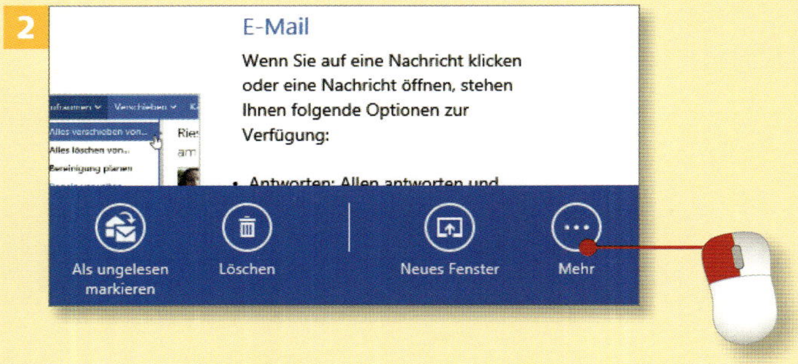

Schritt 2

Durch den vorangegangenen Rechtsklick ist automatisch die Fußleiste geöffnet worden. Klicken Sie unten rechts auf den Button **Mehr**.

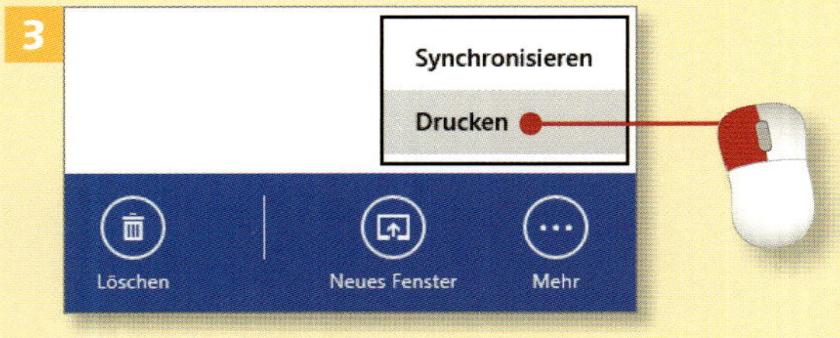

Schritt 3

Im Menü, das sich nun öffnet, entscheiden Sie sich für **Drucken**.

Tastaturkürzel benutzen

Wer gerne mit Tastaturkürzeln arbeitet, ist hier klar im Vorteil. Sie können sich die Schritte 2 und 3 nämlich sparen, wenn Sie stattdessen Strg + P betätigen. In diesem Fall reicht in Schritt 1 sogar der linke Mausklick anstelle eines Rechtsklicks.

Schritt 4

In der oberen rechten Ecke der Anwendung taucht nun eine Auswahl der potenziellen Drucker auf. Klicken Sie auf den Drucker, den Sie verwenden wollen.

Schritt 5

Jetzt haben Sie noch diverse Einstellungsmöglichkeiten. Außerdem sehen Sie eine Voransicht. Sollten Sie Einstellungen in Bezug auf die Druckqualität vornehmen wollen, klicken Sie unten auf **Weitere Einstellungen**.

Schritt 6

Nun lassen sich noch Einstellungen wie z. B. der Papiertyp vorwählen (**Typ**). Wenn das erledigt ist, klicken Sie auf den Pfeil oben links und danach auf **Drucken** (1).

Papiereinstellungen

Die Papiereinstellungen (**Typ**) sind sehr wichtig. Wenn Sie Text-E-Mails zu Papier bringen, werden Sie in der Regel **Normalpapier** verwenden. Höherwertige Ausdrucke, die möglicherweise Grafiken oder Bilder enthalten, erreichen Sie hingegen mit *Inkjet*- oder gar Fotopapier.

4

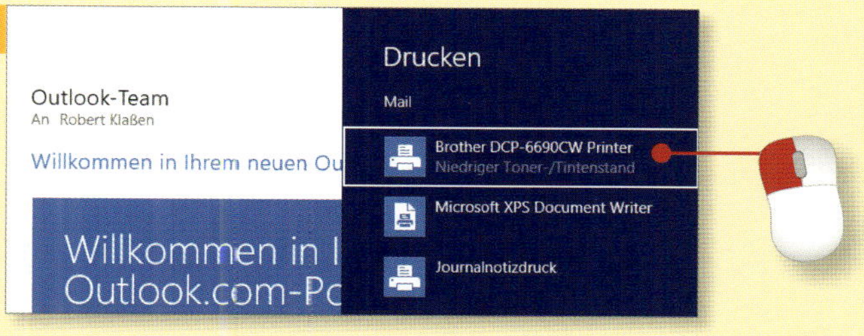

5

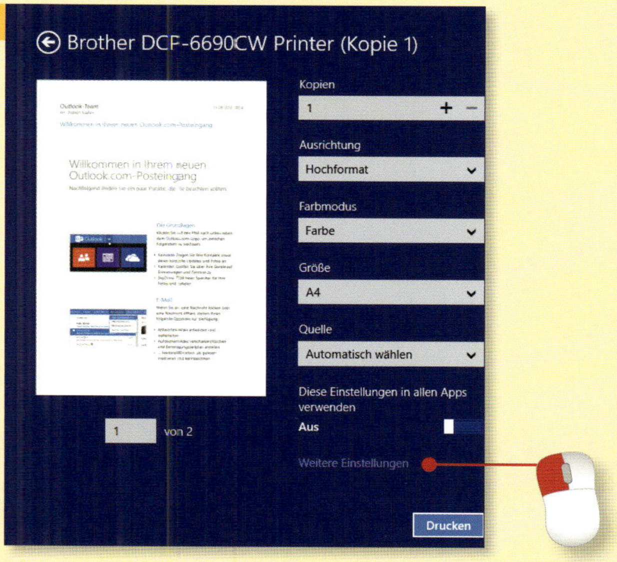

6

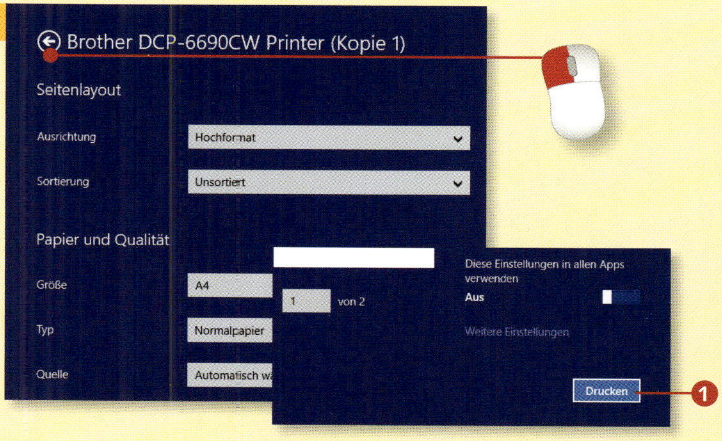

Wichtige E-Mails kennzeichnen

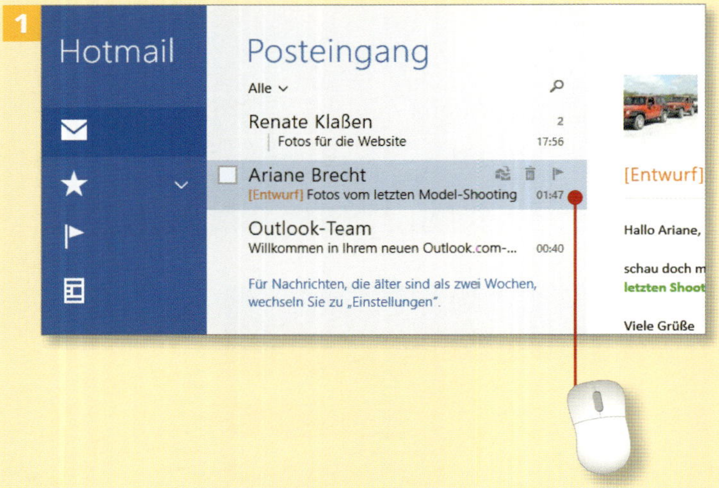

Es gibt wichtige und weniger wichtige E-Mails. Bedeutende Nachrichten sollten entsprechend gekennzeichnet werden. Sie lassen sich dann jederzeit schnell wiederfinden.

Schritt 1

Falls Ihnen eine E-Mail sehr wichtig ist, zeigen Sie in der mittleren Spalte des Posteingangs auf diese E-Mail.

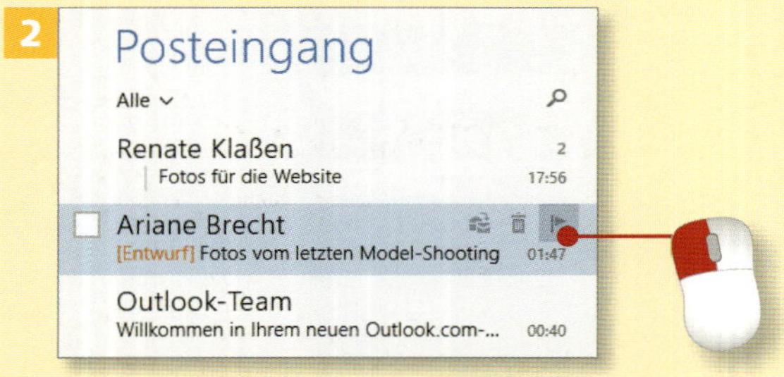

Schritt 2

Fahren Sie in der Zeile der E-Mail nach rechts, und klicken Sie ganz rechts das kleine Fähnchen an.

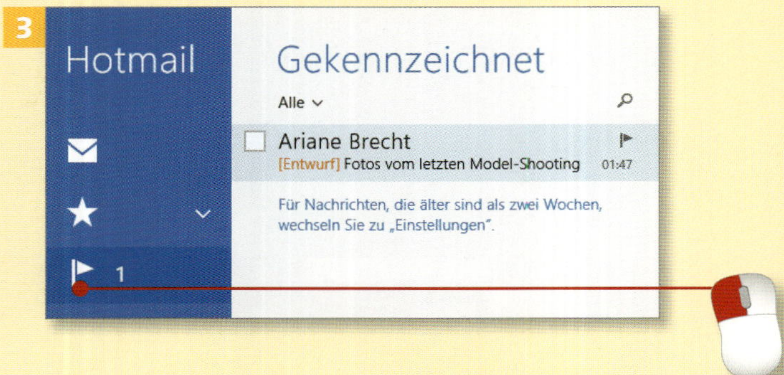

Schritt 3

In der linken Spalte finden Sie nun neben dem dortigen Fähnchen die Ziffer 1 vor. Es ist also genau eine gekennzeichnete Nachricht vorhanden. Klicken Sie darauf, wird die Nachricht in der mittleren Spalte angezeigt – und zwar isoliert von allen anderen.

Kennzeichnung entfernen
Falls Ihnen eine E-Mail später doch nicht mehr wichtig genug erscheint, als dass sie mit einem Fähnchen gekennzeichnet werden soll, klicken Sie das Fähnchen einfach in der mittleren Spalte erneut an (siehe Schritt 2).

E-Mails löschen

Nichts ist schlimmer als ein überfülltes Postfach. Unwichtige E-Mails sollten Sie gleich löschen. Doch mit dem bloßen Löschen ist die E-Mail noch nicht wirklich entfernt.

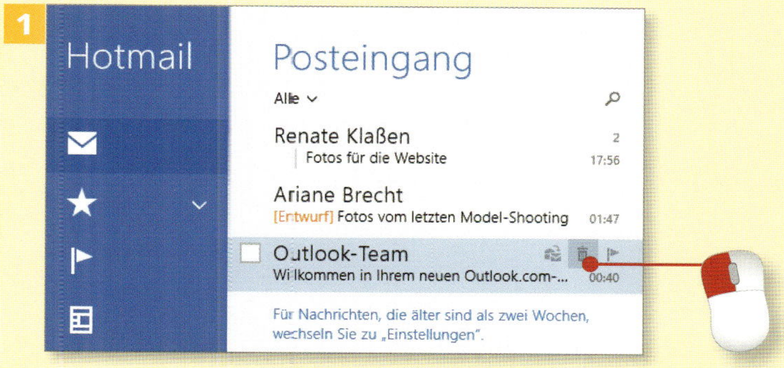

Schritt 1

Zeigen Sie in der mittleren Spalte des Posteingangs auf die E-Mail, die Sie löschen wollen. Klicken Sie auf das Papierkorb-Symbol.

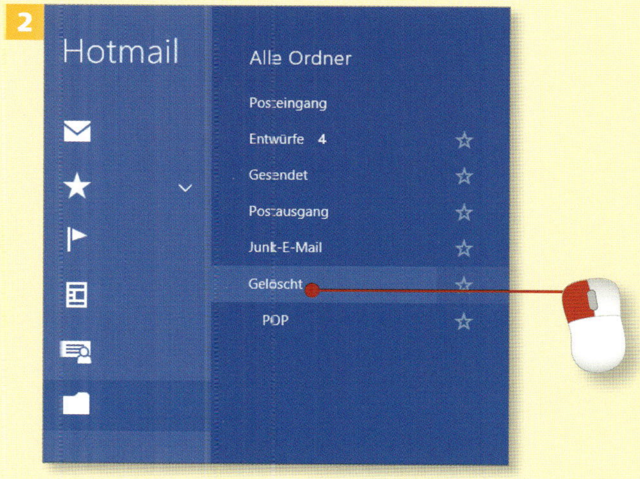

Schritt 2

Leider ist die E-Mail damit noch nicht gänzlich gelöscht. Gehen Sie in der linken Spalte auf das Ordner-Symbol und anschließend rechts daneben auf **Gelöscht**.

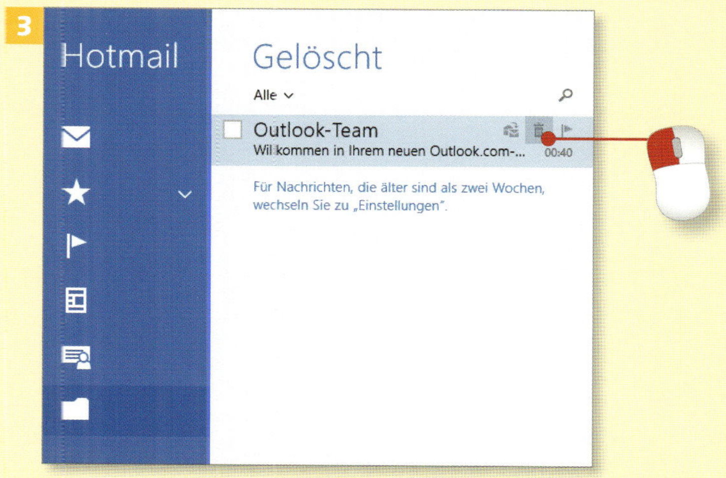

Schritt 3

Erst wenn Sie im Ordner **Gelöscht** noch einmal auf das Papierkorb-Symbol klicken, ist die Nachricht endgültig entfernt.

Mehrere Nachrichten löschen
Achten Sie auf die Checkboxen, die den E-Mails vorangestellt sind und die mittels Mausklick aktiviert werden können. Auf diese Weise lassen sich nun zahlreiche E-Mails anwählen und anschließend mit einmaligem Klick auf **Löschen** in der Fußzeile der App entfernen.

Eine E-Mail-Signatur anlegen

Persönliche Informationen müssen Sie nicht immer wieder von Hand eingeben – dafür gibt es Signaturen.

Schritt 1

Öffnen Sie zunächst die Charms-Leiste in der Mail-App, indem Sie mit dem Mauszeiger in die obere rechte Ecke des Bildschirms fahren. Wählen Sie in der Leiste die Schaltfläche **Einstellungen** aus.

Schritt 2

In der farbigen Spalte auf der rechten Seite entscheiden Sie sich daraufhin mit einem Klick für den Eintrag **Konten**.

Schritt 3

Klicken Sie auf den Eintrag, der für Ihr E-Mail-Konto steht.

Konto umbenennen
Je nachdem, ob Sie ursprünglich ein Outlook.com- oder Hotmail-Konto erzeugt haben, finden Sie in der oberen linken Ecke der Mail-App eine entsprechende Bezeichnung. Diese lässt sich jedoch individuell anpassen. Dazu müssen Sie lediglich den Inhalt des obersten Steuerelements **Kontoname** wunschgemäß ändern.

Schritt 4

Im zugehörigen Menü sehen Sie etwa in der Mitte das Eingabefeld, in dem **Gesendet von Windows-Mail** steht. Dieser Text stand bisher unter jeder Ihrer E-Mails. Um ihn zu ändern, müssen Sie zunächst einen Dreifachklick auf den Text setzen, um ihn komplett zu markieren.

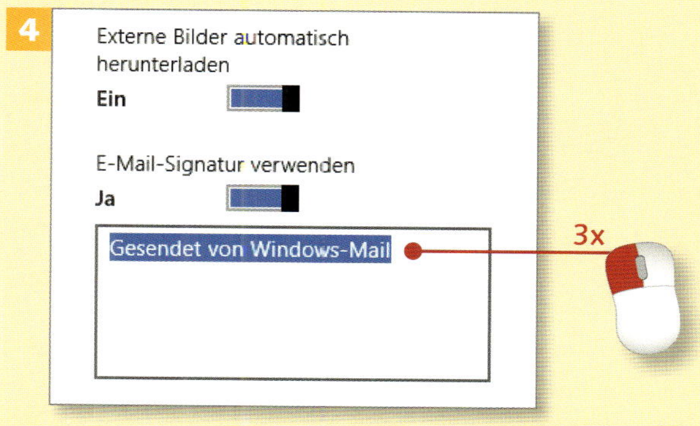

Schritt 5

Nun geben Sie einfach den neuen Text ein. Wenn Sie fertig sind, klicken Sie mit der Maus an eine beliebige Stelle außerhalb der rechten Spalte.

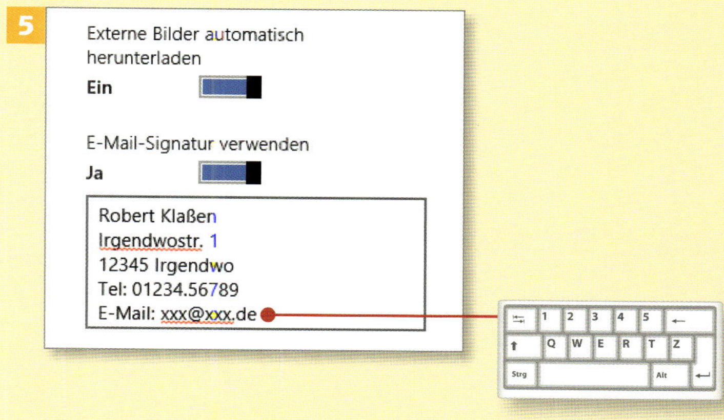

Schritt 6

Wenn Sie jetzt eine neue E-Mail erzeugen, erscheint der gerade festgelegte Text ❶ immer automatisch ganz unten in der Nachricht.

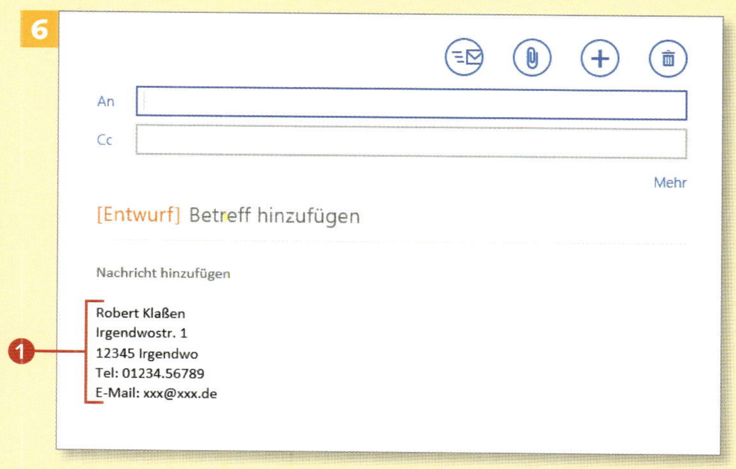

Text immer präsent

Denken Sie daran, dass der Text automatisch in jeder Mail verwendet wird, die Sie versenden. Wenn Sie das bei einzelnen E-Mails nicht wollen, müssen Sie diesen Text markieren, indem Sie den Cursor mit gedrückter linker Maustaste darüberziehen und dann die [Entf]-Taste drücken, bevor Sie die Nachricht abschicken.

Kontakte anlegen und verwalten

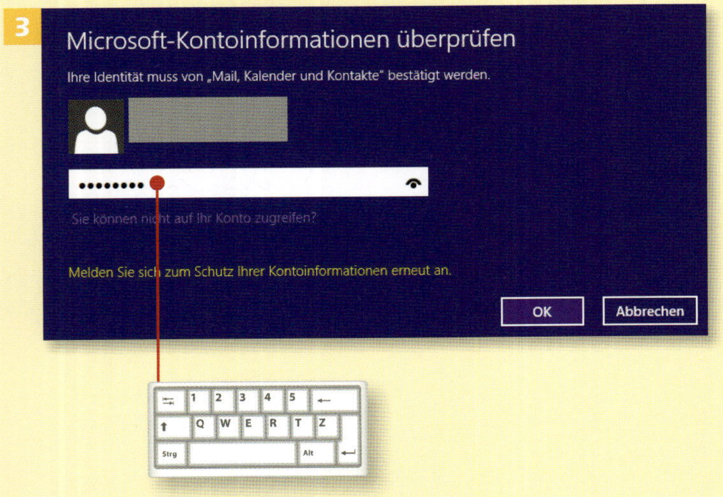

Auf dieser und den folgenden Seiten schauen wir uns das Zusammenspiel zwischen den Apps »Mail« und »Kontakte« an. Wir beginnen damit, die Facebook-Freunde in Windows 8.1 zu integrieren.

Schritt 1

Um die Kontakte-App von Windows 8.1 zu öffnen, klicken Sie auf die Kachel **Kontakte** auf dem Startbildschirm.

Schritt 2

Im günstigsten Fall finden Sie auf dieser Seite bereits Kacheln Ihrer Facebook-Freunde ❶. Wenn ja, fahren Sie mit Schritt 9 fort. Wer keine derartige Seite vorfindet, macht mit Schritt 3 weiter.

Schritt 3

Zunächst einmal wird geprüft, ob Sie es tatsächlich sind. Zu diesem Zweck müssen Sie Ihr Anmelde-Passwort eingeben. Im Anschluss daran klicken Sie auf **OK**.

Schritt 4

Jetzt ist eine weitere Überprüfung vorgesehen. Sie erhalten dazu einen Sicherheitscode via E-Mail von Microsoft. Sie können diesen Schritt aber zunächst überspringen, indem Sie auf **Erst mal überspringen (in 6 Tagen ist dies erforderlich)** klicken.

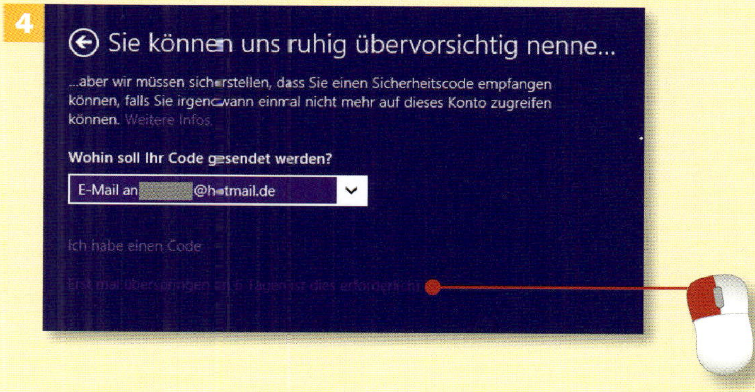

Schritt 5

Jetzt werden alle Konten aufgelistet, die in irgendeiner Form verbunden werden können. Entscheiden Sie sich, wie besprochen, für **Facebook-Freunde**.

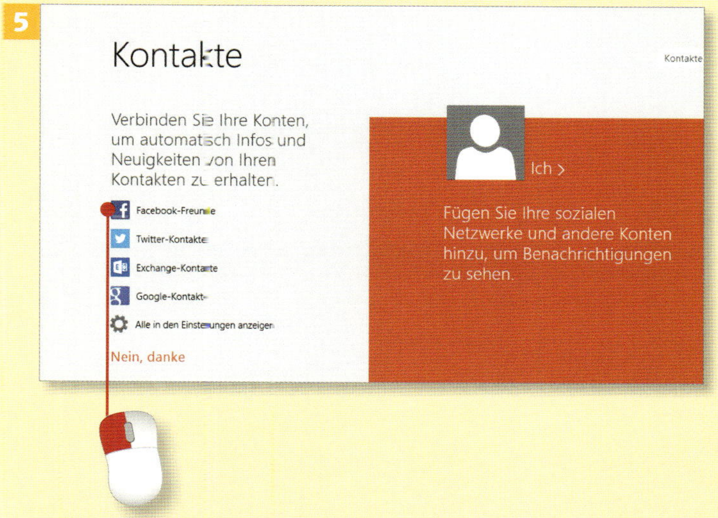

Schritt 6

Dieser Schritt besteht lediglich darin, auf **Verbinden** zu klicken.

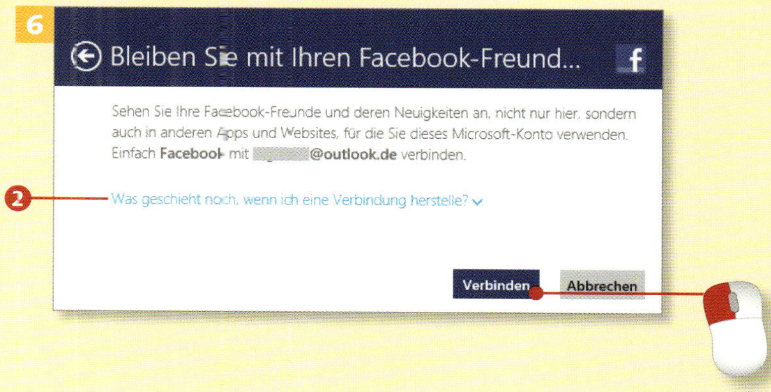

Was geschieht noch …

… wenn Sie eine Verbindung herstellen? Dieser bedeutungsvolle Link ② versorgt Sie mit Informationen zur Bedienung von Facebook aus der Kontakte-App heraus. Und das ist wirklich eine feine Sache. Denn Sie bleiben innerhalb der App, und Ihnen werden dort nur die »echten« Facebook-Daten angezeigt. Werbung u. Ä. gehören der Vergangenheit an.

Kontakte anlegen und verwalten (Forts.)

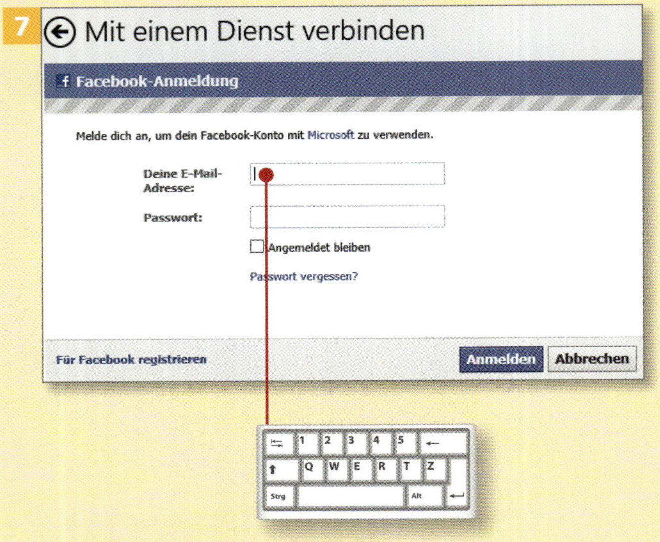

Schritt 7

Jetzt müssen Sie die Facebook-Anmeldung durchlaufen, indem Sie Ihre dort hinterlegte E-Mail-Adresse und das dazugehörige Passwort eingeben.

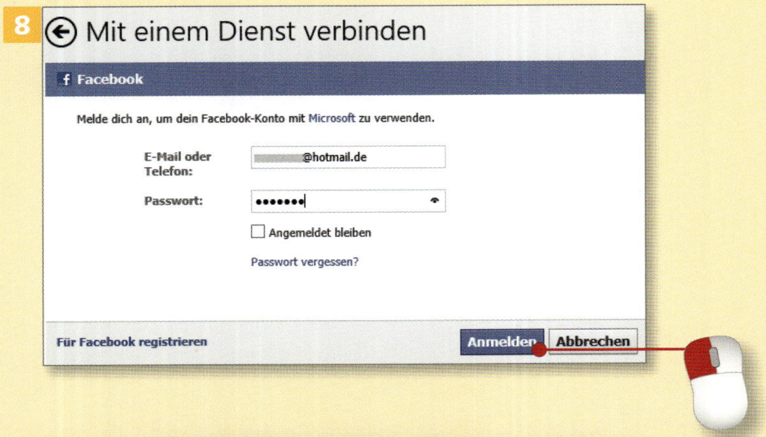

Schritt 8

Mit einem Klick auf **Anmelden** geht es dann weiter. Warten Sie einen Augenblick – na ja, es kann durchaus etwas länger dauern (bis hin zu mehreren Minuten, siehe Kasten auf dieser Seite) –, und schon befinden Sie sich mitten in der schönen bunten Facebook-Welt.

Schritt 9

Ziemlich weit unten sehen Sie nach einiger Zeit den Bereich **Neuigkeiten**. Mit einem Klick darauf gelangen Sie zu Ihrem persönlichen Facebook-Inhalt in der Windows-8.1-Arbeitsumgebung. Ist das nicht cool?

Wird synchronisiert …
Solange die Kontakte noch nicht eingepflegt sind (die rechte Bildschirmseite ist noch leer), wird oben links die Meldung **Wird synchronisiert …** angezeigt. In diesem Zeitraum stehen also noch keine Kontakte zur Verfügung.

Schritt 10

Durch Verschieben des Balkens am Fuß des Bildschirms können Sie sich nun die Meldungen Ihrer Facebook-Freunde ansehen. Wenn Sie zurück zu den Kontakten wollen, klicken Sie auf den Pfeil oben links.

Schritt 11

Falls Sie einen bestimmten Kontakt suchen, benutzen Sie das Eingabefeld oben rechts. Auch dieses ist »kontext-sensitiv«, bringt also potenzielle Ergebnisse bereits während der Eingabe hervor.

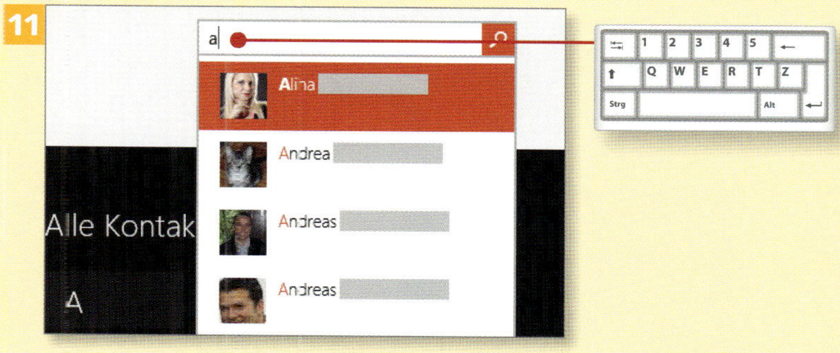

Schritt 12

Öffnen Sie den Kontakt, indem Sie einen Mausklick auf den Eintrag in der Liste setzen. Sie erhalten damit die Gelegenheit, sich das Profil des Freundes anzusehen. Auch hier geht es mit dem Pfeil oben links **1** zurück.

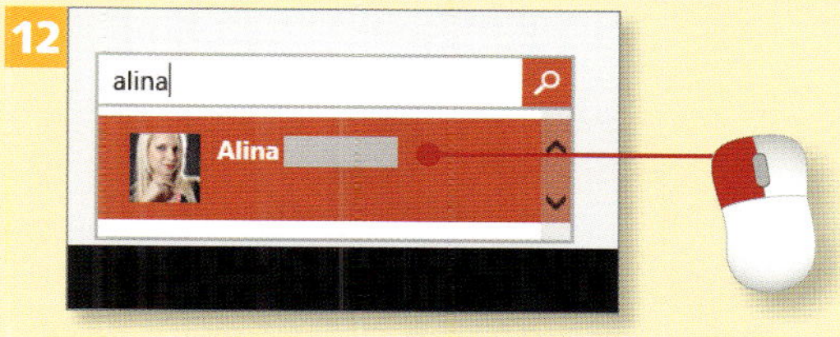

Profil anzeigen

Wenn Sie einmal auf **Profil anzeigen** **2** klicken, werden Sie feststellen, dass der Monitor daraufhin geteilt wird. In diesem Fall bleiben die Inhalte der Kontakte-App auf der linken Seite, während sich das Facebook-Profil auf der rechten Seite öffnet.

Facebook-Kontakte verwalten

Mit Ihren Facebook-Freunden werden Sie sich sicher oft direkt via Facebook austauschen. Falls Sie Facebook-Kontakten E-Mails senden wollen, müssen Sie dem Kontakt eine E-Mail-Adresse hinzufügen.

1
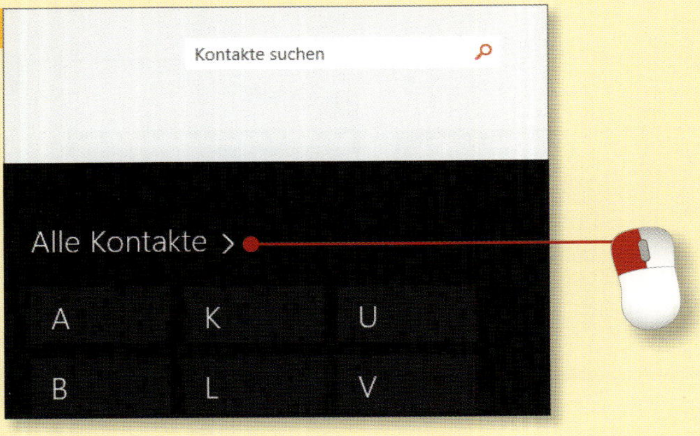

Schritt 1

Zunächst einmal müssen Sie den Kontakt aktivieren. Das machen Sie, indem Sie zunächst einmal auf **Alle Kontakte** klicken.

2
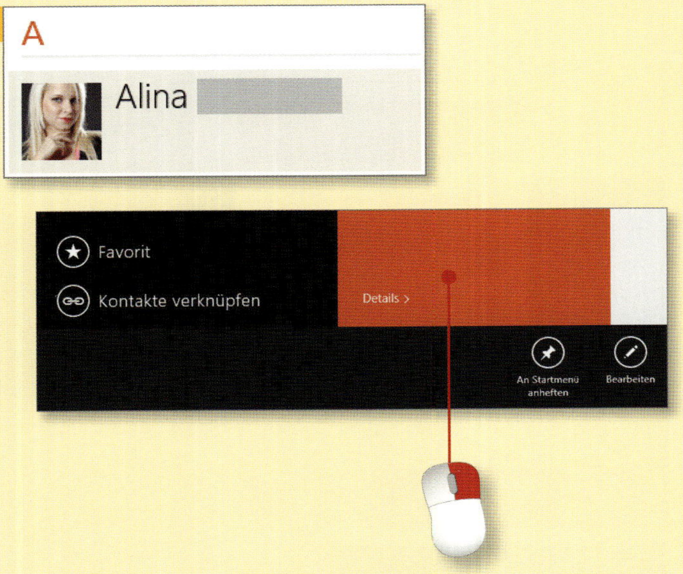

Schritt 2

Markieren Sie den gewünschten Kontakt anschließend per Mausklick. In der anschließenden Ansicht führen Sie einen Rechtsklick an einer beliebigen Stelle aus.

3
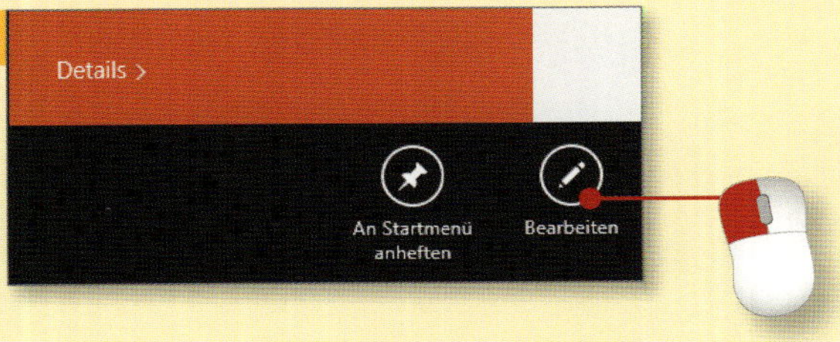

Schritt 3

Sie erreichen dadurch, dass sich eine schwarze Leiste emporhebt. Darin betätigen Sie nun die Schaltfläche **Bearbeiten**.

Facebook
Wenn Sie mit Ihrem Windows-8.1-Rechner Facebook verwenden wollen, laden Sie sich im Windows Store die offizielle Facebook-App herunter.

Schritt 4

Im folgenden Dialogfeld lässt sich der Kontakt nun bearbeiten. So sollte beispielsweise immer die E-Mail-Adresse eingetragen sein. Wenn Sie fertig sind, klicken Sie oben rechts auf das Disketten-Symbol.

4

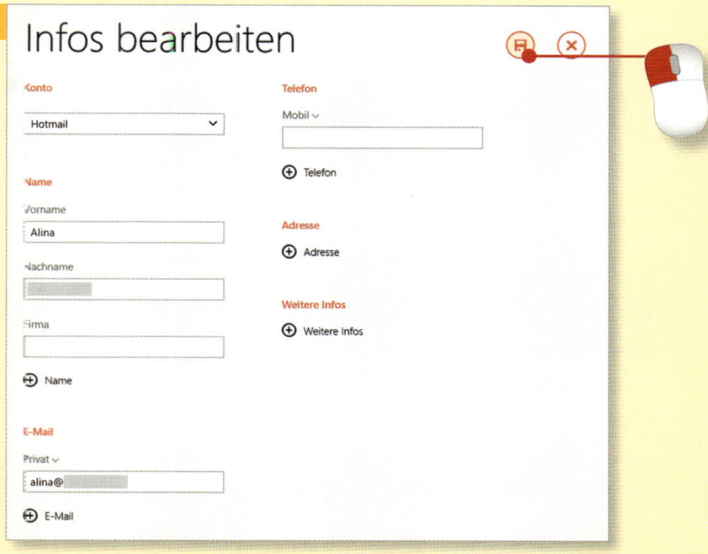

Schritt 5

Das Besondere ist, dass Sie jetzt direkt von hier aus eine E-Mail verfassen können. Dazu klicken Sie einfach auf den E-Mail-Button des Kontakts.

5

Schritt 6

Die Folge: Der Bildschirm wird geteilt. Auf der linken Seite bleiben die Kontakte geöffnet, während rechts die Mail-App erscheint. Das ist doch wirklich cool, oder?

6

Name statt E-Mail-Adresse

Wann immer Sie sich in der Mail-App befinden, können Sie den Namen der zuvor kontaktierten Person direkt in das Adressfeld **An** eintippen. Der Kontakt wird dort bereits nach Eingabe weniger Buchstaben gefunden.

E-Mail-Texte gestalten

Abschließend werfen wir noch einen Blick hinter die Kulissen. Hier erfahren Sie, wie Sie einen Text farbig gestalten, ihn in der Größe anpassen und mit weiteren Effekten versehen können.

1

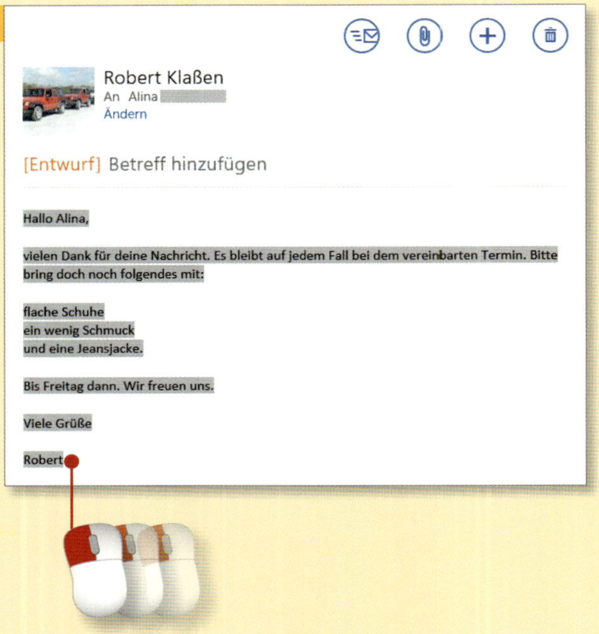

Schritt 1

Erzeugen Sie zunächst eine Textnachricht. Als Nächstes markieren Sie den Text, den Sie verändern wollen, indem Sie ihn mit gedrückter linker Maustaste überfahren.

2

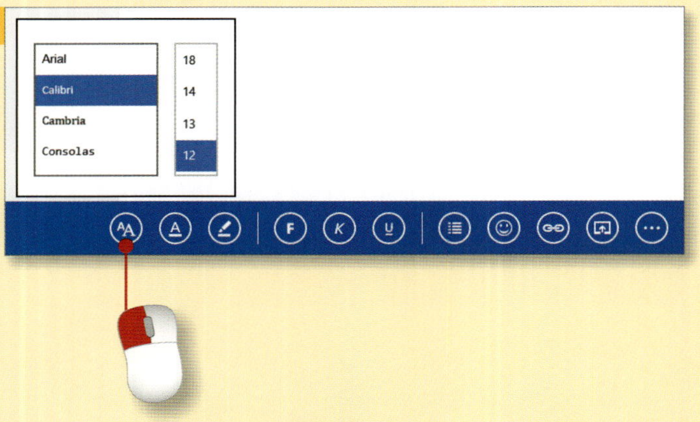

Schritt 2

Bedingt durch das Markieren öffnet sich in der Fußleiste der Anwendung automatisch eine Leiste mit zahlreichen Schaltflächen. Betätigen Sie **Schriftart**, um weitere Einstelloptionen zu erhalten.

3

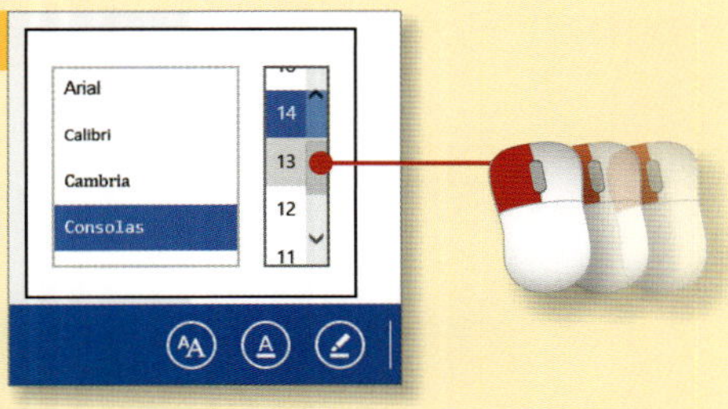

Schritt 3

Bewegen Sie sich optional durch beide Listen (links = Schriftart, rechts = Schriftgröße) mithilfe der Bildlaufleiste, die erscheint, sobald Sie auf die Liste zeigen. Klicken Sie auf die gewünschte Einstellung.

Schritt 4

Wenn Sie die Farbe der Schrift ändern wollen, müssen Sie zunächst die Schaltfläche mit dem unterstrichenen **A** betätigen und anschließend auf das gewünschte Farbfeld klicken.

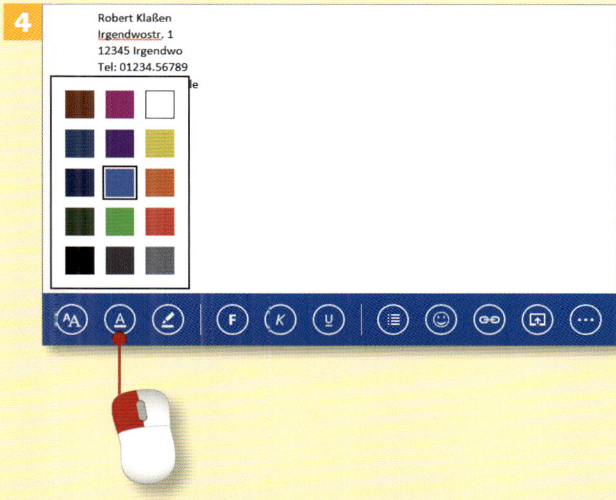

Schritt 5

Markieren Sie Texte, die in Form einer Aufzählung erscheinen sollen (siehe Schritt 1). Danach klicken Sie auf **Liste** und zu guter letzt auf **Aufzählung**.

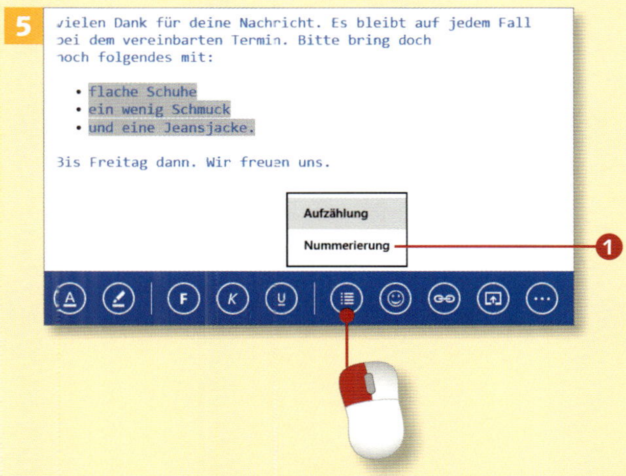

Schritt 6

Mögen Sie *Emoticons*? Dann sollten Sie, nachdem Sie auf die Stelle im Text geklickt haben, an der das Gesicht erscheinen soll, zunächst das Emoticon in der Fußleiste und anschließend auf eines in der sich nun öffnenden Liste klicken.

Nummerierung
Sie möchten statt einer Aufzählung (siehe Schritt 5) lieber eine Nummerierung verwenden (1., 2., 3. etc.)? Dann müssen Sie nach einem Klick auf **Liste** den Eintrag **Nummerierung** ❶ auswählen.

Kapitel 6
Fotos sortieren und bearbeiten

Falls Sie digital fotografieren, möchten Sie Ihre Bilder natürlich auch auf den eigenen PC übertragen, um sie zu archivieren oder nachzubearbeiten. Windows 8.1 vereinfacht diese Arbeit enorm, indem es die wichtigsten Werkzeuge bereits mitbringt.

Fotos auf den Rechner übertragen
Zunächst müssen die Bilder von der Kamera auf den Rechner gelangen ❶. So können Sie sie archivieren und später auch leicht bearbeiten, wenn Sie möchten.

Fotos ansehen
Windows 8.1 bringt eine Fotos-App ❷ mit, die interessante Darstellungsmöglichkeiten für Sie bereithält. Jetzt ist es z. B. einfacher als je zuvor, Fotos zu integrieren und bildschirmfüllend zu betrachten.

Fotos verbessern
Bildverbesserungen ❸ und -veränderungen sind mit den in Windows 8.1 neu integrierten Optionen der Fotos-App leicht möglich. In diesem Kapitel erfahren Sie, wie das geht.

❶ Zuerst einmal müssen Sie Ihre Fotos auf den Rechner übertragen.

❷ Mit der Fotos-App können Sie sich Ihre Bilder anschauen und darin Ordnung halten.

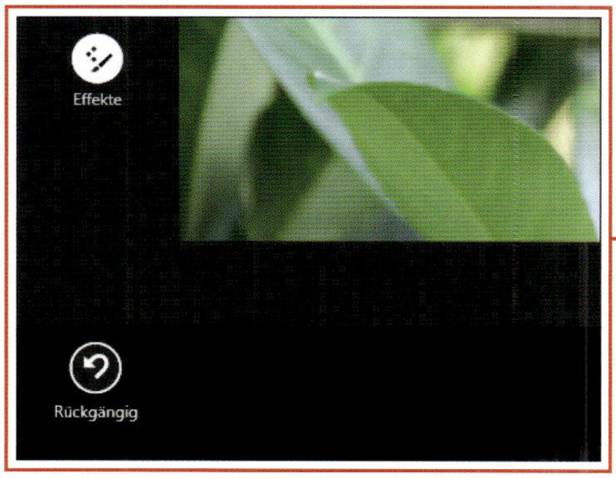

❸ Mit der Fotos-App können Sie Ihre Bilder ganz einfach verbessern.

Fotos auf den Rechner übertragen

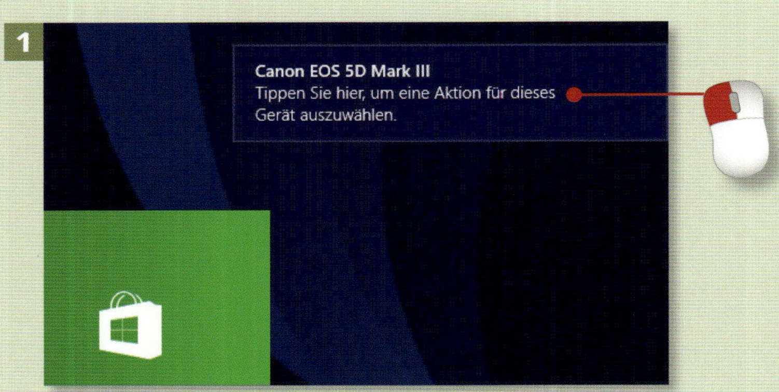

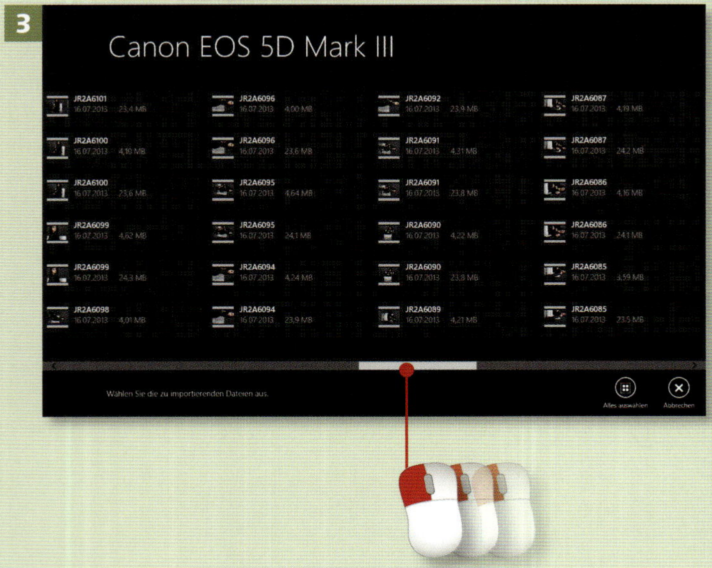

Ihr Computer versteht sich ausgezeichnet mit Digitalkameras und deren Speicherkarten. Wenn Sie Ihre Schnappschüsse auf dem PC sichern wollen, müssen Sie Kamera und Betriebssystem miteinander kooperieren lassen.

Schritt 1

Einige Sekunden, nachdem die Kamera (z. B. über ein USB-Kabel) mit dem PC verbunden und eingeschaltet worden ist, erscheint in der oberen rechten Ecke des Startbildschirms ein entsprechender Hinweis. Klicken Sie mit der Maus darauf.

Schritt 2

Entscheiden Sie sich in der daraufhin erscheinenden Tafel für **Fotos und Videos importieren**.

Schritt 3

Als Nächstes können Sie die Miniaturen betrachten. Wenn viele Fotos vorhanden sind, lässt sich die Ansicht mit der Bildlaufleiste im Fuß der Anwendung nach links oder rechts bewegen.

Schritt 4

Meist ist es ja so, dass man alle Fotos importieren möchte, die sich auf dem Kamera-Chip befinden. Dazu müssen die Fotos jedoch auch markiert werden. Mit **Alles auswählen** in der Fußleiste oder über Strg + A gelingt das in einem einzigen Arbeitsgang.

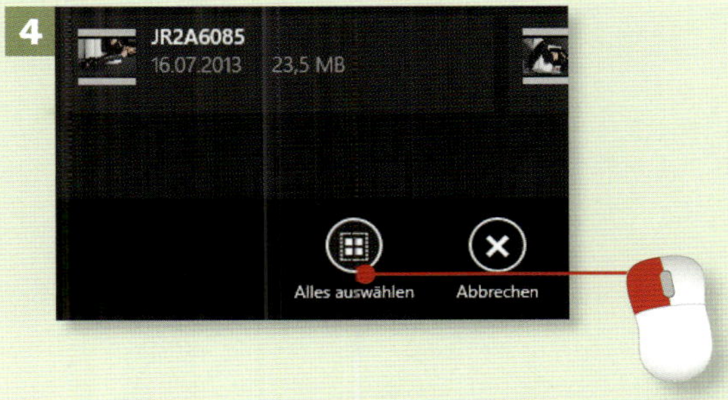

Schritt 5

Jetzt sind alle Fotos mit einem Auswahlrahmen sowie einem Häkchen oben rechts versehen. Wollen Sie einzelne Fotos wieder abwählen (also vom Import ausschließen), klicken Sie diese erneut an. Das Häkchen wird dann entfernt.

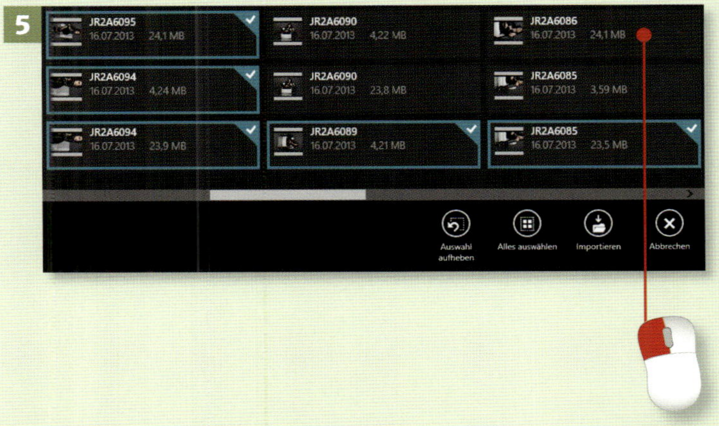

Schritt 6

Wenn alles erledigt ist, klicken Sie im Fuß der App auf die Taste **Importieren**.

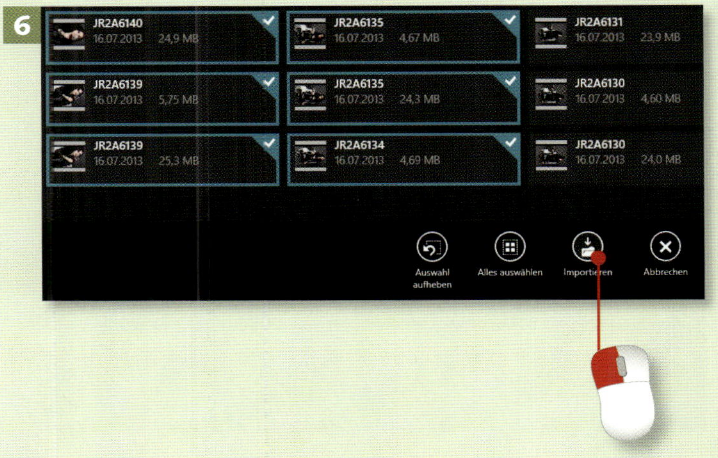

Kamera-Software installieren

Digitalkameras liegt meist umfangreiche Software bei. In den meisten Fällen sind auch Apps dabei, mit denen sich Fotos herunterladen lassen. Wenn Sie lieber mit dieser Hersteller-Software arbeiten, die auf das jeweilige Gerät zugeschnitten ist, müssen Sie sie zuvor unter Windows 8.1 installieren.

Fotos auf den Rechner übertragen (Forts.)

7

8
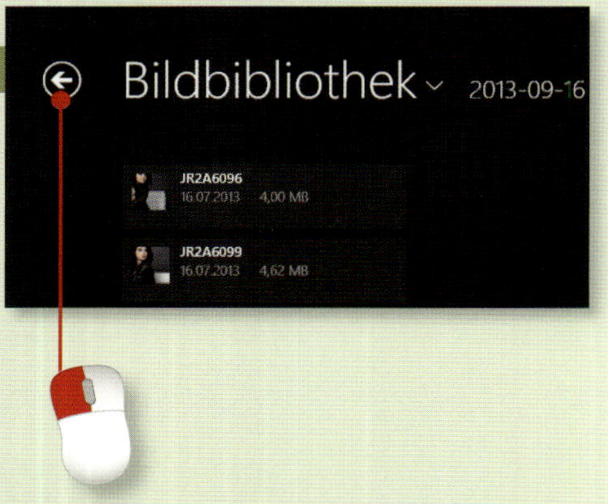

9
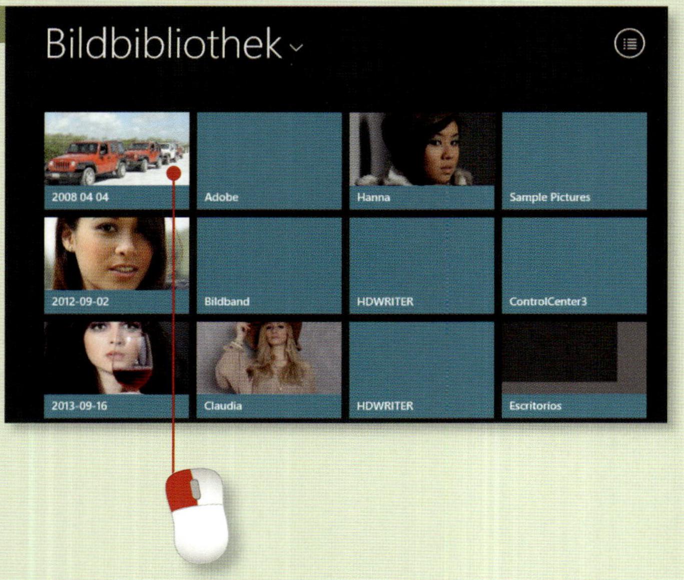

Schritt 7

Je nachdem, wie viele Fotos es sind, kann der Vorgang ein wenig dauern. Wenn alles importiert ist, werden die Bildminiaturen angezeigt. Außerdem lässt sich oben rechts zwischen **Miniaturansicht** und **Detailansicht** hin- und herschalten.

Schritt 8

Sie müssen bedenken, dass Sie sich nun in einem separaten Ordner befinden (siehe Kasten auf der nächsten Seite). Dieser wird nämlich bei jedem Import automatisch erzeugt. Um ihn zu verlassen, betätigen Sie den Pfeil oben links.

Schritt 9

Sie befinden sich nun in der Bildbibliothek. Hier werden alle Ordner angezeigt, die durch jeweils eine Miniatur oder einen Listeneintrag (je nach Einstellung der Schaltfläche oben rechts) repräsentiert werden. Per Mausklick gelangen Sie in einen der Ordner.

Miniaturen
Die Miniatur eines Fotos wird auf der Ordner-Kachel nur angezeigt, wenn sich auch zumindest ein Foto in diesem Ordner befindet.

Schritt 10

Wollen Sie weitere Fotos importieren? Dann führen Sie zunächst einen Rechtsklick an einer freien Stelle der Fotos-App aus (nicht auf einer Ordner-Kachel!).

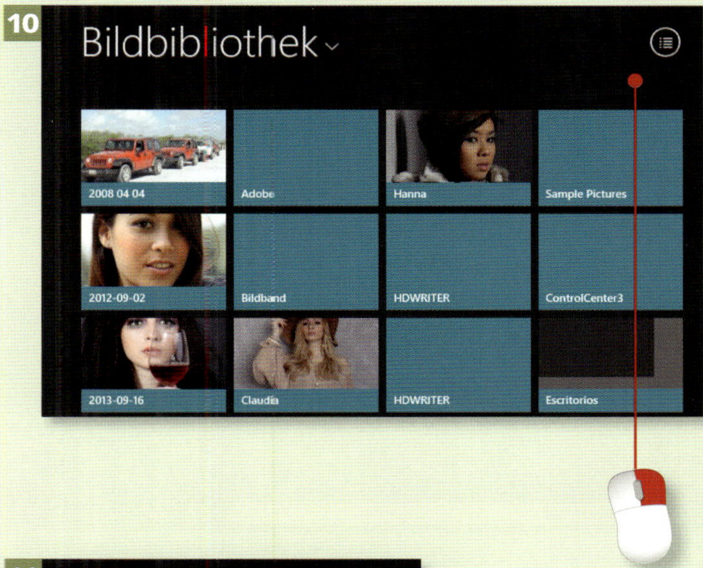

Schritt 11

Klicken Sie anschließend unten rechts auf die kleine Schaltfläche **Importieren**.

Schritt 12

Nun öffnet sich abermals eine kleine Tafel, mit der sich das Quellgerät, also die Kamera, anwählen lässt. Sollte sich kein Gerät finden, schalten Sie die Kamera kurz aus und wieder ein. (Im Stand-by-Modus wird sie nämlich nicht erkannt.) Wiederholen Sie den Klick auf **Importieren**. Anschließend geht es mit Schritt 3 weiter.

i

Ordner finden

Die importierten Fotos werden standardmäßig im Bereich **Bibliotheken** abgelegt bzw. im Ordner **Dieser PC**. Darin finden Sie einen Ordner, der mit **Bilder** betitelt ist. Öffnen Sie diesen, finden Sie auch den soeben beim Import erzeugten Unterordner.

Fotos aus dem Internet laden

Vielleicht soll es ja mal ein Foto aus dem World Wide Web sein, das Sie auf Ihre Festplatte bringen wollen? Prüfen Sie unbedingt vorher, ob Sie das auch dürfen.

Schritt 1

Starten Sie den Internet Explorer, indem Sie das entsprechende Symbol auf dem Startbildschirm anklicken.

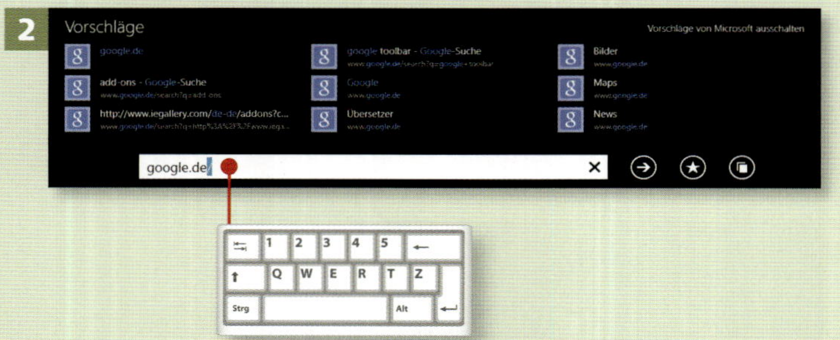

Schritt 2

Geben Sie im unteren Eingabefeld z. B. »google.de« ein (oder eine Seite Ihrer Wahl, von der Sie ein Foto herunterladen wollen). Schließen Sie die Eingabe mit [↵] ab.

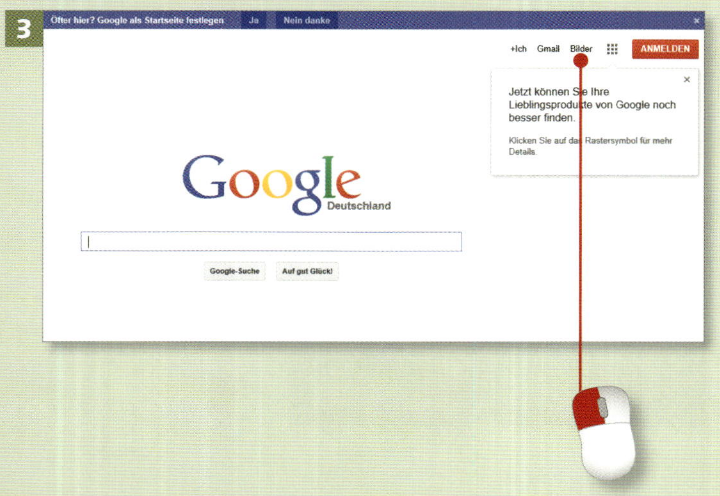

Schritt 3

Falls Sie wie in diesem Beispiel die Google-Seite aufgerufen haben, klicken Sie jetzt oben rechts auf die Rubrik **Bilder**.

Urheber- und Verwertungsrechte

Beachten Sie geltende Urheber- und Verwertungsrechte! Es kann immense Abmahnkosten und weitere empfindliche Strafen bis hin zur Strafverfolgung nach sich ziehen, wenn Sie Bildmaterial verwenden, für das Sie nicht die erforderlichen Lizenzen haben!

Schritt 4

Geben Sie einen Suchbegriff in das Suchfeld ein, z. B. »hochhaus« (die Großschreibung können Sie ignorieren). Schließen Sie die Eingabe auch hier mit [↵] ab.

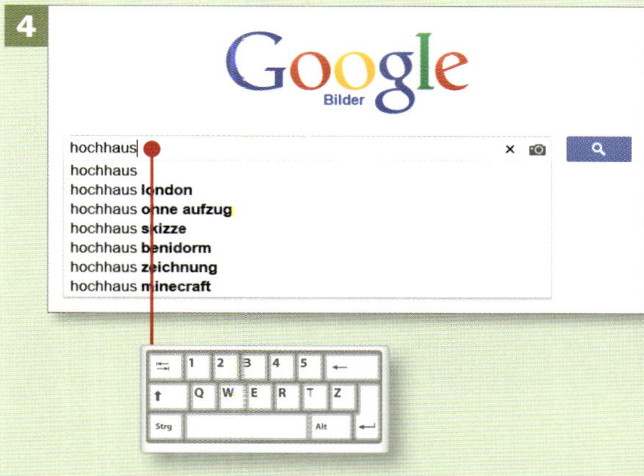

Schritt 5

Klicken Sie jetzt ein Bild mit der rechten Maustaste an, und entscheiden Sie sich im Kontextmenü für **In Bilderordner speichern**.

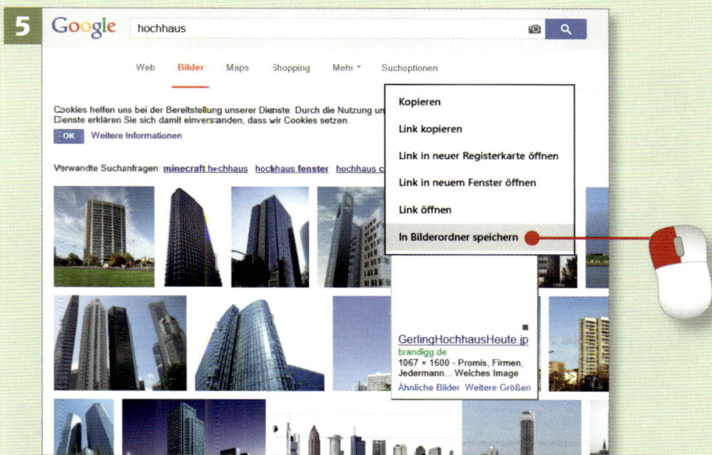

Schritt 6

Das Foto wird im Ordner **Bilder** ❶ (**Dieser PC**) abgelegt und trägt meist einen wenig klangvollen Namen ❷. Wie Sie diesen ändern können, erfahren Sie im Abschnitt »Bildeigenschaften abrufen« ab Seite 154.

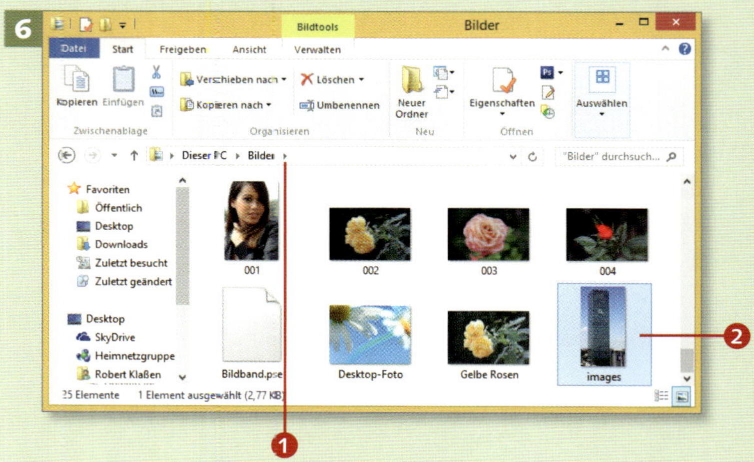

Originalfoto herunterladen

In diesem Beispiel wird eine Bildminiatur heruntergeladen. Um an das Originalfoto zu gelangen, sind weitere Schritte erforderlich: Klicken Sie auf die Miniatur und dann auf **Bild in Vollgröße**. Danach machen Sie mit Schritt 5 weiter.

Fotos ansehen mit der Fotos-App

1

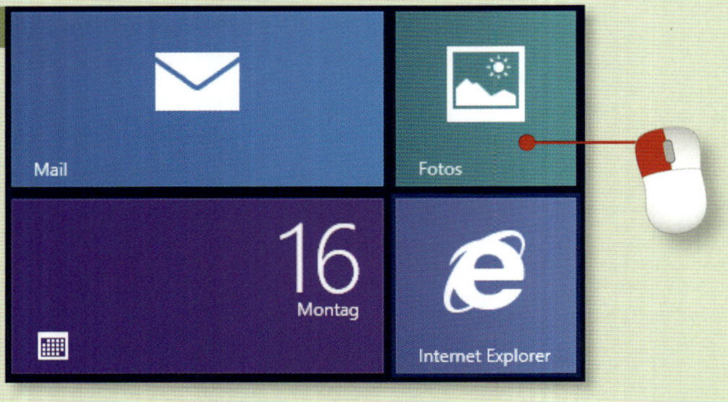

Die in Windows 8.1 integrierte Fotos-App ermöglicht es Ihnen, Fotos mit einfachen Mitteln komfortabel darzustellen. Wenn Sie wollen, können die Bilder sogar bildschirmfüllend präsentiert werden.

Schritt 1

Zunächst einmal muss der Bereich aktiviert werden, der in Windows zur Darstellung von Bildern vorgesehen ist. Klicken Sie dazu auf die Kachel **Fotos**.

2

Schritt 2

Ganz oben (auf der Überschrift **Bildbibliothek**) können Sie wählen, ob die auf Ihrem PC befindlichen Fotos oder eventuell in **SkyDrive** gespeicherte Bilder gezeigt werden sollen. Wir belassen es hier bei der **Bildbibliothek**, also dem lokalen Speicherort auf dem PC.

3

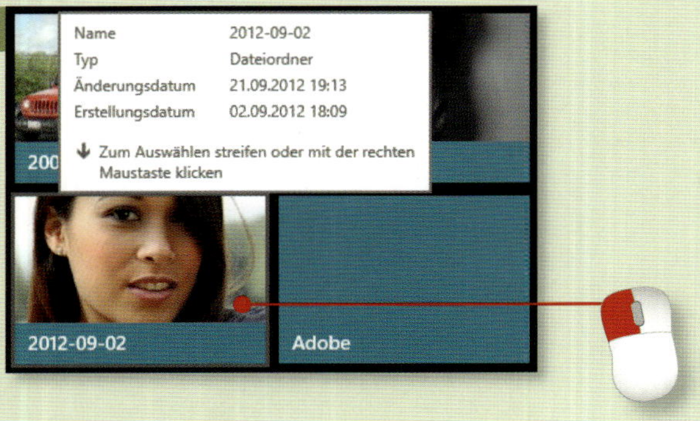

Schritt 3

Begeben Sie sich in einen der Unterordner, indem Sie auf die entsprechende Kachel klicken. (Übrigens: Wenn Sie den Mauszeiger auf der Kachel »parken«, werden einige interessante Details angezeigt.)

Schritt 4

Platzieren Sie nun einen Mausklick auf einer der Bildminiaturen, damit dieses Foto bildschirmfüllend angezeigt wird.

Schritt 5

Mithilfe der Pfeiltasten Ihrer Tastatur lassen sich nun benachbarte Fotos ansehen. Alternativ benutzen Sie die kleinen Pfeil-Schaltflächen, die sich am linken bzw. rechten Bildrand befinden.

Schritt 6

Die Darstellungsgröße verändern Sie per Klick auf die kleinen Symbole (**Plus** und **Minus**) unten rechts. Alternativ drücken Sie [Strg] + [+] und [Strg] + [-].

Minimum/Maximum erreicht?
Mit jedem Klick auf das Plus-Symbol vergrößert sich die Ansicht. Ist die maximal darstellbare Größe erreicht, erlischt das Symbol. Ähnlich verhält es sich mit dem Minus-Symbol. Dies erscheint erst, nachdem Sie die Ansicht vergrößert haben und erlischt, sobald das Foto wieder seine ursprüngliche Darstellungsgröße erreicht hat.

4

5

6

Fotos ansehen mit der Fotos-App (Forts.)

7

8

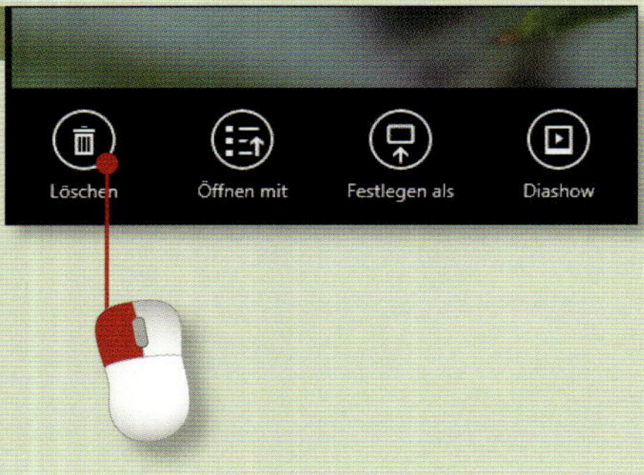

9

Schritt 7

Sie möchten weitere Optionen zugänglich machen? Dann klicken Sie einfach auf das entsprechende Foto. Ob Sie das mit der linken oder rechten Maustaste machen, spielt übrigens keine Rolle. Alternativ können Sie auch die Menü-Taste (siehe Seite 19) auf Ihrer Tastatur drücken, um die Fußleiste zu öffnen.

Schritt 8

Wenn Sie Fotos nicht länger behalten möchten, betätigen Sie das Papierkorb-Symbol, das ganz unten links zu finden ist.

Schritt 9

Beantworten Sie die Kontrollabfrage mit einem Klick auf **Löschen**. Sollten Sie es sich doch anders überlegen, klicken Sie stattdessen das Foto an. In diesem Fall wird die Tafel wieder geschlossen.

Gelöschte Fotos
Gelöschte Fotos werden zunächst in den Papierkorb des Betriebssystems verschoben. Erst wenn Sie den Papierkorb leeren, sind die Fotos komplett gelöscht.

Schritt 10

Wer Fotos aufwendig nachbearbeitet (beispielsweise mit Adobe Photoshop, Adobe Photoshop Elements oder GIMP), kann ein Bild direkt von hier aus an diese Anwendung übergeben. Dazu gehen Sie auf **Öffnen mit**. So ist auch eine Übergabe an das in Windows 8.1 integrierte Malprogramm Paint möglich.

10

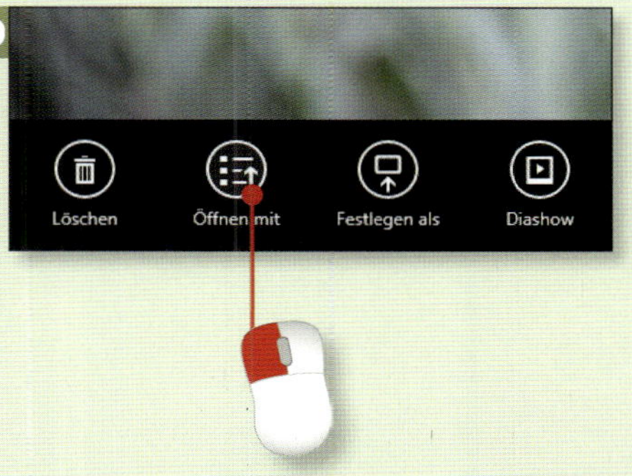

Schritt 11

Auf der Tafel, die sich daraufhin einblendet, finden Sie entsprechende Programme, sofern diese zuvor installiert worden sind (hier: Adobe Photoshop).

11

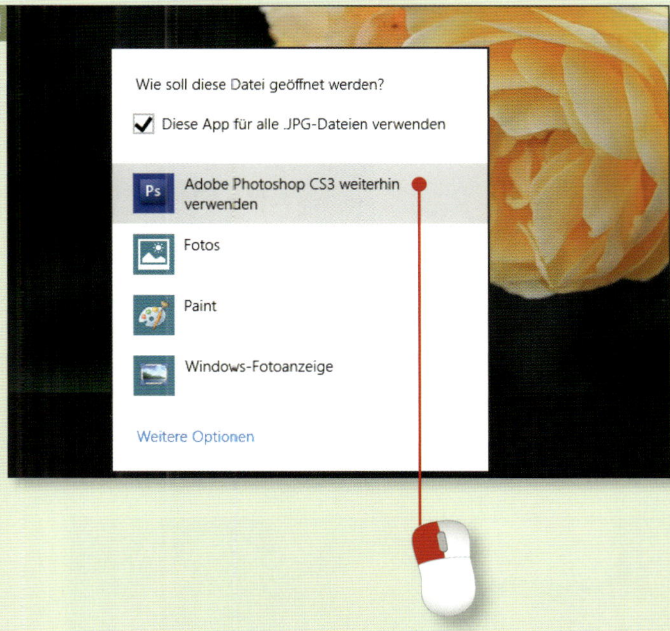

Schritt 12

Verlassen Sie die Bildanzeige, indem Sie mit dem oben links befindlichen Pfeil in die Ordner-Übersicht zurückgehen.

12

Bildbearbeitung

Beachten Sie, dass die Bildbearbeitung nicht nur mit den in Schritt 10 genannten Anwendungen, sondern auch mit der Fotos-App von Windows 8.1 möglich ist. Weitere Hinweise dazu finden Sie im Abschnitt »Fotos mit der Fotos-App nachbearbeiten« auf Seite 160.

Fotos als Diashow ansehen

1

2

3

Wenn Sie sich einmal entspannt zurücklehnen und den Inhalt eines Ordners komfortabel als Diashow betrachten wollen, sollten Sie dazu folgende Schritte ausführen.

Schritt 1

Klicken Sie auf die Kachel **Fotos**. Sobald Sie Bilder auf Ihren Rechner importiert haben, ist die Kachel animiert, d.h., sie zeigt eine Diashow Ihrer Fotos.

Schritt 2

Nun öffnen Sie den gewünschten Bilderordner, indem Sie innerhalb der Bildbibliothek auf den entsprechenden Ordner-Platzhalter klicken.

Schritt 3

Klicken Sie nun auf die Bildminiatur, mit der die Diashow beginnen soll. Das Foto wird daraufhin wie in Schritt 4 auf Seite 149 beschrieben bildschirmfüllend dargestellt.

Diashow für den Sperrbildschirm
Sie wünschen sich eine Diashow auf dem Sperrbildschirm? Dann schauen Sie doch einmal in Kapitel 11, »Windows 8.1 – persönliche Einstellungen«, auf Seite 268 nach.

Schritt 4

Um die Befehlsleiste der App sichtbar zu machen, müssen Sie nun einen Mausklick auf das Foto setzen.

4

Schritt 5

Betätigen Sie die Schaltfläche **Diashow**. Lehnen Sie sich entspannt zurück, und genießen Sie die Vorstellung.

5

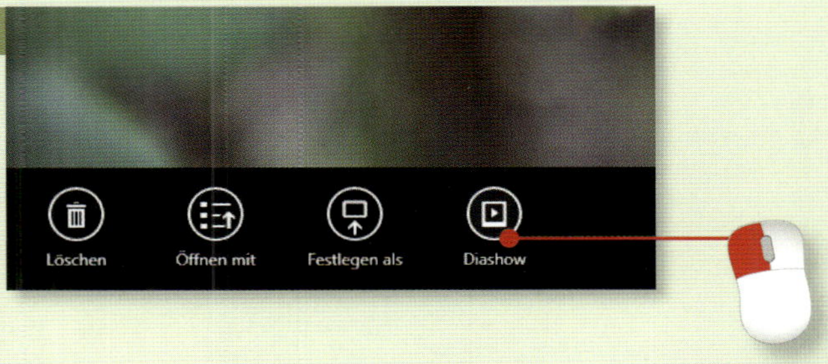

Schritt 6

Sie möchten eines der Fotos etwas genauer und vor allem länger betrachten? Dann klicken Sie einfach auf dieses Foto oder drücken Sie die Esc-Taste. Die Diashow wird an dieser Position angehalten. Zum Fortsetzen der Diashow wiederholen Sie die Schritte 4 und 5.

6

Fotos-App beenden
Wie jedes andere Programm lässt sich auch die Fotos-App jederzeit schließen, indem Sie Alt + F4 drücken. Sie gelangen daraufhin zurück zum Startbildschirm.

Bildeigenschaften abrufen

1
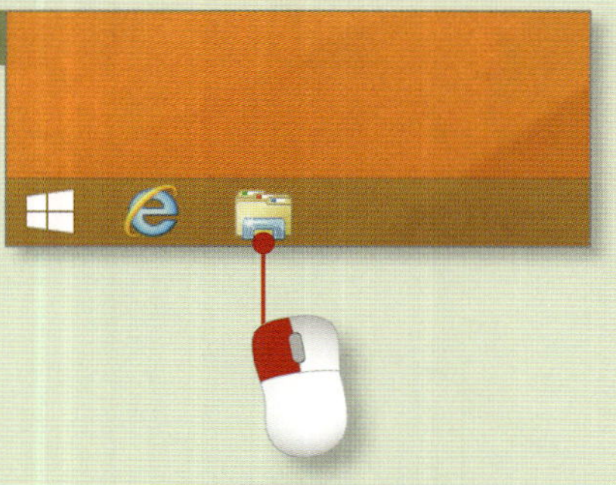

2
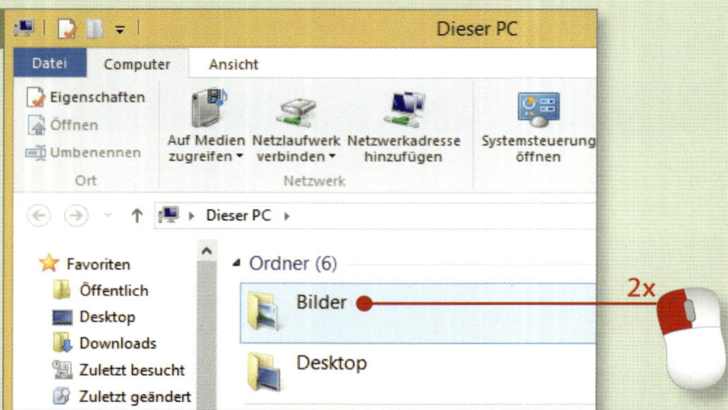

3
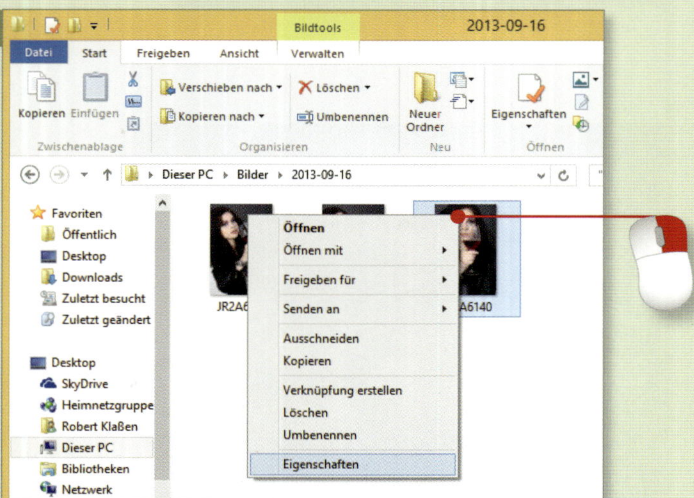

Mitunter ist es wichtig, zu wissen, wie groß ein Bild ist – beispielsweise um abschätzen zu können, ob es sich für den E-Mail-Versand eignet. Derartiges können Sie in den Eigenschaften in Erfahrung bringen.

Schritt 1

Öffnen Sie vom Startbildschirm aus den Desktop mit einem Klick auf die entsprechende Kachel. Klicken Sie anschließend auf den Explorer, sprich: das Ordner-Symbol in der Taskleiste.

Schritt 2

Mit einem Doppelklick auf **Bilder** gelangen Sie nun in den Bilderordner. Beachten Sie den Hinweis im Kasten auf dieser Seite.

Schritt 3

Klicken Sie mit der rechten Maustaste auf eine der Bildminiaturen, und entscheiden Sie sich im Kontextmenü für **Eigenschaften**.

In den Unterordner springen

Falls Sie Ihre Fotos im Verzeichnis **Bilder** in Unterordner sortiert haben, müssen Sie einen Doppelklick auf den gewünschten Unterordner setzen, um ihn zu öffnen.

Schritt 4

Falls Ihnen die kryptischen Bezeichnungen, die die Kamera automatisch für die Fotos anlegt, nicht zusagen, klicken Sie doppelt auf das oberste Eingabefeld und vergeben einen neuen Namen.

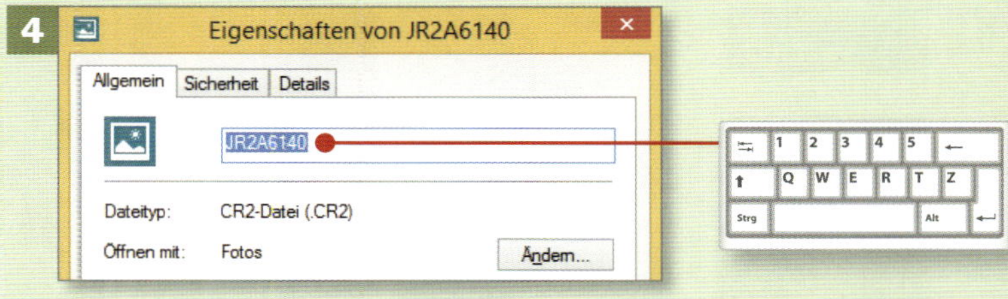

Schritt 5

Bevor Sie den Dialog mit **OK** verlassen, sollten Sie noch auf das Register **Details** gehen. Dahinter verbergen sich interessante Informationen.

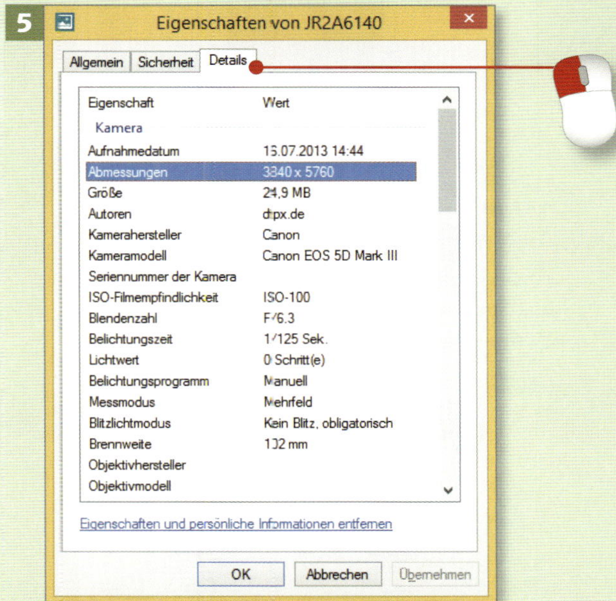

Schritt 6

Scrollen Sie ganz nach unten, um auch die Infos im Bereich **Datei** zu sehen. Hier lassen sich z. B. die **Größe** ❶ in Megabyte und das **Erstelldatum** ❷ ablesen.

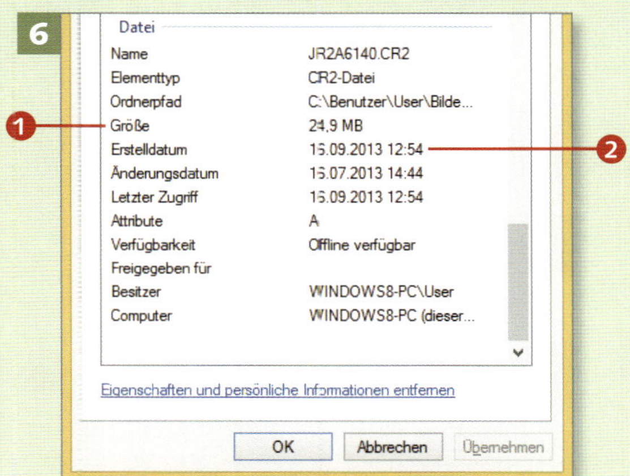

Bild schützen

Auf dem Register **Allgemein** befindet sich ein Ankreuzkästchen mit dem Titel **Schreibgeschützt**. Wenn Sie dieses aktivieren, kann die Bilddatei nicht mehr bearbeitet werden (z. B. in einem Bildbearbeitungsprogramm oder in der Fotos-App). So können Fotos gegen unbeabsichtigte Veränderungen geschützt werden.

Die Dateigröße von Fotos ändern

1

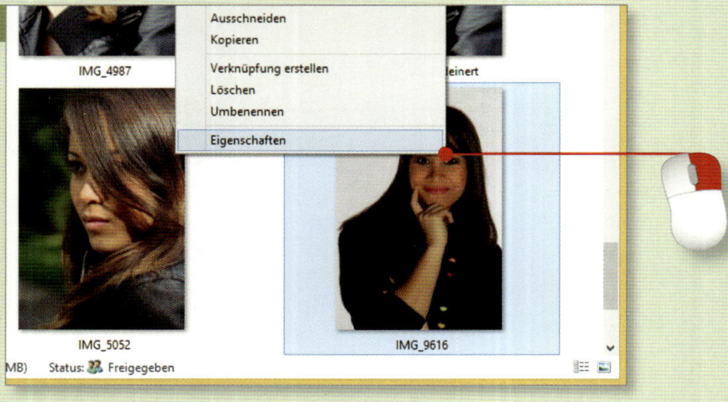

2

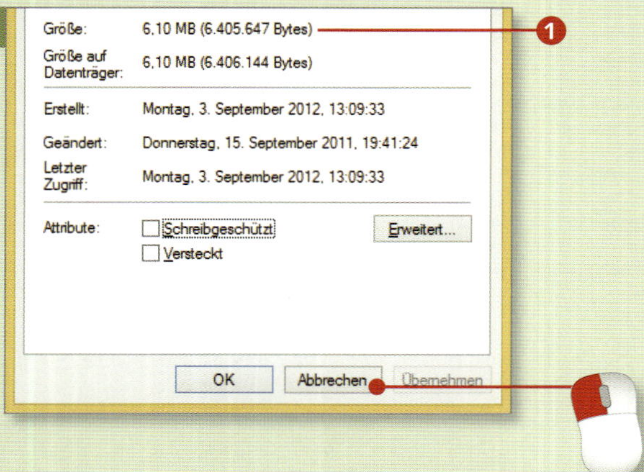

3

Die Bildgröße eines Fotos spielt eine ausschlaggebende Rolle. Oft ist es sinnvoll, ein Foto zu verkleinern – besonders, wenn Sie es zur Ansicht per E-Mail versenden wollen.

Schritt 1

Setzen Sie einen Rechtsklick auf ein beliebiges Foto, und lassen Sie sich anschließend im Kontextmenü die **Eigenschaften** anzeigen.

Schritt 2

Lesen Sie im Dialogfenster **Eigenschaften** die Dateigröße des ausgewählten Fotos ab. Bei diesem Foto sind es 6,10 MB (1), obwohl es eine JPEG-Datei ist. Das ist z. B. für die Verwendung im Internet oder für den E-Mail-Versand etwas zu viel. Klicken Sie auf **OK** oder **Abbrechen**.

Schritt 3

Danach klicken Sie erneut mit der rechten Maustaste auf die Miniatur und entscheiden sich im Kontextmenü für **Öffnen mit ▸ Paint**.

Schritt 4

Das Bild ist riesig. Ziehen Sie das Paint-Fenster an der unteren rechten Ecke mit gedrückter linker Maustaste etwas größer, damit auch die teilweise verdeckten Schaltflächen angezeigt werden. Danach klicken Sie auf **Größe ändern** ❷.

Schritt 5

Da **Seitenverhältnis beibehalten** ❸ standardmäßig aktiviert ist, müssen Sie nur einen Wert verändern (entweder die Höhe oder die Breite). Klicken Sie doppelt in das Feld **Horizontal**, und geben Sie die Größe ein (hier: 10 %). Dann drücken Sie ↵ oder klicken auf **OK**.

Schritt 6

Das Bild ist entsprechend kleiner geworden. Speichern Sie das Foto als JPEG (**Datei ▸ Speichern unter ▸ JPEG-Bild**). Anschließend werden Sie feststellen, dass die Dateigröße beträchtlich geschrumpft ist.

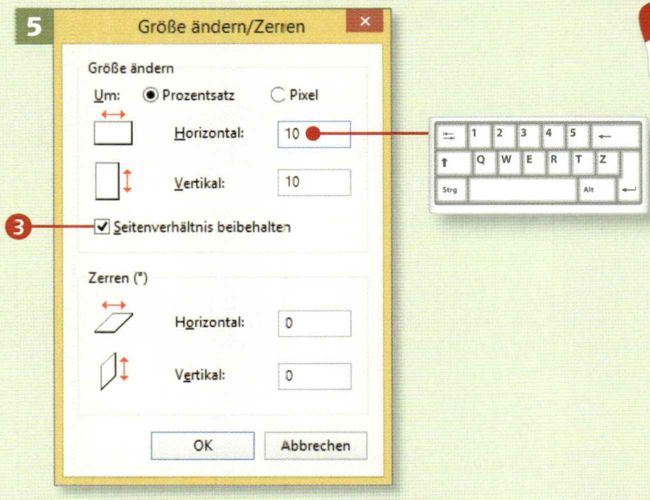

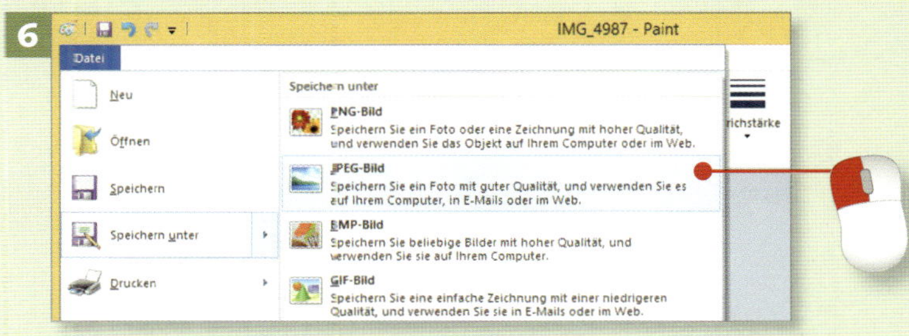

Verzerren

Wenn Sie **Seitenverhältnis beibehalten** abwählen (siehe Schritt 5) und nur eine der beiden Maßangaben (Breite *oder* Höhe) verändern, wird das Foto verzerrt.

Ein Foto als Kopie speichern

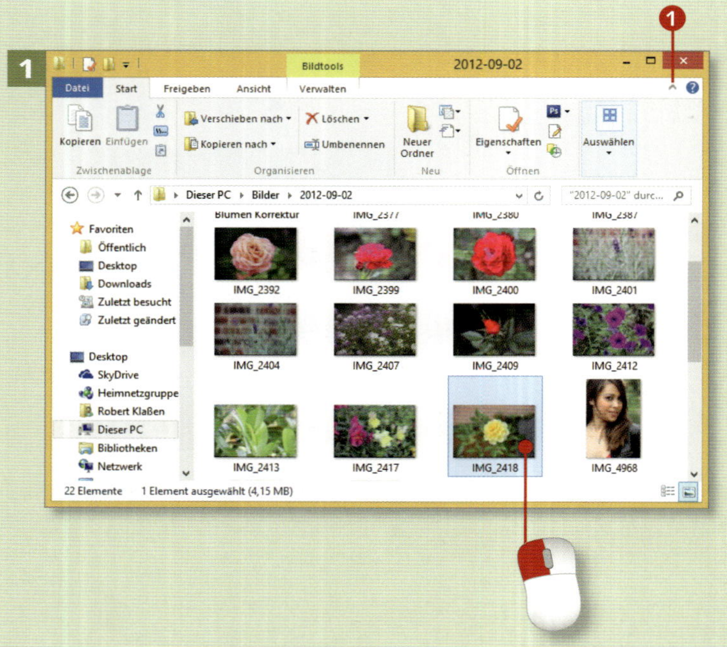

Falls Sie beabsichtigen, mehrere Fotos für unterschiedliche Verwendungszwecke zu erstellen, sollten Sie eine Kopie des Bildes anfertigen. Dann bleibt das Original unverändert.

Schritt 1

Zunächst einmal markieren Sie das gewünschte Bild mit einem Klick.

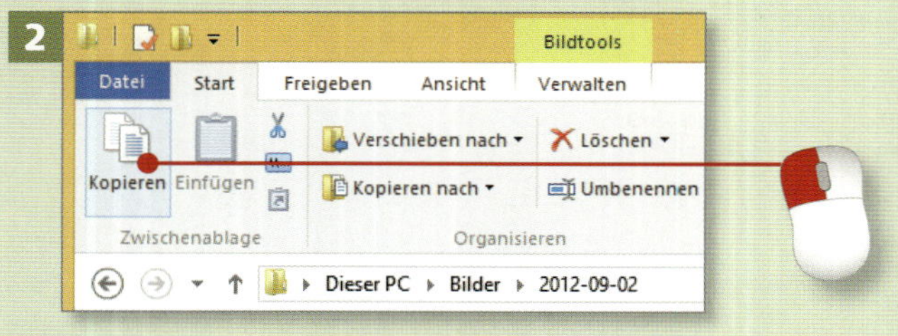

Schritt 2

Danach klicken Sie oben links im Menüband des Ordners auf **Kopieren**. Sollte die Schaltfläche nicht sichtbar sein, lesen Sie den Kasten auf dieser Seite.

Schritt 3

Nachdem das Foto nun kopiert wurde und in der Zwischenablage liegt, klicken Sie auf **Einfügen**. Das sorgt dafür, dass eine Kopie des Bildes in den gleichen Ordner gelegt wird. Sie können links auch einen anderen Ordner auswählen.

Menüband öffnen

Wenn das Menüband geschlossen ist, klicken Sie auf die nach unten zeigende Pfeilspitze ❶ neben dem Fragezeichen ganz rechts. Die Pfeilspitze klappt daraufhin das Menüband aus und zeigt entsprechend nach oben.

Schritt 4

Die Kopie ist im Ordner automatisch markiert. Das ist auch in Ordnung so. Klicken Sie nun einmal auf den Namen der Bildkopie, um ihn gesondert zu markieren und ihn dann überschreiben zu können.

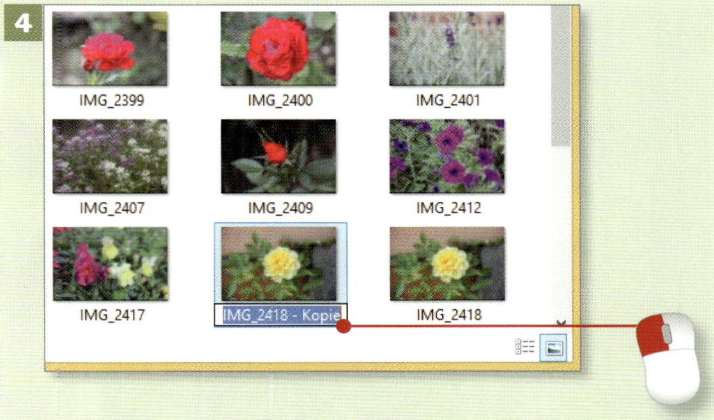

Schritt 5

Tippen Sie den neuen Namen ein (hier: *Blumen 02*), und bestätigen Sie den Vorgang mit [↵].

Schritt 6

Auf den ersten Blick scheint es, als wäre das Bild verschwunden. Das ist aber nicht der Fall. Es ist lediglich alphabetisch einsortiert worden. (Und es ist übrigens noch immer markiert ❷.)

Bild und Titel markieren

Sollten Sie ein Foto umbenennen wollen, das noch nicht markiert ist, müssen Sie zwei Mausklicks hintereinander auf den Namen setzen. Lassen Sie sich zwischen den beiden Klicks etwas Zeit, damit kein Doppelklick entsteht (damit würden Sie das Foto öffnen). Mit dem ersten Klick wählen Sie quasi das Foto an, mit dem zweiten den Namen.

Fotos mit der Fotos-App nachbearbeiten

1

2

3

Mit der Fotos-App können Sie Bilder nicht nur betrachten, sondern auch bearbeiten.

Schritt 1

Öffnen Sie die Fotos-App, und stellen Sie eines der Fotos bildschirmfüllend dar. Wie das geht, haben Sie im Abschnitt »Fotos als Diashow ansehen« auf Seite 152 erfahren. Klicken Sie auf das Foto, um die Fußleiste zu aktivieren.

Schritt 2

In der Fußleiste klicken Sie unten rechts auf den Schalter **Bearbeiten**.

Schritt 3

Lassen Sie uns das Foto zunächst etwas heller machen. Dazu klicken Sie links auf die Taste **Licht**.

Automatische Korrektur
Standardmäßig ist die oberste Taste **Automatische Korrektur** angewählt. Diese bringt Korrekturvorschläge in sechs Miniaturen rechts neben dem Foto mit. Gefällt Ihnen eine der dort angezeigten Miniaturen besser als das Original, so klicken Sie darauf. Damit ist die Korrektur beendet, und Sie können mit Schritt 11 fortfahren.

Schritt 4

Sobald Sie auf der linken Seite eine Funktion angewählt haben (im Beispiel **Licht**), erscheinen rechts neben dem Foto entsprechende Optionen. Klicken Sie mit der linken Maustaste auf **Schatten**, und halten Sie die Maustaste gedrückt.

4

Schritt 5

Ziehen Sie die Maus nun nach unten und gleichzeitig nach links. Beobachten Sie dabei das Bild. Wenn Ihnen die dunklen Stellen des Fotos hell genug sind, dürfen Sie loslassen.

5

Schritt 6

Benutzen Sie auch die anderen Steuerelemente wie z. B. **Helligkeit** entsprechend. Wenn Sie mit der Helligkeit zufrieden sind, klicken Sie links auf die Schaltfläche **Farbe**.

6

Bedeutung der Steuerelemente
Mit der **Helligkeit** beeinflussen Sie die gesamte Helligkeit im Foto. Mit zunehmendem **Kontrast** lassen sich helle und dunkle Bildbereiche besser voneinander unterscheiden. **Hervorheben** beeinflusst vorwiegend die hellen und **Schatten** die dunklen Bereiche des Bildes.

7

Schritt 7

Was die **Farbe** betrifft, sind vor allem zwei Funktionen besonders interessant. Klicken Sie auf **Sättigung**, und verändern Sie den Wert wie in Schritt 5 beschrieben, um die Farben kräftiger erscheinen zu lassen.

8

Schritt 8

Ebenso interessant ist **Farbverbesserung**, da Sie damit eine Farbe gezielt aufwerten können. Im Beispiel bietet sich das Gelb der Blüten an. Klicken Sie mit der linken Maustaste auf das gleichnamige Steuerelement. Halten Sie die Maustaste gedrückt, und fahren Sie auf die Blüte. Dort angelangt, lassen Sie los.

9

Schritt 9

Wenn Sie jetzt unten rechts auf den weißen Punkt klicken und diesen ebenfalls verstellen wie in Schritt 5 beschrieben, wird damit gezielt die soeben definierte Farbe bearbeitet.

Farbton und Temperatur

Mit den beiden oberen Einstelloptionen erreichen Sie in der Regel eine Farbveränderung. Zu Korrekturzwecken sind diese Regler nur dann geeignet, wenn Ihr Foto einen Farbstich aufweist. Falls nicht, lassen Sie diese beiden Regler lieber außen vor.

Schritt 10

Ich möchte Ihnen auf jeden Fall noch das Retuschieren-Werkzeug vorstellen. Dazu klicken Sie links auf **Allgemeine Korrekturen** und anschließend rechts auf **Retuschieren**. Nun können Sie mit der Maus auf Flecken oder beschädigte Stellen klicken, um diese zu reparieren.

10

Schritt 11

Wenn sämtliche Arbeiten erledigt sind, klicken Sie mit rechts auf das Foto. Entscheiden Sie, ob das Originalfoto überschrieben werden soll (dann setzen Sie einen Klick auf **Original aktualisieren**) oder ob Sie – und das ist zu empfehlen – das Ergebnis als **Kopie speichern** wollen.

11

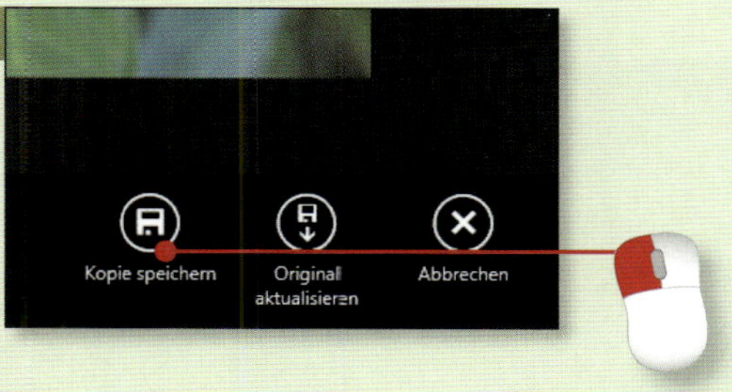

Schritt 12

Gedulden Sie sich einen Augenblick, bis die Bildkopie erstellt worden ist. Solange der Vorgang andauert, sehen Sie einen entsprechenden Hinweis ❶.

12

Ergebnis betrachten

Die Ergebnisdatei finden Sie (zumindest sofern Sie eine Kopie gespeichert haben) nun neben dem Original im Zielordner, also an der gleichen Stelle, an der auch das Original zu sehen ist.

Foto-Effekte und Zuschnitt

1

2

3

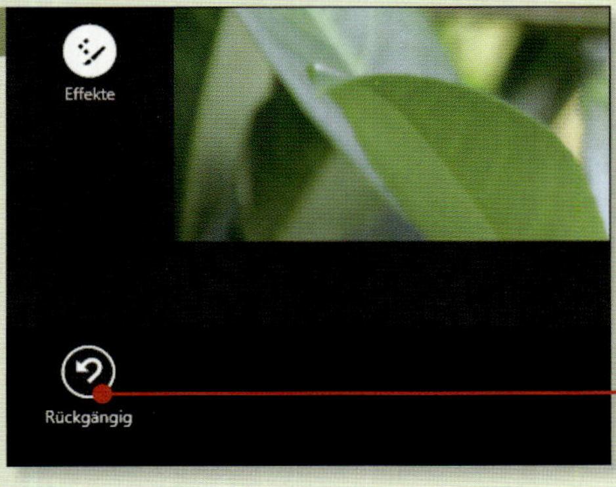

Die neu in Windows 8.1 integrierte Korrekturfunktion der Fotos-App bringt zwei interessante Effekte mit, die wir Ihnen noch kurz vorstellen möchten. Außerdem werden wir ein Foto zuschneiden.

Schritt 1

Begeben Sie sich in den Bearbeitungsmodus der App **Fotos**. Wie Sie dazu vorgehen müssen, haben Sie ja in Schritt 2 der letzten Anleitung erfahren. Klicken Sie anschließend links auf **Effekte**.

Schritt 2

Wenn Sie nun rechts auf **Vignette** gehen und das Steuerelement wie zuvor beschrieben verstellen, sind Sie in der Lage, die Ecken des Bildes abzudunkeln.

Schritt 3

Wenn Sie einen Schritt rückgängig machen wollen, klicken Sie mit rechts auf das Bild und wählen anschließend **Rückgängig** unten links.

Korrektur abbrechen

Sie können eine Korrektur jederzeit abbrechen, indem Sie Esc drücken.

Schritt 4

Betätigen Sie doch einmal die Schaltfläche **Selektiver Fokus**, die Sie ebenfalls im Bereich **Effekte** finden. Mit dieser können Sie nämlich wichtige Bildbereiche scharf und weniger wichtige unscharf darstellen.

4

Schritt 5

Auf dem Foto finden Sie nun einen Kreis mit vier Punkten und einem Kreuz in der Mitte. Klicken Sie auf das Kreuz. Halten Sie die linke Maustaste gedrückt, und bewegen Sie den gesamten Kreis auf das Zentrum jener Stelle im Bild, die scharf bleiben soll.

5

Schritt 6

Anschließend ziehen Sie die Punkte mit gedrückter linker Maustaste derart in Form, dass derjenige Bildbereich, der scharf bleiben soll, nun eingegrenzt wird.

6

Ellipse formen
Da sich alle vier Punkte einzeln bewegen lassen, ist es auch möglich, statt eines Kreises eine Ellipse zu erzeugen.

Foto-Effekte und Zuschnitt (Forts.)

7

8

9

Schritt 7

Nachdem das erledigt ist, klicken Sie unten links auf **Stärke**. Das sorgt dafür, dass eine kleine Tafel emporgeschoben wird.

Schritt 8

Entscheiden Sie sich auf dieser Tafel für die Intensität, mit der die Weichzeichnung angewendet werden soll (hier: **Maximum**). Sie haben die Wahl zwischen fünf Stufen.

Schritt 9

Wenn Sie mit dem Ergebnis zufrieden sind, klicken Sie unten rechts auf **Anwenden**. Wenn Ihnen das Resultat nicht gefällt, klicken Sie auf **Abbrechen** und wiederholen Sie die Schritte 7 und 8 und wählen eine andere Intensität.

Intensität der Weichzeichnung
Die Intensität der Weichzeichnung ist letztendlich auch von der Größe eines Bildes abhängig. Größere Fotos werden nicht so stark weichgezeichnet wie kleinere.

Schritt 10

Zuletzt wollen wir uns noch ansehen, wie sich der Rand eines Fotos abschneiden lässt. Dazu klicken Sie innerhalb der **Bearbeitung** auf **Allgemeine Korrekturen** und anschließend rechts auf **Zuschneiden**.

Schritt 11

Anhand der vier Kreis-Anfasser auf dem Foto kann der Rahmen nun angepasst werden. Klicken Sie die Punkte an, wobei Sie die linke Maustaste gedrückt halten und die Punkte entsprechend auf dem Foto verschieben.

Schritt 12

Zuletzt müssen Sie den Zuschnitt bestätigen. Dazu klicken Sie unten links auf **Anwenden**.

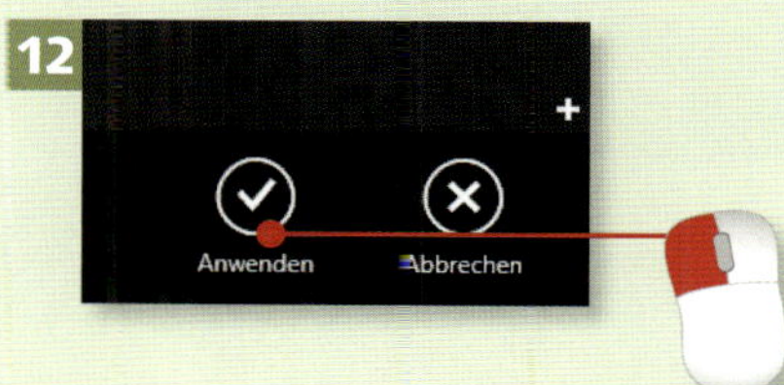

Zuschneiden-Funktion

Die Funktion **Zuschneiden** finden Sie auch, wenn Sie sich in der Vollbildansicht eines Fotos befinden. Klicken Sie das Bild an, und entscheiden Sie sich anschließend für die Schaltfläche **Zuschneiden** in der Fußleiste der Anwendung.

Ein Bildschirmfoto erzeugen

1

2

3

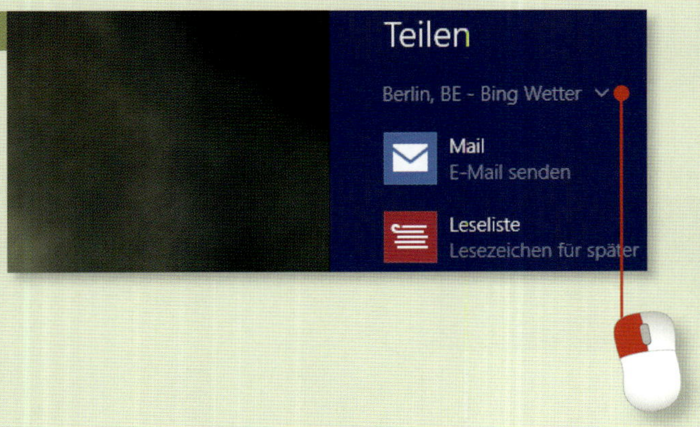

Bildschirmfotos sind, wie der Name schon sagt, Schnappschüsse dessen, was Sie auf dem Monitor sehen. Diese »Screenshots« können direkt per E-Mail versendet werden.

Schritt 1

Öffnen Sie eine beliebige Software, von der Sie einen Screenshot anfertigen wollen. Wir entscheiden uns hier einmal für die Wetter-App.

Schritt 2

Fahren Sie in die obere rechte Ecke, damit die Charms-Leiste angezeigt wird. Betätigen Sie die darin integrierte Schaltfläche **Teilen**.

Schritt 3

Sie bekommen nun zwei Buttons angeboten (**Mail** und **Leseliste**), die uns nicht interessieren. Setzen Sie stattdessen einen Klick auf die Zeile direkt unterhalb von **Teilen** (hier: **Berlin, BE – Bing Wetter**).

Standort eingeben
Möglicherweise werden Sie nach dem ersten Öffnen der Wetter-App nach einem Standort gefragt. Geben Sie in diesem Fall Ihren Wohnort ein. Für diese Anleitung spielt der Standort keine Rolle.

Schritt 4

Im Anschluss daran wählen Sie auf der Tafel, die nun angeboten wird, den Eintrag **Screenshot** aus. (Dass der Screenshot in diesem Augenblick bereits in die Zwischenablage des Betriebssystems befördert wurde, ist optisch auf der Oberfläche nicht auszumachen.)

4

Schritt 5

Drücken sie im Anschluss daran auf **Mail**. Dadurch wird der Bildschirm geteilt und die Mail-App geöffnet.

5

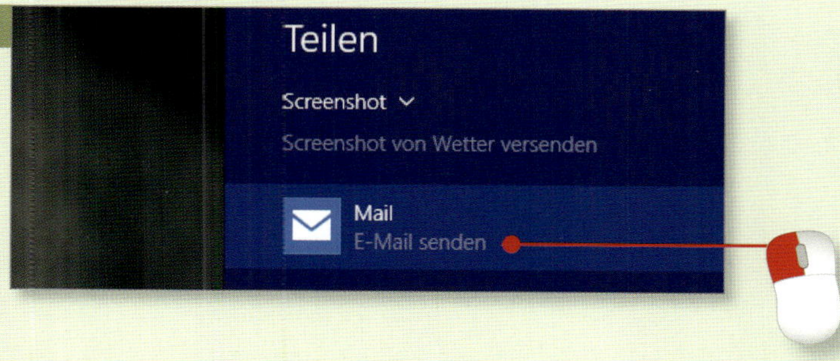

Schritt 6

Interessanterweise ist der Screenshot bereits in eine neue E-Mail integriert worden. Sie müssen nun lediglich noch die Empfängeradresse eintragen. Vielleicht fügen Sie auch noch ein paar Textzeilen ein, ehe Sie auf das **Senden**-Symbol klicken.

6

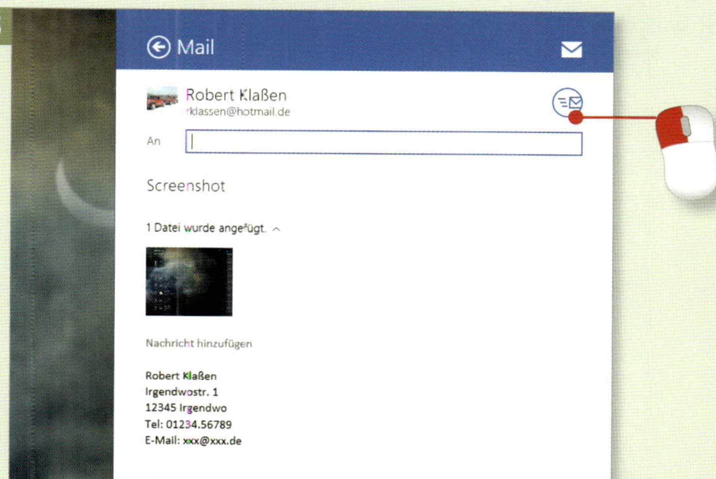

Screenshots von überall

Derartige Screenshots lassen sich in so ziemlich allen Apps realisieren. Selbst den Startbildschirm und den Desktop können Sie auf diese Weise »abfotografieren«. Sie müssen nur daran denken, zunächst die Charms-Leiste zu öffnen, dann auf **Teilen** und zuletzt auf **Mail** zu klicken.

Ein eigenes Foto als Desktop-Hintergrund

1
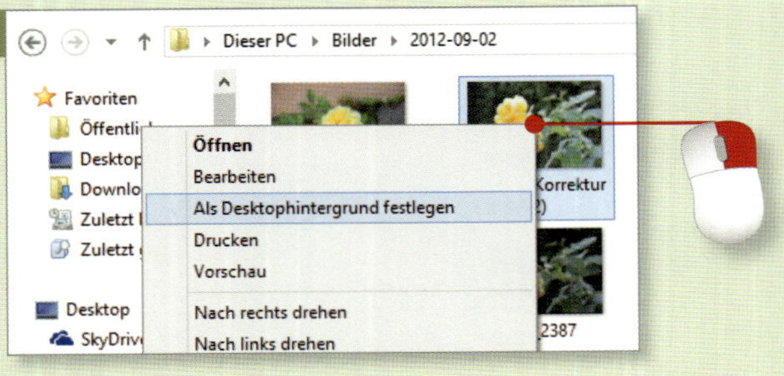

2
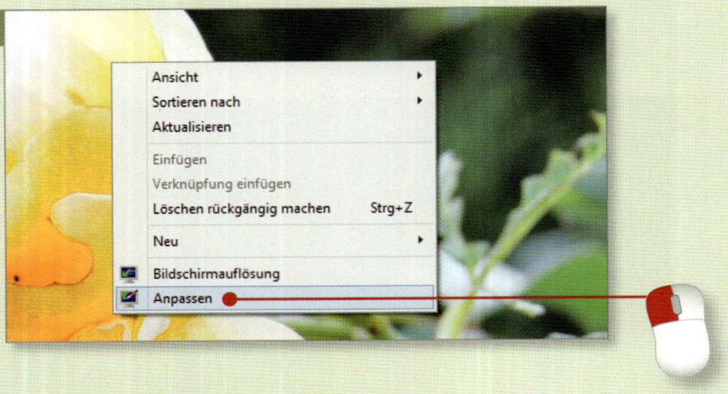

3
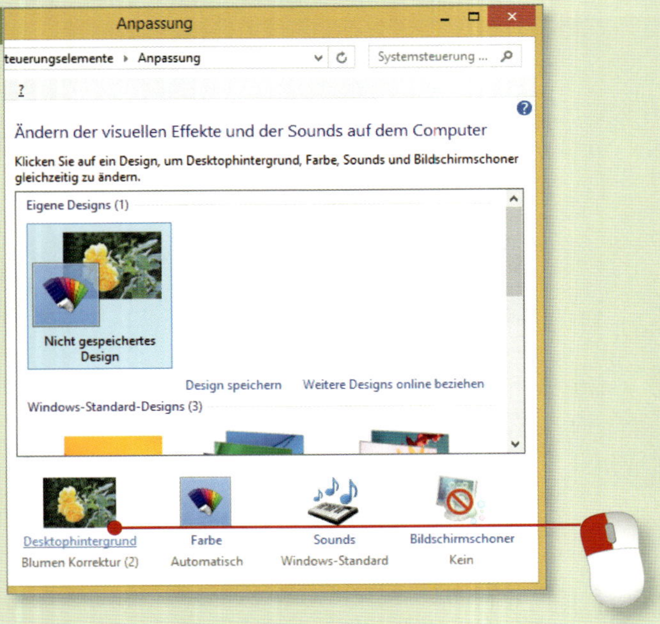

Hat es eines Ihrer Fotos verdient, ab sofort den Desktop zu zieren? In dieser Anleitung lernen Sie, wie Sie das mit zwei Mausklicks einrichten. Wie Sie das Ganze wieder rückgängig machen, erfahren Sie natürlich auch.

Schritt 1

Klicken Sie eine Bildminiatur mit rechts an, und wählen Sie im Kontextmenü **Als Desktophintergrund festlegen**. Das waren schon die beiden oben erwähnten Klicks.

Schritt 2

Nun können Sie das Erscheinungsbild aber noch grundsätzlich anpassen. Dazu setzen Sie einen Rechtsklick auf den Desktop und entscheiden sich im Kontextmenü für **Anpassen**.

Schritt 3

Die Ausrichtung des Fotos ändern Sie, indem Sie im geöffneten Dialogfenster **Anpassung** ganz unten auf **Desktophintergrund** klicken …

Fensterrahmen
Die Rahmen der Fenster nehmen automatisch eine zum verwendeten Bild passende Farbe an.

Schritt 4

…und dann die Liste **Bildposition** öffnen. Dazu klicken Sie auf das Pull-down-Menü (standardmäßig steht dort **Gefüllt**) und wählen beispielsweise **Nebeneinander**. Das Hintergrundbild wird dadurch »gekachelt« dargestellt.

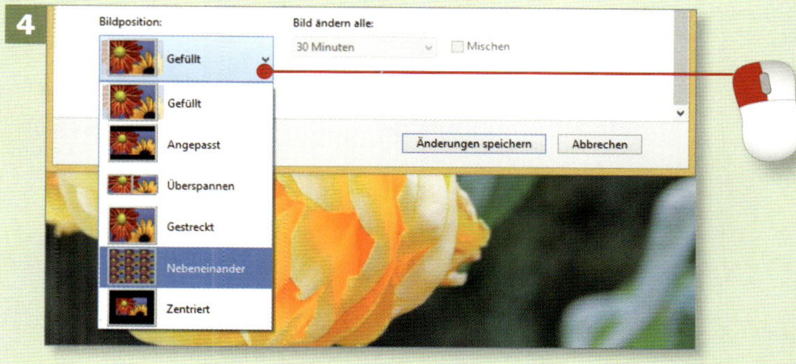

Schritt 5

Verlassen Sie den Dialog mit einem Klick auf **Änderungen speichern**.

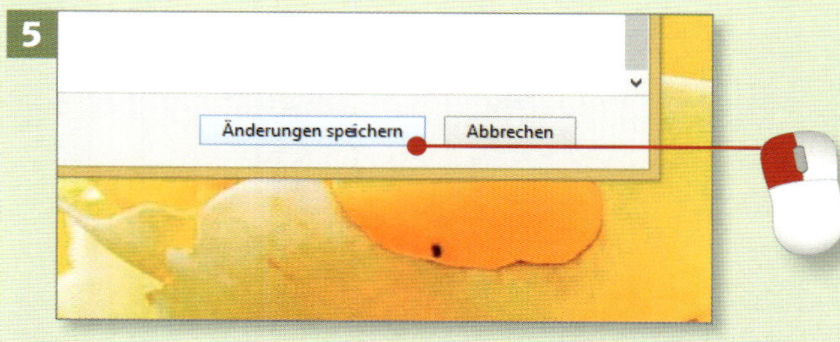

Schritt 6

Falls Sie doch lieber wieder den alten Hintergrund verwenden möchten, gehen Sie so vor, wie in Schritt 2 beschrieben, und klicken dann auf die Vorlage **Windows** in der zweiten Zeile **Windows-Standard-Designs** des Dialogs **Anpassung**. Schließen Sie das Fenster wieder.

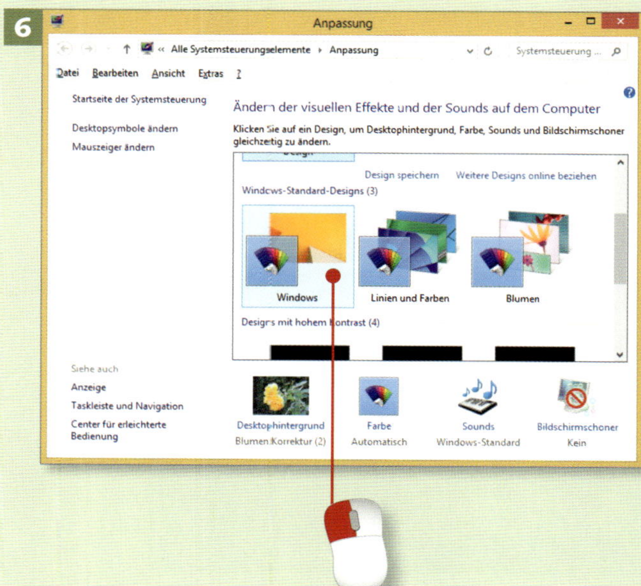

Bildpositionen

Testen Sie die unterschiedlichen Bildpositionen. Je nach Seitenverhältnis des Fotos sowie der Auflösung Ihres Monitors (z. B. 4:3 oder 16:9) kann es zu Verzerrungen kommen.

Desktop-Hintergrund auf der Startseite anzeigen

1
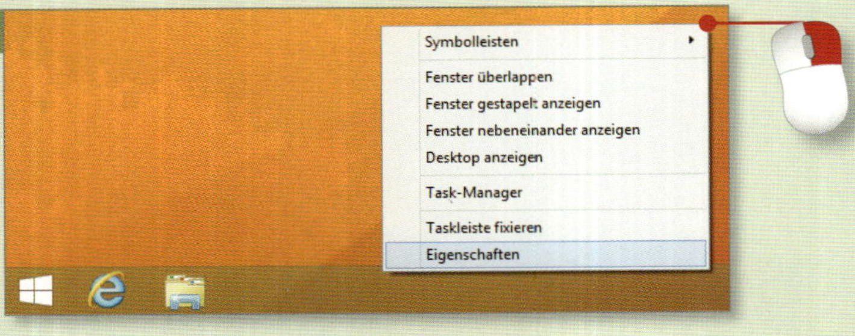

2
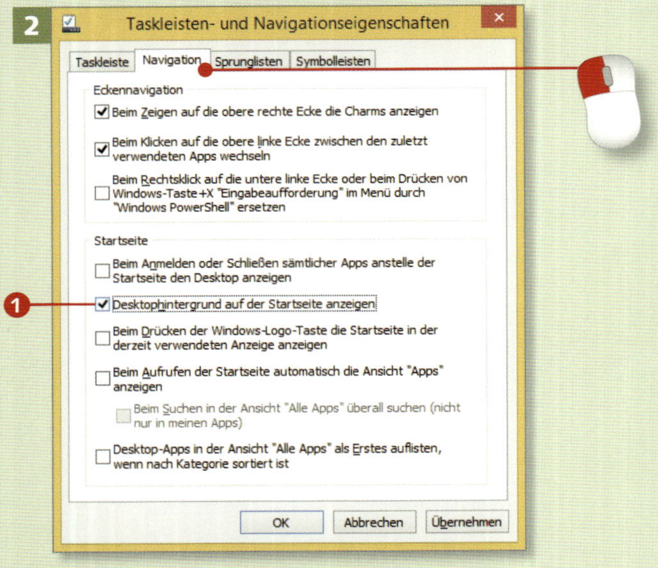

3

Sie haben einen schönen Hintergrund für Ihren Desktop gefunden? Na, prima! Wie wäre es, wenn Sie ihn zur Vereinheitlichung auch auf den Startbildschirm projizieren würden?

Schritt 1

Klicken Sie zunächst mit der rechten Maustaste auf einen freien Bereich der Taskleiste. Danach betätigen Sie die Zeile **Eigenschaften**.

Schritt 2

Aktivieren Sie die Registerkarte **Navigation** ganz oben im folgenden Dialog. Danach platzieren Sie per Mausklick ein Häkchen im Ankreuzkästchen **Desktophintergrund auf der Startseite anzeigen** (1).

Schritt 3

Bestätigen Sie den Dialog mit **OK**, und drücken Sie [Windows-Taste]. Damit gelangen Sie zum Startbildschirm, auf dem Sie kontrollieren können, ob der Hintergrund tatsächlich angezeigt wird. Aber das wird er – ganz sicher.

Hintergrund ändern
Sollten Sie einen anderen Hintergrund auf dem Desktop einstellen, wird dieser automatisch auch im Startbildschirm übernommen.

Ein Foto für den Sperrbildschirm

Was sagen Sie zu diesem schicken Sperrbildschirm-Foto? Sollte es Ihnen nicht gefallen, können Sie auch ein Bild aus Ihrer Fotos-App verwenden.

Schritt 1

Begeben Sie sich in die Fotos-App, und stellen Sie eines der Fotos in der Vollbildansicht dar. Sie erreichen das mit einem Klick auf die Bildminiatur. Klicken Sie nun auf das bildschirmfüllend angezeigte Foto.

1

Schritt 2

Dadurch wird die Werkzeugleiste im Fuß der Anwendung sichtbar. Hier betätigen Sie nun **Festlegen als**.

2

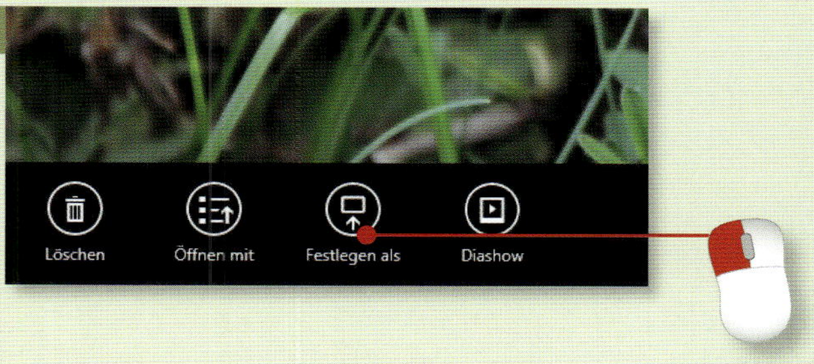

Schritt 3

Zuletzt betätigen Sie die Zeile **Sperrbildschirm** im Auswahlmenü.

3

Sperrbildschirm zurücksetzen
Das Motiv für den Sperrbildschirm können Sie auch so ändern: Öffnen Sie die Charms-Leiste, gefolgt von **Einstellungen**. Klicken Sie unten auf **PC-Einstellungen ändern** und anschließend auf **Sperrbildschirm**. Jetzt können Sie eine der angebotenen Bildminiaturen anwählen, um diese dem Sperrbildschirm zuzuweisen.

Kapitel 7
Musik und Videos

Sie besitzen eine umfangreiche Musiksammlung? Sie möchten Musik abspielen oder von CD hören, Wiedergabelisten erstellen und anderes mehr? All das ist kein Problem mit Windows 8.1, genauer gesagt, mit der Musik-App, die Sie in diesem Kapitel kennenlernen werden.

Die Musik-App
Die Musik-App ❶ verbindet gewissermaßen Ihr Musikarchiv mit Musik, die Sie direkt in einem Shop erstehen können – und zwar alles von einer einzigen Arbeitsumgebung aus.

Der Windows Media Player
Ein wahrer Alleskönner ist der Windows Media Player ❷. Das Programm wird Ihnen mit seinen wichtigsten Funktionen Bild für Bild vorgestellt. Auch das Übertragen Ihrer Musik von CD auf Festplatte ist damit möglich. Hier erfahren Sie, wie das geht.

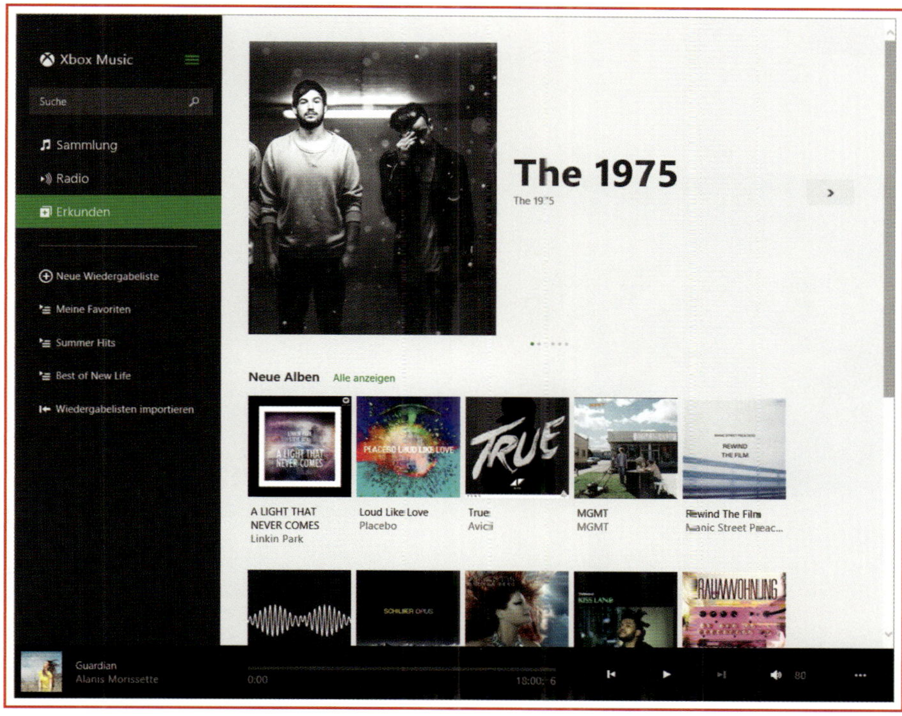

1 Die Musik-App in Windows 8.1 bietet Ihnen ausgiebiges Musikvergnügen.

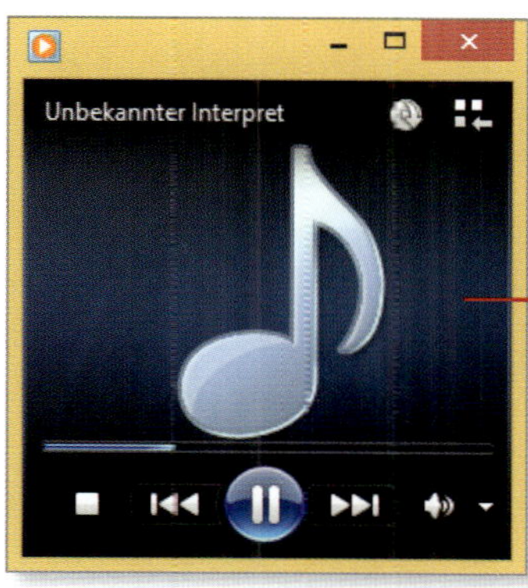

2 Mit dem Windows Media Player können Sie sich Ihre Musik auf jede erdenkliche Weise anhören.

Die Musik-App erkunden

1

2

3
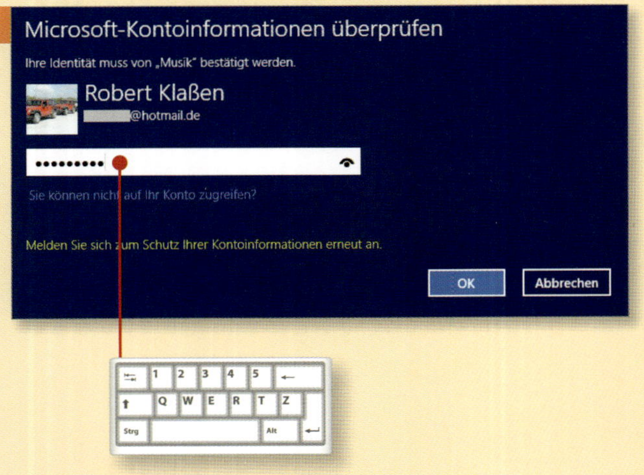

Wenn es um die Wiedergabe von Musik geht, sind Sie mit der Musik-App bestens bedient. Wagen Sie eine erste Kontaktaufnahme.

Schritt 1

Klicken Sie auf dem Startbildschirm zunächst auf die Kachel **Musik**. Standardmäßig ist diese orange und mit einem Kopfhörer versehen.

Schritt 2

Sie sind nun via Internet mit **Xbox Music** verbunden. Oben rechts taucht ein Hinweis auf, der Sie zur Anmeldung auffordert. Darauf sollten Sie klicken.

Schritt 3

Geben Sie Ihr Passwort ein, und bestätigen Sie mit **OK**. Sie müssen sich nicht anmelden, werden dann jedoch auch den Balken nicht los.

Musik kaufen

Um Musik kaufen zu können, müssen Sie sich bei **Xbox Music** anmelden. Was dabei zu tun ist, erfahren Sie, wenn Sie einen Titel auswählen und auf **Kaufen** klicken. Nähere Hinweise dazu finden Sie in der Anleitung »Musik online kaufen« auf Seite 190.

Schritt 4

Im nächsten Feld legen Sie über das Pulldown-Menü Ihr(e) **Land/Region** fest (Deutschland ist voreingestellt) und verlassen den Dialog mit einem Klick auf **Ich bin einverstanden**.

Schritt 5

Wollen Sie sich einmal ansehen, was Xbox Music so alles zu bieten hat? Dann betätigen Sie doch einmal die Schaltfläche **Erkunden**.

Schritt 6

Mit einem Klick auf die Pfeilspitze rechts können Sie sich nun weitere aktuelle Titel anzeigen lassen.

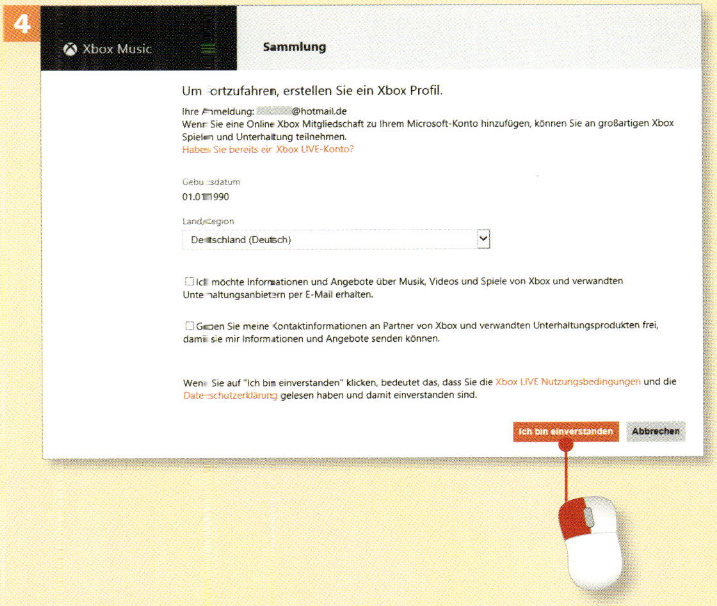

Weitere Infos

Wollen Sie mehr über den angezeigten Top-Titel in Erfahrung bringen? Dann setzen Sie doch einen Mausklick auf das Foto. Zurück kommen Sie, wie bei Windows 8.1 üblich, mit dem nach links zeigenden Pfeil ganz oben auf dem Bildschirm.

Die Musik-App erkunden (Forts.)

7

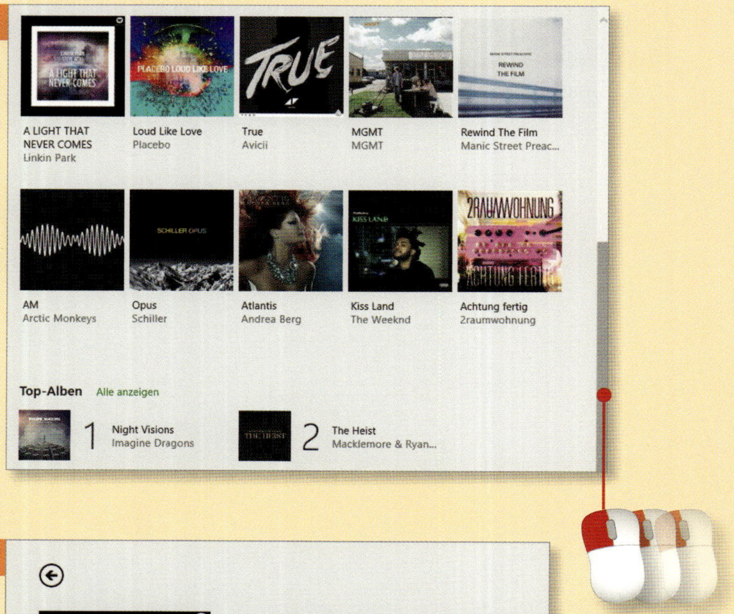

8

9

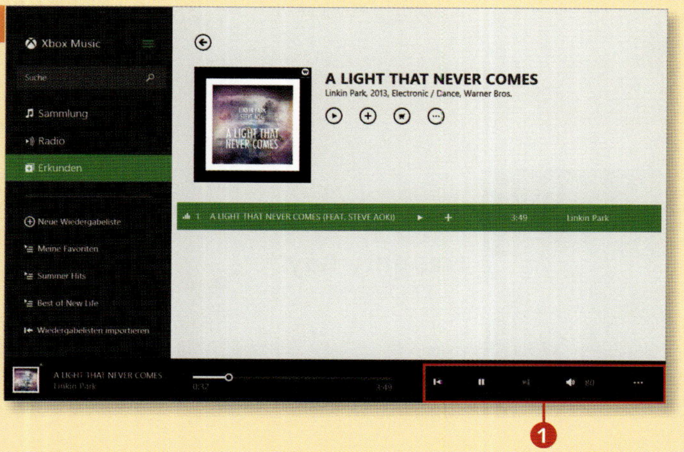

Schritt 7

Benutzen Sie die Bildlaufleiste ganz rechts, um eine Übersicht über die aktuellen Alben zu erhalten.

Schritt 8

Wollen Sie sich einen Titel anhören, klicken Sie auf eine der **Play**-Schaltflächen. Die einzelnen Titel, die unter der Album-Miniatur zu finden sind, verfügen in der Regel auch über Abspielbuttons. Sie werden jedoch erst nach einem Mausklick sichtbar.

Schritt 9

Sobald ein Titel mit der **Play**-Taste gestartet worden ist, wird dieser (bzw. ein Teil dessen, denn Sie sollen ja zum Kauf animiert werden) in der Fußleiste abgespielt. Hier stehen zudem weitere Bedienelemente 1 zur Verfügung.

Musik kaufen

Die hier vorgestellten Funktionen dienen dazu, das Hineinhören in einen Titel zu ermöglichen. Um den Titel vollständig anhören zu können, müssen Sie diesen kaufen. Wie das geht, erfahren Sie auf Seite 190.

Schritt 10

Interessieren Sie sich für weitere Werke und zusätzliche Informationen über die Musiker? Dann klicken Sie zunächst auf den Button mit den drei Punkten und anschließend auf **Künstler erkunden**.

Schritt 11

Sie möchten wieder auf die Startseite **Erkunden** zurück? Kein Problem. Klicken Sie dazu entweder mehrfach auf den nach links weisenden Pfeil oberhalb der Alben, oder gehen Sie erneut auf **Erkunden**.

Schritt 12

Von besonderer Bedeutung ist das Suchfeld in der oberen linken Ecke. Wenn Sie nach einem bestimmten Titel oder Künstler suchen – nur zu! Geben Sie hier das Stichwort ein, und lassen Sie sich das gewünschte Ergebnis per Mausklick anzeigen.

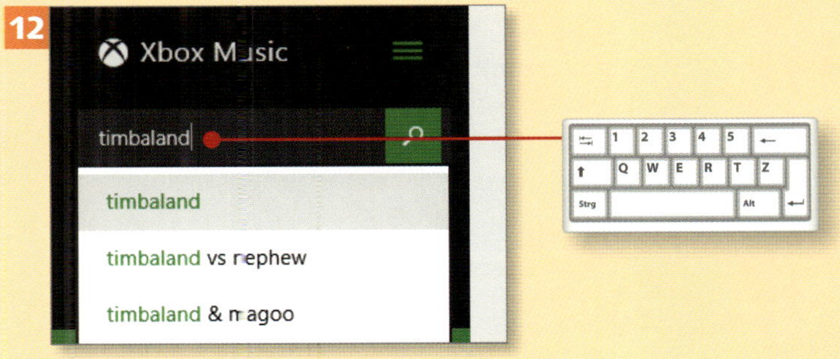

Bedienleiste minimieren

Ganz oben, neben dem Schriftzug **Xbox Music**, finden Sie drei grüne Balken ❷. Dabei handelt es sich um eine Schaltfläche, mit der die Leiste auf der linken Seite verkleinert werden kann. Das gibt mehr Platz für die Titel. Ein erneuter Klick darauf vergrößert sie wieder.

Eigene Musik abspielen

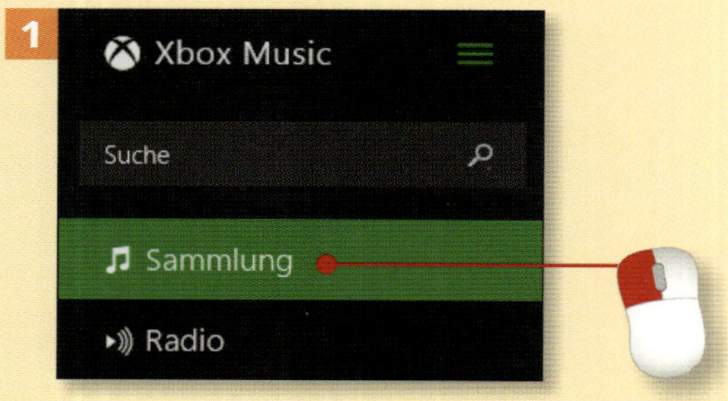

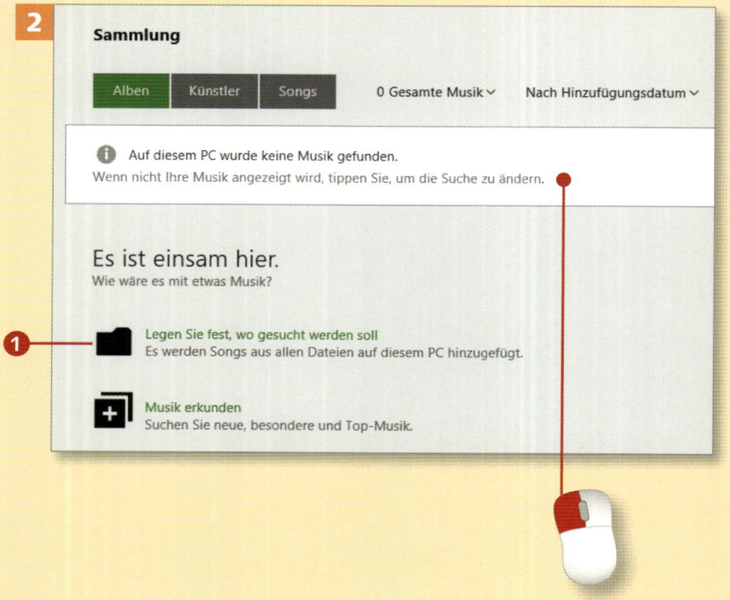

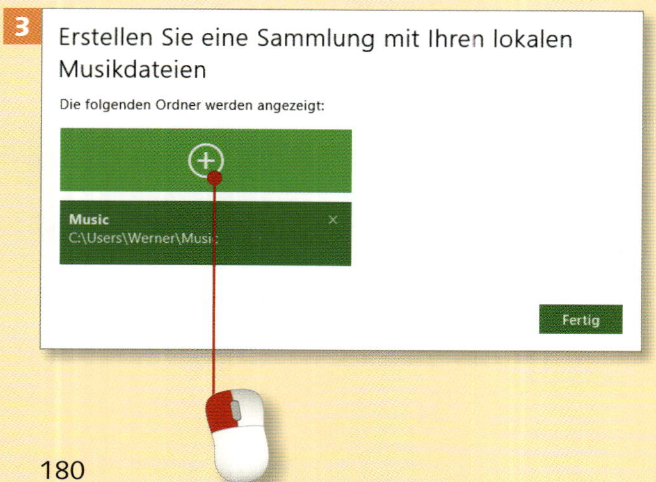

Nachdem Sie erfahren haben, wie Sie das Xbox-Music-Angebot durchstöbern können, geht es nun um Ihre eigene Musik – denn auch die können Sie von hier aus abspielen.

Schritt 1

Starten Sie die Musik-App, und aktivieren Sie den App-Bereich **Sammlung**. Damit ist Ihre persönliche Musiksammlung gemeint.

Schritt 2

Falls die App auf Ihrem PC keine Musik findet, wird das entsprechend angezeigt. Setzen Sie in diesem Fall einen Mausklick auf **Auf diesem PC wurde keine Musik gefunden**.

Schritt 3

Klicken Sie auf das Plus-Symbol, um potenzielle Ordner hinzuzufügen. Wenn alles erledigt ist, gehen Sie auf **Fertig**.

Musik suchen

Standardmäßig durchforstet die Musik-App Ihren gesamten Rechner nach Musik (siehe Schritt 2). Wenn ein bestimmter Musikbereich nicht gefunden wird, können Sie die Suche auch mit einem Klick auf **Legen Sie fest, wo gesucht werden soll** 1 erweitern.

Schritt 4

Nun erfolgen entsprechende Hinweise, die mit einem Klick auf die kleinen Kreuz-Schaltflächen rechts entfernt werden können. Wollen Sie weitere Infos zu diesen Themen, lassen sich die Hinweise stattdessen auch anklicken.

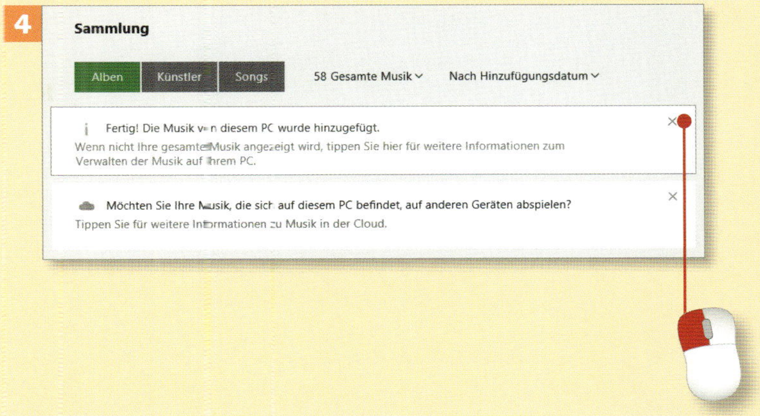

Schritt 5

Jetzt ist alles vorbereitet. Auf zum fröhlichen Musikgenuss! Klicken Sie auf den Titel oder das Album je nachdem, was Sie anhören wollen.

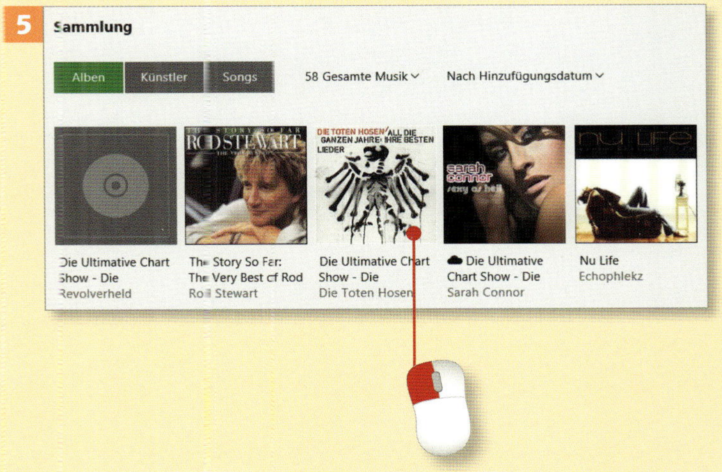

Schritt 6

Zuletzt erfolgt noch ein Klick auf die **Play**-Schaltfläche – dann heißt es: Let's get ready to rumble!

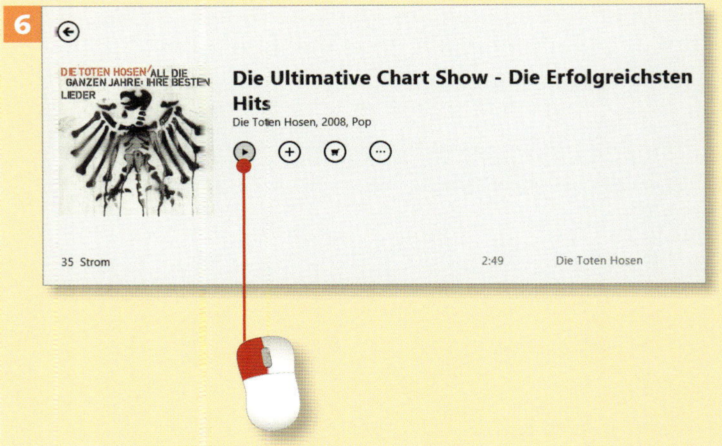

Musik in der Cloud

Sie können Musik prinzipiell in die Cloud **SkyDrive** (also Ihren Speicher im Internet) übertragen. Dann lässt sich auch von unterwegs mittels Windows 8- oder Windows RT-Tablet darauf zugreifen. Betätigen Sie dazu den unteren der beiden Hinweise. Daraufhin erreichen Sie weitere nützliche Infos zu diesem Verfahren sowie die Schaltfläche **Meine Musik übereinstimmen**.

Eine Musik-CD wiedergeben

Windows 8.1 beherbergt nicht nur die Musik-App, sondern auch den Windows Media Player. Mit ihm können auch CDs wiedergegeben werden.

Schritt 1

Legen Sie eine CD in Ihren PC ein. Kurz darauf wird oben rechts auf dem Startbildschirm ein entsprechender Hinweis angezeigt, auf den Sie klicken müssen.

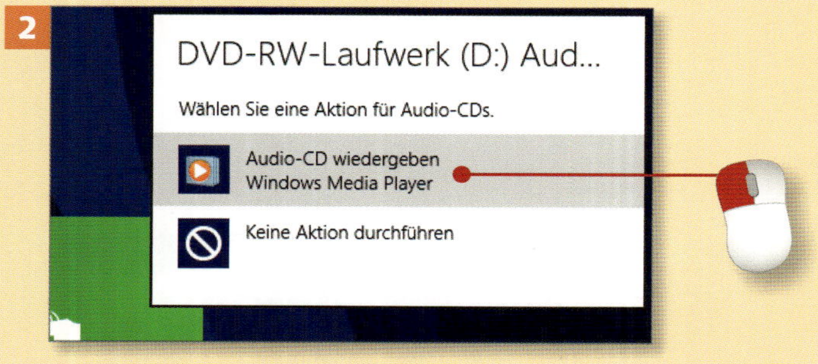

Schritt 2

In der sich daraufhin öffnenden Liste entscheiden Sie sich für **Audio-CD wiedergeben**.

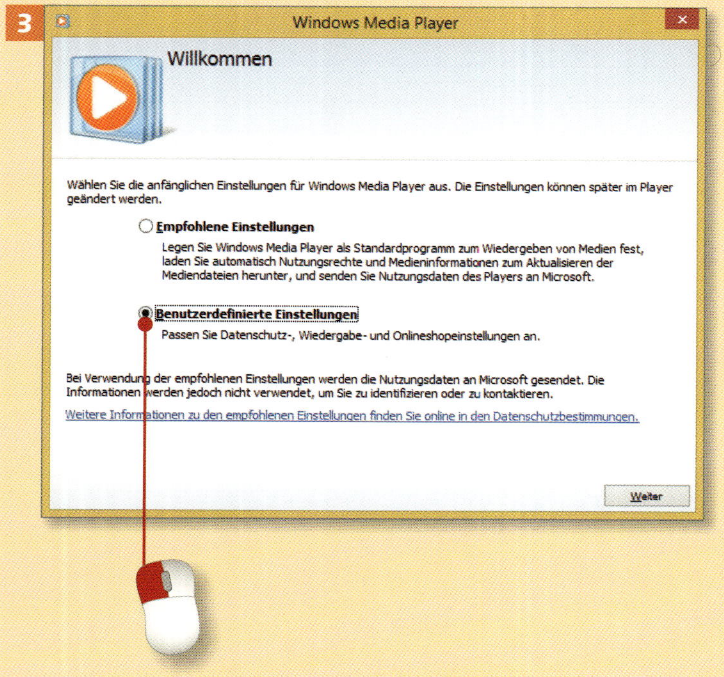

Schritt 3

Wenn Sie den Player zum ersten Mal benutzen, müssen Sie zunächst die gewünschten Einstellungen wählen. Es ist zu empfehlen, hier auf **Benutzerdefinierte Einstellungen** zu klicken.

Hinweis verpasst?
Der in Schritt 1 erwähnte Hinweis bleibt nur einige Sekunden lang stehen. Sollten Sie ihn verpasst haben, geben Sie auf der Startseite »media« ein und bestätigen mit [↵], sobald der Eintrag **Windows Media Player** erscheint.

Schritt 4

Falls Sie nicht zulassen wollen, dass sich der Media Player Informationen zu Ihrer Musik aus dem Internet holt, müssen Sie alle drei Checkboxen unter **Erweiterte Wiedergabefunktionen** 1 deaktivieren. Klicken Sie anschließend unten rechts auf **Weiter**.

4
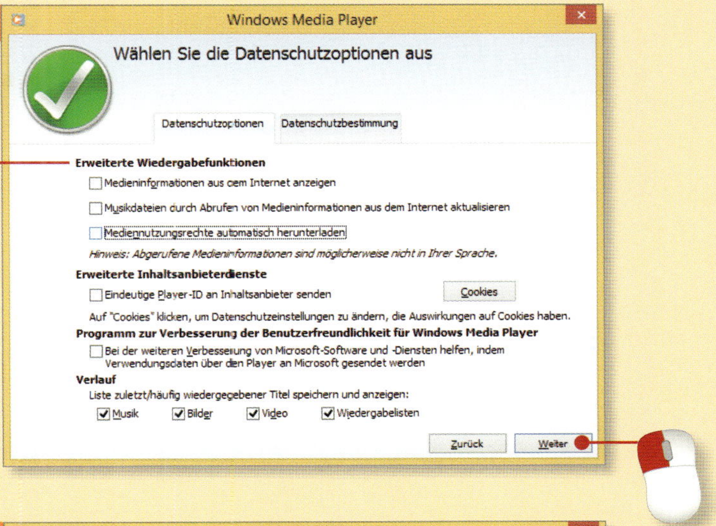

Schritt 5

Wählen Sie den Player als Standardplayer aus. Zum Schluss klicken Sie auf **Fertig** 2.

5
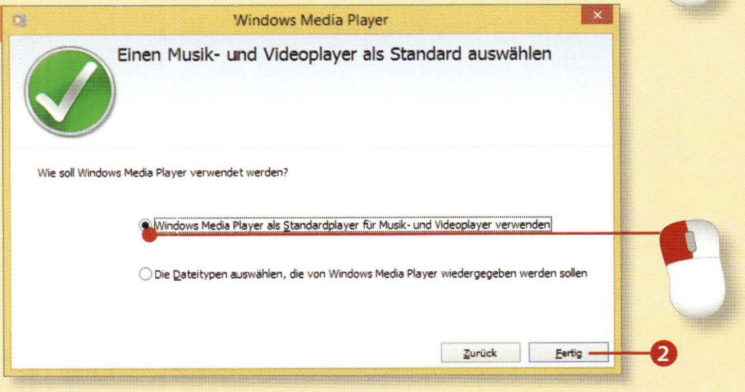

Schritt 6

Die Wiedergabe der CD beginnt nun ganz automatisch. Zudem wird der Player in minimaler Größe angezeigt. Sie können ihn über die Schaltflächen bedienen: **Pause/Play** 3, **Vor** 4 und **Zurück** 5, **Stopp** 6 und **Lautstärke** 7.

6
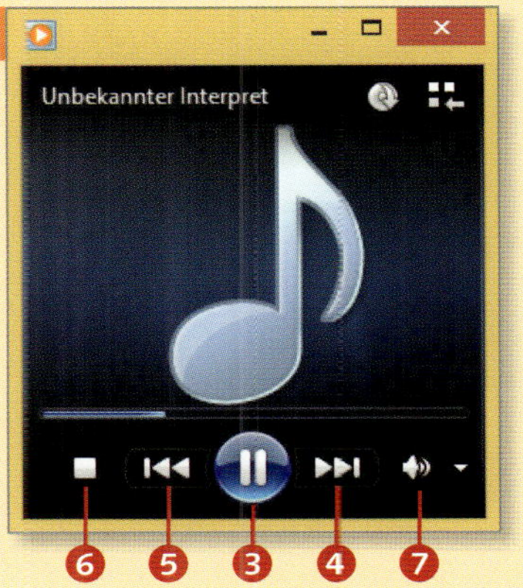

Keine Infos aus dem Internet
Wenn Sie in Schritt 4 die erweiterten Wiedergabefunktionen deaktivieren, verhindern Sie damit auch, dass z. B. Album-Miniaturen (Cover) oder die Titel der Musikstücke hinzugefügt werden.

Musik von einer CD kopieren

Nun ist es ja wunderbar, dass Sie CDs anhören können. Meist bietet es sich aber an, den Inhalt der CD für den künftigen direkten Zugriff auf den Rechner zu übertragen.

1
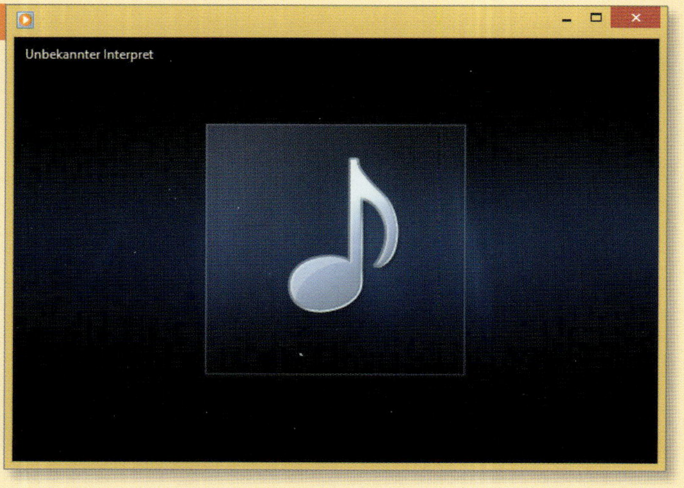

Schritt 1

Sobald Sie eine neue CD einlegen, öffnet sich das Fenster des Media Players automatisch – vorausgesetzt, Sie haben die Schritte der vorangegangenen Anleitung durchlaufen.

2
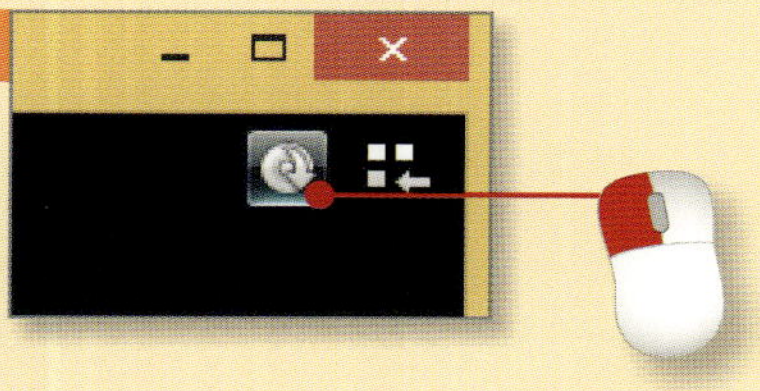

Schritt 2

Am schnellsten geht das Kopieren, indem Sie auf das kleine CD-Symbol oben rechts im Player klicken. Dieses wird übrigens nur dann eingeblendet, wenn sich der Mauszeiger auf dem Player befindet.

3
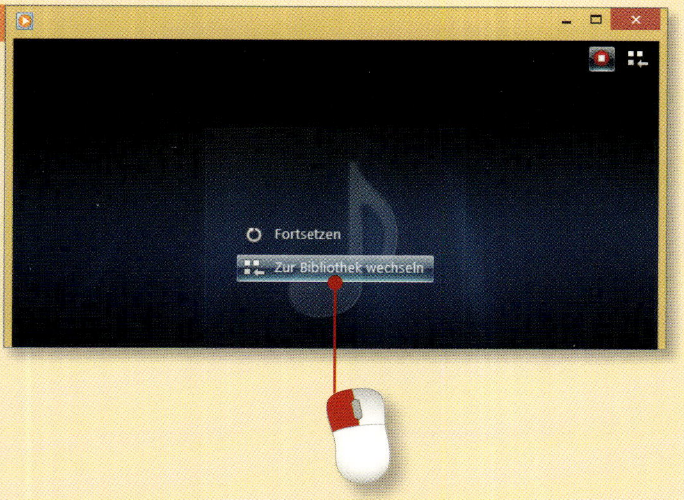

Schritt 3

Warten Sie einen Augenblick. Wenn der Kopiervorgang beendet ist, betätigen Sie **Zur Bibliothek wechseln**. Auf diese Weise wird allerdings die komplette CD übertragen.

Vorgesehener Speicherort
Die CD zu kopieren heißt: Die ausgewählten Stücke werden an den dafür vorgesehenen Speicherort (**Dieser PC ▸ Musik**) übertragen.

Schritt 4

Wollen Sie hingegen nur Teile der CD auf Ihren Rechner übertragen, klicken Sie anstelle von Schritt 2 direkt auf das Bibliothek-Symbol oben rechts.

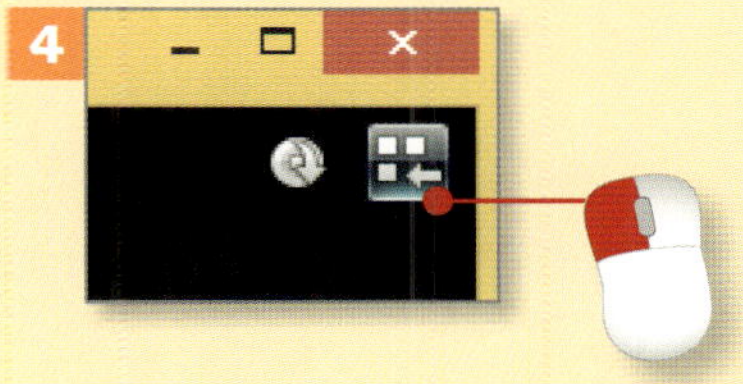

Schritt 5

Jetzt sehen Sie alle Titel einzeln in einer Liste. Besonders praktisch: Klicken Sie zunächst in die oberste Checkbox **Titel** ❶, und wählen Sie danach mit einem Klick in die Checkbox nur die Titel aus, die importiert werden sollen.

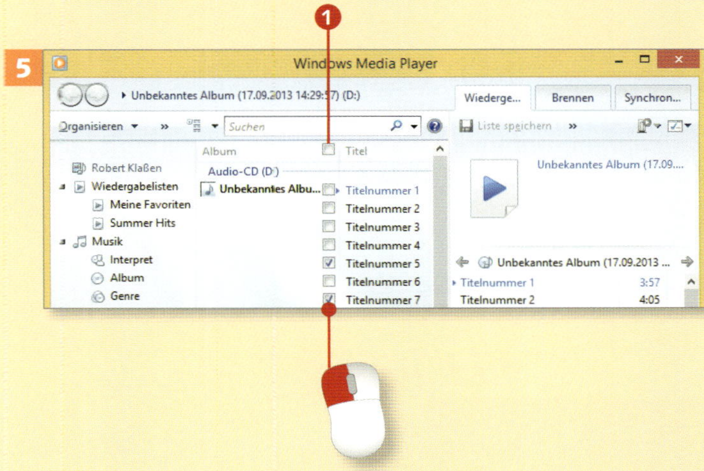

Schritt 6

Wenn Sie alle Titel ausgewählt haben, klicken Sie zuletzt auf die Schaltfläche **CD kopieren**, um den Prozess in Gang zu setzen.

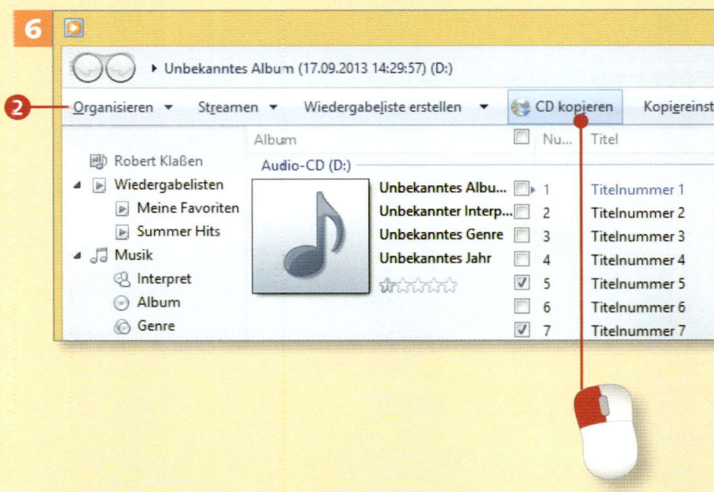

Speicherort ändern

Es ist zu empfehlen, sämtliche Musik im Ordner **Musik** aufzubewahren. Von dort sind die Dateien nämlich auch ohne großen Aufwand z. B. von der Musik-App aus erreichbar. Wenn Sie dennoch ein anderes Verzeichnis einstellen möchten, klicken Sie oben links auf **Organisieren** ❷ ▸ **Optionen**. Im Register **Musik kopieren** klicken Sie dann auf **Ändern** und wählen den neuen Ordner aus.

Wiedergabelisten anlegen

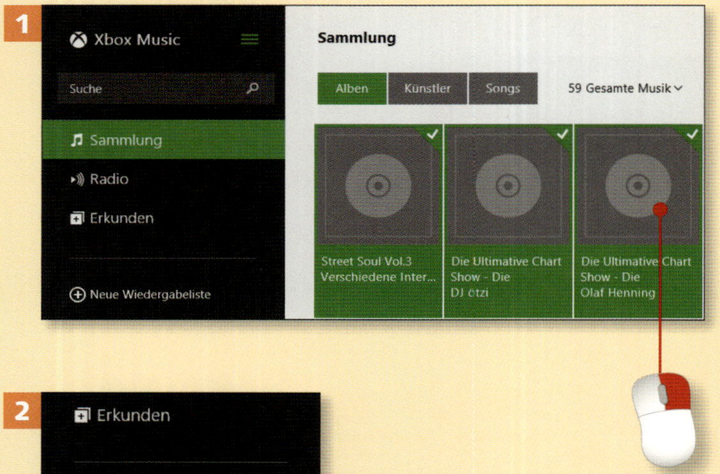

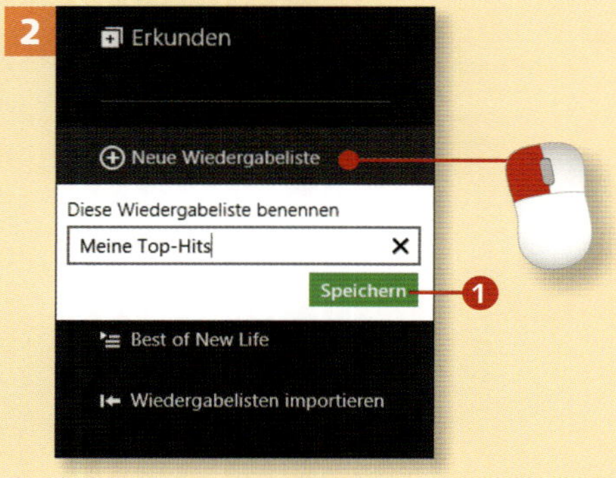

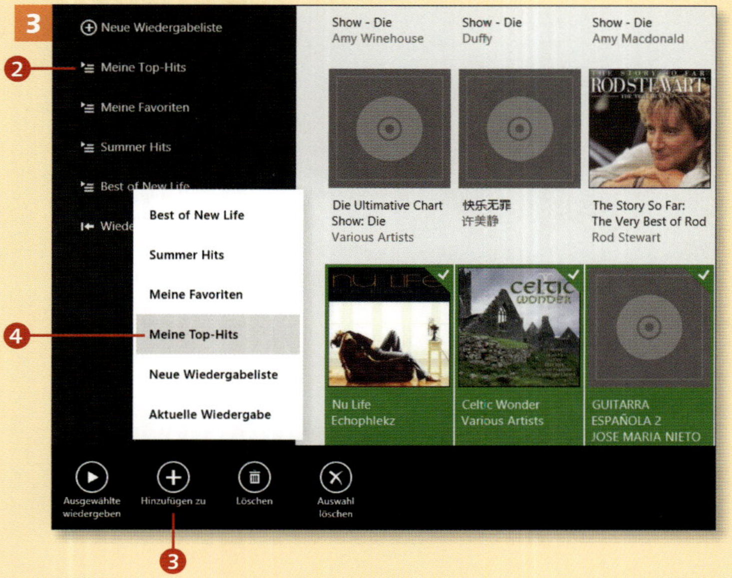

Wenn Sie CDs zusammenstellen und unterschiedliche Titel aus verschiedenen Alben hinzufügen wollen, nutzen Sie Wiedergabelisten.

Schritt 1

Wollen Sie Stücke innerhalb der Musik-App in eine Wiedergabeliste packen? Dann klicken Sie alle infragekommenden Titel mit rechts an.

Schritt 2

Klicken Sie nun links in der Bedienleiste auf **Neue Wiedergabeliste**. Benennen Sie die Liste entsprechend, und klicken Sie auf **Speichern** 1.

Schritt 3

Die Wiedergabeliste rufen Sie jederzeit mit einem Klick auf deren Namen 2 auf. Wollen Sie weitere Titel hinzufügen, wiederholen Sie Schritt 1 und gehen auf **Hinzufügen zu** 3. Auf der daraufhin erscheinenden Tafel klicken Sie auf den Namen der soeben erzeugten Liste 4.

Keine Duplikate

Für die Wiedergabeliste werden keine Duplikate der Musikstücke angelegt, sondern lediglich Verweise auf die Originaldatei in einer Liste zusammengestellt.

Schritt 4

Aus dem Media Player heraus erzeugen Sie eine neue Wiedergabeliste, indem Sie auf **Wiedergabeliste erstellen** klicken. Geben Sie einen Namen ❺ ein (hier: »Summer Hits«), und bestätigen Sie ihn mit [↵].

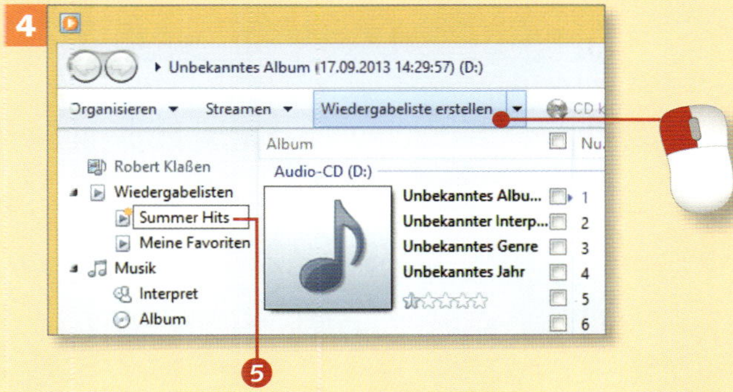

Schritt 5

Klicken Sie nun in der linken Spalte auf **Album** ❻, **Interpret** oder **Genre**, um sich Ihre Musiksammlung in der entsprechenden Sortierung anzeigen zu lassen, und öffnen Sie das Album, dessen Titel Sie in die Wiedergabeliste aufnehmen möchten, in der Fenstermitte mit einem Doppelklick.

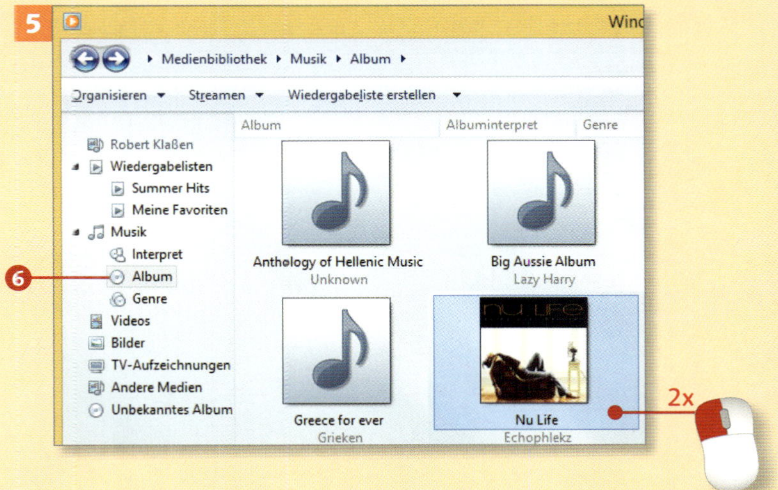

Schritt 6

Ziehen Sie die Stücke, die Sie hinzufügen wollen, einfach per Drag & Drop auf den Wiedergabelisten-Eintrag in der linken Spalte (hier: **Summer Hits**). In der Spalte ganz rechts sehen Sie, wie sich Ihre Wiedergabeliste langsam füllt.

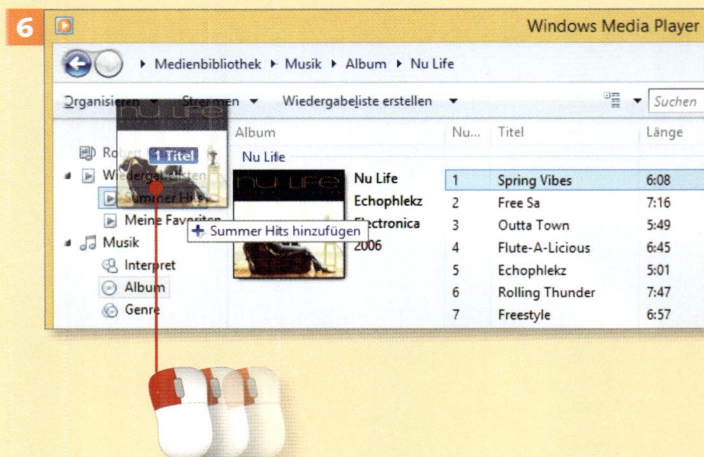

Freie Wahl der Titel

Natürlich ist eine Wiedergabeliste nicht auf ein Album beschränkt. Sie können jederzeit in ein anderes Album oder Verzeichnis wechseln und von dort aus ebenfalls Titel auf die Wiedergabeliste ziehen.

Wiedergabelisten verwalten

1

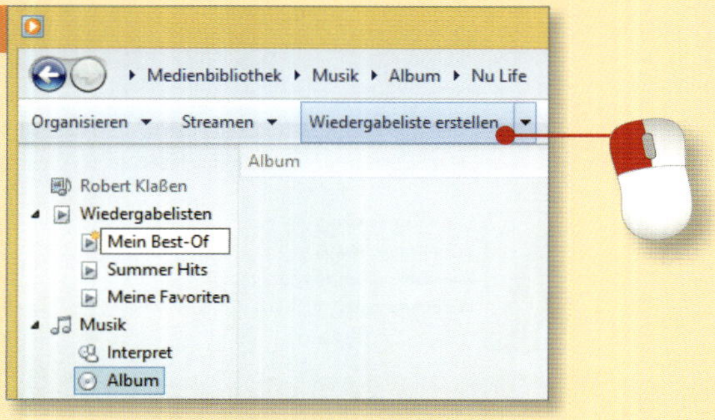

2

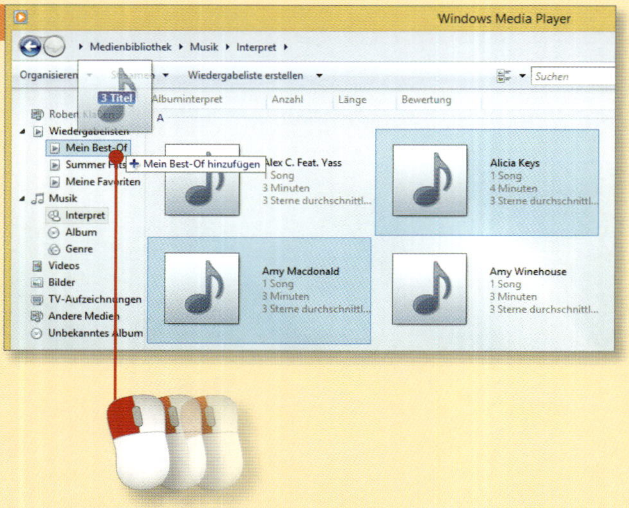

3

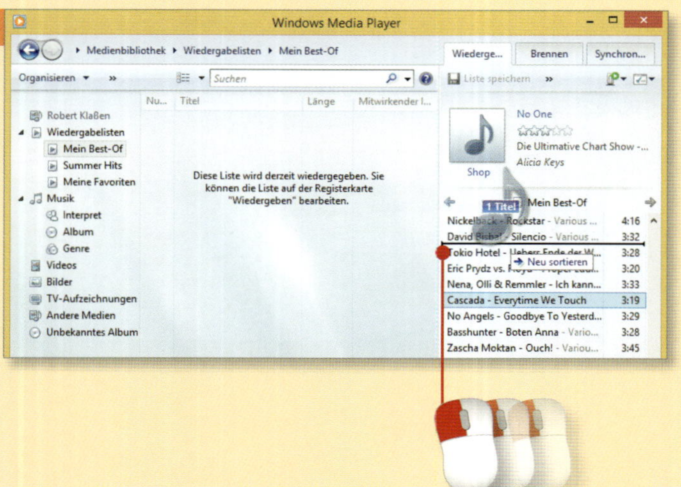

In diesem Abschnitt geben wir Ihnen nun noch einige Tipps und Infos zum Umgang mit Wiedergabelisten. Bestimmt wollen Sie auch wissen, wie die Stücke sortiert werden können, oder?

Schritt 1

Natürlich muss niemand mit einer einzigen Wiedergabeliste auskommen. Wenn Sie es wünschen, erzeugen Sie auf die im Abschnitt »Wiedergabelisten anlegen« auf Seite 188 beschriebene Art weitere Listen.

Schritt 2

Wenn Sie mehrere Stücke auf einmal in eine Liste aufnehmen wollen, markieren Sie die Stücke zunächst, indem Sie sie anklicken und dabei Strg gedrückt halten. Danach klicken Sie auf die Markierung und ziehen das ganze Paket mit gedrückter Maustaste auf die Wiedergabeliste.

Schritt 3

Die in der rechten Spalte erscheinenden Stücke können nun nach Wunsch sortiert werden. Auch das funktioniert per Drag & Drop. Lassen Sie die Maustaste los, wenn eine schwarze Linie angezeigt wird.

Schritt 4

Vielleicht möchten Sie den Namen der Wiedergabeliste irgendwann nachträglich ändern. Dazu klicken Sie einfach auf die Bezeichnung in der rechten Spalte und geben einen neuen Titel ein, den Sie mit ↵ bestätigen.

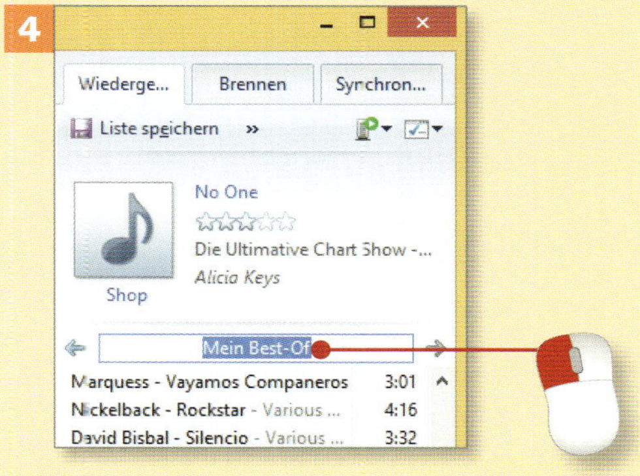

Schritt 5

Wollen Sie alle Ihre Wiedergabelisten einsehen? Dann klicken Sie links auf **Wiedergabelisten**. Die Liste kann jetzt in der Mitte ausgewählt werden; ganz rechts in der Spalte sehen Sie dann ihren Inhalt (wie in Schritt 4 zu sehen).

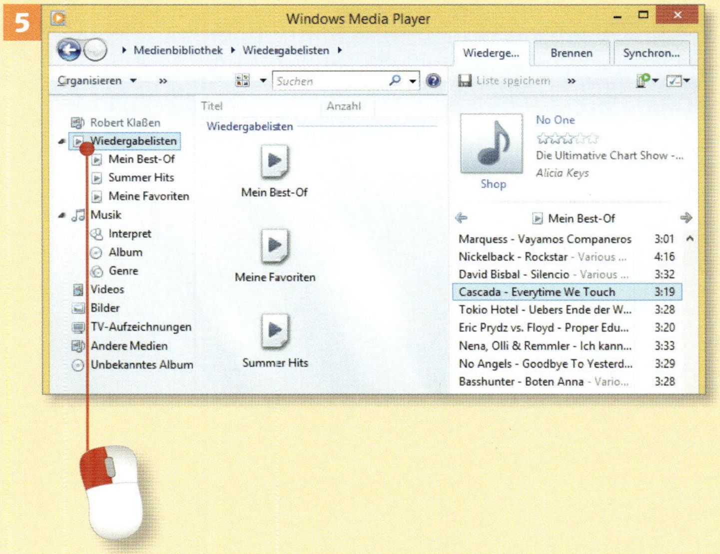

Schritt 6

Wenn Sie sich irgendwann mal von einer Wiedergabeliste trennen möchten, markieren Sie diese einfach mit rechts und wählen **Löschen**. Schon löst sie sich in Luft auf.

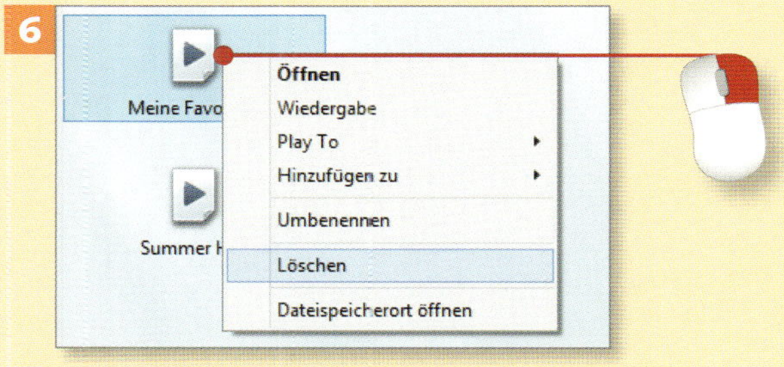

Originale bleiben erhalten

Da Wiedergabelisten grundsätzlich nur Verknüpfungen zu den Originaldateien beinhalten, dürfen Sie eine Liste bedenkenlos löschen. Die darin enthaltenen Musikstücke bleiben auf dem Computer und im Media Player natürlich trotzdem erhalten.

Musik online kaufen

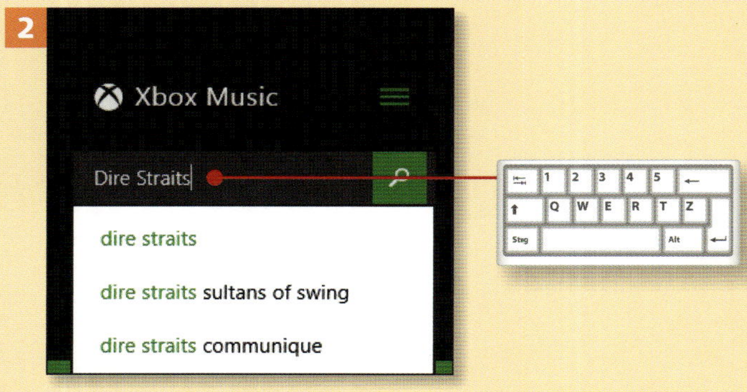

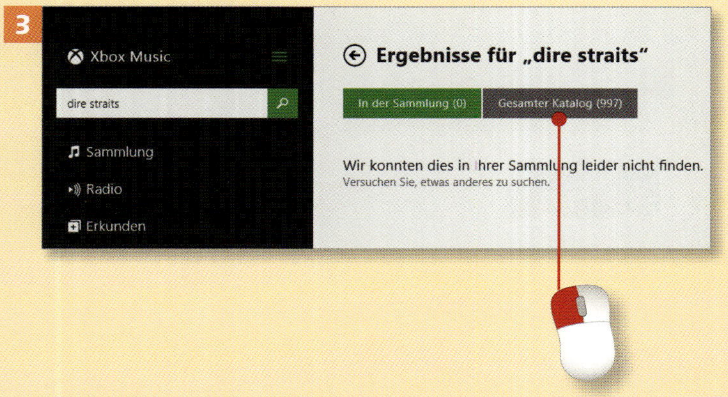

Bestimmt macht das Durchstöbern der Xbox Music Lust auf mehr. Denn wenn Ihnen ein Stück oder Album gefällt, können Sie es dort auch gleich erwerben.

Schritt 1

Öffnen Sie das Programm Xbox Music, indem Sie auf die Kachel **Musik** auf dem Startbildschirm klicken.

Schritt 2

Geben Sie Titel, Interpret oder Albumnamen in das Suchfeld ein. Klicken Sie anschließend auf den gewünschten Eintrag in der Ergebnisliste.

Schritt 3

Sie erhalten die Meldung, dass in Ihrer Sammlung nichts gefunden wurde. Klicken Sie auf die Schaltfläche **Gesamter Katalog**.

Alben und Tracks

Ein **Album** besteht gewöhnlich aus mehreren Tracks (also Musikstücken). Allerdings müssen Sie nicht unbedingt das gesamte Album erstehen, sondern können meist auch einzelne Tracks kaufen.

Schritt 4

Wählen Sie mit einem Mausklick die Kachel des Albums aus, das Sie anspricht.

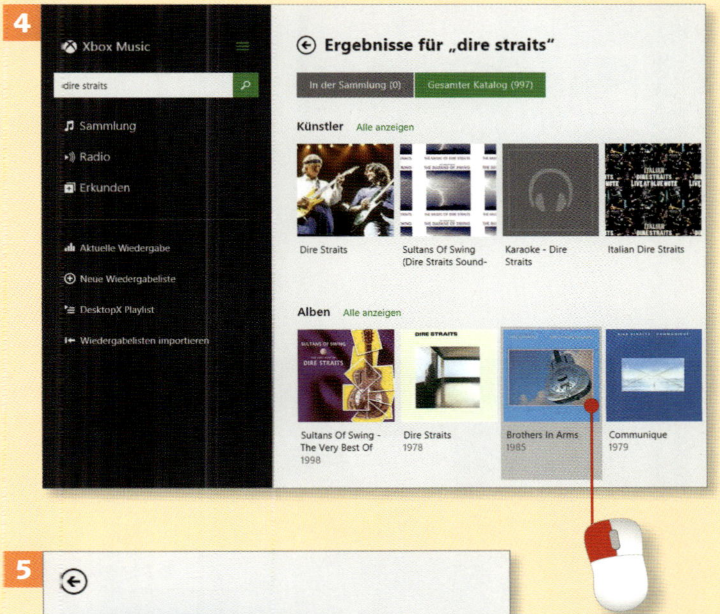

Schritt 5

Klicken Sie nun auf das **Einkaufswagen**-Symbol. Wollen Sie nur ein einzelnes Stück dieses Albums erwerben? Dann klicken Sie es mit rechts an und wählen anschließend **Song kaufen** in der Fußleiste der App (steht nicht bei jedem Track zur Verfügung). Jetzt müssen Sie erneut Ihr Passwort eingeben und mit einem Klick auf **OK** bestätigen.

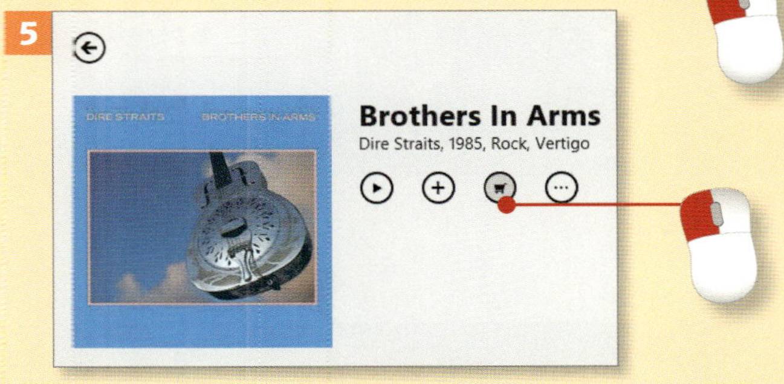

Schritt 6

Zuletzt wird das Finanzielle abgewickelt. Oben rechts sehen Sie den Preis für den Artikel. Sollten Sie noch keine Zahlungsoptionen hinterlegt haben, klicken Sie auf **Zahlungsoptionen ändern**.

Zahlungsart

Zum Zeitpunkt der Drucklegung dieses Buches wurde als einziges Zahlungsmittel eine Kreditkarte akzeptiert. Ob weitere Zahlungsmethoden folgen, ließ sich noch nicht absehen.

Filme abspielen

1

2

3

Nun schauen wir uns an, wie Sie Filme und Videos in Xbox Video leihen oder kaufen und abspielen.

Schritt 1

Starten Sie die Video-App, indem Sie auf dem Startbildschirm auf **Video** klicken. (Sollten Sie sich vorab bei Xbox noch nicht angemeldet haben, müssen Sie das nun nachholen – siehe Seite 176.)

Schritt 2

Mithilfe der Bildlaufleiste im Fuß der App bewegen Sie sich durch das Angebot. Interessiert Sie einer der in **Xbox Video** angebotenen Streifen? Dann klicken Sie auf seine Miniatur.

Schritt 3

In der nächsten Ansicht finden Sie oben rechts neben dem Cover die Kauf- bzw. Leihgebühren. Betätigen Sie optional **Kaufen** ❶ oder **Leihen** ❷.

Kaufen und leihen

Beim Kauf oder Leihen des Films müssen Sie sich auch hier mit Ihrem Microsoft-Passwort identifizieren. Hinweise finden Sie in Schritt 5 der vorangegangenen Anleitung.

Schritt 4

Nun zu den eigenen Filmen, die auf Ihrer Festplatte im Bibliotheksordner **Videos** liegen sollten, damit Sie sie hier aufrufen können. Ein Mausklick auf die entsprechende Miniatur, die Sie auf der Startseite der App finden, bringt Sie zum gewünschten Film.

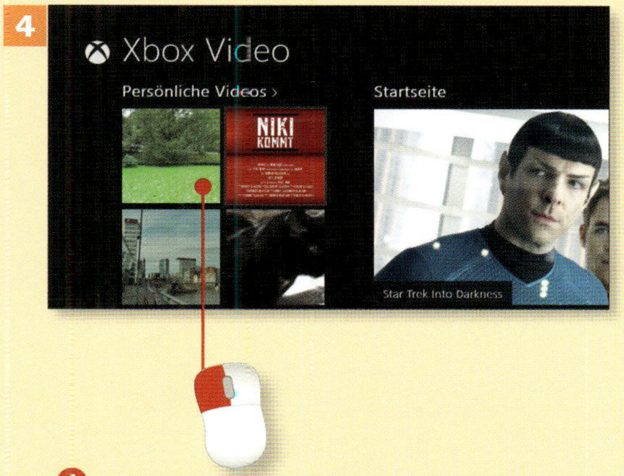

Schritt 5

Das Video wird gestartet. Die Schaltflächen, z. B. die **Pause**-Taste ❸ oder der **Zurück**-Button ❹, verschwinden nach wenigen Sekunden von allein. Wenn Sie die Steuerelemente zurückholen möchten, bewegen Sie einfach die Maus.

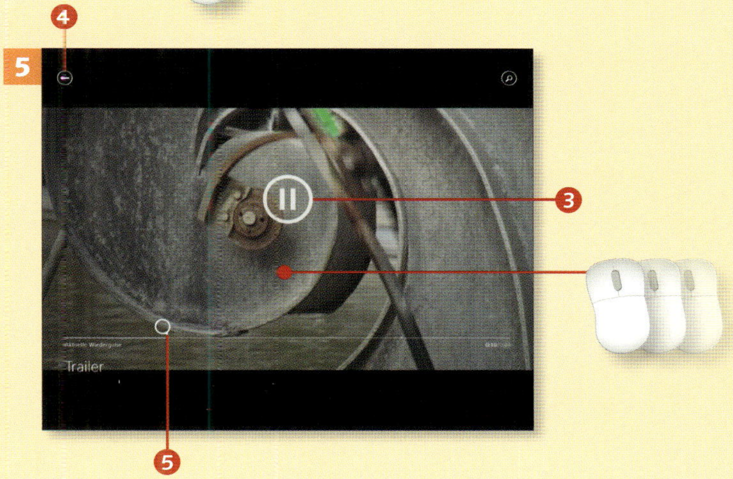

Schritt 6

Mit einem Rechtsklick unterhalb der Videofläche rufen Sie bei Bedarf eine Fußleiste mit weiteren Steuerelementen auf.

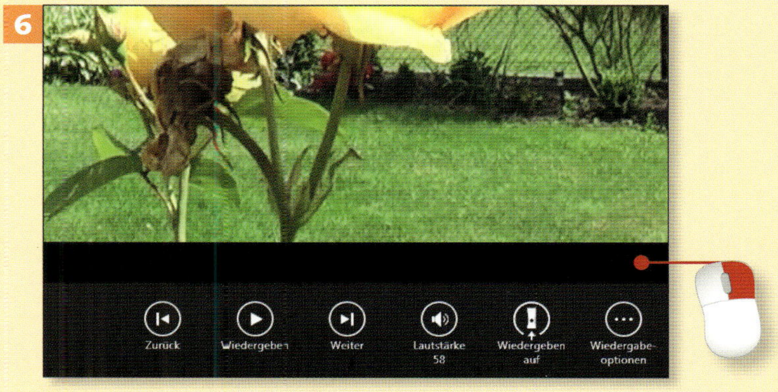

Playhead

Der kleine Kringel ❺, den Sie in Schritt 5 sehen, ist der *Playhead* (Abspielmarke). Dieser kann per Drag & Drop in horizontaler Richtung verschoben werden. So können Sie sich fast stufenlos innerhalb des Videos bewegen – also auch mal schnell vor- oder zurückspringen.

Kapitel 8
Texte schreiben

Das Erstellen und Weiterverarbeiten von Text zählt zu den am häufigsten genutzten Aufgaben am Computer. Sie als Windows-8.1-Besitzer haben es leicht, denn Sie können gleich anfangen. Neben WordPad stehen Ihnen auch die Programme Kurznotizen und Windows-Journal zur Verfügung.

Texte verfassen

Wer kein kostenpflichtiges Textverarbeitungsprogramm wie Microsoft Word nutzen möchte, der kann seine Texte auch mit WordPad ❶ erstellen, auszeichnen und sogar Bilder in den Text einfügen.

Kurz- und Journal-Notizen

Sie wollen »mal eben« etwas notieren? Dann sind die Kurznotizen ❷ interessant für Sie. Das sind virtuelle Klebezettel, die fast schon »wie im richtigen Leben« funktionieren. Handschriftliches lässt sich mit der Journal-App anfertigen.

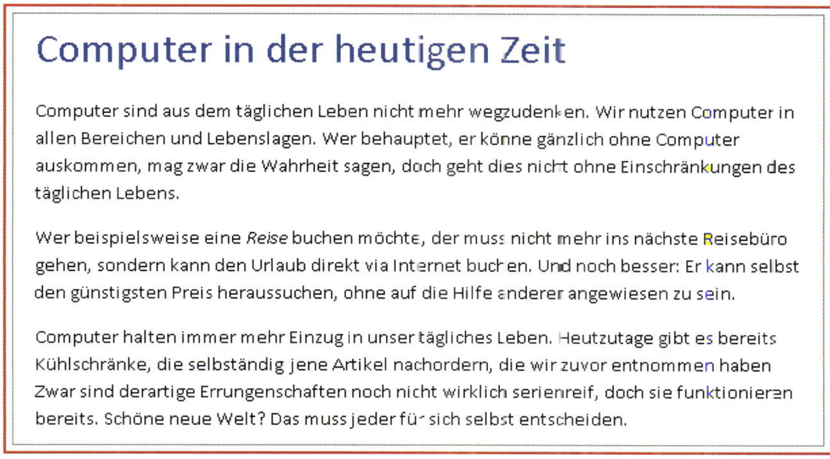

Computer in der heutigen Zeit

Computer sind aus dem täglichen Leben nicht mehr wegzudenken. Wir nutzen Computer in allen Bereichen und Lebenslagen. Wer behauptet, er könne gänzlich ohne Computer auskommen, mag zwar die Wahrheit sagen, doch geht dies nicht ohne Einschränkungen des täglichen Lebens.

Wer beispielsweise eine *Reise* buchen möchte, der muss nicht mehr ins nächste Reisebüro gehen, sondern kann den Urlaub direkt via Internet buchen. Und noch besser: Er kann selbst den günstigsten Preis heraussuchen, ohne auf die Hilfe anderer angewiesen zu sein.

Computer halten immer mehr Einzug in unser tägliches Leben. Heutzutage gibt es bereits Kühlschränke, die selbständig jene Artikel nachordern, die wir zuvor entnommen haben. Zwar sind derartige Errungenschaften noch nicht wirklich serienreif, doch sie funktionieren bereits. Schöne neue Welt? Das muss jeder für sich selbst entscheiden.

1 Mit WordPad können Sie Ihre Texte verfassen und gestalten.

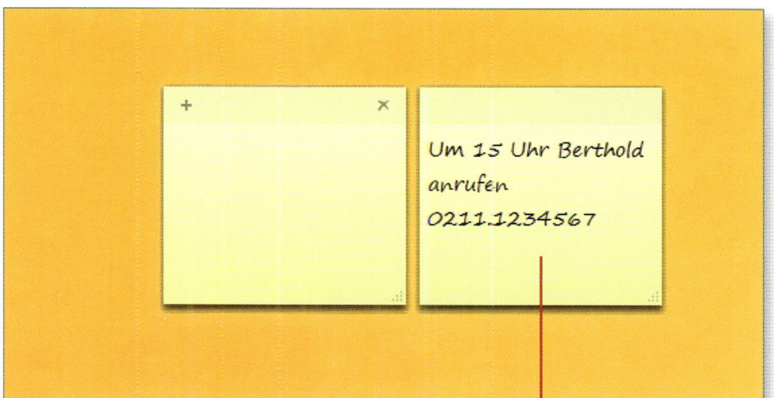

2 Dank der Kurznotizen und Windows-Journal vergessen Sie so schnell nichts mehr.

Texte mit WordPad verfassen

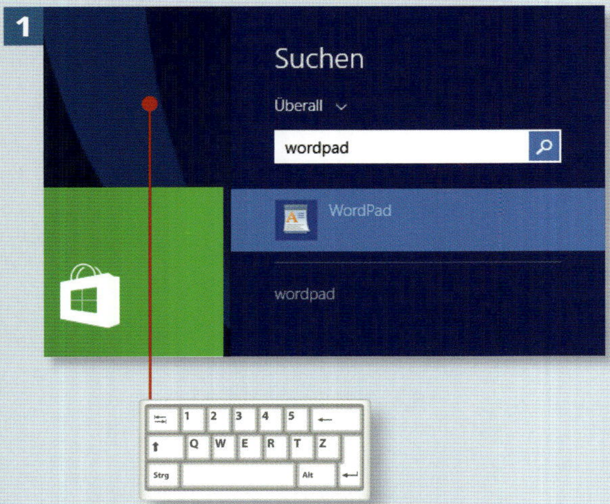

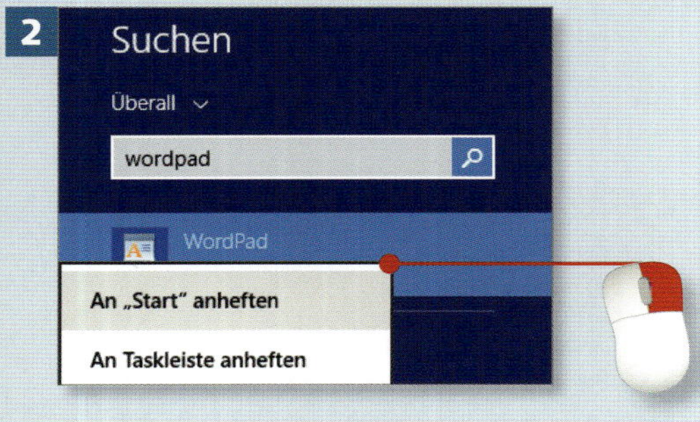

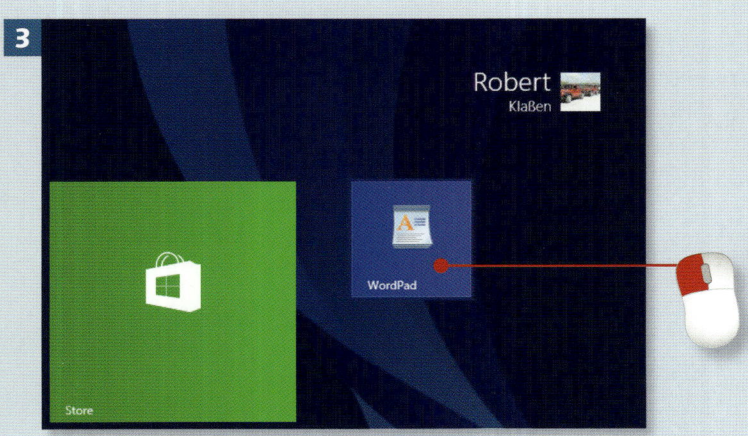

In diesem Abschnitt geht es um die Erstellung und Auszeichnung von Text (also die Veränderung der Schrift in Form, Größe, Farbe etc.). WordPad kann mehr, als man meint.

Schritt 1

Suchen Sie zunächst die WordPad-App. Dazu tippen Sie auf dem Startbildschirm einfach ein entsprechendes Suchwort ein (hier: »wordpad«).

Schritt 2

Bevor wir das Programm öffnen, wollen wir davon eine Schnellstart-Kachel auf den Startbildschirm bringen. Klicken Sie den **WordPad**-Eintrag deswegen mit rechts an, und gehen Sie dann auf **An „Start“ anheften**.

Schritt 3

Nun können Sie die Anwendung mit einem Klick auf die soeben erzeugte Verknüpfung auf dem Startbildschirm öffnen.

Kachel nicht erforderlich
Wenn Sie keine Kachel wünschen, lassen Sie Schritt 2 weg und drücken stattdessen nach Schritt 1 direkt ↵.

Schritt 4

Sie können nun mit der Texteingabe beginnen. Wenn Sie in eine neue Zeile springen, also einen Absatz erzeugen wollen, drücken Sie [↵]. Großbuchstaben schreiben Sie, solange Sie [⇧] gedrückt halten.

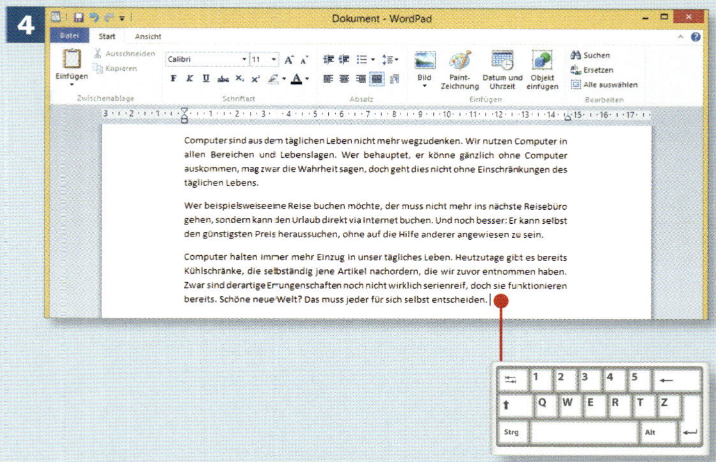

Schritt 5

Wenn Sie sich verschreiben, können Sie Zeichen mit [Entf] oder [←] löschen. Ganze Begriffe markieren Sie mit einem Doppelklick, während Sie ganze Absätze mit einem Dreifachklick auswählen. Markierungen werden gelöscht, sobald Sie mit der Neueingabe des Textes beginnen.

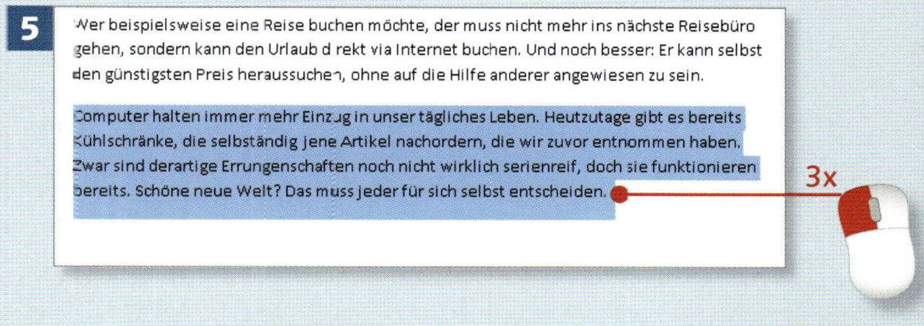

Schritt 6

Zur besseren Übersicht und für Hervorhebungen ist es sinnvoll, Text unterschiedlich zu gestalten. Setzen Sie z. B. einen Dreifachklick auf die Überschrift. Sie wird daraufhin blau markiert.

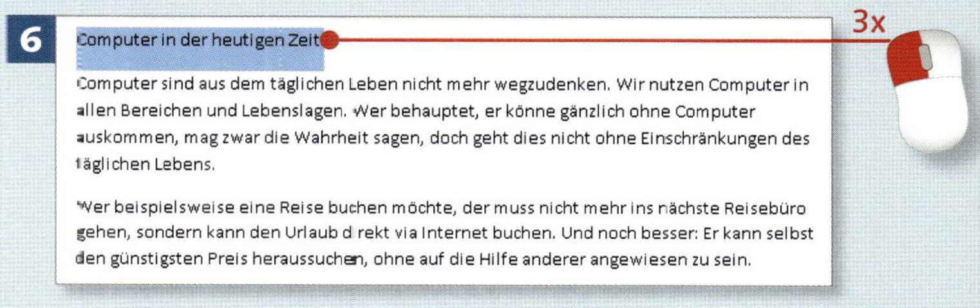

Lettern auszeichnen

Anstelle ganzer Wörter oder Zeilen können auch einzelne Buchstaben markiert und separat ausgezeichnet werden. Die Veränderung wirkt sich stets nur auf die markierten Bereiche aus.

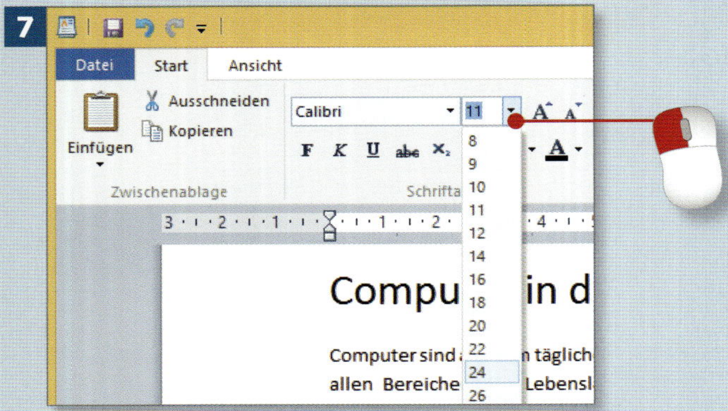

Schritt 7

Dann verändern Sie den **Schriftgrad**. Öffnen Sie die entsprechende Liste, indem Sie auf das kleine Dreieck neben der Schriftgröße klicken. Fahren Sie jetzt das Menü entlang, bis Sie bei **24** angelangt sind. Dort platzieren Sie einen weiteren Mausklick.

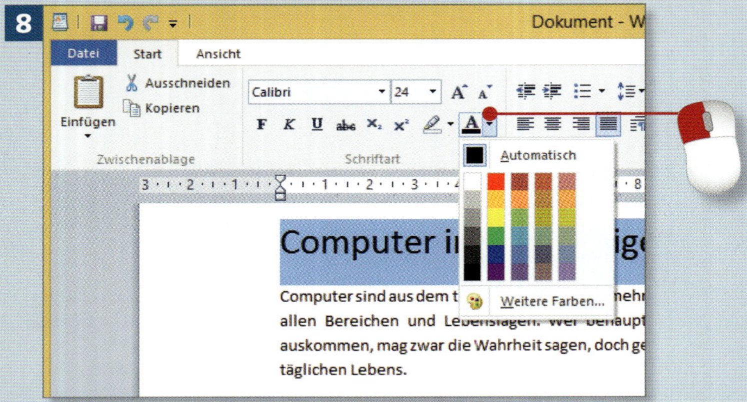

Schritt 8

Die immer noch markierte Schrift soll jetzt umgefärbt werden. Klicken Sie dazu auf das kleine Textfarben-Dreieck.

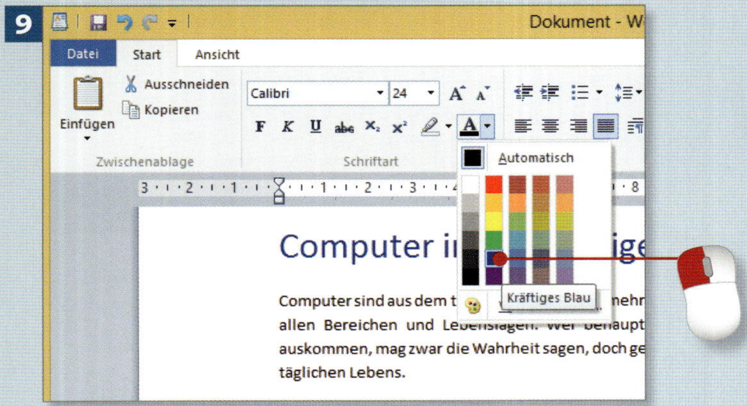

Schritt 9

Nun wählen Sie eine Farbe aus und klicken auf das entsprechende farbige Quadrat (im Beispiel: **Kräftiges Blau**). Dies hat zur Folge, dass der Text entsprechend umgefärbt wird.

Farbe mit Bedacht wählen
Wenn Sie das Dokument später drucken möchten, achten Sie bei der Wahl der Schriftfarbe immer darauf, ob der Text auf dem gedruckten Papier später gut lesbar ist. Bunt ist zwar schön, aber der Lesbarkeit nicht immer zuträglich.

Schritt 10

Da Sie die Schriftfarbe nicht richtig sehen können (der Text ist ja immer noch blau markiert), sollten Sie nun noch auf einen beliebigen Bereich des Textes klicken. Setzen Sie bitte nur einen einzelnen Mausklick ein.

10

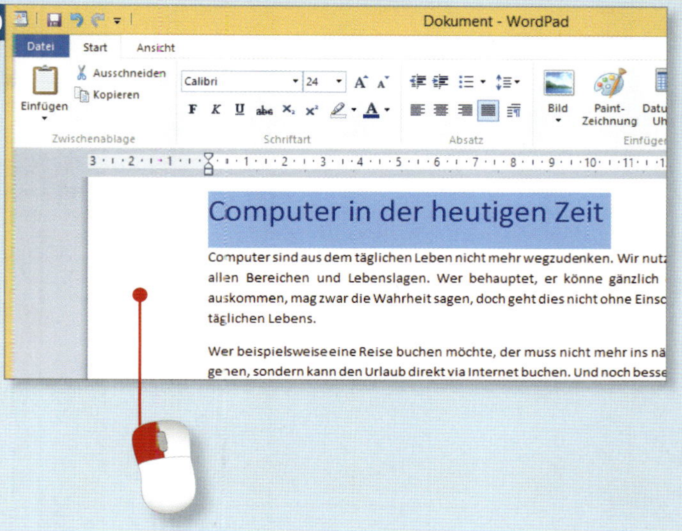

Schritt 11

In diesem Schritt setzen Sie ein einzelnes Wort kursiv. Markieren Sie dazu ein Wort, das Sie für wichtig halten, indem Sie einen Doppelklick darauf setzen.

11

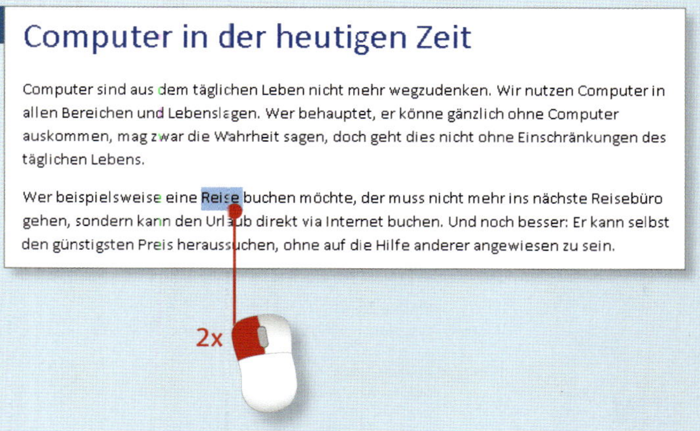

Schritt 12

Damit das markierte Wort schräg gestellt werden kann, klicken Sie auf die kleine **K**-Schaltfläche. Mit **F** ❶ setzen Sie das Wort fett, mit **U** ❷ wird der markierte Text unterstrichen.

12

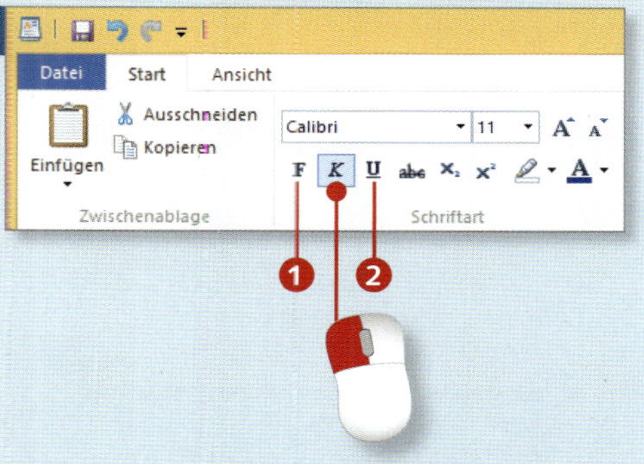

Microsoft Word

Wenn Sie ein professionelles Textverarbeitungsprogramm ausprobieren möchten, laden Sie sich eine Testversion von Word unter *www.microsoft.com/de-de* herunter (Rubrik: **Downloads**).

Texte mit WordPad verfassen (Forts.)

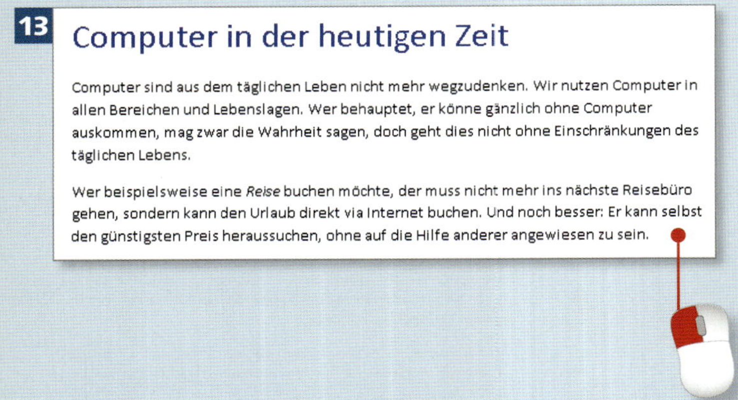

Schritt 13

Entfernen Sie die Markierung wieder, indem Sie einen einzelnen Mausklick auf einen anderen Textbereich setzen.

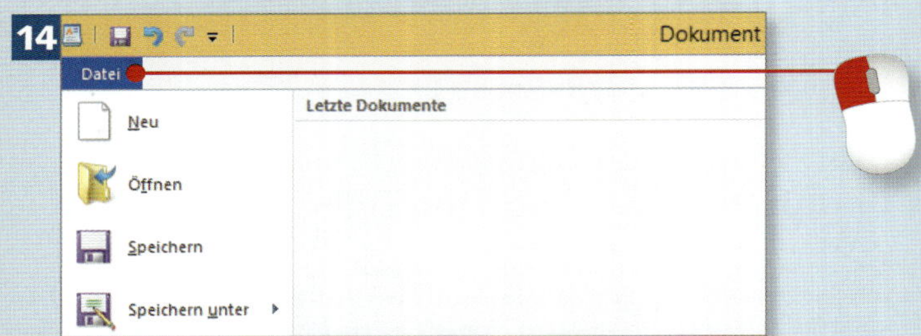

Schritt 14

Es wird Zeit, das Dokument zu speichern. Denn wenn es mal einen Computer- oder Programmabsturz geben sollte, wäre alles verloren. Daher klicken Sie zunächst auf **Datei** in der oberen linken Ecke.

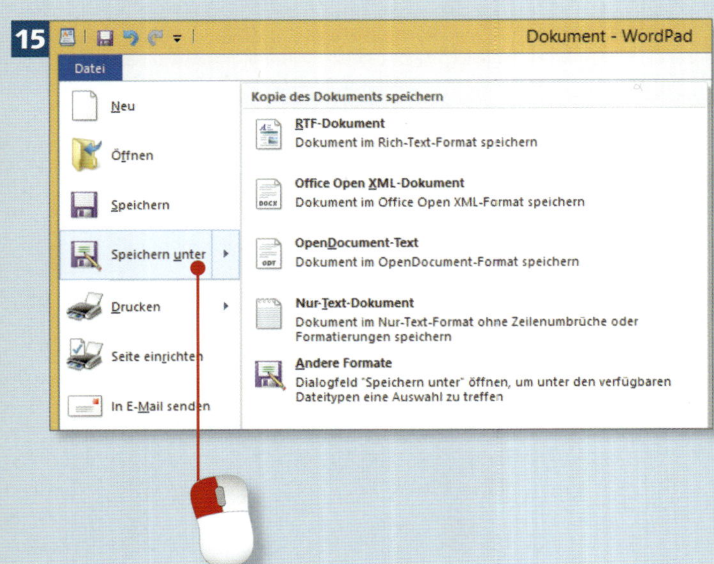

Schritt 15

Im Menü klicken Sie dann auf **Speichern unter**. Das sorgt dafür, dass Sie im nächsten Dialog einen Speicherort angeben können.

Speichern nicht vergessen

Auch wenn die Programme unter Windows 8.1 sehr stabil laufen: Es ist ärgerlich, wenn Sie einen langen Text durch technische Probleme verlieren. Gehen Sie lieber auf Nummer sicher: Häufiges Speichern (ebenso wie das Zwischenspeichern mit [Strg] + [S]) erspart Ihnen unter Umständen eine Menge Ärger.

Schritt 16

Da der Dateiname unten im Dialog **Speichern unter** bereits blau markiert ist, können Sie gleich einen neuen eingeben. Vergeben Sie den Namen »Computer heute«.

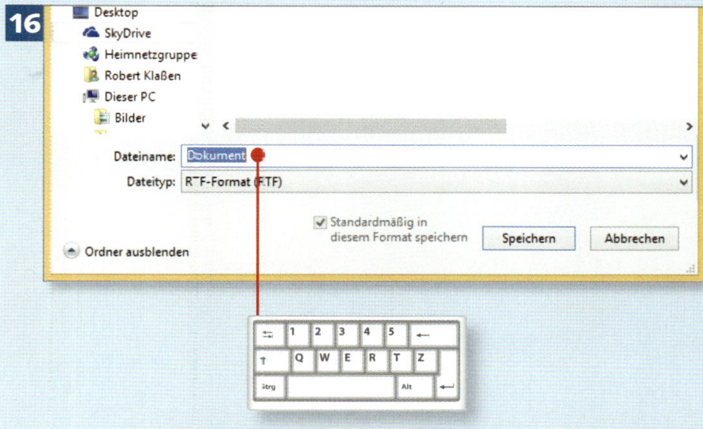

Schritt 17

Wenn Sie nun in der linken Spalte noch den **Desktop** auswählen, haben Sie einen Speicherort zugewiesen. Zur Wiederholung: Das WordPad-Dokument wird unter dem Namen »Computer heute« auf dem Desktop abgelegt.

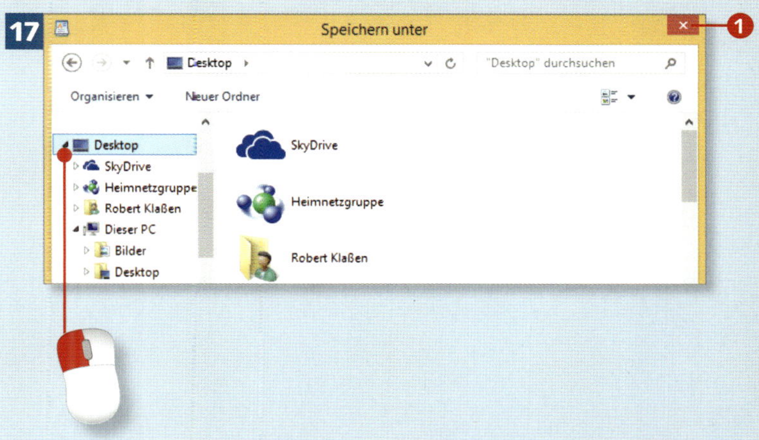

Schritt 18

Zuletzt reicht ein Klick auf **Speichern**, und das Dokument ist gesichert. Wenn Sie wollen, können Sie WordPad nun mit einem Klick auf das Schließkreuz ❶ oben rechts schließen.

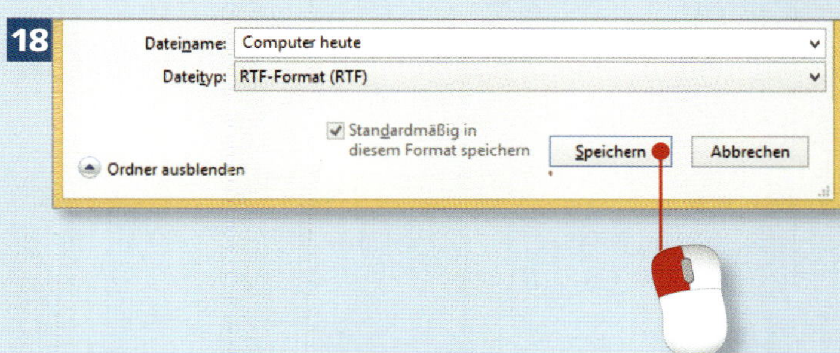

Dokument öffnen

Nachdem Sie WordPad geschlossen haben, können Sie das Dokument jederzeit wieder zugänglich machen, indem Sie doppelt auf das entsprechende Symbol auf dem Desktop klicken. Sie müssen das Programm WordPad vorab nicht extra öffnen.

Kurznotizen erstellen

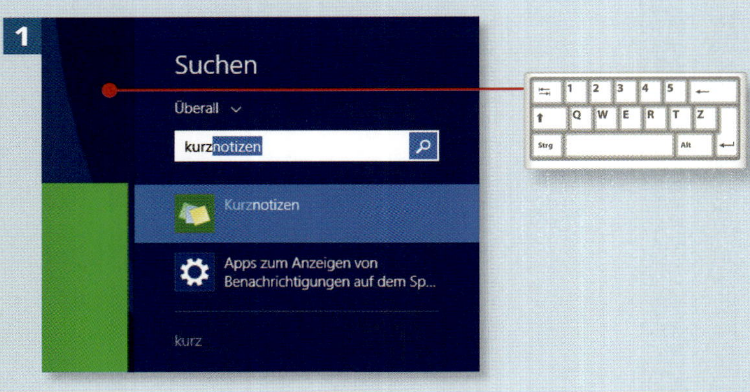

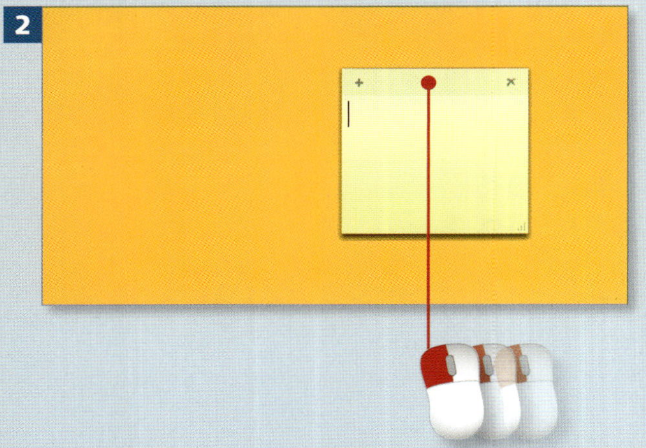

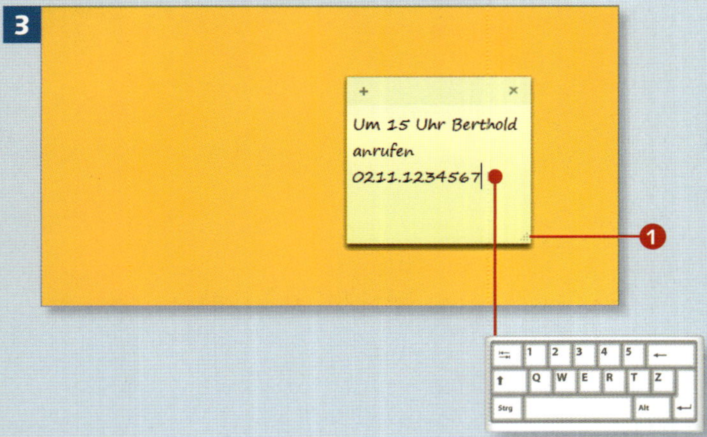

Wenn man einmal etwas nur schnell notieren muss, ist ein Textverarbeitungsprogramm wie WordPad viel zu umständlich. Verwenden Sie doch lieber kleine »Haftnotizen«.

Schritt 1

Geben Sie auf dem Startbildschirm als Stichwort »kurz« ein. Nachdem Windows ein eindeutiges Ergebnis zutage gefördert hat, drücken Sie [↵], um das Programm zu öffnen.

Schritt 2

Der Zettel taucht jetzt oben rechts auf dem Desktop auf. Klicken Sie auf die Kopfzeile, und verschieben Sie den Zettel mit gedrückter linker Maustaste an eine beliebige Stelle.

Schritt 3

Nun können Sie die Notiz verfassen. Alles, was Sie über die Tastatur eingeben, erscheint auf dem Zettel. Auch hier führen Sie eine Zeilenschaltung mit [↵] durch.

Zettel vergrößern
Falls Sie einen größeren Zettel benötigen, können Sie die untere rechte Ecke (1) mit gedrückter linker Maustaste nach außen ziehen.

Schritt 4

Wenn eine Notiz nicht ausreicht, ziehen Sie einfach einen weiteren Zettel hinzu. Das tun Sie, indem Sie auf das kleine Plus-Symbol oben links klicken. (Diese Symbole sind nur sichtbar, wenn der Mauszeiger auf dem Zettel liegt.)

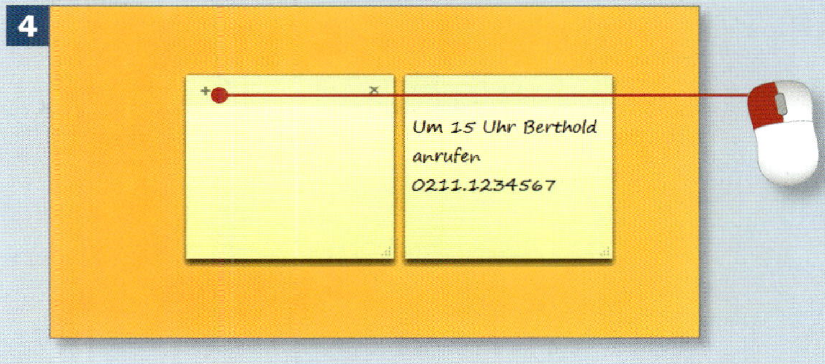

Schritt 5

Damit sich die Zettel nicht nur inhaltlich, sondern auch farblich voneinander unterscheiden, klicken Sie den neuen Zettel mit der rechten Maustaste an und weisen ihm per Mausklick eine neue Farbe zu (z. B. **Grün**).

Schritt 6

Das Notierte ist erledigt – Sie benötigen den Notizzettel also jetzt nicht mehr. Klicken Sie auf das Kreuzchen oben rechts ❷, und bestätigen Sie die Kontrollabfrage mit **Ja**.

Notizzettel nicht speicherbar
Notizzettel sind für den kurzfristigen Einsatz vorgesehen und lassen sich nicht speichern. Sobald Sie den PC herunterfahren oder sich als Benutzer abmelden, geht auch die Notiz verloren.

Journal-Notizen erstellen

1

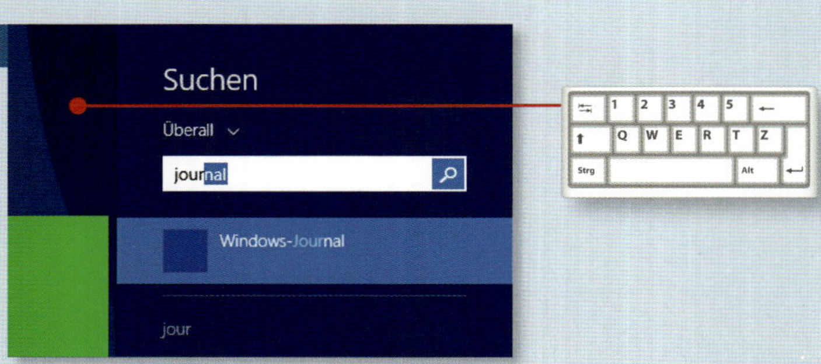

Wenn Sie ein Tablet zum Zeichnen einsetzen oder mit dem Laptop unterwegs sind, möchten Sie vielleicht schnell einmal eine Journal-Notiz erstellen. Darüber können Sie nämlich mit dem Finger, einem Eingabestift oder auf dem Touchpad des Laptops schreiben, sofern das jeweilige Gerät diese Funktion unterstützt.

2

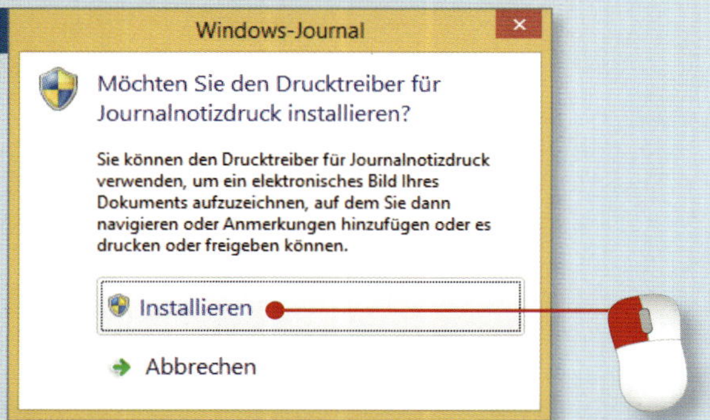

Schritt 1

Tippen Sie »journal« auf dem Startbildschirm ein, und schauen Sie sich das Ergebnis an. Sobald der Eintrag **Windows-Journal** umrandet angezeigt wird, klicken Sie darauf oder drücken ↵, um das Programm zu öffnen.

Schritt 2

Wenn Sie Windows-Journal zum ersten Mal aufrufen, wird Ihnen nun möglicherweise ein Drucktreiber angeboten. Weisen Sie ihn mit Klick auf **Installieren** zu.

3

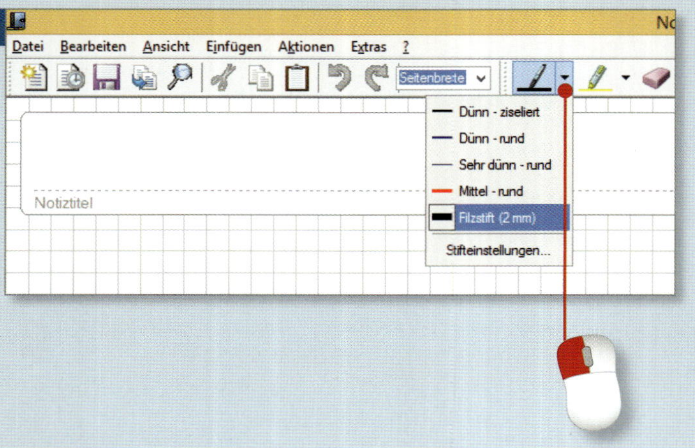

Schritt 3

In der sogenannten *Optionsleiste* des Programms klicken Sie jetzt auf das Dreieck neben dem Pinsel. Suchen Sie einen Stift aus, indem Sie einen der Einträge des Menüs mit einem Mausklick markieren.

Schritt 4

Schreiben Sie mit dem Pen Ihres Tablet-PCs, oder benutzen Sie das Touchpad Ihres Notebooks, indem Sie mit dem Finger daraufschreiben, was im Journal abgebildet werden soll.

Schritt 5

Zur Korrektur hält das Programm einen Radierer bereit. Nachdem Sie diesen angeklickt haben, können Sie mit gedrückter Maus- oder Touchpad-Taste über das Blatt »wischen«. Dort, wo Sie den Radierer einsetzen, werden die Aufzeichnungen gelöscht.

Schritt 6

Zuletzt sollten Sie die Journal-Datei speichern. Gehen Sie dazu in das Menü **Datei**, und klicken Sie dort auf **Speichern unter**.

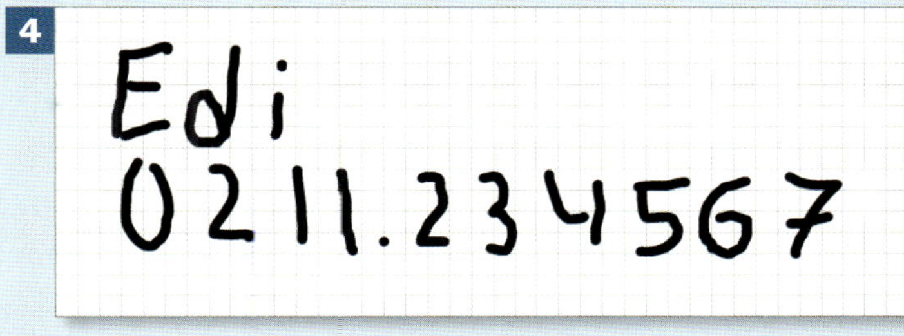

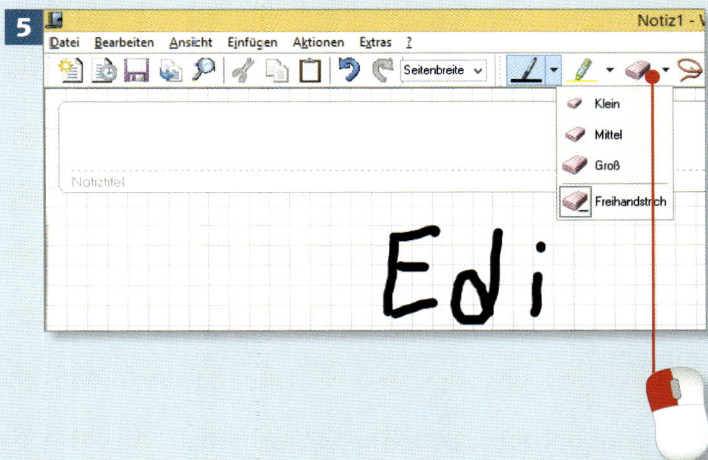

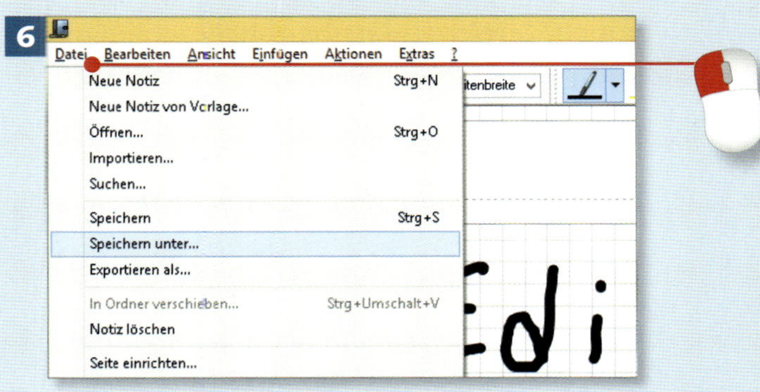

Windows-Journal auf dem Tablet

Wer Windows 8.1 auf einem Tablet betreibt, kann natürlich zur Eingabe auch die Oberfläche des Tablets benutzen und Notizen mit dem Finger erzeugen (siehe Schritt 4).

Kapitel 9
Weitere Geräte anschließen

So ganz ohne Papier kommt man meist ja doch nicht aus. Eine der am häufigsten genutzten Funktionen von Windows ist das Drucken. Wenn Sie im Besitz eines Druckers sind, erfahren Sie hier, wie Sie ihn unter Windows 8.1 einrichten und einsetzen können. Auch die Einrichtung weiterer Geräte wird gezeigt, z. B. die von Lautsprechern.

Mit Windows drucken
Drucker anschließen, hinzufügen, testen und drucken ❶ – das klingt kompliziert? Keine Sorge, in aller Regel ist dazu kein großer Aufwand nötig. In diesem Kapitel sehen Sie, wie es geht.

Der Sound in Windows
Sie möchten mit Ihrem Rechner Musik hören, Filme gucken oder etwas aufzeichnen? Dafür brauchen Sie wohl auch Lautsprecher ❷. Wie Sie diese anschließen und danach weiter vorgehen müssen, wird in diesem Kapitel Schritt für Schritt erklärt.

Mehr Speicherplatz, mehr Sicherheit
Platz ist nach wie vor ein kostbares Gut. Das gilt besonders für die eingebaute(n) Festplatte(n). Wer mehr Speicherplatz benötigt, schließt eine externe Festplatte an ❸ und benutzt diese als zusätzlichen Speicher – oder zur Datensicherung. Und wer schnell einmal Daten »mitnehmen« möchte, kopiert alles Nötige auf einen USB-Stick.

❶ Mit Windows drucken ist kinderleicht.

❷ Für ein sattes Musikerlebnis sollten Sie zunächst Lautsprecher anschließen.

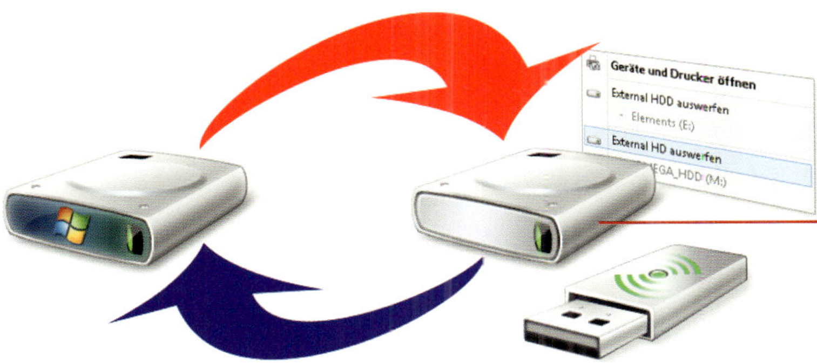

❸ Wer mehr Speicherplatz benötigt oder auf Mobilität seiner Daten setzt, greift zu externen Festplatten bzw. USB-Sticks.

Einen Drucker anschließen

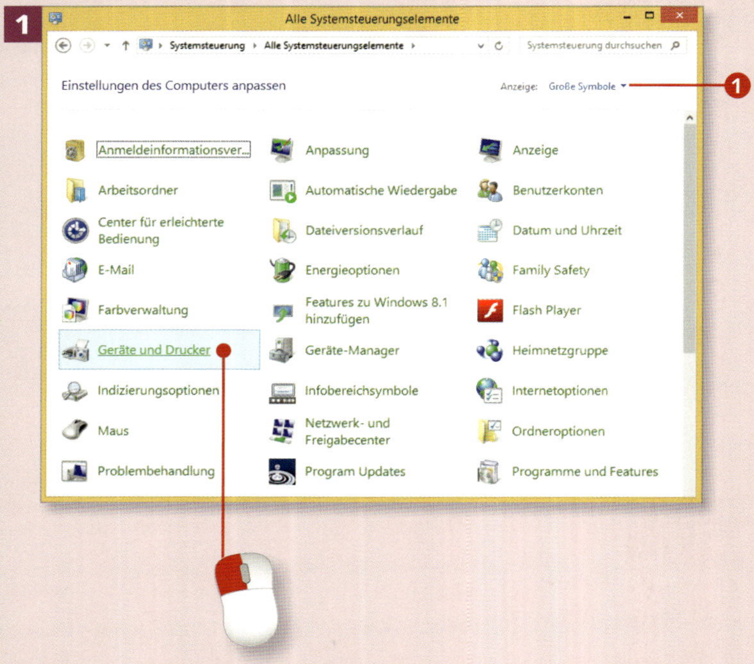

Moderne Drucker werden via USB angeschlossen und funktionieren in der Regel, sobald sie eingeschaltet sind. Wenn sich der erforderliche Treiber nicht automatisch installiert, müssen Sie selbst Hand anlegen.

Schritt 1

Schließen Sie den Drucker an, und schalten Sie ihn ein. Öffnen Sie die Systemsteuerung, indem Sie auf dem Startbildschirm »sys« eingeben und in der Ansicht **Große Symbole** 1 ↵ drücken. Entscheiden Sie sich für **Geräte und Drucker**.

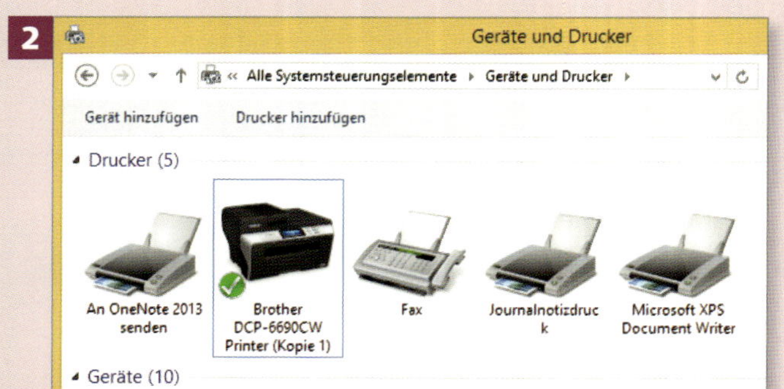

Schritt 2

Gedulden Sie sich einen Moment – wenn der angeschlossene Drucker vom System gefunden wurde, wird er gleich angezeigt.

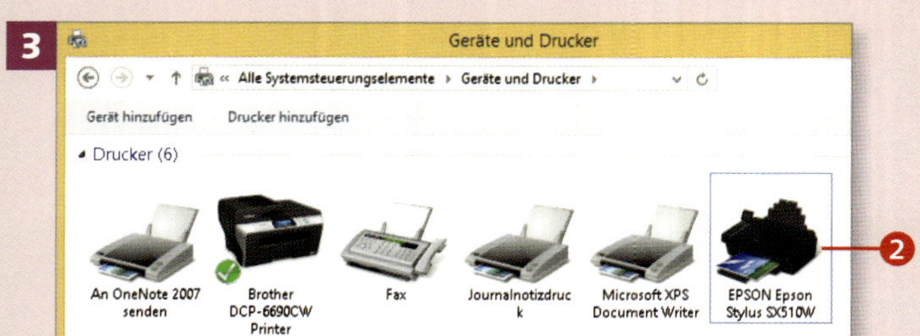

Schritt 3

Wird der Drucker angezeigt 2? Klasse! Dann fahren Sie direkt mit Schritt 5 fort.

Software installieren

Bei der automatischen Installation wird nur die Treibersoftware installiert. Sollte Ihr Drucker mit zusätzlicher Software ausgeliefert worden sein, müssen Sie diese separat installieren.

Schritt 4

Sollte die Anzeige des neuen Druckers ausbleiben, klicken Sie auf die Schaltfläche **Drucker hinzufügen** in der Leiste oberhalb der Drucker-Zeile.

Schritt 5

Im zugehörigen Dialogfenster werden jetzt die gefundenen Drucker innerhalb des Systems angezeigt ❸. Markieren Sie die passende Zeile mit Ihrem Drucker, und klicken Sie auf **Weiter**.

Schritt 6

Geben Sie dem Drucker im nächsten Dialog einen Namen, und klicken Sie dann auf **Weiter** (in der Abbildung rechts nicht zu sehen). Im letzten Dialog betätigen Sie **Fertig stellen**.

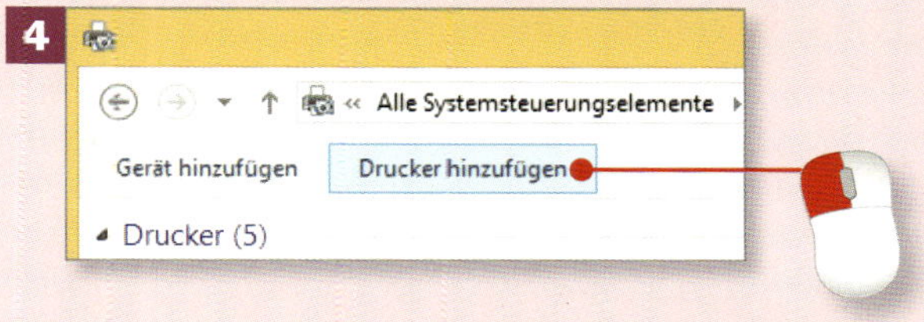

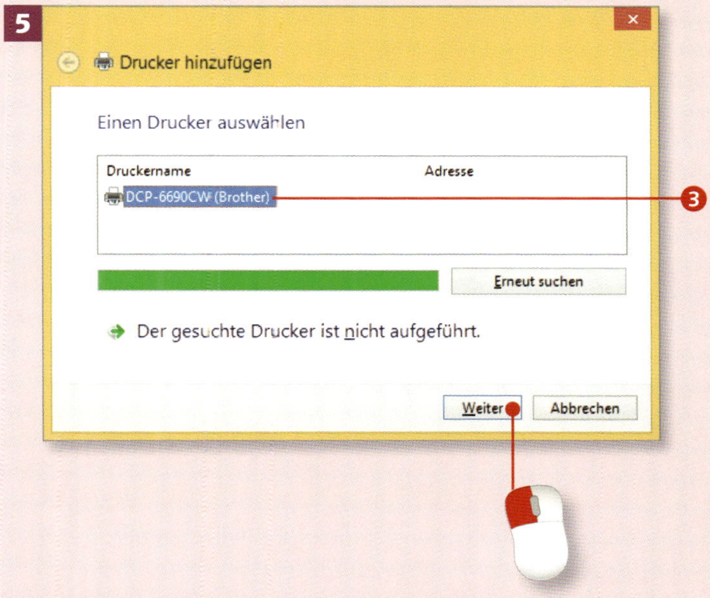

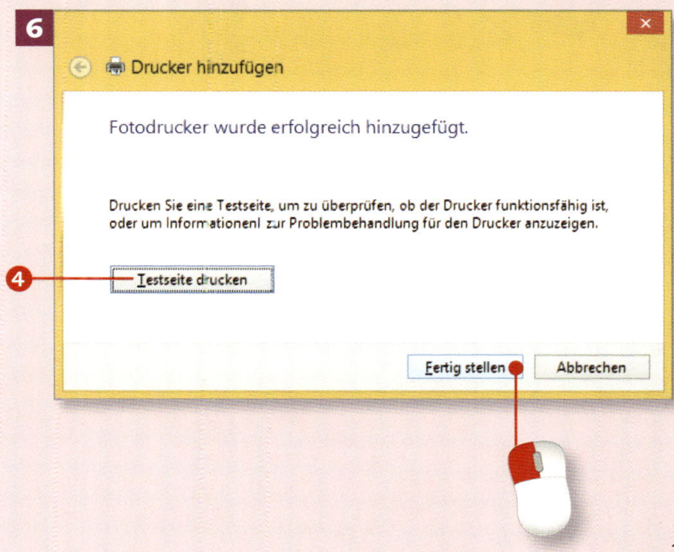

Testseite drucken
Solange Sie noch nicht auf **Fertig stellen** geklickt haben, können Sie testweise drucken, indem Sie auf den Button **Testseite drucken** ❹ klicken.

Netzwerkdrucker einrichten

1

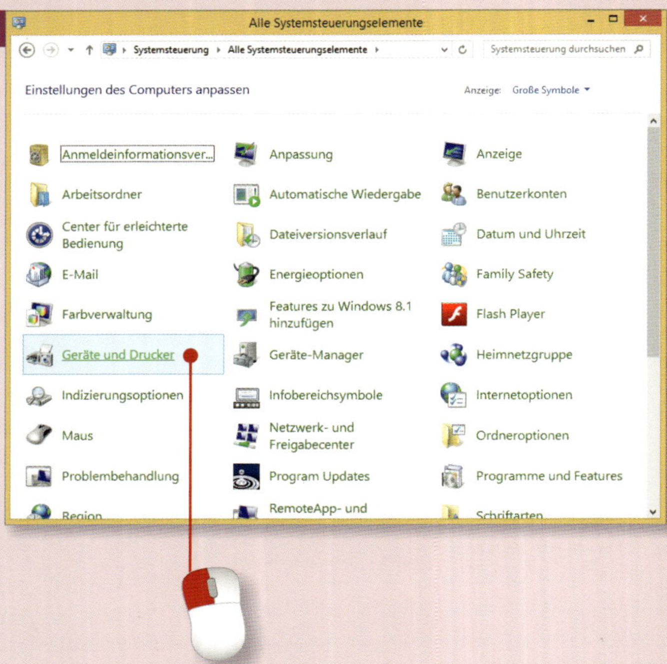

2

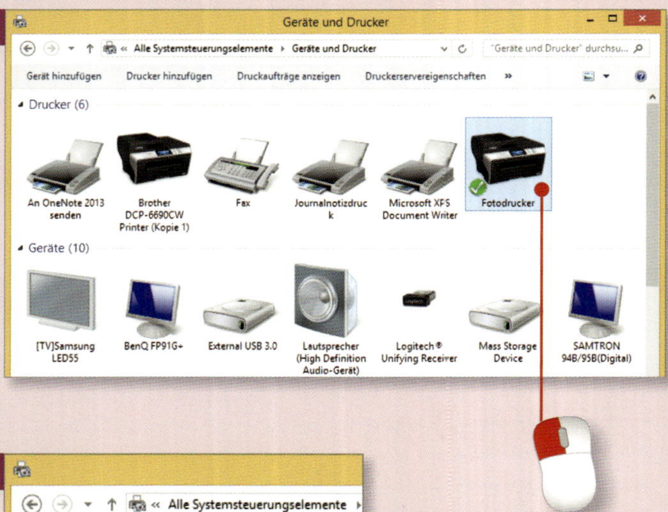

3

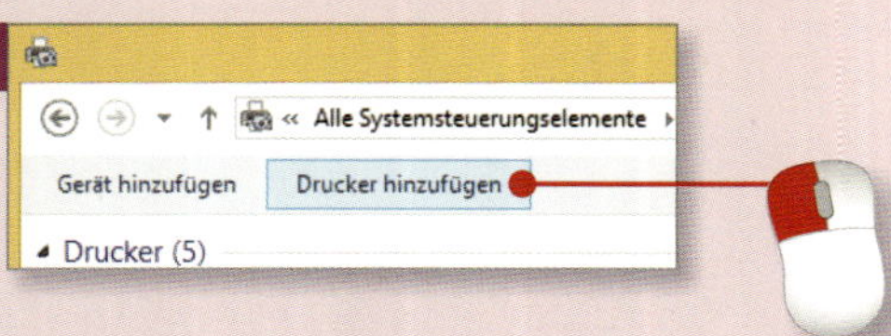

Wenn Sie einen Netzwerkdrucker hinzufügen wollen, auf den jeder Computer Zugriff hat, der mit dem Netzwerk verbunden ist, können Sie das ebenfalls von Hand erledigen.

Schritt 1

Nach Anschluss und Einschalten des Druckers wechseln Sie in die Systemsteuerung und aktivieren dort die Rubrik **Geräte und Drucker**.

Schritt 2

Halten Sie nach der Miniatur des Druckers Ausschau, den Sie als Netzwerkdrucker einrichten wollen. Wenn er angezeigt wird, klicken Sie darauf und fahren mit Schritt 5 fort.

Schritt 3

Das Drucker-Icon ist nicht zu sehen? Dann müssen Sie Ihren Drucker zunächst suchen. Klicken Sie auf **Drucker hinzufügen**.

i

Bitte warten!

Gedulden Sie sich einen Augenblick. Es kann durchaus etwas dauern, bis der Drucker angezeigt wird. Schritt 3 sollten Sie daher erst ausführen, nachdem Sie mindestens 30 Sekunden gewartet haben.

Schritt 4

Nachdem der Drucker gefunden wurde, klicken Sie ihn an und gehen anschließend auf **Weiter**. Es folgt noch ein Dialog, indem der Drucker benannt werden kann. Klicken Sie auch hier auf **Weiter**.

4

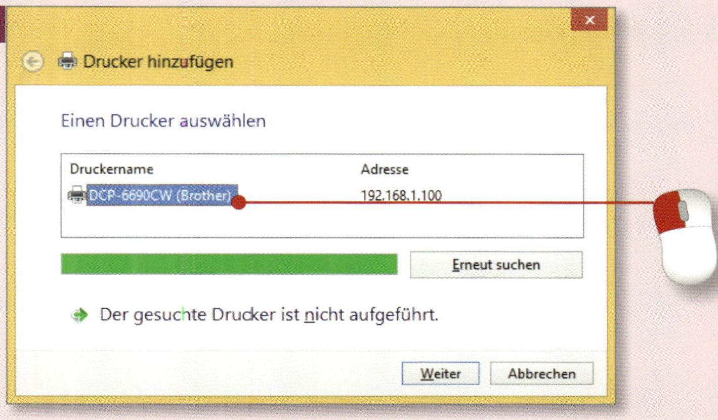

Schritt 5

Sobald Sie beim Dialogfenster **Druckerfreigabe** angelangt sind, müssen Sie dafür sorgen, dass **Drucker freigeben, damit andere Benutzer im Netzwerk ihn finden und verwenden können** aktiviert wird. Bestätigen Sie die Auswahl abermals mit einem Klick auf **Weiter**.

5

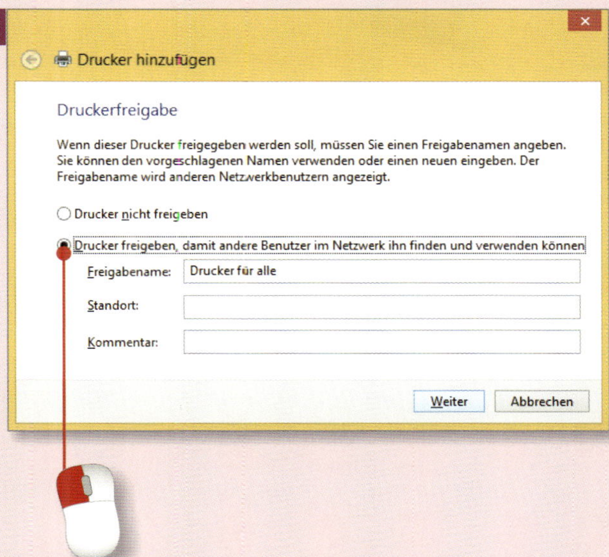

Schritt 6

Zuletzt gehen Sie, wie bereits in der vorangegangenen Anleitung beschrieben, auf **Fertig stellen**. Jetzt sollte der Drucker im Dialog **Geräte und Drucker** geführt sein.

6

Drucker nachträglich freigeben
Falls Sie einen bereits installierten Drucker nachträglich freigeben wollen, klicken Sie mit rechts auf das Symbol, wählen **Druckereigenschaften**, gefolgt von **Freigabe**, und aktivieren die Checkbox **Drucker freigeben**. Vergessen Sie nicht, mit **OK** zu bestätigen.

Funktion des Druckers prüfen

1

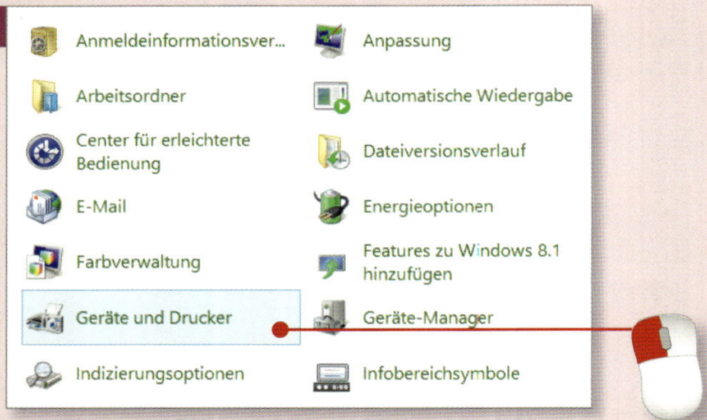

2

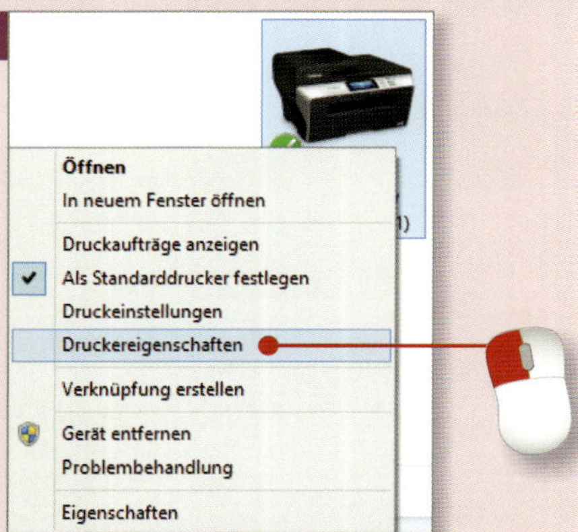

3

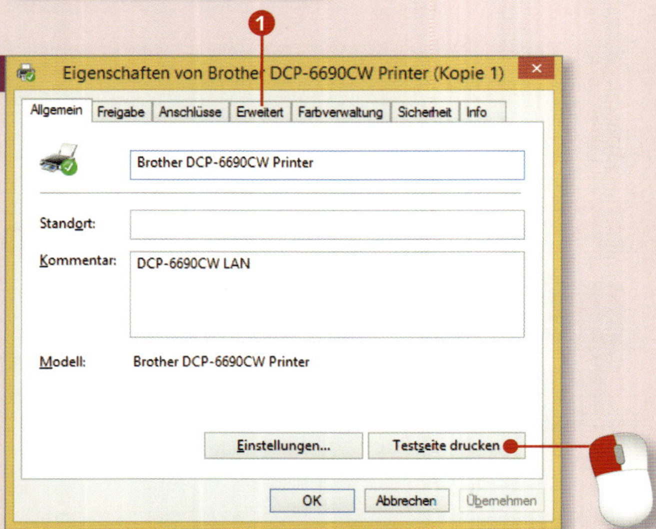

Der Drucker ist angeschlossen und die Treibersoftware installiert. Testen Sie jetzt, ob das Gerät auch einwandfrei funktioniert.

Schritt 1

Vom Startbildschirm ausgehend, öffnen Sie die Systemsteuerung, indem Sie »sys« eingeben und [↵] drücken. Aktivieren Sie dort zunächst den Punkt **Geräte und Drucker**.

Schritt 2

Klicken Sie mit rechts auf das Gerät, das Sie testen wollen, und im Kontextmenü mit links auf **Druckereigenschaften**.

Schritt 3

Standardmäßig ist im Dialogfenster **Eigenschaften** die Registerkarte **Allgemein** geöffnet. Dort finden Sie auch den Button **Testseite drucken**. Klicken Sie darauf, und warten Sie, bis die Testseite am Drucker ausgegeben worden ist.

Erweiterte Einstellungen

Auf dem Register **Erweitert** (1) können Sie individuelle Einstellungen vornehmen, z. B. ob der Drucker bei einem Fehler anhalten soll, ob Druckaufträge nach dem Drucken gelöscht werden etc.

Schritt 4

Kurz nachdem Sie eine entsprechende Meldung erhalten haben, sollte auch der Testausdruck vorliegen. Prüfen Sie, ob der Druck zufriedenstellend ist, und klicken Sie auf **Schließen**.

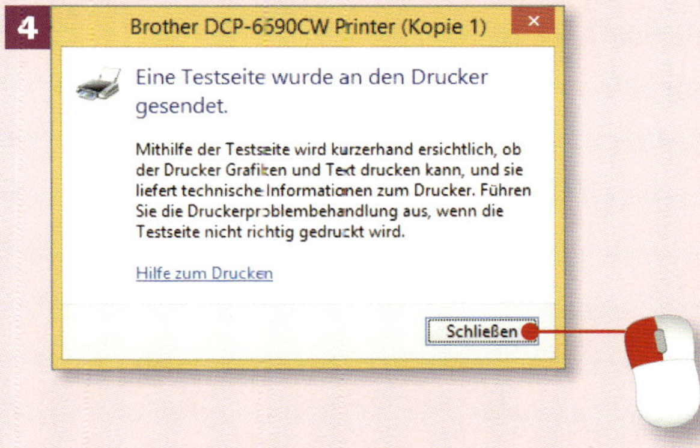

Schritt 5

Ist das Ergebnis nicht in Ordnung, klicken Sie im Dialogfenster **Eigenschaften** auf die Schaltfläche **Einstellungen**.

Schritt 6

Im Dialogfenster **Druckeinstellungen** finden Sie je nach Modell in aller Regel Möglichkeiten und Hinweise, die zu verbesserten Druckergebnissen führen, z. B. die Druckqualität ❷.

Weitere Infos einholen

Da wir hier leider nicht auf alle Modelle eingehen können, müssen wir Sie bei detaillierteren Fragen auf das Handbuch Ihres Druckers oder an den Händler Ihres Vertrauens verweisen.

Den Standarddrucker festlegen

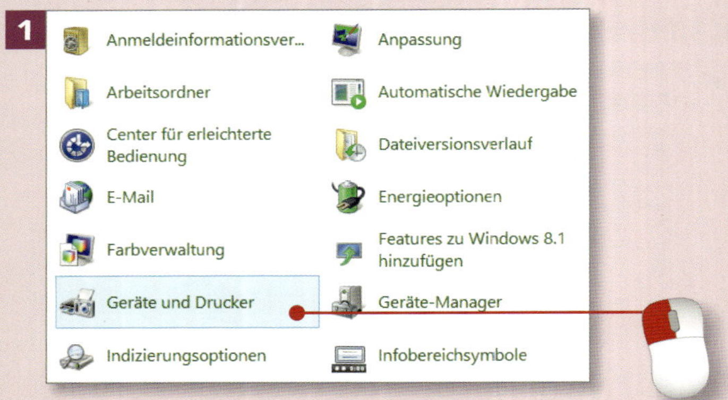

Nicht selten werden heutzutage gleich mehrere Drucker an einem PC oder im Netzwerk betrieben. In diesem Fall können Sie bestimmen, welcher Drucker grundsätzlich angesteuert werden soll.

Schritt 1

Gehen Sie in die Systemsteuerung, und entscheiden Sie sich darin für den Eintrag **Geräte und Drucker**.

Schritt 2

Halten Sie nach dem Drucker Ausschau, der mit einem Häkchen versehen ist ❶. Das ist nämlich stets das Indiz für den aktuellen Standarddrucker.

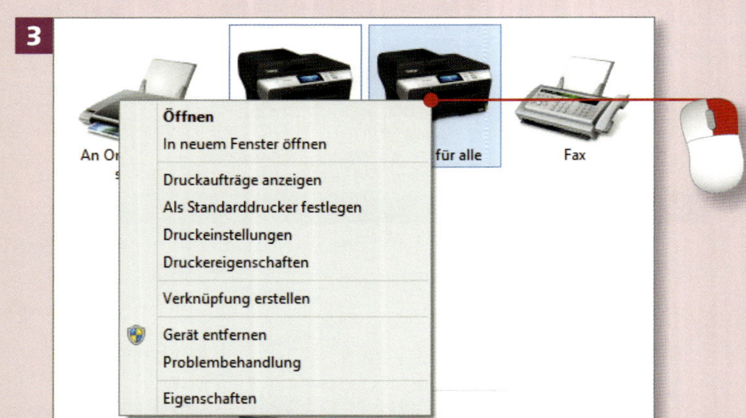

Schritt 3

Wollen Sie einen anderen Drucker als Standard festlegen? Dann klicken Sie zunächst mit der rechten Maustaste auf das Icon des Druckers.

Standarddrucker

Wenn Sie in einer Software (z. B. WordPad) auf **Datei ▸ Drucken** klicken, wird der Druckauftrag an den Standarddrucker geschickt, bzw. dieser wird in der Druckerauswahl als Erstes angeboten.

Schritt 4

Im Kontextmenü klicken Sie – nun wieder mit der linken Maustaste – auf den Eintrag **Als Standarddrucker festlegen**.

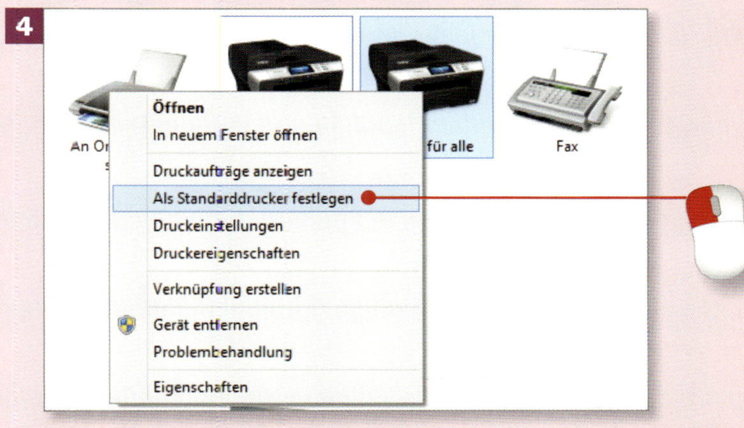

Schritt 5

Im Anschluss daran werden Sie feststellen, dass das Häkchen **2** Ihren Einstellungen entsprechend neu platziert worden ist.

Schritt 6

Wenn Sie später wieder einen anderen Drucker zum Standard machen wollen, müssen Sie einfach die Schritte 3 und 4 mit dem entsprechenden Drucker-Icon wiederholen. Das Fenster **Geräte und Drucker** können Sie übrigens auch vonm Startbildschirm aus öffnen. Geben Sie dazu einfach »Standarddrucker« ein und klicken Sie auf das Suchergebnis.

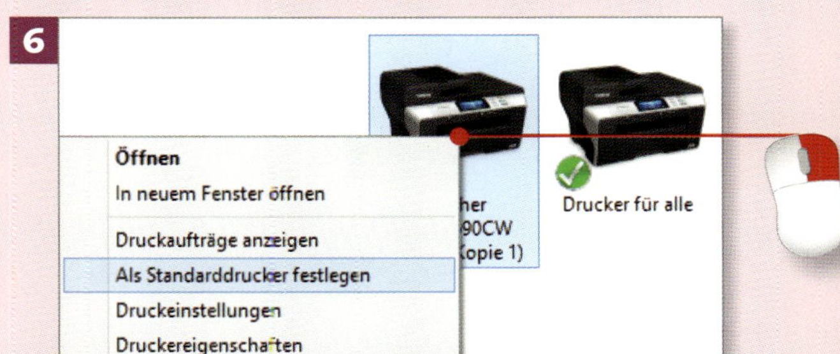

Nur ein Standarddrucker
Egal, wie viele Drucker Sie anschließen – Sie werden immer nur einen einzigen zum Standarddrucker erklären können.

Drucker entfernen

1
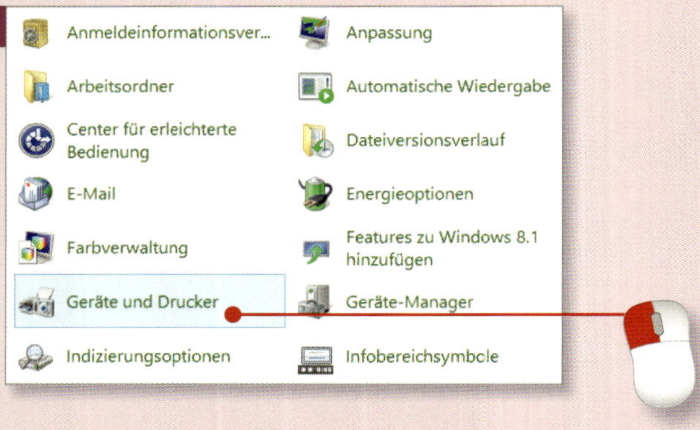

2
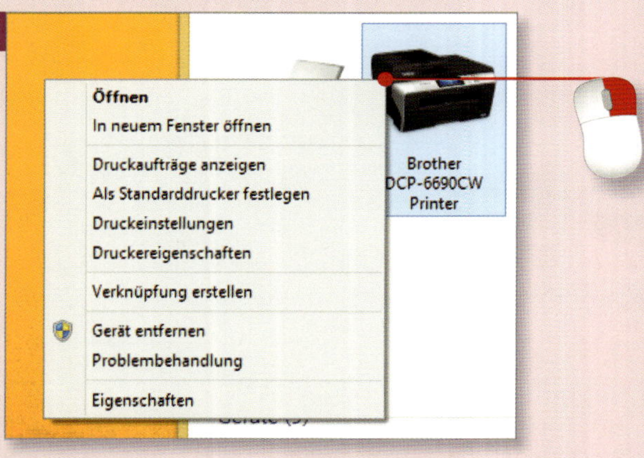

3
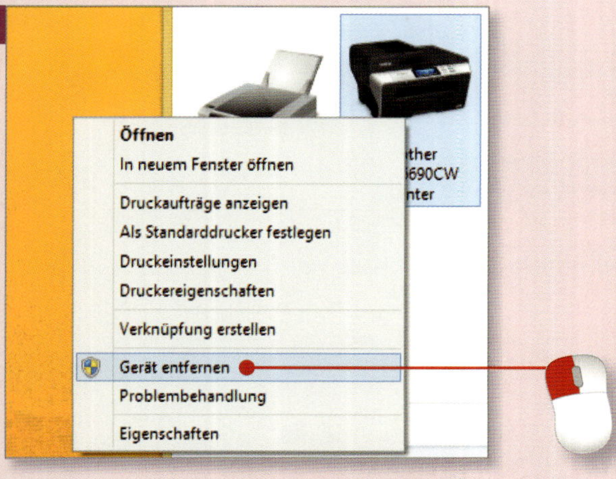

Drucker leben leider nicht ewig. Deswegen werden Sie von Zeit zu Zeit einen neuen benötigen. Der alte Drucker bleibt aber in der Geräteliste – es sei denn, Sie entfernen ihn dort manuell.

Schritt 1

Öffnen Sie die Systemsteuerung, und klicken Sie dort auf **Geräte und Drucker**.

Schritt 2

Klicken Sie mit der rechten Maustaste auf den Drucker, den Sie entfernen möchten, und öffnen Sie so das Kontextmenü.

Schritt 3

Im Kontextmenü entscheiden Sie sich nun mit einem normalen Mausklick für die Option **Gerät entfernen**.

Das kann dauern ...

Verzagen Sie nicht, wenn die Entfernung des Geräts nicht direkt sichtbar wird. Es kann durchaus ein wenig Zeit in Anspruch nehmen, bis auch das Drucker-Icon entfernt wird.

Schritt 4

Damit Sie nicht versehentlich das falsche Gerät entfernen, fragt Windows lieber noch einmal nach. Bestätigen Sie das Hinweisfenster mit einem Klick auf **Ja**.

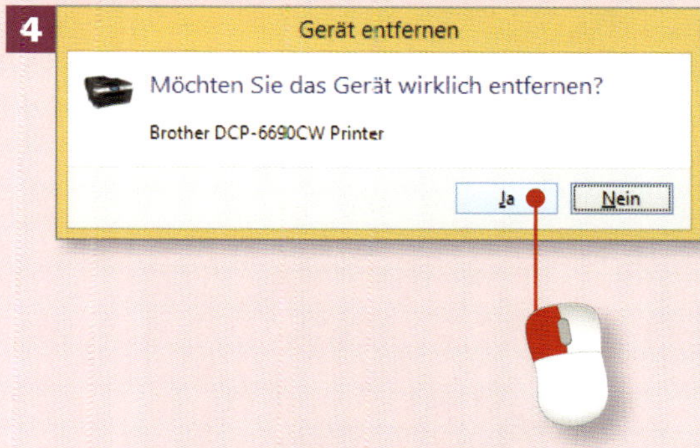

Schritt 5

Daraufhin wird der Drucker aus der Liste entfernt. Allerdings kann er zu einem späteren Zeitpunkt auch ohne großen Aufwand wieder integriert werden (siehe dazu den Abschnitt »Einen Drucker anschließen« auf Seite 208).

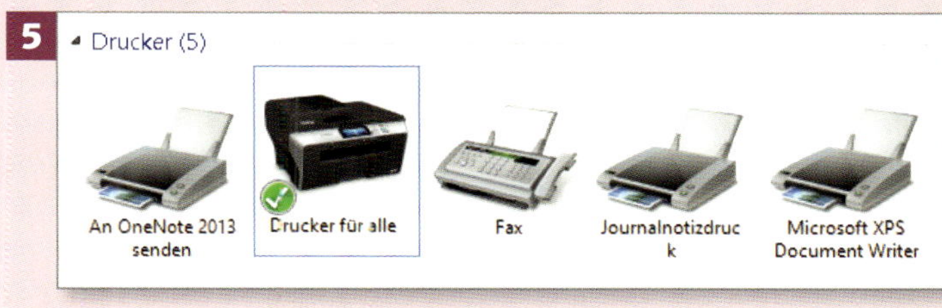

Schritt 6

Sie werden sehen, dass das Gerät schnell wiedergefunden wird. Den Rest kennen Sie ja bereits aus den vorangegangenen Anleitungen.

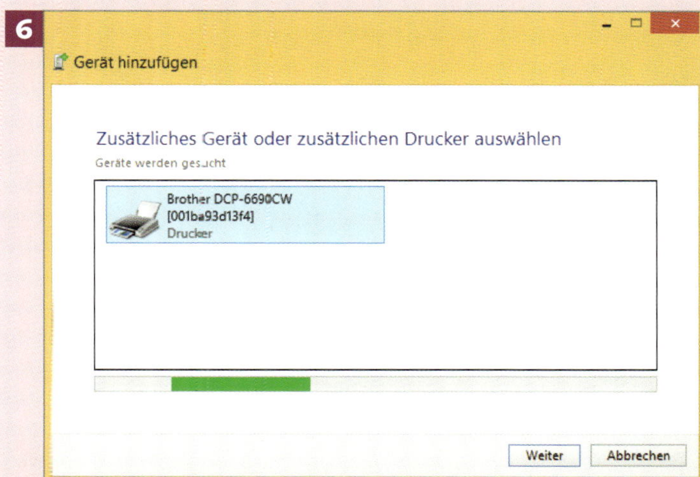

Treiber bleiben erhalten

Auch wenn Sie einen Drucker entfernen, bleibt dessen Treiber dennoch installiert. Sollten Sie dasselbe Gerät irgendwann wieder anschließen müssen, geht es also umso schneller.

Lautsprecher anschließen und einstellen

1

2

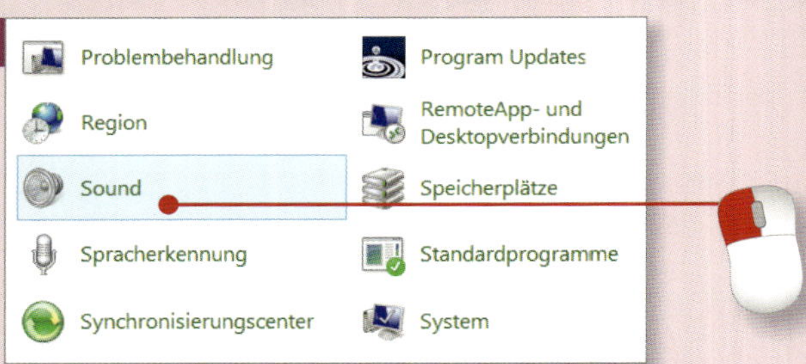

3

Lautsprecher sollten von Anfang an korrekt konfiguriert werden, damit es nicht zu Beeinträchtigungen kommt. Denn schließlich soll der Klang ja auch am PC zum Hörgenuss werden.

Schritt 1

Zunächst müssen Sie sicherstellen, dass Sie an Ihrem Rechner den richtigen Anschluss gewählt haben. Stereo-Lautsprecher gehören stets an den grünen Ausgang (1).

Schritt 2

Öffnen Sie die Systemsteuerung, und aktivieren Sie darin den Systembereich **Sound**. Wenn dieser Bereich nicht sichtbar ist, scrollen Sie im Fenster mithilfe des Balkens auf der rechten Seite nach unten (ziehen Sie mit gedrückter linker Maustaste daran).

Schritt 3

Im Dialogfenster **Sound** aktivieren Sie das Register **Wiedergabe**, sofern dieses nicht bereits aktiv ist. Darunter sehen Sie alle angeschlossenen bzw. zur Verfügung stehenden Geräte.

Schritt 4

Setzen Sie einen Doppelklick auf die Zeile **Lautsprecher**, damit Sie dieses Gerät konfigurieren können.

Schritt 5

Im Dialogfenster **Eigenschaften von Lautsprecher** aktivieren Sie zunächst die Registerkarte **Erweitert** 2. Anschließend klicken Sie auf **Testen**. Die Lautsprecher sollten jetzt ein kurzes Glockenspiel wiedergeben.

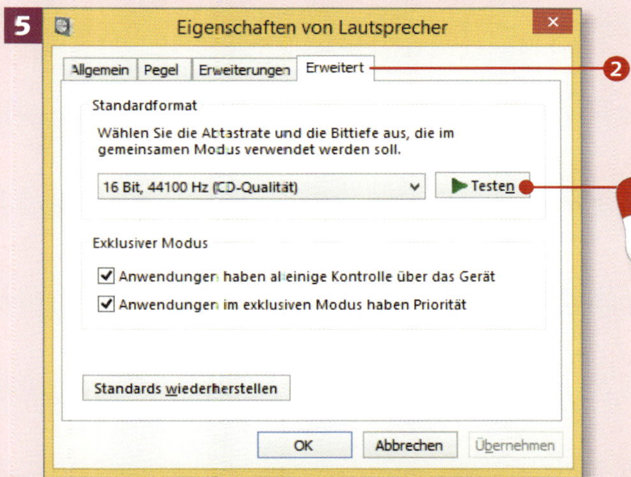

Schritt 6

Wenn Sie nichts hören bzw. wenn der Ton zu leise oder zu laut ist, wechseln Sie auf das Register **Pegel** 3. Ziehen Sie den Regler **Lautsprecher** mit gedrückter linker Maustaste nach links oder rechts, um die Lautstärke zu verändern. Bestätigen Sie die Änderung mit einem Klick auf **OK**.

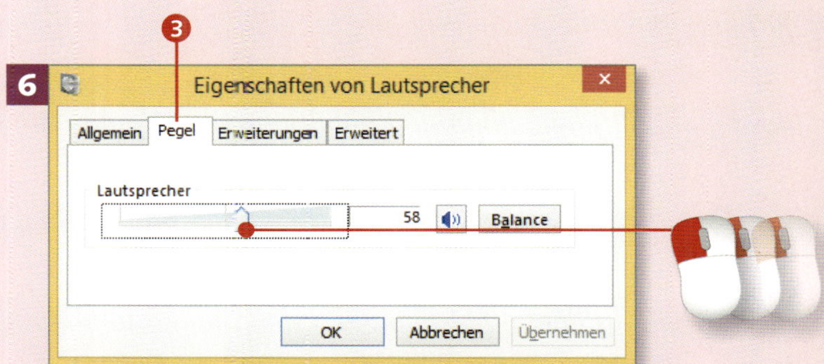

Lautsprecher einstellen

Die Einstellung aus Schritt 6 können Sie auch zu einem späteren Zeitpunkt vornehmen oder ändern.

Lautsprecher anschließen und einstellen (Forts.)

7

8

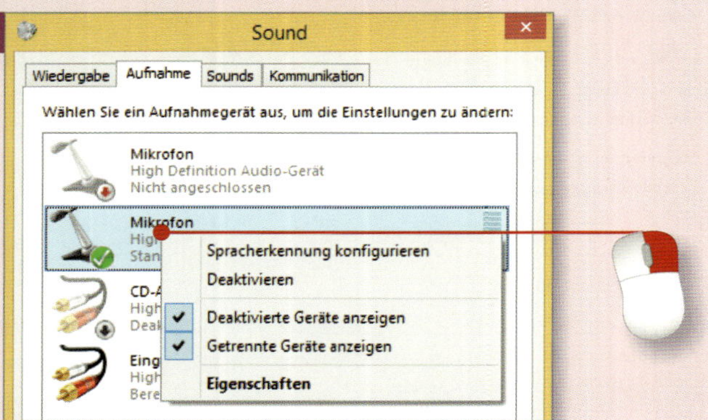

9

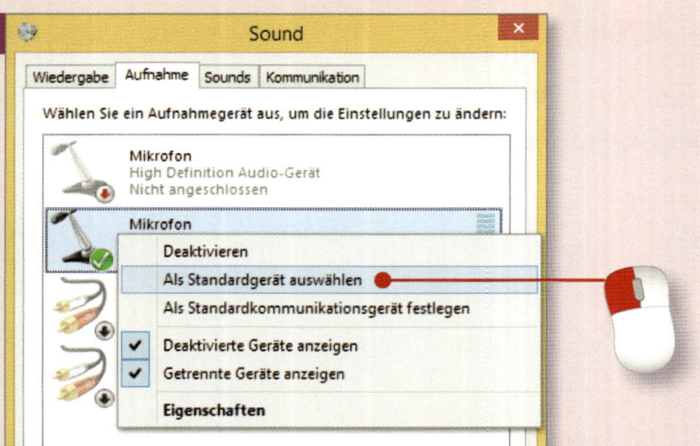

Schritt 7

Falls Sie ein Mikrofon oder ein anderes Aufnahmegerät (z. B. ein Audio-Interface) angeschlossen haben, klicken Sie auf das Register **Aufnahme**. Ist kein Mikro angeschlossen, fahren Sie mit Schritt 11 fort.

Schritt 8

Je nachdem, welches Gerät Sie verwenden wollen (Mikrofon oder Audio-Interface), klicken Sie nun mit der rechten Maustaste auf **Mikrofon** oder auf **Eingang**. Beim Anschluss eines Mikrofons nutzen Sie in aller Regel die rosafarbene Buchse an Ihrem PC. Im Zweifel schauen Sie in das Handbuch Ihres Computers.

Schritt 9

Falls es nicht bereits als solches aktiviert ist, legen Sie fest, dass das Gerät als Standard verwendet werden soll, indem Sie im Kontextmenü **Als Standardgerät auswählen** aktivieren.

Keine Umstellung

Schritt 9 zeigt lediglich beispielhaft, dass der **Eingang** (ganz unten in der Liste) auch als Standard definiert werden könnte. Hier ist jedoch **Mikrofon** als Standard gelistet, was auch so bleiben sollte.

Schritt 10

Mit den eben vorgenommenen Einstellungen ist alles erledigt, und Sie können den Dialog mit einem Klick auf **OK** verlassen.

Schritt 11

Die Lautstärke (damit ist die Wiedergabe über die Lautsprecher gemeint) lässt sich fortan regeln, indem Sie auf das kleine Lautsprecher-Symbol in der Taskleiste klicken. Verschieben Sie den Regler, während Sie die Maustaste gedrückt halten.

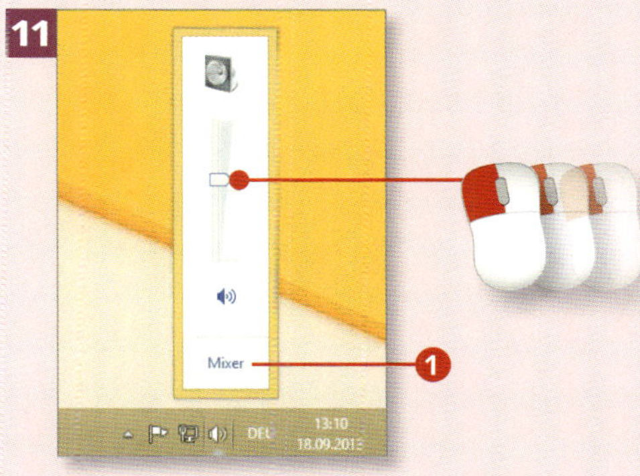

Schritt 12

Klicken Sie unterhalb des Reglers auf **Mixer** ❶, verfügen Sie zusätzlich über die Möglichkeit, mit gedrückter linker Maustaste die Lautstärke der Systemsounds oder des Mikrofons zu beeinflussen.

Aufnahme-Check
Die Mikrofonaufnahme lässt sich abschließend prüfen, indem Sie die Schritte des Workshops »Aufnahme und Wiedergabe testen« auf Seite 222 nachvollziehen.

Aufnahme und Wiedergabe testen

Alle Geräte sind angeschlossen und so konfiguriert, wie im vorangegangenen Workshop beschrieben? Na, dann lassen Sie es krachen …

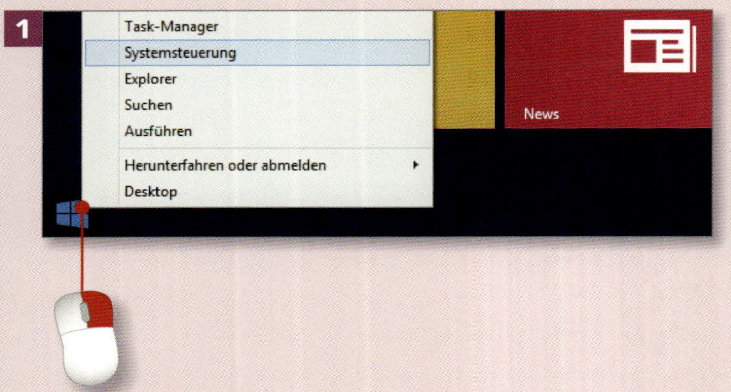

Schritt 1

Um vom Startbildschirm aus in die Systemsteuerung zu gelangen, geben Sie einfach »sys« ein und drücken [↵]. Alternativ dürfen Sie auch einen Rechtsklick auf das **Windows**-Symbol setzen und von dort aus zur Systemsteuerung gehen.

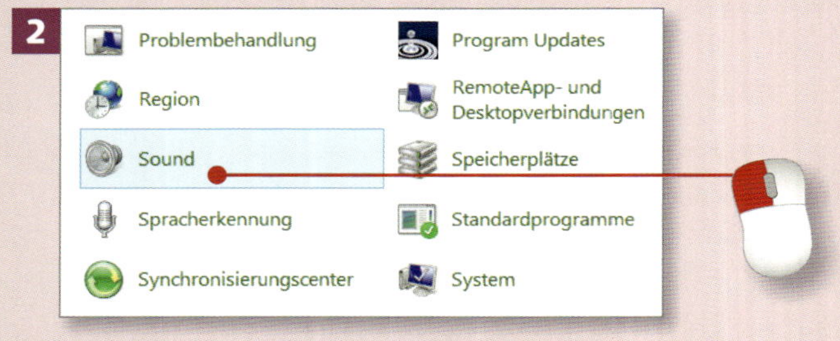

Schritt 2

Scrollen Sie im nächsten Fenster so weit nach unten, bis Sie die Rubrik **Sound** sehen können, und setzen Sie einen Mausklick darauf.

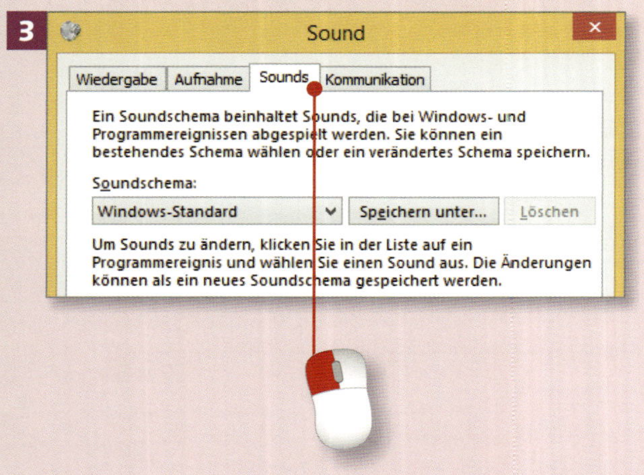

Schritt 3

Im Fenster **Sound** aktivieren Sie daraufhin die Registerkarte **Sounds** ganz oben im Fenster mit einem Mausklick.

Betriebssystem-Sounds

Eigentlich sind die hier aufgeführten Sounds dazu da, ein Signal zu geben, wenn eine bestimmte Bedingung während der Arbeit erfüllt wird (z. B. kritischer Akkuzustand). Wir verwenden diese Sounds jetzt aber zum Testen der Lautsprecher.

Schritt 4

In der Liste **Programmereignisse** weiter unten aktivieren Sie eine der Zeilen, denen ein Lautsprecher-Symbol vorangestellt ist, mit einem Klick, z. B. **Alarm bei kritischem Akkustand**.

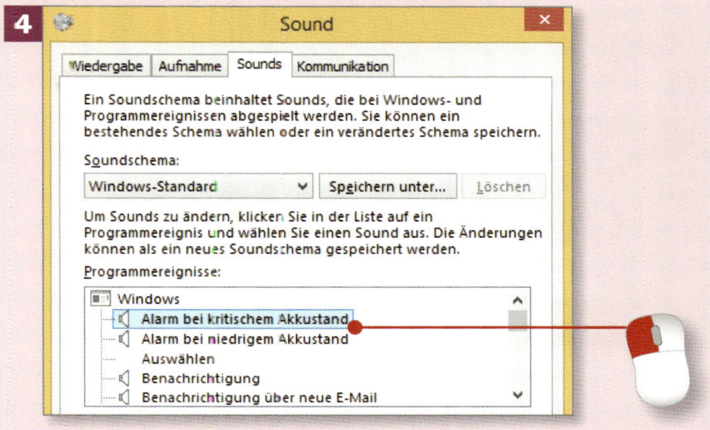

Schritt 5

Nun klicken Sie auf die Schaltfläche **Testen**. Na, haben Sie den Ton gehört? Falls nicht, wiederholen Sie den Vorgang und regulieren die Lautstärke über das Lautsprecher-Symbol in der Taskleiste (siehe die Schritte 11 und 12 im Abschnitt »Lautsprecher anschließen und einstellen« auf Seite 221).

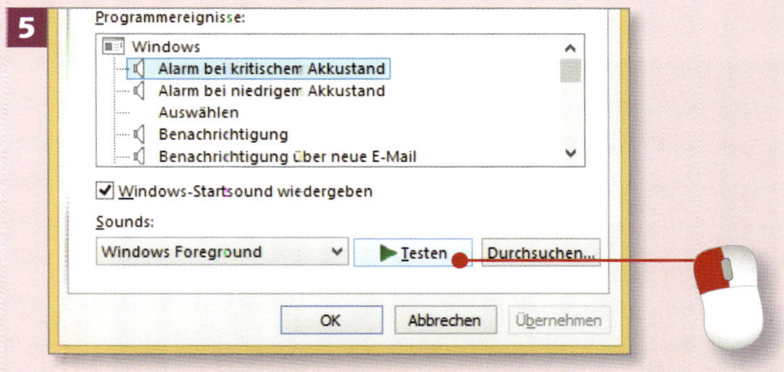

Schritt 6

Wenn alles in Ordnung ist, verlassen Sie den Dialog mit einem Klick auf die **OK**-Schaltfläche.

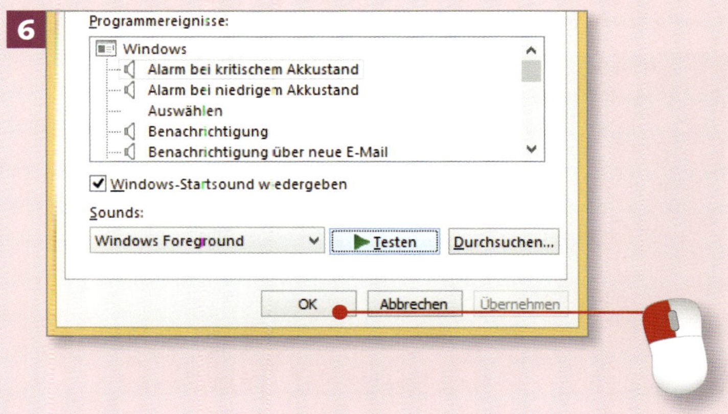

Nichts zu hören?

Wenn der Sound partout nicht zu hören ist, kontrollieren Sie, ob die Lautsprecher ordnungsgemäß angeschlossen und eingeschaltet sind und ob der Lautstärkeregler an den Boxen, falls sie entsprechend ausgestattet sind, hochreguliert ist.

Aufnahme und Wiedergabe testen (Forts.)

7

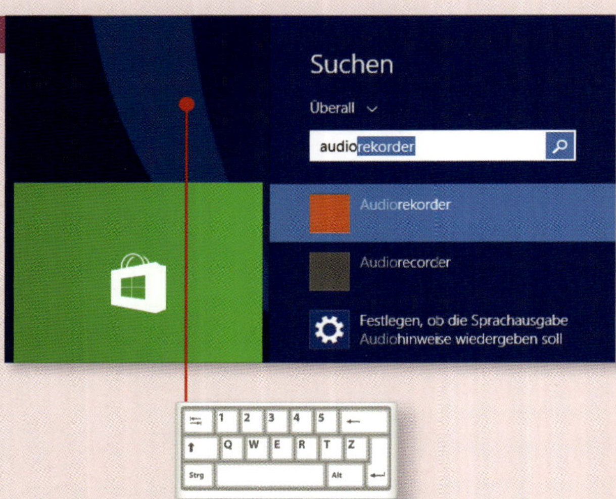

Schritt 7

Jetzt prüfen Sie, ob das angeschlossene Mikrofon funktioniert. Dazu wechseln Sie wieder auf den Startbildschirm (indem Sie ⊞ drücken) und tippen dort »audio« ein. Bestätigen Sie mit ↵, um das Programm **Audiorekorder** zu öffnen.

8

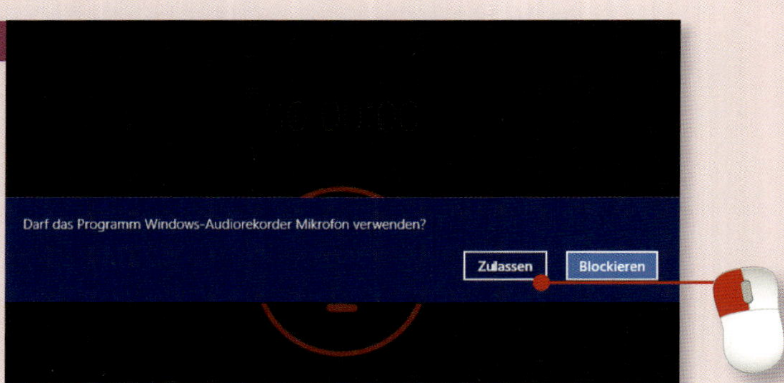

Schritt 8

Sie müssen zunächst bestätigen, dass die App Ihr Mikro benutzen darf. Gehen Sie daher auf **Zulassen**.

9

Schritt 9

Achtung, Aufnahme! Machen Sie sich bereit, klicken Sie auf die rote Aufnahme-Schaltfläche, und sprechen Sie einen Kommentar ein.

i

Pause

Solange Sie sich im Aufnahmemodus befinden, erscheint unterhalb des Start-/Stopp-Knopfes eine kleine Pausen-Schaltfläche. Betätigen Sie diese, wird vorübergehend nicht weiter aufgenommen. Da man dem Schalter nicht ansieht, ob man sich gerade im Pause- oder Aufnahmemodus befindet, sollten Sie die Zeitanzeige im Auge halten, die im Pause-Modus stehen bleibt.

Schritt 10

Wenn Sie mit dem Kommentar fertig sind, klicken Sie erneut auf die Schaltfläche.

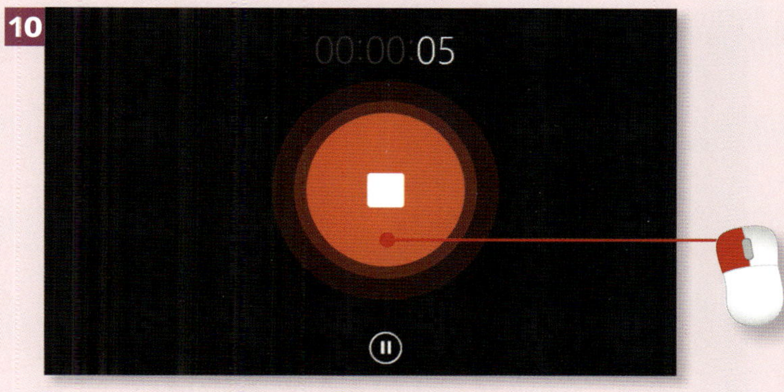

Schritt 11

Die Aufnahme ist nun rechts gelistet. Unten links lässt sie sich noch einmal anhören und unten rechts umbenennen ❶. Sprechen Sie weitere Aufnahmen ein, wird die Liste auf der rechten Seite entsprechend erweitert.

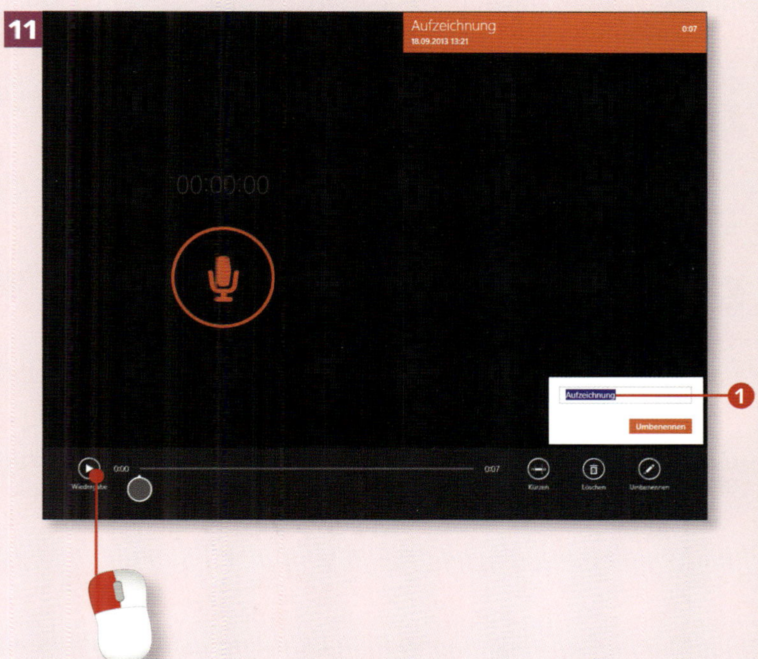

Schritt 12

Wenn Sie mögen, können Sie die Aufnahme anschließend noch **Kürzen**. Dazu betätigen Sie die gleichnamige Schaltfläche. In diesem Fall werden Pausen am Anfang und Ende entfernt.

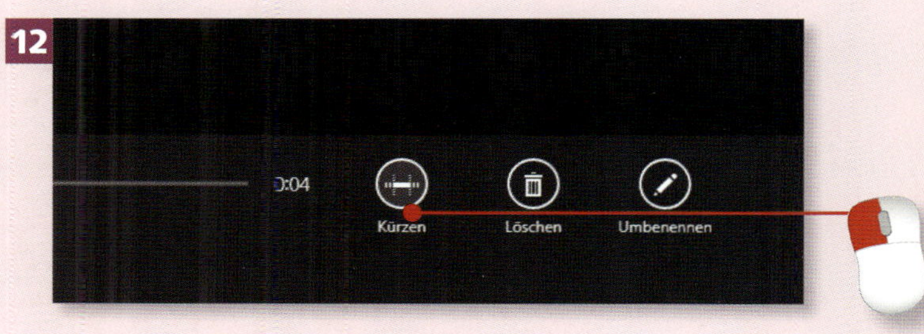

Speicherort der Aufnahme
Es ist nicht nachvollziehbar, warum Microsoft sich veranlasst fühlte, die Aufnahmedateien neuerdings tief im System zu verstecken. Damit ist der direkte Zugriff nur noch Profis vorbehalten. Sie können allerdings via SkyDrive auf den Audiorekorder zugreifen. Wie das geht, lesen Sie auf Seite 311.

USB-Stick oder USB-Festplatte hinzufügen

1

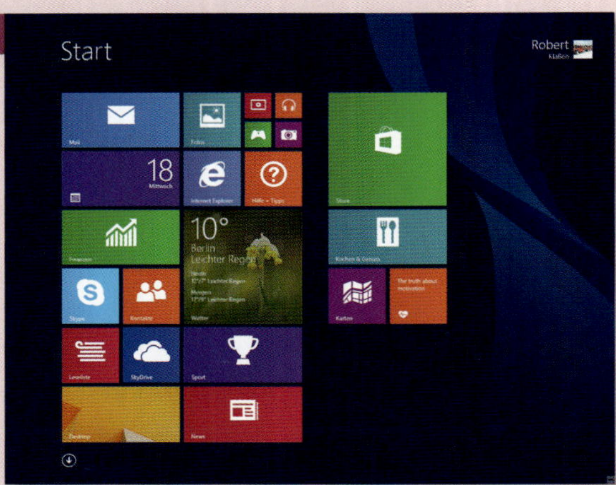

2

3

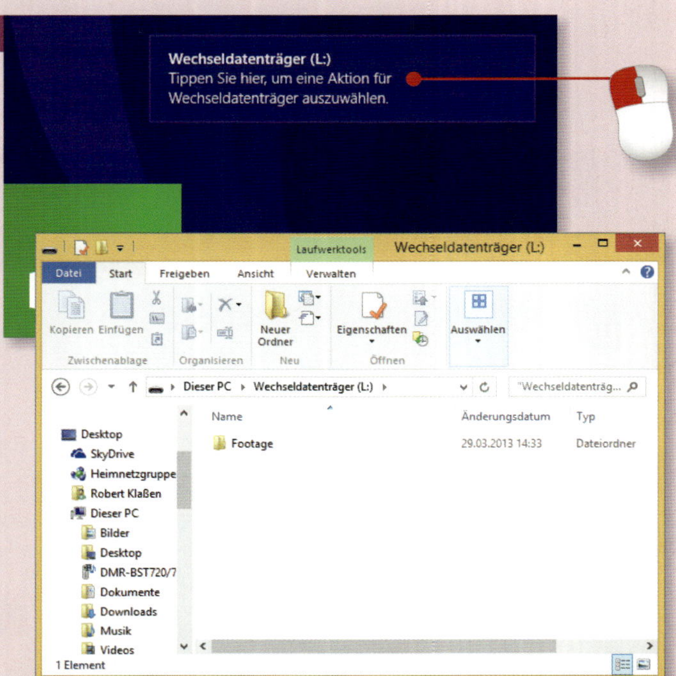

Zur Sicherung lassen sich wichtige Daten auf eine USB-Festplatte verschieben. Wer Daten gewissermaßen in der Jackentasche transportieren möchte, der greift lieber zum USB-Stick. Die Verbindung mit dem PC ist in beiden Fällen identisch.

Schritt 1

Begeben Sie sich zunächst auf den Startbildschirm. Dazu reicht ja bekanntermaßen der Druck auf die [Windows]-Taste auf Ihrer Tastatur.

Schritt 2

Verbinden Sie das externe Gerät (Festplatte oder USB-Stick) mit Ihrem PC. Schalten Sie die Festplatte ein, sofern diese über einen entsprechenden Schalter verfügt. USB-Sticks müssen in der Regel nicht extra eingeschaltet werden.

Schritt 3

Nun gibt es zwei Möglichkeiten: Entweder taucht oben rechts auf dem Startbildschirm eine Tafel auf, die Sie mit einem Mausklick versehen müssen, oder Sie werden automatisch zum Desktop geleitet, auf dem sich ein Fenster öffnet. In diesem Fall fahren Sie direkt mit Schritt 7 fort.

Schritt 4

Jetzt öffnet sich ein Menü, das es ermöglicht, direkt auf die Festplatte oder den USB-Stick zuzugreifen. Klicken Sie auf **Ordner öffnen, um Dateien anzuzeigen**, gelangen Sie zum Desktop, auf dem sich das Laufwerk als eigenständiges Fenster öffnet. Fahren Sie mit Schritt 7 fort.

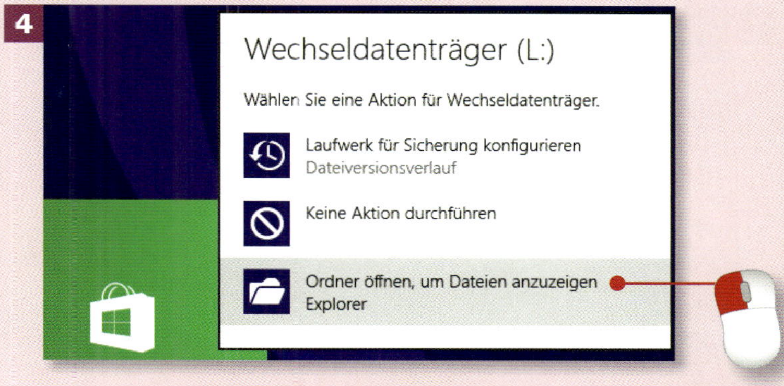

Schritt 5

Falls Sie in Schritt 3 nicht schnell genug waren, um auf den Hinweis zu klicken, können Sie auch einen beliebigen Ordner auf Ihrem PC öffnen. Klicken Sie auf **Dieser PC**.

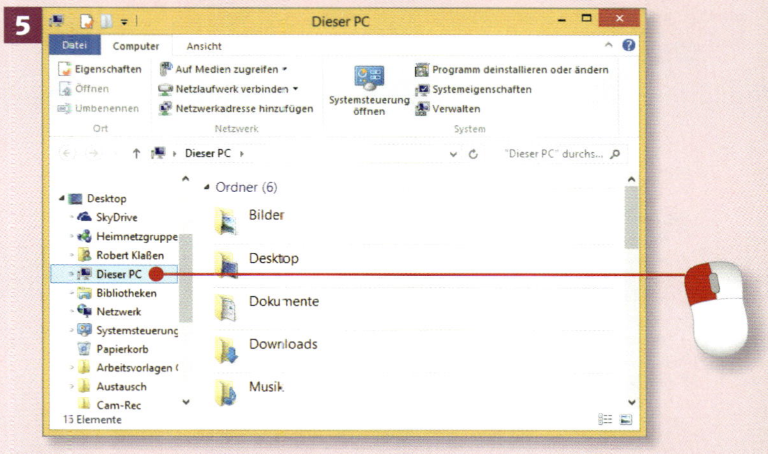

Schritt 6

Scrollen Sie nach unten, und halten Sie nach einem Wechseldatenträger Ausschau, der über Speicherinformationen ❶ verfügt. Platzieren Sie darauf einen Doppelklick.

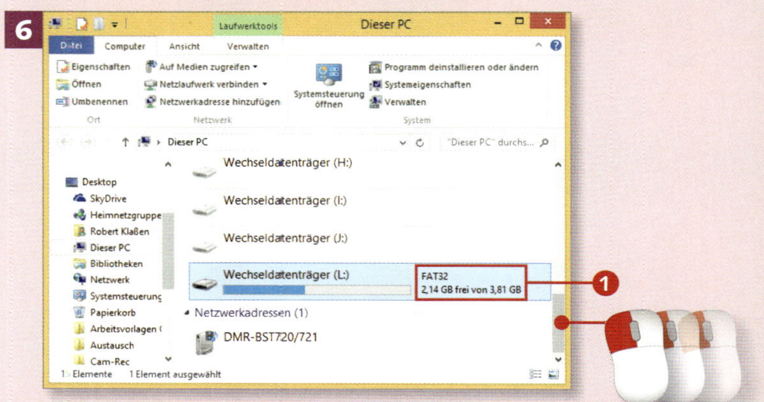

Anleitung auch für SD-Karten

Diese Anleitung können Sie auch für die Datenübertragung von einem Kamera-Chip verwenden – mit dem Unterschied, dass Sie die Speicherkarte dann in das Kartenlesegerät Ihres PCs einstecken und nicht in die USB-Steckdose. Beachten Sie, dass es eine bessere Übertragungsmethode gibt, die auf Seite 142 vorgestellt wird.

USB-Stick oder USB-Festplatte hinzufügen (Forts.)

7

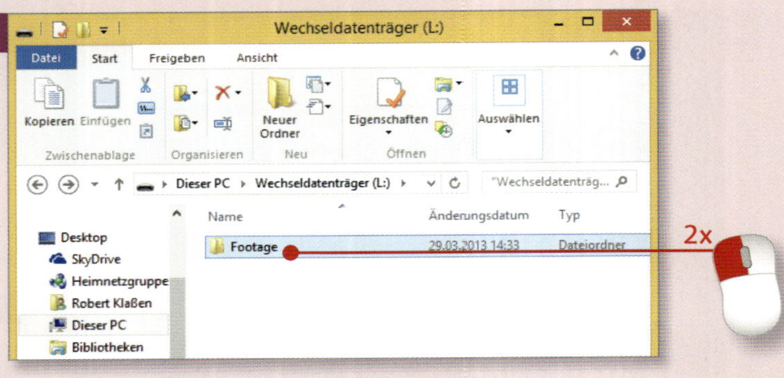

8

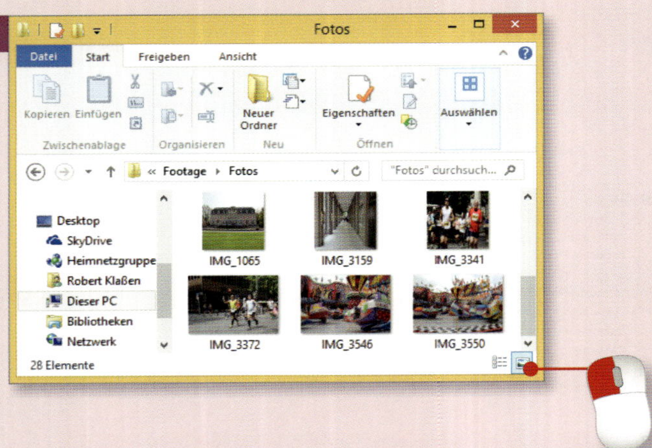

9

Schritt 7

Nun haben Sie folgende Möglichkeiten: Öffnen Sie vorhandene Ordner mit einem Doppelklick, um auf deren Inhalte zuzugreifen.

Schritt 8

Wenn Sie es beispielsweise mit Bildern zu tun haben, ist es sinnvoll, ganz unten rechts auf **Miniaturansicht** umzustellen.

Schritt 9

Wenn Sie mögen, öffnen Sie einen Ordner von Ihrer Festplatte und stellen nun beide Fenster zum Datenaustausch nebeneinander, indem Sie zunächst das eine Fenster an den unteren Bildschirmrand und anschließend das andere an den rechten Bildschirmrand ziehen.

i

Listenansicht

Neben der Schaltfläche **Miniaturansicht** finden Sie auch noch die **Listenansicht**. Diese enthält zwar keine Bildvorschau, gibt dafür aber Informationen über Dateitypen, Änderungsdaten etc. Über das Menü **Ansicht** (ganz oben im Ordner) werden weitere Ansichtsoptionen zur Verfügung gestellt.

Schritt 10

Jetzt können Sie Ordner und/oder Dokumente per Drag & Drop von einem Fenster in das andere ziehen. Dabei werden die Daten auf die Festplatte oder den Stick kopiert bzw. Daten von dort auf den PC übertragen – und zwar jeweils Kopien. Die Originale bleiben erhalten.

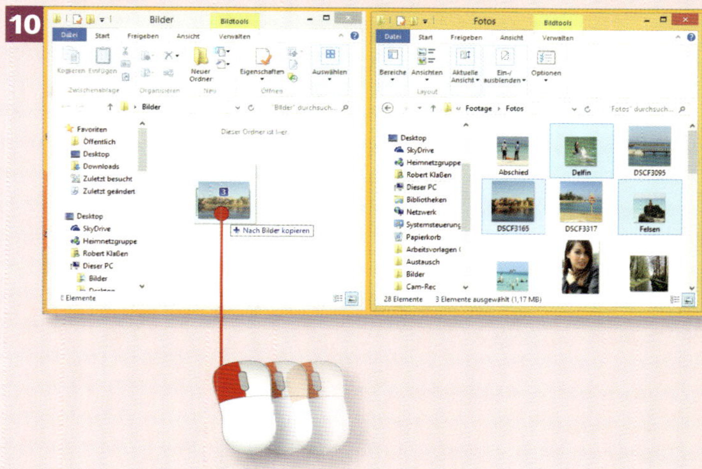

Schritt 11

Wenn alle Daten übertragen worden sind, betätigen Sie das kleine Dreieck-Symbol (**Ausgeblendete Symbole einblenden**) in der Taskleiste. Daraufhin öffnet sich eine Tafel.

Schritt 12

Jetzt betätigen Sie zunächst das USB-Symbol **Hardware sicher entfernen und Medium auswerfen**. Zuletzt wählen Sie das Laufwerk an (hier: **Mass Storage auswerfen**).

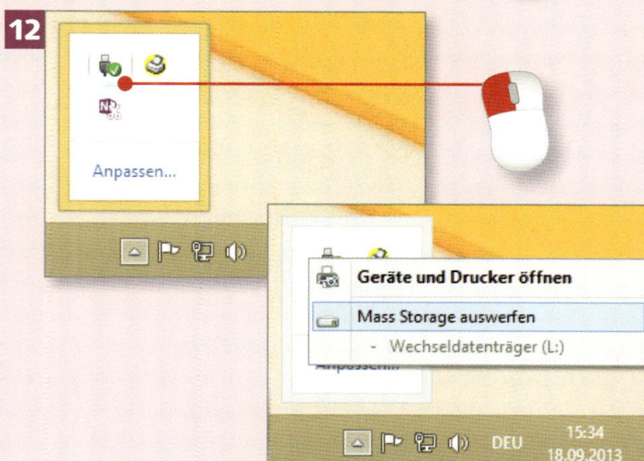

Grenzenloser Austausch

Dateien lassen sich über Schritt 10 hinaus auch zwischen den angeschlossenen Geräten und dem Desktop austauschen. Ziehen Sie eine Datei aus dem Laufwerksordner auf den Desktop, können die Daten auch dort abgelegt werden. Umgekehrt geht es natürlich auch.

Bluetooth-Geräte mit Windows verbinden

1
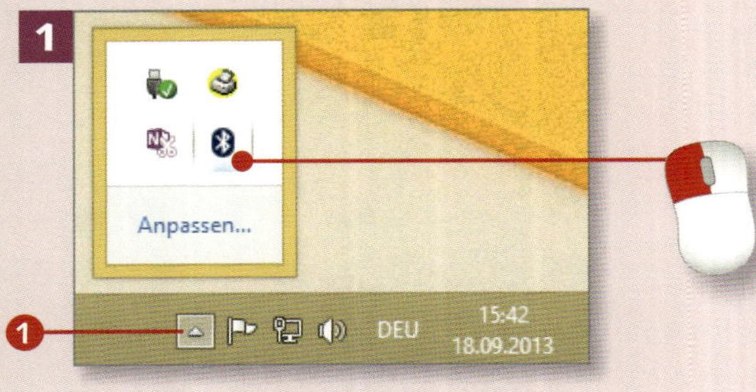

2
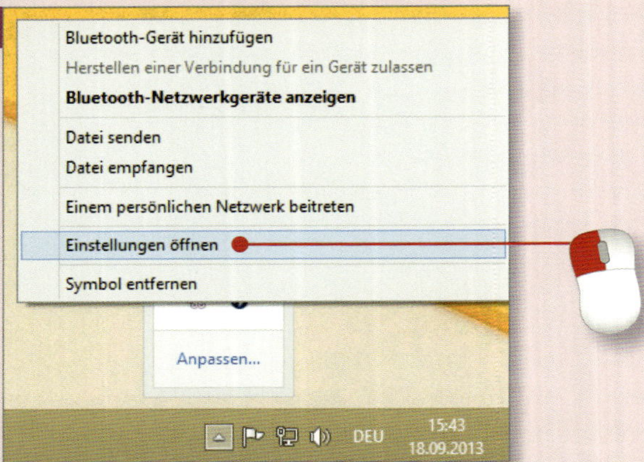

3
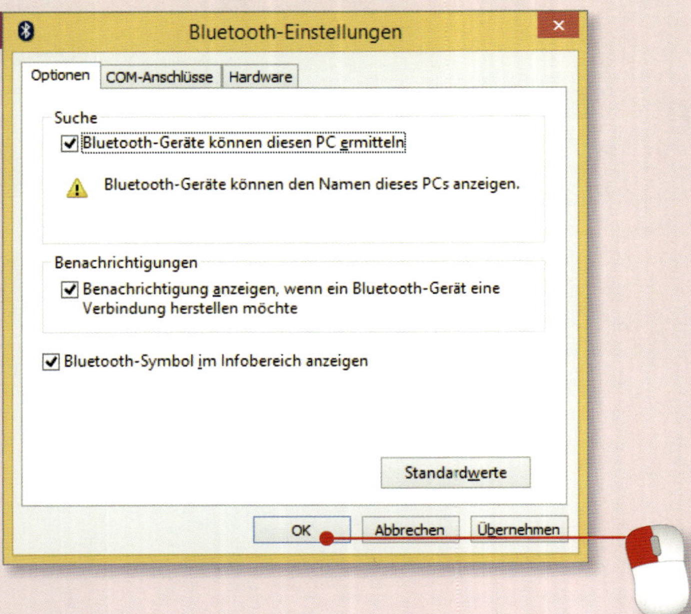

Sofern Ihr Computer Bluetoothfähig ist, lassen sich Daten kabellos zwischen dem PC und einem weiteren Gerät (z. B. einem Handy) übertragen.

Schritt 1

Die Schritte 1 bis 3 müssen Sie nur ein einziges Mal durchführen. Klicken Sie zunächst auf das kleine Dreieck 1 in der Taskleiste und dann auf das Symbol **Bluetooth-Geräte**.

Schritt 2

Im Menü klicken Sie auf den Eintrag **Einstellungen öffnen**.

Schritt 3

Kontrollieren Sie, ob alle Häkchen innerhalb der Bluetooth-Einstellungen gesetzt sind. Falls nicht, holen Sie das jeweils mit einem Klick nach und bestätigen Ihre Angaben mit **OK**.

Einstellungen öffnen

Wenn das Gerät nicht in der Taskleiste angezeigt wird, erreichen Sie es über **Geräte und Drucker** in der Systemsteuerung. Klicken Sie dort mit rechts auf das Gerät und dann auf **Bluetooth-Einstellungen**.

Schritt 4

Aktivieren Sie Bluetooth auf dem externen Gerät. Dort sollte jetzt bereits der PC angezeigt werden. Wenn nicht, starten Sie die Suche nach dem PC. (Schauen Sie zur Vorgehensweise in die Bedienungsanleitung des externen Geräts).

4

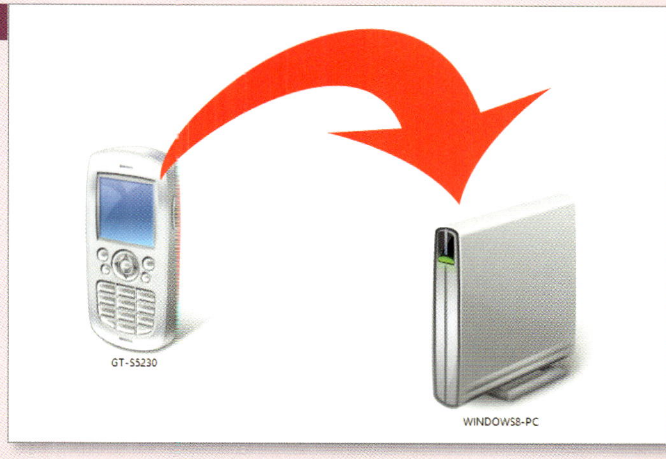

Schritt 5

Achten Sie auf den Hinweis, der oben rechts auf Ihrem Bildschirm erscheint. Klicken Sie darauf.

5

Schritt 6

Kurze Zeit später wird eine Kennung angeboten (eine Zahlenkombination), die Sie mit der auf Ihrem Bluetooth-Gerät vergleichen müssen. Wenn sie übereinstimmen, bestätigen Sie das mit einem Klick auf **Ja**. Möglicherweise ist auch noch eine Bestätigung am Handy erforderlich.

6

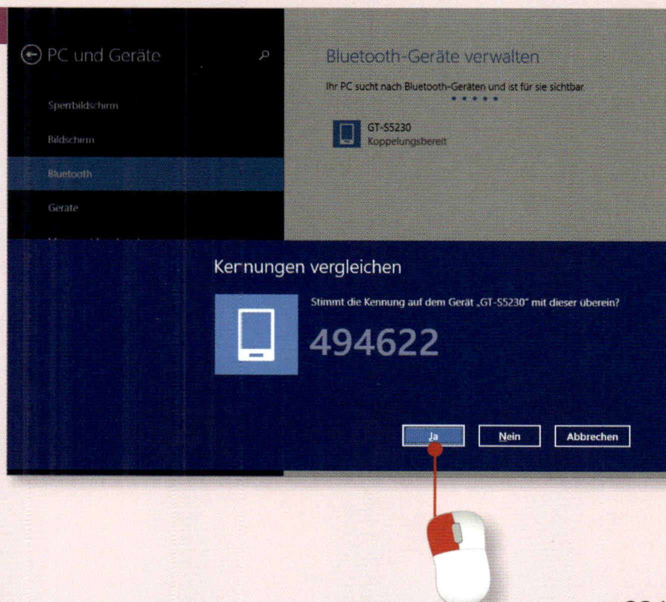

!

Gerät nicht gefunden?
In den Bluetooth-Einstellungen des Handys besteht die Möglichkeit, das Gerät zu verbergen. Wenn diese Funktion aktiv ist, kann Windows 8.1 das Gerät allerdings nicht finden. Stellen Sie es daher zuvor auf **sichtbar** bzw. **Telefon zeigen**.

Bluetooth-Geräte mit Windows verbinden (Forts.)

7

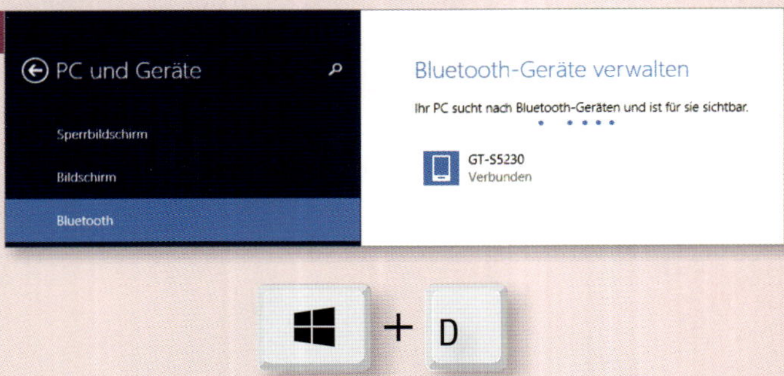

Schritt 7

Jetzt beginnt die Suche, die einen Augenblick dauern kann. Sobald **Verbunden** gelistet wird, können Sie zum Desktop zurückkehren, indem Sie [Windows] + [D] betätigen.

8

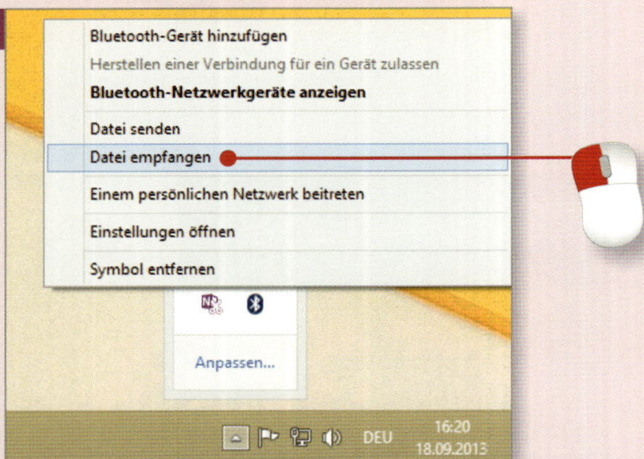

Schritt 8

Senden Sie jetzt eine Datei (z. B. ein Foto) von Ihrem externen Gerät in Richtung Ihres PCs. Öffnen Sie außerdem Bluetooth-Geräte auf dem Desktop (siehe Schritt 1). In der Liste wählen Sie **Datei empfangen**.

9

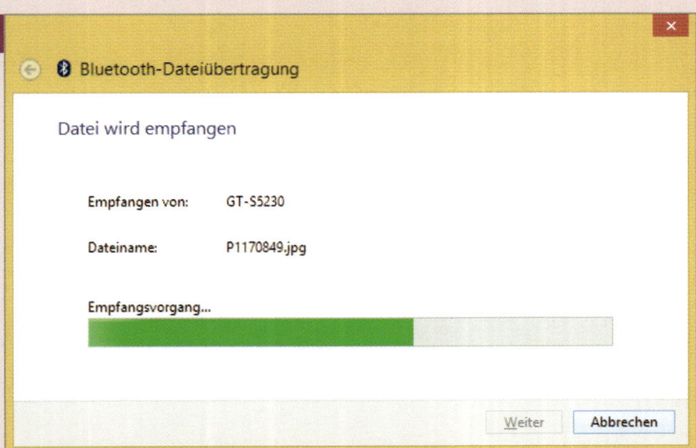

Schritt 9

Natürlich bleibt der Datentransfer dem PC nicht verborgen. Gedulden Sie sich einen Augenblick, bis der grüne Fortschrittbalken erlischt.

Mehrere Geräte in Reichweite?
Prinzipiell muss man ja immer davon ausgehen, dass weitere aktivierte Geräte in Reichweite sind. Dennoch können Sie diese Schritte ruhigen Gewissens ausführen – sofern Sie darauf achten, dass Sie auch wirklich eine Verbindung zu »Ihrem« und nicht zu einem fremden Gerät herstellen.

Schritt 10

Im Menü **Bluetooth-Dateiübertragung** klicken Sie jetzt auf **Durchsuchen**. So weisen Sie der Datei, die gerade gesendet wird, einen Speicherort zu.

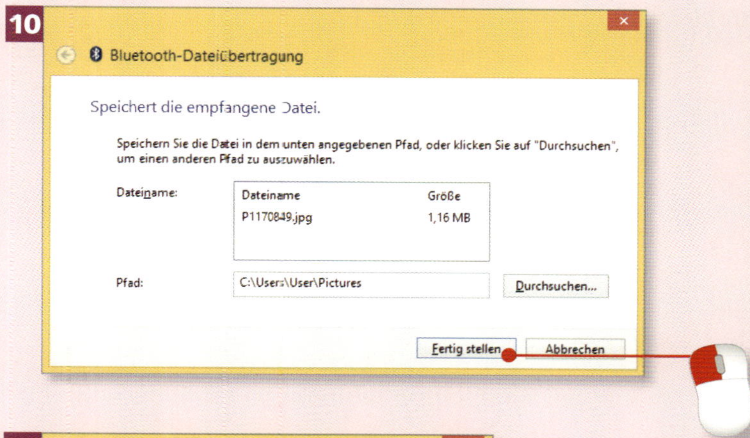

Schritt 11

Sie können jeden beliebigen Speicherort anwählen. Für dieses Beispiel wollen wir den **Desktop** nehmen. Markieren Sie also den gleichnamigen Eintrag, und bestätigen Sie mit einem Klick auf **OK**.

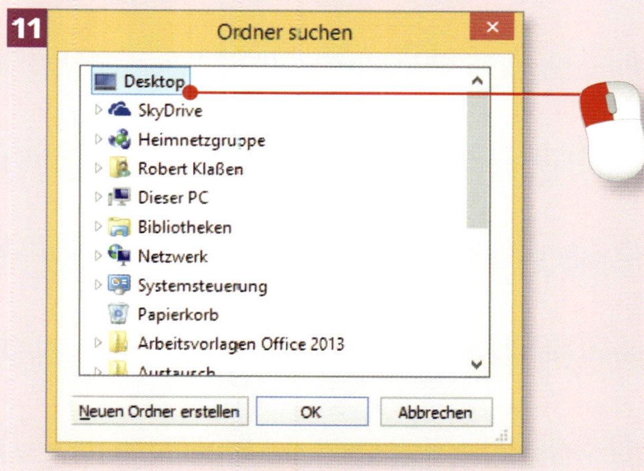

Schritt 12

Die letzte Amtshandlung besteht darin, auf **Fertig stellen** zu klicken. Unmittelbar darauf sollte das Foto auf dem Desktop erscheinen ❶.

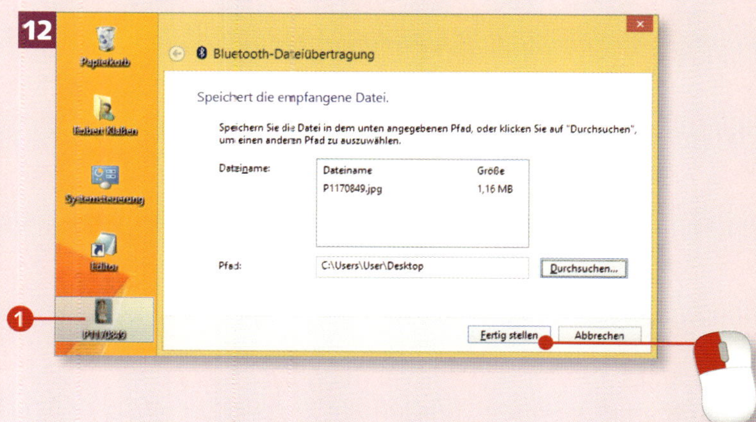

Speicherort bleibt aktuell

Den Speicherort für die Bluetooth-Datenübertragung müssen Sie nur einmal angeben. Weitere Dateien werden künftig gleich dorthin übertragen. Wenn Sie den Speicherort irgendwann ändern wollen, ist das natürlich über **Durchsuchen** jederzeit möglich.

Bluetooth-Geräte mit Windows verbinden (Forts.)

13

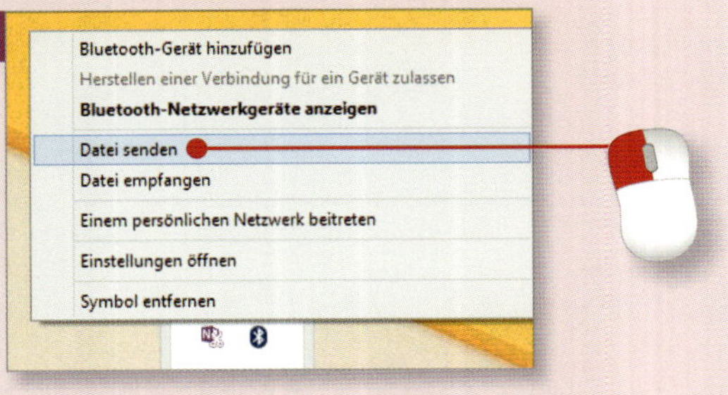

14

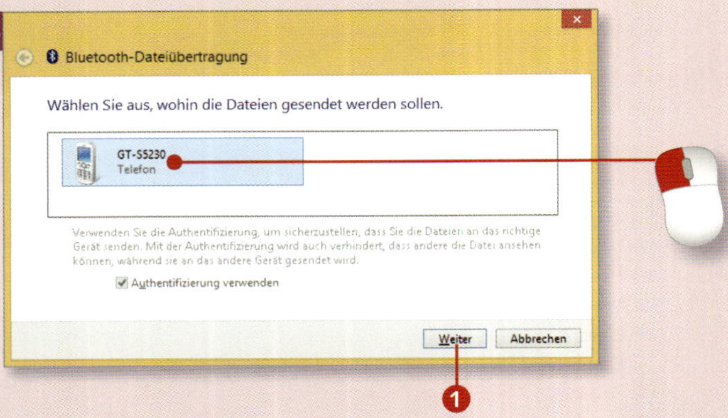

15

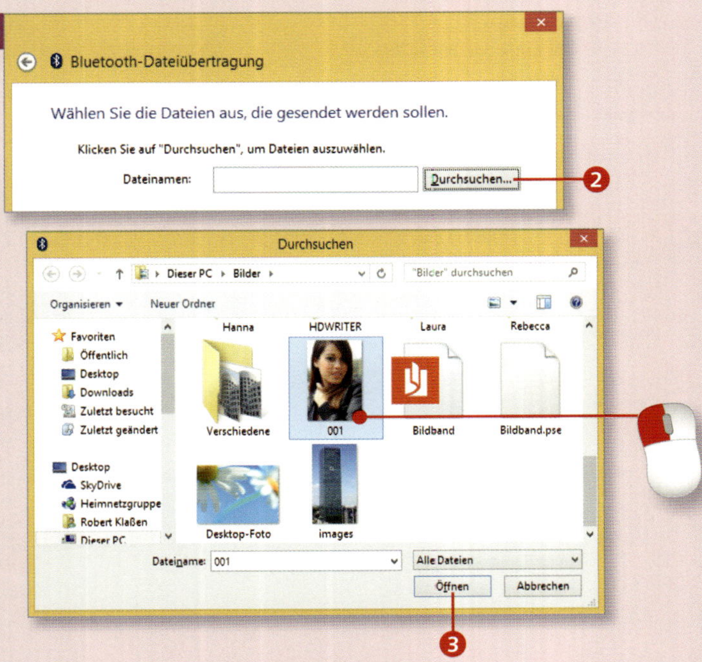

Schritt 13

Logisch – Dateien können auch vom PC aus per Bluetooth versendet werden, z. B. an Ihr Handy. Das geht, indem Sie erneut auf **Bluetooth-Geräte** gehen, diesmal allerdings **Datei senden** auswählen.

Schritt 14

Windows wird zwar das gesuchte Handy finden, aber dennoch müssen Sie daraufklicken, um es auszuwählen. Es wird dann blau hervorgehoben. Dann klicken Sie auf **Weiter** ❶.

Schritt 15

Nun müssen Sie die Datei heraussuchen, die Sie übertragen möchten. Klicken Sie daher **Durchsuchen** ❷ an. Danach klicken Sie auf das Bild, das Sie übertragen wollen, und betätigen **Öffnen** ❸.

Authentifizierung

Falls mehrere Handys in der Nähe sind, müssen Sie eventuell eine Authentifizierung vornehmen, d. h., Sie müssen vor der Datenübertragung den Kopplungscode des Handys eingeben. Wie Sie den Code für Ihr Gerät ermitteln, erfahren Sie in der Bedienungsanleitung Ihres Mobiltelefons.

Schritt 16

Das Fenster schließt sich daraufhin automatisch, und Sie gelangen zurück zum Dialog **Bluetooth-Dateiübertragung**. Hier müssen Sie jetzt noch einmal auf **Weiter** klicken.

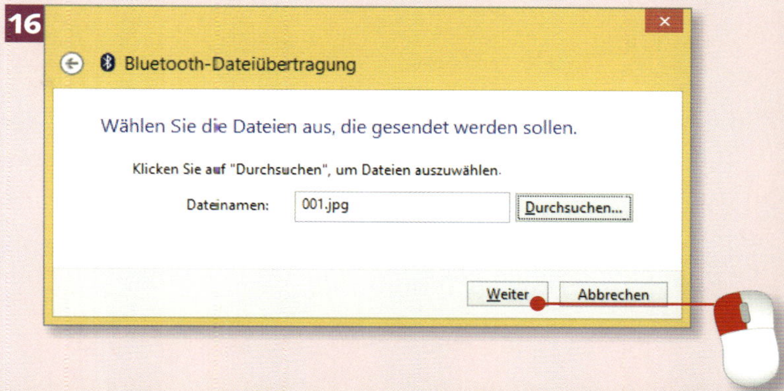

Schritt 17

Damit beginnt die Dateiübertragung. Den Fortschritt sehen Sie anhand des grünen Balkens. Je nach Endgerät müssen Sie das Bild dort möglicherweise annehmen, damit die Übertragung beendet werden kann.

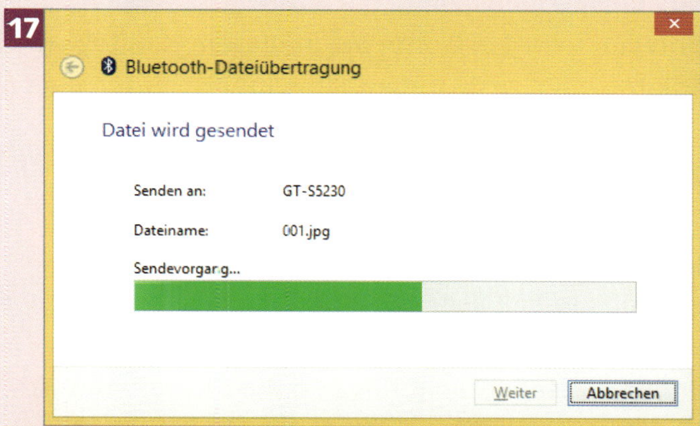

Schritt 18

Sobald das Foto am Handy angekommen ist, meldet Windows 8.1 die erfolgreiche Übertragung. Klicken Sie auf **Fertig stellen**, um die Aktion zu beenden.

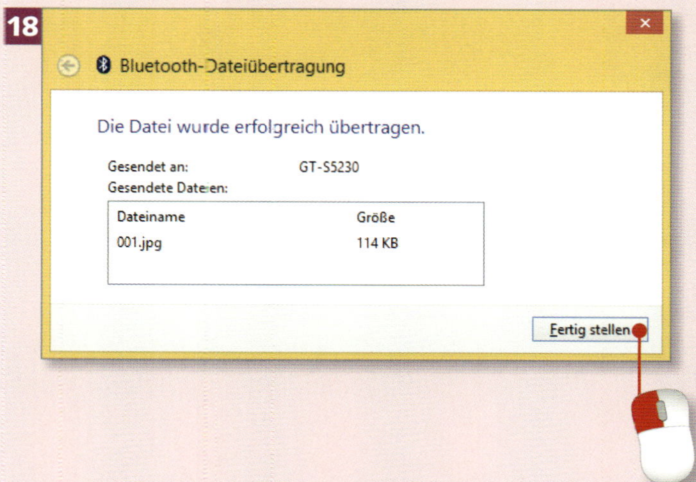

Mehrere Dateien senden
In Schritt 15 können Sie auch gerne mehrere Dateien markieren. Halten Sie dazu einfach Strg gedrückt, während Sie die Dateien anklicken. Danach werden sämtliche markierten Dateien nacheinander transferiert.

Kapitel 10
Scannen, drucken, brennen

Die Fotos nur digital auf dem Rechner sehen zu können reicht oft nicht aus. Wenn Sie einen Fotodrucker besitzen, möchten Sie Ihre Bilder sicher auch ausdrucken. In diesem Kapitel lesen Sie nicht nur, wie das funktioniert, sondern auch, wie Sie Ihren Scanner einsetzen und Musik-CDs brennen.

Fotos einscannen
Schritt für Schritt erfahren Sie in diesem Kapitel, wie Sie Ihren Scanner einrichten und damit Fotos oder auch andere Dokumente einscannen ❶ können.

Fotos drucken
Sie sind im Besitz eines Farbdruckers? Dann sehen Sie hier, wie Sie Ihre Fotos optimal auf Papier zur Geltung bringen ❷. Das geht mit Windows 8.1 ganz komfortabel.

Musik auf CD brennen
Wenn Ihr Rechner nicht das perfekte Präsentationsmedium für Ihre Musik ist, sollten Sie eine CD brennen ❸. Wie das geht, erfahren Sie in den Anleitungen in diesem Kapitel.

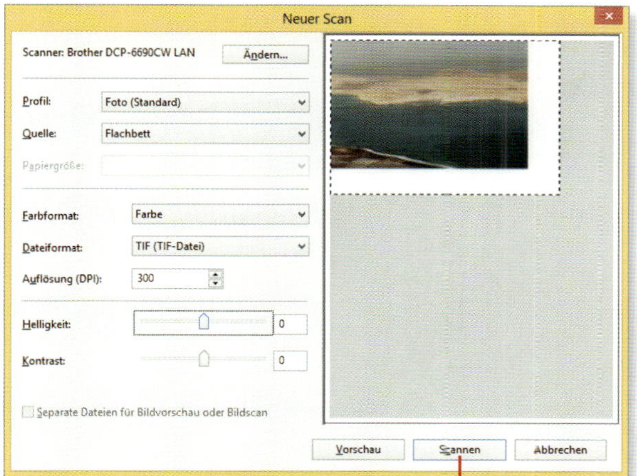

1 Scannen Sie Fotos, die Sie noch nicht digital vorliegen haben, einfach ein.

2 Wenn Sie Ihre Fotos doch mal in der Hand halten möchten, drucken Sie sie ganz einfach aus.

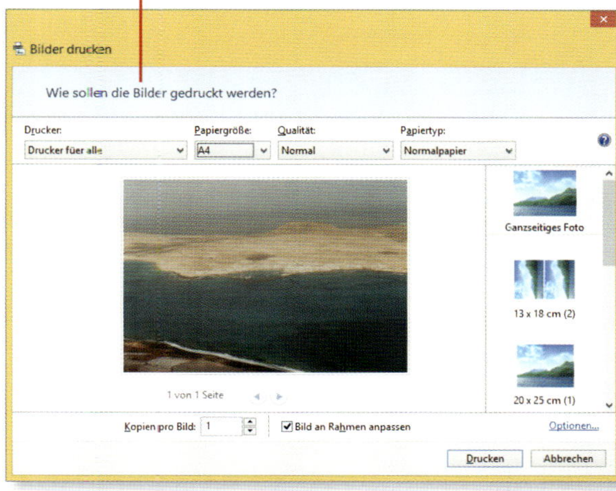

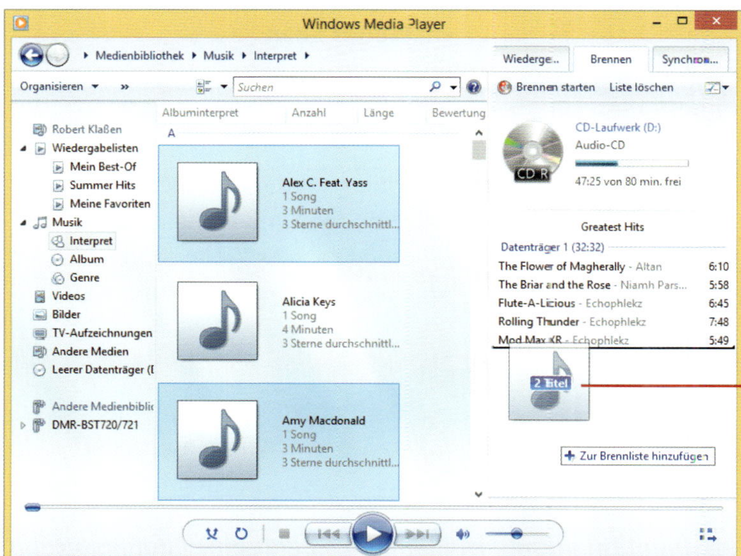

3 Brennen Sie Musik und Fotos auf CD – für Ihr Regal oder um sie an andere weiterzugeben.

Fotos und Dokumente einscannen

Die meisten Scanner bringen ihre eigene Software mit. Dennoch lassen sich Scanner auch mit einer Windows-internen Lösung bedienen, für die keine Installation erforderlich ist.

1

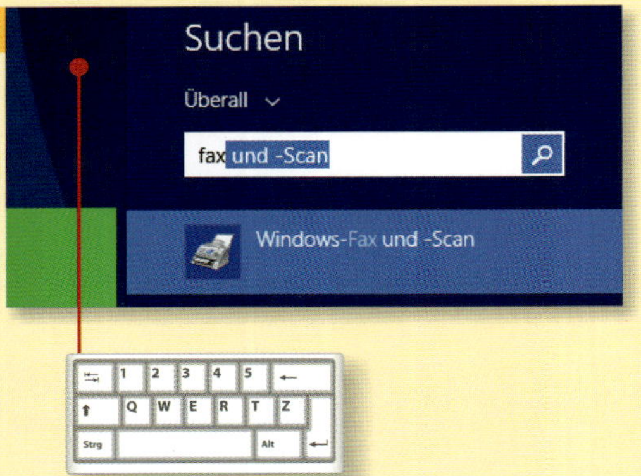

Schritt 1

Geben Sie vom Startbildschirm aus den Suchbegriff »fax« oder »scan« ein. Sie werden die App **Windows-Fax und -Scan** finden. Starten Sie das Programm mit einem Mausklick auf das Ergebnis.

2

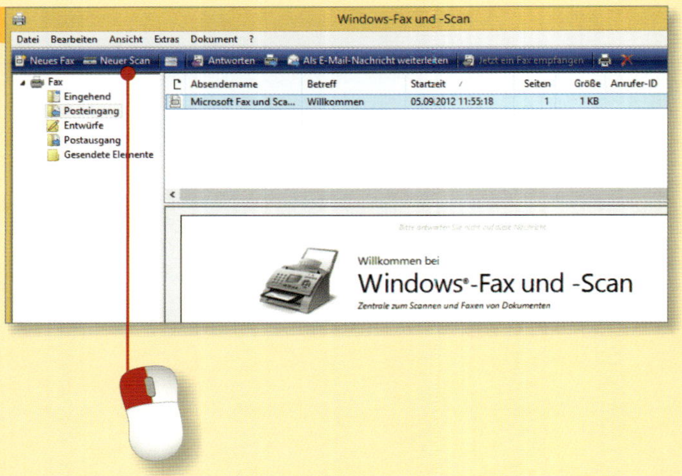

Schritt 2

Wenn Sie sich ausführlich über das Thema Fax informieren wollen, lesen Sie die Anleitung unten rechts. Wenn Sie nur scannen möchten, klicken Sie auf **Neuer Scan**.

3

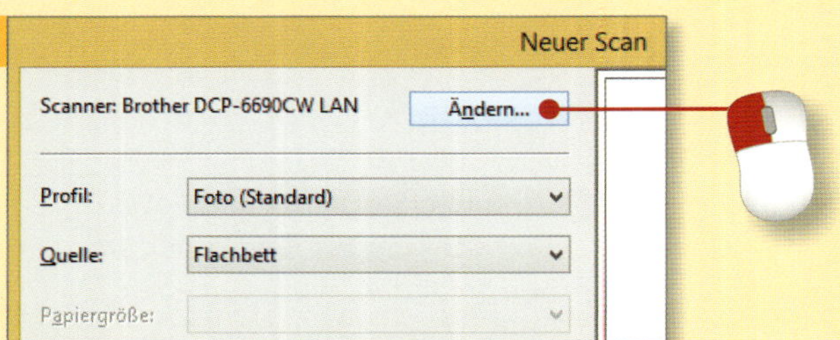

Schritt 3

Im Dialogfenster **Neuer Scan** kontrollieren Sie zunächst einmal, ob der richtige Scanner gefunden worden ist, indem Sie auf **Ändern** klicken.

Faxe senden und empfangen
Um die Faxfunktion nutzen zu können, müssen Sie mitunter weitere Kabel anschließen. Schauen Sie in der Bedienungsanleitung Ihres Geräts nach, was zu tun ist.

Schritt 4

Den gefundenen Scanner müssen Sie nun noch mit einem Mausklick auswählen ❶, bevor Sie auf **Eigenschaften** klicken.

Schritt 5

Auf der Registerkarte **Allgemein** finden Sie den Button **Scanner testen**. Wenn Sie daraufklicken, sollten Sie die Meldung erhalten, dass das Gerät korrekt angeschlossen worden ist. Klicken Sie insgesamt dreimal auf **OK**, um zurück zum Dialog **Neuer Scan** zu gelangen.

Schritt 6

Wählen Sie als Nächstes das Dateiformat aus. JPEG (in der Abbildung rechts mit der alternativen Abkürzung JPG) erzeugt kleine Dateigrößen bei relativ guter Qualität. Das Optimum erhalten Sie jedoch, wenn Sie auf TIF umschalten.

JPEG vs. TIF

Durch Verwendung von TIF werden die Dateien wesentlich größer als im Fall von JPEG. Im Gegenzug erhalten Sie so aber Bilddokumente, die verlustfrei nachbearbeitet werden können.

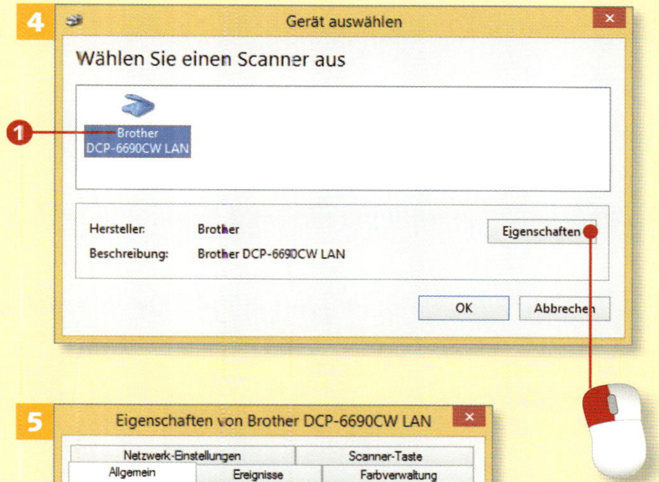

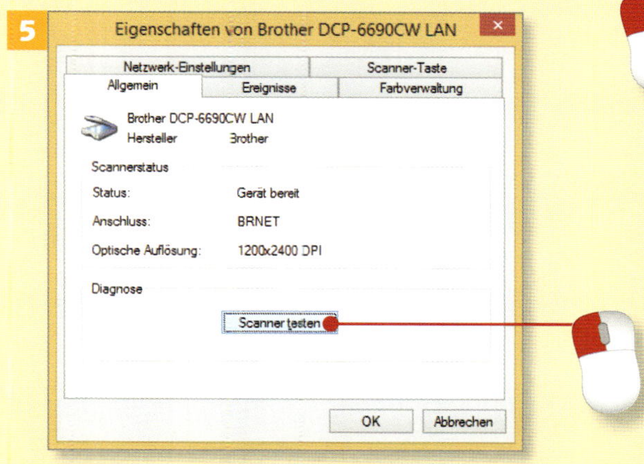

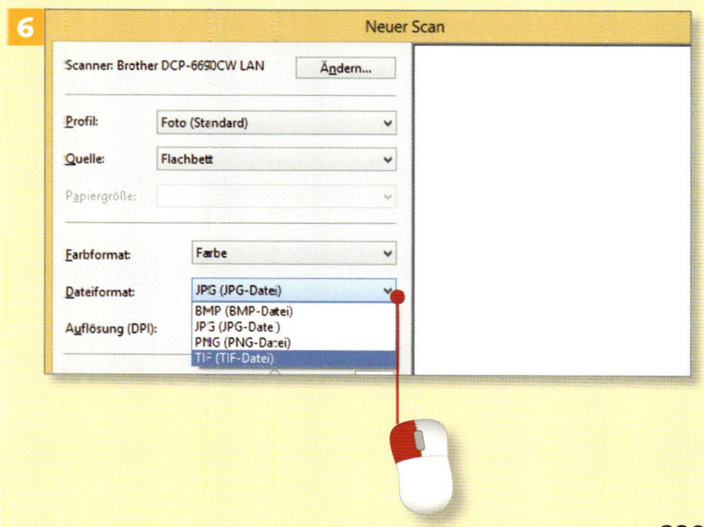

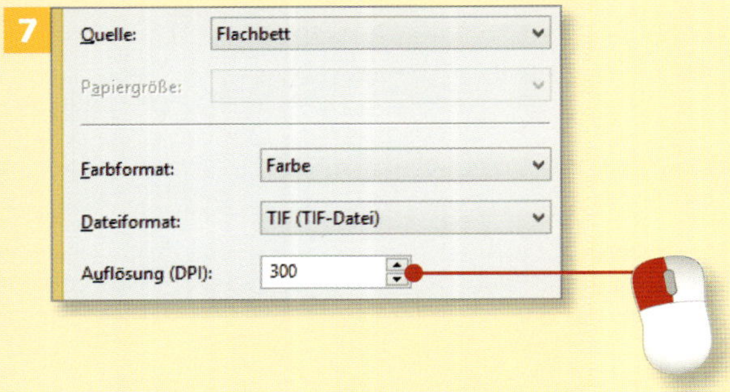

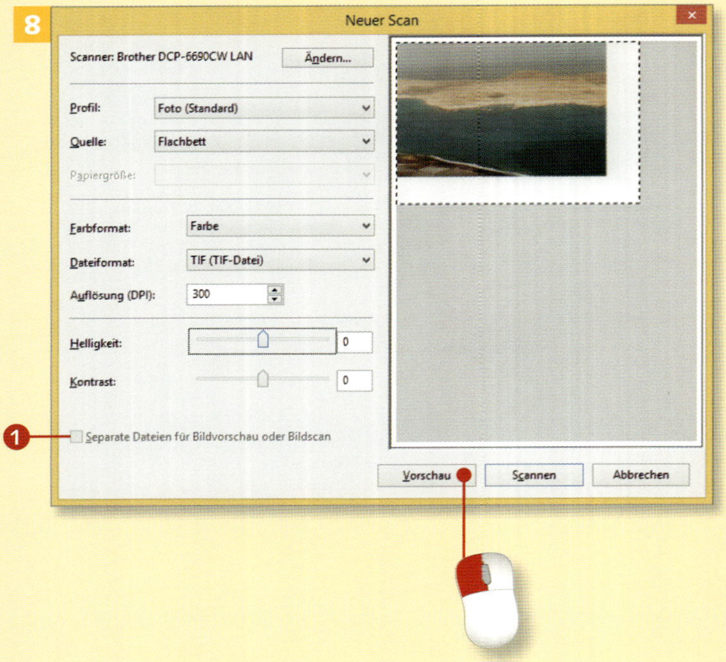

Schritt 7

Kümmern Sie sich jetzt um die Auflösung. 300 dpi (*dots per inch* = einzelne Scanpunkte je 2,54 cm) ist die richtige Einstellung für ein gutes Ergebnis, auch bei einem späteren Ausdruck.

Schritt 8

Erzeugen Sie zunächst eine Vorschau, indem Sie auf **Vorschau** klicken. Das Ergebnis sehen Sie auf der rechten Seite der Anwendung.

Schritt 9

Ziehen Sie den gestrichelten Rahmen in Form, indem Sie eine der vier Ecken mit gedrückter Maustaste verschieben. Begrenzen Sie den Rahmen auf den Bereich, der gescannt werden soll.

Foto beschneiden

Es wird stets das gescannt, was sich innerhalb des Rahmens befindet. Dafür müssen Sie aber das Häkchen in der einzigen Checkbox ❶ dieses Dialogs entfernen. Vermeiden Sie es, weiße Ränder in die Auswahl mit einzubeziehen, sondern ziehen Sie den Rahmen lieber eng um oder sogar ein wenig auf das Foto.

Schritt 10

Jetzt müssen Sie lediglich noch auf **Scannen** klicken. Warten Sie einen Moment, bis der Scanner seine Arbeit abgeschlossen hat.

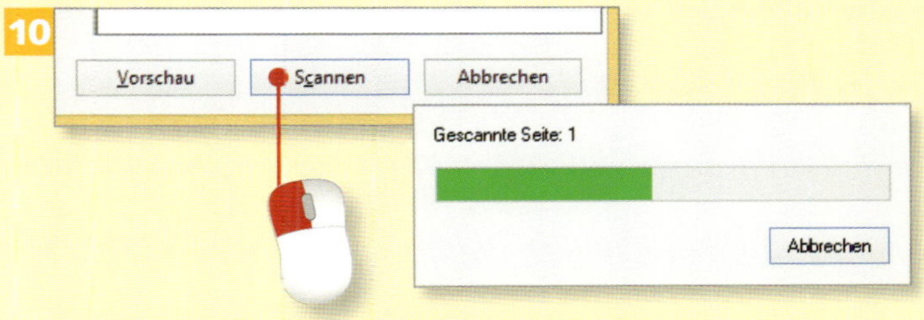

Schritt 11

Das Bild erscheint nun auf der rechten Seite der Anwendung. Wenn der untere Teil nicht zu sehen ist, müssen Sie ein wenig nach unten scrollen. Das Foto könnten Sie nun als E-Mail ❷ weiterleiten. In diesem Fall öffnet sich Ihr Mail-Programm. Sie können das gescannte Bild auch auch drucken ❸ oder löschen ❹.

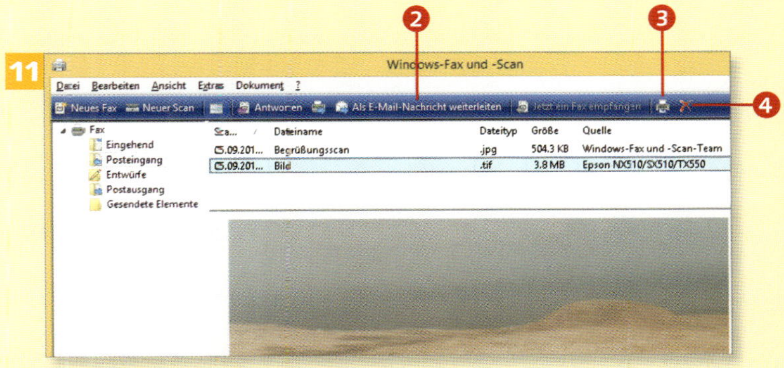

Schritt 12

Das Foto selbst ist jetzt übrigens bereits auf der Festplatte gespeichert. Sie finden es unter *Dieser PC/Dokumente/Gescannte Dokumente* ❺.

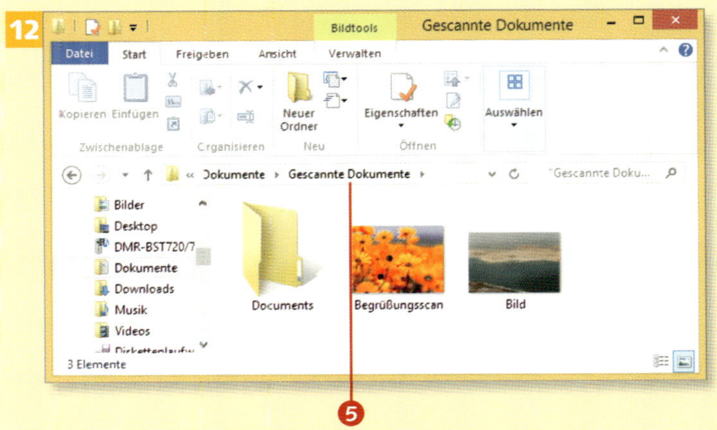

Foto erneut speichern
Wenn Sie das Foto auch noch an einem anderen Ort speichern möchten, wählen Sie **Datei ▸ Speichern unter**.

Mit der Scanner-App arbeiten

1

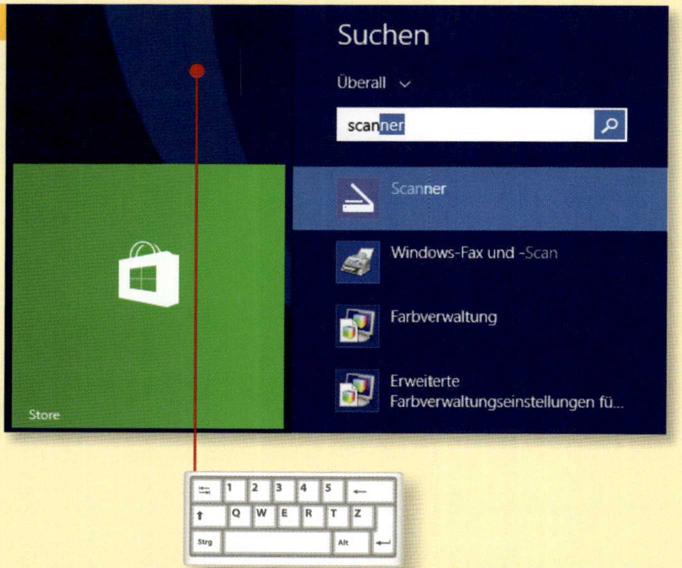

2

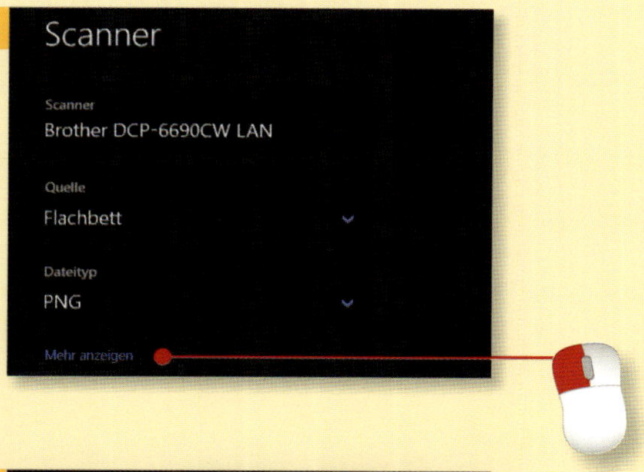

3

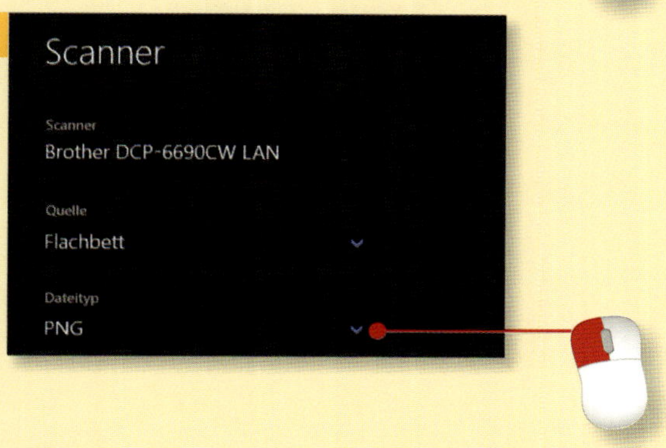

Wenn Sie mit der Software arbeiten, die in Windows 8.1 integriert ist, müssen Sie einiges beachten, besonders wenn Sie Fotos einscannen wollen.

Schritt 1

Einen Scanner finden Sie in der Systemsteuerung unter **Geräte und Drucker**. Bei einem Multifunktionsgerät wird dort jedoch nur der Drucker angezeigt, daher geben Sie direkt auf dem Startbildschirm den Suchbegriff »scan« ein und wählen **Scanner**. Bestätigen Sie mit [↵].

Schritt 2

Die Angaben in der linken Spalte beschränken sich auf das Nötigste. Klicken Sie auf **Mehr anzeigen**.

Schritt 3

Von Hause aus bietet die Scanner-App den Dateityp **PNG** an, der für hochwertige Fotos nicht ausreicht. Betätigen Sie deswegen die Kachel **Dateityp**.

Korrekturfunktionen

Wenn Sie schon während des Scans Korrekturfunktionen wie Farben, Gammawerte etc. nutzen wollen, verwenden Sie lieber die Scanner-Software des Geräts.

Schritt 4

In der Liste stellen Sie nun um auf **TIFF**. Das ist für Fotos optimal. Ändern Sie auch die **Auflösung**, die bei Fotos idealerweise 300 dpi beträgt.

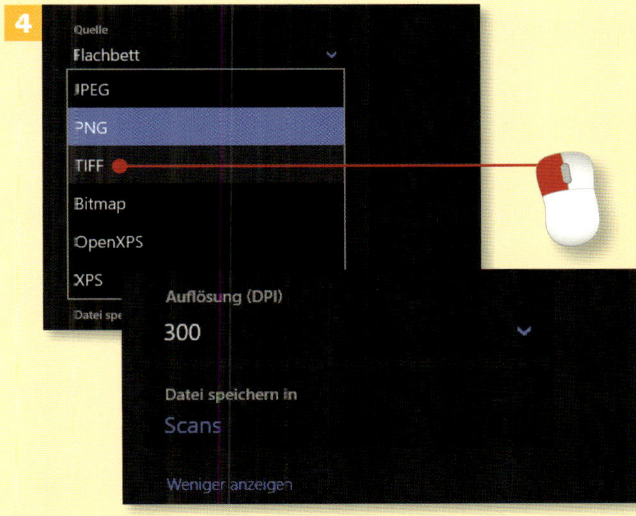

Schritt 5

Jetzt müssen Sie noch festlegen, wo das Ergebnis abgelegt werden soll. Die App sieht den Ordner **Scans** ❶ vor, der sich innerhalb des Ordners **Dieser PC** befindet. Wenn Sie damit einverstanden sind, müssen Sie unter **Datei speichern in** nichts ändern.

Schritt 6

Klicken Sie auf **Vorschau** ❷. Das Ergebnis kann beim ersten Scan einen Moment auf sich warten lassen, da das Gerät zunächst betriebsbereit gemacht werden muss. Sie sehen ein Vorschaubild. Danach können Sie auf **Scannen** klicken.

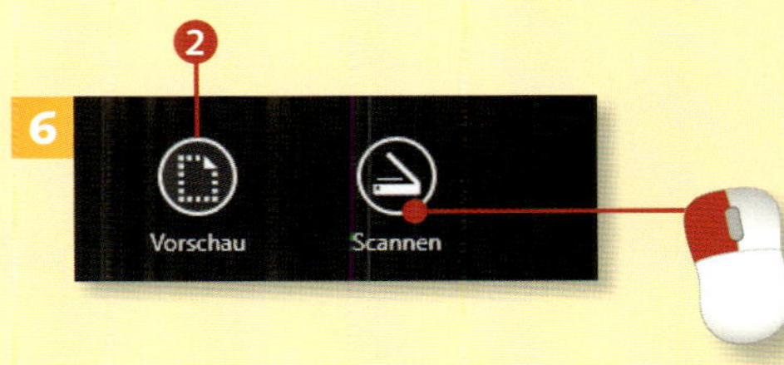

Schwarzweiße Scans

Wollen Sie ein Schwarzweißfoto scannen, wählen Sie unter **Farbmodus** den Eintrag **Graustufen**. Der Eintrag **Schwarzweiß** ist wider Erwarten nicht dafür geeignet, sondern nur für Strichzeichnungen (echtes Schwarzweiß).

Fotos zu Hause ausdrucken

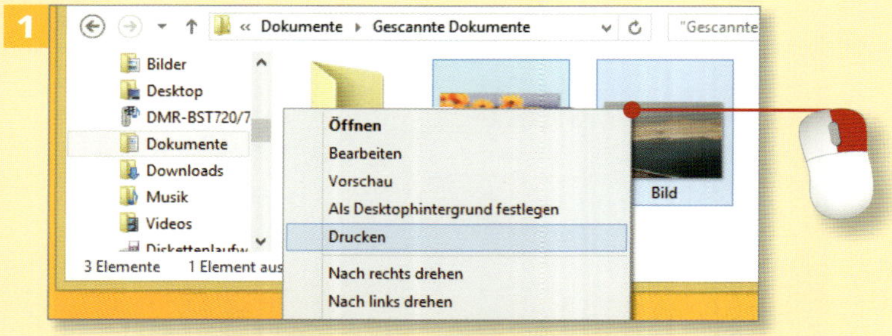

Bildbearbeitungsprogramme wie Adobe Photoshop oder GIMP bringen eigene Druckdialoge mit. Wenn Sie ein Bild jedoch ohne viel Schnickschnack zu Papier bringen wollen, reichen die Druckfunktionen von Windows 8.1 völlig aus.

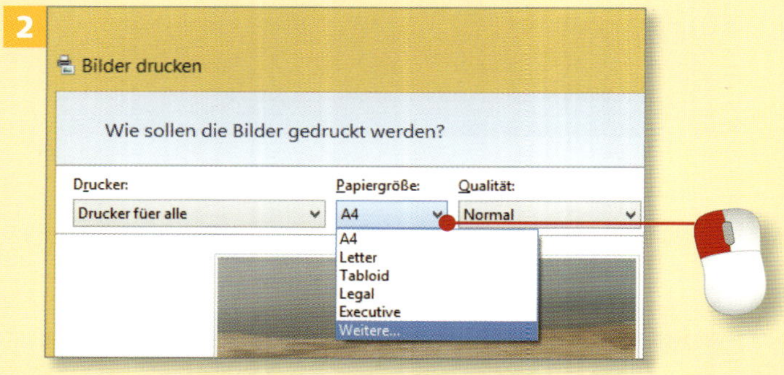

Schritt 1

Markieren Sie ein oder mehrere Fotos (mehrere, indem Sie Strg oder ⇧ beim Klicken gedrückt halten). Danach führen Sie einen Rechtsklick auf eines der markierten Bilder aus und wählen **Drucken** im Kontextmenü.

Schritt 2

Als Nächstes könnten Sie auf ein anderes Format umschalten. Wenn das gesuchte Format in der Liste **Papiergröße** nicht enthalten ist, klicken Sie auf **Weitere**.

Schritt 3

Bei DIN-A4-Papier haben Sie die Möglichkeit, mehrere Fotos auf einem Blatt auszugeben. Dazu müssen Sie auf der rechten Seite z. B. auf **13 x 18 cm (2)** klicken.

Schritt 4

Jetzt sollten Sie noch den Papiertyp einstellen. Wählen Sie im Feld **Papiertyp** die Bezeichnung, die dem von Ihnen eingesetzten Papier am ehesten entspricht. In der Regel ist auf der Verpackung des Papiers vermerkt, um welchen Papiertyp es sich handelt.

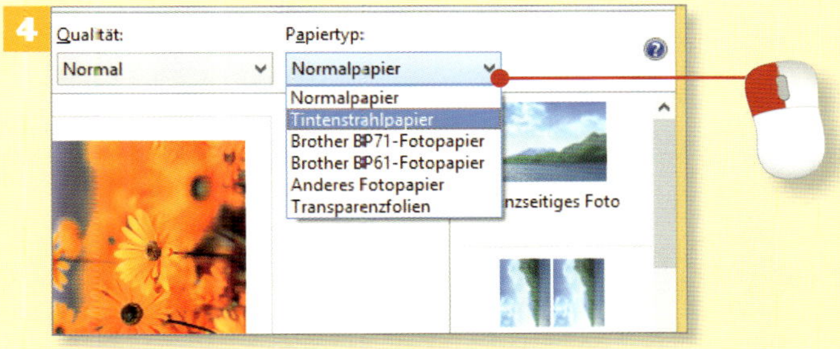

Schritt 5

Im Fuß der Anwendung legen Sie noch fest, wie viele Kopien pro Bild erzeugt werden sollen. Mit der Pfeiltaste ❶ unterhalb der Vorschau springen Sie zur nächsten Seite.

Schritt 6

Die Option **Bild an Rahmen anpassen** sorgt dafür, dass der zur Verfügung stehende Platz optimal ausgenutzt wird. Dabei werden die Bilder allerdings beschnitten. Zur Verdeutlichung schalten Sie das Häkchen mit einem Klick ein und wieder aus.

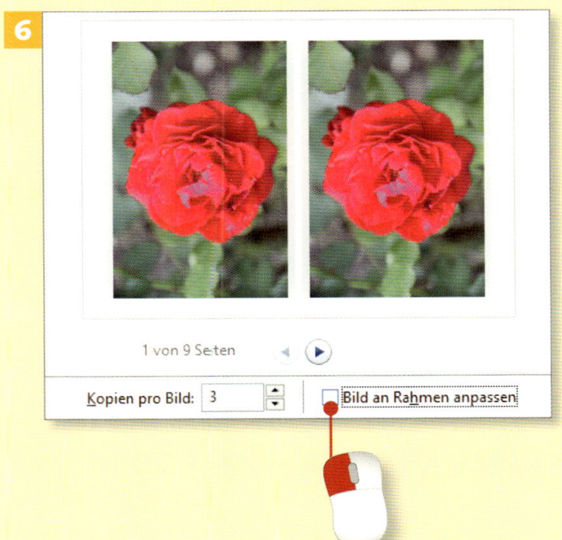

Wahl der Vorgabe

Die im Auswahlfeld stehende Ziffer (im Beispiel **2**) gibt Aufschluss darüber, wie viele Fotos auf jedem Blatt platziert werden (siehe ❷ in Schritt 3).

Fotos zu Hause ausdrucken (Forts.)

7

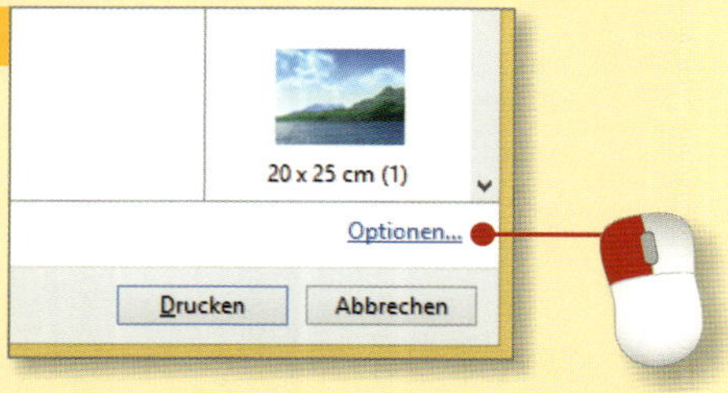

8

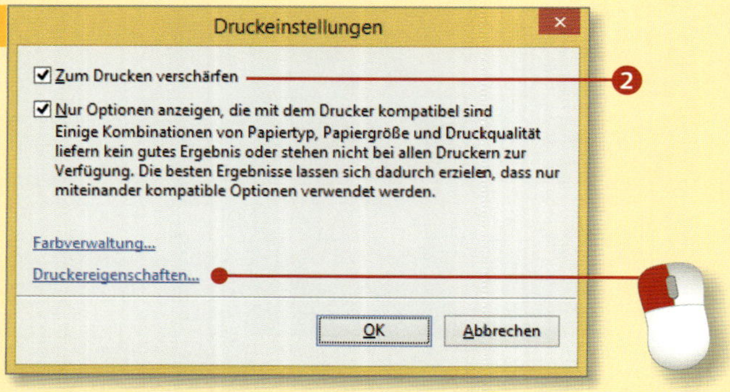

9

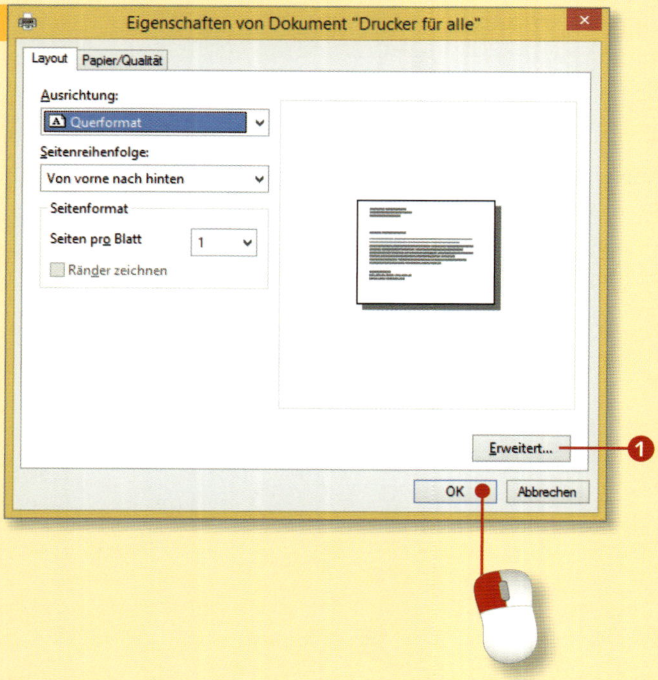

Schritt 7

Klicken Sie zuletzt noch unten rechts auf **Optionen**, um weitere spezifische Einstellungen vorzunehmen.

Schritt 8

Im Dialogfenster **Druckeinstellungen** bieten sich Ihnen verschiedene Optionen (siehe auch den Kasten auf dieser Seite). Diese lassen Sie in der Regel jedoch am besten so, wie sie sind. Klicken Sie lieber auf **Druckereigenschaften**.

Schritt 9

In diesem Dialogfenster und über die Schaltfläche **Erweitert** 1 können Sie individuelle Einstellungen direkt im Drucker-Menü vornehmen. Die Dialoge unterscheiden sich je nach Drucker-Hersteller. Haben Sie alle Einstellungen vorgenommen, klicken Sie zum Schluss auf **OK**.

Fotos schärfen

Wenn Sie nach einem Ausdruck feststellen, dass die Fotos etwas unscharf sind, sorgen Sie dafür, dass die Option **Zum Drucken verschärfen** 2 aktiviert ist.

Schritt 10

Das war's. Jetzt müssen Sie nichts weiter tun, als im Dialogfenster **Bilder drucken** auf **Drucken** zu klicken.

Schritt 11

Sie benötigen Kontaktabzüge vom gesamten Inhalt eines Ordners? Dann öffnen Sie diesen Ordner, und drücken Sie [Strg] + [A]. Dadurch werden alle darin enthaltenen Fotos markiert. Jetzt klicken Sie mit der rechten Maustaste auf ein markiertes Bild und wählen **Drucken** im Kontextmenü.

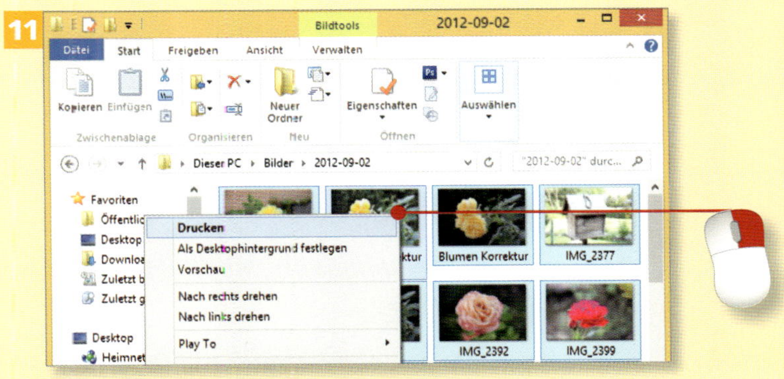

Schritt 12

Scrollen Sie in der rechten Spalte des Dialogs **Bilder drucken** ganz nach unten, und klicken Sie auf **Kontaktabzug**. In der Mitte können Sie ablesen, wie viele Seiten gedruckt werden, um alle Miniaturen zu Papier zu bringen ❸. Zuletzt klicken Sie auf **Drucken** ❹.

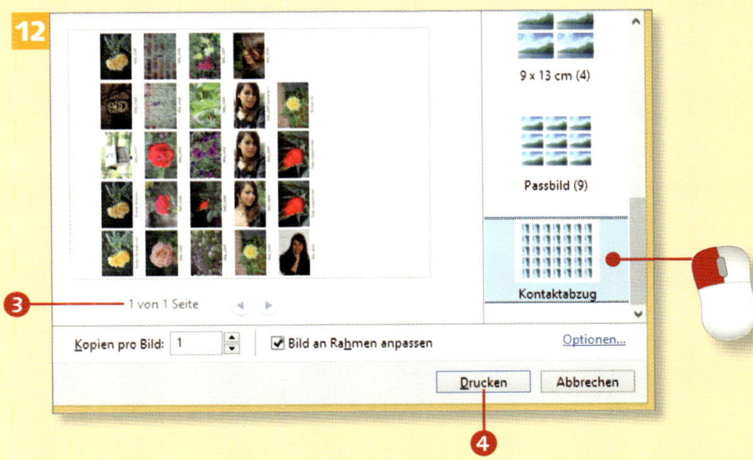

Kontaktabzüge

Kontaktabzüge sind Ausdrucke, die sämtliche Fotos eines Ordners in Miniaturform abbilden. Sie dienen eigentlich nur dazu, einen schnellen Überblick über den Inhalt des Verzeichnisses zu erhalten. Kontaktabzüge werden meist mit 150 dpi auf Normalpapier ausgegeben.

Dateien auf eine CD oder DVD brennen

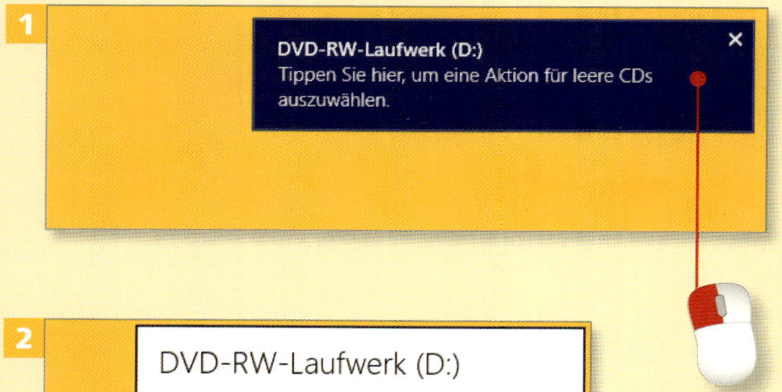

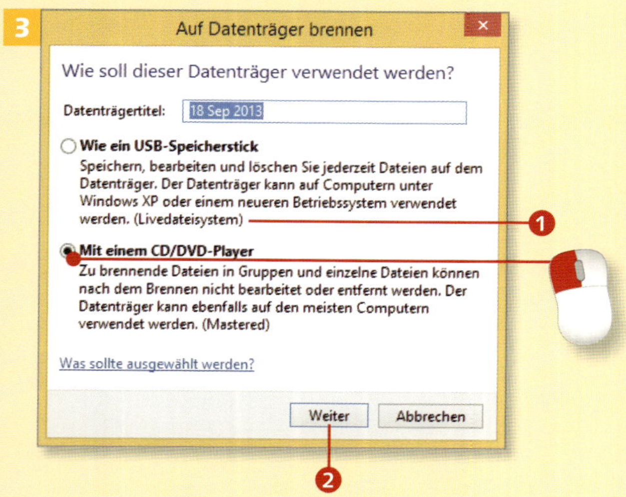

Falls Sie größere Datenmengen sichern oder weitergeben wollen, empfiehlt sich die Produktion einer CD oder DVD. Wie das geht, erfahren Sie in diesem Abschnitt.

Schritt 1

Legen Sie einen leeren, beschreibbaren Datenträger ein. Klicken Sie auf die blaue Hinweistafel, die sich am oberen rechten Bildrand zeigt.

Schritt 2

Auf der Hinweistafel sehen Sie nun mehrere Optionen. Wählen Sie **Dateien auf Datenträger brennen**.

Schritt 3

Nun müssen Sie noch festlegen, ob Sie die Option **Livedateisystem** 1 oder **Mastered** für den Brennvorgang wählen wollen. Letzteres ist nicht zuletzt in Sachen Weitergabe am vielseitigsten. Aktivieren Sie daher **Mit einem CD/DVD-Player**, bevor Sie auf **Weiter** 2 klicken.

Livedateisystem

Der fertige Datenträger ist bei der Option **Livedateisystem** im Gegensatz zu **Mastered** (siehe Schritt 3) noch weiter beschreibbar. Allerdings ist dieser dann nicht mit allen Betriebssystemen kompatibel.

Schritt 4

Jetzt öffnet sich ein Ordner-Fenster. Das ist gewissermaßen der Inhalt der CD bzw. DVD. Wie Sie sehen, ist der Datenträger leer.

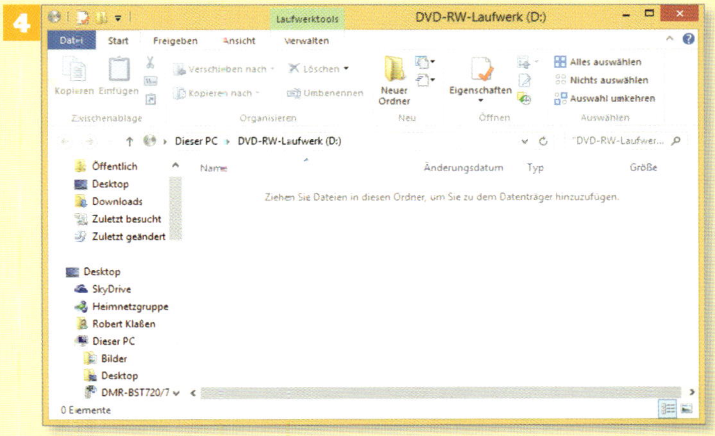

Schritt 5

Ändern Sie das, indem Sie die Dateien, die auf den Datenträger gebrannt werden sollen, einfach mit gedrückter linker Maustaste in den soeben erstellten Brennordner ziehen und dort fallen lassen.

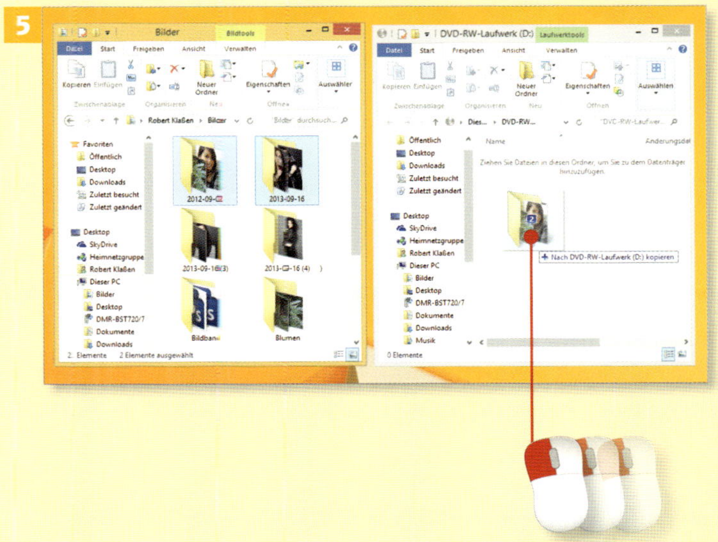

Schritt 6

Für den Fall, dass sich eine Sprechblase am unteren rechten Rand der Taskleiste zeigt: Missachten oder schließen Sie diese einfach, indem Sie auf das Kreuzchen rechts oben klicken.

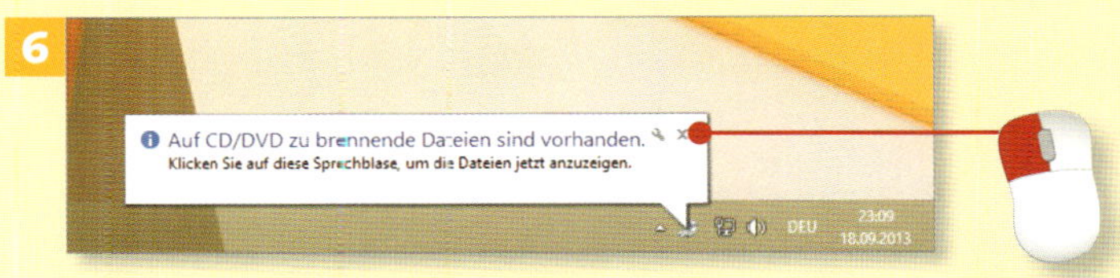

Hinweistafel

Die in Schritt 6 angesprochene Hinweistafel erscheint immer wieder, wenn Sie weitere Dateien zum Brennordner hinzufügen. Für den gesamten Vorgang ist sie jedoch nicht relevant.

Dateien auf eine CD oder DVD brennen (Forts.)

7

8

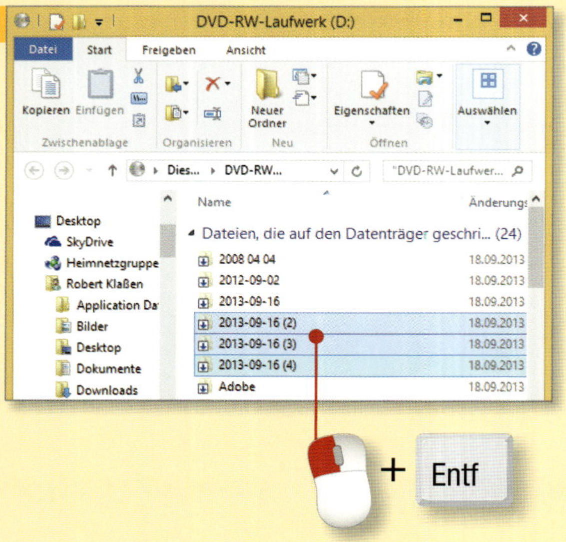

9

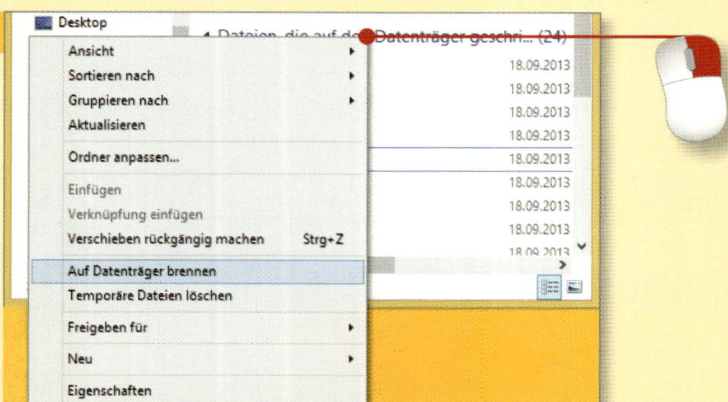

Schritt 7

Nun können Sie nach Belieben Daten von angeschlossenen Festplatten, USB-Sticks etc. ziehen. Selbst vor Dateien auf dem Desktop müssen Sie nicht haltmachen. Lassen Sie die Daten aber immer oben im Fenster fallen. Zögen Sie diese auf einen bereits vorhandenen Ordner, würden diese fälschlicherweise darin einsortiert.

Schritt 8

Wenn Sie jetzt feststellen, dass Sie einige der ausgewählten Dateien doch nicht benötigen, können Sie sie markieren und aus der Liste löschen, indem Sie Entf drücken.

Schritt 9

Wenn Sie mit allem fertig sind, klicken Sie einfach mit der rechten Maustaste in den Ordner hinein und im Kontextmenü auf **Auf Datenträger brennen**.

i

Papierkorb

Wenn Sie Dateien entfernen (siehe Schritt 8), landen diese im Papierkorb. Die Originale auf der Festplatte bleiben dabei unangetastet.

Schritt 10

Bevor Sie den Brenner in Bewegung setzen, können Sie einige Einstellungen vornehmen. Sie sollten z. B. unbedingt einen aussagekräftigen Titel für Ihren Datenträger eingeben.

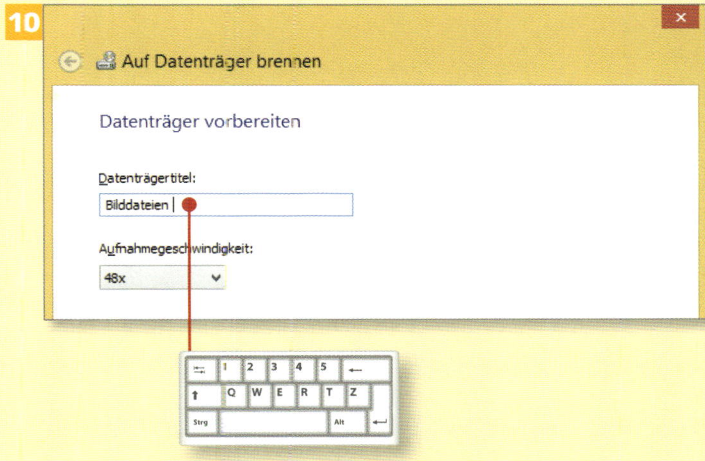

Schritt 11

Besonders bei DVDs sollten Sie die Aufnahmegeschwindigkeit herabsetzen. Je langsamer Sie brennen, desto größer ist die Wahrscheinlichkeit, dass fehlerlos gebrannt wird.

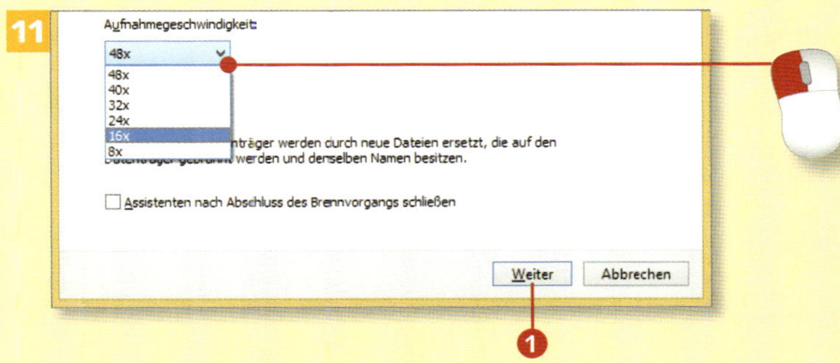

Schritt 12

Klicken Sie zum Schluss auf **Weiter** ❶. Das sorgt dafür, dass der Brennvorgang beginnt. Ein grüner Fortschrittsbalken zeigt den Fortschritt des Brennverlaufs an.

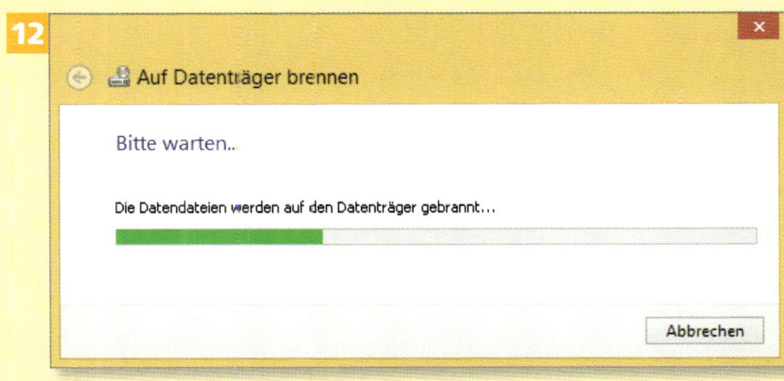

Brenngeschwindigkeit

CDs machen beim Brennen meist keine Probleme, DVDs hingegen schon. Obwohl viele Rohlinge laut Hersteller für eine 16-fache Brenngeschwindigkeit ausgelegt sind, kommt es nicht selten zu Fehlern. Ein Hinweis am Ende des Vorgangs informiert Sie darüber. In diesem Fall brennen Sie erneut, z. B. mit 4-facher Geschwindigkeit.

Eine Musik-CD brennen

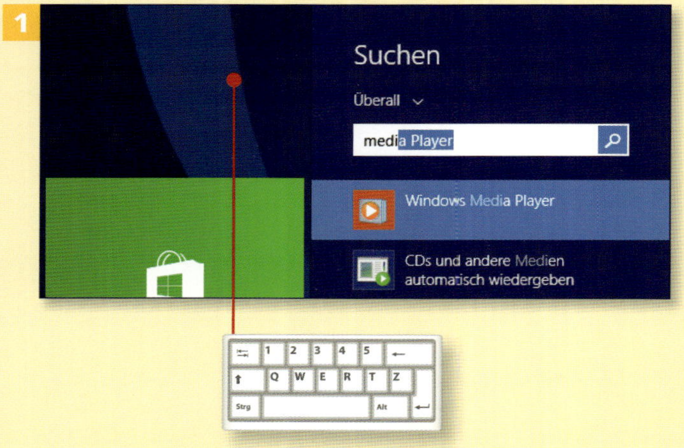

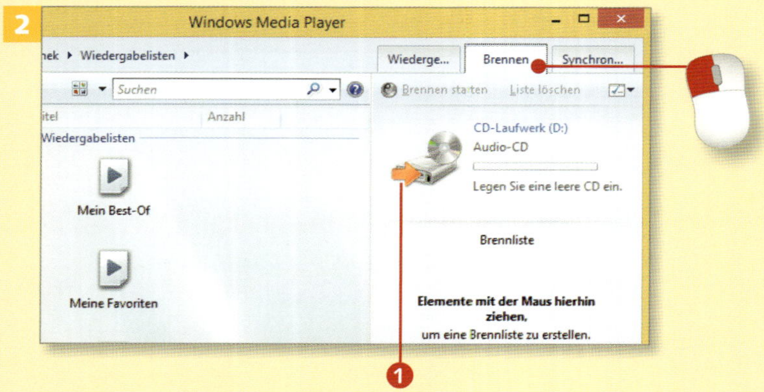

Sie möchten eine Musik-CD mit Ihren Lieblingsstücken produzieren? Dann können Sie sowohl Wiedergabelisten als auch den Bestand Ihres Albums verwenden.

Schritt 1

Öffnen Sie den Startbildschirm, und suchen Sie nach dem Windows Media Player, indem Sie den Suchbegriff »medi« eingeben. Wenn der Media Player als einziges Suchergebnis erscheint, drücken Sie [↵], um ihn zu öffnen.

Schritt 2

Legen Sie eine beschreibbare CD in den Brenner ein, und klicken Sie auf der rechten Seite der Programmoberfläche auf die Registerkarte **Brennen**. Solange die CD noch nicht eingelesen ist, ist ein orangefarbener Pfeil (1) zu sehen.

Schritt 3

Der Pfeil verschwindet nach kurzer Zeit. Stattdessen wird der auf der CD zur Verfügung stehende Speicherplatz angezeigt.

Schritt 4

Klicken Sie mit der Maus auf das Wort **Brennliste** ❷, um es zu markieren. Danach können Sie Ihre Musik-CD über die Tastatur ganz nach Wunsch benennen. Schließen Sie die Eingabe mit ↵ ab.

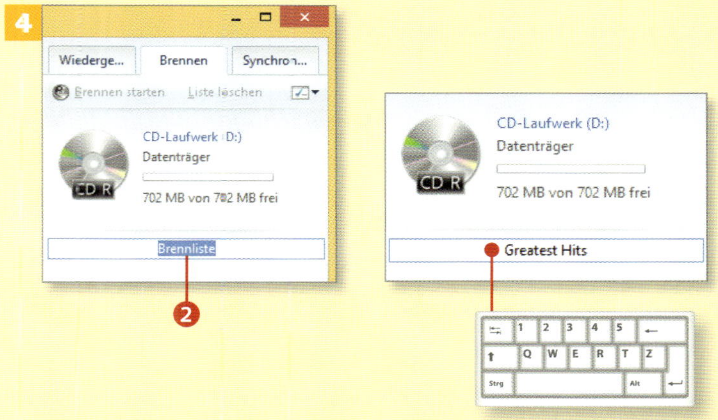

Schritt 5

Klicken Sie auf das Listen-Steuerelement. Im Menü muss **Audio-CD** eingestellt werden. Das ist wichtig, da Sie ansonsten eine Daten-CD erstellen würden. Und die wäre nur auf einem PC abspielbar, nicht jedoch auf einem normalen CD-Player.

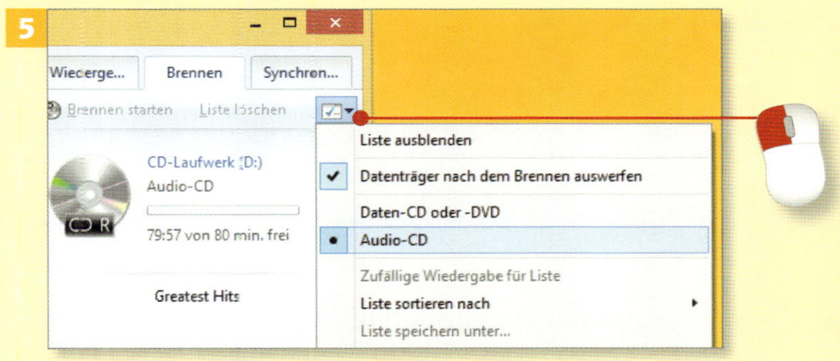

Schritt 6

In der Medienbibliothek, die den Namen des Anwenders trägt ❸, wählen Sie aus, was auf Ihre CD soll. Sie können z. B. eine Wiedergabeliste hinzufügen, indem Sie die Liste ganz nach rechts ziehen und unterhalb des CD-Titels fallen lassen. Die Audio-CD enthält dann alle Lieder aus dieser Wiedergabeliste.

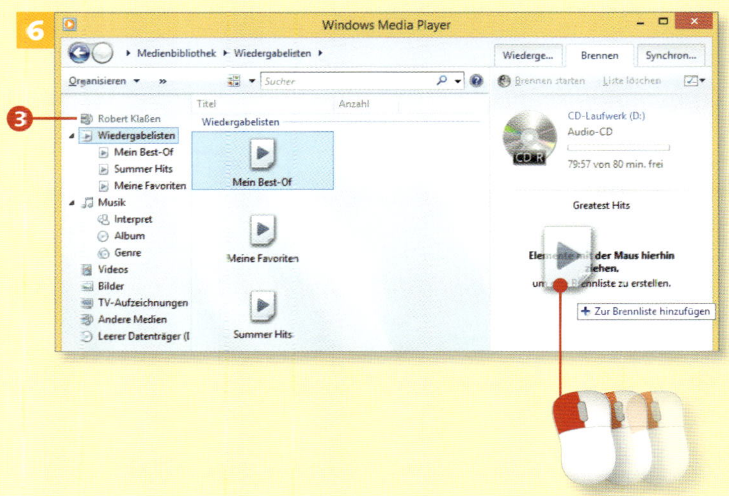

Automatische Wiedergabe

Das Fenster **Automatische Wiedergabe** erscheint immer dann, wenn Sie einen Datenträger einlegen. Wenn Sie mit dem Media Player arbeiten möchten, können Sie es einfach schließen.

Eine Musik-CD brennen (Forts.)

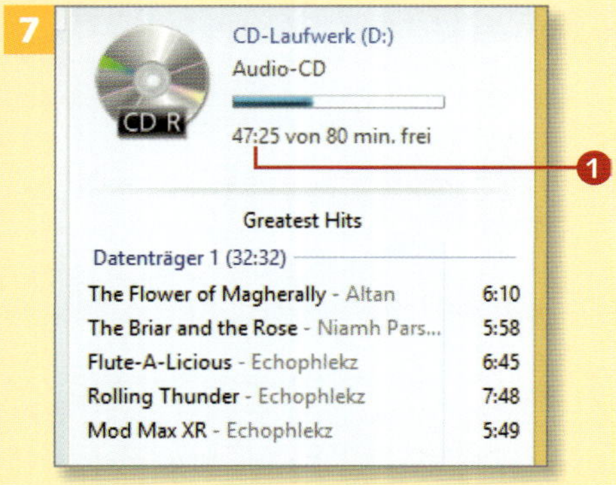

Schritt 7

Nach dem Hinzufügen sollten Sie prüfen, wie viel Platz noch auf der CD frei ist ❶. In diesem Beispiel sind noch 47 Minuten und 25 Sekunden frei. Wenn Sie möchten, können Sie also weitere Stücke hinzufügen.

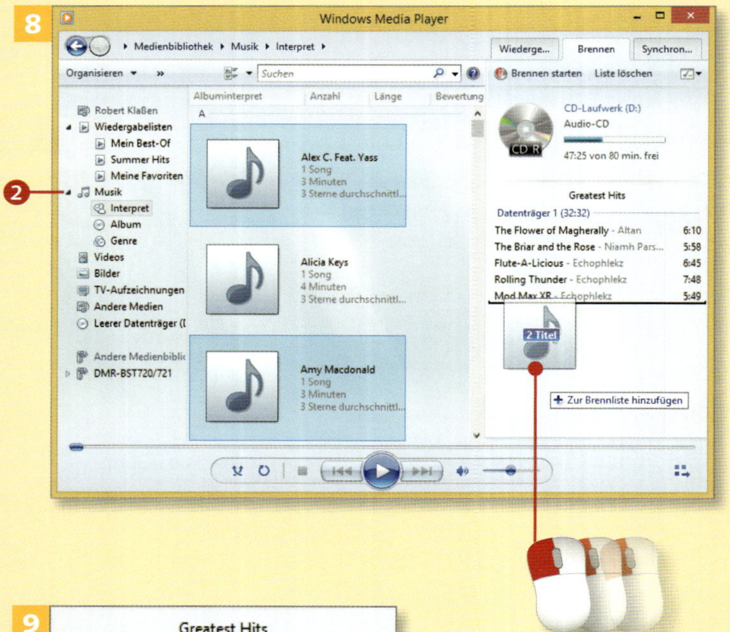

Schritt 8

Sie fügen weitere Titel hinzu, indem Sie beispielsweise in der linken Spalte auf **Musik** ❷ klicken und die gewünschten Titel vom Album in der Mitte aus in die rechte Spalte ziehen. Beachten Sie dazu auch die Hinweise im Kasten auf dieser Seite.

Schritt 9

Auch das Sortieren ist hier jederzeit möglich. Erledigen Sie das per Drag & Drop, verschieben Sie das Lied also mit gedrückter linker Maustaste. (Hier wird z. B. der Titel **No One** an die drittletzte Position auf der CD verschoben.)

Mehrere Stücke markieren

Halten Sie [Strg] beim Klicken gedrückt, damit Sie mehrere auseinanderliegende Stücke auswählen können. Wollen Sie beisammenliegende Stücke markieren, geht das so: den obersten Titel markieren, [⇧] gedrückt halten, den letzten Titel markieren, [⇧] loslassen.

Schritt 10

Wenn Sie mehr Musik hinzufügen, als auf eine CD passt, beginnt der Media Player mit der Produktion eines zweiten Datenträgers. Sie sehen das an der Bezeichnung **Datenträger 2** ❸. Wenn Sie das nicht wollen, entfernen Sie die überzähligen Titel, indem Sie diese markieren und [Entf] drücken.

Schritt 11

Fertig? Prima! Dann starten Sie die Erstellung des Datenträgers mit einem Klick auf **Brennen starten** oben im Dialogfenster.

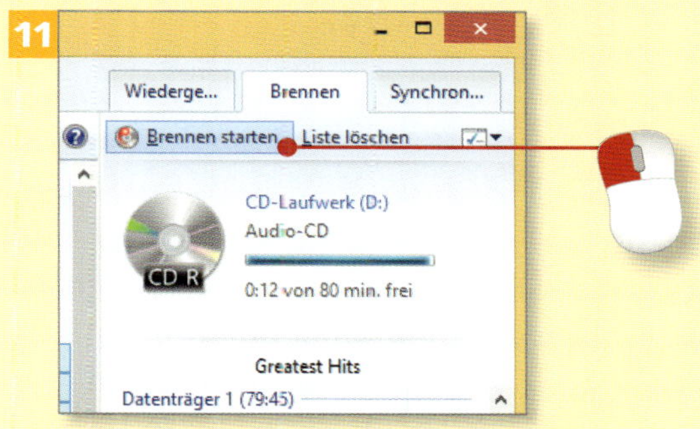

Schritt 12

Je nach eingebautem Brenner erhalten Sie jetzt noch einen Hinweis zum lückenlosen Brennen. Diesen können Sie grundsätzlich mit **Ja** beantworten.

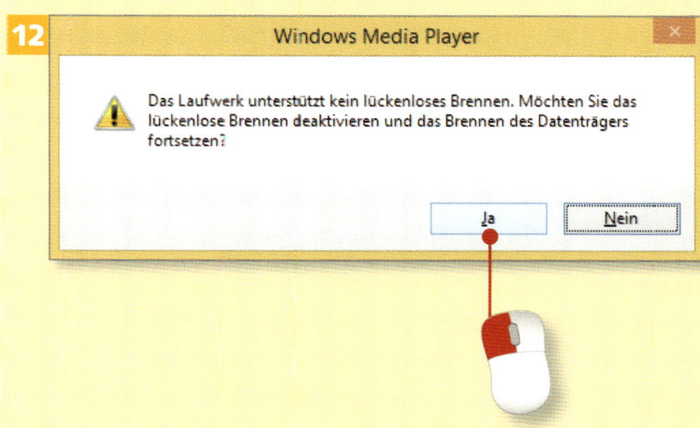

Lückenloses Brennen
Normalerweise werden zwischen zwei Musikstücken Pausen von jeweils zwei Sekunden eingefügt. Wenn Sie die Option **Lückenloses Brennen** aktivieren, werden diese Pausen unterbunden und die Tracks nahtlos aneinandergereiht.

Kapitel 11
Windows 8.1 – persönliche Einstellungen

Vielleicht denken Sie jetzt: Windows sieht ja ganz nett aus, aber als Desktop-Hintergrundbild hätte ich doch gerne etwas anderes. Ihr Betriebssystem bietet Ihnen eine ganze Menge Möglichkeiten, um das Erscheinungsbild persönlicher einzurichten. Und wenn an Ihrem Rechner nicht nur Sie selbst, sondern mehrere Benutzer arbeiten wollen, lässt sich auch das unkompliziert lösen. Wie, erfahren Sie in diesem Kapitel.

Farben und Hintergründe ändern

Neben den Farben des Startbildschirms oder der Desktop-Fenster kann auch das Bildschirm-Hintergrundbild frei eingerichtet werden ❶. Sie können sogar eigene Fotos einsetzen. Wenn Sie Windows also personalisieren wollen, sind Sie hier genau richtig.

Sperrbildschirm und Bildschirmschoner einrichten

Der Sperrbildschirm ❷ soll verhindern, dass Unbefugte mit Ihrem Rechner arbeiten können, während Sie kurz mal frischen Kaffee organisieren. Der Bildschirmschoner hingegen aktiviert sich, wenn Sie längere Zeit keine Eingabe gemacht haben. Beides kann individuell eingestellt werden.

Benutzerkonten einrichten

Sie sind nicht allein an Ihrem Rechner? Dann sollten Sie jedem Nutzer sein eigenes »Zimmer« in Windows einrichten, ein sogenanntes *Benutzerkonto* ❸. Das schafft Ordnung und erleichtert jedem Benutzer die Arbeit.

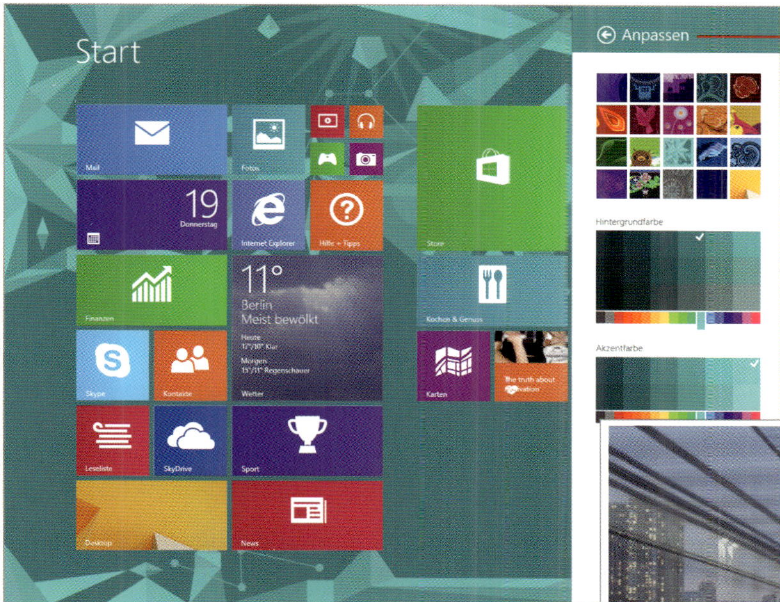

1 Wenn Sie möchten, können Sie den Hintergrund Ihres Startbildschirms verändern.

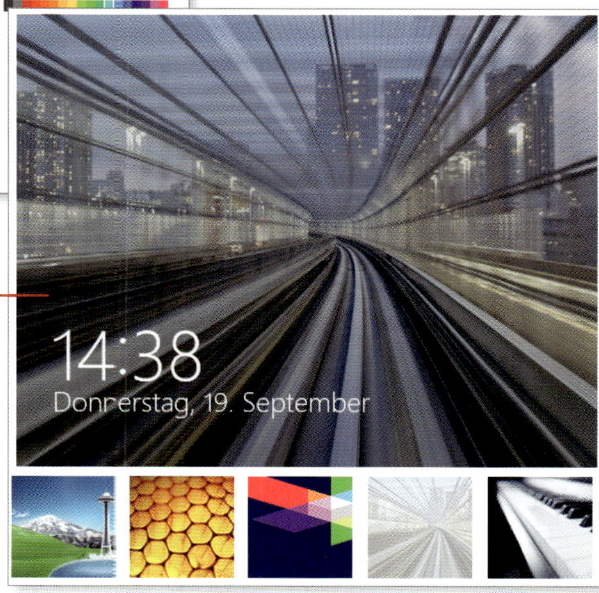

2 Sperrbildschirm und Bildschirmschoner sind vielfältig konfigurierbar.

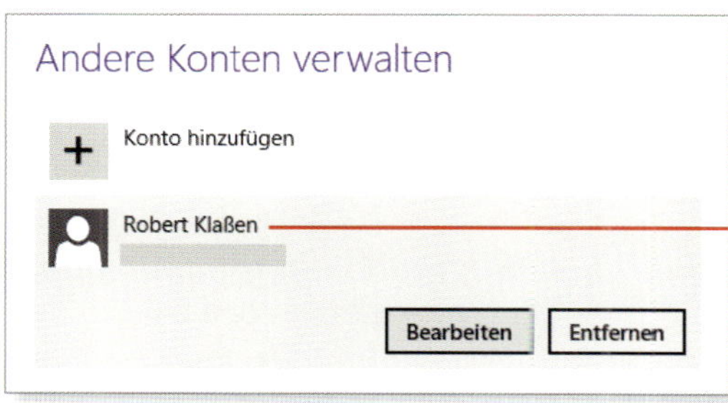

3 Mit mehreren Benutzern zu arbeiten ist unter Windows kein Problem.

Die Fensterfarben anpassen

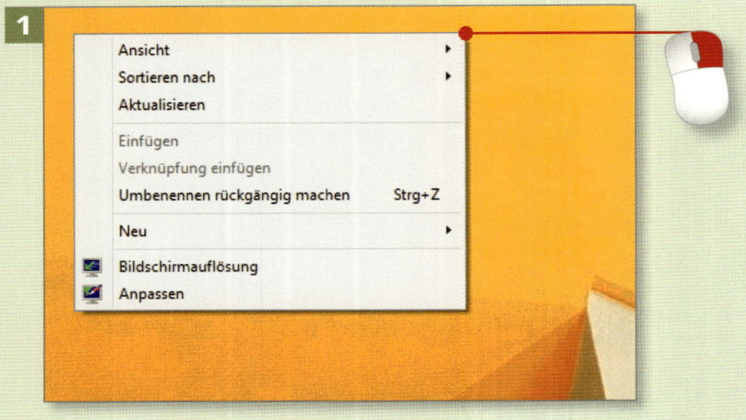

Das hier gezeigte Gelborange von Windows 8.1 ist gewöhnungsbedürftig, finden Sie nicht auch? Sollten Sie genug davon haben, können Sie die Oberfläche umdekorieren.

Schritt 1

Zuallererst führen Sie einen rechten Mausklick auf einer freien Stelle des Desktops aus. Das hat zur Folge, dass sich das Kontextmenü öffnet.

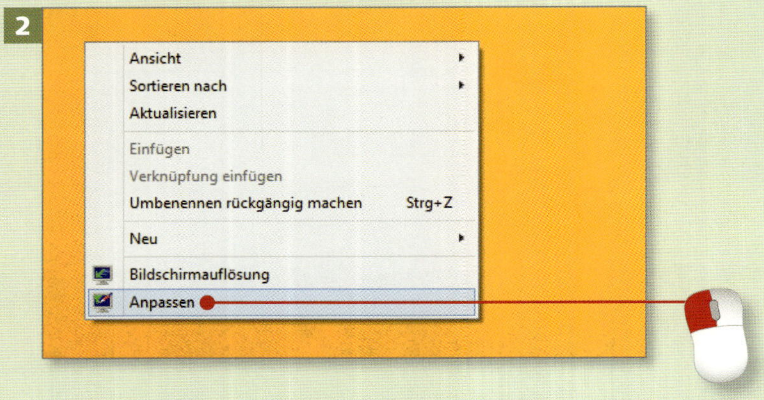

Schritt 2

Im Kontextmenü entscheiden Sie sich anschließend für einen Klick auf **Anpassen**.

Schritt 3

In der untersten Zeile des Folge-Dialogs **Anpassung** klicken Sie dann auf die Schaltfläche **Farbe**.

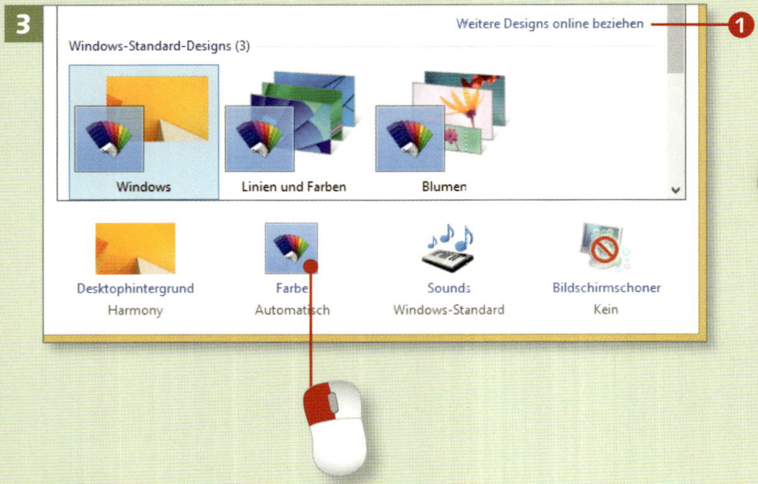

Weitere Designs

Ziemlich weit oben rechts gibt es die Zeile **Weitere Designs online beziehen** ❶. Darüber haben Sie die Möglichkeit, zusätzliche Designs auf Ihren Rechner zu übertragen.

Schritt 4

Im Dialogfenster **Farbe und Darstellung**, das sich daraufhin öffnet, setzen Sie einen Mausklick auf das Quadrat mit der Farbe, die Ihnen am ehesten zusagt.

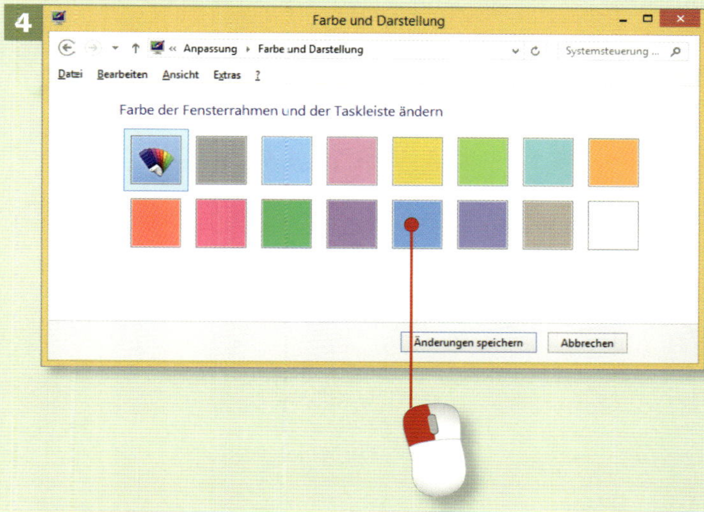

Schritt 5

Wollen Sie die Farbe weiter anpassen? Dann klicken Sie auf **Farbmixer einblenden** (die Schaltfläche wird dann in **Farbmixer ausblenden** umbenannt). Die Schieberegler in diesem Bereich erlauben die individuelle Einstellung von Farbton, Sättigung und Helligkeit.

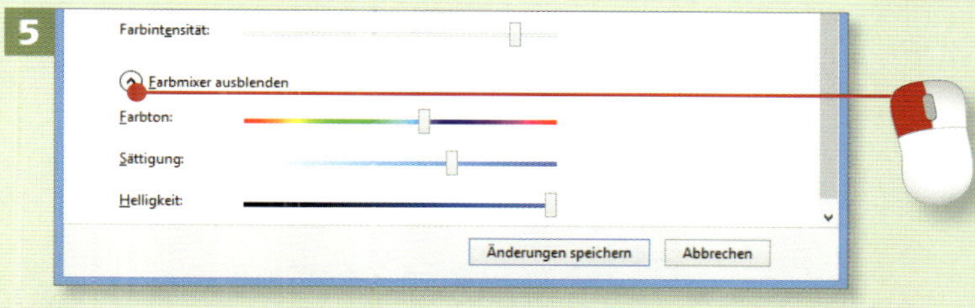

Schritt 6

Zuletzt klicken Sie auf **Änderungen speichern**. (Falls Sie die getroffenen Änderungen verwerfen wollen, klicken Sie hingegen auf **Abbrechen**.)

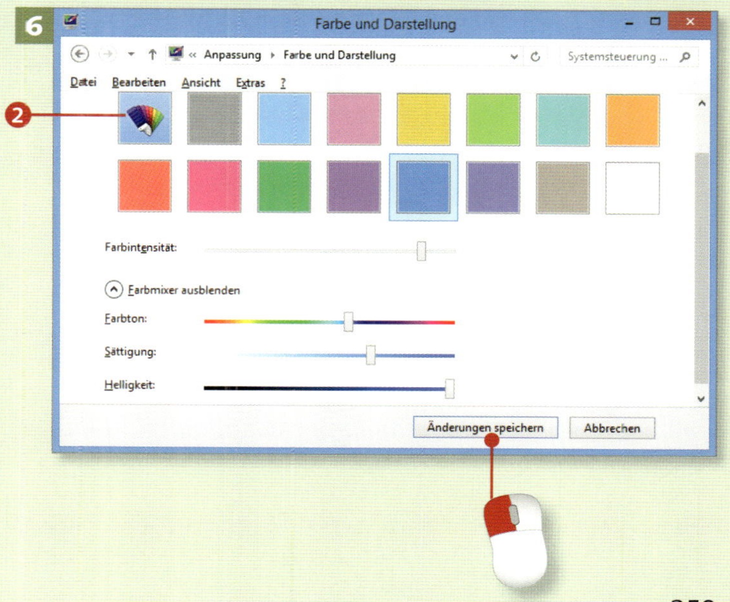

Zurück zum Original

Wann immer Sie zurück zur Originaldarstellung wollen, öffnen Sie den Dialog **Anpassung** erneut und klicken auf das blaue Quadrat mit dem Farbfächer ❷ oben links. Bestätigen Sie das Ganze mit **Änderungen speichern**.

Die Schriftgröße der Bildschirmelemente einstellen

1

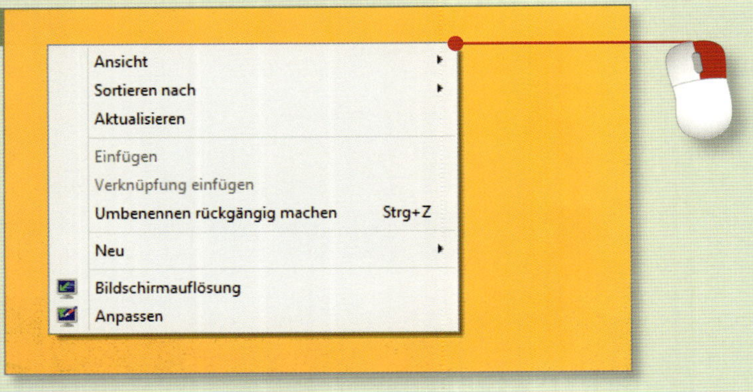

2

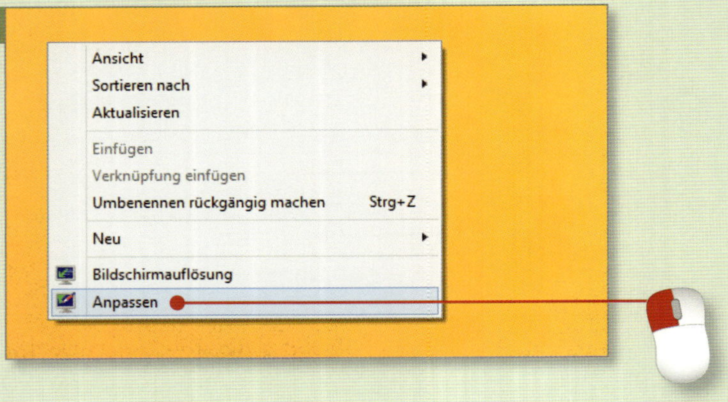

3

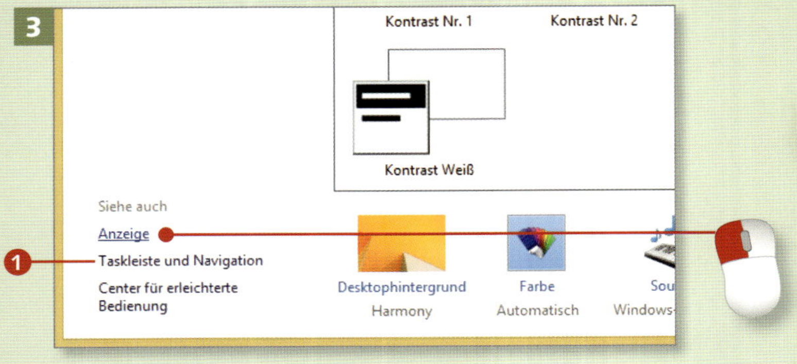

Auch die Schriftgröße z. B. von Ordnern oder Programmen lässt sich anpassen. Standardmäßig wird nämlich eine relativ kleine Schriftgröße verwendet (11 Punkt). Wenn das für Sie nicht gut lesbar ist, können Sie es schnell korrigieren.

Schritt 1

Platzieren Sie einen rechten Mausklick auf eine freie Stelle auf dem Desktop.

Schritt 2

Im Kontextmenü entscheiden Sie sich dann für den Eintrag **Anpassen**.

Schritt 3

Im Folge-Dialog klicken Sie nun auf den Link **Anzeige** unten links. Das bringt Sie geradewegs in den Dialog, der für die Einstellung der Schriftgröße zuständig ist.

i

Taskleiste anpassen

Gleich unterhalb von **Anzeige** befindet sich der Eintrag **Taskleiste und Navigation** 1. Darüber lassen sich die Eigenschaften der Taskleiste beeinflussen, z. B. das Fixieren, das automatische Ausblenden und auch die Position der Leiste auf dem Bildschirm.

Schritt 4

Betätigen Sie die Pfeilspitze neben der Schriftgröße (hier: **11**), um das Pulldown-Menü zu öffnen. Daraufhin sehen Sie eine Liste mit alternativen Werten.

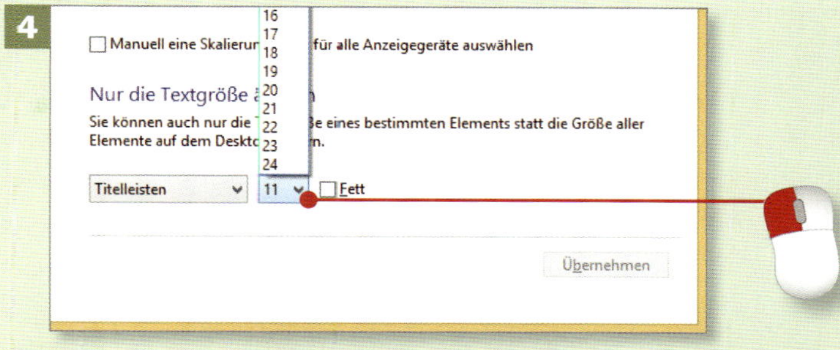

Schritt 5

Fahren Sie in der Liste nach oben und wählen Sie einen anderen Wert (hier: **14**). In der Regel sollte eine Schriftgröße zwischen 12 und 16 Punkt ausreichend sein.

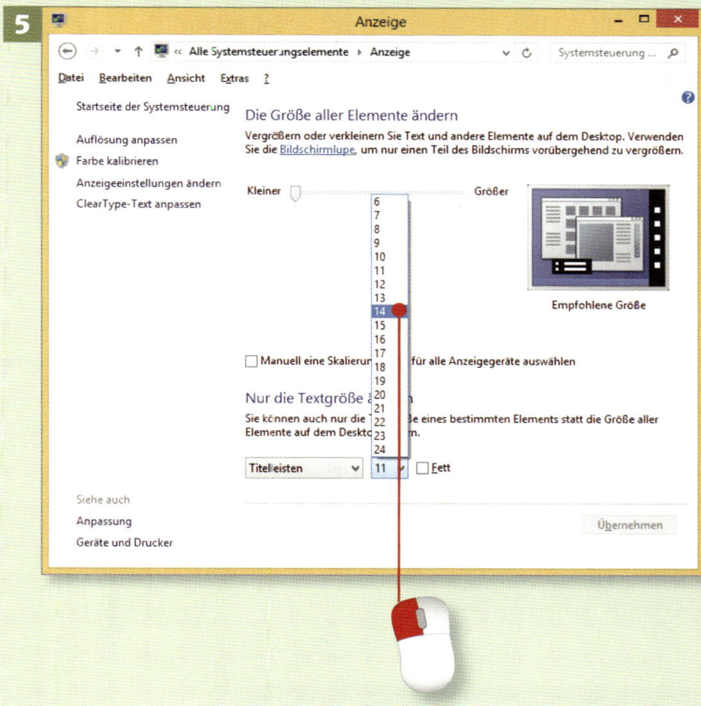

Schritt 6

Zuletzt betätigen Sie die Schaltfläche **Übernehmen**. Daraufhin wird der Bildschirm kurz blau. Doch keine Sorge, das ändert sich nach nur etwa einer Sekunde, und alles ist »wieder im Lack« – jetzt sogar wunschgemäß mit vergrößerter Schrift.

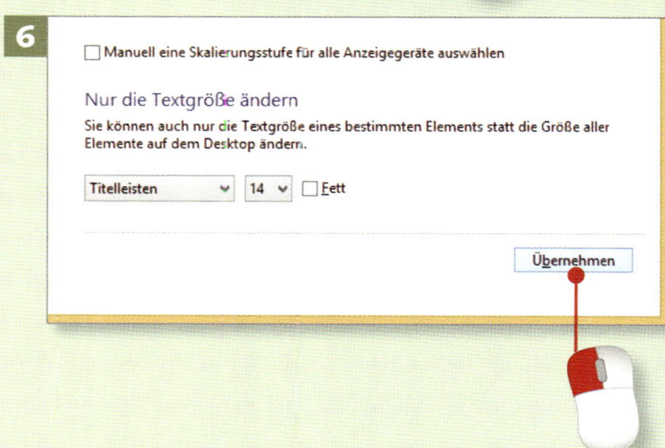

Größe aller Elemente ändern
Für den Fall, dass sämtliche Elemente, also auch Fenster und deren Inhalte, vergrößert werden sollen, ziehen Sie den weiter oben befindlichen Schieberegler nach rechts. Bestätigen Sie auch in diesem Fall mit **Übernehmen**.

Das Design des Startbildschirms ändern

1
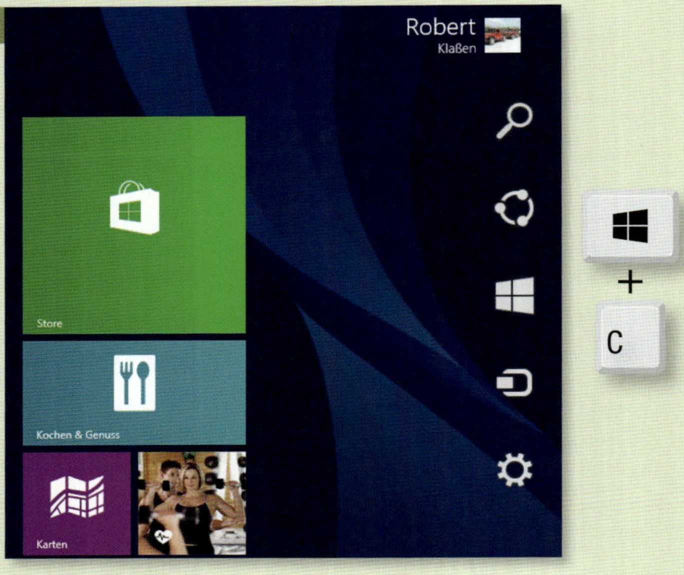

2

3
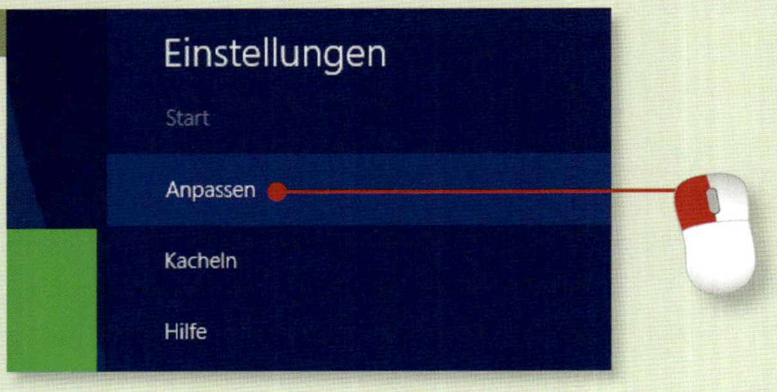

Die Kacheloberfläche des Startbildschirms ist das markanteste Merkmal von Windows 8.1. Dennoch können Sie auch für den Startbildschirm individuelle Einstellungen in Sachen Erscheinungsbild vornehmen.

Schritt 1

Um das Erscheinungsbild des Startbildschirms anzupassen, müssen Sie zunächst einmal die Charms-Leiste öffnen. Sie wissen ja: entweder in die obere oder untere rechte Ecke zeigen oder [Windows] + [C] betätigen.

Schritt 2

Innerhalb der Charms-Leiste klicken Sie auf **Einstellungen**.

Schritt 3

Im Menü **Einstellungen** halten Sie nach dem Eintrag **Anpassen** Ausschau. Versehen Sie auch diese Schaltfläche mit einem Mausklick.

Darstellungsoptionen
Beachten Sie, dass sich die Oberfläche je nach Bildschirmformat und Auflösung des PCs unterschiedlich darstellen kann. Insbesondere die Anordnung der Kacheln kann von der hier vorgestellten Ansicht abweichen.

Schritt 4

Wie wäre es mit einem anderen Hintergrundbild? Klicken Sie zum Wechseln auf eine der kleinen quadratischen Kacheln, die oben rechts im Menü angeboten werden.

4

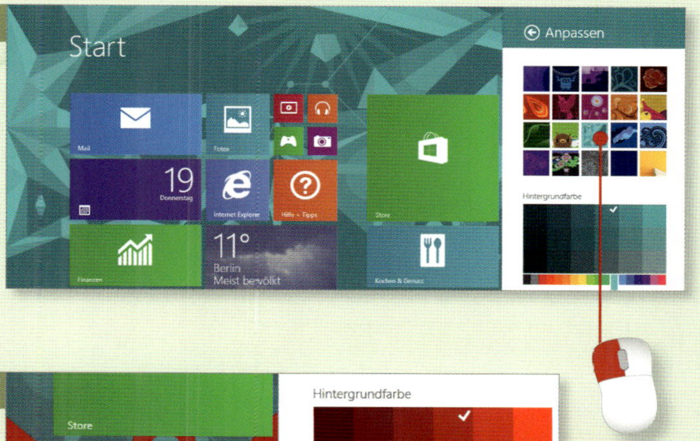

Schritt 5

Auch die **Hintergrundfarbe** und die **Akzentfarbe** (zweite Hintergrundfarbe) können individuell verändert werden. Dazu ziehen Sie an den etwas nach unten herausstehenden Rechtecken. So bestimmen Sie für beide Elemente zunächst die jeweilige Grundfarbe.

5

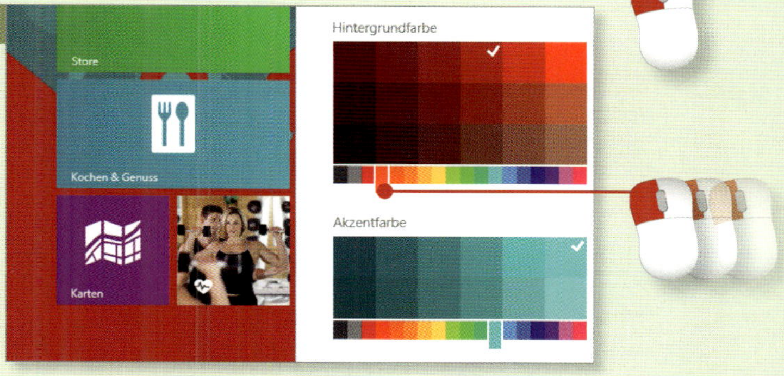

Schritt 6

Den genauen Farbton weisen Sie letztendlich durch einen Klick auf das entsprechende Farbquadrat zu. Stellen Sie auf die gleiche Weise auch die Akzentfarbe ein.

6

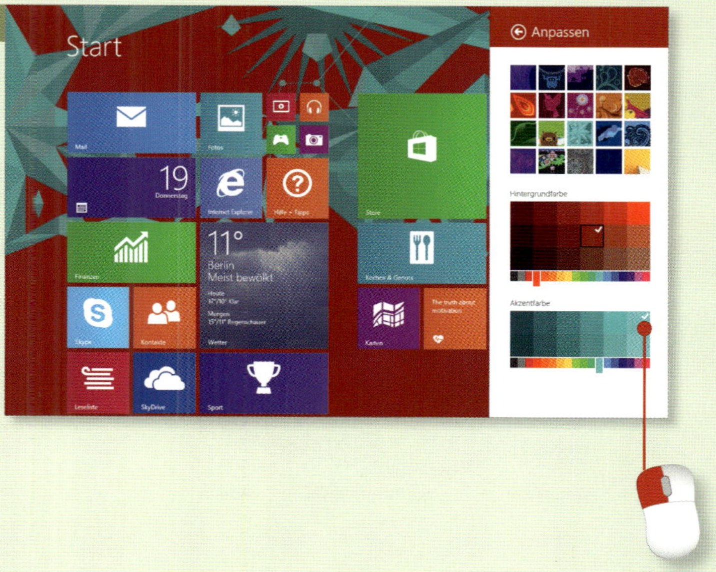

Kacheln anordnen

Zu einer ordentlichen Oberflächengestaltung gehört natürlich auch die entsprechende Position der Kacheln. Wie Sie dazu vorgehen müssen, erfahren Sie im Abschnitt »Die Kacheln anordnen« auf Seite 26.

Den Desktop-Hintergrund verändern

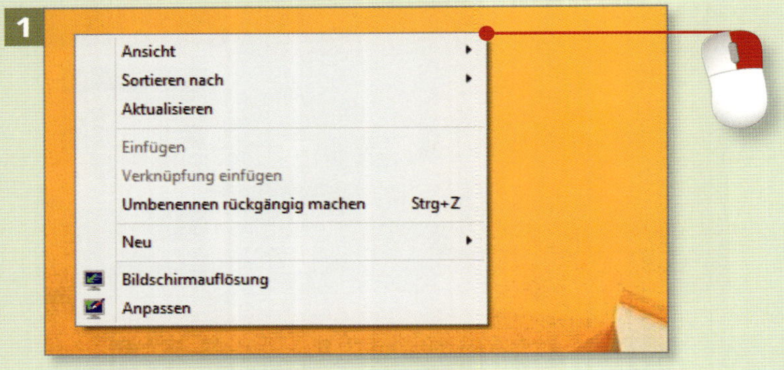

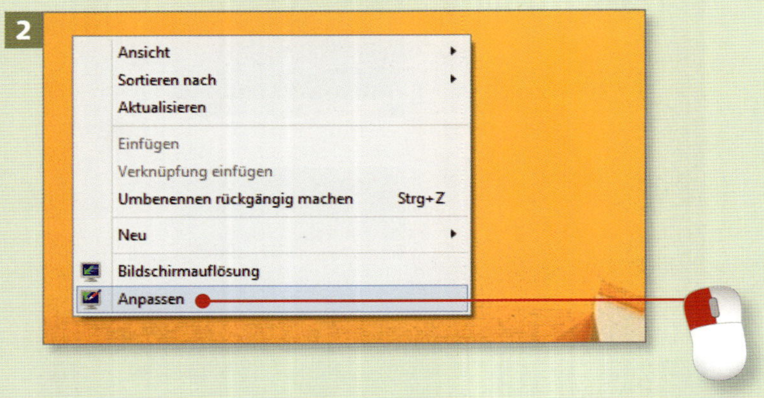

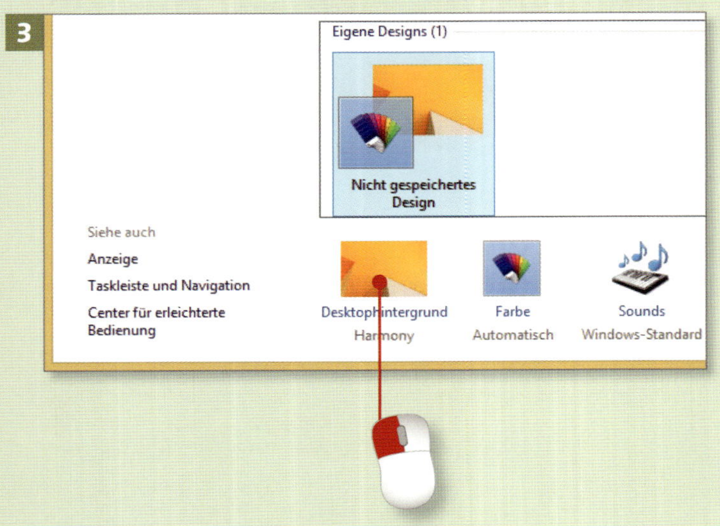

Wünschen Sie sich für Ihren Desktop mehr Individualität? Wie wäre es beispielsweise mit einem anderen Bild für den Hintergrund?

Schritt 1

Zunächst einmal müssen Sie das Kontextmenü öffnen. Das erreichen Sie durch einen Rechtsklick auf einen freien Bereich des Desktops.

Schritt 2

Fahren Sie in der Liste herunter, bis Sie den Eintrag **Anpassen** erreichen. Setzen Sie einen Mausklick darauf. Daraufhin erscheint ein Fenster mit Einstellungsmöglichkeiten zur Anpassung des Desktops.

Schritt 3

Ganz unten finden Sie die Rubrik **Desktophintergrund**. Klicken Sie auf das Miniaturbild, um zu den Hintergründen zu gelangen.

Änderung des Erscheinungsbilds

Beachten Sie, dass sich durch die Änderung des Desktop-Hintergrunds auch das Erscheinungsbild der Fenster ändert. Die Fensterfarbe wird nämlich automatisch entsprechend angepasst.

Schritt 4

Da Sie nicht alle Hintergründe einsehen können, empfiehlt es sich, den Inhalt des Fensters **Desktophintergrund** zunächst mithilfe der beiden Scrollbalken zu durchsuchen. Verschieben Sie ihn mit gedrückter linker Maustaste.

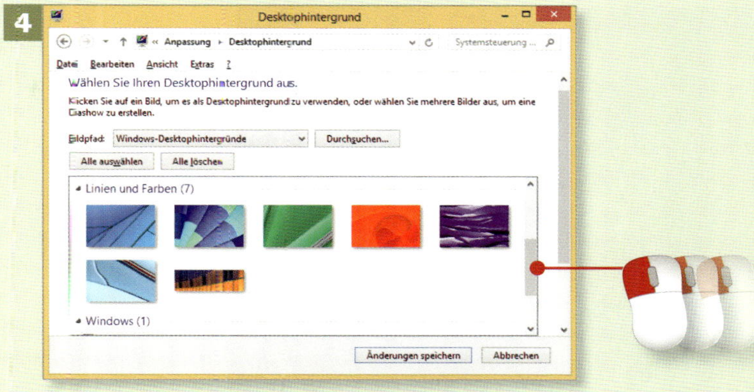

Schritt 5

Haben Sie einen passenden Hintergrund gefunden? Prima! Dann klicken Sie einmal auf dessen Miniaturbild. Auf dem Desktop können Sie jetzt bereits sehen, wie der neue Desktop aussehen wird.

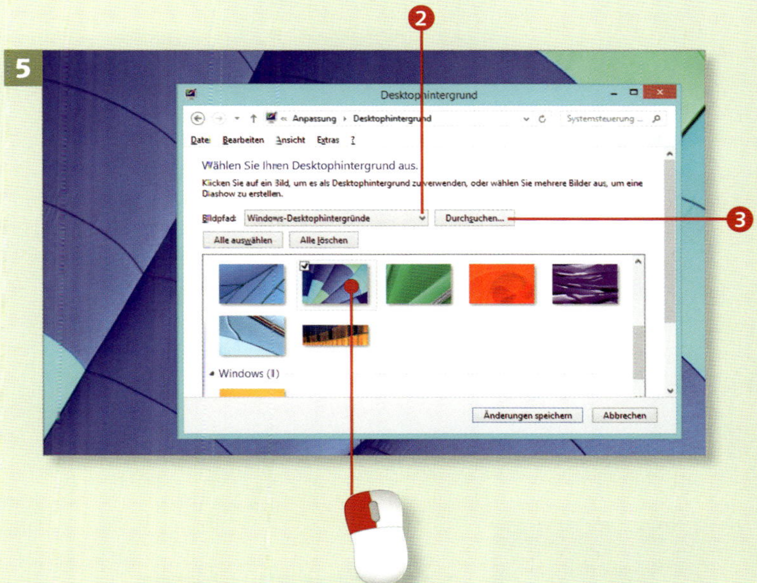

Schritt 6

Klicken Sie auf **Änderungen speichern**, wenn Ihnen der neue Hintergrund zusagt (anderenfalls klicken Sie auf **Abbrechen** ❶). Zuletzt schließen Sie das Fenster **Anpassung** noch über das Schließkreuz.

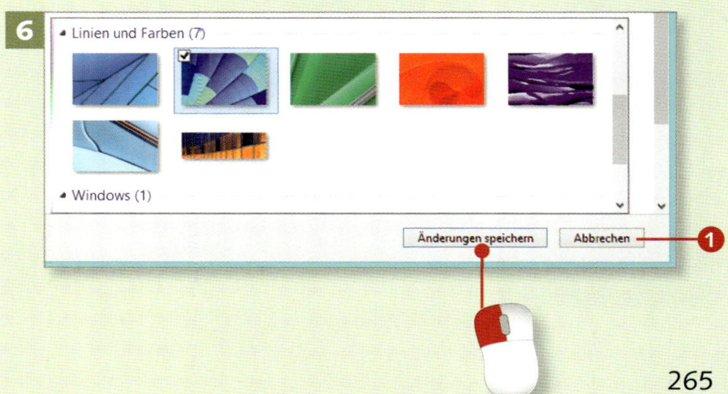

Bildpfad

Wenn Sie das Pulldown-Menü **Bildpfad** (❷ in Schritt 5) mit einem Klick öffnen, können Sie z. B. **Bildbibliothek** als Pfad festlegen, um ein Foto aus Ihrem Ordner **Bilder** zu verwenden. Klicken Sie auf **Durchsuchen** ❸, können Sie auch Fotos an jedem anderen Speicherort Ihres PCs auswählen.

Den Sperrbildschirm anpassen

1

2

3

Der Sperrbildschirm kommt immer dann zum Einsatz, wenn sich ein Benutzer abmeldet oder wenn ein Benutzerwechsel vollzogen wird. Aber auch hier müssen Sie nicht alles tatenlos hinnehmen, was standardmäßig angeboten wird.

Schritt 1

Öffnen Sie die Charms-Leiste (z. B. mit [Windows-Taste] + [C]), und klicken Sie auf **Einstellungen**.

Schritt 2

Fahren Sie mit der Maus nach unten rechts, und betätigen Sie dort den Eintrag **PC-Einstellungen ändern**.

Schritt 3

Jetzt klicken Sie auf die große Kachel in der Bildmitte, die den **Sperrbildschirm** repräsentiert.

Am Sperrbildschirm vorbei

Wann immer der Sperrbildschirm auftaucht, können Sie ihn mit [↵] oder einem Wisch nach oben mit der Maus oder dem Finger aus dem Weg räumen.

Schritt 4

Zunächst einmal bietet Ihnen Windows 8.1 sechs vordefinierte Bilder. Klicken Sie auf eine der fünf quadratischen Kacheln, wird diese Kachel entfernt und stattdessen oberhalb als großes Vorschaubild angeboten.

4

Schritt 5

Wenn Ihnen die Windows-Auswahl nicht reicht, können Sie auch ein eigenes Foto benutzen. Dazu müssen Sie jedoch auf **Durchsuchen** klicken.

5

Schritt 6

Daraufhin wird Ihr Bildordner geöffnet. Markieren Sie ein Foto ❶, das für den Sperrbildschirm verwendet werden soll, und klicken Sie auf **Bild auswählen**.

6

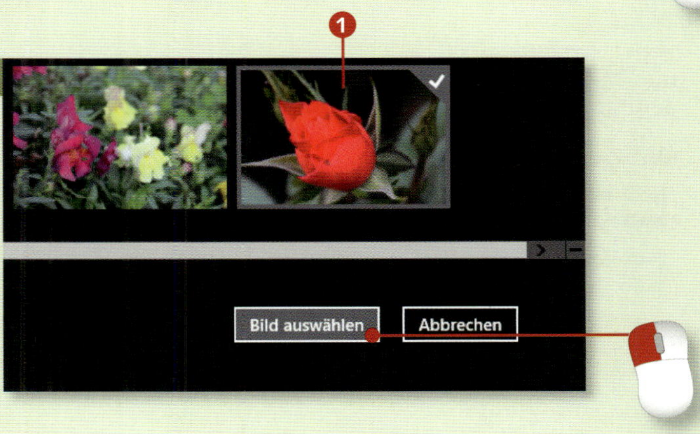

Ordner durchsuchen
In Schritt 6 werden nur die Fotos angeboten, die sich im Ordner **Bilder** des Verzeichnisses **Dieser PC** befinden. Klicken Sie so oft auf **Nach oben**, bis die Kachel **Dieser PC** angezeigt wird. Nachdem Sie daraufgeklickt haben, erhalten Sie Zugriff auf Ihre Festplatten und können dort auch jedes andere Foto auswählen.

Diashow und Apps für den Sperrbildschirm

1

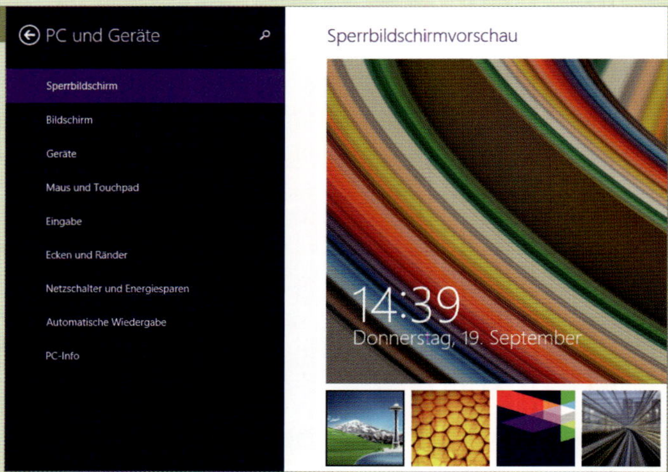

2

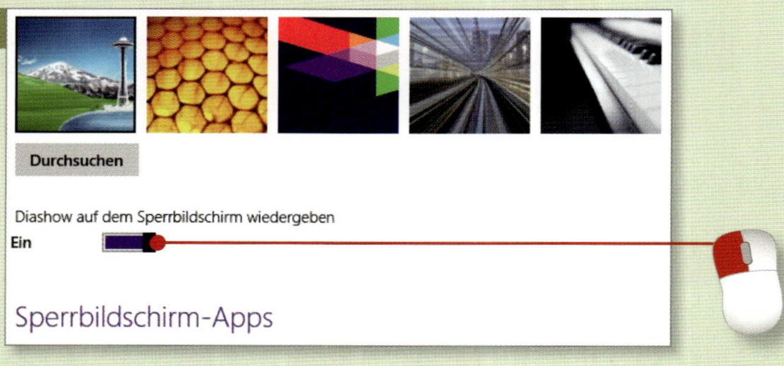

3

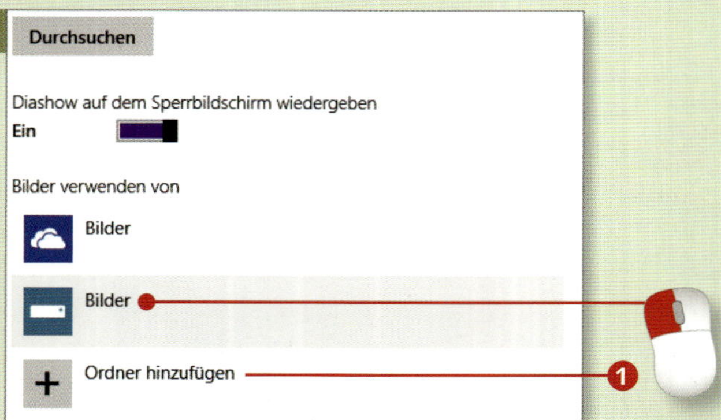

So ein simpler Sperrbildschirm hat ja nicht viel zu bieten, oder? Wie wäre es stattdessen mit einer Präsentation Ihrer Lieblingsfotos? Auch zusätzliche Apps können Sie darin unterbringen.

Schritt 1

Öffnen Sie die Einstellungen zum Sperrbildschirm, wie in den Schritten 1 bis 3 der vorangegangenen Anleitung erläutert.

Schritt 2

Klicken Sie auf **Diashow auf dem Sperrbildschirm wiedergeben**. Der Schalter muss auf **Ein** stehen.

Schritt 3

Bestimmen Sie jetzt, welche Bilder Sie verwenden wollen. Der oberste Eintrag **Bilder** meint Ihre auf **SkyDrive** gespeicherten Fotos. Wenn Sie die Bilder aus Ihrem Standard-Bilderordner verwenden wollen, klicken Sie den zweiten Eintrag **Bilder** an.

Ordner hinzufügen

Über **Ordner hinzufügen** 1 gelangen Sie in Ihr persönliches Bildarchiv. Hier lässt sich einer der darin enthaltenen Ordner wählen und es werden nur die Bilder des gewählten Ordners verwendet.

Schritt 4

Fahren Sie mit der Maus etwas herunter, und halten Sie nach den Sperrbildschirm-Apps Ausschau. Klicken Sie auf ein Plus-Symbol, können weitere Apps (siehe Schritt 5) hinzugefügt werden.

Schritt 5

Falls Sie eine bereits auf dem Sperrbildschirm zum Einsatz kommende App gegen eine andere tauschen wollen (hier: **Skype**), klicken Sie diese an und weisen dann über das Aufklappmenü eine andere App zu.

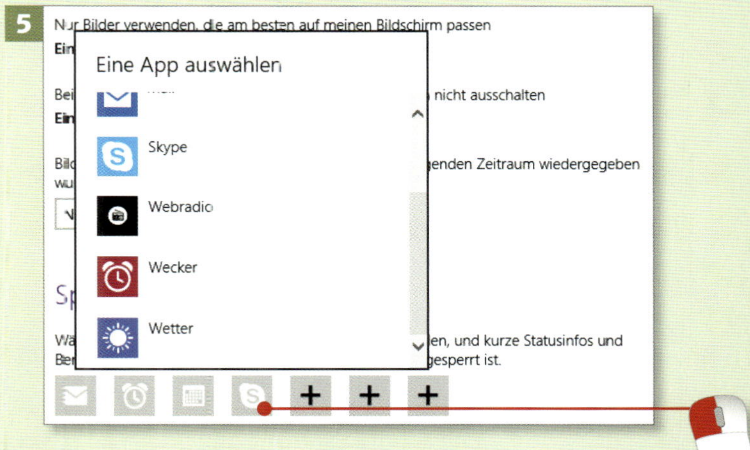

Schritt 6

Nun lässt sich eine vorhandene App aber nicht nur durch eine andere ersetzen, sondern auch deaktivieren. Dazu klicken Sie auf die App, die nicht mehr ausgeführt werden soll, und gehen auf die Zeile **Hier keine kurzen Statusinfos anzeigen** ❷.

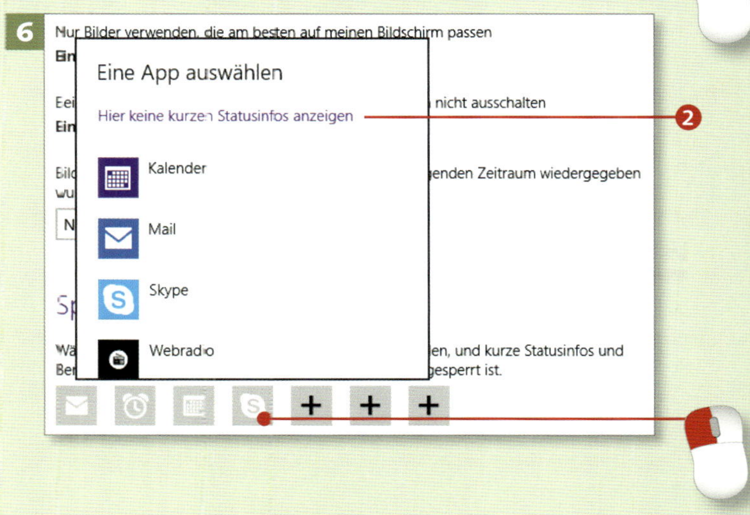

Funktionsweise der Apps
Es gibt zwei Apps, die permanent angezeigt werden – und zwar **Kalender** und **Wecker**. Sie können wie beschrieben geändert oder deaktiviert werden. Alle anderen Apps sind auf dem Sperrbildschirm nicht sichtbar, bringen aber bei Bedarf eine Hinweistafel hervor.

Den Bildschirmschoner einrichten

1

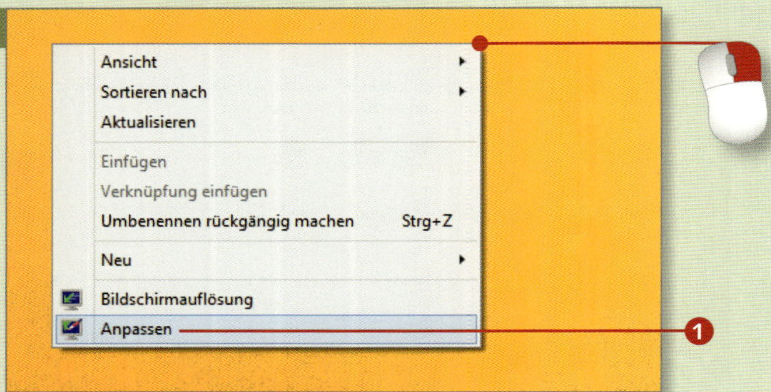

2

3

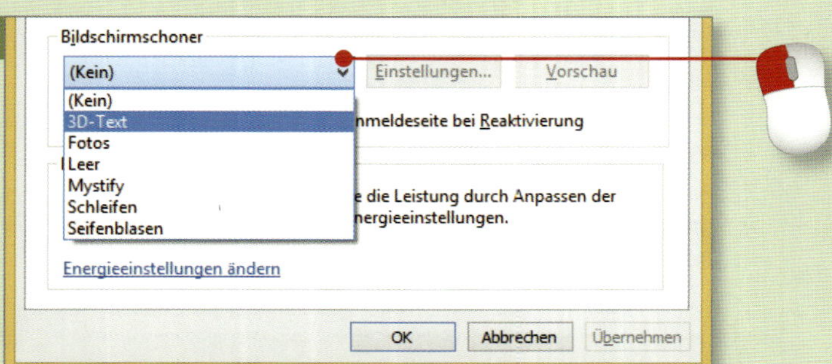

Früher setzte man den Bildschirmschoner ein, damit sich Linien und Konturen nicht in den Monitor einbrennen. Das ist heute nicht mehr nötig. Nun schützt der Bildschirmschoner vielmehr primär vor neugierigen Blicken oder verleiht dem Desktop eine persönliche Note.

Schritt 1

Öffnen Sie das benötigte Kontextmenü, indem Sie mit rechts auf einen freien Bereich auf dem Desktop klicken. Dann wählen Sie **Anpassen** 1 ganz unten in der Liste mit einem Klick.

Schritt 2

Ganz unten rechts verbirgt sich die Schaltfläche **Bildschirmschoner**, die Sie als Nächstes anklicken müssen.

Schritt 3

Im Fenster **Bildschirmschonereinstellungen** setzen Sie einen Mausklick auf das Listenfeld, das sich unterhalb des Begriffs **Bildschirmschoner** befindet. Nachdem es sich geöffnet hat, klicken Sie auf den Eintrag **3D-Text**.

Schritt 4

Legen Sie jetzt die Zeit fest, die am ruhenden PC vergehen soll, bevor der Bildschirmschoner aktiviert wird. Dazu klicken Sie mehrfach auf das nach oben bzw. nach unten weisende Dreieck im Feld **Wartezeit**.

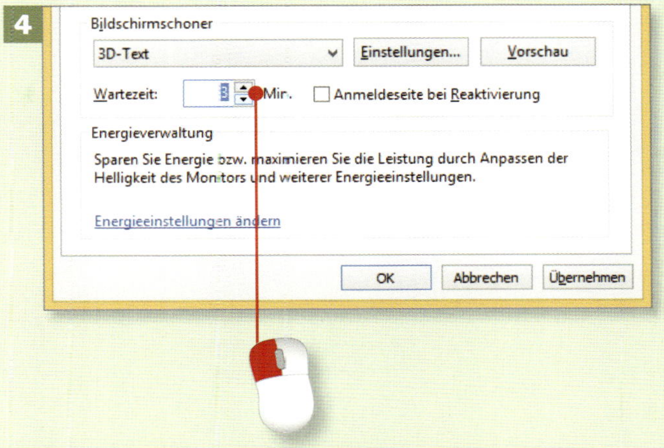

Schritt 5

Nun ist der Text »Windows 8.1«, der Standardtext für den Bildschirmschoner, ja nicht sonderlich originell. Wenn Sie ihn ändern wollen, klicken Sie auf **Einstellungen**.

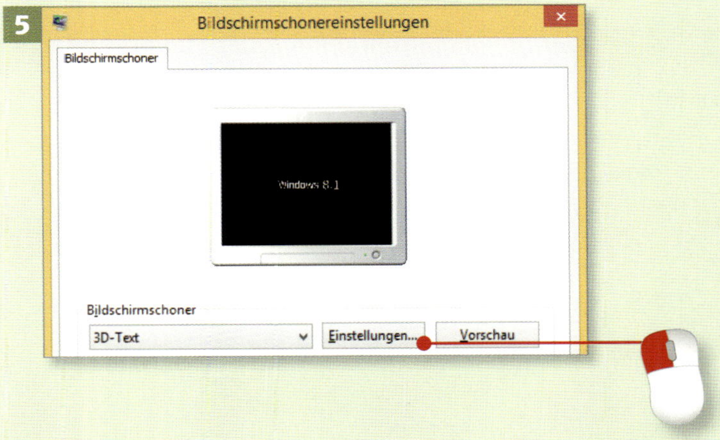

Schritt 6

Klicken Sie jetzt in das Eingabefeld **Text**, und achten Sie darauf, dass sich der Mauszeiger dabei rechts neben dem letzten Zeichen befindet. Halten Sie die linke Maustaste gedrückt, und ziehen Sie die Maus nach links. Lassen Sie los, wenn der gesamte Text blau markiert ist.

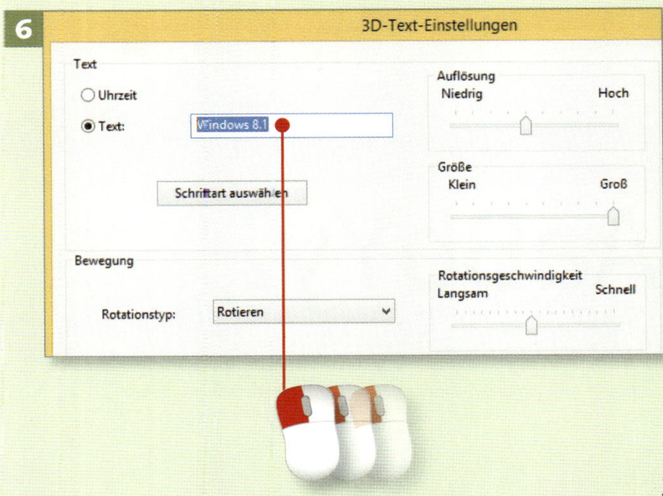

Eigenes Bild gefällig?
Sie haben überhaupt keine Lust auf die vordefinierten Bildschirmschoner und wollen lieber ein eigenes Foto verwenden? Nur zu! Klicken Sie dazu auf **Fotos** im Pulldown-Menü **Bildschirmschoner** (siehe Schritt 3).

Den Bildschirmschoner einrichten (Forts.)

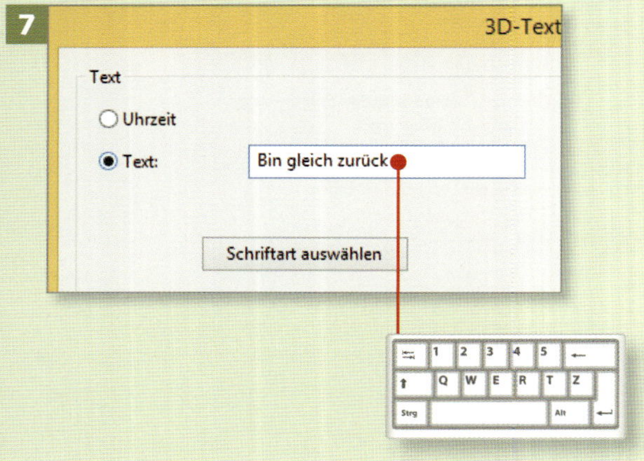

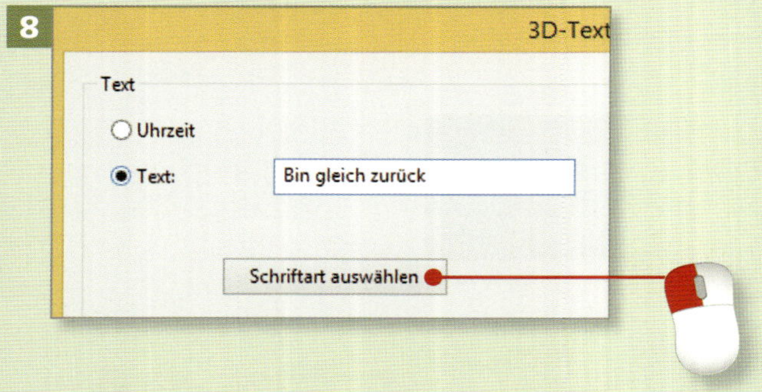

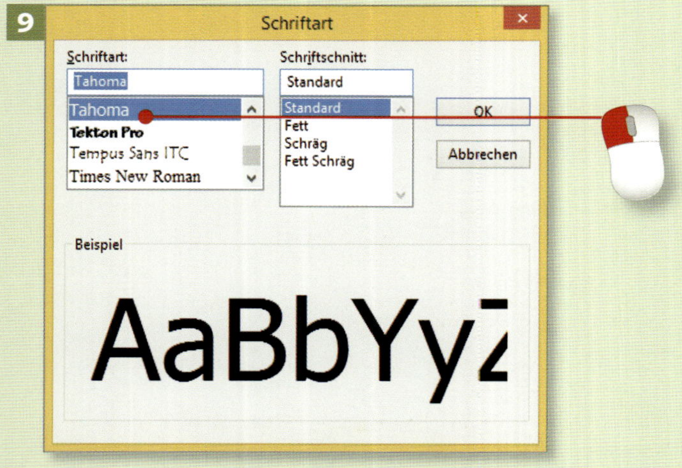

Schritt 7

Jetzt können Sie mit der Neueingabe per Tastatur beginnen. Achten Sie darauf, dass der Text nicht zu lang wird. Anderenfalls leidet der optische Effekt darunter. 5 bis 20 Zeichen sind je nach Bildschirmgröße eine gute Wahl.

Schritt 8

Wie wäre es noch mit einer anderen Schrift? Kein Problem! Klicken Sie dazu auf **Schriftart auswählen**. Das Fenster **Schriftart** öffnet sich.

Schritt 9

Suchen Sie eine andere Schrift aus, indem Sie diese mit der Maus anklicken. Probieren Sie ruhig ein wenig mit den Schriften herum. Sie können nach Abschluss der Einrichtung des Bildschirmschoners sehen, wie die Schrift wirkt.

Schriftbewegung ändern
Innerhalb der Texteinstellungen lässt sich auch der *Rotationstyp* festlegen. Die Angabe **Rotieren** ist dabei Standard. Dies können Sie jedoch über ein Pulldown-Menü noch in **Wippen**, **Schlingern** oder **Taumeln** umwandeln und so beeinflussen, wie sich der Text bewegt.

Schritt 10

Verlassen Sie den Dialog **Schriftart** mit einem Klick auf **OK**. Den Dialog **3D-Text-Einstellungen** müssen Sie dann ebenfalls noch mit einem Klick auf **OK** 1 verlassen.

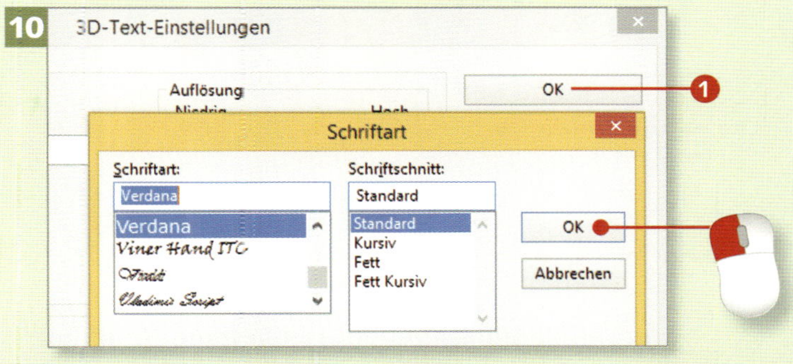

Schritt 11

Jetzt können Sie sich bereits einen ersten Blick auf Ihren Bildschirmschoner genehmigen, indem Sie den Button **Vorschau** anklicken. Wenn Sie die Vorschau abbrechen wollen, bewegen Sie die Maus ein wenig.

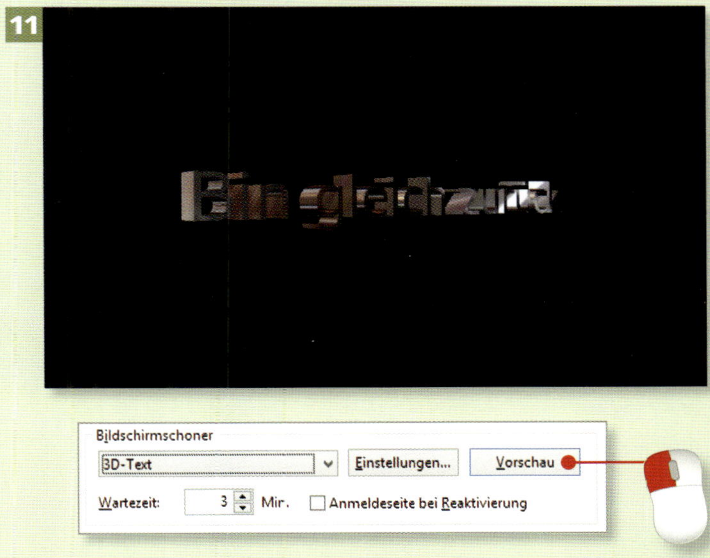

Schritt 12

Schließen Sie die Einstellungen ab, indem Sie auf **OK** klicken. Fortan wird der Bildschirmschoner erscheinen, wenn der PC drei Minuten lang nicht bedient wird. Sobald Sie Tastatur oder Maus betätigen, kehren Sie zu Windows zurück.

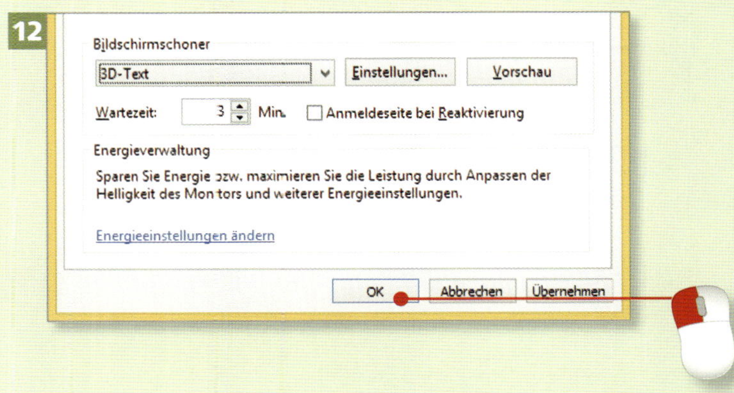

Bildschirmschoner deaktivieren
Wenn Sie sich irgendwann dafür entscheiden sollten, dem Bildschirmschoner doch den Laufpass zu geben, wählen Sie in Schritt 3 (siehe Seite 270) einfach den Eintrag **(Kein)** aus.

Die Taskleiste anpassen

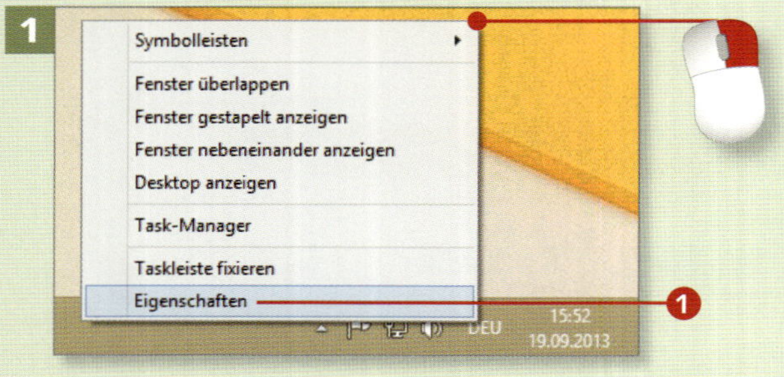

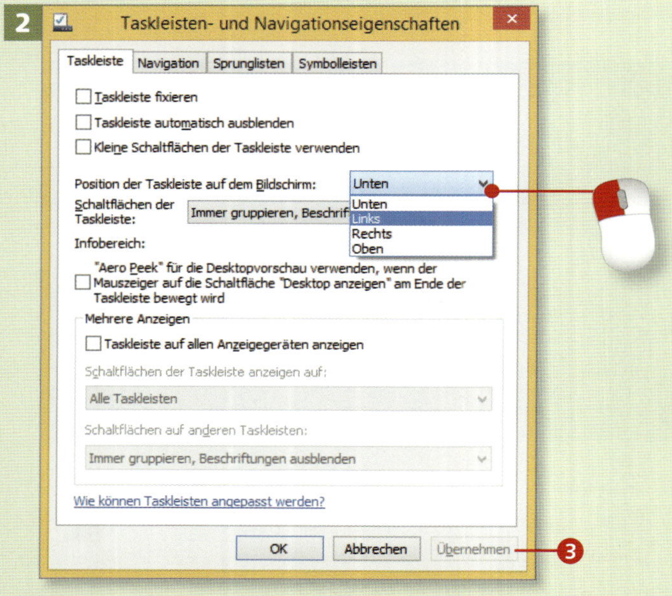

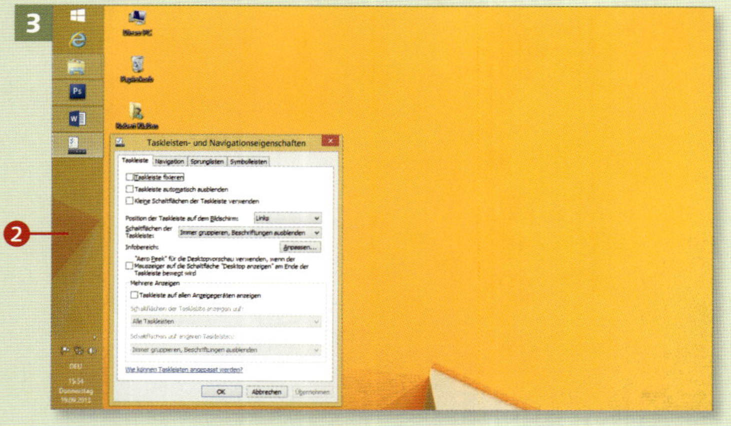

Wenn eine App in Windows 8.1 geöffnet ist, erscheint ein Miniaturbildchen in der Taskleiste – und zwar so lange, bis das Programm wieder geschlossen wird. Sie können hier häufig benutzte Programme für den schnellen Zugriff auch permanent ablegen.

Schritt 1

Klicken Sie mit rechts auf einen freien Bereich in der Taskleiste. Danach wählen Sie **Eigenschaften** ❶ im Kontextmenü.

Schritt 2

Im Dialog **Taskleisten- und Navigationseigenschaften** legen Sie im Menü **Position der Taskleiste auf dem Bildschirm** fest, auf welcher Seite des Bildschirms die Taskleiste positioniert werden soll. Dazu klicken Sie im Pulldown-Menü auf den bevorzugten Eintrag (hier: **Links**).

Schritt 3

Die neue Position ❷ können Sie begutachten, indem Sie auf **Übernehmen** ❸ klicken. Wollen Sie doch wieder die alte Position herstellen, wiederholen Sie Schritt 2, wobei Sie diesmal **Unten** aus dem Menü wählen.

Schritt 4

Bevor Sie den Dialog verlassen, gehen Sie auf das Register **Symbolleisten**.

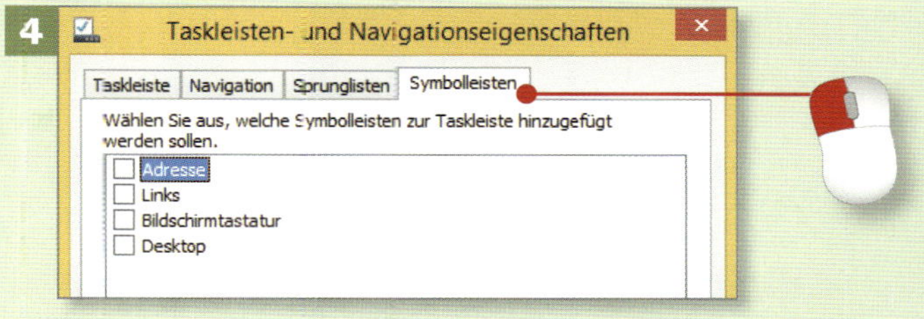

Schritt 5

Aktivieren Sie das Häkchen vor **Adresse**. Wenn Sie nun auf **Übernehmen** ❹ klicken, finden Sie in der Taskleiste eine Suchmaske vor, die Sie schon von der Startbildschirm-Suche her kennen. Damit können Sie nicht nur Ihren PC durchsuchen, sondern auch das Internet.

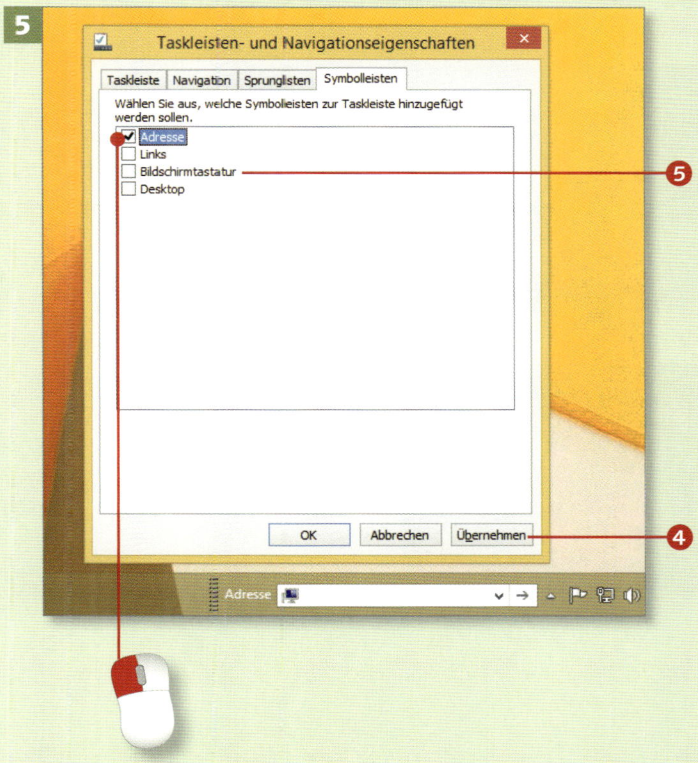

Schritt 6

Ein Muss für Tablet-Benutzer ist die **Bildschirmtastatur** ❺. Durch Aktivieren dieser Funktion (siehe Schritt 5) gesellt sich eine Taste zur Taskleiste, die mittels Fingertipp die ersehnte Tastatur zum Vorschein bringt.

Icon vom Desktop löschen

Ein nicht mehr benötigtes Icon auf dem Desktop lässt sich ganz einfach löschen, indem Sie es mit rechts anklicken. Danach wählen Sie **Löschen** und beantworten die Kontrollabfrage mit **Ja**. Dabei bleibt die App selbst erhalten, nur die Verknüpfung wird gelöscht.

Ein Benutzerkonto einrichten

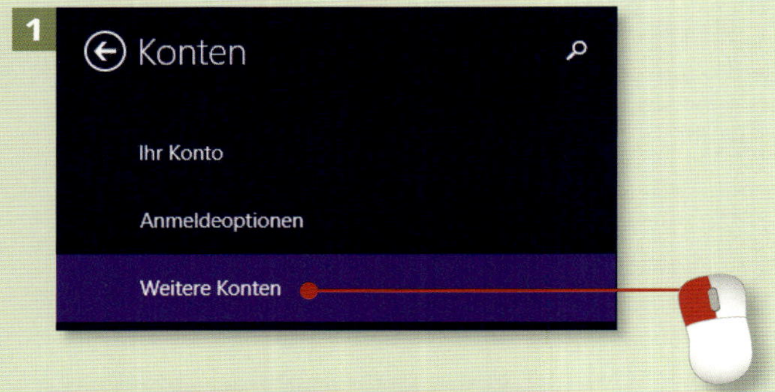

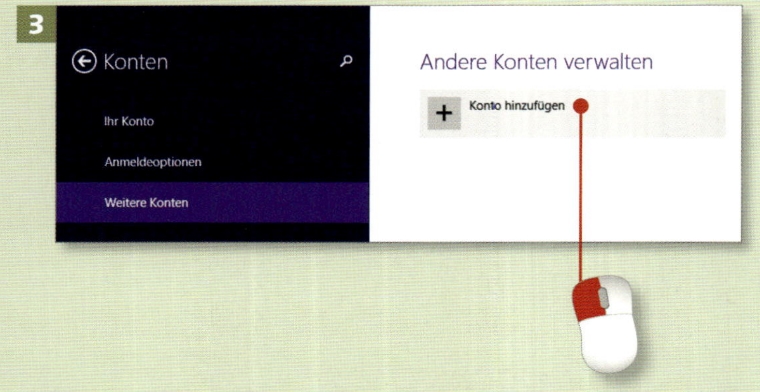

Alternative Suchworte

Alternativ lassen sich auch andere Suchworte eingeben, um zum gewünschten Ziel zu gelangen. So funktionieren beispielsweise »weitere Konten«, »benutzer hinzu« u. Ä. ebenfalls. Falls Sie mehrere Suchergebnisse erhalten, achten Sie darauf, anschließend den korrekten Eintrag zu markieren.

Oftmals ist es so, dass mehrere Personen an einem PC arbeiten. Dann ist es sinnvoll, jedem Benutzer ein eigenes Konto zu geben. Das sollte stets der Hauptverantwortliche, der Administrator, erledigen.

Schritt 1

Um ein Konto hinzuzufügen, ist normalerweise ein recht weiter Weg nötig. Sie müssten eigentlich über die Charms-Leiste auf **Einstellungen** und anschließend auf **PC-Einstellungen ändern** gehen – danach auf **Konten** sowie auf **Weitere Konten**. Wem das zu umständlich ist, führt stattdessen direkt Schritt 2 aus.

Schritt 2

Geben Sie auf dem Startbildschirm »konto hinzu« ein. Danach setzen Sie einen Mausklick auf den Eintrag **Weitere Benutzerkonten hinzufügen, löschen und verwalten** 1, der unterhalb des Suchfelds erscheint.

Schritt 3

In der Rubrik **Weitere Konten**, in der Sie sich nun befinden, gibt es eine Schaltfläche mit dem Namen **Konto hinzufügen**. Klicken Sie darauf.

Schritt 4

Geben Sie eine gültige E-Mail-Adresse des Benutzers ein (das muss keine Microsoft-E-Mail-Adresse sein). Sollte er noch keine besitzen, können Sie über **Neue E-Mail-Adresse einrichten** eine erzeugen. Zuletzt gehen Sie auf **Weiter**.

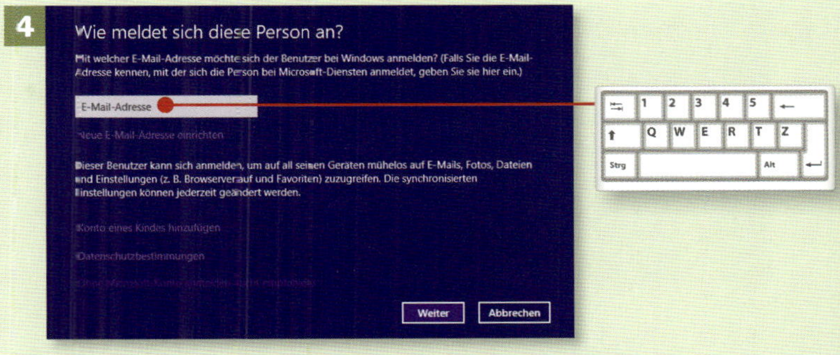

Schritt 5

Als Nächstes müssen neben einem Kennwort, das Sie frei bestimmen können, auch Vorname und Nachname des künftigen Kontoinhabers sowie Land bzw. Region eingegeben werden. Zuletzt klicken Sie auch hier auf **Weiter**.

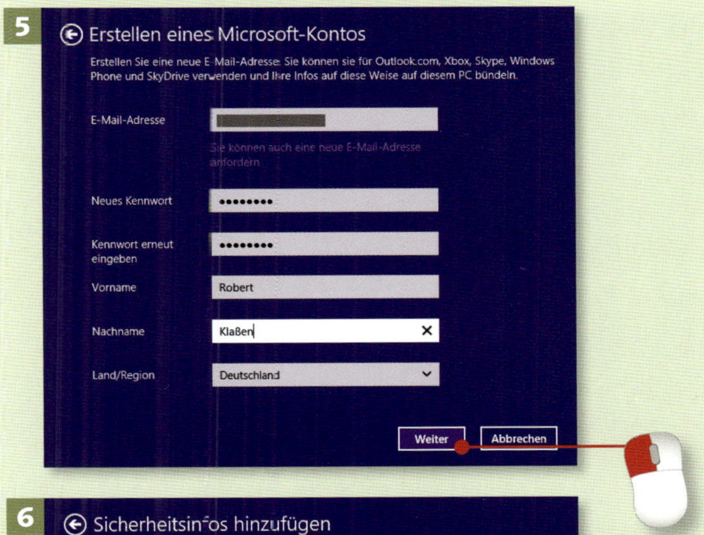

Schritt 6

Nun folgen die sogenannten *Sicherheitsinfos*. Hier müssen **Geburtsdatum** und eine **Geheime Frage** ausgesucht und die dazugehörigen Antworten eingetragen werden. Die Telefonnummer müssen Sie nicht angeben. Jetzt geht's **Weiter**.

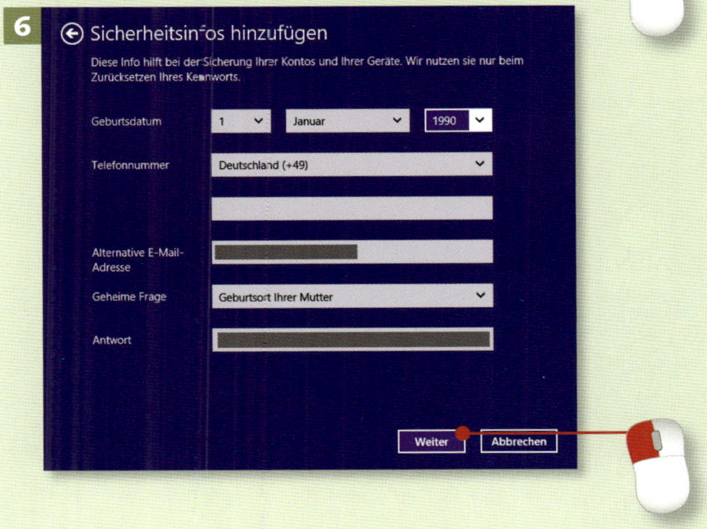

Doppeltes Kennwort

Die doppelte Eingabe des Kennworts soll verhindern, dass sich unbeabsichtigte Schreibfehler einschleichen. Stimmen die beiden Eingaben nicht überein, werden Sie darauf hingewiesen und müssen es noch einmal versuchen.

Ein Benutzerkonto einrichten (Forts.)

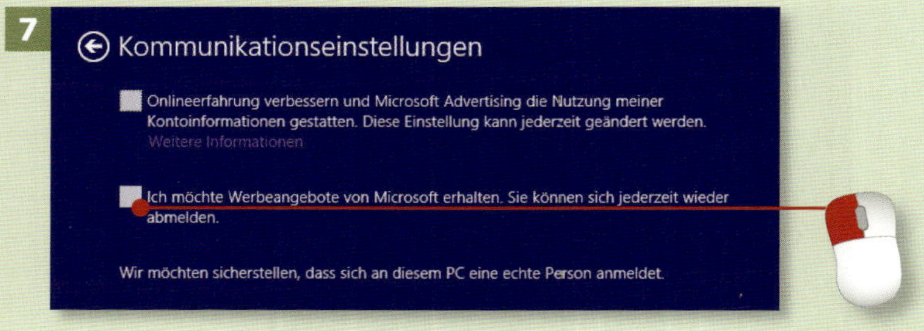

Schritt 7

Nun geht es weiter mit den **Kommunikationseinstellungen**. Wenn Sie *Microsoft Advertising* die Nutzung Ihrer Kontoinformationen nicht gestatten wollen und auch keine Werbeangebote wünschen, deaktivieren Sie die beiden Checkboxen.

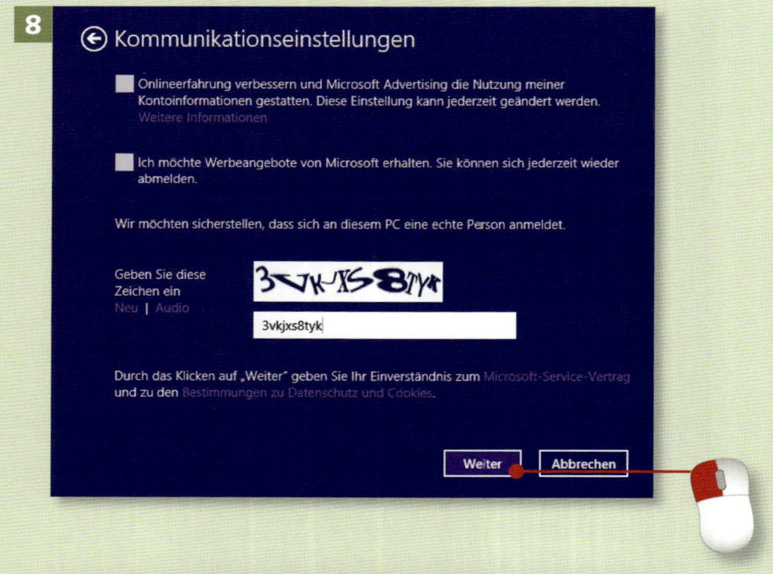

Schritt 8

Die Zeichen, die nun in der Mitte des Bildschirms angezeigt werden, müssen im darunter befindlichen Eingabefeld von Ihnen korrekt wiederholt werden. Dabei dürfen Sie die Großschreibung ignorieren. Betätigen Sie **Weiter**.

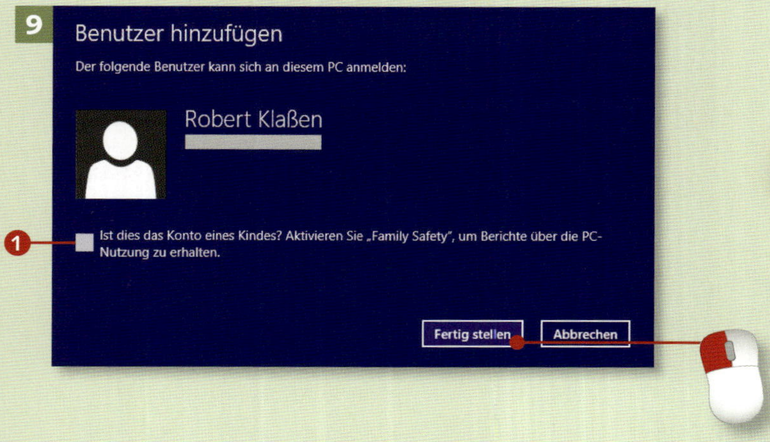

Schritt 9

Damit ist das Konto eingerichtet. Lassen Sie einen beherzten Klick auf **Fertig stellen** folgen. (Sollte das Konto einem Kind gehören, ist zu empfehlen, vorab noch die Checkbox ❶ zu aktivieren.)

Benutzer wechseln

Der Benutzerwechsel erfolgt so: Klicken Sie auf den Benutzernamen oben rechts auf dem Startbildschirm, und entscheiden Sie sich im Menü für den Namen des Benutzers, den Sie gerade eingerichtet haben.

Schritt 10

Sie befinden sich nun wieder in der Kontenumgebung. Definieren Sie noch, ob der Benutzer Administratorrechte bekommen oder der Jugendschutz beachtet werden soll, indem Sie den Eintrag des neuen Kontos markieren.

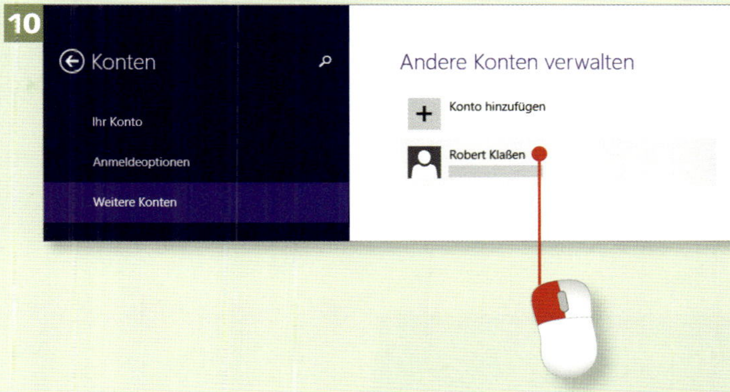

Schritt 11

Mit einem Klick auf **Bearbeiten** gelangen Sie in den relevanten Bereich.

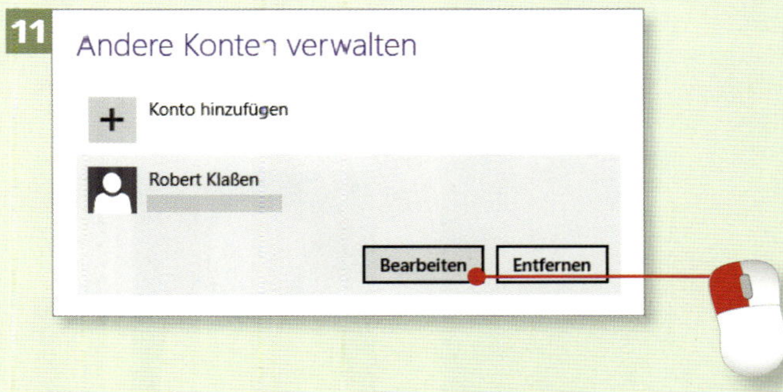

Schritt 12

Legen Sie abschließend wie gesagt fest, ob der Benutzer Administratorrechte erhält (er darf dann Programme installieren und systemrelevante Einstellungen vornehmen) oder als **Standardbenutzer** den PC lediglich benutzen darf, ohne derartige Aktionen durchführen zu können. Gehen Sie auf **Kind**, um zusätzlich noch den Jugendschutz zu aktivieren.

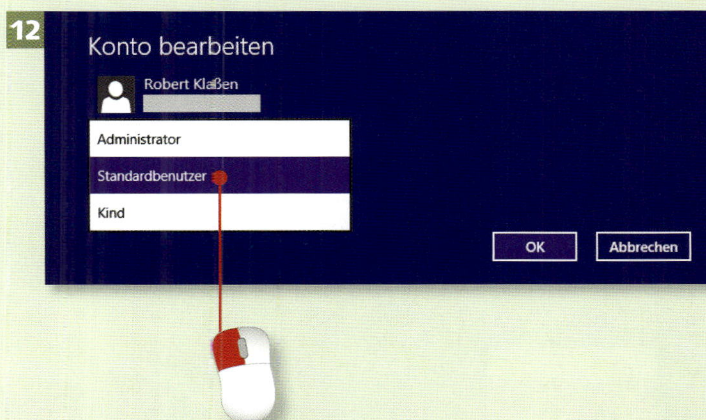

Administrator

Der Administrator kann den Status eines Benutzerkontos über die PC-Einstellungen (siehe Schritt 1 und 2) jederzeit ändern.

Das Benutzer-Symbol anpassen

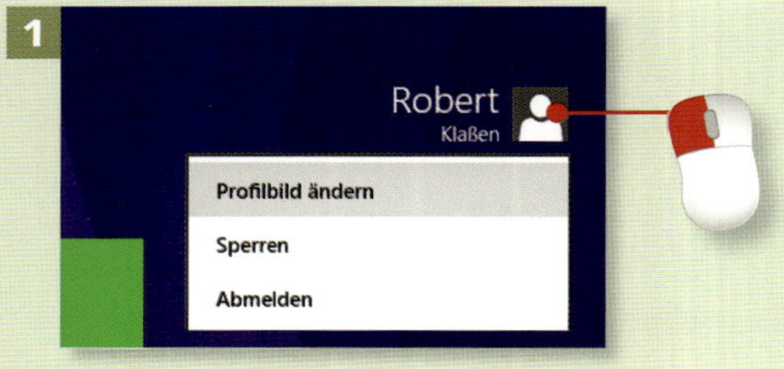

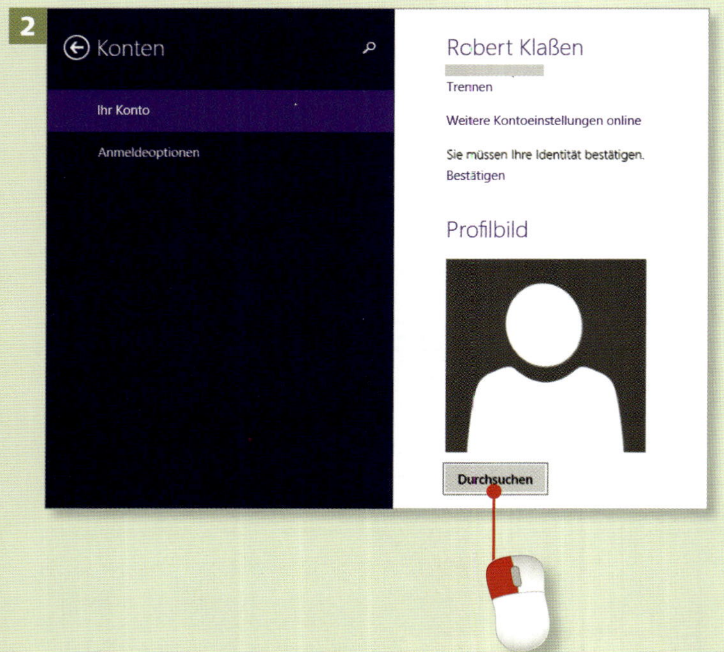

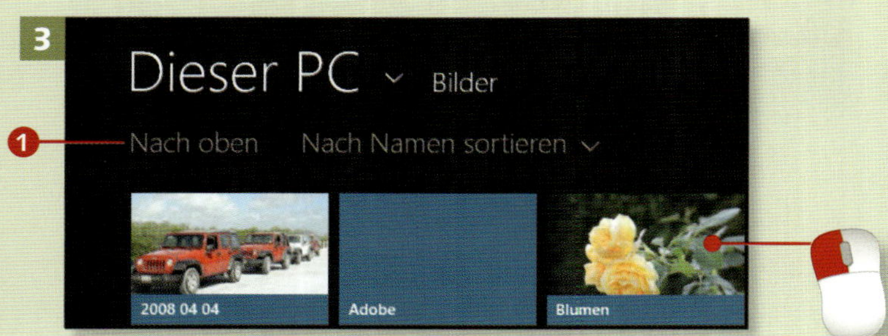

Schön, dass jeder Benutzer ein eigenes Benutzerbild haben kann. Hier erfahren Sie, wie Sie eines zuweisen.

Schritt 1

Klicken Sie oben rechts auf dem Startbildschirm auf den Benutzernamen, und wählen Sie **Profilbild ändern** aus dem Menü.

Schritt 2

Im Dialogfenster **Konten** sehen Sie unterhalb des Platzhalterbildes die Schaltfläche **Durchsuchen**. Diese müssen Sie jetzt anklicken.

Schritt 3

Suchen Sie ein Foto aus, das Ihnen gefällt. Sollte sich das gewünschte Bild in einem der Unterordner befinden, öffnen Sie diesen durch einen Klick auf die entsprechende Ordner-Miniatur.

Verzeichnis wechseln

Wenn Sie Fotos von einem anderen Speicherort auf der Festplatte verwenden möchten, klicken Sie zunächst auf **Nach oben** 1. Dadurch werden weitere Pfade zugänglich gemacht; unter Umständen müssen Sie das mehrfach wiederholen.

Schritt 4

Sie sind fündig geworden? Dann markieren Sie das Foto, das als Benutzerbild fungieren soll, mit einem Mausklick.

Schritt 5

Teilen Sie Windows 8.1 mit, dass dies das gewünschte Foto ist, indem Sie die Schaltfläche **Bild auswählen** anklicken.

Schritt 6

Das Foto wird sogleich als Profilbild übernommen, was auch in der Übersicht **Ihr Konto** sichtbar wird. Sobald Sie zum Startbildschirm zurückkehren, werden Sie auch dort die aktualisierte Ansicht vorfinden.

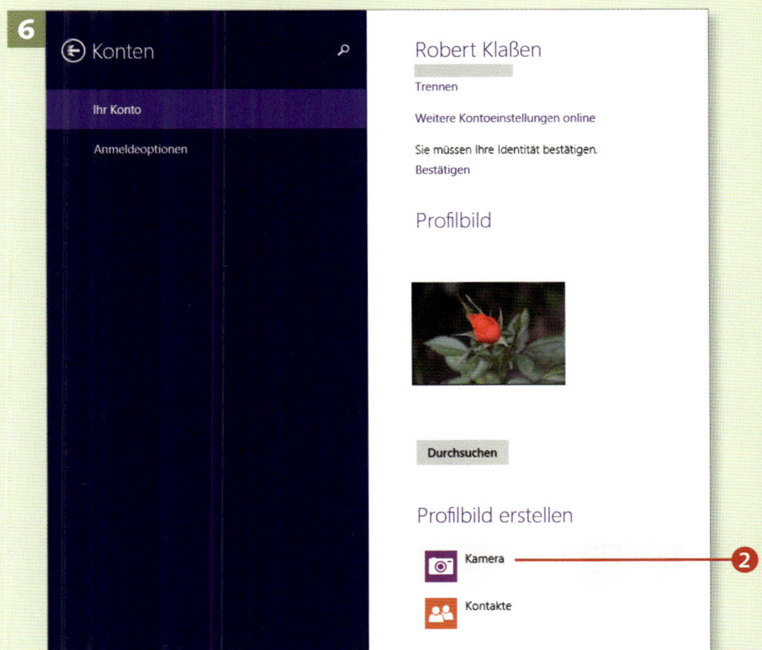

Eigenes Profilbild
Wenn Sie lieber ein aktuelles Profilbild mithilfe einer Webcam erzeugen möchten, müssen Sie im Bereich **Profilbild erstellen** auf **Kamera** ❷ klicken. Hier sind übrigens nicht nur Standbilder, sondern auch kleinere Videosequenzen von bis zu fünf Sekunden möglich.

Kennwort ändern

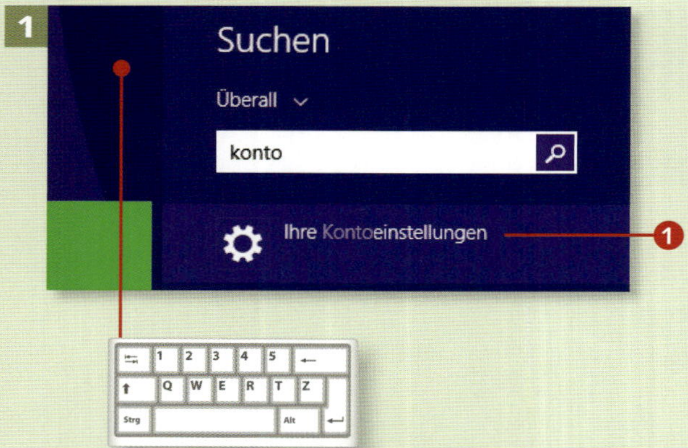

Zuletzt wollen wir Ihnen noch erklären, wie Sie Ihr persönliches Passwort ändern können.

Schritt 1

Geben Sie, vom Startbildschirm ausgehend, den Suchbegriff »konto« ein. Selektieren Sie die Zeile **Ihre Kontoeinstellungen** ❶ anschließend mit einem Mausklick.

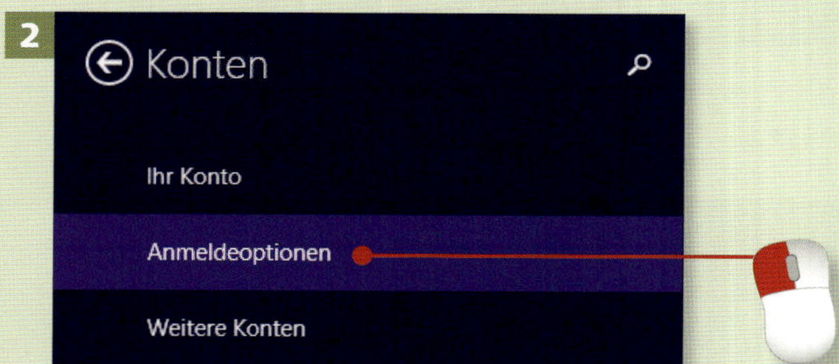

Schritt 2

In der darauffolgenden Ansicht entscheiden Sie sich für die Zeile **Anmeldeoptionen**.

Schritt 3

Ganz oben finden Sie die Rubrik **Kennwort**. Etwas darunter wartet die Schaltfläche **Ändern** bereits darauf, von Ihnen angeklickt zu werden.

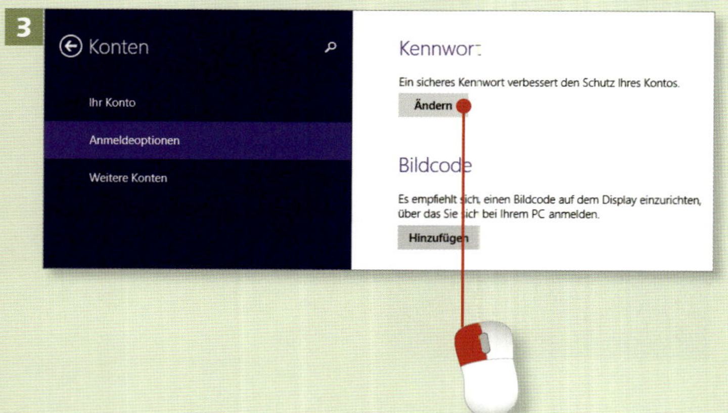

Administratorrechte

Der Administrator hat Zugriff auf sämtliche Einstellungen aller Konten. Benutzer ohne Administratorrechte können aus Sicherheitsgründen nur wenige Änderungen vornehmen. Im Zweifel wird das Kennwort des Administrators abgefragt.

Schritt 4

Nun müssen Sie sich identifizieren. Dazu geben Sie das aktuell noch gültige Kennwort ein. Wenn das erledigt ist, klicken Sie auf **Fertig stellen**.

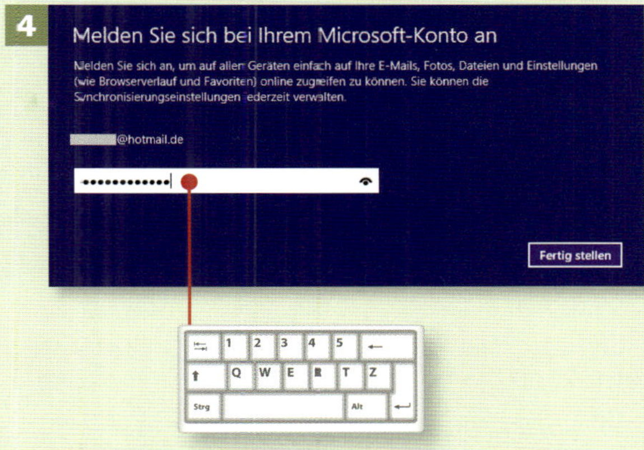

Schritt 5

Auch auf der nächsten Seite muss das Kennwort noch einmal eingetippt werden. Gleich darunter ist das neue Kennwort zweifach einzugeben (um Tippfehler auszuschließen). Nun müssen Sie das Ganze mit einem Klick auf **Weiter** bestätigen.

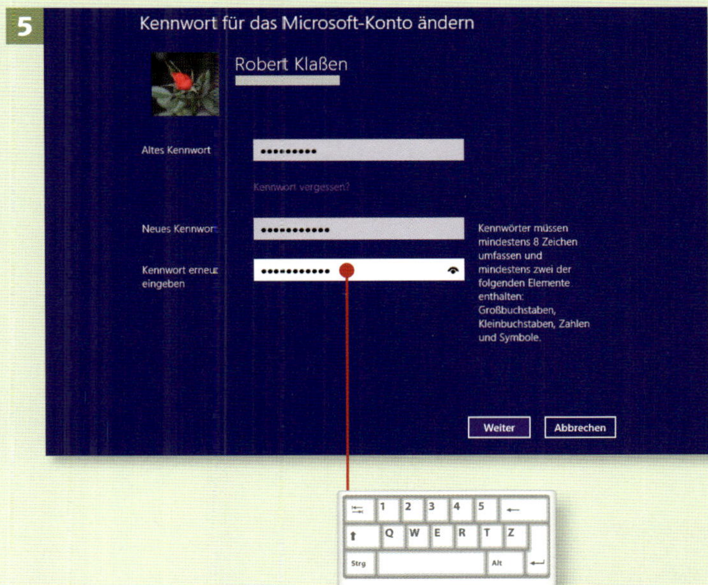

Schritt 6

Gedulden Sie sich einen Augenblick. Nach spätestens 20 Sekunden sollten Sie eine Bestätigungsmeldung erhalten. Gehen Sie darin auf **Fertig stellen**, um die Aktion zu beenden.

PC-Einstellungen

Die hier aufgeführten Änderungsoptionen lassen sich auch über die **Systemsteuerung** vom Desktop aus aufrufen – und zwar im Bereich **Benutzerkonten**. Wenn Sie dort auf **Änderungen am eigenen Konto in den PC-Einstellungen vornehmen** klicken, können Sie anschließend mit Schritt 3 fortfahren.

Kapitel 12
Daten über ein Netzwerk teilen

Möchten Sie Ihren Rechner mit anderen Rechnern verbinden und ein Netzwerk einrichten oder ihn einem bestehenden Netzwerk hinzufügen? Die Anleitungen dieses Kapitels helfen Ihnen dabei.

Rechner vernetzen
Um zwei oder sogar mehrere Rechner miteinander zu verbinden ❶, sodass Sie Daten zwischen diesen Rechnern austauschen können, sind ein paar Schritte und Einstellungen notwendig. Sie erfahren hier Schritt für Schritt, wie es geht.

Ordner, Rechte und Benutzer
Das digitale Leben im Netzwerk will organisiert sein ❷. Manche Inhalte sollten nur bestimmten Personen zugänglich sein, andere wiederum allen Personen im Netzwerk. Wie Sie für Ordnung sorgen, zeigen die Anleitungen in diesem Kapitel.

SkyDrive
Ein Netzwerk der besonderen Art ist *SkyDrive* ❸, eine virtuelle Festplatte, die Ihnen immer und überall zur Verfügung steht und eine Menge Speicherplatz bietet. Wie SkyDrive arbeitet, erfahren Sie am Ende dieses Kapitels.

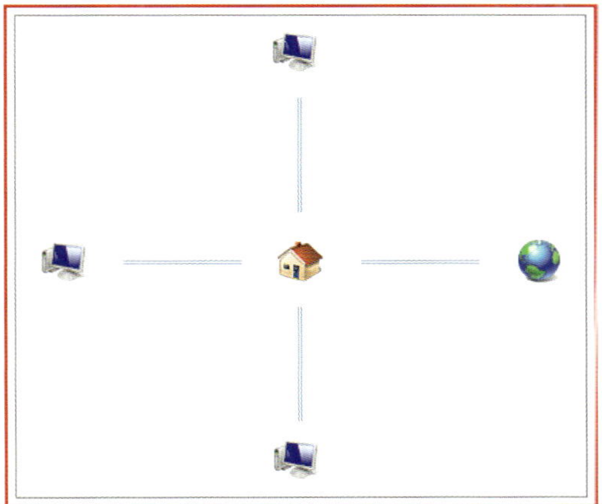

1 Rechner miteinander zu vernetzen ist praktisch und gar nicht so schwer.

Das Heimnetzwerk können Sie für bestimmte Benutzer zugänglich machen. 2

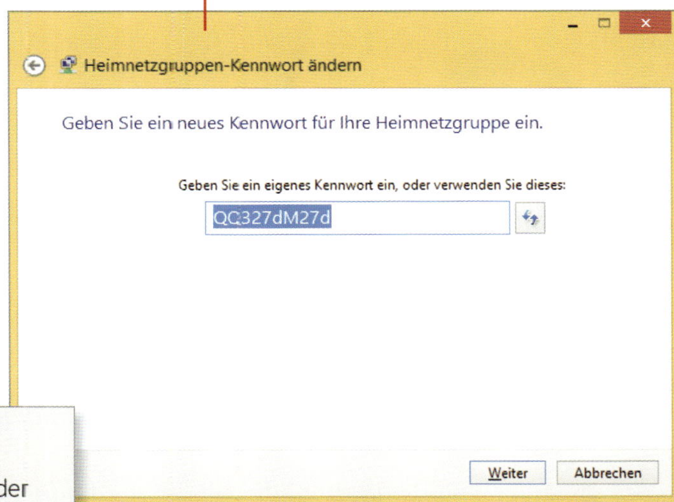

3 Über SkyDrive erweitern Sie Ihren Speicherplatz beträchtlich.

Netzwerkgrundlagen kennenlernen

1

2

3

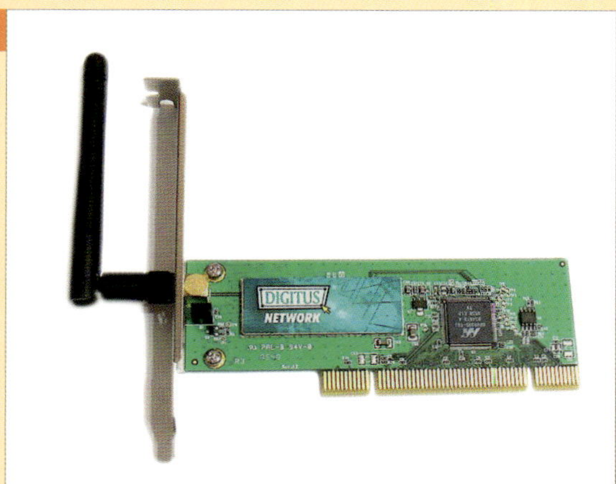

Das Thema Netzwerk mag dem Neueinsteiger zunächst einmal wie ein Buch mit sieben Siegeln vorkommen. So kompliziert ist es aber gar nicht. Sie werden sehen.

Schritt 1

Netzwerke werden eingesetzt, wenn mehrere Computer zum Datenaustausch oder zur gemeinsamen Internetnutzung miteinander verbunden werden sollen. Der Zusammenschluss der PCs kann z. B. eine Heimnetzgruppe sein.

Schritt 2

Neben dem Modem eines Internetbetreibers benötigen Sie noch einen *Router*. Das gilt zumindest dann, wenn Sie von den PCs aus ins Internet wollen.

Schritt 3

Wenn Sie eine Drahtlosverbindung zum Router herstellen wollen, benötigt jeder Rechner eine WLAN-Karte. Eine herkömmliche Netzwerkkarte (*Ethernet*) reicht, um die PCs über Kabel mit dem Router zu verbinden.

Schritt 4

Neben einzelnen Computern können auch weitere Geräte (sogenannte *Peripheriegeräte*) vernetzt werden. So ist es z. B. denkbar, einen Netzwerkdrucker zu installieren, den jeder PC nutzen kann.

4

Schritt 5

Eine Alternative bilden *Ad-hoc-Netzwerke*. Hier stellen Computer temporär – also nur vorübergehend – eine Drahtlosverbindung her, um Daten gemeinsam zu nutzen oder untereinander auszutauschen.

5

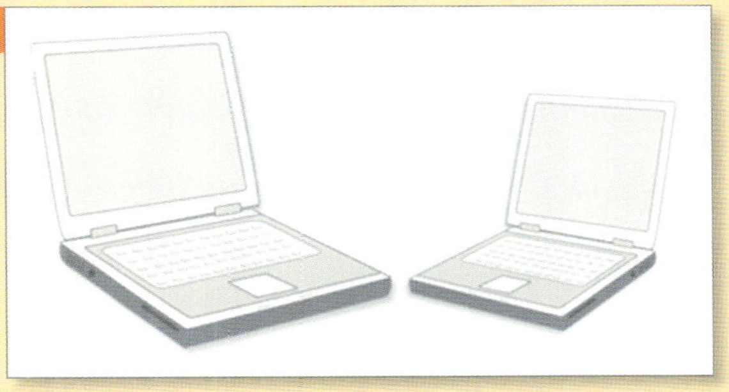

Schritt 6

So könnte ein klassisches Netzwerk aufgebaut sein: Drei Computer werden an einem Router ❶ zusammengeführt und nutzen die dort vorliegende Verbindung zum Internet ❷.

6

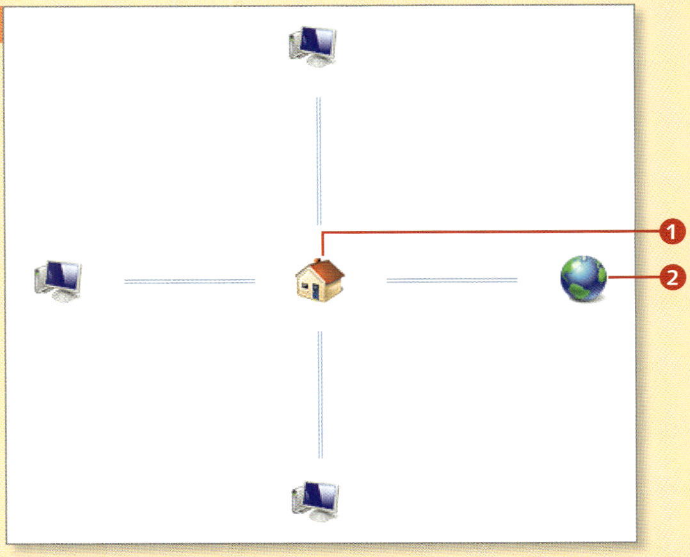

LAN-Verbindung
Die Verbindung eines kabelgebundenen Netzwerks erfolgt über spezielle Netzwerkkabel. Jeder Computer belegt dabei einen Eingang des Routers.

Eine Heimnetzgruppe erstellen

1

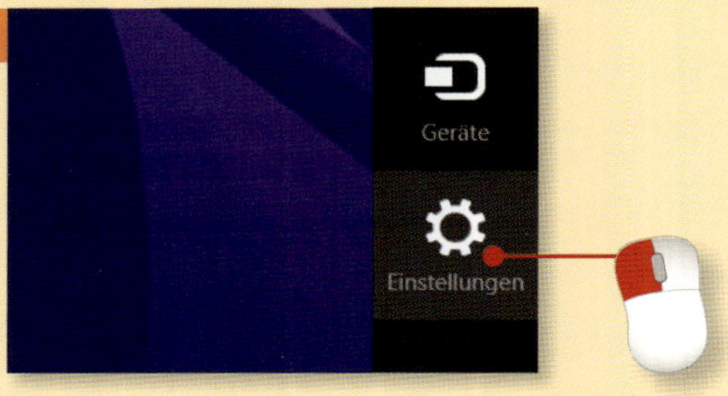

2

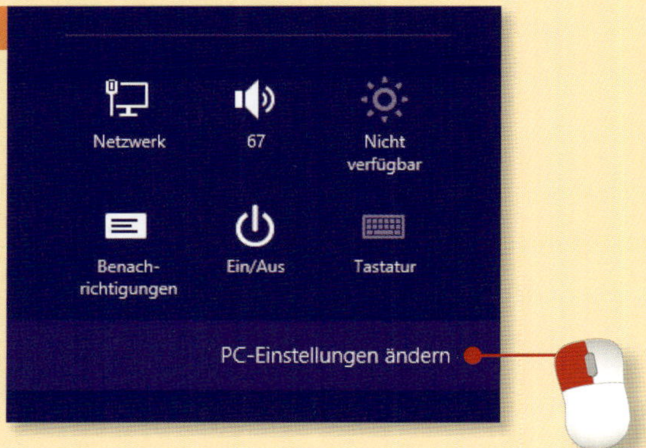

3

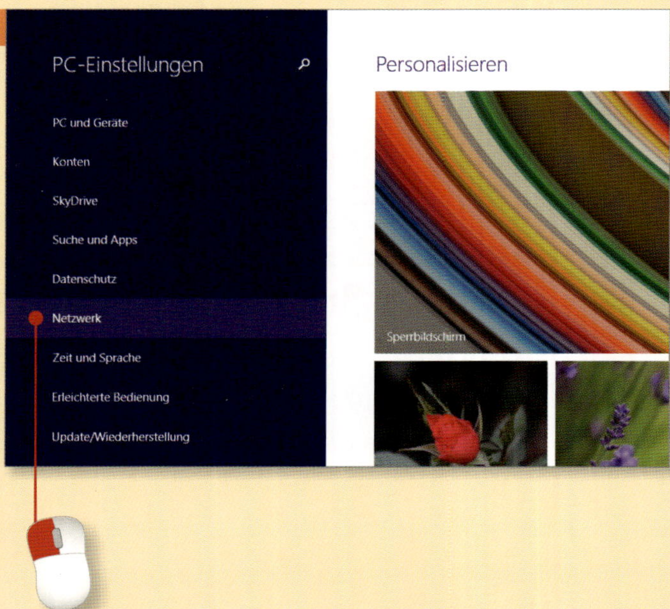

Zunächst muss von einem der zu vernetzenden PCs aus ein Netzwerk erzeugt werden. Dies stellt die Quelle für alle weiteren Geräte dar. In Windows 8.1 ist die Konfiguration einfacher denn je.

Schritt 1

Öffnen Sie die Charms-Leiste, indem Sie mit der Maus in die obere rechte Ecke des Bildschirms fahren, und klicken Sie ganz unten auf den Eintrag **Einstellungen**.

Schritt 2

Im Menü **Einstellungen** klicken Sie unten rechts auf die Zeile **PC-Einstellungen ändern**.

Schritt 3

Im folgenden Menü müssen Sie zunächst unten links auf **Netzwerk** klicken, um diese Rubrik zu öffnen.

Ausgewähltes Menü

Sollten Sie zu einem späteren Zeitpunkt erneut auf die Einstellungen für die Heimnetzgruppe zugreifen wollen, entfällt Schritt 3. Windows »merkt« sich nämlich, welche Rubrik Sie zuletzt besucht haben.

Schritt 4

Links wird nun **Heimnetzgruppe** angewählt. Auf der rechten Seite des Monitors erscheint daraufhin der Button **Erstellen**. Klicken Sie darauf, um eine Heimnetzgruppe anzulegen.

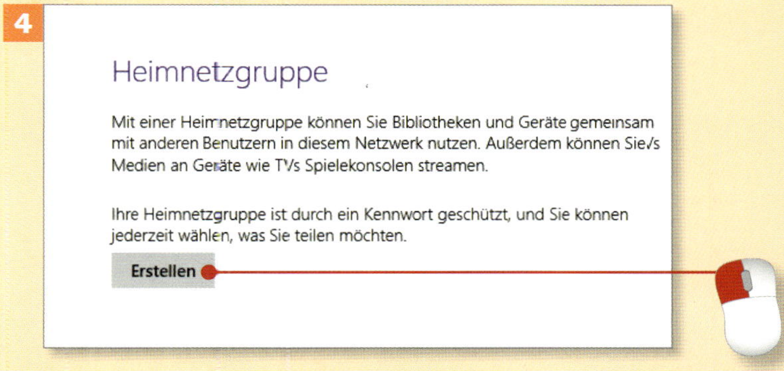

Schritt 5

Im nächsten Dialog müssen Sie per Klick auf den jeweiligen Ein-/Aus-Schalter entscheiden, welche Inhalte künftig in dieser Heimnetzgruppe geteilt werden dürfen. Diese Einstellungen lassen sich später jederzeit ändern.

Schritt 6

Scrollen Sie ganz nach unten, und notieren Sie das angezeigte Kennwort ❶.

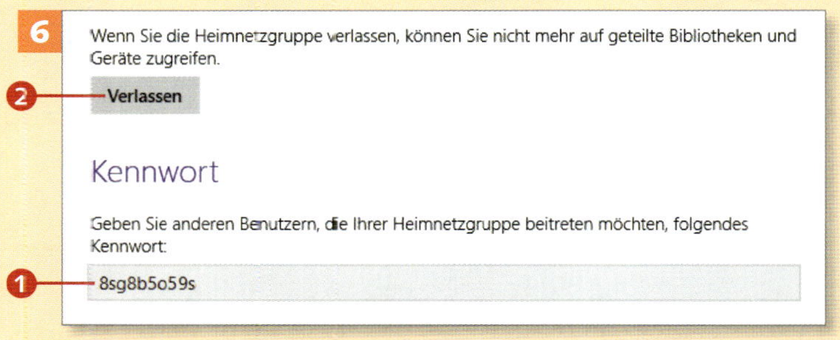

Heimnetzgruppe
Die Einstellungen zur Heimnetzgruppe erreichen Sie über die Schritte 1 bis 4. Wenn Sie das Passwort einmal vergessen oder verlegt haben – kein Problem. Hier ist es jederzeit einsehbar. Außerdem kann jeder Benutzer aus der Gruppe austreten, indem er unten auf **Verlassen** ❷ klickt.

Den Netzwerk-Router konfigurieren

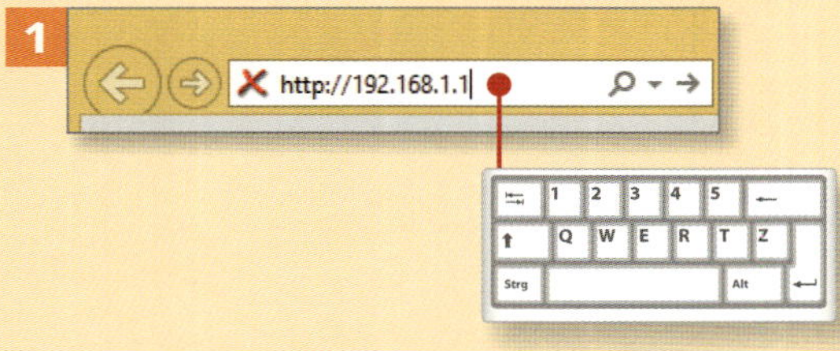

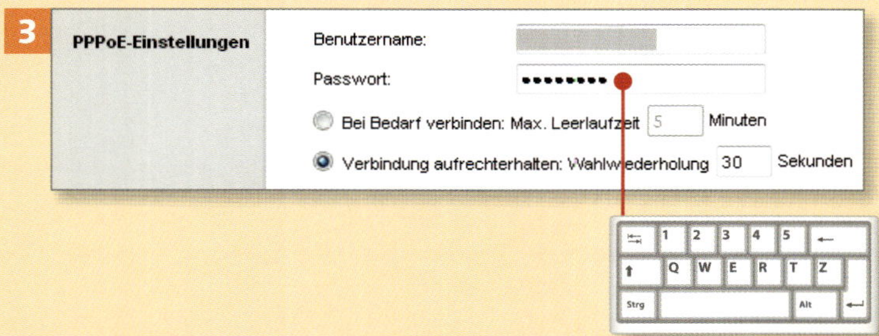

Zwar lässt sich ein Netzwerk auch allein mithilfe des Betriebssystems konfigurieren, jedoch wollen viele Anwender die eine oder andere Einstellung lieber im Router vornehmen.

Schritt 1

Der Router lässt sich von einem angeschlossenen Rechner aus konfigurieren. Öffnen Sie den Internet Explorer, und geben Sie die Adresse ein, die Sie dem Handbuch des Routers entnehmen. Sie könnte z. B. *http://192.168.1.1* oder *http://192.168.0.1* lauten.

Schritt 2

Drücken Sie [↵], und geben Sie im Fenster **Windows-Sicherheit** die Zugangsdaten ein, die Sie ebenfalls im Handbuch des Routers finden. Schließen Sie die Eingabe mit einem Klick auf **OK** ab.

Schritt 3

Falls Sie noch keinen Internetzugang haben, tragen Sie in der entsprechenden Eingabemaske (z. B. **PPPoE-Einstellungen**) Name und Passwort des Internet-Providers ein.

PPPoE

PPPoE ist ein Netzwerkprotokoll, das mit einer Ethernet-Verbindung (Netzwerkkabel) zwischen Router und Empfangsgerät des Providers hergestellt wird.

Schritt 4

Sofern Sie WLAN nutzen, sollten Sie jetzt unbedingt den Benutzernamen und das Gateway-Passwort ändern. Übrigens: Die hier gezeigten Router-Menüs weichen möglicherweise von Ihren Einstellungen ab. Im Kern sind die Funktionen jedoch bei allen Routern zu finden.

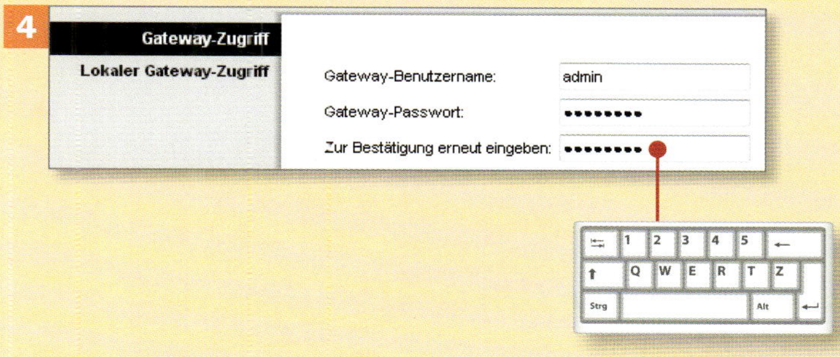

Schritt 5

Im Bereich **Wireless-Sicherheit** vergeben Sie eine *Passphrase* bzw. ein Kennwort, das jeder spätere Teilnehmer des Netzwerks einmalig eingeben muss. Sorgen Sie außerdem dafür, dass die Verschlüsselung mindestens dem WPA2-Standard (1) entspricht.

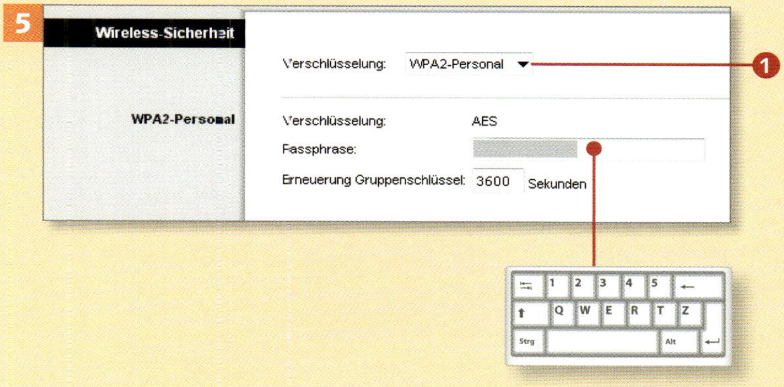

Schritt 6

Speichern Sie Ihre Einstellungen, und loggen Sie sich aus.

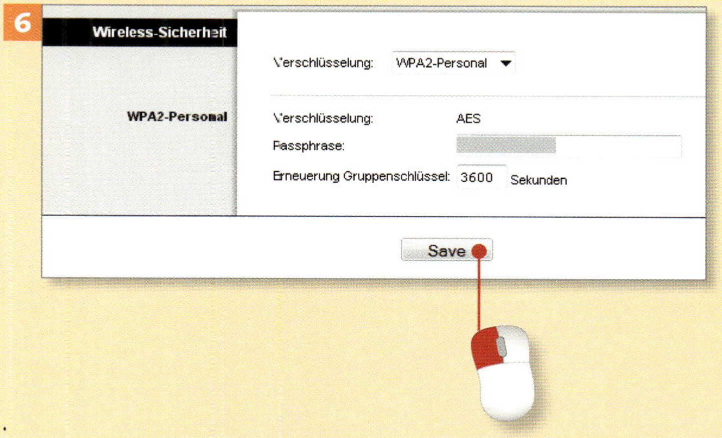

Sicherheit
Ändern Sie unbedingt Ihr Internetpasswort. Wenn es nämlich jemandem gelingt, sich mit dem Standard-Passwort »admin« Zugang zu Ihrer Internetverbindung zu verschaffen, tragen Sie nach geltender Rechtsprechung eine Mitschuld, wenn diese Person sich z. B. illegal Musik herunterlädt.

Mit dem Netzwerk verbinden

1

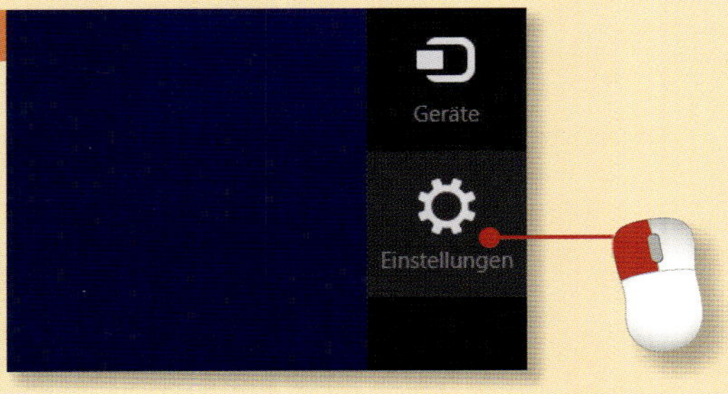

2

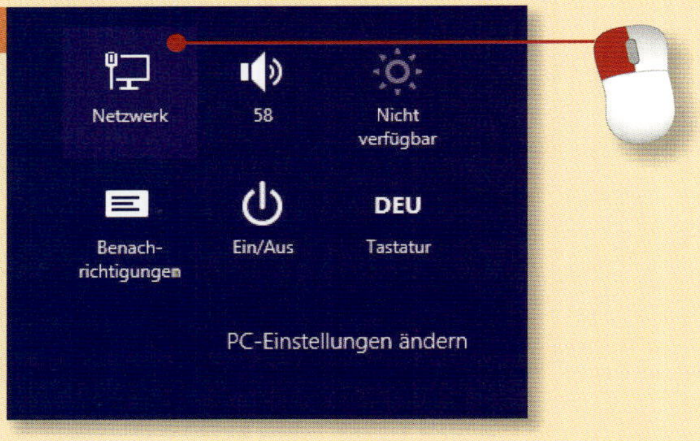

3

Das Netzwerk ist erstellt. Jetzt müssen weitere Computer verbunden werden. Hier erfahren Sie zunächst, wie Sie das von einem Windows-8.1-PC aus bewerkstelligen.

Schritt 1

Öffnen Sie die Charms-Leiste, indem Sie mit der Maus in die obere rechte Ecke des Bildschirms fahren, und klicken Sie ganz unten auf den Eintrag **Einstellungen**.

Schritt 2

Ganz unten in der Zusammenstellung der Schaltflächen betätigen Sie den Schalter **Netzwerk**.

Schritt 3

Die Schaltfläche sieht unterschiedlich aus, je nachdem, ob Sie sich nun mit einem Drahtlosnetzwerk oder einem kabelgebundenen Netzwerk verbinden wollen. In jedem Fall müssen Sie jedoch die dortige Schaltfläche betätigen, die auf das Netzwerk hinweist (hier: Roberts Netzwerk).

Verbindung prüfen

Windows 8.1 versucht in der Regel, selbstständig eine Verbindung herzustellen. Wenn bereits eine Verbindung besteht, wird in Schritt 3 **Verbunden** angezeigt. Damit ist dann bereits alles erledigt.

Schritt 4

Jetzt müssen Sie bestätigen, dass Sie tatsächlich eine Verbindung mit dem angebotenen Netzwerk eingehen wollen. Das erreichen Sie, indem Sie auf **Verbinden** klicken.

Schritt 5

Fahren Sie fort mit der Eingabe des Passworts, das Sie in Schritt 5 der vorangegangenen Anleitung vergeben haben. Gemeint ist jenes Passwort, das Router-intern als Passphrase betitelt worden ist.

Schritt 6

Schließen Sie die Aktion mit einem Klick auf **Verbinden** ab.

Freigabeoptionen
Die bereits für den ersten PC definierten Freigabeoptionen (siehe Schritt 5 im Abschnitt »Eine Heimnetzgruppe erstellen«) werden nun auch für den zweiten Rechner übernommen.

Einen Windows-7-PC hinzufügen

1

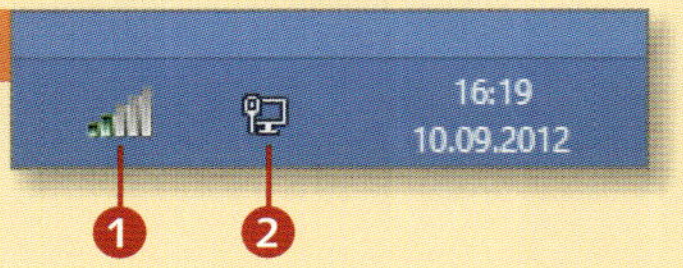

2

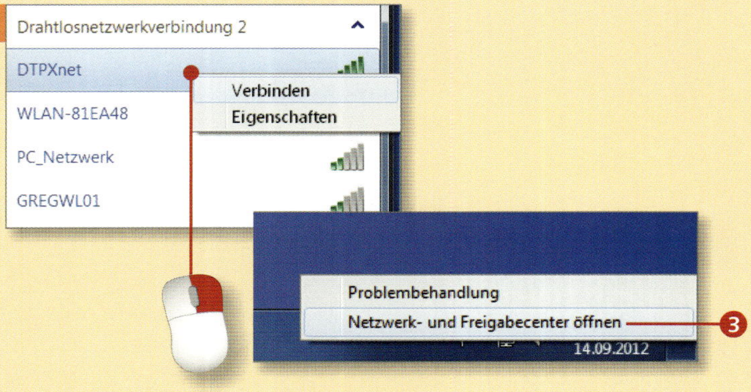

3

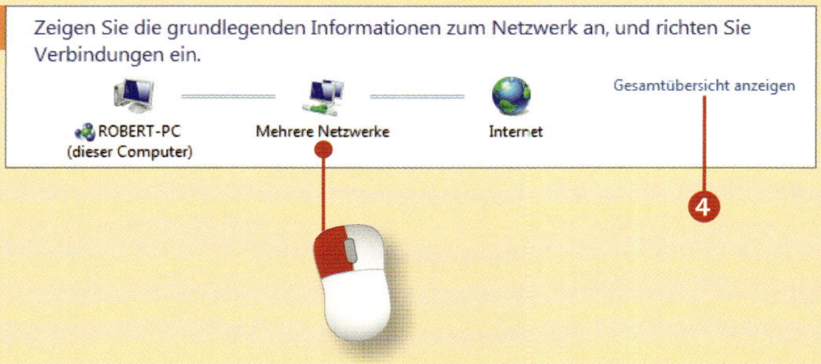

Vielleicht gibt es im Haus noch PCs mit einer Vorgängerversion von Windows 8 bzw. 8.1. In dieser Anleitung lesen Sie, wie Sie einen Windows-7-PC mit dem Windows-8-Netzwerk verbinden.

Schritt 1

Klicken Sie mit rechts auf das Symbol unten rechts in der Taskleiste (❶ = WLAN, ❷ = Kabelverbindung). Bei einem Klick auf das WLAN-Symbol ❶ werden alle in Ihrer Nähe befindlichen Drahtlosnetzwerke angezeigt (gegebenenfalls auch die Ihrer Nachbarn).

Schritt 2

Wenn Drahtlosnetzwerke angezeigt werden, wählen Sie das gewünschte mit der rechten Maustaste aus und entscheiden sich für **Verbinden**. Sollte kein Netzwerk erkannt werden, klicken Sie auf **Netzwerk- und Freigabecenter öffnen** ❸.

Schritt 3

Ob ein oder (wie hier) mehrere Netzwerke gefunden werden, hängt von der bisherigen Konfiguration ab. Klicken Sie auf das mittlere Symbol.

Gesamtübersicht anzeigen

Über den Link **Gesamtübersicht anzeigen** ❹ gelangen Sie in einen Bereich, der das derzeit gültige Netzwerkschema grafisch anzeigt.

Schritt 4

Jetzt liegen alle angeschlossenen Geräte vor Ihnen. Mit einem Doppelklick auf den Windows-8-PC gelangen Sie in das Netzwerk. (Lesen Sie dazu auch den Hinweis im Kasten auf dieser Seite.)

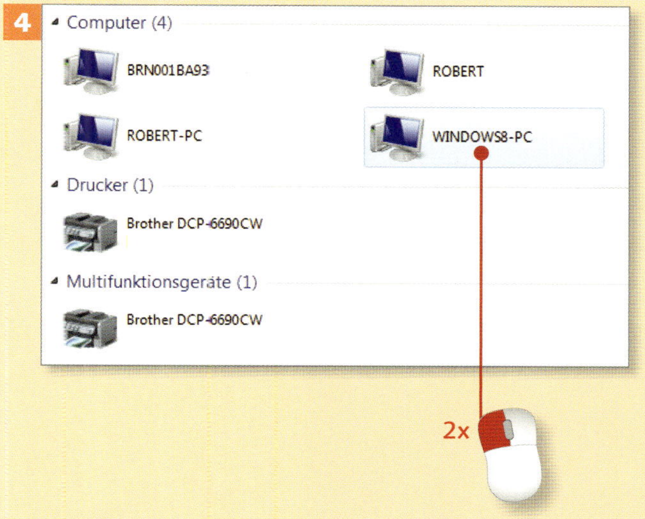

Schritt 5

Im Netzwerk tauchen nun je nach Konfiguration unterschiedliche Ordner und Geräte auf. Wenn bereits ein Drucker freigegeben worden ist (siehe dazu die Anleitung »Ordner freigeben und Rechte vergeben« auf Seite 298), ist hier ein entsprechendes Symbol ❺ zu sehen.

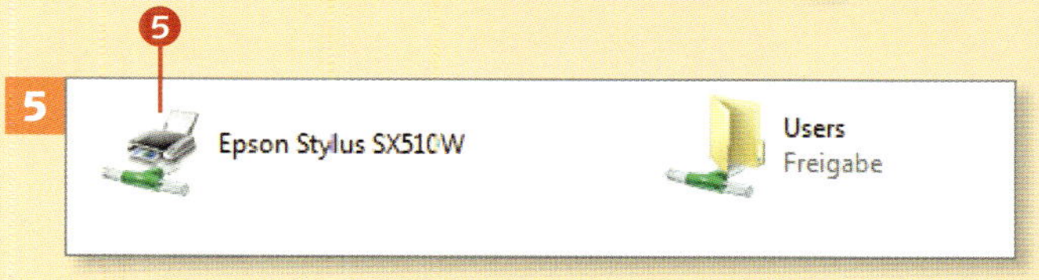

Schritt 6

Sie wollen auf die Dateien zugreifen? Dann doppelklicken Sie auf den Verbindungsordner. Dadurch verschaffen Sie sich Zugang zum Windows-8-Rechner – zumindest zu den freigegebenen Verzeichnissen.

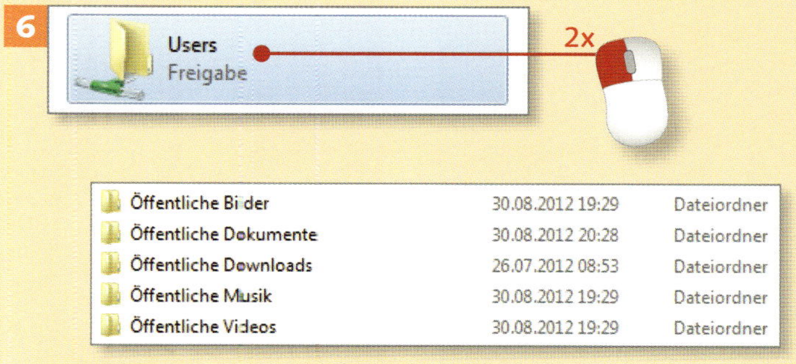

Passwort-Abfrage

Möglicherweise werden Sie auf dem Weg vom Windows-7- zum Windows-8-PC noch nach der Passphrase gefragt, die Sie dann eingeben müssen (siehe Schritt 5 im Abschnitt »Den Netzwerk-Router konfigurieren« auf Seite 291).

Nach PCs, Geräten und Inhalten suchen

1

2

3
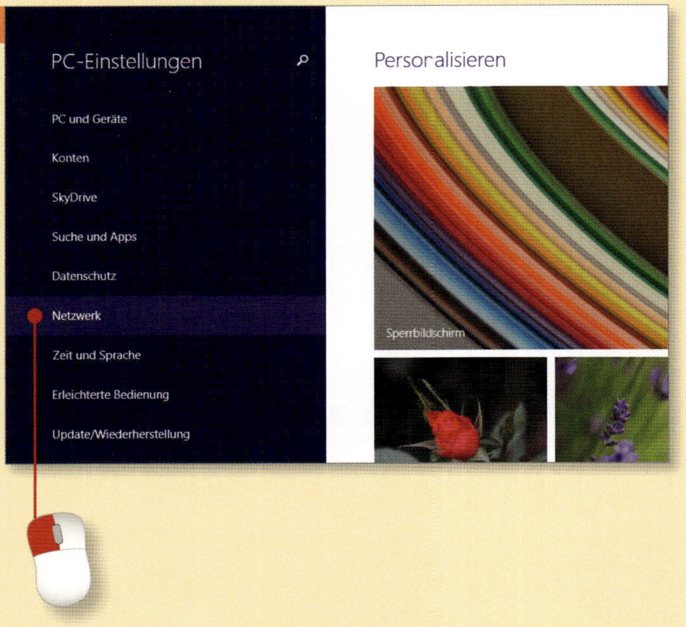

Wann immer Sie wollen, dass neue Geräte, die dem Netzwerk beitreten, von Windows 8.1 gefunden werden können, müssen Sie die automatische Suche aktivieren.

Schritt 1

Öffnen Sie die Charms-Leiste mit [Windows] + [C]. Klicken Sie anschließend auf das Zahnrad-Symbol **Einstellungen**.

Schritt 2

Danach selektieren Sie die unterste Zeile, die den Namen **PC-Einstellungen ändern** trägt.

Schritt 3

Nun befinden Sie sich in den PC-Einstellungen. Wechseln Sie zum **Netzwerk**, indem Sie die gleichnamige Zeile aktivieren.

Alternative Eingabe
Mit der Suchfunktion der Anwendung geht es auch: Geben Sie das Stichwort »Netzwerk« ein (Startbildschirm). Wählen Sie anschließend **Einstellungen für die Netzwerkverbindungen**. Da Sie sich nun im Bereich **Verbindungen** befinden, müssen Sie auf den Pfeil oben links klicken und von dort aus mit Schritt 3 fortfahren.

Schritt 4

Entscheiden Sie sich in der linken Spalte zunächst für **Verbindungen**, ehe Sie rechts das betreffende Netzwerk auswählen.

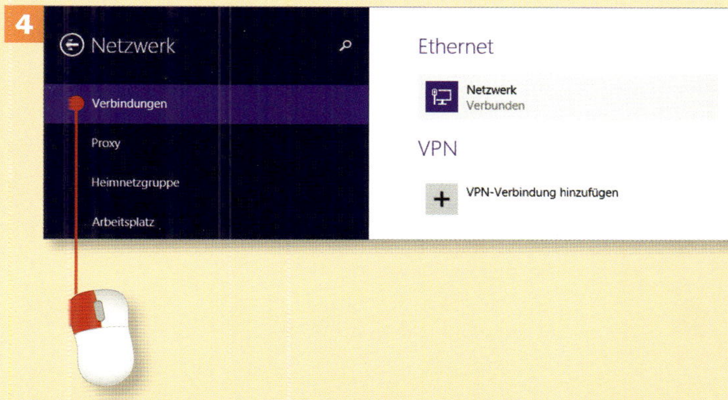

Schritt 5

Klicken Sie auf den Schalter, der im Bereich **Geräte und Inhalte suchen** zu finden ist. Bevor Sie das Fenster mit [Alt] + [F4] schließen, stellen Sie sicher, dass er auf **Ein** steht.

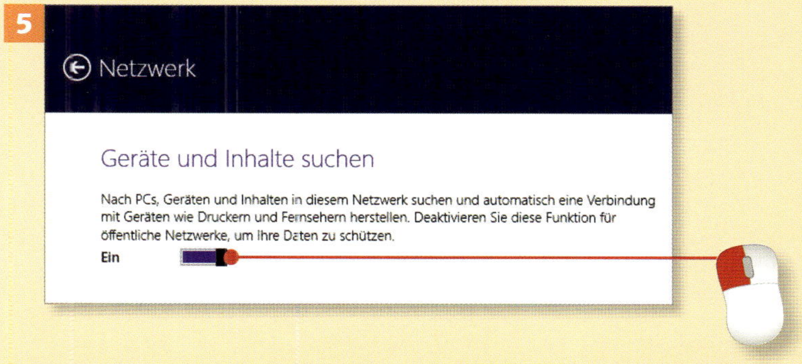

Schritt 6

Es kann einen Augenblick dauern – dann werden Sie angeschlossene Geräte, die im gleichen Netzwerk sind, links in der Liste wiederfinden. Rechts sehen Sie die freigegebenen Ordner des PCs bzw. Geräts.

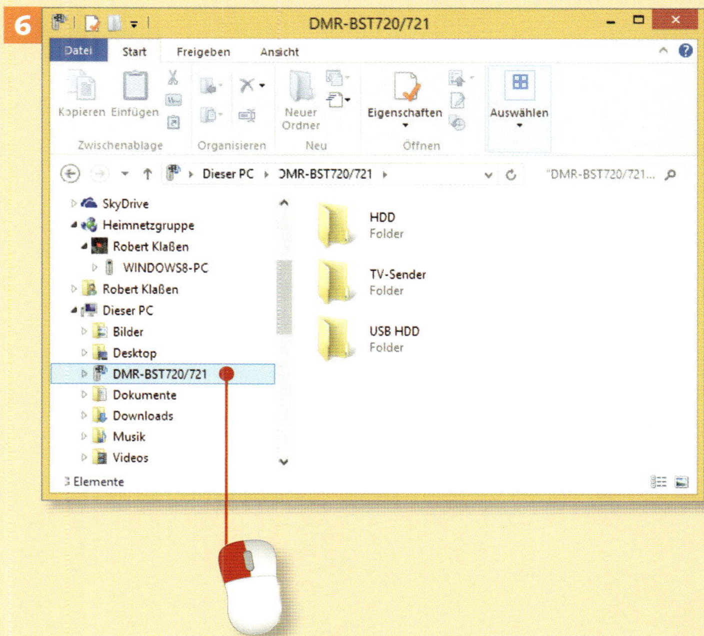

Freigabe vorausgesetzt

Damit Sie Zugriff auf den Bilderordner des vernetzten PCs erhalten, muss dieser dort zuvor freigegeben worden sein (siehe dazu den Abschnitt »Ordner freigeben und Rechte vergeben« auf Seite 298).

Ordner freigeben und Rechte vergeben

Wenn Sie sich eingehender mit der Rechtevergabe oder Freigaben beschäftigen möchten, sollten Sie diese Anleitung genau lesen.

1

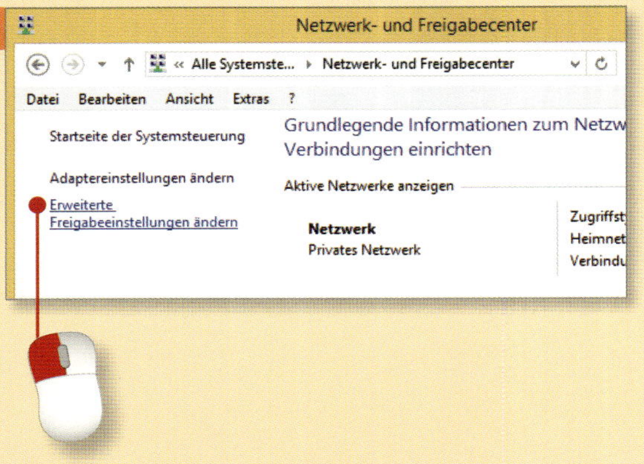

2

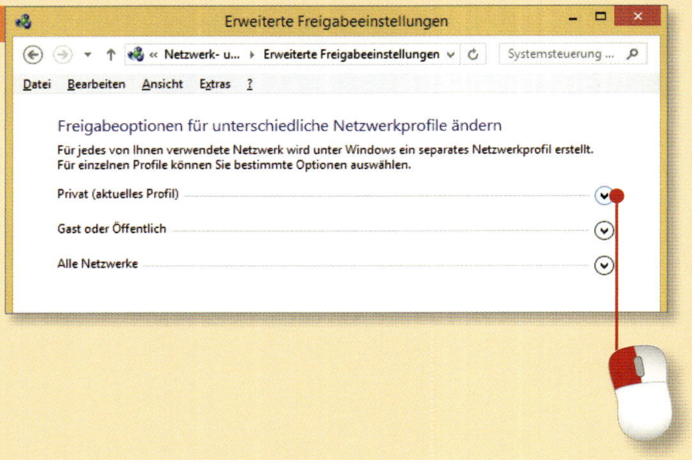

3

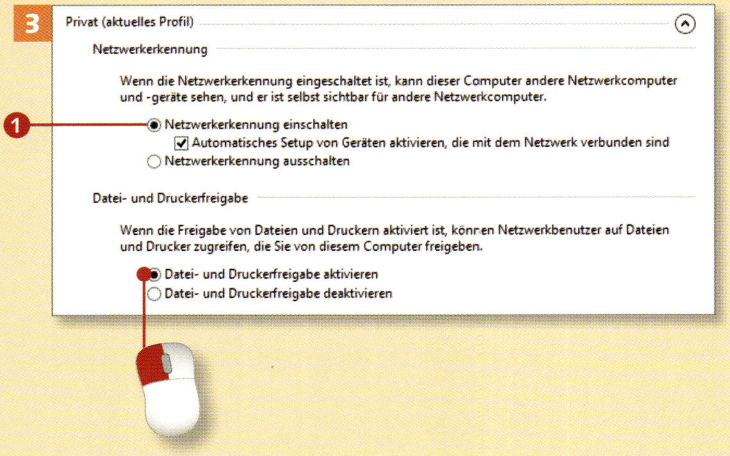

Schritt 1

Zum Aufrufen der Systemsteuerung geben Sie »sys« auf dem Startbildschirm ein und drücken [↵]. Klicken Sie auf **Netzwerk- und Freigabecenter ▸ Erweiterte Freigabeeinstellungen ändern**.

Schritt 2

Sollten die Listen geschlossen sein, öffnen Sie zunächst die Rubrik **Privat (aktuelles Profil)**, indem Sie auf die Pfeilspitze rechts klicken.

Schritt 3

Scrollen Sie bis zum Bereich **Datei- und Druckerfreigabe**, und aktivieren Sie die Option **Datei- und Druckerfreigabe aktivieren**, wenn Netzwerkdrucker gemeinsam verwendet werden sollen.

!

Netzwerkerkennung

Schauen Sie nach, ob **Netzwerkerkennung einschalten** (1) aktiv ist (Standard). Nur dann können andere Computer im Netzwerk auch gesehen werden.

Schritt 4

Wenn Sie nicht wollen, dass andere Benutzer auf die Ordner Ihres Rechners zugreifen können, aktivieren Sie **Freigabe des öffentlichen Ordners deaktivieren** ❷ im Bereich **Alle Netzwerke**. Anderenfalls klicken Sie auf **Freigabe einschalten** ❸. Zuletzt klicken Sie auf **Änderungen speichern**.

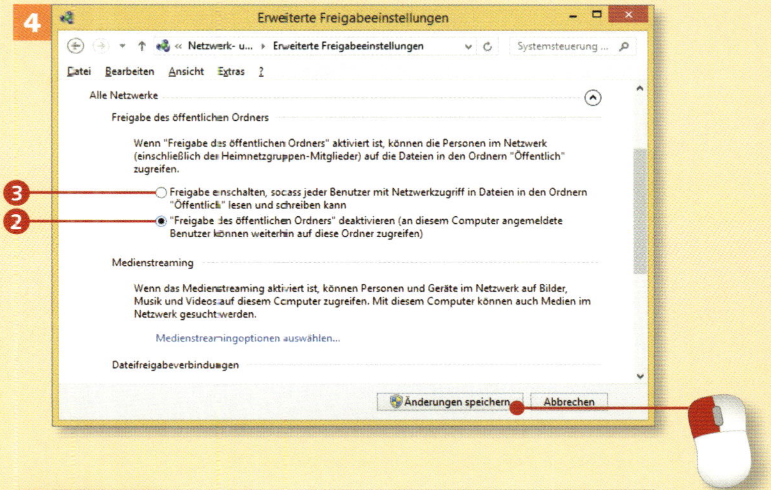

Schritt 5

Sie können jeden beliebigen Ordner freigeben, damit andere im Netzwerk darauf zugreifen können. Klicken Sie den Ordner mit rechts an, und zeigen Sie auf **Freigeben für**. Dann wählen Sie den Benutzer, der Zugriffsrechte erhalten soll.

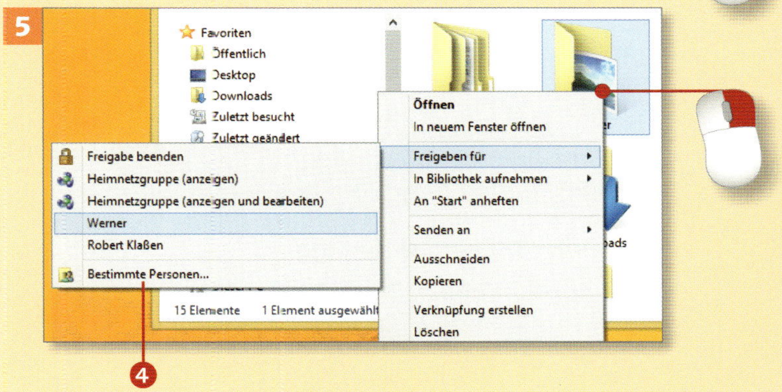

Schritt 6

Auf Werners Rechner ist der freigegebene Ordner nun im Bereich **Netzwerk** des Explorers zu sehen. Wollen Sie die Freigabe wieder aufheben, wählen Sie **Freigeben für ▸ Freigabe beenden**.

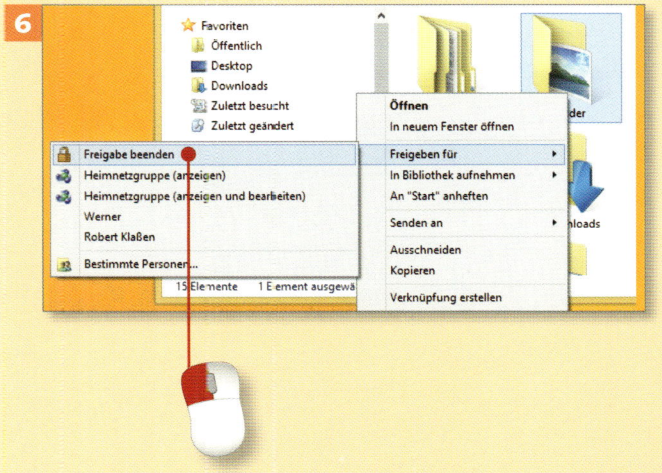

Wer darf was?

Klicken Sie in Schritt 5 auf **Bestimmte Personen** ❹. In einer Liste legen Sie nun fest, wer welche Rechte bekommt.

Netzwerkeinstellungen ändern

1
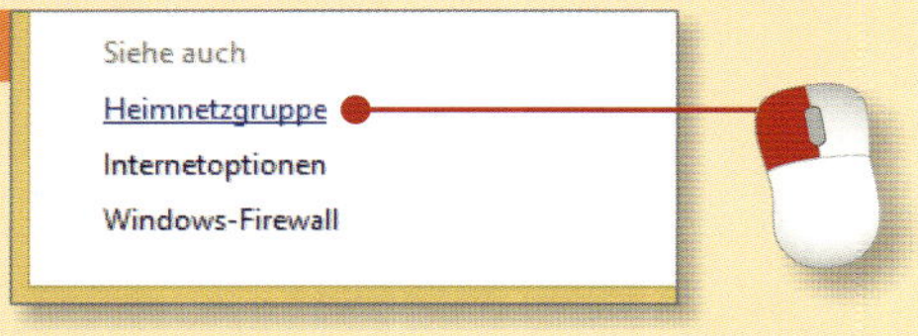

2
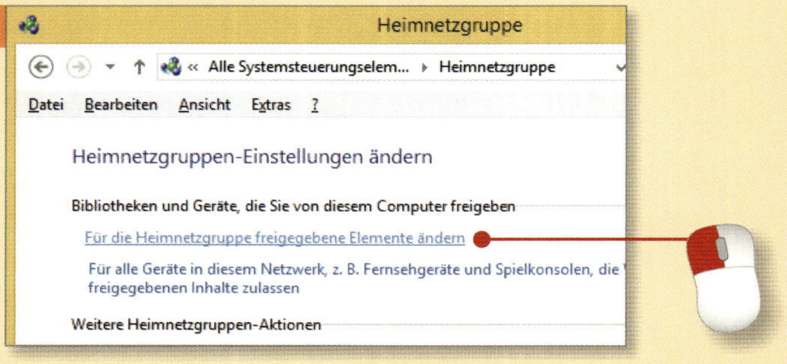

3
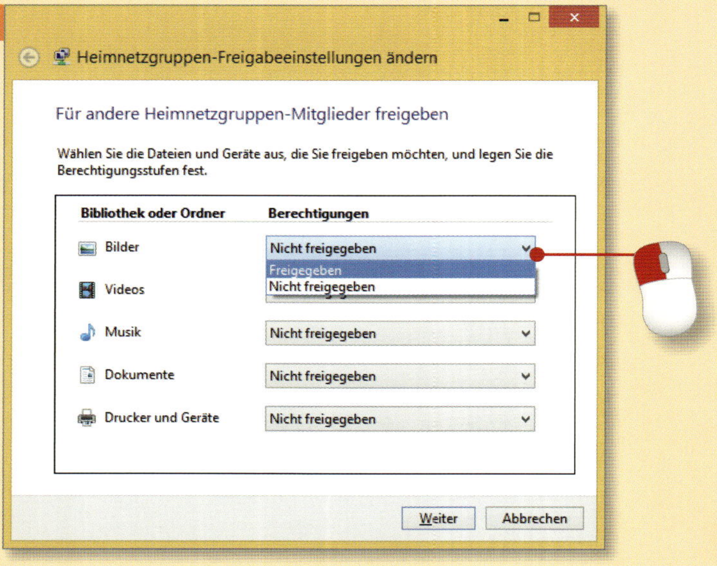

Werfen wir abschließend noch einen Blick auf weitere Änderungsmöglichkeiten an den Netzwerkeinstellungen.

Schritt 1

Gehen Sie zunächst wieder den Weg über die Systemsteuerung, und wählen Sie dort **Netzwerk- und Freigabecenter**. Im zugehörigen Dialogfenster klicken Sie dann unten links auf **Heimnetzgruppe**.

Schritt 2

Sie befinden sich in den Einstellungen für die Heimnetzgruppe. Hier klicken Sie auf den Link **Für die Heimnetzgruppe freigegebene Elemente ändern**.

Schritt 3

Im nächsten Dialog können Sie nicht freigegebene Bereiche freigeben, indem Sie von **Nicht freigegeben** auf **Freigeben** umschalten bzw. die zuvor erteilten Freigaben wieder zurücknehmen.

Einstellungen für den Zentral-PC
Die hier vorgenommenen Einstellungen gelten grundsätzlich nur für den eigenen PC. Die übrigen Computer des Netzwerks bleiben von der Änderung ausgenommen.

Schritt 4

Nach einem Klick auf **Weiter** erhalten Sie eine Info darüber, dass die Freigabeeinstellungen aktualisiert worden sind. Jetzt müssen Sie nur noch auf **Fertig stellen** klicken.

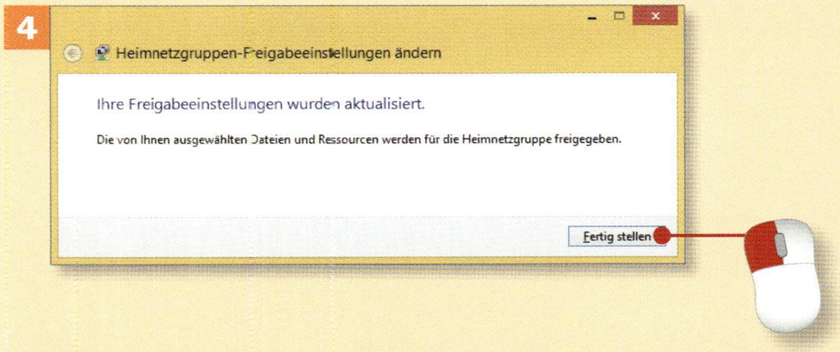

Schritt 5

Wenn Sie innerhalb des Dialogs **Heimnetzgruppe** auf **Kennwort ändern** ❶ klicken, werden Sie darüber informiert, dass alle Benutzer für diese Änderung von der Heimnetzgruppe getrennt werden. Nach einem Klick auf **Kennwort ändern** wird ein neues Kennwort erstellt.

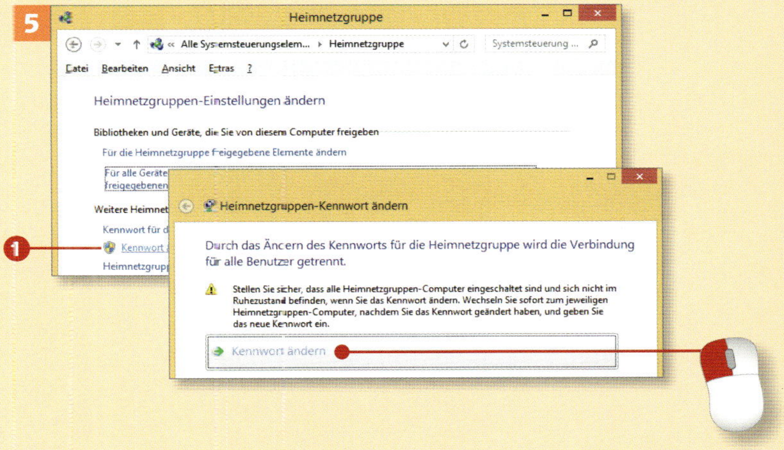

Schritt 6

Klicken Sie auf **Weiter**. Die Änderung sollte mit einem Klick auf **Kennwort und Anweisungen drucken** ❷ ausgedruckt werden. Denn diese Daten sind nun wieder für alle weiteren Computer der Heimnetzgruppe erforderlich, damit sie sich neu anmelden können.

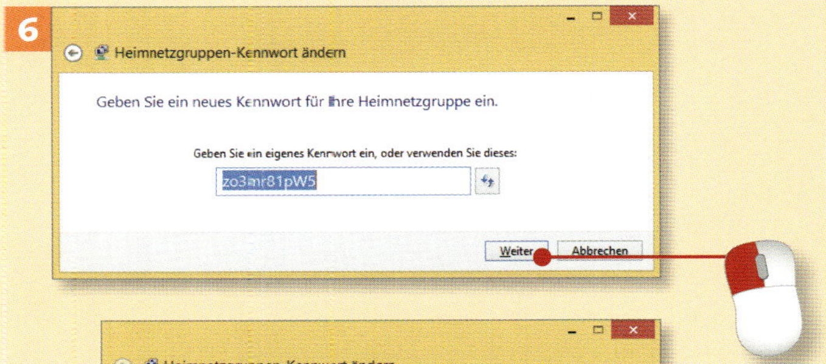

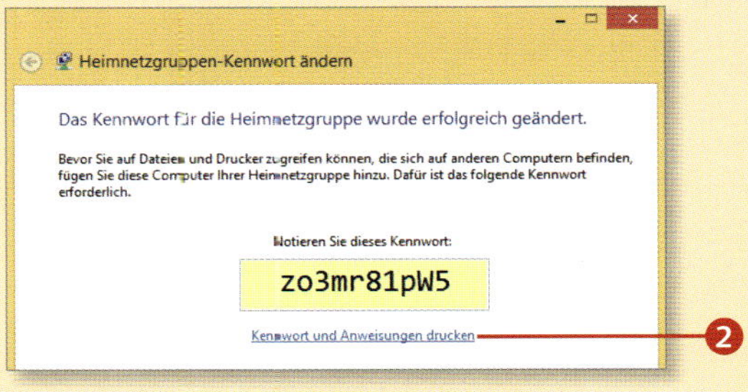

Schutz durch Router

Zeitgemäße Router sind mit einer *Firewall* ausgestattet, die im Allgemeinen jeglichen Zugriff von außen verhindert. Sie müssen also nicht befürchten, durch Heimnetzwerke schutzlos zu sein.

Remote-Netzwerk erstellen

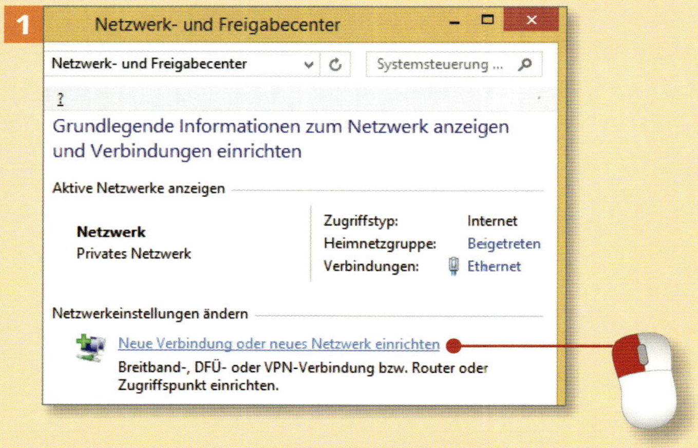

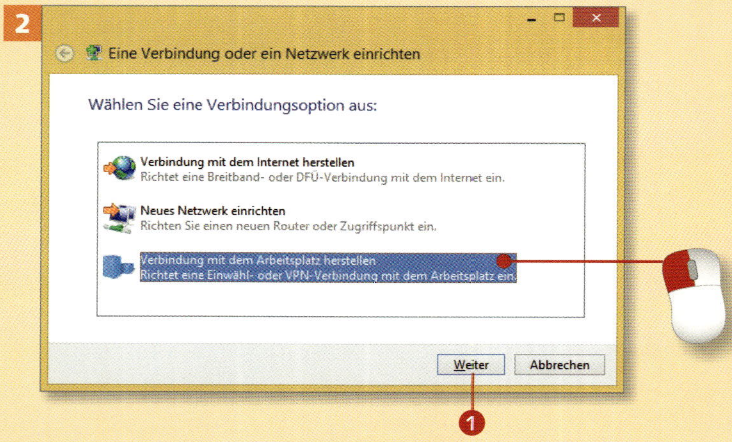

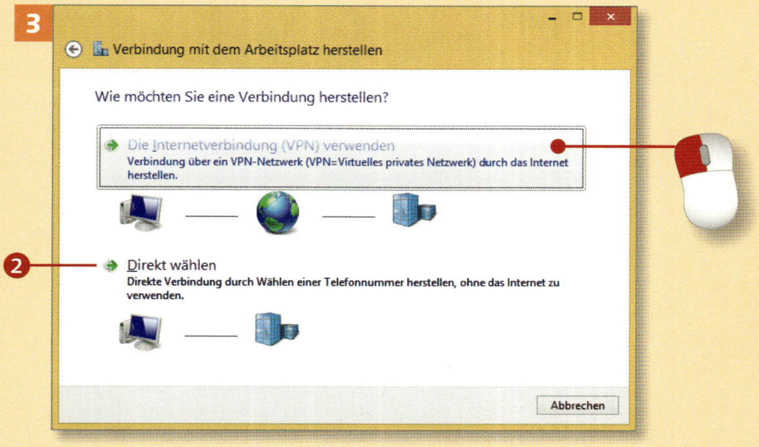

Ein Remote-Netzwerk besteht immer dann, wenn Sie über eine Distanz Verbindungen mit einem Netzwerk aufnehmen wollen. So können Sie sich mit Ihrem Computer im Büro verbinden.

Schritt 1

Innerhalb des Dialogfensters **Netzwerk- und Freigabecenter** klicken Sie zunächst einmal auf den Link **Neue Verbindung oder neues Netzwerk einrichten**.

Schritt 2

Entscheiden Sie sich im zugehörigen Dialogfenster mit einem Klick für **Verbindung mit dem Arbeitsplatz herstellen**, und klicken Sie anschließend auf die Schaltfläche **Weiter** (1).

Schritt 3

Die Option **Direkt wählen** (2) würde bedeuten, dass Sie die Einwahl in das Netzwerk über eine Telefonverbindung vornehmen wollen. Beim Kontakt über eine Internetverbindung wählen Sie den oberen Eintrag.

Zugangsdaten

Für eine *Remote*-Verbindung werden ebenfalls Zugangsdaten benötigt. Wenden Sie sich dafür an den Administrator Ihres Unternehmens.

Schritt 4

Tragen Sie nun die IP-Adresse des Unternehmens sowie den Namen des Netzwerks ein.

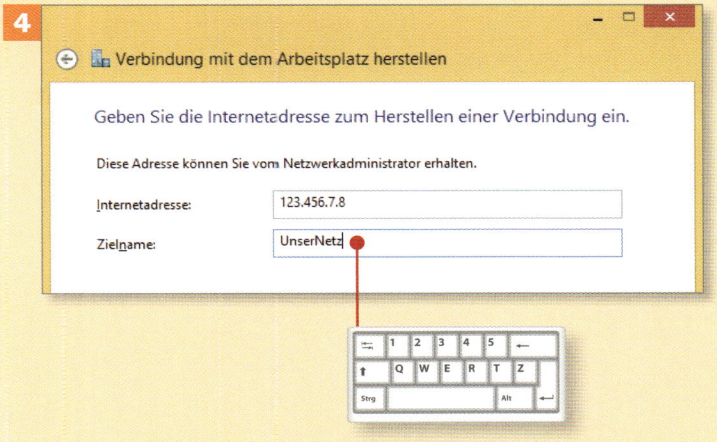

Schritt 5

Mit der Option **Anmeldedaten speichern** ❸ ersparen Sie sich die erneute Eingabe der Daten beim nächsten Zugriff auf das Netzwerk. Bevor Sie zum Abschluss auf **Erstellen** klicken, sollten Sie sich überlegen, ob Sie auch anderen Benutzern erlauben wollen, diese Verbindung zu verwenden ❹. Wenn ja, müssen Sie vorab ein entsprechendes Häkchen setzen.

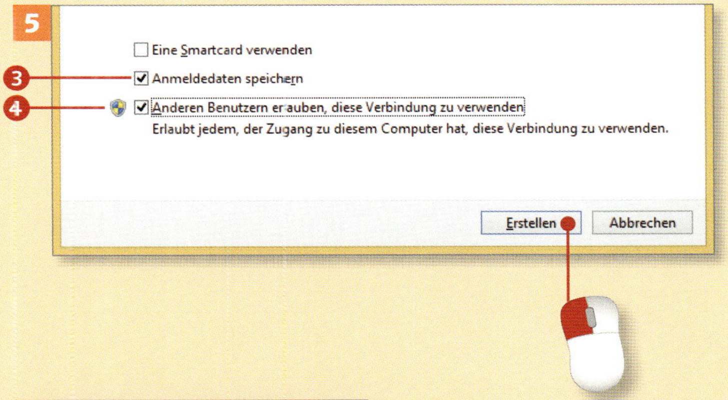

Schritt 6

Die Leiste **Netzwerke** öffnet sich nun ganz automatisch auf der rechten Seite des Bildschirms. Wählen Sie die benötigte Zeile mit einem Mausklick aus, und klicken Sie dann auf **Verbinden**.

Leiste später öffnen
Wie in Schritt 6 erwähnt, öffnet sich die Leiste beim ersten Mal automatisch. Später kann sie jederzeit über die Charms-Leiste zugänglich gemacht werden (**Einstellungen ▸ Netzwerk**).

Ein Netzwerk deaktivieren oder löschen

Sie können mehrere Netzwerke auf Ihrem Rechner betreiben. Schalten Sie das Netzwerk ein, das Sie gerade benötigen. Darüber hinaus sollten Sie nicht mehr benötigte Netzwerke komplett entfernen.

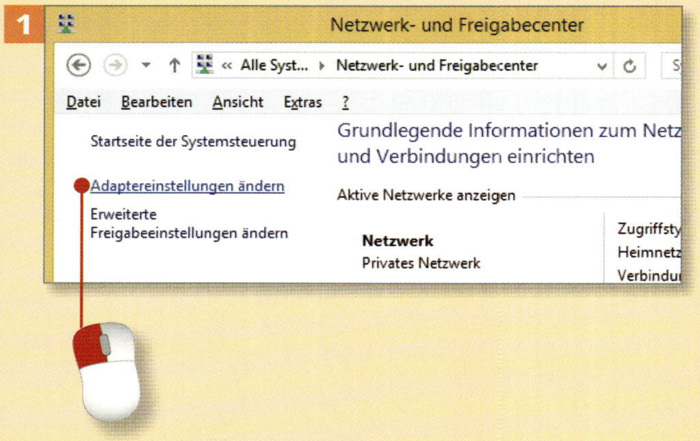

Schritt 1

Wechseln Sie über den gleichnamigen Eintrag in der Systemsteuerung in das **Netzwerk- und Freigabecenter**. Klicken Sie hier auf den Link **Adaptereinstellungen ändern**.

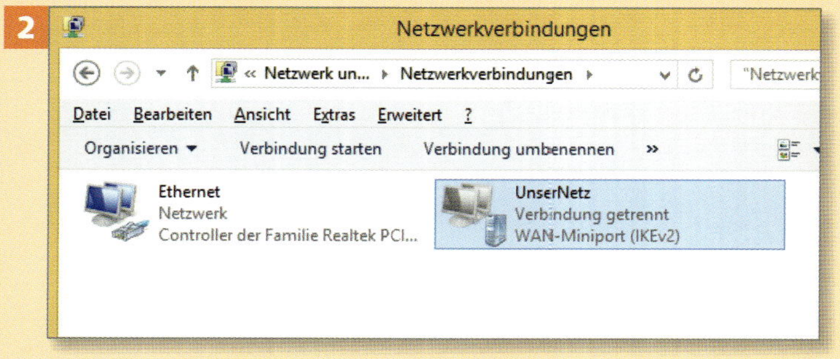

Schritt 2

Im zugehörigen Dialogfenster **Netzwerkverbindungen** finden Sie eine Übersicht aller Verbindungen. Dabei spielt es keine Rolle, ob diese per Netzwerkkabel oder drahtlos arbeiten. Suchen Sie das Netzwerk, das Sie aktivieren, vorübergehend deaktivieren oder ganz entfernen wollen.

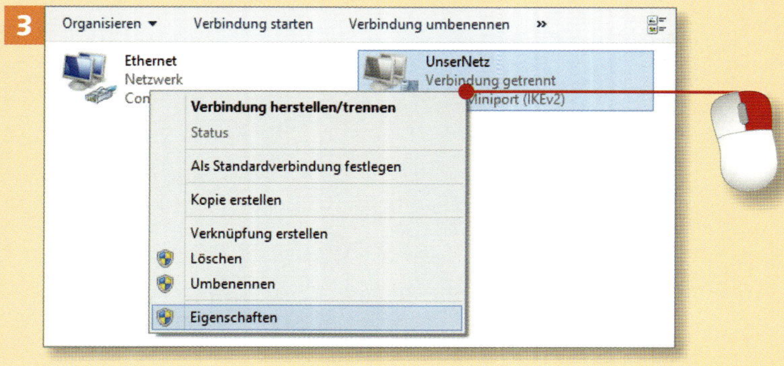

Schritt 3

Um Einstellungen am Netzwerk zu ändern, klicken Sie mit der rechten Maustaste auf den Netzwerkeintrag und wählen **Eigenschaften** aus dem Kontextmenü.

Schritt 4

Hier finden Sie z. B. die IP-Adresse Ihres Rechners. Wenn Sie nichts ändern, klicken Sie unten auf die Schaltfläche **Abbrechen**.

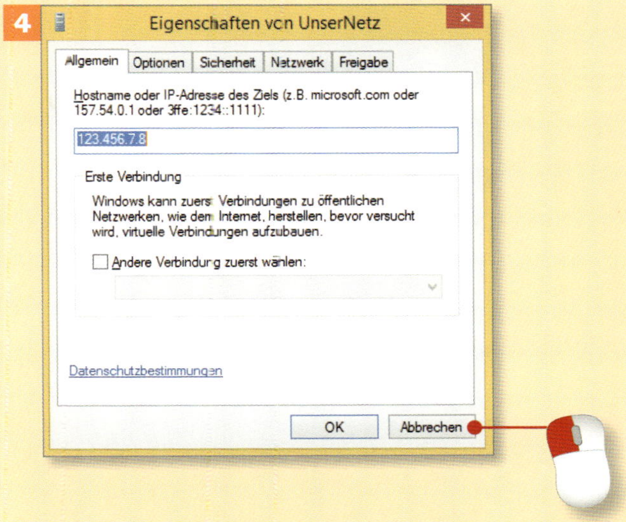

Schritt 5

Um ein Netzwerk dauerhaft zu entfernen, klicken Sie mit rechts darauf und wählen **Löschen** aus dem Kontextmenü. Über **Verbindung umbenennen** ❶ könnten Sie Ihrem Netzwerk z. B. auch einen neuen Namen geben.

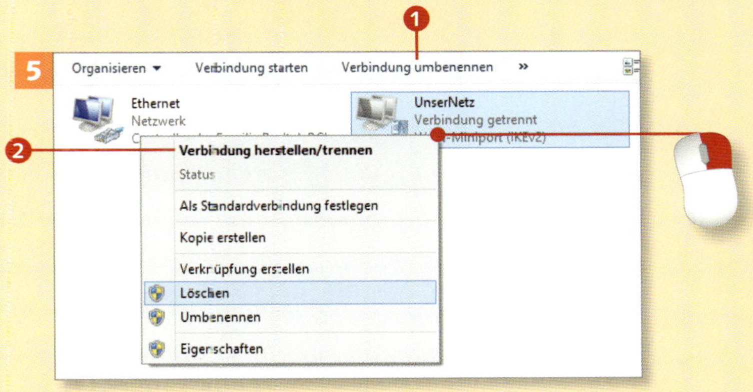

Schritt 6

Zuletzt müssen Sie noch eine Kontrollabfrage über sich ergehen lassen. Klicken Sie auf **Ja**, wenn Sie sicher sind, dass Sie das Netzwerk löschen wollen.

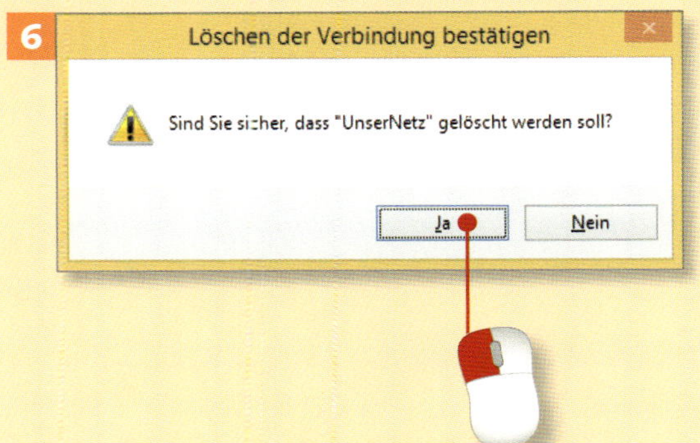

Netzwerk aktivieren

Inaktive Netzwerke werden mithilfe des Eintrags **Verbindung herstellen/trennen** ❷ im Kontextmenü ein- und ausgeschaltet. Den gleichen Dialog können Sie im Übrigen auch über die Charms-Leiste aufrufen. Klicken Sie dort auf **Netzwerk**.

SkyDrive – Dateien überall griffbereit

Ein Netzwerk der ganz besonderen Art wird mit SkyDrive ermöglicht. Diese virtuelle Festplatte steht Ihnen nämlich an jedem erdenklichen Ort der Welt zur Verfügung – vorausgesetzt, Sie können aufs Internet zugreifen.

1

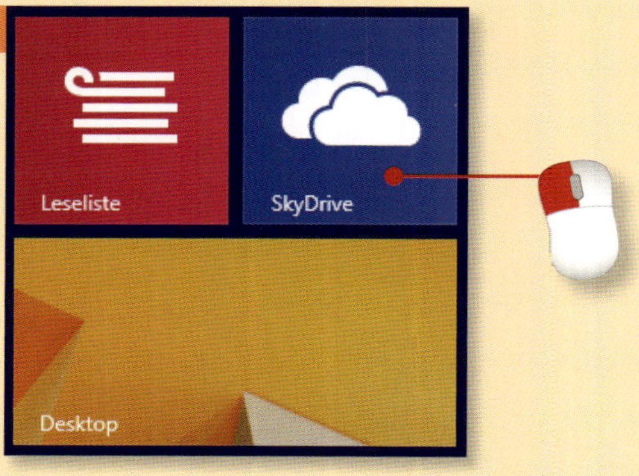

Schritt 1

Klicken Sie zuallererst auf die Kachel **SkyDrive** auf dem Startbildschirm.

2

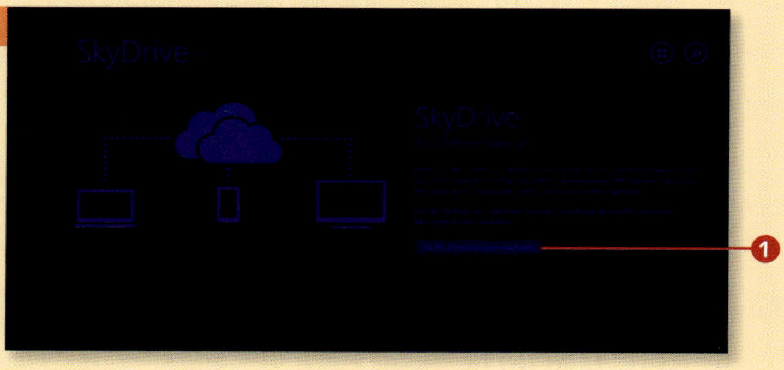

Schritt 2

Beim ersten Zugriff müssen Sie sich mit Ihren Microsoft-Kontodaten anmelden, die Sie nach einem Klick auf **Zu PC-Einstellungen wechseln** ❶ finden.

3

Schritt 3

Sobald SkyDrive angezeigt wird, ist Ihr Speicherplatz verfügbar.

Zugriff von unterwegs
Greifen Sie von unterwegs auf Ihren persönlichen SkyDrive-Inhalt zu, den Sie unter *skydrive.live.com* erreichen. Hier müssen Sie sich dann mit Ihren Zugangsdaten gemäß Schritt 2 einloggen.

Schritt 4

Testen Sie doch einmal, ob alles klappt, indem Sie ein einzelnes Bild auf SkyDrive bringen. Dazu klicken Sie mit rechts auf eine freie graue Stelle der Anwendung.

Schritt 5

Im nächsten Schritt fahren Sie mit der Maus nach unten rechts und betätigen dort die Schaltfläche **Dateien hinzufügen**.

Schritt 6

Danach klicken Sie einen der Ordner (z. B. **Bilder**) an, die sich im Verzeichnis **Dieser PC** befinden, um ihn zu öffnen. Denn im Moment sehen Sie ja lediglich das Dateiverzeichnis Ihres Computers.

4

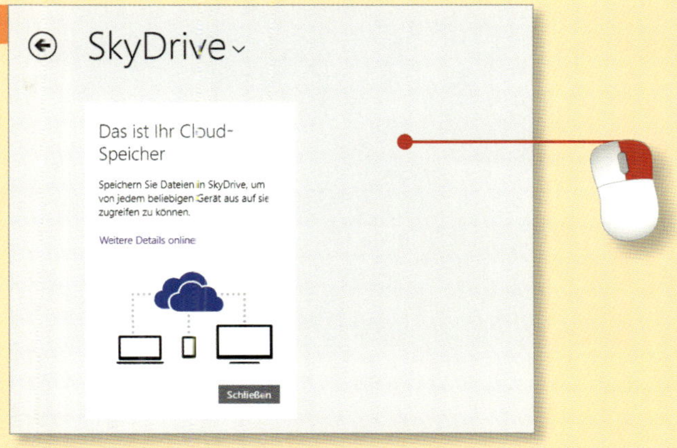

5

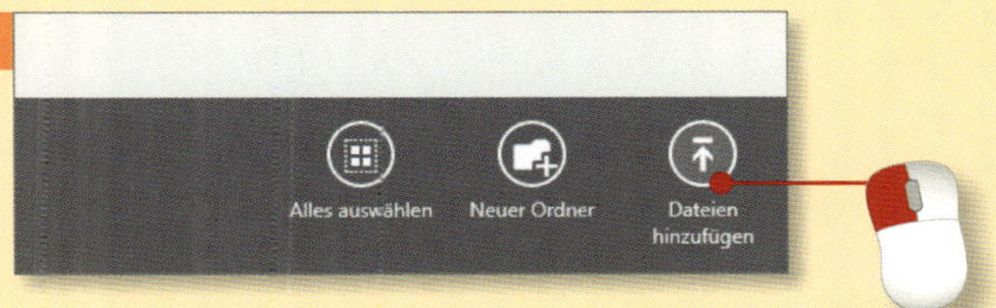

6

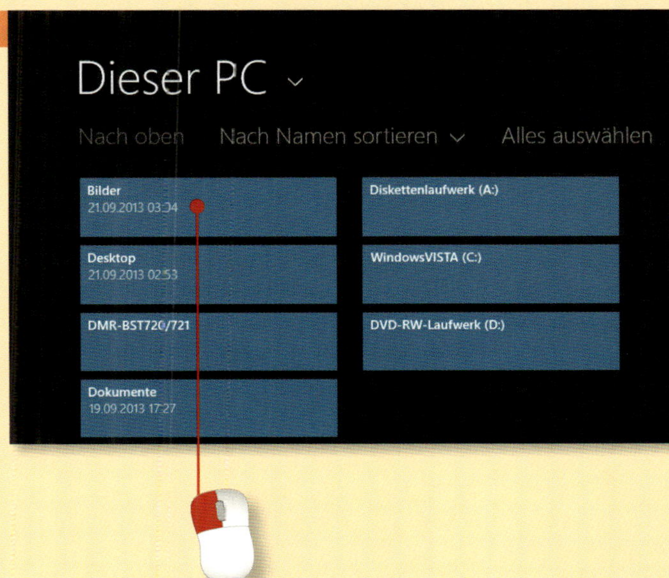

Umfangreicher Zugriff

Beachten Sie, dass sich auch eine Kachel auf der Oberfläche befindet, die die Festplatte (meist C:) wiedergibt. Sind weitere Festplatten integriert, tauchen diese hier ebenfalls auf. So erhalten Sie uneingeschränkten Zugriff auf Ihren PC.

SkyDrive – Dateien überall griffbereit (Forts.)

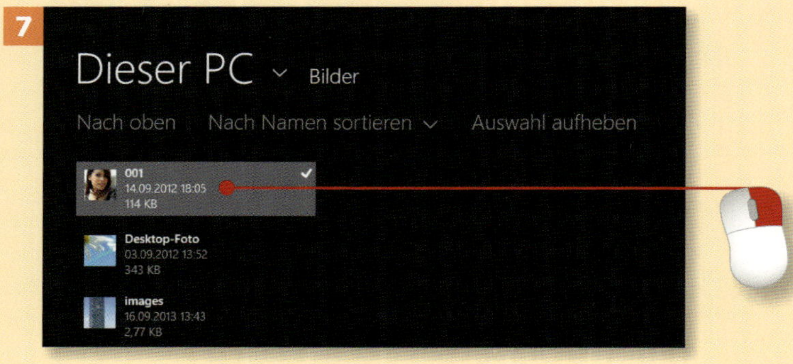

Schritt 7

Jetzt suchen Sie das gewünschte Foto aus. Markieren Sie es mit der rechten Maustaste. (Sie müssen übrigens nicht befürchten, dass das Foto verschoben wird. Es bleibt trotz Transfer auf SkyDrive an seinem Ursprungsort erhalten.)

Schritt 8

Damit ist alles vorbereitet. Das gewünschte Foto ist mit einem Häkchen versehen. Jetzt können Sie in der Startleiste auf **Nach SkyDrive kopieren** klicken.

Schritt 9

Sie gelangen nun automatisch in die (wesentlich hellere) SkyDrive-Umgebung zurück. Führen Sie einen Rechtsklick auf einem freien (grauen) Bereich aus. Warum? Das verrät der Kasten auf dieser Seite.

Ordner verwenden

Zu übertragende Dokumente werden auf der obersten Ebene abgelegt. Das ist auf Dauer keine gute Idee. Erzeugen Sie ein Verzeichnis und klicken danach auf **Dateien hinzufügen** (siehe Schritt 5), werden die Importe anschließend in diesem Ordner abgelegt.

Schritt 10

In der Fußleiste, die sich durch den vorangegangenen Rechtsklick geöffnet hat, wählen Sie nun den Button **Neuer Ordner** aus.

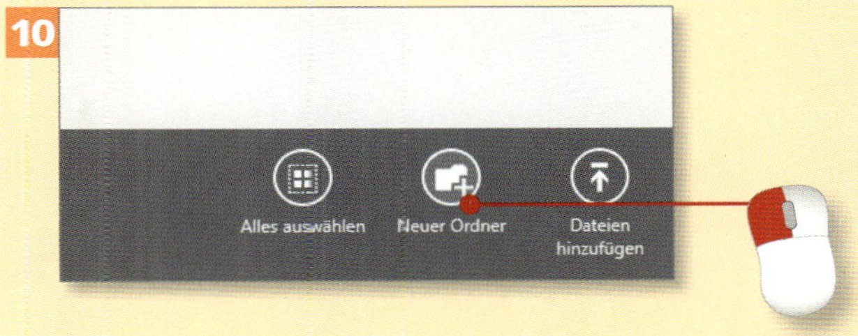

Schritt 11

Daraufhin wird eine Tafel präsentiert, in die Sie den Namen des Ordners eintragen. Dieser Ordner wird übrigens in SkyDrive integriert, steht aber jederzeit auch auf dem PC zur Disposition – auch außerhalb von SkyDrive (siehe Schritt 18).

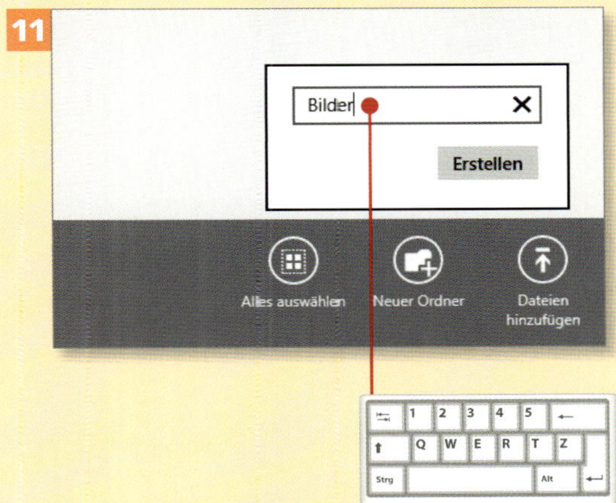

Schritt 12

Um die Aktion abzuschließen, klicken Sie nach der Namenseingabe auf **Erstellen**. Wenn Sie wollten, könnten Sie nun, wie bereits erwähnt, mit einem Klick in diesen Ordner hineinspringen und weitere Importe vornehmen.

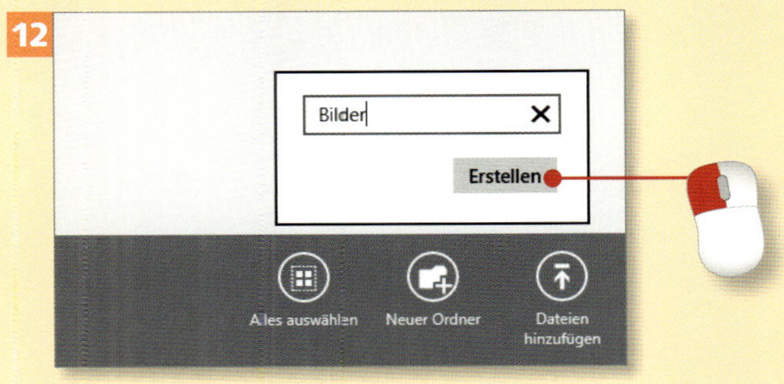

Ordner verlassen
Sie wollen den Ordner wieder verlassen? Dann benutzen Sie den nach links weisenden Pfeil oben links in der Ecke.

SkyDrive – Dateien überall griffbereit (Forts.)

13

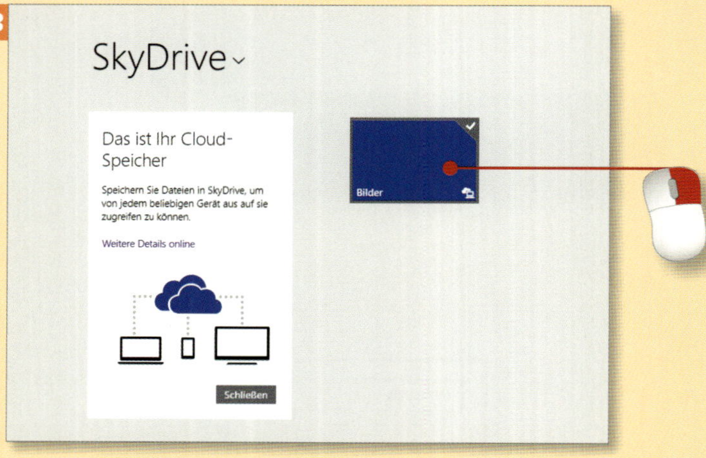

Schritt 13

Sollten Sie einen Ordner nicht mehr benötigen, markieren Sie ihn zunächst mit der rechten Maustaste.

Schritt 14

Fahren Sie mit der Maus in die Fußleiste, und betätigen Sie die **Löschen**-Taste. Der Löschvorgang muss per Klick bestätigt werden. Sollten Sie es sich anders überlegt haben, führen Sie einen Mausklick außerhalb der Kontrollabfrage aus.

14

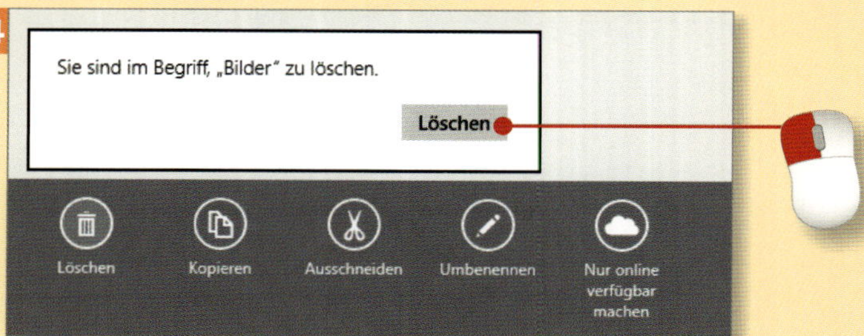

Schritt 15

Windows 8.1 macht es möglich, Dateien ausschließlich auf SkyDrive zur Verfügung zu stellen. So sparen Sie Speicherplatz auf Ihrer Festplatte. Soll eine auf SkyDrive befindliche Datei nur noch dort abrufbar sein, markieren Sie diese zunächst mit rechts. Danach gehen Sie auf das Wolken-Symbol **Nur online verfügbar machen**.

15

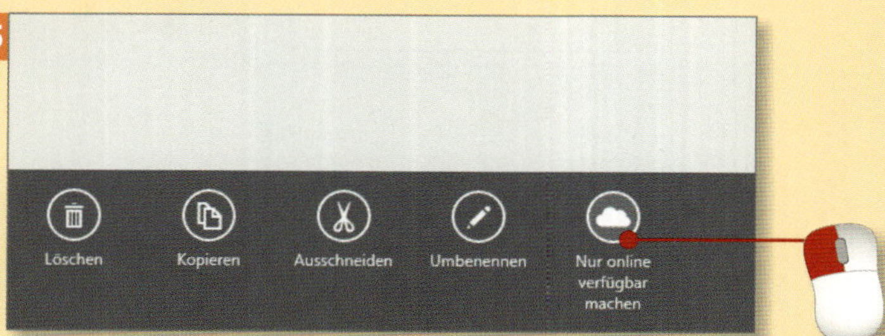

Dateien herunterladen

Eine der Besonderheiten von SkyDrive ist, dass man sich die Dokumente nicht nur ansehen, sondern auch mit ihnen arbeiten kann. Unterwegs könnten Sie also mit rechts daraufklicken und in der Befehlsleiste **Herunterladen** wählen. Praktisch, oder?

Schritt 16

Natürlich wird auch hier noch einmal nachgefragt. Um Ihre Wahl zu bestätigen, müssen Sie auch auf der Kontrolltafel noch auf **Nur online verfügbar machen** gehen.

16

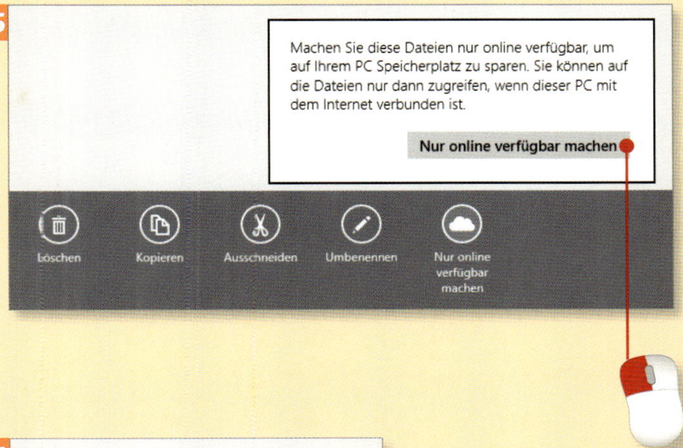

Schritt 17

Übrigens können Sie auch jederzeit zwischen SkyDrive und Ihrem Computer wechseln, indem Sie auf die Bezeichnung oben links klicken (**SkyDrive** oder **Dieser PC** ❶). Zum Wechseln wählen Sie den jeweils anderen Eintrag aus.

17

Schritt 18

Wenn Sie wissen wollen, wo auf dem PC das SkyDrive-Verzeichnis zu finden ist, öffnen Sie einen beliebigen Ordner und schauen in die linke Spalte. Ein Klick auf **SkyDrive** macht die Ordner und damit auch die darin befindlichen Dateien zugänglich.

18

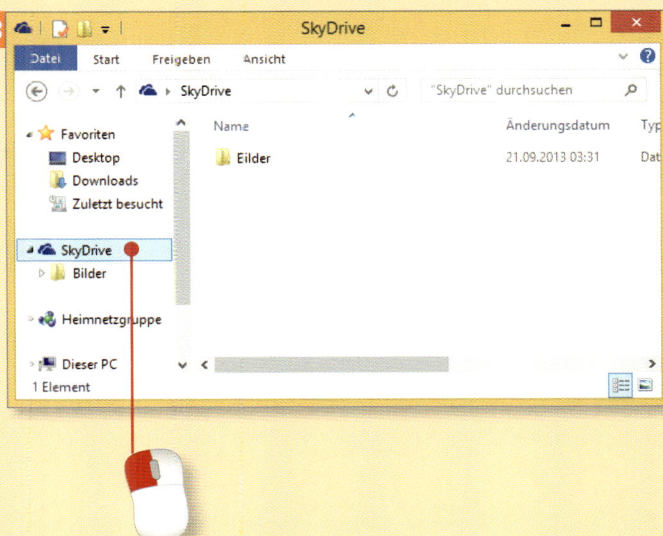

Aufnahmen importieren

Sie wollen von SkyDrive aus auf Audiorekorder-Aufnahmen zugreifen (siehe Kapitel 9, »Weitere Geräte anschließen«)? Dann müssen Sie im Anschluss an Schritt 5 ganz oben auf **Dieser PC** (Seite 307) klicken und den Audiorekorder mit seinen Aufnahmen als Datenquelle auswählen.

Kapitel 13
Sicherheit

Windows 8.1 sollte gut gepflegt werden. Nur so läuft das System auch über längere Zeit reibungslos. Und da es immer wieder passieren kann, dass etwas Unvorhergesehenes geschieht, ist es wichtig, Sicherungen vorzunehmen, um Ihre Daten im Falle des Falles wiederherstellen zu können.

Eine Sicherung des Systems erstellen
Zur Sicherung des Systems ❶ vor Viren und anderer schädlicher Software bietet Windows 8.1 unterschiedliche Lösungswege an. Sie können sogar, sollte einmal etwas schiefgehen, immer wieder auf einen früheren Zustand zurückgreifen. Wie Sie diese Möglichkeiten nutzen, zeigen wir Ihnen in diesem Kapitel.

Windows auf den neuesten Stand bringen
Sehr wichtig sind die sogenannten *Updates* ❷. Das sind automatische Neuerungen, die Microsoft zur Verfügung stellt, damit Sie Windows immer auf dem neuesten Stand halten. Sehen Sie hier, wie das geht.

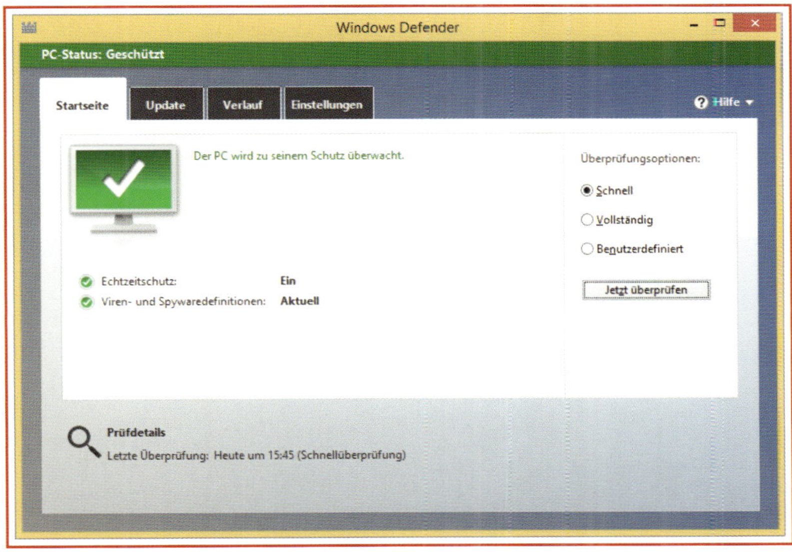

1 Es ist überaus wichtig, dass Sie Ihren Computer vor Viren und anderer Schadsoftware schützen.

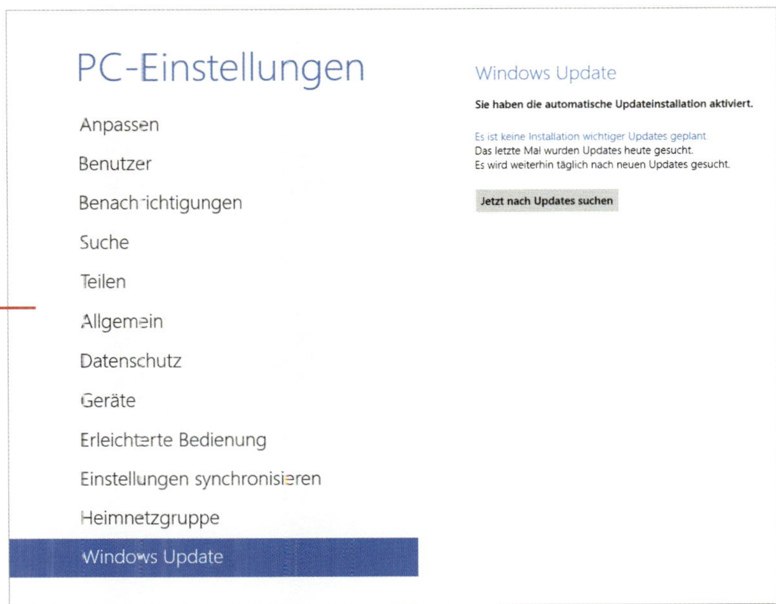

2 Zwischendurch können Sie Ihre Windows-Version auch immer mal wieder auf den neuesten Stand bringen.

Das System warten und pflegen

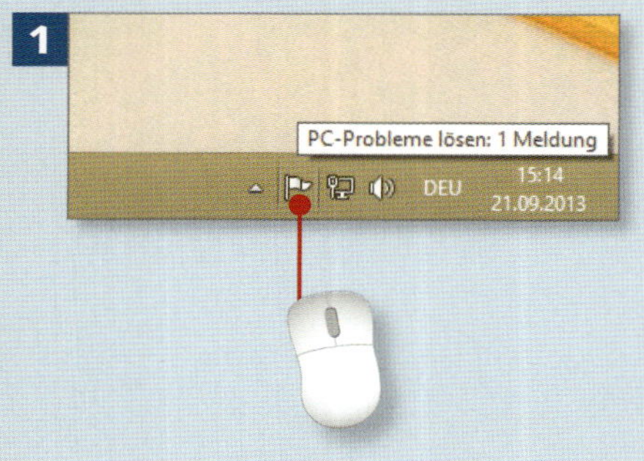

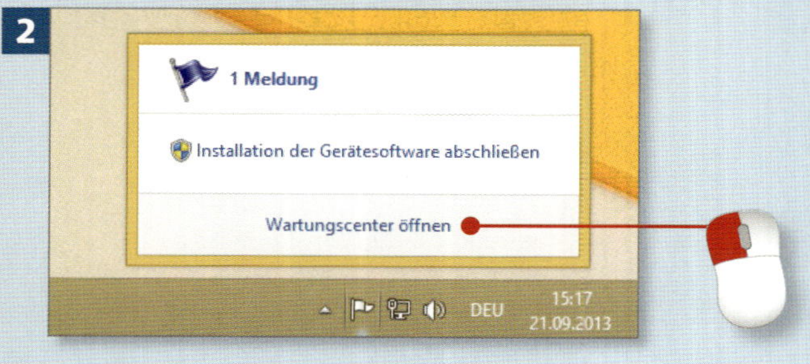

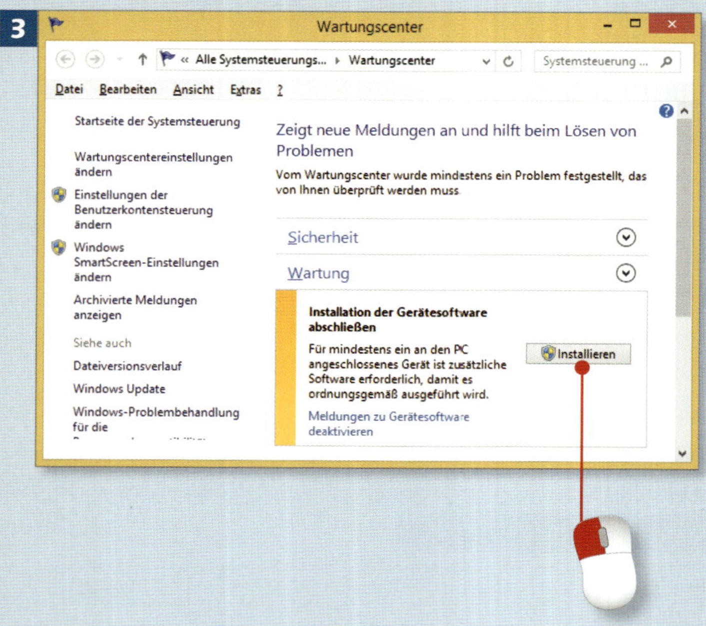

Störungen oder Beeinträchtigungen des Systems werden im Wartungscenter protokolliert. Dort haben Sie auch die Möglichkeit, etwas gegen solche Probleme zu unternehmen.

Schritt 1

Um Wartungsarbeiten durchzuführen, wechseln Sie auf den Desktop. In der Fußleiste finden Sie ein kleines Fähnchen. Zeigen Sie mit der Maus auf das Symbol, um sich die QuickInfo anzeigen zu lassen.

Schritt 2

Mit einem Klick auf das Fähnchen öffnet sich eine Meldung. Darin finden Sie ganz unten den Link **Wartungscenter öffnen**. Klicken Sie darauf.

Schritt 3

Im Dialogfenster **Wartungscenter** werden die Probleme näher beschrieben. Klicken Sie auf die einem Problem zugeordnete Schaltfläche (hier z. B. auf **Installieren** bei der ersten Meldung **Installation der Gerätesoftware abschließen**).

Schritt 4

Im Beispiel wird das Maus- und Tastatur-Center von Microsoft nachinstalliert, das zusätzlichen Bedienkomfort ermöglicht. Folgen Sie den entsprechenden Hinweisen.

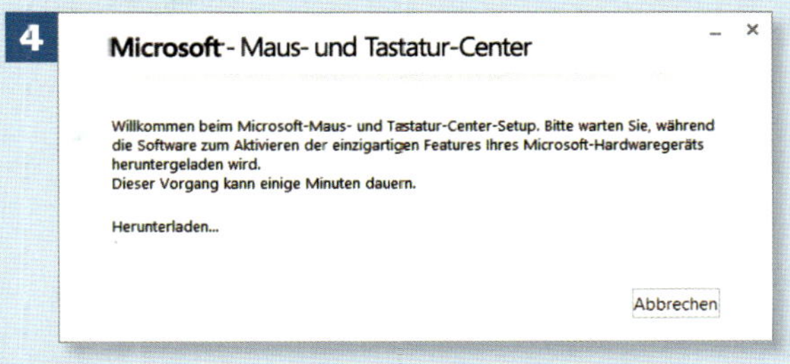

Schritt 5

Sollte das Wartungscenter weitere Probleme melden, könnten Sie nun zum nächsten übergehen. Grundsätzlich können Sie aber auch vorhandene Probleme direkt von Windows 8.1 diagnostizieren und beheben lassen, indem Sie auf **Problembehandlung** gehen.

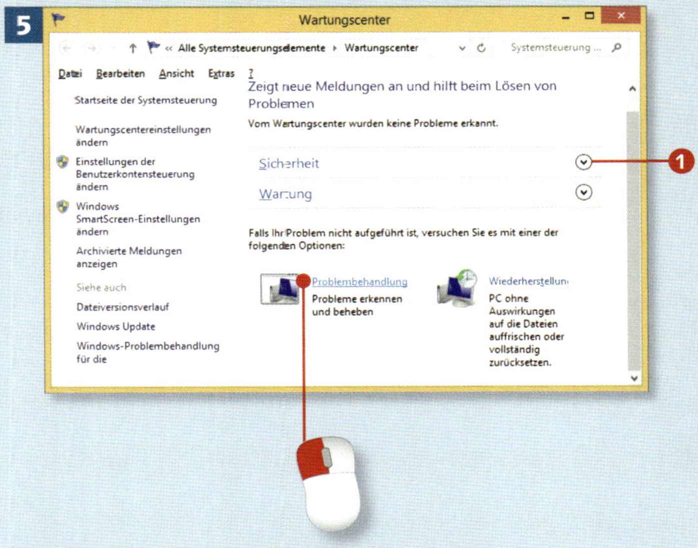

Schritt 6

Entscheiden Sie im Folgedialog, welche Problembehandlung gestartet werden soll, und befolgen Sie die weiteren Hinweise, die je nach Art des Problems unterschiedlich ausfallen.

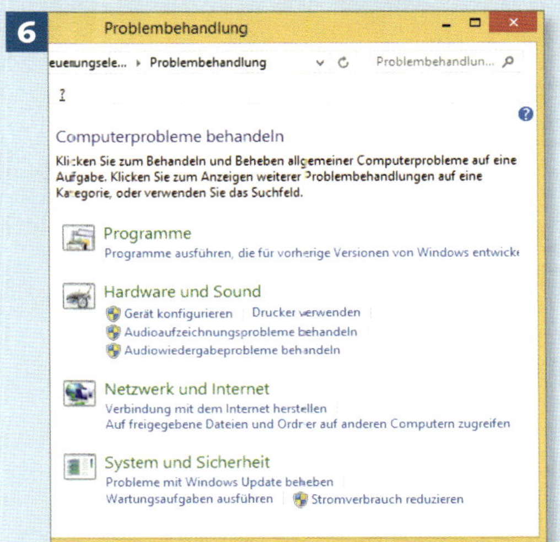

Sicherheit prüfen

Egal, wo Sie sich gerade im Wartungscenter befinden – klicken Sie doch einmal auf den Eintrag **Sicherheit** ❶. Hier sehen Sie, auf welche Weise Ihr Computer derzeit geschützt wird (Firewall, Updates, Virenschutz etc.)

Computerschutz aktivieren

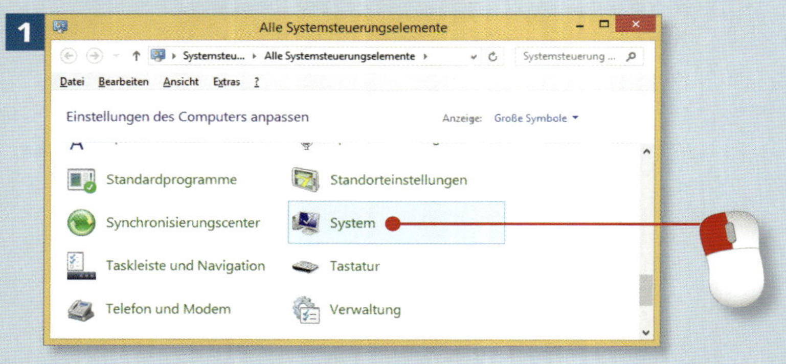

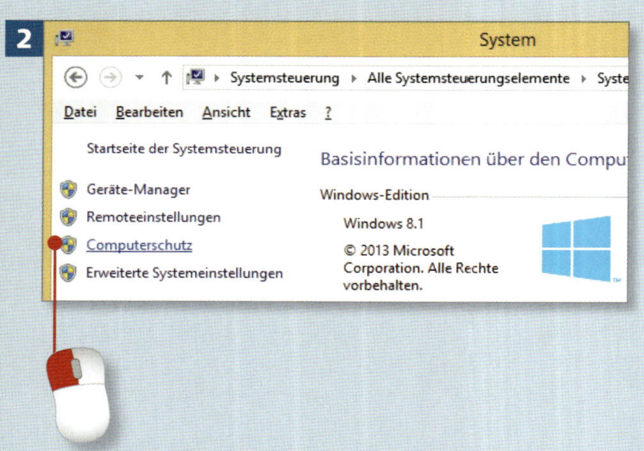

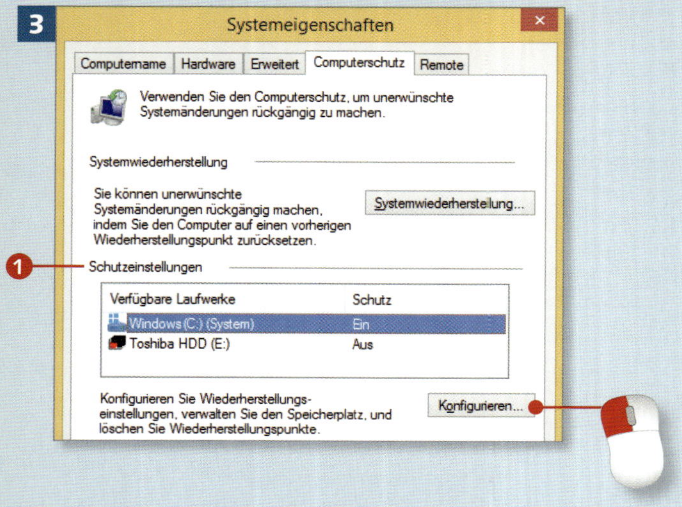

Im Prinzip gibt es zwei schlimme Szenarien für Windows-Benutzer: Windows läuft nicht mehr rund, oder Windows läuft gar nicht mehr. Was Sie dann tun, lesen Sie hier.

Schritt 1

Öffnen Sie die Systemsteuerung, indem Sie den Suchbegriff »sys« auf dem Startbildschirm eingeben und ↵ drücken, und entscheiden Sie sich im zugehörigen Dialogfenster für den Untereintrag **System**.

Schritt 2

In der linken Spalte des Dialogs **System** klicken Sie anschließend auf die Zeile **Computerschutz**.

Schritt 3

Nachdem Sie den Hinweiskasten unten auf dieser Seite gelesen haben, klicken Sie auf **Konfigurieren**.

Mehrere Festplatten?

Achten Sie auf die Rubrik **Schutzeinstellungen** ❶ in der Mitte des Fensters **Systemeigenschaften**. Dort werden die zur Verfügung stehenden Datenträger aufgelistet. Falls hier mehrere aufgeführt sind, müssen Sie zunächst die Windows-Festplatte auswählen.

Schritt 4

Nun sollten Sie die Option **Computerschutz aktivieren** mit einem Mausklick auswählen. Lassen Sie den Dialog noch geöffnet.

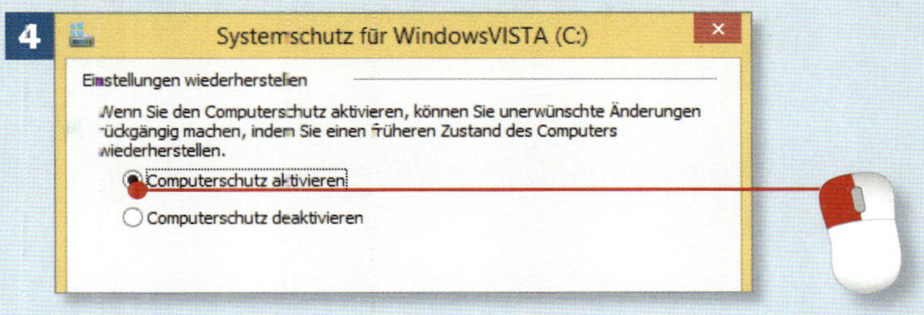

Schritt 5

Die **Maximale Belegung** bestimmen Sie, indem Sie den Regler mit gedrückter Maustaste verschieben. Sofern Ihre Festplatte über ausreichend freien Speicherplatz verfügt, planen Sie 20 bis 40 GB für den Computerschutz ein und klicken auf **OK**.

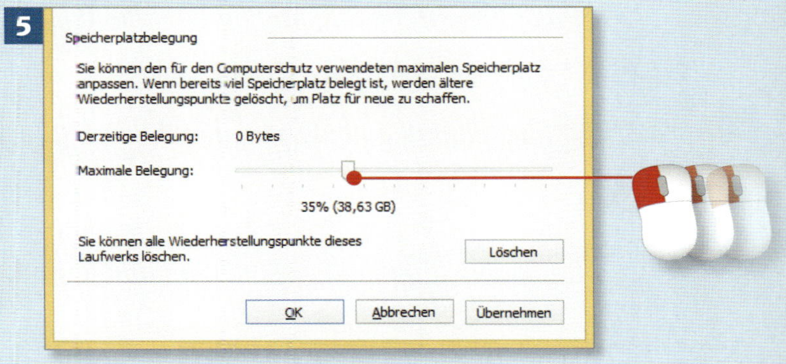

Schritt 6

Falls bislang noch keine Wiederherstellungsdatei erzeugt worden ist, klicken Sie im nächsten Dialog auf **Erstellen** ② und vergeben eine Bezeichnung für die Datei. Bestätigen Sie auch dort mit **Erstellen** ③.

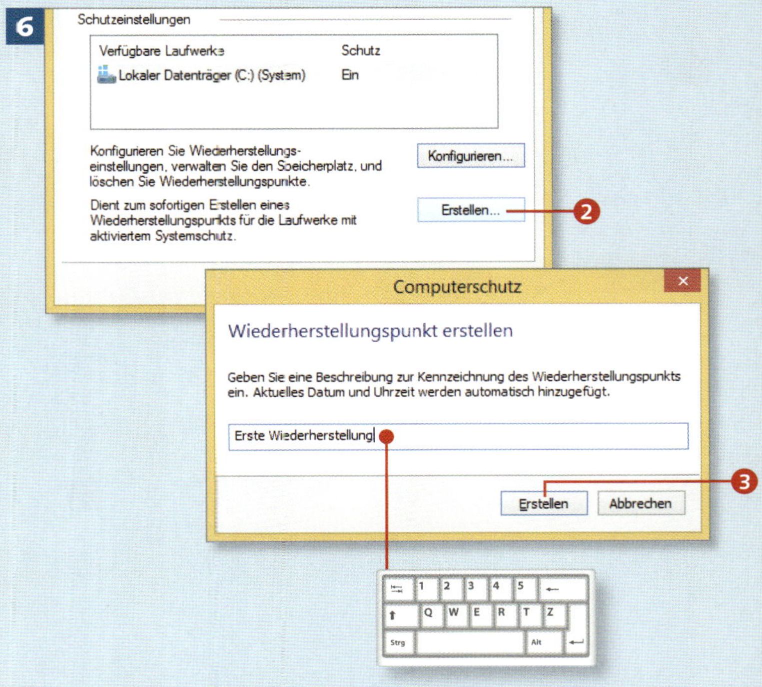

Systemwiederherstellung

Wie Sie zur Wiederherstellung des Systems vorgehen müssen, erfahren Sie im Abschnitt »Windows wiederherstellen« ab Seite 320.

Ein komplettes System-Backup erstellen

Im Unterschied zum Computerschutz, wie er im vorangegangenen Abschnitt beschrieben worden ist, lassen sich bei einem System-Backup auch Daten außerhalb von Windows sichern (z. B. sämtliche Ordner). Das gesamte Backup wird auf einen anderen Datenträger geschrieben, auf den Sie zurückgreifen können, wenn Windows gar nicht mehr will.

1

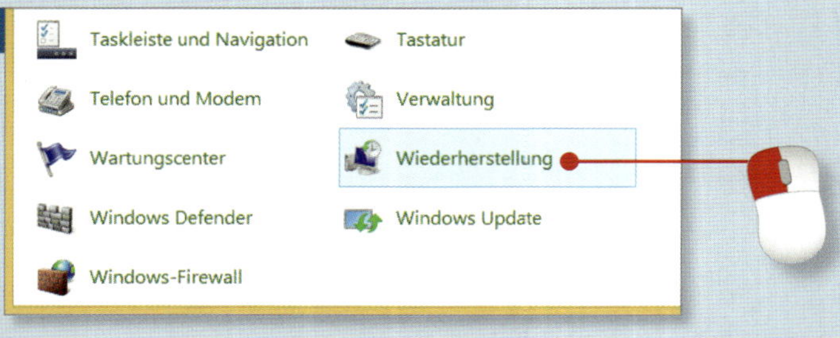

Schritt 1

Schließen Sie eine freie Festplatte an, die für den Fall einer Wiederherstellung genutzt werden soll (siehe dazu den Kasten auf Seite 319). Danach klicken Sie in der Systemsteuerung auf **Wiederherstellung**.

2

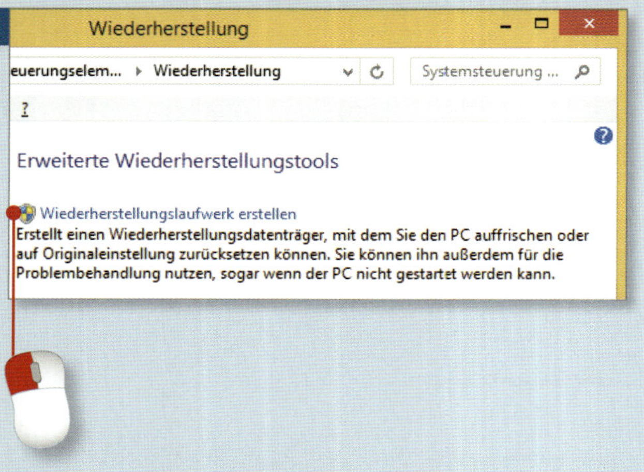

Schritt 2

Im nächsten Dialogfenster klicken Sie auf den Link **Wiederherstellungslaufwerk erstellen**.

3

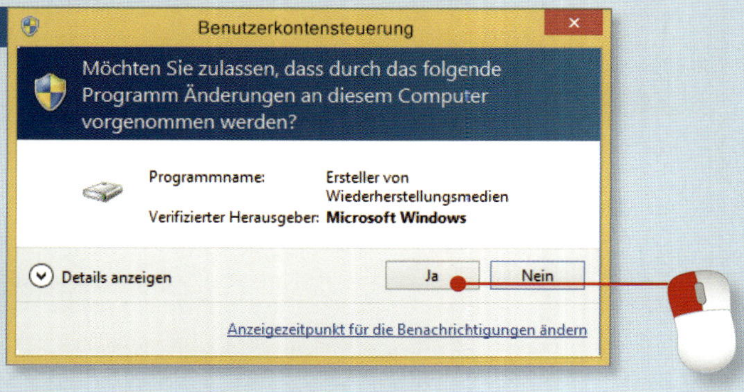

Schritt 3

Jetzt gibt Windows gewöhnlich eine Kontrollabfrage bezüglich der Benutzerkontensteuerung aus, die Sie mit einem Klick auf **Ja** beantworten.

Schritt 4

Daraufhin gibt es noch einmal einige Hinweise zu dem hier beschriebenen Verfahren. Verlassen Sie den Dialog mit **Weiter**.

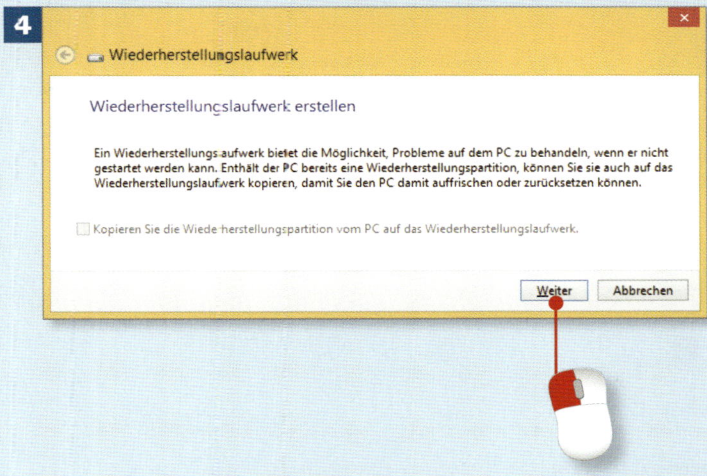

Schritt 5

Suchen Sie mit einem Klick die Festplatte aus, die für die Erstellung des Backups verwendet werden soll. Wenn nur eine Festplatte angeschlossen ist, wird auch nur ein Eintrag gelistet.

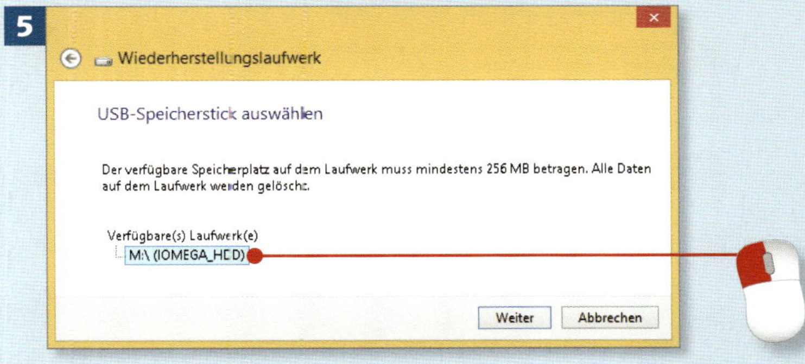

Schritt 6

Sämtliche Vorbereitungen sind nun getroffen. Über **Erstellen** wird das Backup erzeugt.

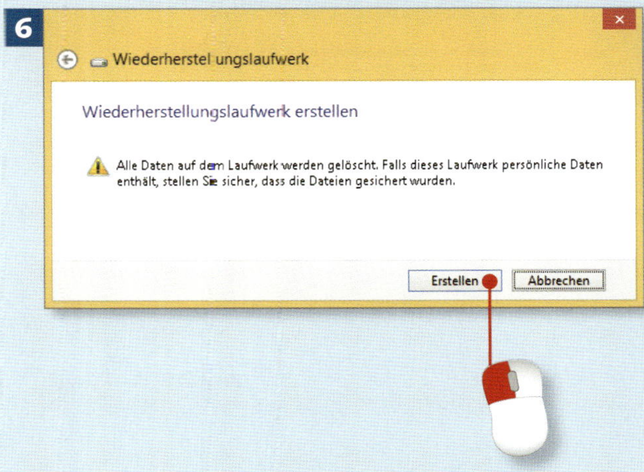

Festplatte wählen

Falls in Schritt 5 mehrere Festplatten angeboten werden, achten Sie darauf, dass Sie wirklich die für die Wiederherstellung vorgesehene Platte verwenden. Sollten Sie versehentlich eine andere wählen, gehen alle darauf bereits enthaltenen Daten unwiederbringlich verloren.

Windows wiederherstellen

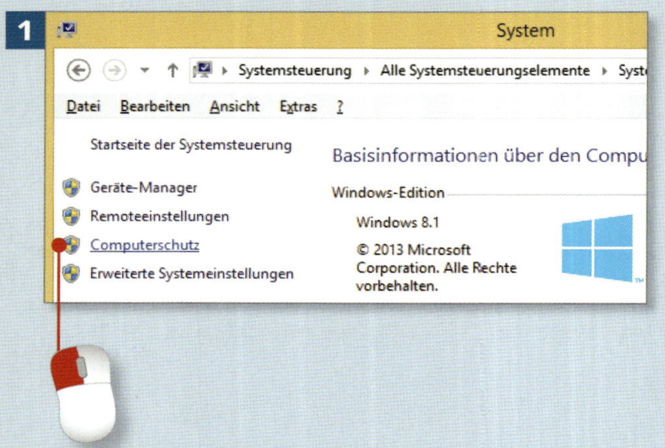

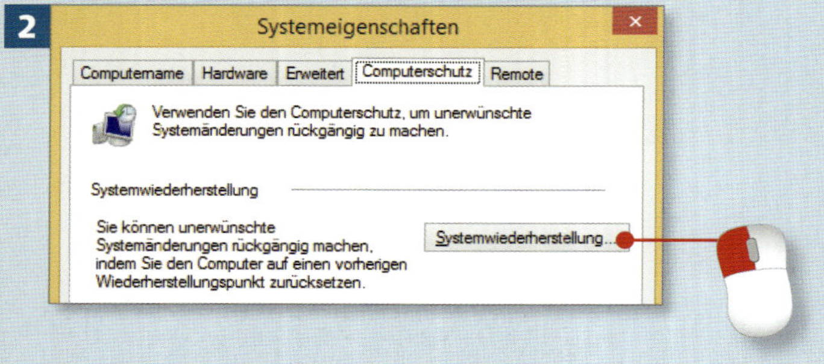

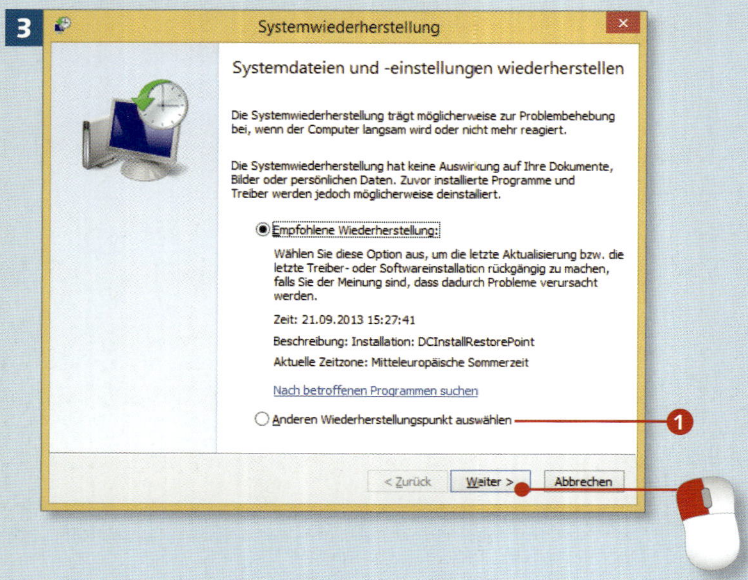

Lässt sich das vorhandene Betriebssystem noch starten, reicht der Zugriff auf die im Abschnitt »Computerschutz aktivieren« angefertigte Systemwiederherstellungsdatei. Wenn Windows 8.1 nicht mehr funktioniert, starten Sie es von der im Abschnitt »Ein komplettes System-Backup« erzeugten Backup-Festplatte.

Schritt 1

Klicken Sie in der Systemsteuerung auf den Bereich **System**. Im Dialogfenster **System** klicken Sie dann auf **Computerschutz**.

Schritt 2

Im nächsten Fenster klicken Sie auf die Schaltfläche **Systemwiederherstellung**.

Schritt 3

Nachdem Sie noch einmal auf **Weiter** geklickt haben, erscheint die Option **Empfohlene Wiederherstellung**. Klicken Sie auch hier auf **Weiter**. (Wenn Sie einen **Anderen Wiederherstellungspunkt auswählen** 1 wollen, müssen Sie vorab auf die gleichnamige Zeile klicken.)

Schritt 4

Nun folgt noch ein letztes Dialogfenster, das gewissermaßen als Zusammenfassung gilt. Mit einem Klick auf **Fertig stellen** stoßen Sie die Wiederherstellung an.

4

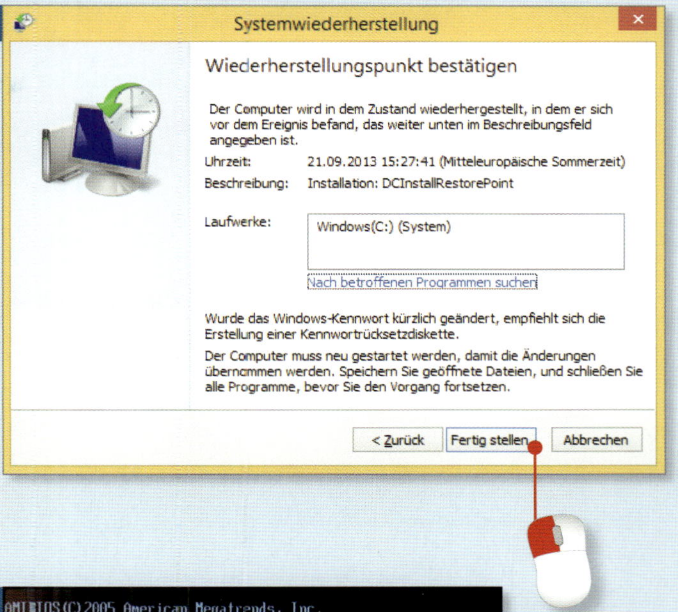

Schritt 5

Sollte Windows hingegen überhaupt nicht mehr starten, müssen Sie auf das im Abschnitt »Ein komplettes System-Backup erstellen« auf Seite 318 angelegte Backup zurückgreifen. Starten Sie den PC neu, und folgen Sie unmittelbar nach dem Einschalten der Anleitung zum Erreichen des Boot-Menüs (hier: F11 drücken; siehe dazu auch den Kasten unten).

5

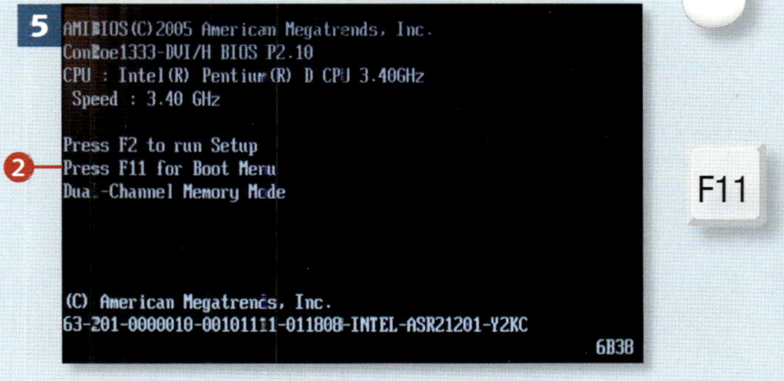

Schritt 6

Jetzt dürfen Sie nicht vom normalen Betriebssystem starten. Das erreichen Sie, indem Sie ↓ drücken, bis die Backup-Festplatte (**HDD**) markiert ist, und danach ↵ drücken.

6

!

Unterschiedliche BIOS-Systeme
Leider kann man nicht generell sagen, welche Tasten Sie in das Boot-Menü bringen. Im Beispiel ist es F11 (**Press F11 for Boot Menu ❷**). Erschwerend kommt hinzu, dass die Maus hier nicht funktioniert. Sie müssen also alles über die Tastatur erledigen.

Windows-Updates

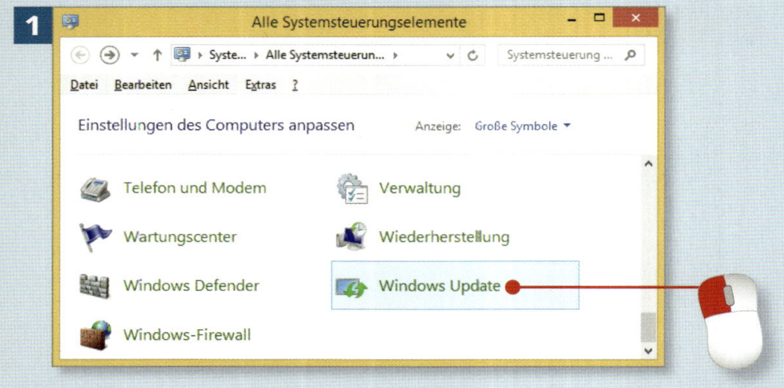

Halten Sie Ihr System auf dem Laufenden! Dazu zählen vor allem die zahlreichen Aktualisierungen, die Microsoft zur Verfügung stellt – sogenannte Updates.

Schritt 1

In der Symbol-Ansicht der Systemsteuerung klicken Sie auf die Schaltfläche **Windows Update**.

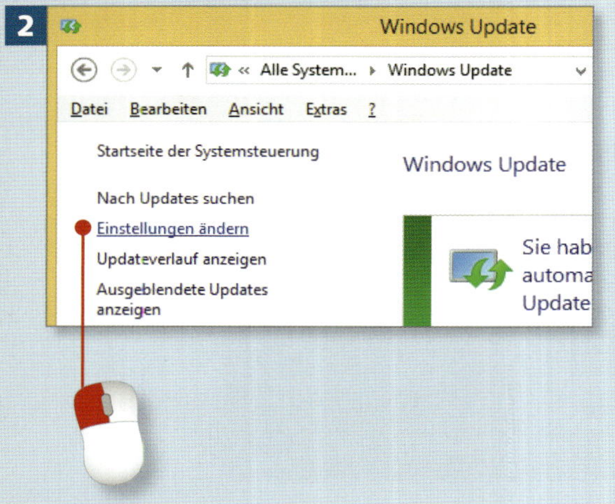

Schritt 2

Klicken Sie im Folgedialog **Windows Update** zunächst auf den Link **Einstellungen ändern**.

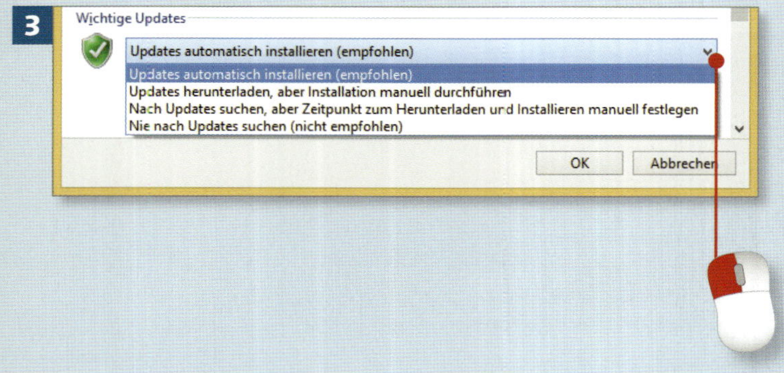

Schritt 3

Im Bereich **Windows Update-Einstellungen auswählen** klicken Sie auf den Pfeil am Feld und wählen die Funktion **Updates automatisch installieren (empfohlen)** aus dem Menü. Sie wird aus gutem Grund empfohlen, denn dank ihrer Hilfe müssen Sie sich um nichts mehr kümmern; Windows 8.1 hält sich selbsttätig auf dem neuesten Stand.

Schritt 4

Sollten Updates bereits heruntergeladen, aber noch nicht installiert sein, wird das innerhalb des grünen Rahmens angezeigt. Klicken Sie auf die Zeile, die auf die verfügbaren Updates hinweist.

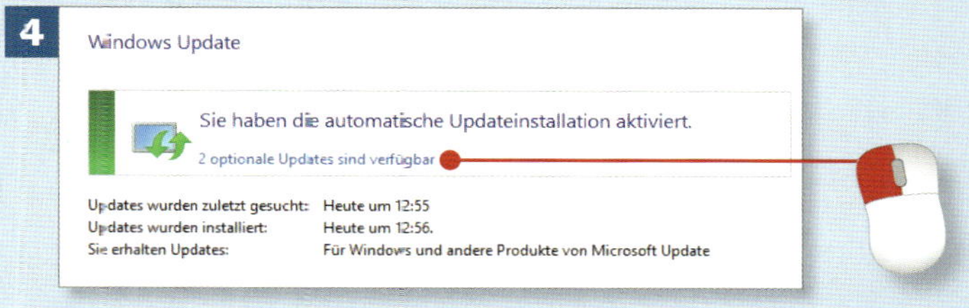

Schritt 5

Im zugehörigen Dialog können auch einzelne Updates per Mausklick abgewählt bzw. markiert ❶ und manuell installiert werden. Dazu reicht ein anschließender Klick auf **Installieren**.

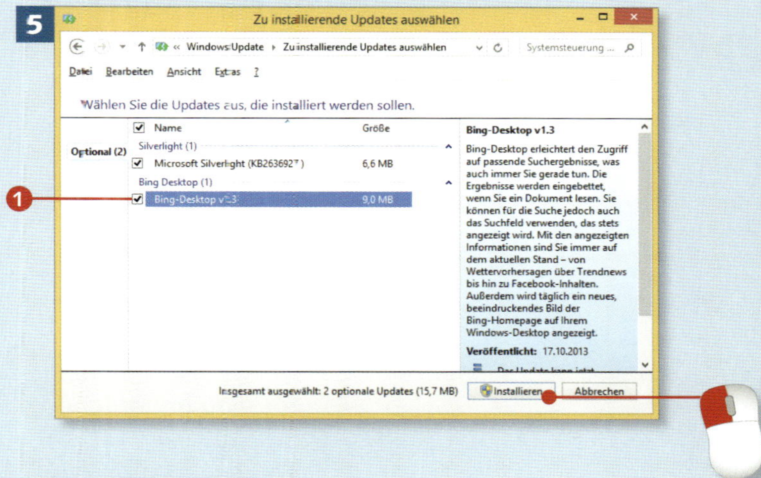

Schritt 6

Windows Update ist übrigens auch vom Startbildschirm aus erreichbar. Drücken Sie [Windows] + [I], und klicken Sie auf **PC-Einstellungen ändern ▸ Update/Wiederherstellung** ❷. Danach steht **Jetzt prüfen** zur Verfügung.

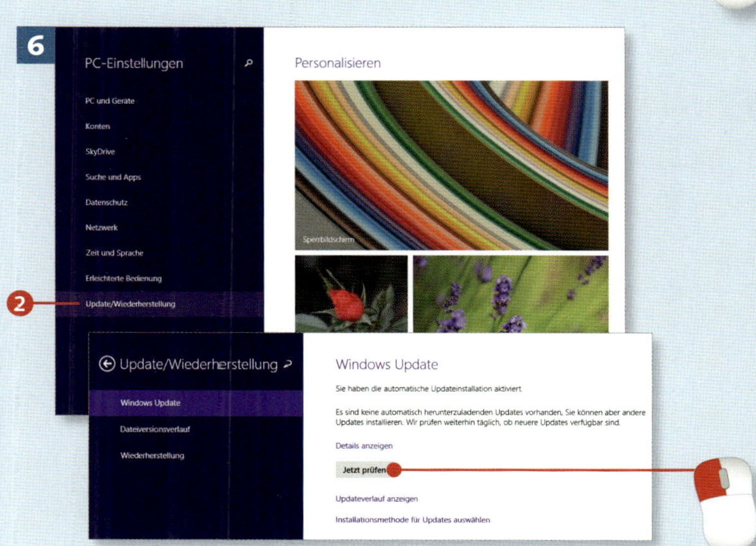

Updateverlauf

Nach dem Hochfahren des Rechners werden die Aktualisierungen auf den PC geladen. Die Installation erfolgt beim Herunterfahren des Rechners. Dadurch wird Ihr Arbeitszyklus nicht durch Updates ausgebremst.

Die Windows-Firewall

Eine Firewall ist eine Barriere, die Ihren Computer vor unliebsamen Angriffen von außen schützt. Ebenso wird verhindert, dass Daten Ihren Rechner unerlaubterweise verlassen. In diesem Abschnitt erfahren Sie, wie Sie die nötigen Einstellungen an der Firewall vornehmen.

1

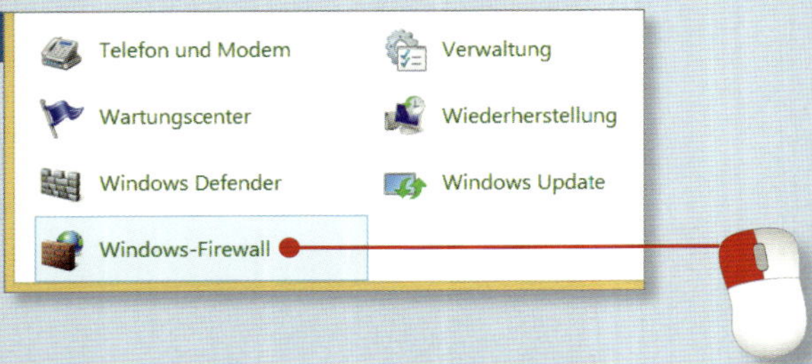

2

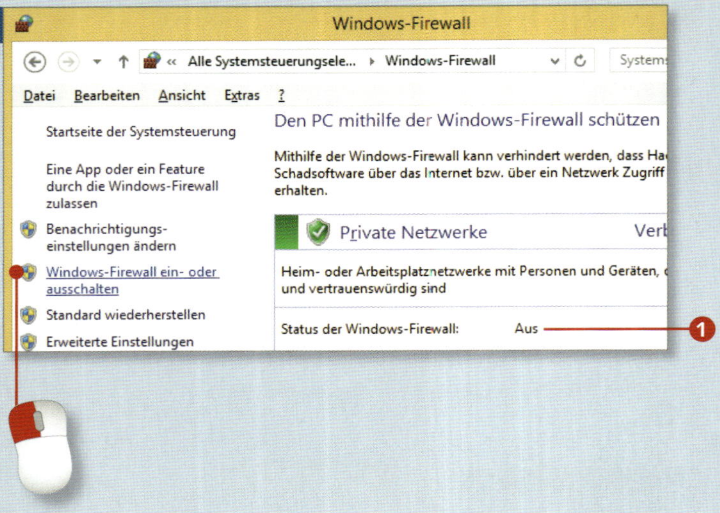

3

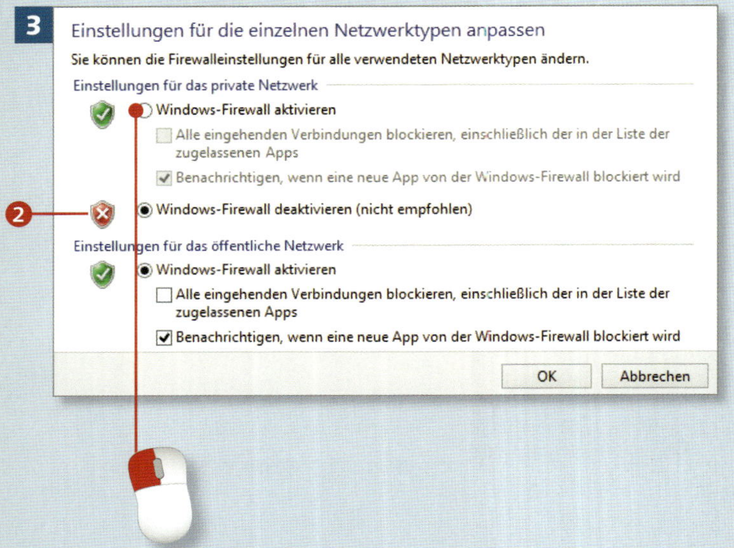

Schritt 1

Platzieren Sie einen Mausklick auf die Rubrik **Windows-Firewall** innerhalb der Systemsteuerung.

Schritt 2

Falls die Firewall inaktiv ist 1, klicken Sie auf der linken Seite des Fensters auf den Link **Windows-Firewall ein- oder ausschalten**.

Schritt 3

Wenn (wie hier) ein Eintrag mit einem roten Schutzschild 2 ausgewählt ist (aktuell also *kein* Schutz besteht), klicken Sie die Option **Windows-Firewall aktivieren** (grün) an und bestätigen mit **OK**.

Verbindung trennen

Es ist dringend zu empfehlen, vor einer eventuellen Deaktivierung der Firewall die Verbindung zum Netzwerk bzw. Internet zu trennen.

Schritt 4

Wenn Sie einmal sehen wollen, welches Programm Ihre Firewall derzeit passieren darf, klicken Sie den Link **Eine App oder ein Feature durch die Windows-Firewall zulassen** auf der linken Seite an.

4

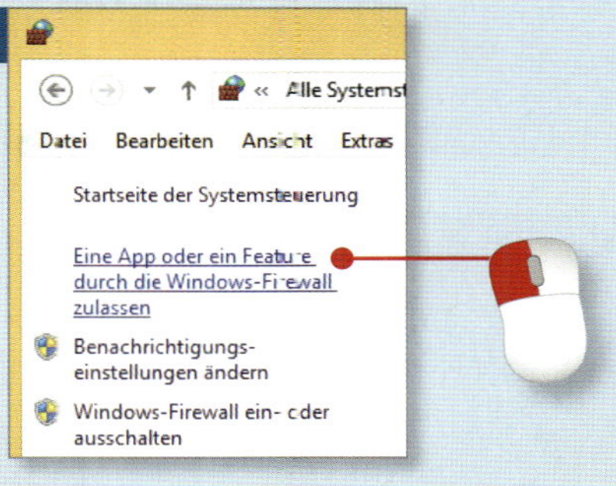

Schritt 5

Markieren Sie per Mausklick die Zeile, über deren Eigenschaften Sie mehr wissen wollen, und klicken Sie auf den Button **Details**. Ein Infofenster öffnet sich. Nicht für alle Apps stehen Details zur Verfügung. Bei manchen ist der gleichnamige Button ausgegraut.

5

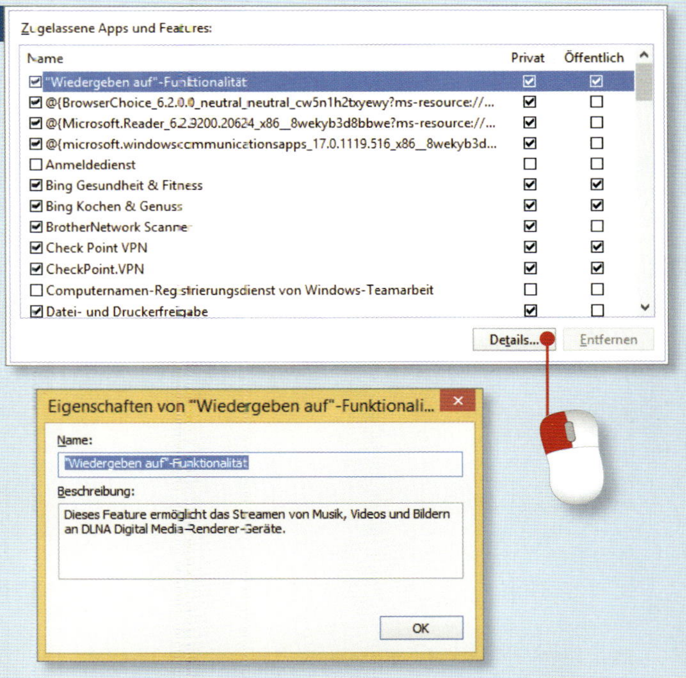

Schritt 6

Wenn mehrere Netzwerke vorhanden sind, kann die Firewall-Einstellung für jedes Netzwerk individuell angepasst werden. Es ist also durchaus denkbar, dass eine App das private Netzwerk ❸ passieren darf, das öffentliche ❹ jedoch nicht – oder auch umgekehrt.

6

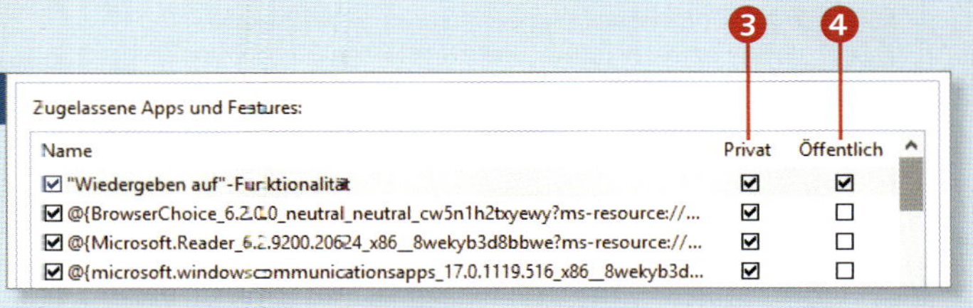

Andere App zulassen

Soll eine App freigegeben werden, die in dieser Liste nicht aufgeführt ist, kann sie über **Andere App zulassen** hinzugefügt werden.

Windows Defender

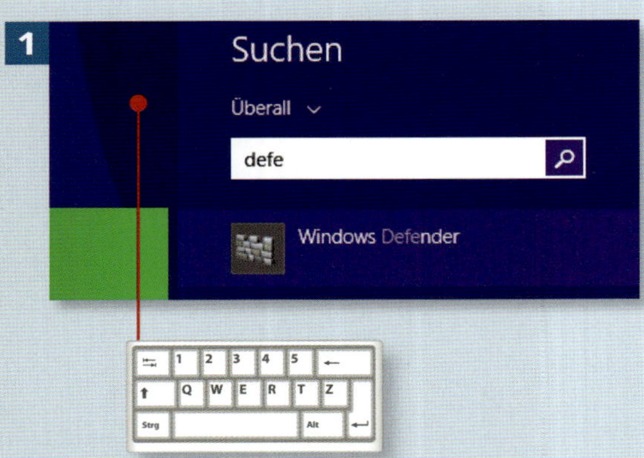

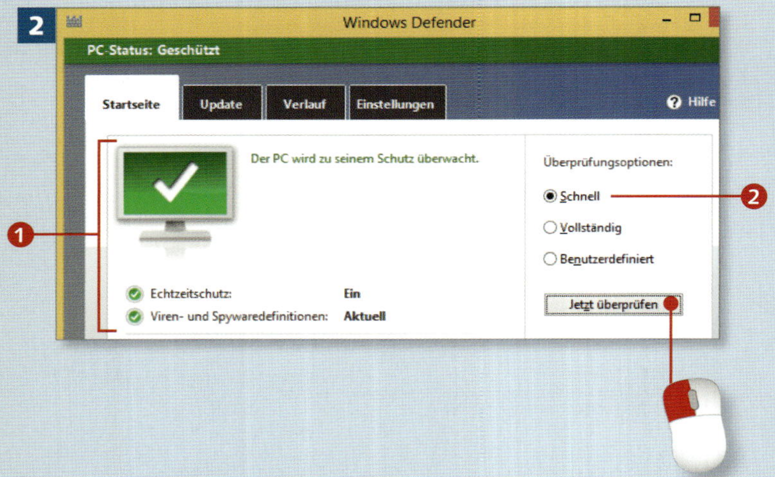

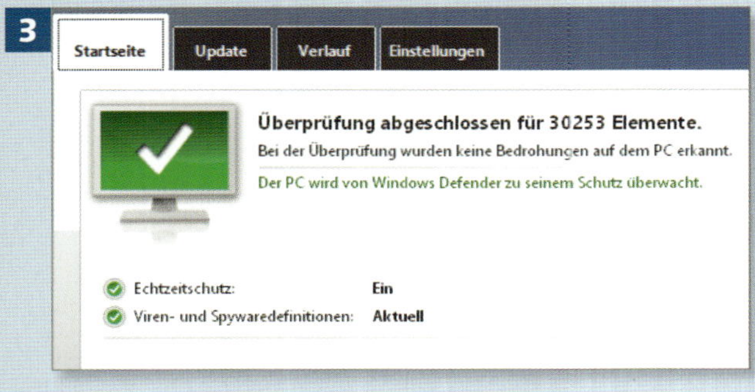

Hacker, sehr unliebsame Zeitgenossen, versuchen fremde Computer zu schädigen oder auszuspionieren. Deswegen sollten Sie Ihren Rechner vor Viren schützen und von Zeit zu Zeit auf Spyware überprüfen lassen.

Schritt 1

Die App **Windows Defender** finden Sie über die Suchfunktion des Startbildschirms. Geben Sie »defe« ein, und drücken Sie [↵].

Schritt 2

In der Mitte des Registers **Startseite** finden Sie Infos über die aktuellen Einstellungen ❶ des Defenders. Falls Sie manuell nach Schädlingen suchen wollen, klicken Sie auf **Jetzt überprüfen**.

Schritt 3

Die schnelle Überprüfung ❷ geht zügig vonstatten. Am Ende erhalten Sie (hoffentlich) eine Erfolgsmeldung.

Optionen

Mehr zu den Überprüfungsoptionen **Schnell**, **Vollständig** und **Benutzerdefiniert** erfahren Sie, wenn Sie mit dem Mauszeiger einen Moment auf dem jeweiligen Steuerelement verweilen.

Schritt 4

Sollte der Defender-Echtzeitschutz nicht aktiv sein, können Sie ihn auf der Registerkarte **Einstellungen** ❸ über die Checkbox einschalten. Voraussetzung: Links ist die Zeile **Echtzeitschutz** ❹ markiert.

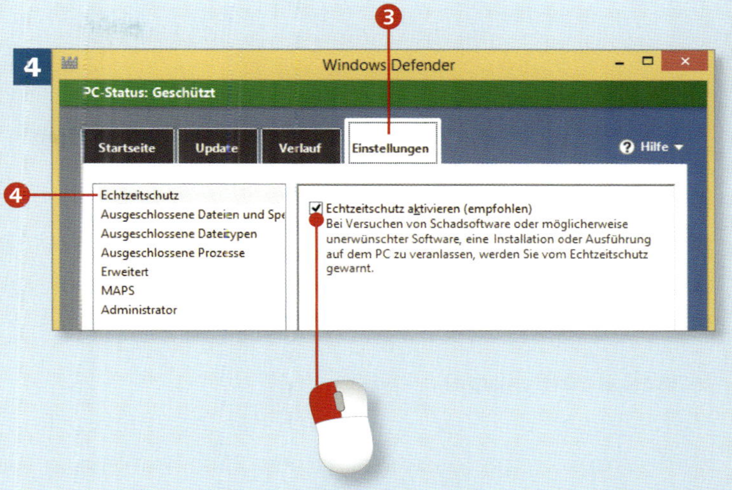

Schritt 5

Aktivieren Sie die zweite Zeile in der linken Spalte, **Ausgeschlossene Dateien und Speicherorte** ❺, um Verzeichnisse anzugeben, die von einer Überprüfung ausgeschlossen werden sollen. Dazu klicken Sie rechts auf **Durchsuchen**. Ein Dialog öffnet sich, in dem Sie die Dateien und Verzeichnisse auswählen können.

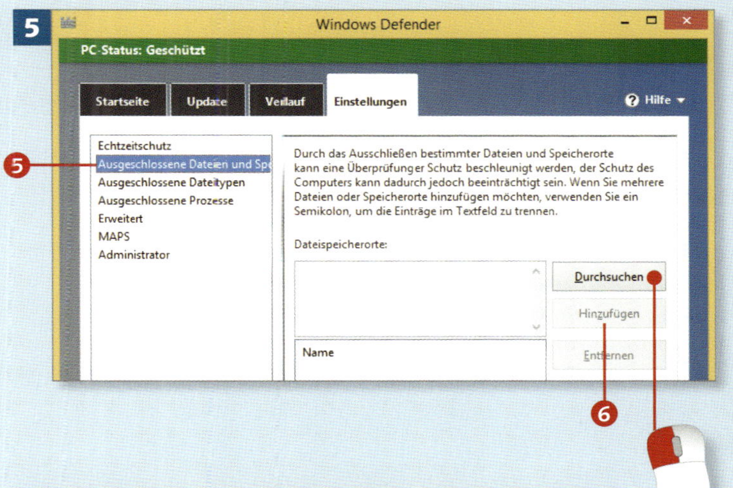

Schritt 6

Nun können Sie einzelne Verzeichnisse erreichen, indem Sie auf die Plus-Symbole auf der linken Seite klicken. Wählen Sie das Verzeichnis an, und klicken Sie auf **OK**. Danach können durch Klick auf **Hinzufügen** (❻ in Schritt 5) weitere Ordner oder Laufwerke ausgewählt werden.

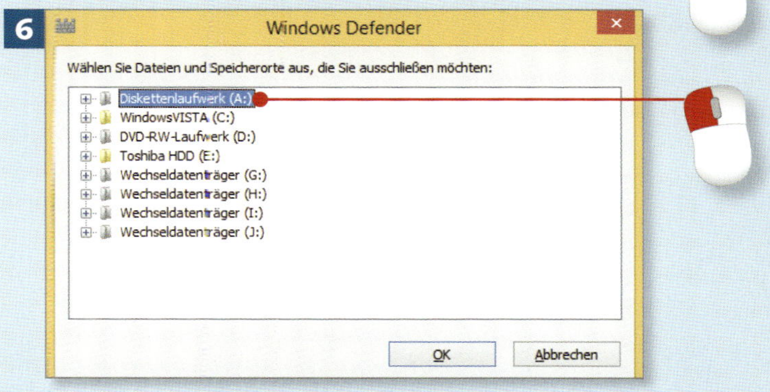

Spyware gefunden?
Wenn der Defender Spyware findet, wird dies im Dialog angezeigt. Windows bietet entsprechende Lösungsmöglichkeiten an.

Kapitel 14
Die beste kostenlose Zusatzsoftware

Bisher haben wir ausschließlich die in Windows direkt enthaltenen oder von Microsoft angebotenen Programme genutzt. Es gibt aber auch andere Anbieter, die nützliche Software zur Verfügung stellen. Die wichtigsten werden hier vorgestellt.

E-Mail und Browser

Nichts gegen die Mail-App. Auch der Internet Explorer ist ganz toll. Dennoch gibt es für beide Apps kostenlose Alternativen. Erfahren Sie in diesem Kapitel, wie sich Thunderbird ❶ und Firefox ❷ in Windows 8.1 schlagen.

Weitere kostenlose Apps

Im zweiten Teil des Kapitels werden wir in den Windows Store ❸ gehen und dort eine kostenlose App suchen und installieren.

❶ Die Alternative zur Mail-App ist das kostenlose Programm Thunderbird.

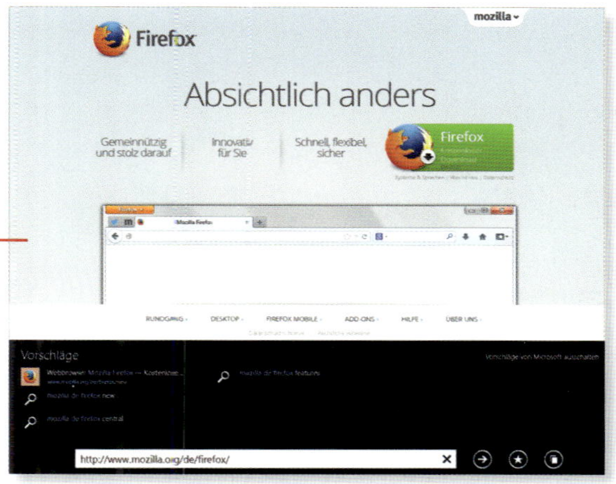

❷ Auch für den Browser gibt es Alternativen zu den Windows-Apps.

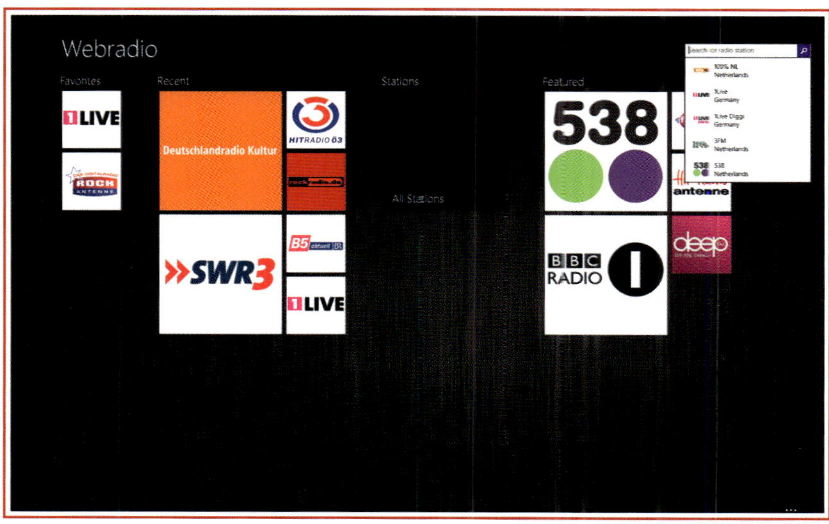

❸ Weitere (zum großen Teil sogar kostenlose) Apps finden Sie im Windows Store.

Thunderbird als Alternative zur Mail-App

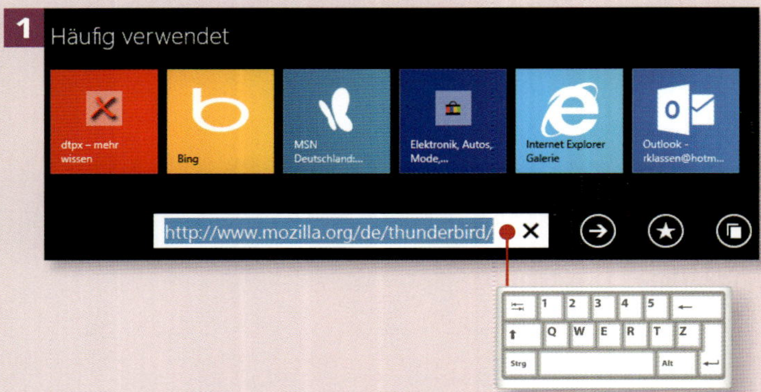

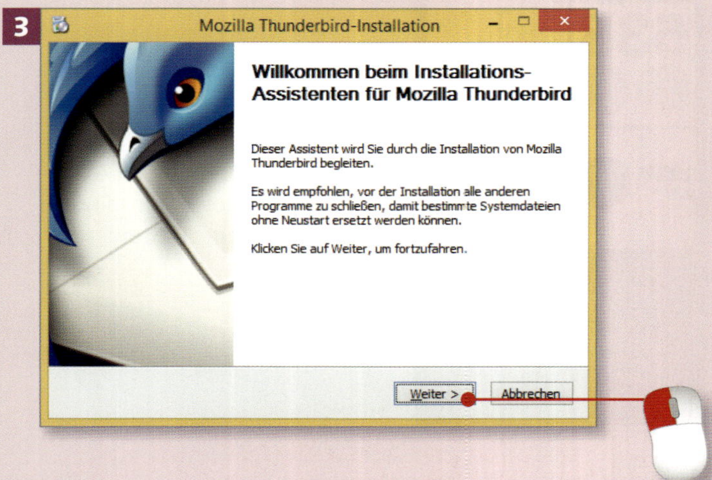

Mit »Thunderbird« lassen sich sämtliche E-Mail-Aufgaben des täglichen Bedarfs schnell und intuitiv lösen.

Schritt 1

Um Thunderbird herunterzuladen, geben Sie *http://www.mozilla.org/de/thunderbird* in die Adressleiste des Internet Explorers ein.

Schritt 2

Klicken Sie auf **Thunderbird Kostenloser Download** 1. Daraufhin wird unten eine Leiste eingeblendet, in der Sie auf **Ausführen** gehen.

Schritt 3

Sie werden daraufhin nett von der Software begrüßt – genauer gesagt vom Installations-Assistenten, der Ihnen bei der Installation behilflich ist. Klicken Sie auf **Weiter**, und folgen Sie den Anweisungen.

Sicherheit

Beim Herunterladen von Software führt der Internet Explorer eine Sicherheitsprüfung durch (zwischen den Schritten 2 und 3). Hier müssen Sie bestätigen, dass Sie die Installation genehmigen.

Schritt 4

Später erscheint der Dialog **Systemintegration**. Deaktivieren Sie dort am besten die Checkbox **Bei jedem Start von Thunderbird überprüfen** ❷, gefolgt von einem Klick auf **Als Standard festlegen**.

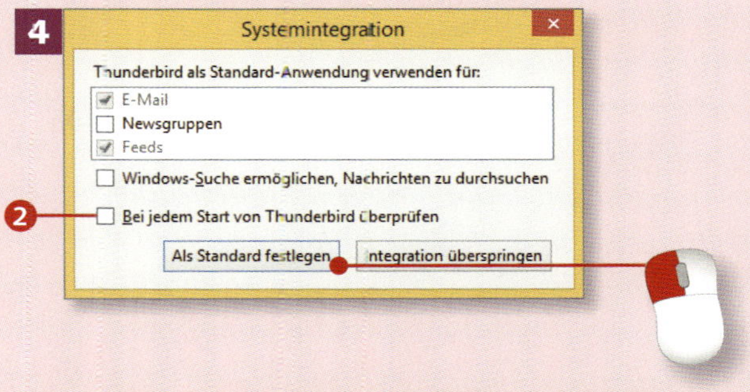

Schritt 5

Die beiden Checkboxen ❸ im Dialog **Willkommen bei Thunderbird** sollten Sie nur aktivieren, wenn Sie die hier angebotenen Zusatzangebote nutzen wollen. Wir empfehlen, stattdessen die eigene E-Mail-Adresse zu verwenden und auf **Überspringen und meine existierende E-Mail-Adresse verwenden** zu klicken.

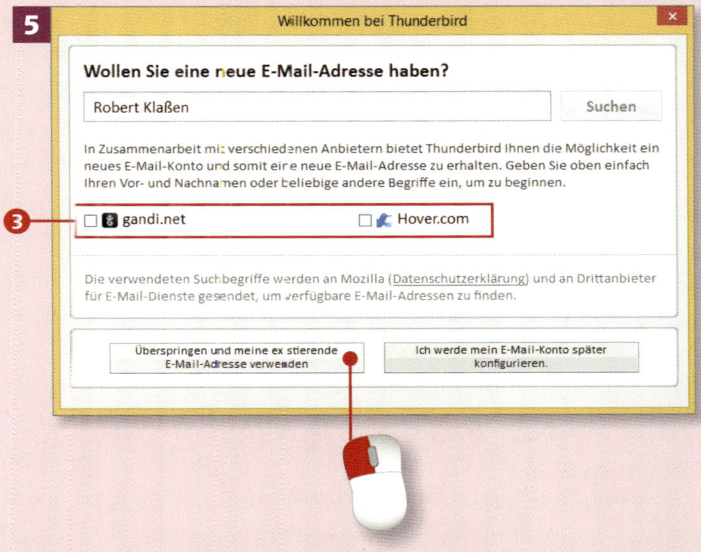

Schritt 6

Das nächste Fenster **Konto einrichten** fragt die Zugangsdaten für Ihre E-Mails ab. Geben Sie Ihre E-Mail-Adresse und das Passwort ein, ehe Sie mit **Weiter** bestätigen.

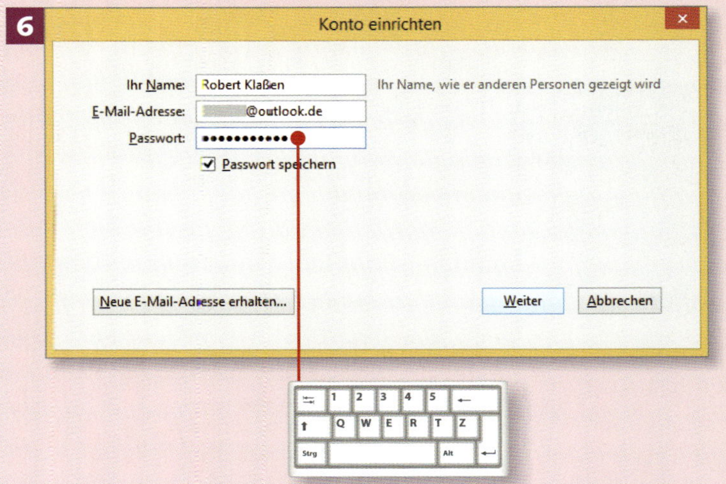

Neues E-Mail-Konto?

In Schritt 5 müssen Sie nicht zwingend ein Microsoft-Konto verwenden. Sie können auch jegliche andere Konten verwenden wie z. B. die kostenlosen Angebote von Yahoo! Mail, GMX oder WEB.DE.

Thunderbird als Alternative zur Mail-App (Forts.)

7

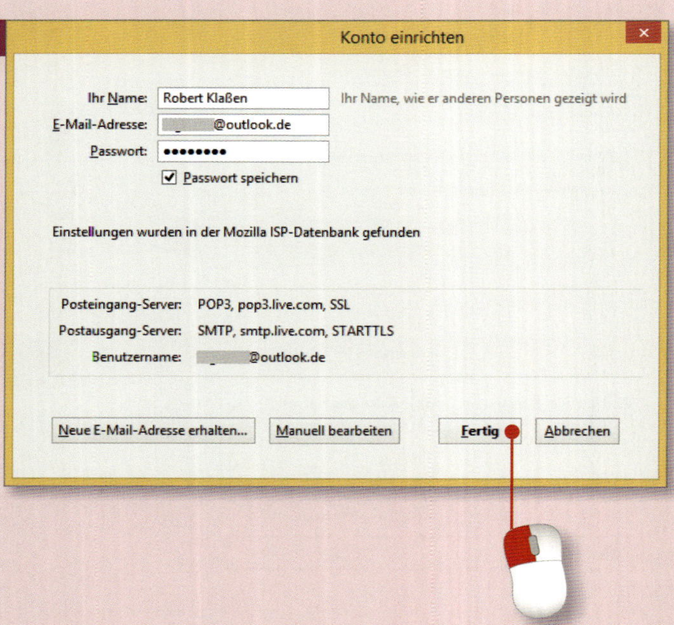

8

9

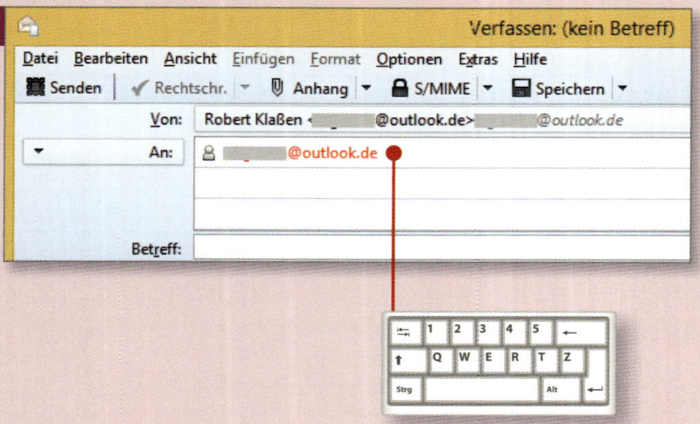

Schritt 7

Wenn die zuvor getätigten Einstellungen korrekt sind, sehen Sie noch einmal eine Zusammenfassung. Jetzt dürfen Sie auf **Fertig** klicken.

Schritt 8

Nachdem die Einrichtung des Kontos erledigt ist, sollten Sie den E-Mail-Verkehr testen. Schreiben Sie eine Mail an sich selbst, indem Sie zunächst auf **Verfassen** klicken.

Schritt 9

In die Zeile **An:** des E-Mail-Fensters tippen Sie zunächst Ihre eigene E-Mail-Adresse ein – also die, deren Konto Sie gerade eingerichtet haben.

Google Mail

Sollten Sie ein E-Mail-Konto bei Google Mail (Gmail) haben, werden Mails automatisch aussortiert, die Sie an sich selbst schicken. In diesem Fall empfiehlt es sich, die Test-Mail von einem anderen Konto aus zu senden oder einen Bekannten zu bitten, zu Testzwecken eine Mail an Sie zu schicken.

Schritt 10

Danach springen Sie mit der [Tab]-Taste in die Zeile **Betreff** 1 und füllen auch diese aus. Ein erneutes Drücken der [Tab]-Taste setzt die Einfügemarke in das Feld für den E-Mail-Text 2.

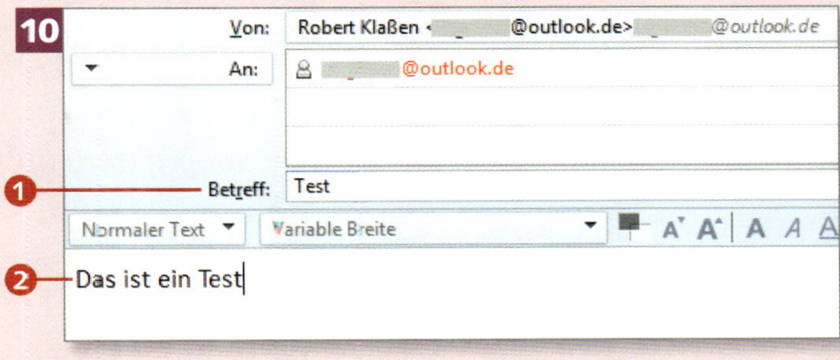

Schritt 11

Alles erledigt? Dann schicken Sie nun guten Mutes die Test-Mail ab, indem Sie in der Menüleiste auf **Senden** klicken.

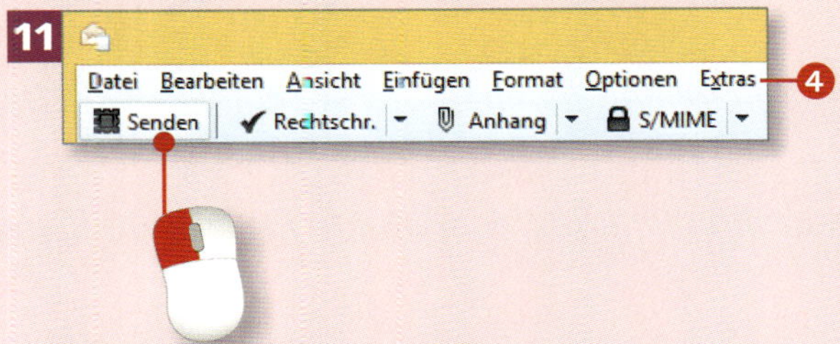

Schritt 12

Warten Sie kurz, und klicken Sie dann auf die Zeile **Posteingang** 3 in der linken Spalte, um den gleichnamigen Ordner aufzurufen. Zuletzt setzen Sie einen Mausklick auf **Abrufen**. Das aktualisiert die Liste der neu eingetroffenen E-Mails.

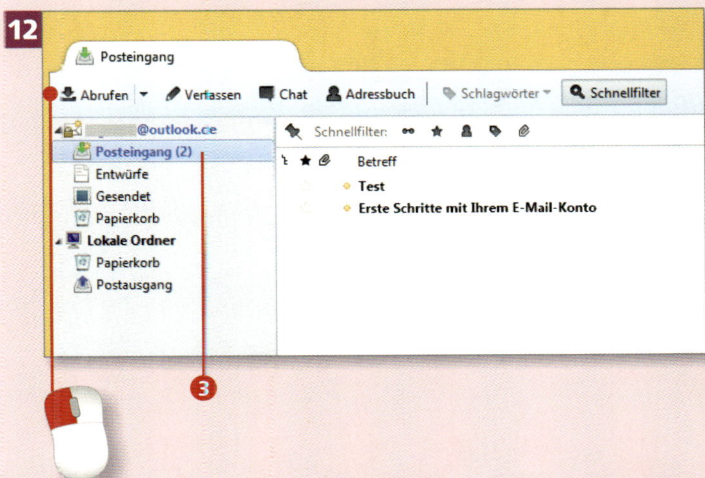

Automatischer Abruf

Thunderbird ist so konfiguriert, dass alle zehn Minuten ein automatischer Abruf der E-Mails erfolgt. Sollte Ihnen dieser Zyklus nicht zusagen, können Sie ihn über **Extras** 4 ▸ **Einstellungen** ▸ **Server-Einstellungen** ändern.

Firefox als Alternative zum Internet Explorer

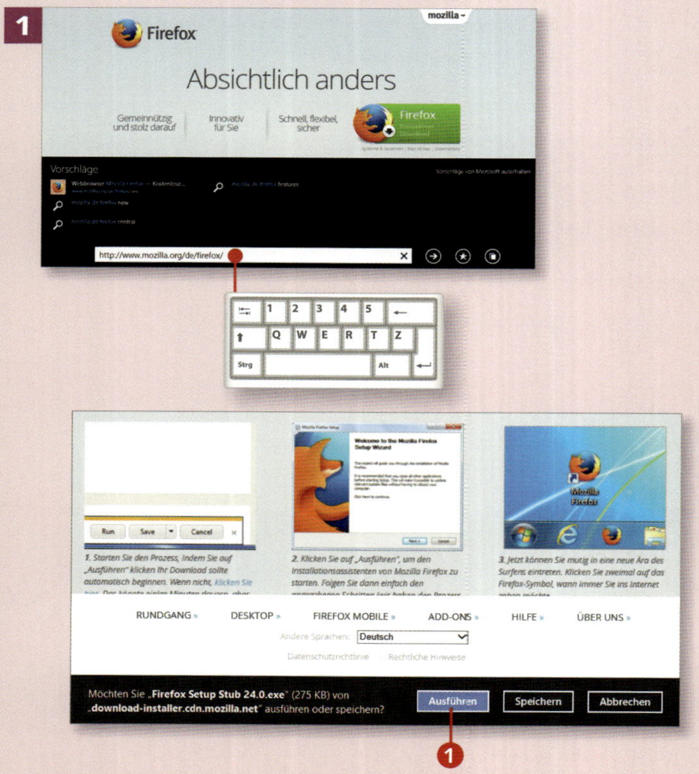

Mozilla Firefox genießt einen ausgezeichneten Ruf. Der Browser ist eine interessante Alternative zum Internet Explorer. Der Firefox ist schnell, bietet viele Sicherheitsfunktionen, kann durch Add-Ons individuell angepasst werden und wird ständig weiterentwickelt.

Schritt 1

Den Firefox, wie der Browser meist kurz genannt wird, können Sie unter *http://www.mozilla.org/de/firefox* herunterladen. Um das Programm zu installieren, klicken Sie in der Fußleiste auf **Ausführen** ❶ und folgen dem Installations-Assistenten.

Schritt 2

Nach der Installation schauen Sie nach, ob es unterhalb der Kopfleiste eine Menüzeile ❷ gibt. Diese wird für die folgenden Schritte benötigt. Wenn sie nicht zu sehen ist, blenden Sie sie mit `Alt` ein.

Schritt 3

Auch der Firefox-Browser verlangt zunächst ein paar Einstellungen. Sie öffnen sie über **Extras ▸ Einstellungen**.

Schritt 4

Im Fenster **Einstellungen** können Sie auf dem Register **Allgemein** ❸ eine Startseite angeben, die nach dem Öffnen eines Firefox-Fensters automatisch angezeigt werden soll. Danach bestätigen Sie mit **OK**.

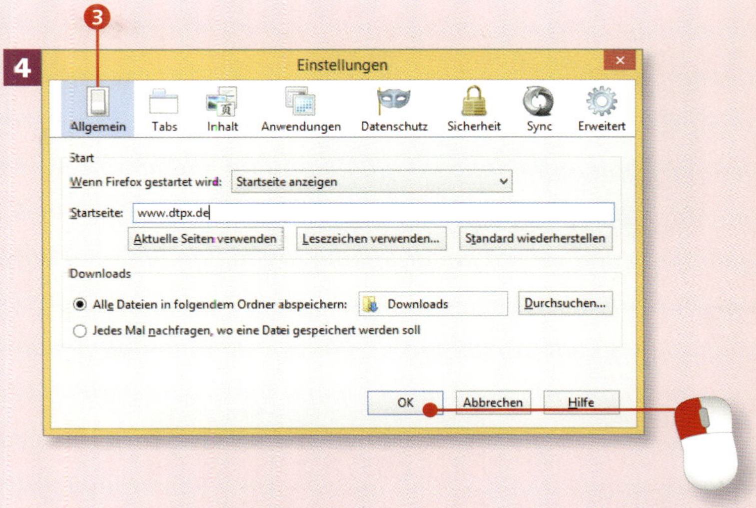

Schritt 5

Unterhalb des Adressfelds befindet sich eine Zeile, die mit Lesezeichen gefüllt werden kann, die auf Ihre Lieblings-Webseiten führen. Klicken Sie mit der rechten Maustaste darauf, und wählen Sie **Neues Lesezeichen** aus dem Kontextmenü.

Schritt 6

Ins oberste Feld des Dialogs **Neues Lesezeichen** gehört die Bezeichnung ❹, die später in der Zeile zu lesen sein soll. Darunter muss die Adresse eingegeben werden (dabei kann *http://www.* in der Regel weggelassen werden). Dann klicken Sie auf **Hinzufügen** ❺.

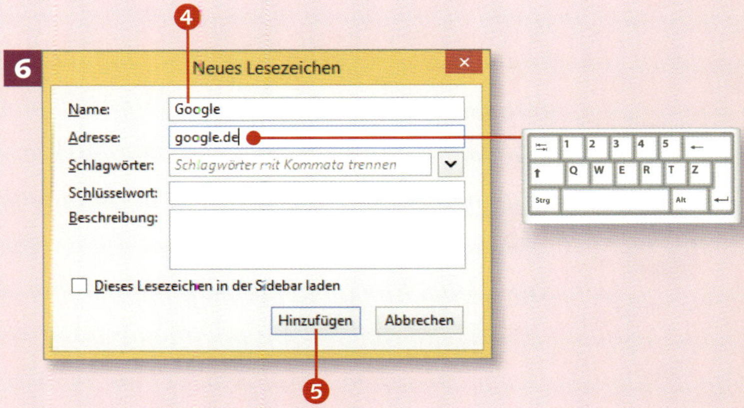

Weitere Fenster und Register

Mit Strg + T öffnen Sie eine neue Registerkarte (also eine zweite Browser-Ansicht, einen sogenannten *Tab*) im aktuellen Fenster. Für ein komplett neues Fenster drücken Sie Strg + N.

Kostenlose Apps aus dem Windows Store

1

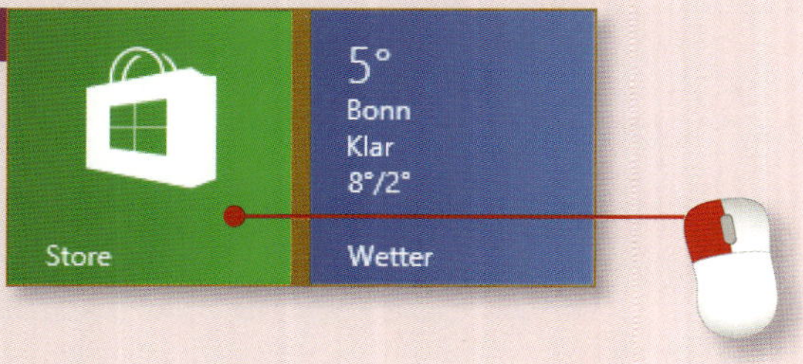

2

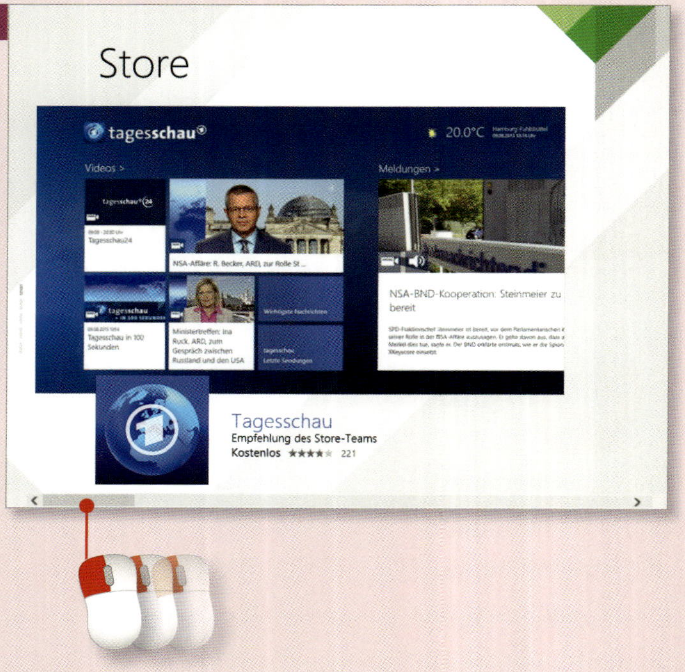

3

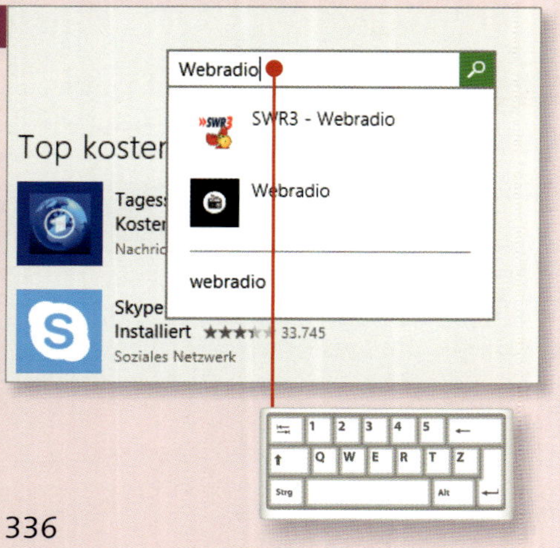

Auf einige nützliche Programme kann man direkt im Windows Store zugreifen. In dieser Anleitung erfahren Sie, wie Ihr Computer zum Radio wird.

Schritt 1

Der erste Schritt auf dem Weg zum Internetradio besteht darin, auf die Kachel **Store** zu klicken.

Schritt 2

Fahren Sie mit der Maus nach unten, bis in der Fußleiste ein Scrollbalken sichtbar wird. Diesen verschieben Sie mit gedrückter Maustaste nach rechts. Hier können Sie den Store durchsuchen.

Schritt 3

Leider wird das gesuchte Webradio nicht angezeigt. Doch kein Problem! Klicken Sie einfach oben rechts in das Suchfeld, und tragen Sie dort »Webradio« ein.

Weitere kostenlose Apps
Es lohnt sich, den Store ausgiebig zu durchsuchen, denn zahlreiche andere Kategorien warten ebenfalls mit den Schaltflächen **Top kostenlos** auf.

Schritt 4

Fahren Sie mit der Maus nach unten, und klicken Sie auf den gesuchten Eintrag.

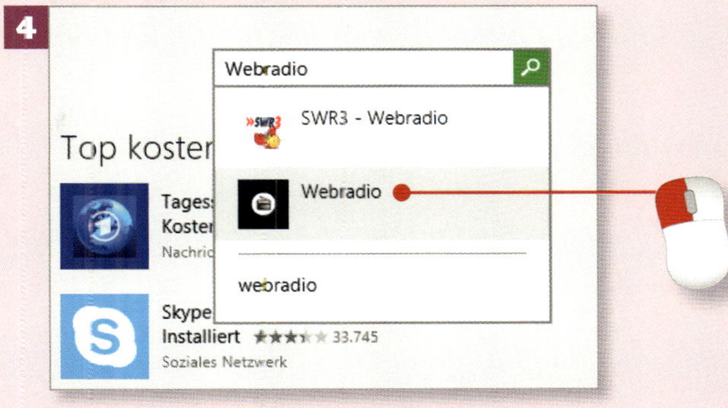

Schritt 5

Nun müssen Sie die gefundene App installieren, indem Sie – na klar – auf die Schaltfläche **Installieren** klicken. Wenn Sie möchten, können Sie sich rechts Bewertungen ansehen und Rezensionen durchlesen.

Schritt 6

Kurze Zeit später erscheint oben rechts ein Hinweis, der angibt, dass das Programm erfolgreich installiert worden ist. Ein Klick auf diesen Hinweis startet die App.

Webradio öffnen

Im letzten Schritt haben Sie erfahren, wie sich die App unmittelbar nach dem Download starten lässt. Zusätzlich finden Sie **Webradio** innerhalb der Apps (auf dem Startbildschirm den Pfeil unten links betätigen). Sie dürfen aber auch die Suche bemühen und »Webradio« auf dem Startbildschirm eingeben.

Kapitel 15
Hilfe bei Problemen

Wenn Sie schon ein wenig Erfahrung mit Windows 8.1 gesammelt haben, werden Sie sich sicherlich die eine oder andere etwas kniffligere Frage stellen. »Wie kann ich installierte Software wieder entfernen?« Oder: »Was mache ich, wenn ältere Programme unter Windows 8.1 nicht mehr so richtig laufen wollen?« Diese und weitere Fragen werden auf den folgenden Seiten beantwortet.

Software wieder entfernen

Ab und zu sollten Sie aufräumen und nicht mehr genutzte Software wieder entfernen ❶. Das funktioniert über die Systemsteuerung. Wie genau, erfahren Sie in der ersten Anleitung dieses Kapitels.

Das System optimieren

Auch ein Betriebssystem wie Windows 8.1 sollte ab und zu optimiert werden ❷. Denn mit der Zeit wird das System träge. Manchmal will auch ältere Software nicht mehr so richtig »mitmachen«. Damit müssen Sie sich aber keinesfalls abfinden. Für alles gibt es eine Lösung.

1 Ab und zu sollten Sie nicht benötigte Software wieder von Ihrem Computer deinstallieren.

2 Sie können Ihr System optimieren, indem Sie Datenfragmente bereinigen und nicht benötigte Prozesse deaktivieren.

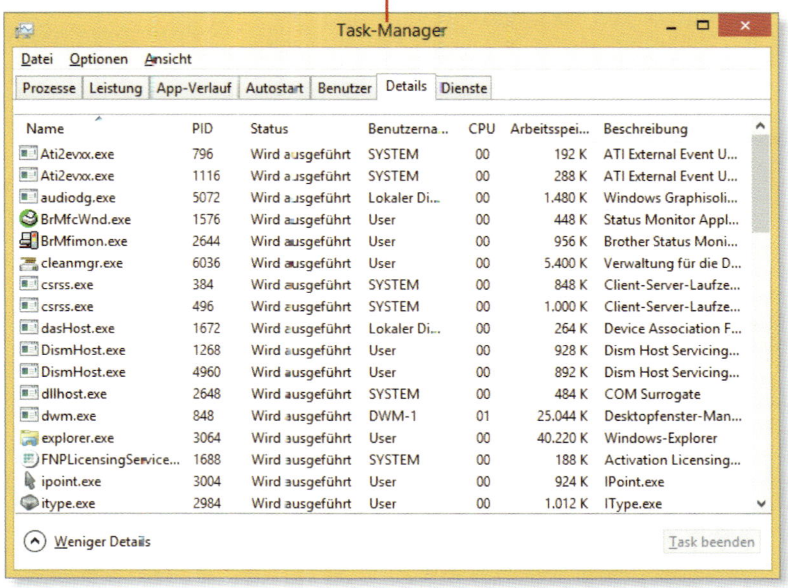

Software deinstallieren

Auf dem PC installierte Programme kann man nicht einfach in den Papierkorb stecken. Sie müssen, wenn sie nicht mehr benötigt werden, ordnungsgemäß deinstalliert werden.

Schritt 1

Öffnen Sie die Systemsteuerung, indem Sie auf dem Startbildschirm »sys« eingeben und ↵ drücken. Wählen Sie dann **Programme und Features**.

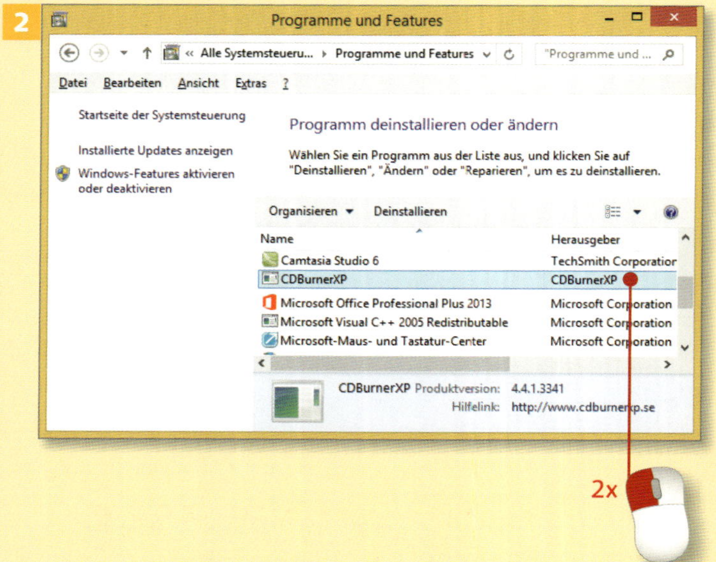

Schritt 2

Nun öffnet sich eine Liste mit Apps, die auf Ihrem Rechner installiert sind. Klicken Sie doppelt auf das Programm, das Sie löschen wollen.

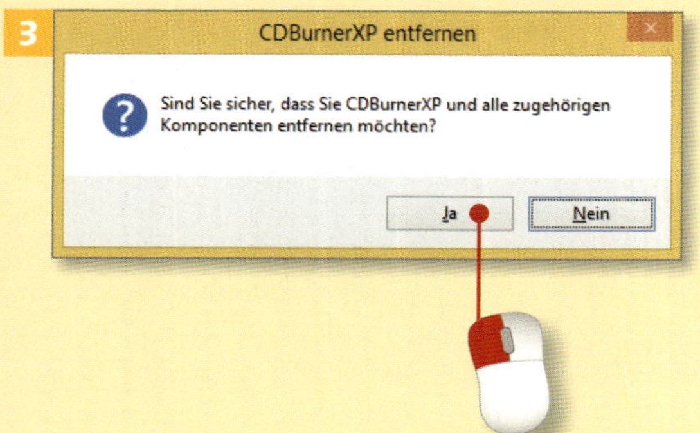

Schritt 3

Für den Fall, dass versehentlich eine falsche Zeile markiert worden ist, fragt das Betriebssystem nach. Bestätigen Sie mit **Ja**.

Deinstallation

Nicht jede Deinstallation läuft grundsätzlich gleich ab. Insbesondere professionelle Software verlangt häufig noch weitere Schritte (z. B. eine Deaktivierung). Schauen Sie gegebenenfalls in die Bedienungsanleitung des Softwareherstellers.

Schritt 4

Einige Programme werden direkt gelöscht, andere (hier: Firefox) kommen mit einem eigenen Deinstallationsassistenten daher. Befolgen Sie die weiteren Anweisungen auf dem Bildschirm, nachdem Sie auf **Weiter** geklickt haben.

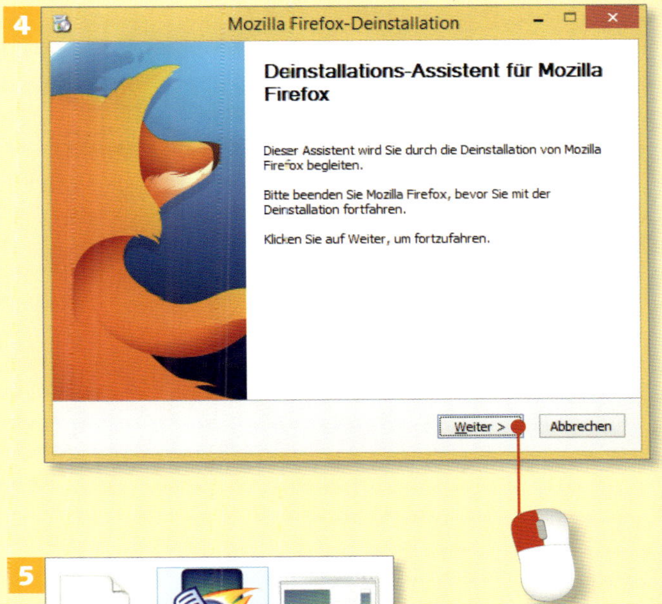

Schritt 5

In der Programmliste (siehe Schritt 2) sind eventuell nicht alle Apps aufgeführt. Wenn das Gesuchte nicht dabei ist, öffnen Sie den entsprechenden Programmordner unter *[Laufwerksbuchstabe]/Programme*. Suchen Sie nach einer ausführbaren Datei namens *Uninstall* oder *Unins* o. Ä. oder, wie hier, *unins000*, und klicken Sie doppelt darauf, um die Deinstallation zu starten.

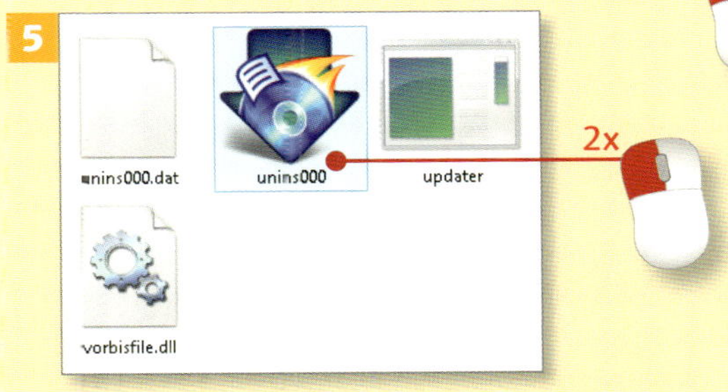

Schritt 6

Mit den Apps, die über den Startbildschirm erreicht werden, haben Sie es leichter. Diese müssen lediglich mit rechts angeklickt werden und können dann per Klick auf den Papierkorb (**Deinstallieren** ❶) entfernt werden.

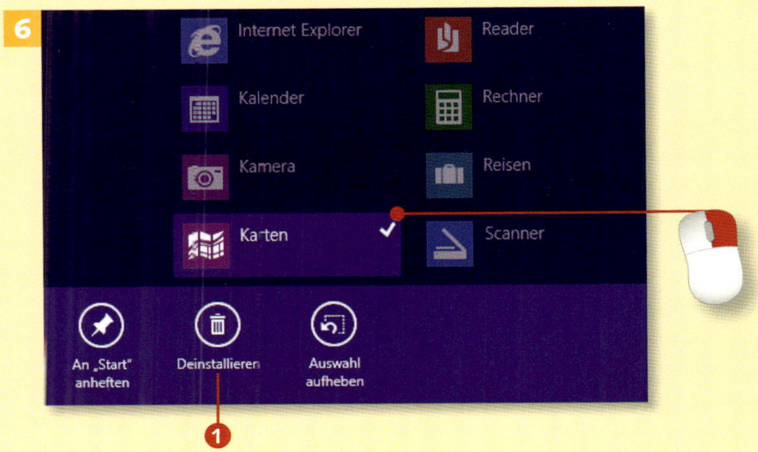

Der Rechner wird langsamer – was tun?

1

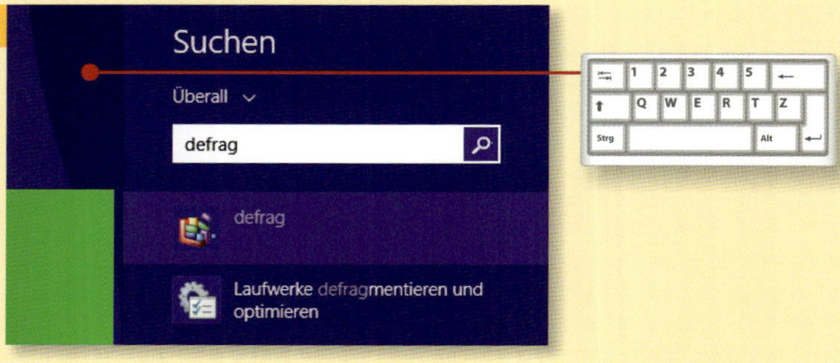

2

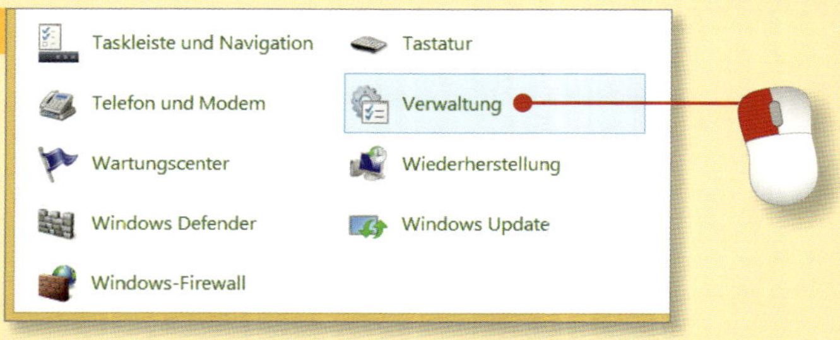

3

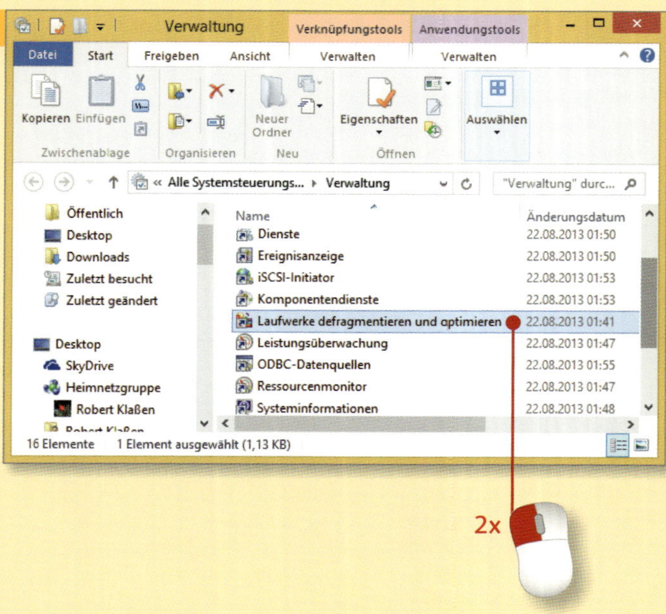

Durch das Löschen von Daten entstehen inhaltliche Lücken auf der Festplatte. Und mit der Zeit werden Daten dann nicht mehr kontinuierlich hintereinander, sondern an freien Stellen (ebendiesen Lücken) abgelegt. Das verlangsamt den Zugriff auf die Daten.

Schritt 1

Von Zeit zu Zeit müssen Festplatten defragmentiert, also wieder korrekt mit geordneten Daten gefüllt werden. Der erste Schritt: Geben Sie »defrag« auf dem Startbildschirm ein, und drücken Sie [↵].

Schritt 2

Sollte Schritt 1 nicht zum Erfolg führen (d.h., es öffnet sich kein Fenster), geben Sie auf dem Startbildschirm »sys« + [↵] ein und klicken im nächsten Dialogfenster auf **Verwaltung**.

Schritt 3

Im Fenster **Verwaltung** werden zahlreiche Systemaufgaben angeboten. Sie entscheiden sich zunächst für **Laufwerke defragmentieren und optimieren** – und zwar mithilfe eines Doppelklicks.

Schritt 4

Falls im nächsten Dialog mehrere Festplatten aufgeführt werden, müssen Sie die gewünschte Zeile zunächst mit einem Klick markieren.

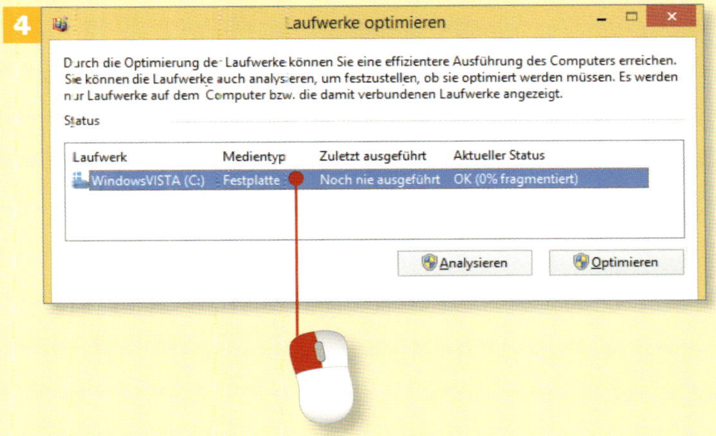

Schritt 5

Der ausgewiesene Wert (hier: **50 % fragmentiert** ❶) muss nicht aktuell sein. Wie fragmentiert (= lückenhaft) die Platte wirklich ist, erfahren Sie mit einem Klick auf **Analysieren** ❷. Mit **Optimieren** wird der eigentliche Vorgang gestartet – und der kann dauern!

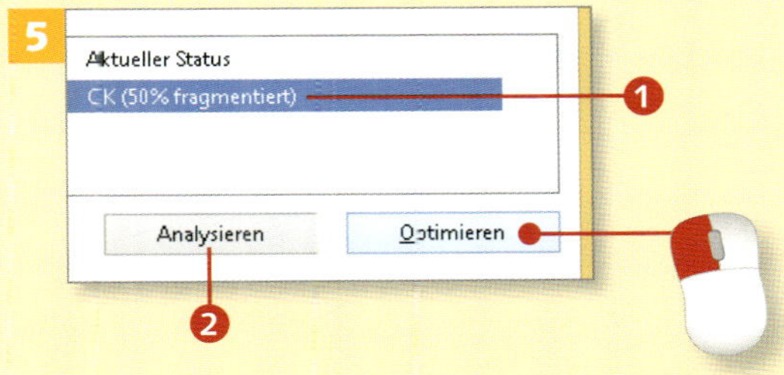

Schritt 6

Währenddessen dürfen Sie einmal auf **Einstellungen ändern** klicken. Dahinter verbirgt sich ein Zeitplan, der standardmäßig vorsieht, dass eine derartige Optimierung einmal wöchentlich ❸ durchgeführt wird.

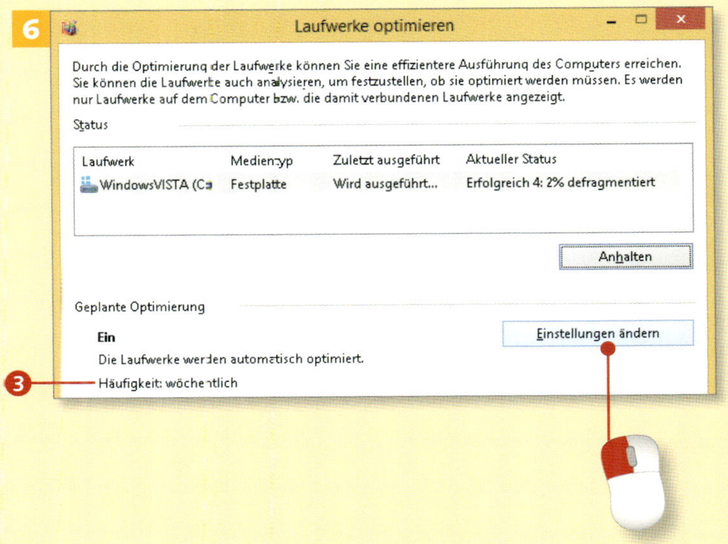

Analyse?

Es wird empfohlen, die Festplatte zu defragmentieren, wenn mindestens 10 % fragmentiert sind (siehe Schritt 5). Eine vorherige Analyse ist nicht erforderlich. Sie können auch direkt auf **Optimieren** klicken.

Der Rechner wird langsamer – was tun? (Forts.)

7
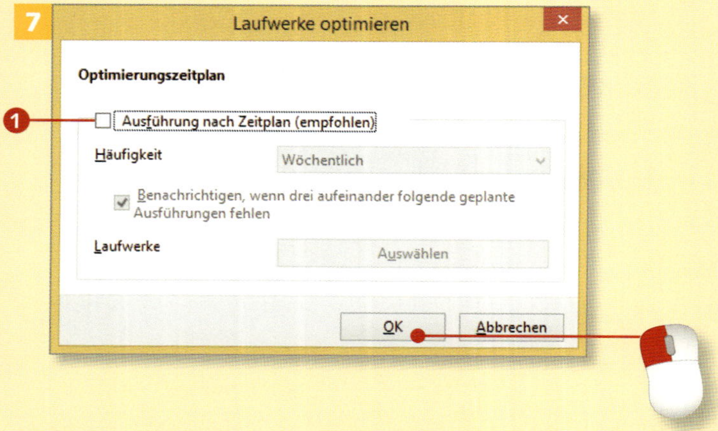

Schritt 7

Wollen Sie diese Einstellung beibehalten? Die Defragmentierung könnte zu einem ungünstigen Zeitpunkt kommen. Wer sein System lieber manuell optimiert, der deaktiviert die Checkbox **Ausführung nach Zeitplan** ❶ und klickt auf **OK**.

8
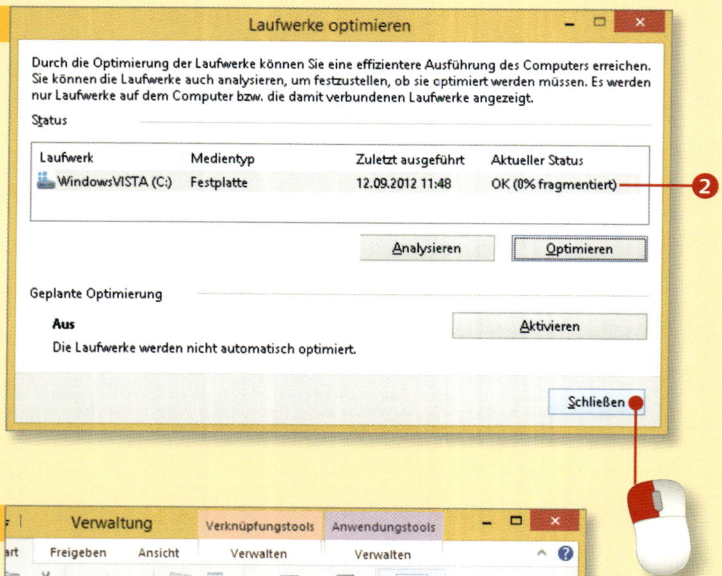

Schritt 8

Nach einer Weile wird der Vorgang abgeschlossen sein und der aktuelle Status steht auf OK (**0 % fragmentiert**) ❷. Nun können Sie beruhigt auf **Schließen** klicken.

9
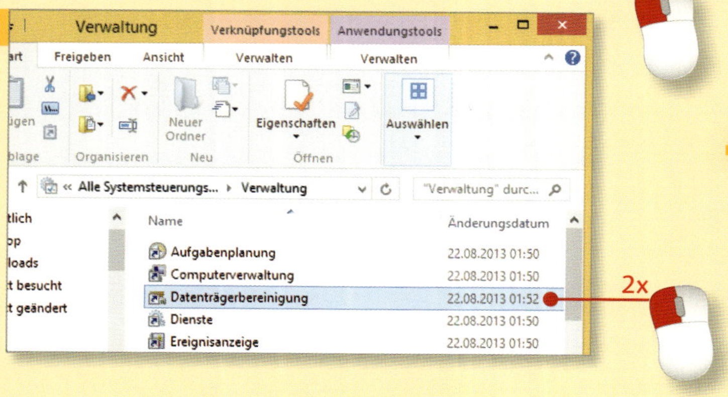

Schritt 9

Jetzt führen wir noch eine Datenträgerbereinigung durch. Dazu klicken Sie doppelt auf den gleichnamigen Eintrag im Fenster **Verwaltung**.

Datenträgerbereinigung

Die Datenträgerbereinigung entfernt unnütze Systemdateien von Ihrem Computer. Dadurch kann zusätzlicher Speicherplatz gewonnen werden. Außerdem wird der Zugriff optimiert.

Schritt 10

Zunächst einmal wird die Festplatte entsprechend gescannt. Der grüne Balken zeigt Ihnen den Fortschritt an.

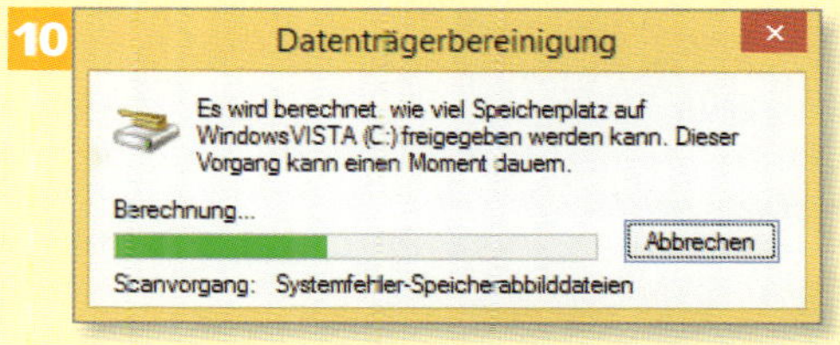

Schritt 11

Anschließend können Sie in der Liste **Zu löschende Dateien** alle jene Bereiche mit einem Mausklick auswählen ❸, die bereinigt werden sollen. Sie können mit einem Klick in das entsprechende Kästchen an dieser Stelle sogar den Papierkorb leeren. Zuletzt klicken Sie auf die Schaltfläche **Systemdateien bereinigen**.

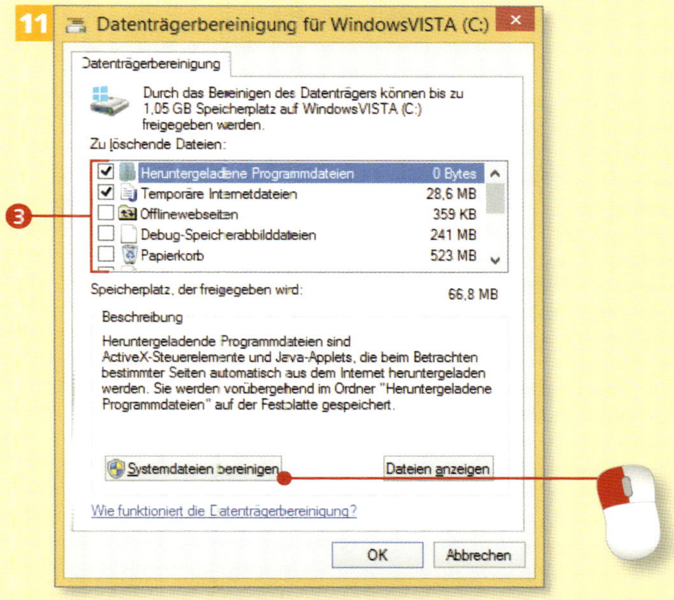

Schritt 12

Danach klicken Sie auf das Register **Weitere Optionen** ❹. Die Systemwiederherstellung erfolgt, nachdem Sie unten auf **Bereinigen** geklickt haben.

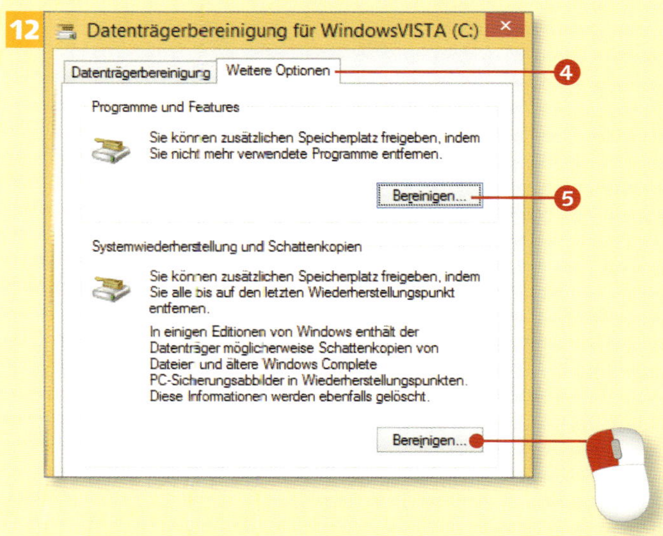

Programme entfernen

Wenn Sie **Bereinigen** ❺ im Bereich **Programme und Features** wählen, werden nicht mehr verwendete Programme entfernt.

Welche Programme werden am Anfang gestartet?

Interessieren Sie sich dafür, welche Programme und Features im Hintergrund ihren Dienst verrichten? Dann schauen Sie sich die folgenden Schritte an. Sie werden erstaunt sein, wie viel im Stillen gearbeitet wird.

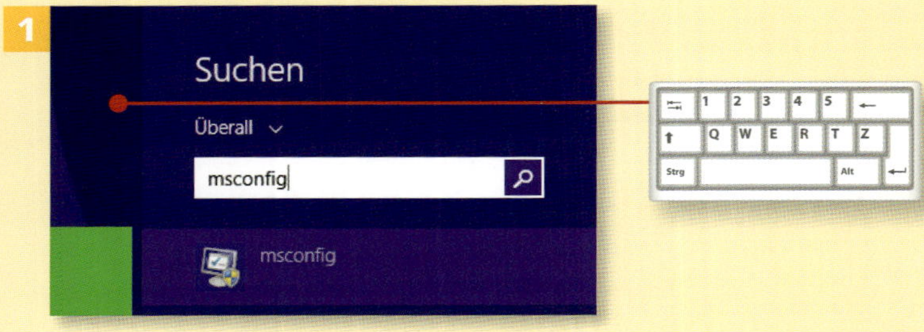

Schritt 1

Zunächst müssen Sie auf dem Startbildschirm »msconfig« eintippen und die Wahl entweder mittels Klick oder mit [↵] bestätigen.

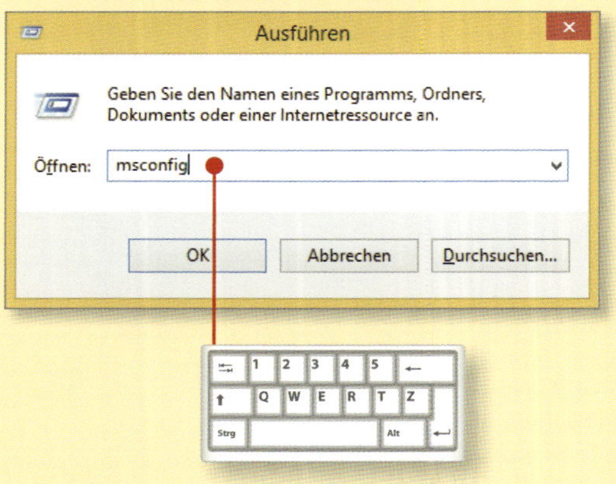

Schritt 2

Alternativ zu Schritt 1 geben Sie »ausführen« ein und drücken [↵]. Im nächsten Dialogfenster **Ausführen** wiederholen Sie die Eingabe von »msconfig« und klicken auf **OK**.

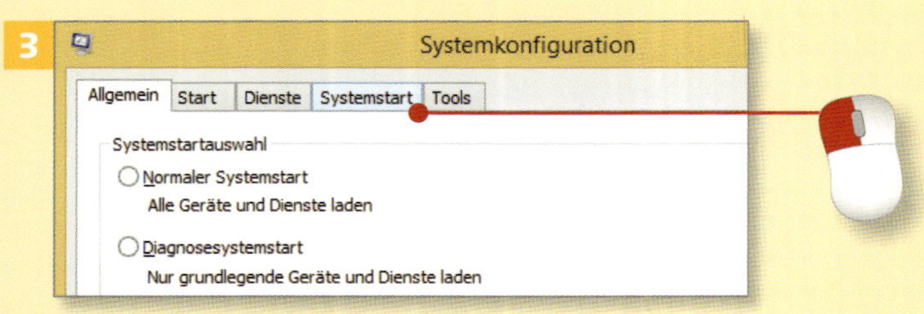

Schritt 3

Im Dialogfenster **Systemkonfiguration** aktivieren Sie das Register **Systemstart** mit einem Mausklick.

Funktion deaktiviert?
Es kann sein, dass das direkte Anspringen der Systemkonfiguration vom Startbildschirm aus (siehe Schritt 1) nicht aktiviert ist. Sie sehen dann nur, wie sich ein Fenster kurz öffnet und selbstständig wieder schließt. Befolgen Sie in diesem Fall Schritt 2.

Schritt 4

Auf dieser Registerkarte klicken Sie dann auf den blauen Link **Task-Manager öffnen**.

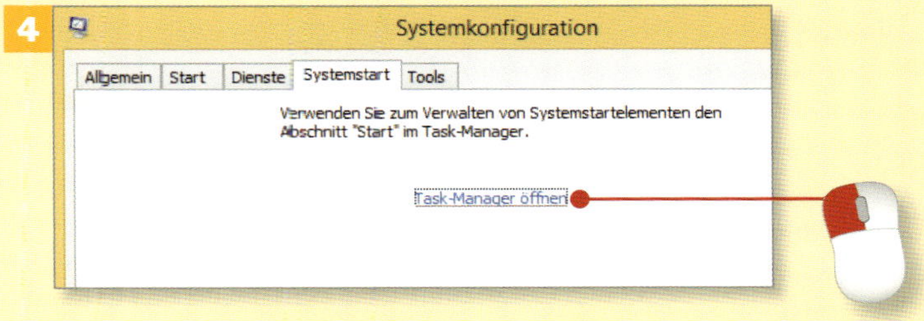

Schritt 5

Daraufhin öffnet sich ein neues Fenster, der sogenannte **Task-Manager**. Hier sehen Sie, welche Apps beim Hochfahren des Betriebssystems automatisch mit ausgeführt werden.

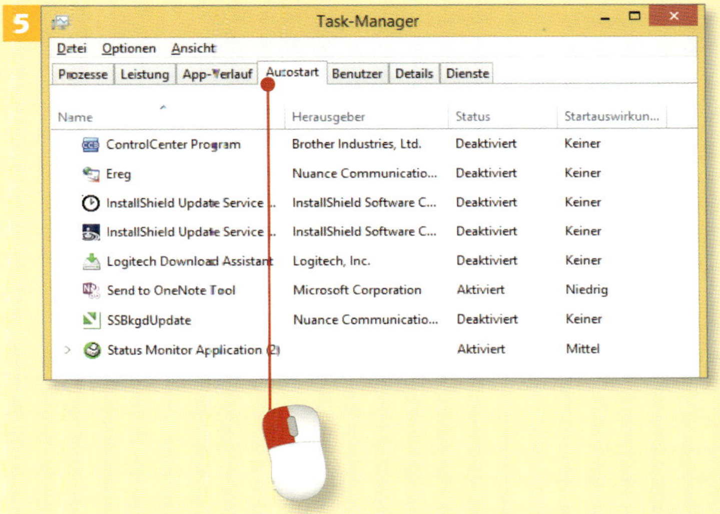

Schritt 6

Die Registerkarten **Details** und **Dienste** ❶ offenbaren, was im Hintergrund so alles los ist. Eine ganze Menge, oder?

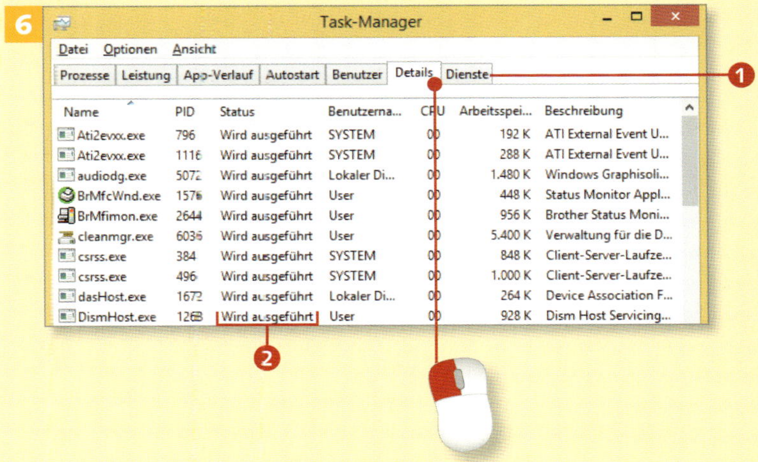

Status

Die Spalte **Status** ❷ gibt Aufschluss darüber, ob ein Feature gerade ausgeführt wird oder nicht. Nach einem Rechtsklick auf eine bestimmte Zeile können weitere Aktionen in die Wege geleitet werden. Bitte löschen Sie aber auf keinen Fall irgendwelche Programme, wenn Sie nicht wissen, worum es sich handelt! Es könnten systemrelevante Programme sein, ohne die der Computer nicht mehr richtig funktioniert.

Kompatibilitätsprobleme beheben

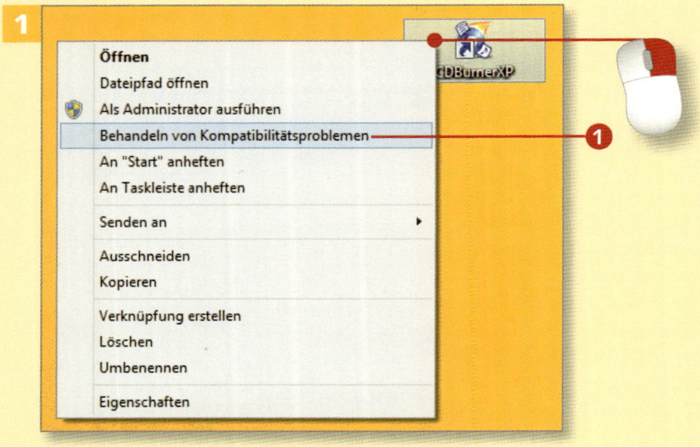

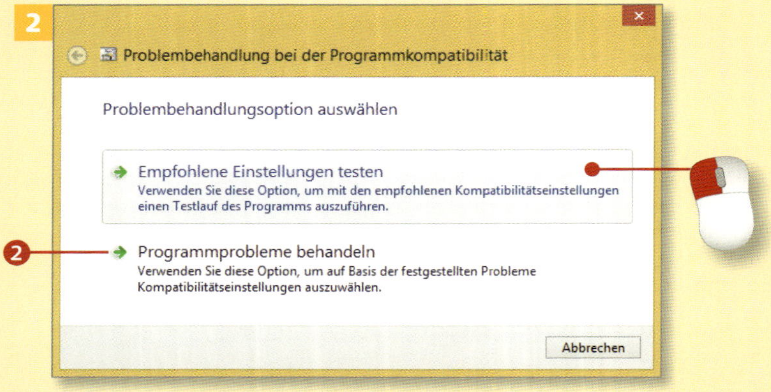

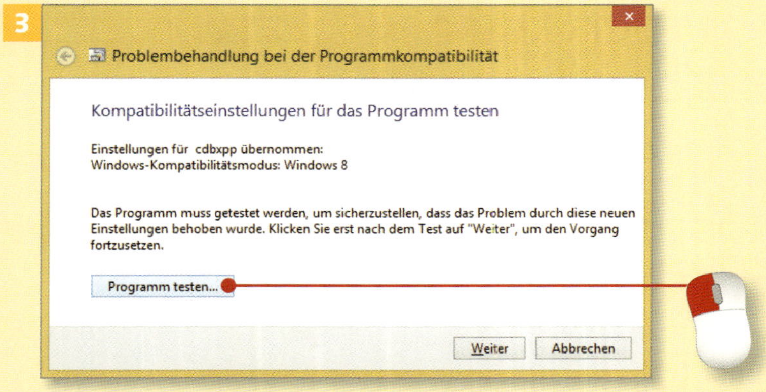

Sie verfügen noch über ältere Software, die unter Windows 8.1 nicht so recht laufen mag? Es kommt zu Problemen während der Ausführung? Die Software stürzt häufig ab? Dann liegt höchstwahrscheinlich ein Kompatibilitätsproblem vor.

Schritt 1

Setzen Sie einen Rechtsklick auf die Programmschaltfläche der betreffenden App auf dem Desktop. Dann wählen Sie **Behandeln von Kompatibilitätsproblemen** ❶ aus dem Kontextmenü.

Schritt 2

Wenn Sie auf **Empfohlene Einstellungen testen** klicken, wird die App normal geöffnet, damit sie manuell getestet werden kann. (Die Option **Programmprobleme behandeln** ❷ erlaubt eine nähere Fehlerbeschreibung gemäß Schritt 5.)

Schritt 3

Im nächsten Fenster klicken Sie auf **Programm testen**. Die App wird daraufhin geöffnet. Gehen Sie die Funktionen durch, die Probleme bereiten.

Schritt 4

Kehren Sie zurück zum Problembehandlungs-Dialog (siehe Schritt 3), und klicken Sie dort auf **Weiter**. Danach müssen Sie eine Frage beantworten. Falls das Problem bisher nicht behoben werden konnte, klicken Sie hier auf **Nein, mit anderen Einstellungen wiederholen**.

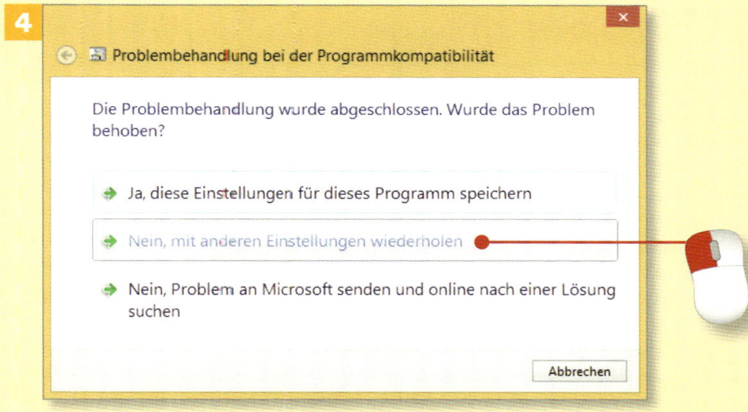

Schritt 5

Jetzt lassen sich die Probleme noch einmal mithilfe einer oder mehrerer Checkboxen genauer eingrenzen. Klicken Sie auf ein Kästchen ❸, um es auszuwählen, und klicken Sie dann auf **Weiter**. Auf der Grundlage Ihrer Angaben werden dann individuelle Lösungsschritte angeboten.

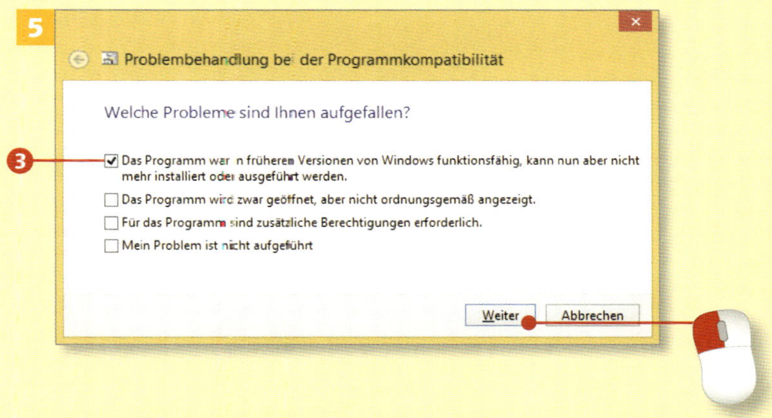

Schritt 6

Noch ein Tipp: Einzelne Apps müssen mit besonderen Administratorrechten ausgeführt werden. Wählen Sie, nach einem Rechtsklick auf das Programm-Symbol, die Option **Als Administrator ausführen** aus dem Kontextmenü.

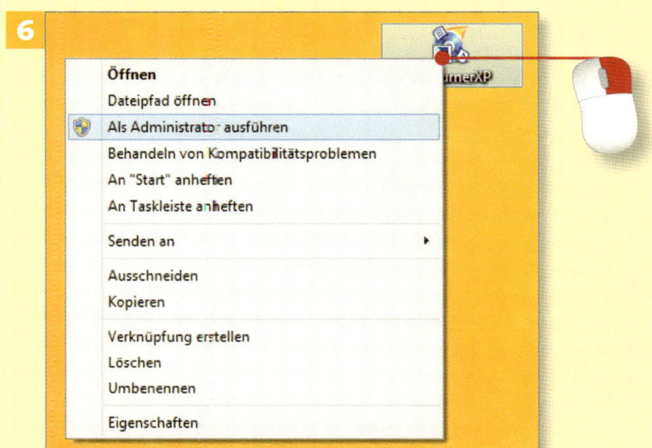

Glossar

Adobe Reader

siehe *PDF*

App

Eine App (Kurzform von *Application*) ist eine Anwendung bzw. ein Computerprogramm. So sind z. B. **Mail**, **Kontakte** etc. jeweils eigenständige und separat ausführbare Apps.

Auflösung

Die Auflösung beschreibt die Anzahl der einzelnen Bildpunkte auf einer Fläche (z. B. auf einem Monitor oder Foto). Je höher die Werte, desto höher die Auflösung. Allerdings sagt die Anzahl der Bildpunkte nichts über die Größe der Fläche aus, da die Bildpunkte unterschiedlich groß sein können.

Backup

Sicherungskopie von Dateien oder Systemen (auch Windows 8.1) zur eventuellen späteren Wiederherstellung (**Systemsteuerung ▸ Wartungscenter**).

Befehl

Anweisung an den Computer. Zumeist ausgelöst durch das Anklicken einer Schaltfläche oder das Drücken der Eingabetaste auf Ihrer Tastatur.

Betriebssystem

Ein Betriebssystem ist eine Software, die den Computer steuert. Neben Windows gibt es unter anderem noch OS X und Linux.

Bluetooth

Drahtlose Schnittstelle zwischen zwei oder mehreren Geräten zum Datenaustausch. Die angeschlossenen Geräte müssen Bluetooth-fähig sein.

Button

siehe *Schaltfläche*

Glossar

Charms-Leiste

Schwarzer Balken mit mehreren Buttons. Er erscheint, wenn die Maus in die obere rechte Ecke des Bildschirms geschoben wird.

Checkbox

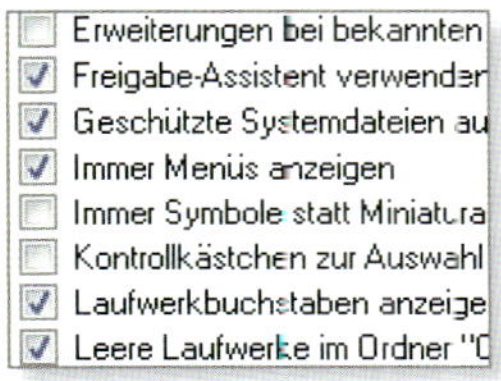

Das klassische Ankreuzkästchen. Im Gegensatz zum Radio-Button dürfen hier auch mehrere oder alle sowie einzelne oder keine Optionen angewählt sein. Die Checkbox wird jeweils per Mausklick aktiviert (Häkchen) und deaktiviert.

Datenträger

Grundsätzlich jedes Gerät und jedes Medium, das imstande ist, Daten aufzunehmen (u. a. Festplatte, USB-Stick, CD, DVD). Während man Daten auf eine Festplatte »schreibt«, werden Daten auf CD oder DVD »gebrannt«.

Desktop

Der Desktop ist der Haupt-Arbeitsbereich von Windows 8.1. Vom Startbildschirm aus erreichen Sie ihn mit [Windows] + [D].

Dialog

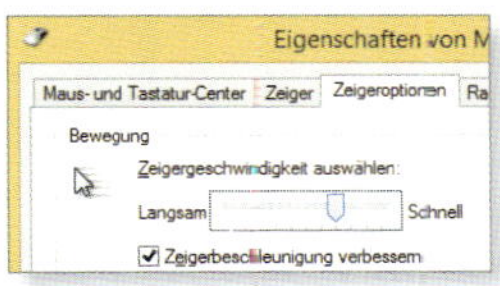

Jedes Fenster, in dem Benutzer und Betriebssystem (oder auch ein Programm) miteinander in Verbindung treten und Informationen austauschen, z. B. das Dialogfenster zu den Maus-Eigenschaften.

Download

Dateiübertragung, in der Regel vom Internet auf den eigenen PC, mit dem Ziel, die Daten dort zu speichern. Klassische Download-Dateien sind Anwendungen, Bilder, Musik etc.

Glossar

Drag & Drop	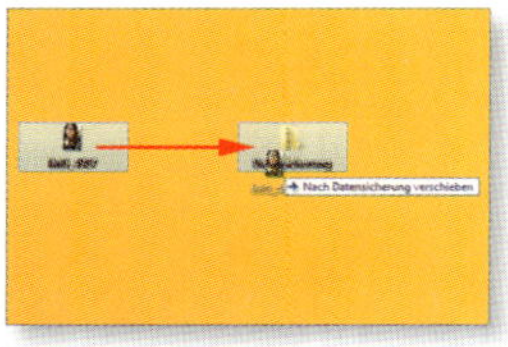	Ziehen und Fallenlassen. Damit werden Objekte verschoben. Klicken Sie auf das Objekt, halten Sie die Maustaste gedrückt, und ziehen Sie es herüber. An der gewünschten Stelle lassen Sie los.
Eingabetaste	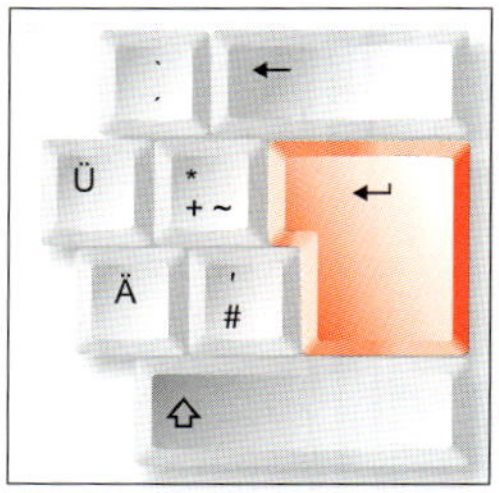	Zeilenschaltungstaste der Tastatur. Mit dieser Taste werden zudem Eingaben (z. B. Texte) an das Betriebssystem oder die Anwendung übergeben. Auch *Return-Taste* genannt.
Explorer	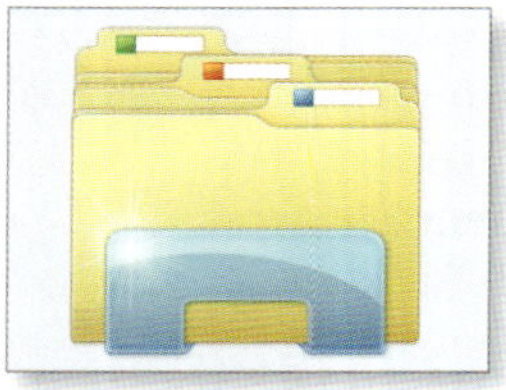	Der Explorer ist der Standard-Dateimanager unter Windows. Von hier aus sind sämtliche Ordner und Verzeichnisse erreichbar. Außerdem stehen Suchoptionen zur Verfügung (englisch *to explore* = erforschen).
Hyperlink		siehe *Link*
Icon		Ein grafisches Symbol (Piktogramm), meist zum Öffnen einer Datei, eines Verzeichnisses oder zum Start einer App (englisch *icon* = Symbol, Sinnbild).
IP-Adresse		IP steht für *Internet Protocol* und ist ein Protokoll, das Computer im Internet eindeutig identifiziert. Die IP-Adresse ist vergleichbar mit der Nummer eines Personalausweises. Der zugehörige Rechner lässt sich durch diese Nummer jederzeit eindeutig identifizieren.

Glossar

Kachel

Die Rechtecke auf dem Windows-8.1-Startbildschirm, die die Apps repräsentieren, werden *Kacheln* genannt (siehe auch *Icon*).

Kontextmenü

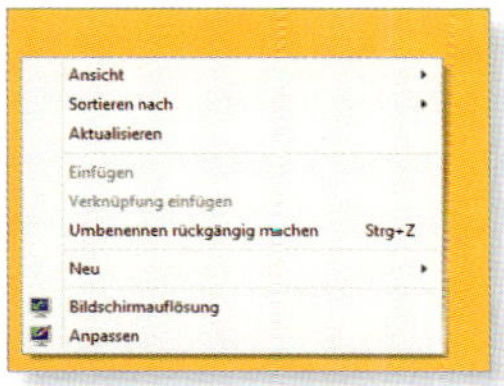

Eine Sammlung von Befehlen, die unterschiedliche weitere Befehle bereithält. Das Kontextmenü lässt sich mit einem Rechtsklick öffnen.

Link

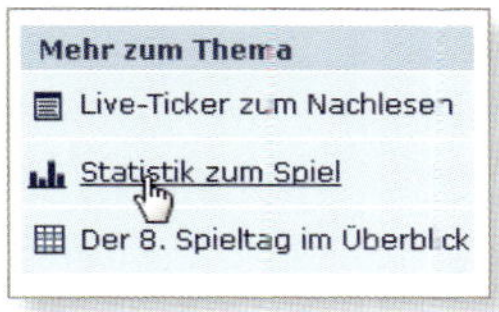

Ein Link oder Hyperlink ist eine Schaltfläche (nicht selten in Textform), die Sie mit einer Internetseite verbindet, sobald Sie daraufklicken. Links sind im Internet selbst, aber auch in Programmen, Betriebssystemen, E-Mails etc. zu finden.

Menü

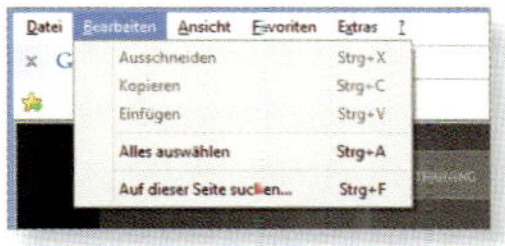

Menüs sind Zusammenfassungen mehrerer möglicher Befehle. Klicken Sie auf den Menüeintrag (hier: **Bearbeiten**), öffnet sich eine Liste mit weiteren Befehlen, die nun per Mausklick ausgelöst werden können.

Office

Produkt von Microsoft – es handelt sich dabei um eine Zusammenstellung von renommierten Büroanwendungen, wie z. B. die Textverarbeitung Word, die Tabellenkalkulation Excel oder die Präsentationssoftware PowerPoint.

Papierkorb

Im Prinzip sorgt der Papierkorb dafür, dass Dateien nicht auf direktem Weg (unbeabsichtigt) gelöscht werden können. Gelöschte Dateien landen nämlich automatisch im Papierkorb. (Es sei denn, sie sind zu groß dafür; dann erhalten Sie eine entsprechende Meldung beim Löschen.) Wollen Sie Dateien endgültig löschen, müssen Sie die Dateien im Papierkorb separat löschen (den Papierkorb leeren).

Glossar

PDF

Seitenbeschreibungsformat, das aufgrund seiner Genauigkeit besonders gut zum Austausch bzw. zur Weitergabe geeignet ist. Zum Anzeigen von PDF-Dokumenten wird entweder der kostenlose Adobe Reader (*www.adobe.com/de*) oder die Windows-App **Reader** benötigt.

Popup-Menü

siehe *Pulldown-Menü*

Programm

siehe *App*

Pulldown-Menü

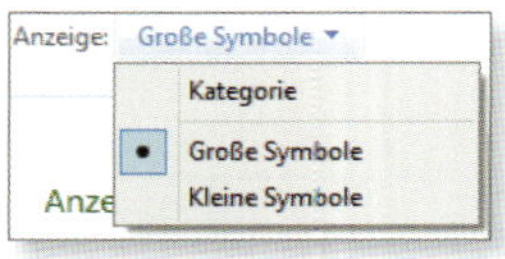

Ein ausklappendes Menü, das weitere Schaltflächen in sich trägt. Oft verdeutlicht ein vorangestellter Punkt, welche Option gerade angewählt ist.

QuickInfo

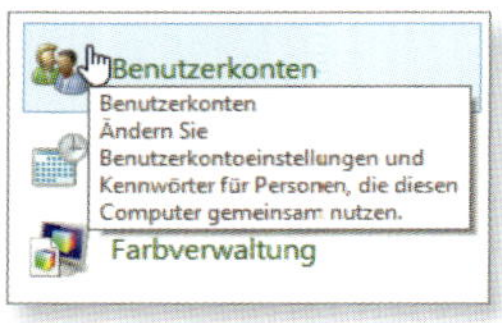

Ein kleiner Hinweis, der sich automatisch öffnet, wenn Sie einen Moment auf einem Objekt verweilen. Er gibt Informationen zu der dahintersteckenden Funktion.

Radio-Button

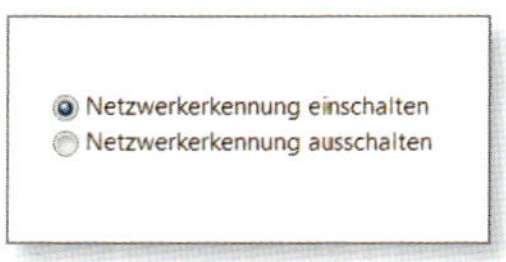

Mehrere zusammenhängende Optionen, von denen immer nur eine angewählt sein kann. Wenn eine Option eingeschaltet wird, deaktivieren sich alle anderen automatisch. (Der Begriff stammt aus den Anfängen des Radios, bei dem ebenfalls immer nur ein Knopf eingedrückt sein konnte.)

Registerkarte

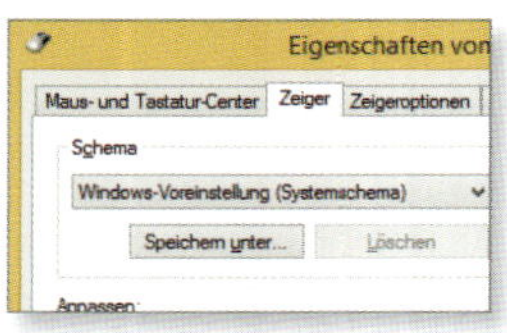

Zusammenstellungen von individuellen Befehlstafeln. Die dazugehörigen Reiter oder Tabs (hier: **Maus- und Tastatur-Center**, **Zeiger** etc.) stehen meist am oberen Rand eines Fensters oder einer App und können durch einen Mausklick nach vorn gestellt werden.

Schaltfläche

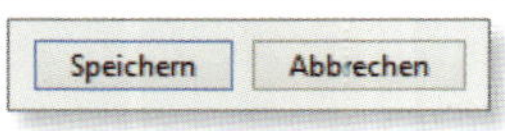

Knopf oder Schaltfläche, der bzw. die beim Anklicken ein Ereignis auslöst. Vorselektierte Schaltflächen sind farbig hinterlegt und können auch durch Drücken von [↵] ausgelöst werden.

Schnellstartleiste

siehe *Taskleiste*

Scrollen

Verschieben des Inhaltsbereichs mithilfe eines Balkens, der immer dann auftaucht, wenn zu wenig Platz vorhanden ist, um den gesamten Inhalt darzustellen. Der Balken (meist rechts oder unten) wird durch Ziehen mit gedrückter linker Maustaste bewegt.

Software

siehe *App*

Startbildschirm

Neue, nicht nur für die herkömmliche PC-Bedienung, sondern vor allem auch für die Touchscreen-Bedienung geeignete grafische Oberfläche von Windows 8.1.

Steuerelement

Alle Elemente, die vom Anwender bedient werden können. Das sind z. B. Buttons, aber auch Schieberegler, Checkboxen und Menüs.

Taskleiste

Auch *Schnellstartleiste* oder *Startleiste* genannt. Eine Anordnung von Symbolen, die standardmäßig am unteren Bildrand zu finden ist. Die Schaltflächen werden per Mausklick bedient. Zeigen Sie, ohne zu klicken, mit der Maus auf ein Objekt, um eine vergrößerte Info zu erhalten.

Wireless

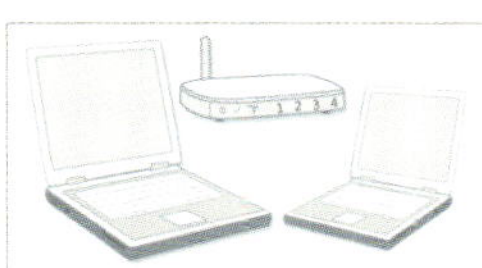

Drahtlosverbindung zwischen zwei oder mehr Geräten für den Datenaustausch. Die Übertragung erfolgt über eine Funkverbindung.

Stichwortverzeichnis

Stichwortverzeichnis

C

D

Stichwortverzeichnis

E

Stichwortverzeichnis

Stichwortverzeichnis

Stichwortverzeichnis

Stichwortverzeichnis

Stichwortverzeichnis

T

U

V

W